泰州文獻

第四輯

鳳凰出版社

ISBN 978-7-5506-2276-0

9 787550 622760 >

圖書在版編目（C I P）數據

海陵詩存、泰州詩徵、國朝海陵詩彙補遺等 / （清）鄒熊，（清）佚名，（清）鄒應庚等輯. -- 南京 : 鳳凰出版社，2015.10
（泰州文獻）
ISBN 978-7-5506-2276-0

Ⅰ. ①海… Ⅱ. ①鄒… ②佚… ③鄒… Ⅲ. ①古典詩歌－詩集－中國②古典散文－散文集－中國 Ⅳ. ①I211

中國版本圖書館CIP數據核字(2015)第301579號

責任編輯　王　劍
裝幀設計　姜　嵩
出版發行　鳳凰出版傳媒股份有限公司
　　　　　鳳凰出版社(原江蘇古籍出版社)
　　　　　發行部電話025－83223462
出版社地址　南京市中央路165號　郵編:210009
出版社網址　http://www.fhcbs.com
印　　刷　揚州文津閣古籍印務有限公司
　　　　　揚州市開發區鴻揚路22-2號(6幢)　郵編:225009
開　　本　889毫米×1194毫米　1/16
印　　張　50.5
版　　次　2015年10月第1版　2015年10月第1次印刷
標準書號　ISBN 978-7-5506-2276-0
定　　價　680.00圓
(本書凡印裝錯誤可向承印廠調换,電話:0514－87969255)

《泰州文獻》工作委員會

主　任

藍紹敏　陸志鵬

常務副主任

盧佩民

副主任

戴勝利　王學鋒　張培成　佘江涛

委　員（按姓氏筆畫为序）

丁少華　方標軍　成愛君　季春芳　周興安

查學斌　姜小青　奚愛國　陳士宏　黄林華

曹茂良　曹學賦　許大才　張國祥　萬永良

程榮穩　鄒祥龍　費振鐘　劉　玲　劉仁前

劉宏鳴　潘時常　薛金林　顧維中

《泰州文獻》編纂委員會

主　編

盧佩民

副 主 編

黄林華　姜小青

執行主編

成愛君　費振鐘

編　委（按姓氏筆畫为序）

王　飛　王　劍　王正奎　卞惠興　朱長順　全　勤
李文華　李明官　吴　迪　吴小晴　吴雙林　汪　政
沈　俊　林世田　莫其康　倪培翔　徐一清　徐同華
高　峰　陳　立　黄　靖　曹學林　常　康　張　定
張永龍　劉仁前　劉春龍　潘浩泉　薛　飛　謝冬榮
竇立成　顧寄南

《泰州文獻》學術指導委員會

（按姓氏筆畫为序）

江慶柏　金良年　茅家琦　華學誠　徐　雁　畢飛宇

程章燦　楊九俊　魯國堯　劉玉才　顧　農

總序

泰州古稱海陵，漢初（公元前一一七年）置縣，晋末（公元四一一年）設郡，南唐（公元九三七年）建州，始稱泰州。

泰州濱江近海，物阜民豐。漢唐以來，糧鹽並舉，商貿繁榮，爲溝通南北的重要港口城市。

泰州素爲文教昌明之邦。唐初立州學，北宋建貢院，明清開學政試院，産出大批科舉優秀人才。

泰州自古人文薈萃。走進泰州的，從范仲淹、富弼、陸佃，到孔尚任、吴讓之、蔣春霖，都留下深遠影響。走出泰州的，從張懷瓘、胡瑗、施耐庵、王艮，到李清、吴嘉紀、柳敬亭、黄龍士、李鱓、鄭燮、劉熙載、李詳、梅蘭芳、高二適，都在各自領域爲中國文化作出巨大貢獻。

泰州遺存的文獻也很豐富。僅據《江蘇藝文志》所載，便有二千七百餘種，涵蓋經、史、子、集的方方面面。其中，尤以明清時期爲夥，占到百分之九十九以上。這當中不排除由於種種原因，致使元以前的一些著述湮没無聞，但明清兩代，確是泰州文化的繁盛期。在這些文獻中，如《書斷》（張懷瓘）、《水滸傳》（施耐庵）、《王心齋先生遺集》（王艮）、《宗子相集》（宗臣）、《陋軒詩集》（吴嘉紀）、《板橋全集》（鄭燮）、《藝概》（劉熙載）、《李審言文集》（李詳）、《黄龍士先生棋譜》等，在中國文化史上都有重要地位和深遠影響。

與此同時，對鄉邦文獻進行整理的也代不乏人。自宋至清，周氏（周麟之等）、宫氏（宫偉鏐等）、陳氏（陳應芳等）、徐氏（徐鳴柯等）等都曾致力其事，爲泰州留下了許多寶貴的文化財富。清嘉道間，鄉人夏荃編輯《海陵文徵》二十卷、附録十二卷，《海陵詩徵》十卷。民國初年，曾任江蘇省省長的鄉人韓國鈞歷經十餘年編成《海陵叢刻》計二十三種六十六册。

二〇一一年九月召開的中共泰州市第四次代表大會，提出了建設文化名城的任務。爲此，中共泰州市委、泰州市人民政府决定編纂《泰州文獻》。這是泰州有史以來對本土文獻最大規模的整理和彙編。它對於保存、利用、研究和開發泰州的歷史文化，尋繹泰州獨特的地方文化價值，爲泰州文化建設提供歷史人文資源，意義重大。

爲了保證編纂工作的順利進行，市委、市政府專門成立了工作委員會、編纂委員會和學術指導委員會。工作委員會由市委、市政府領導和相關部門負責同志組成，負責對編纂工作的領導和協調。編纂委員會由相關專家、學者組成，具體負責《泰州文獻》的編纂出版工作。學術指導委員會由江慶柏、魯國堯、程章燦、茅家琦、華學誠、徐雁、金良年等國内知名文史專家組成，負責對編纂工作的指導和把關。

編纂工作按如下幾個步驟進行：（一）進行文獻調查，建立文獻檔案；（二）精選有代表性、有學術價值的作品影印出版，選目由編纂委員會和學術指導委員會共同審議確定；（三）編輯出版《泰州文獻總目》。

《泰州文獻》分爲四輯：

第一輯『官修舊志』，收録泰州地區現存所有官修地方志。

第二輯『地方史料文獻』，收録泰州地區歷代重要的筆記和史料。按内容又可分爲史地類：收録有關泰州歷史地理方面的著作，包括小志、專志、雜志等；政情類：收録有關泰州政治、經濟等方面的著作；文教類：收録有關文化、教育、圖書館等方面的著作。

第三輯『家族文獻』，收録泰州地區重要的家譜、家傳、家集與名人年譜。按内容又可分爲家乘傳記類：擇要收録泰州家族譜牒中的譜序、家規、家訓、箴言、族約、族記、祠田記、塋田記、雜記、著述等資料；家族總集類：以家族姓氏筆畫爲序。

第四輯『泰州文存』，收録泰州地區作者的詩文著作及其他代表性著作。按内容又可分爲學術論著類：收録泰州作者的經史雜著；文集類：收録泰州作者的詩文集；地方總集類：收録泰州作者的詩文合集。

考慮到《水滸傳》、《封神演義》（《辭海》云『一説陸西星作』）、《檮杌閑評》（學界多謂李清所作）等小説流傳甚廣，版本豐富，故不再收録。其他如堪輿、術數類著作，泰州人撰泰州地區以外的地方志、地理志類著作，一般性的彙編、摘鈔類著作，亦不予收録。

《泰州文獻》原則上收録現轄區内的作家作品。但從尊重歷史出發，泰州學派創派人物、明代思想家、哲學家王艮，平民詩人吴嘉紀等人，歷史上均屬於泰州地區，對泰州地區具有深遠的文化影響，他們的作品亦予收録。

前人給我們留下了豐厚的文化遺産，我們既要加以珍視和傳承，更要在前人的基礎上，創造出無愧於今天這個偉大時代的新篇章。這是我們更重要的使命，讓我們爲之努力。

《泰州文獻》編纂委員會

二〇一三年十月十八日

凡例

一、《泰州文獻》（以下簡稱《文獻》）分爲《官修舊志》、《地方史料文獻》、《家族文獻》和《泰州文存》四輯。

二、《文獻》收録範圍原則上爲現行政轄區内作者的著述和與泰州有關的重要著述，但考慮到歷史上曾屬於泰州地區的人物，如泰州學派的代表人物王艮、平民詩人吴嘉紀等對泰州文化深具影響，對他們的作品亦予收録。

三、所收著作成書年代限於一九四九年以前。

四、《文獻》所收著作，以學術價值、使用價值較高爲原則，適當兼顧版本價值。

五、《文獻》以影印方式出版。如有蠹損、殘缺、漫漶不清處，原則上以相同版本予以補配，以保證完整、清晰。

六、《文獻》對所收每種著作均撰寫提要，置於該著作前面，以方便讀者瞭解作者生平、主要内容、學術價值等。

七、《文獻》除保留所收著作原有頁碼外，均新編頁碼，每册頁碼自爲起訖。

八、《文獻》最後一册編有書名索引和作者索引，以方便讀者使用。

目録

海陵詩存

（清）鄒熊輯

《海陵詩存》二卷，清郗熊輯，據揚州圖書館藏鈔本影印。

郗熊有《海陵詩彙》，已著録。

本書輯泰州繆沅、盧生、吴濤（泰州籍歙縣人）、黄藻、吴崇先、蔡孕環、王雅、沈嘉植、團鴻、宫懋謙、宫懋教、宫壽平等人之詩。各附小傳。

（江慶柏）

海陵詩存卷上

里人鄒熊選

繆沅字湘芷，康熙己丑進士，殿試第三人，官至刑部左侍郎。
國詩鈔：江左十五子選中俱有選作，黄崑圃云：湘芷古詩
凌鮑謝，七言則元白錢劉，执行無讓。

和陶靖節羲農去家遠一首原韻

末造方任運，達人思葆真。抗志慕皇古，惟以返吾淳。六經正燦設，光
景日常新。俗學尚虛無，咎不在嬴秦。禮樂苦桎梏，典籍同埃塵。卓哉
柴桑叟，述古何殷勤。迷遠轍自合，跡異神彌親。昭然揭大義，為世通
迷津。獨立魏晋中，岸然古冠巾。飲酒乃寓言，所念羲皇人。

中元月夜露坐納凉

秋色夜方倩，餘暑清高林。搖扇穿曲廊，凉月散人襟。雲樹相玲瓏，
扃藏環幽岑。至今此溪亭，上夾道垂古陰。煩囂一以滌，輕風如何尋。

願言求圓嶠，荷氣生仙音。

文安王孝子詩奉和座主安溪國作

丁逢日繁重，閭户多逃亡。文安王孝子，飄泊別辭故鄉。棄我舊井
竈，舍我舊耕桑。甘心離匹耦，各自東西翔。
故鄉不能歸，涕泣淚如雨。一灯何煢煢，健婦持門户。生兒在襁褓，日
夜尚須乳。
兒生未十期，兒志如成人。上堂見阿母，兒有爺生親。兒生不知父，兒
不如鮮民。阿母為兒言，汝父久埃塵。上天与入地，欲見愁無因。
孝子聞母言，含淚聲酸辛。不能語，獨立心踟躕。奉母居道旁，冀得
達音書。朝來撤勞薪，為客與農炊。客有遠行者，孝子前致辭。兒生自
有父，遠在天一涯。長跪進履襪，為兒一尋之。荏苒又十年，消息斷路
岐。
團圞復團圞，為言投家室。登堂見花燭，吞聲哭不得。兒生未識爺，
何以安枕席。誓辭連理枝，永遠事行役。再拜阿母旁，泣血流顏色。
出門何所之，悃悃別里門。長跡岀行路，天地为之昏。日則望雲馳，夜
則戴星奔。飛蓬冒天末，何處尋本根。
出門何所之，竄身落山椒。望見田横島，悲風何蕭蕭。海水为不流，鳴
咽凝寒潮。
意行大壑旁，僵臥荒祠外。精誠動木石，魂魄交冥昧。開門揖老叟，夢中句
神會。午食見指南，莎羹未粗礪。當歸乃隱語，不聞附子膾。
迤邐入東南，山澤形神枯。黄沙蝕顏面，瘡痍生肌膚。果然帶山下，貴覺
逢精廬。佛香飄院落，有客蒼髯鬚。詢知舊鄉里，謦欬立坐隅。尋聲
猶識得，精神相感乎。父子抱持哭，淚落千浮屠。
慇勤叩鄉緇，林戒行李。入門見老妻，毁顏已暮齒。新婦潔盤飧，为
翁具甘旨。至行格天地，和气浹鄉里。高曾遺矩矱，子孫徧朱紫。至
今道旁人，齊歌王孝子。

劉節婦詩

金石有消滅，立志常貞堅。可憐劉家婦，鄉里稱豪賢。劉翁山欽崟，奇人作
官。珠湖邊，劉郎温飽士，嬉游堂東偏。陽春桃李花，爛熳春風前。以為
免摧折，可保長芳年。誰知時勢異，羅網紛纏。劉翁䟦宫去，劉郎
亦株連。可憐劉家婦，于歸無一年。夫婿哭在途，寡婦哭在堂。可
憐劉家婦，掩淚出閨房。急脱紫羅襦，急卸時世粧。下堂理
刀尺，上堂調羹湯。踟躕不能寐，鳴咽東方明。
北風寒氣冽，雪下白皚皚。堂上翁與姑，相继遊泉台。新婦中夜起，行
坐愴中懷。夫婿知何方，道遠難召偕。低頭乞四鄰，軟語慰僮僕。相
助送翁姑，潜麻歸夜壑。叫呼（酷切）野田曠，無路雪光蕩。溟渤可憐
劉家婦，皮肉凍皺裂。一手附白雪，一手掩白骨。
淸水東西流，各自從淸濁。人生賢與愚，所争在好學。可憐劉
家婦，生兒具頭角。兒生父未見，兒長母淚落。夕陽下野田，
羣兒共力較，皆言劉家兒，門户最衰弱。公然來欺侮，对面相
束縛。兒歸哭告母，母急為扶持。呼兒告往事，淚下如綆縻。自從
汝父出，君家婦难為。汝今不力學，宜受群兒欺。送兒就傅受
書，歸書惟願兒熟。孝經不厭，文詞
秋蓬辭本根，無亂無枝柯。羈人患難後，萬（曾）事皆蹉跎。當年朱閣
秀，今日寠人家。荆釵檷蓬鬢，憔悴難光華。日刈田中木，夜績

燈前麻幼兒不解事索飯聲呀呀阿兄門外未歸見生咨嗟咨嗟追往
昔廿載星霜換作歌告同仇帘上血淚漫夫婿在天涯各各心腸斷

與顧俠君

君前入剡時春波蕩綺縠遥峯青蜿蜒芳草茸茸綠鼓棹下鏡湖夜
遊時秉燭清詩如束筍刺菓塞滿座我今剡中歸殘雪散林麓小
停訪戴舟尋君半塘曲洒掃秀野堂冬缸酒新漉堂中走圖史清
華湛水木撐腸千卷抨架三萬軸蠹魚細箋註迅掃千兎禿相
逢一笑粲共補山遊錄

鏡湖寓園剡竹

喧囂非所耽茲堂宜在野蕭森數竿竹敧拂疏垣下做風與婆
娑白雲自飄洒夜來山月生虛籟自敲打
數枝猗然一枝出雲外天寒日光薄蟲沙莽萃蒼何來食肉人
対対形欲蜕虛中不可見涼陰沁肺寂坐枯樹旁意與烟霞會
荒荒觸此徑草草詰此堂薜蘿製為衣桐實炊為糧下士不知
許窺來者藉與康道深俗易侮内堅外自匡養拙叢薄中隨
風生低昂
耿介石同性蕭槭雲相依不知天地間何物甘癡肥小鳥身何榮
孤鳳常樂飢容途苦岑寂山水留清輝琅然越笑聲無為
徒歔欷

吴義民詩

稷山義民吴伯宗世業農弱歲喪父母兩弟相依一日
失其少者未幾次者又失去伯宗行求十年餘皆得
之晉多孝弟力田之夫如伯宗者其猶有唐魏之遺
風也與作義民詩以告世之為兄弟者

有弟有弟在巴巫天寒日暮道縈紆山如劍鋩路崎嶇瞿塘三
峽妖鳥呼十年不得平安書義民思弟行踟躕巴雲茫茫巴草
枯欲尋無計空嗟吁誰知相逢在上都憶昔一母生三雛虎兕臨地雄
於菟牽衣繞膝伯仲俱推梨讓棗為歡娛可憐轉徙遭亂離徒痛
定思痛心何如兩人相弔形影孤有弟有弟闔無閒滌身春床依
穹廬朔風如刀割肌膚焉通焚火延頸顱自甘沒齒為人奴義民義激思
首塗寒江欲渡來無杼嚴關欲過軍無符狐裘不煖雪庵庵何況單衫
遮肝軀含情無語泣路隅佃田聊復為輸租始得伏匿藏單車渠魁據
窟同負嵎落身陷井穽非良圖陳情志府走撒拘兩兄血淚沾衣襦釋
刀怕首難睢盱義陷不覺詞嗚嗚玉關生入行安驅一時高義傳通衢
至性純篤小夫客言膚行徒區區吁嗟膚行今已無

烏獬豸歌為宋商邱太宰作

濯龍門外香塵起御廄飛龍五花紫道旁借問何光輝尚方賜馬尚
書跡尚方天馬渥洼種寶鐙至尊妙選三萬足衆中耑出安而馴賜之
可以榮老臣賜汝佳名烏獬豸能使千人萬人駭虎文龍腋身雄奇
雕章寶鐙黃金羈騰驤躡蹄懸發奇勇須臾蹴踏神俱悚涼秋颯
爽氣騰驤道旁觀者如堵牆風動盧溝橋畔柳八騶在前馬在後
賜衣初服垂華綍尚書乘馬如乘車徘徊延佇鞭影低馬息聽嘶
當風嘶西陂芊茸水泉好不待來年試春草飲齕有態馬放閒
可意赭羅蹀躞天閑三公行田往南簿此馬先驅猛于虎歲華弭指何
匆匆又見文星軺趣潞公重來文陛荷殊獎拂拭還看馬齒長

若耶溪懷古

赤堇山前波瀲灩峯巒無數銜山店日暮溪風吹客面帀古重來訪遺
箭樵人不逢鄭巨君寒蟣早與仙人見上有馬孝光釣磯晚登鑄浦西歐冶灼灼
芙蓉鍔百鍊蜿蜒立佩五蛟龍出入風火森君電當時吴兵入會稽提戟
行戍幾戰爭純鈎湛盧空自好魚腸巨闕安足銜不若長光誇絕豔
臺遊麋鹿千秋鑑沼吴只在如花人多事越王重鑄劍

秋夜聽雨

坐卧水亭清宵涼陣陣生月光行雨外電影照秋聲玉瀲和雲冷銀河隔
樹明會須憐織女天上賦閒情

小集東南書屋次韻

松下支離曳花前桑苧翁相思隔秋水一別幾春風顛髮看非舊琴樽
詩許同康瓠吹暮雨客坐近房櫳

題李剩水明經傳後

大影隱非邱壑斯人應客星山林終寂寞河嶽散英靈有道人師表中郎世典型遺書今在否雲氣渡山庭

春暮過平山堂

不到平山久樓遲又五年松聲猶帶雨山勢欲凌烟孤磬閒初地幽亭咽古泉却憐春未盡惆悵對江天

讀書落花下作

映雲殘日淺繞砌落花深濤俗不得意古人知此心字濃香可泥行密影堪尋木待黃鸝唤悠然自好音

次韻王和王令貽給諫移居

傍橋才妥玉了又疊架圖書得幾車亟遣長鬚新掃徑旋教阿段手採花較量酒戶尋張老熟尋張老白詩酒斟酌詩情近孟家問訊一枝安穩未百年何事不浮查

紗巾欹落夜堂邊自在能參法喜禪熟睡乍回翻有味生衣初試亦堪憐鶯棲三面巢枝鵲長嘯一聲馬柳蟬竹塢閒茶人散盡博山香燼半爐烟

壬辰春奉命分校禮闈東廊南湖張硯齋蔣西右諸前輩

清霜簾幙鬢毛侵天日無私共照臨十五國中才最盛三條燭下興逾深滿懷冰雪無餘滓一片空明證此心學士鑾坡清望重爨桐從此有知音

送悔餘南歸和張匠門韻

紛紛洛下說休官勇退如君世所難客羨青鳧翔海鶴人言空谷有芳蘭樂天久已懷三島子政曾聞賦九嘆從此汴州佳氣滿風流一老卧江干

送顧嗣宗返吳門次留別韻

轉盡雲龍旦夕依故山猿鶴久相違人如諸葛真名士客是江東大布衣吳地烟嵐應入夢楚天鷗鷺漸忘機步兵日有尊罍思隱語無歸且緩歸

與黃儀逋

難得花間見在身詠懷詩句尚清真傍城鶯見團團月斟酒先聞琥珀春小院殘霞花映檻淺塘流水色如銀隱居家在墻東住一任巷蒙莊一幅中

和沈梧双遊金山詩

幾年歸計負雲山衣帶逡巡冷欲刪西岸荒鐘沉海嶽一天秋夢滯江關芙蓉千片樵未遠鷗鷺經時有處閒却羨休文多錦字偏能濟賦屛歡顏

靜觀堂觀天寶遺事

法曲人間未渺茫禮槽一夜響伥伥海青罵賊逾年去會有琵琶答上皇

二

獵火光中一串歌千年蓓淚滴銅荷李暮曾傍宮牆聽殘序霓裳記譜多

三

芍藥亭荒更不堪春宮人入道也傷神海山久已發霞去猶把靈心哭太真

題漁洋先生放鷳圖

照影碧潭同耿介刷毛琪樹共婆娑閒籠放處白雲滿故昨夜故山歸夢多忘機久已狎鳧鷗閣外初弦月似弓盡把閒心托閒客小軒秋氣過孤桐

寶城

牧豎眠牛是帝家太平何必在桑麻寶城一片風流地只許千秋人種花

別舍弟向洋

憔悴江東阮步兵鄉關回望不勝情一肩行李蕭條去從古此人間重弟兄

盧　生　字歆庵布衣

南屏

繞湖山疊疊樹密是南屏近見千重翠遙浮一點青蹤鐘常拂水高塔不鳴鈴最愛斜陽下扁舟沙岸停

吳　濤　字文山泰州籍歙縣人著芙蓉閣詩集。詩觀三集云：與文山同里而未相識，予曾次仙裳韻有贈文山之作

遊上方寺

春色邗江滿攜尊又上方山泉同寺古華路共碑荒帆過穿深樹僧歸背夕陽登臨須痛飲不必問隋唐

望錫山

春樹遠萋萋蒼茫四望齊雲埋芳草路鶯囀夕陽堤柔櫓聲猶急

浮屠影低蓮窗聊騁望惆悵未攀躋

黄仙裳招同許漱雪農部王春明解九李李子李康家繡巖刺史雅集古渡菴

探幽時共到山窗選勝開尊傍法幢正有涼風來曲逕还邀明月上滄江叩扉林外驚栖鳥沽酒橋邊小犬吠吴楚故人今夕聚瓣香直使寸心降

雨中登金山

江雨蕭蕭暮不休携尊著屐涉山邱難分草樹連天暗但見波濤擁地流水帶平声来楚蜀人從山色驗春秋誰知無限登臨意又復天涯事遠遊

送李皇望歸楚陽

正月相逢四月歸扁舟載酒送依依金危夜酌歌難斷蘭渚風輕客漸稀亂竹幾叢空旅舍新蒲一帶繞漁磯懸知遊子还家日堂下稻紅映綠衣

偶見

寒葩傲雪傍荒台倩女偷攀帶笑回我正惜花花愛汝月明还許看花来

黄 藻 字公衆

别仙裳兄投住雨村

負笈雨村去離兄學授書清尊方别袂落葉鍰驅驢生对烟光裏行吟夕照餘寸心愁不盡天畔雁行疎

吴崇先 字式武號鶴山歲貢生官中書舍人著世綸堂柳莊籍蚌詩觀三集鶴山先生與余三十餘年投契其詩苦心淘汰字不虚下近作则格力益遒復雨姿態流逸

惠泉山橋夜飲

山橋涼月生水岸徐風至野酌五六人偶談二事當連杯内心洒落塵外意泉石有餘閑誰知此間味

遊白雀寺晤谿堂上人

綠遍春郊外尋幽到上方松陰遮寺路亭影接湖光入座參空偈聞言有妙香偶来随所適快覩小襄陽

暮秋步甘露寺

隨意行来處林深又一天潮鳴梵響雜径轉佛灯連樹為殘秋落山從返照妍登臨思更遠笑指逝波禅

黄河即事和李書雲内兄

行盡江南路因深去國情鄉音隨地改暮雨驟漲沙平荒岸知秋早輕霜帶雁声故園憑夢轉官帳與梅清

過仙霞嶺

只有山相接都無路可通数松横出嶮一壑倒流空鳥截閩雲白霞飛海氣横紅忽尋村居去何處問樵翁

承恩寺東巖鄭旦石

孤灯明復滅客況欲如何寺雖耽静雕鞍未厭過春融花氣足鐘定月明多學浮如雪嘯將邀白雪歌

秋山晚望

匹馬吟紅葉前山第幾峰高崖横落照疎樹見行蹤望遠臨危石千馳下古松怡然谿心目野興賦從容

進黄河口

至此舟方静昏昏月下行浸思神禹跡且喜濁波平水面風波帆勢烟中雪浪声幸聞人語集荒阜是何城

訪友留飲

不近高人榻誰覺湖海心十年閒意氣一夕定知音清吹散平野白雲横遠岑相思常念切尊酒話更深

舟中雜興

軋吟文枕覓題篇為寫行途景色妍小艇懸留忘日去深楊挂月逐人圓山城雁度千家杵村落鳴鳴五夜船簫鼓中流渺何許蓟门远在白雲邊

題宫紫陽年丈舊山讀書堂

東風吹柳綠湖濱竹石參差野鶴隣新雨一簾催晚梦故山萬卷对残春林巒遠見龔公秋澤畔長垂尚父綸眼有十年鋒鏑盡料欲抛膝是先民

塞雁

地北天南萬里身驚寒昨夜過邊塵暫隨沙漠秋来梦还識湘江戰

後春片候長銷憑寄信稻梁猶滿勿傷神荒汀斷渚年年路應認蘆花作主人

溪上落花

新紅片片飛總是傷心處溪水似多情不遺花流去

閱射

日暖風和驕馬行穿楊引羽意縱橫江東子弟新承寵射虎爭誇右北平

蔡學環 字公梅恩貢生考授理問

春日同謙龍此度韻士飲西山分韻

一望浮青靄山光漸已春登臨纔此日歌嘯復何人城郭低飛鳥乾坤老戰塵且休談往事踐樽酒坐荊榛

寄贈友人隱居

一曲清流繞竹林結廬豈在入山深釣臺寂寂漁蓑老桃逕悠悠鶴棹尋世事支離聊濁酒春風憔悴只孤吟閒來未向松根憩愁看烟雲變古今

贈歌者

憔悴天涯正此時黃昏鼓角亂鄉思也知崔九岐王少慨唱江南紅豆詞

王雅 字正子

雜詩

瀉酒置杯中表裏色空明此物有深味顧影時獨傾一醉就枕席方寸正和平奈何單栖鳥繞樹長悲鳴哀痛為誰故無乃傷伶仃聽之感心曲反側寐不成攬衣失次第強起步前楹同病莫我憐霞雨淚縱橫

黃鵠巢珠樹六翮生光輝遭遇驚風起吹向淮南飛日昃方未餐中腸恒苦飢猶是千里才毛羽世所稀逢蒿暫栖息衆雀莫相違

百川知天寒凝冰不揚波草木復搖落爾松將如何幸遇雲間鶴飛來栖高柯相期守固窮世路盡虞羅

雲端有仙人自言王子喬呼吸比紫鸞遺響滿碧霄步虛下中庭羽衣凌風飈奉我藥一丸燦爛若瓊瑤受之幣亟飲置此待來朝文寬尚未毅太素思遊遨

送吳陋軒

知己聯吟可判年問君何事理歸鞭應愁鶺鴒飢無米約伴山僧種野田

沈嘉植 字子桓號恒双歲貢生官清河縣教諭少司馬胤阿之衣岡芝山之子著山雨樓集羅淳備仔子京作詩不喜酬應往往輟閣筆

過青山水川津津吟哦不已

蒙陰道中雪

北風吹征鞍長夜興氣蕭索游子事遠征凜冽悲衣薄陟巘望蒙陰煙起城郭四顧天沈昊密雲寒大漠初驚微霰集繼乃如掌落飛絮捲長空須臾滿寥廓乾坤玉結成邪辟迎興壑我僕瘁以痛我馬罷且前行行路轉難依微見東嶽安得登其巔齊魯共揮霍

寶帶橋看月

橋頭有月色驛路白如霜砧杵千門靜蒹葭千水長閑河秋渺渺雲樹影蒼蒼醉後餘興呼童載茶觴

送蔣霞生入都

迢迢冀北道遊子漫羈栖古驛寒梅放平沙朔雁低千盤衝雪度一劍帶霜攜珍重樽前約春風聽馬嘶

早秋登昆盧閣

高閣俯神州憑臨萬象收烟塵連九陌風雨渡雙樓宮柳游鞭暮閱城畫角秋西山歸鳥處一片彩雲浮

九日集半園

層峯疊疊入雲高九日登樓首重搔白雁橫天秋漸老黃花對酒客爭豪四圍楊柳垂明月一片芙蓉入彩毫莊再百年肴易盡誰留看風景待吾曹

暮春起雲山房送家竹西北上

石林精舍倚山椒俯瞰清溪野趣饒幾樹殘紅飛小閣萬重新綠隱危橋春來花鳥供游覽我輩文章付酒瓢爭奈驪吟纔竟夕東風明月又征橈

花朝獨坐

晴日風和百卉新疎枝滿院笑芳晨寒爐茶熟誰相過獨有梅花是故人

余儀曾 字伯來號羽尊先世甬口富春州游如皋[illegible]以阮[illegible]故事[illegible]家焉

答許澂雪農部

十九年重聚雉城靈光心事漫相驚名山老盡他鄉眼遊水悲聲[illegible]

俞梅
黃泰來
黃陽生
黃容樞
許彭年
仲青
鄧昌采
鄧勵秀
勵相
紹宗
單退
朱光𤇺
先岳
王鴻蓀
丁元公

國情肯似時人輕命素灩卢素色照紫荆連朝雨渾難定能興能
未且聽當

李亦文字江衣詩觀之集江衣賦才極艷
死無作偶偶得一章輒為傳之

送王自牧學博之淮上
江卢千里碧幢分十萬罩儲過水濱𨱍角夜吹邗渚月樓船秋泛碧瓜雲
湖雲微輸自昔合勞氏牧𢖓輓何當貢廣文此去黃花孤驛晚雁
群峰嚦卵堪聞

王孫驂字受軒康熙乙酉舉人宜宜黃縣知縣
山行和滄州韻
逢見雲屯嶺入山不見雲飄蒙連一色齊魯勢平分客路惜方定春
醪氣正醺天涯成聚首誰復怨離群

送州牧王文山先生歸里
來暮歌方遍如何忽唱驪雨年為聚首一字亦吾師解組人歸
早攀轅馬去遲棠陰留草舍歲臘繫遐思

俞梅字師巖一字太冥康熙癸未進士官翰林院編修著治河方略
詩句纂修官分校康熙字典一統志分韻唐詩政治典訓諸書癸巳山
西典試孫尚書嘉淦王中丞師李侍御徽皆出其門晚年杜門著
書撫教故人子成立者數人年五十卒

舟次燕子磯
乍晚風濤險維舟燕子磯雲空山影瘦潮長浪痕肥狂客吟秋水孤舟
帆下夕暉倚篷無限意目斷燕雁南飛

次韻黎湘止招飲
几坐連朝雨黃花染翠烟化自同野蝶放眼屬寒蟬日影霑雲徑
秋風着草眠共傾三葉酒漫詠柏梁篇

半塘弔詩人黃儀逋墓
天涯孤塚水邊門寂寞人間北海樽三尺荒烟埋醉骨萬山冷月
照詩魂是仙非鬼余終信欲殺能憐世莫論獨惜血光墳墓遠
隔江愁綠鎖眉痕

黃泰來字交三廩貢生仙裳子詩人宗梅祭之婿好讀書嘗謂
古人不難期患不立志耳所選詩傳刪除依阿著作有
樓集浮之閒七律觀海集
浣花詞

將有洞庭之游蔡石宣程言遠以詩相送援筆答之
我聞洞庭之七十二峯高嵯峨洞天福地何其多東西對峙青疊疊上有
姑射絶世之仙娥餐霞吸露匪朝夕光華日月相摩挲仙人夜吹白
玉笛胡麻麟脯能留客長嘯一声千里驚水晶宮殿銀蟾白吁嗟此
境不易登千家橘柚垂層層丹邱在人境仙子憑虛升上有蓮花放
千葉高呼帝座如可應蒼虬赤鯉竟何處花落花開自朝暮蓬
瀛清淺路不通女床丈長相思樹烟中縹緲有若無玉几珠簾隔
紅霧銀河倒瀉摘星樓天香滿袖劉郎渡欲攜之寄訪芝庭其區
湖水如東溟麻姑勸我飲更傳神仙自古忘其形洞中仙子久相待
俗眼惟見洞庭之山點之湖中青

游花谿奉懷東海夫子董東龍舍五先生
花谿昔為安道宅十笛黃鸝呼深碧江右風流今尚存玉峰夫子追前跡
即地便為綠野園臺榭參差最開闊胸中五岳任意生眼底大池隨步
得登峰造極無以加曲磴懸崖幾百尺始知會心不在遠郊壑縱未屬安石
文章滂業亘古無榮光夜映台星白瀛洲詩宴瓊花朝太液揮毫
珠樹夕分明自在閒心中玉宇晶樓帝常俘柏梁和罷又芝房天馬
風騫瑤席名園晝閉十橋莊落紅滿院徑蒼苔積濠濮游魚自得情
野塵能迎山客敞白雲來往自無心春秋閒邱東山豪珠江有客歸
未能一榻高樓愛鸞傳十年心慕始相逢投閒那久栖巖壑傾談
共念玉峰師一代儒宗声望赫猶憶廣陵初識荊陽羨陳君話疇昔
紅豆歌成恨未終檀置蒙之為鞭策門牆為仰總難窺雲泥北雕
江湖隔蘆蘆抗疏祇吟無果無節空自惜花落桃李十萬株
飄逢我作滄浪客

虎邱謁蔡忠襄公祠
蔡公忠烈超千古晉陽百戰扶戚斧猛相從盡致身白日黃沙捲旗
鼓憶在鼎湖十六春屢溢如毛塞寰宇中原無人烟處處堅城遍樓櫓來

中拱手失函關亦眉百萬貔貅臨邊將士心膽寒宗玉紅顏忍賊
取漢史一筆渡黃河太行搖動擎天柱中丞竭蹶命出師神將彎弓
石沒羽摧鋒入陣屢敗之賊勢返天塹城府兵盡矣窮潛上疏孤臣
力盡負英主孔明陣裏將星流宗澤營邊忠鬼苦生為柱國死明
神今日酬功立兩廡陽公遍禁談祀多改作公祠亦英哉吁嗟白日
失廟謨聖時封疆用閣豎緋衣常侍讒添兵坐失大事機由奔函
寧武關前塞草黃英雄血淚傾如雨大猜反為賊元勳九門迎羅
閣宮戶此華年時挾主威臨危授命淮堤叛中丞鋏漢睢陽風
國恥未雪理黃土只今祠廟虎邱間忠魂夜作月潮怨

賦得花月春江十四樓

十四樓何在春江月尚明曹間遺老說夜夜竹枝聲細數幾時事興
衰北日情秦淮佳麗地懷之盡愁生

京口懷古

千流雄圖吳楚關中流天澗水潯潯樓臺迴出向朝寺烟雨長迷北固
山牧馬犀嘶衰草路漁人獨釣碧溪灣佛貍祠下無人問惟有神
鴉自往還

贈汪鈍庵先生

高樓百尺臥看英餘子紛紛慕姓名道德千秋歸碩果文章一代屬
先生身逢山水頻營宅心厭榮華不入城著得太元經始就問奇
門外有人行

山塘送卓子任歸廣陵

送春時候送人歸惆悵臨歧指落暉幾少未醒還貫酒今朝欲別又牽
衣崖前野店楊花落樹裏紅亭燕子飛君去渡江吾尚滯焦山
先已夢漁磯

姑蘇懷古

佳麗千秋憶闔閭吳王宮闕已荒蕪採香徑沒青山在響屧廊空夜月
孤霸業不堪同逝水興亡何處問啼烏浪傳西子終歸越一片菱歌
散五湖

秋晚同唐祖命先生渡鑾江夜次朱家口

秋老人同北路歸晚投荒浦思依依山雲繞寺塞鴻過漁火照江楓
荻飛客裏空囊添酒債月中涼露濕征衣扁舟此夕追從處痛飲
狂歌興不違

百花洲是宗方城先生讀書處

誰道荒涼滿目蒿百花洲上醉香醪松楸何處來孤鶴城郭依然
響怒濤七子中原年最少八閩烽障續殊高從來才大難為用
砍為先生賦楚騷

吳門即事

寒雨蕭蕭江上生西風愁絕闔閭城疎鐘尚憶寒山寺夢斷楓橋
落葉聲

阻風江陰登君山北眺

他鄉已覺是春光盡日波濤阻客航時向君山望江北潑江一片雪茫茫

雨中攜樽過唐耕塢舍人雨花寓園

叢桂香中風雨稠攜樽相訪醉南樓六朝山色推窗見木末亭前一
派秋

鸚鵡橋泊舟

踏破歸來上畫橈酒醒常覺是中宵春聲到枕人難卧細雨斜風鸚鵡
橋

黃陽生 字比懷歲貢生號晉漁仙舉長子著月舫集

懷金孝章前輩

我愛金夫子行蹤類昔賢避秦歸洞口思晉隱籬邊虎年三秋月邗江
獨夜船相思隔烽火書信倩誰傳

醉里訪褚研耘先輩園居

十載聞風義今朝訪隱淪浪游為俗累高卧足天真暗水趨池滿
秋聲出池頻會心何在遠魚鳥自親人

乙亥秋深與鄧孝威先生家園

亂後未深院荒林落葉平秋風欺破屋朔雁吠寒城酒傍陶家灑
詩同謝客清豈如韓數處幽興為君生

聞顧與治前輩訃音

相逢記得在秋前十日歸來事忽遷知己恨離三百里病身愁卧幾多
年心傷伯道終無嗣世少鍾期已絕絃此後新詩更難見望風遥奠
倍潸然

和唐祖命先生見寄

山溪黄葉打秋窗北望銷魂水一江收近稻苗人事簡荻花叢裏
放漁舩

月舫春夜寄白蒲諸子

春浦垂楊緑幾株每從清夜憶吾徒莫言客子孤帆遠明月依然滿白
蒲

黄宫檀 字上木號木庵仙裳姪諸生木庵得母朱之教幼即爲名諸生入太學授州司馬其外舅嘗謂人曰温恭處世之法我得之于上木

春日宗梅岑先生同王孚嘉諸子過仙裳叔寓齋未遇分得六
麻

偶過邗水駐星槎來看日僧樓聽暮鴉肯向阮廚來舊好且
教謝屐到貧家林飛細雨三春老溪冷江梅一樹斜塵事獨
羈虚宴會那能重過把流霞

上孫司空大子

看竹曾過大阮家中宵劍氣識弦華未從東海終三策仍返西清判
五花聖主獨崇師相禮部氏争望使臣槎爲言邗上觀濤
久不得吳陵拜絳紗

許彭年 字介眉號鹿村明經修ノ廷子著鹿村詩集

訪黄儀逋不值

爲訪幽棲客行來路未賒北窗喧鳥雀曲徑入烟霞客散茶聲歇
亭空樹影斜主人何處去落盡一溪花

旅懷

青山策蹇日初沉老大無家淚滿襟況是空林蕭瑟後夜深銷盡
月一聲砧

仲育 字遂生宮節溪云育家最貧凍餒切膚未嘗一言勅己清風高節洒軒也程幼文曾收其遺詩刻之今詢其集已無有能知其名者何洒軒之幸而遂生之不幸也

磬山冬夜别慧上人

清風吹送白雲還半在高僧兩袖間但見蓮花迎短杖那知霜雪
度重關芒鞵復踐來時路明月空留去後山從此寒江千里潤
祇憑白舫載清閒

鄧勗采 字扶風號次德李咸子著我舫軒稿

别姚舒恭

寂寞荒村裏傾壺那復增秋光連遠岸水氣逼深灯繫柳家家
舫沿溪處處罾難爲分手别欵欵語吳陵

九日東樂省家大人即寄巢氏先生

亦知逢令節客舍倒壺觴可惜猶歧路無由話夕陽夢動双親動
心遂片雲長寂寞秋江上閑花强自香

赤壁懷古

孫曹争勝地日夜大江流不見旌旗盛惟看麋鹿游空山文石枕
绝壁蕩漁舟何限登臨意燒荒兵火秋

游野寺

野寺人誰過禪燈到眼微蒼藤盤畫壁老樹隱柴扉僧去鴉頻
唤虫鳴葉盡飛難堪秋水漲極目袛斜暉

鄧勵秀 字乂文李咸子

春日登太白酒樓

山御江面出樹壓一樓荒猶覩風流跡曾傳供奉觴祠堂啼獨鳥春色
散斜陽無那宫袍杳千秋憶酒狂

句曲道中

不意茅城路歸裝如此難乱雲埋四野寒日辨千山書劍風塵客乾坤
冰雪顔蕭蕭多虎氣那復任躋攀

舟泊閶门

雪浪銀濤一葉舟忽經勝地暫淹留梯航萬隊趨吴市絃管中宵
沸畫樓事去猶懷傾國恨潮回頻打故宫愁曾經麋鹿傷心地無限
騷人總白頭

鄧勵相 字方田號苑城薦山李三子著文选楼稿

秋日游阿育王山謁高巖禪寺

野花盤石路訪道及高秋深壑龍蛇卧危峯虎豹游餘存古殿
梵響韻溪流望望松篁暮禪房且滯留

天童寺

萬松圍古寺蚰徑勢迴環日黑長疑雨雲陰欲壓山仙禽穿洞
浴翠竹繞亭閣極目窮荒滄海森奇任意攀

廣陵贈杜茶村

身經喪亂困干戈此日行吟意若何滿地軒車誰顧問一時屠
鉤好相過黃金路盡頭全白老驥歌殘意自多卻喜風騷猶
未絕常聞高調起巖阿

再贈杜茶村先生

青山未買欲何依閱歷深緣事事違江海無爭耆舊盡風塵世業
管弦柿笑看彈鋏傾冠盍喜共論心只布衣浪跡至詩滿篋百年
吾道付滄波

立秋日微雨送姚舒恭次原韻

凉秋鄭重鎖棠荆黃葉蕭蕭泊舫輕一代風流成舊夢六朝詞賦只虛名
山村有路連雲合野陌無人帶雨耕憐汝遠投郊外宿客樓登望又
牽情

鄧郡榮 字若雍號碩亭孝威子著鄧尉山人稿

送舒恭之潘村

寂寞柴門路飄然竟放船狂風吹野屋急浪打荒阡愁思誰堪語蕭
齋只晏眠送知吟叫苦獨眺水雲邊

秋感

秋風颯颯落丹楓塞北黃沙擾亂鴻慘淡青烽獨猶戰壘蕭條白骨只
風猿啼哀峽千村怨草沒荒郊萬里雄何處清砧敲永夜關山月
照北邙空

單迅 字兆捷號百雄工詩得婦翁黃仙裳之傳

象文長兄遠歸對酒

兄弟經時別銜杯聚晚林那堪歸里日又動遠遊心桐葉驚秋早
灯光覺夜深近來全國事大謝有佳吟

黃邸憲 字注君

喜天濤兄自燕京歸

舊好在棠棣新詩自遠林但存今夕話還是隔年心露濕花枝重灯
昏戍火深依依十日飲愁絕塞垣吟

張山欽 字石樓候選知州

壬戌孟冬巢民先生招同諸名賢四十九人為海陵讌集

天地間有名落落氣觸於作者為佳句六代盡驅來大江江城夜復諸
賢聚主人館閣開沉沉菊花香透霜林青天夜半忽見月銀燭高
燒客自斟龐眉皓首誰壓座客多安石東山卧那知年少皆驚人揚
子濤白雲和與來放筆淋欲闌燗醉不顧神鬼酸蘭亭梓澤昔何盛
滔滔逝波如意流良會不飲且不賦古人白眼將怒看

朱光鑾 字青獻號竹林又字子翼貢生中書候選同知著牧鶴軒詩稿 詩規玉青嶽神致如蘭哭之同志共李風雅詩既婉麗史極高超斯真詩漢唐之遺法者

題文徵仲寒山飛雪圖

幽人長年不出户家住千峰最深處滿天寒雪灑空林一夜琪花
生玉樹此時對酒懷抱開山南隱者獨來樵青歸雪正相
待幅巾戌杖銜苺苔茶鐺藥臼苔檐下百道飛泉半石澗松梢一
點露紅棱古寺微聞鐘磬罷誰能放筆為此圖景物不異風神殊
一縑一折皆奇秀待詔名高天下無

秋日重游焦山

不負山林約重來掛短篷江空霜更白秋老樹能紅歲月滄游覽魚龍
攪梵宮微君何處去千載憶高風

瓜渚曉發

放棹烟波裏漁歌聽櫓人孤城猶月色獨客正風塵山寺鐘聲早江花野
店春昨宵瓜步酒歸夢幾回真

酬贈笪江上先生

避跡名山歲月遙多君相訪動輕橈著書頗愛陶潛酒吊古頻來許淨橋
兩世情深蘭譜在百年人憶桂叢招江干種藥身將老回首京華夢亦消

真州口號

千艘雲集大江濱日日金陵山色親欲問英雄渡江處蘆中不見打漁人

牧鶴軒讀書

洞聲夜靜響園扉茗椀爐香好下帷避跡荒齋人不到一亭月色正輝輝

朱光嵒 字東崎，號菊圃，以子貢生候選訓導，晉中書舍人，著古香亭集

竹西春日偕陸拙菴聽李壺公彈琴

隴西高士邗江客，幅巾杖屨神爽爽。閒來步屧叩雙扉，顧我時時露肝腸。劇談一席清風生，棋枰茗椀歆斗笠。靜掩茅齋一事無，焚香瀹茗清無敵。話入為吾撫素琴，一彈再鼓鬼神泣。流水泠泠指下生，清入毫芒達呼吸。恍如細雨咽秋江，忽漫洶濤撼四壁。同里陸生亦能此，側坐微聞聲太息。嗟乎四條絃子邊，閒曲唱徹旗亭煙月白。古調今人杳不彈，傾心入耳倍蕭摵。落花無數小窗前，春雨聲中更寂寂。歸棹未朝揭，陸生孤篷悵望江天碧。

報國寺雙松歌

咄嗟何地無松樹，報國雙松天下奇。横拖倒映一千尺，頓令蘭若回春姿。一松偃卧無今古，嘯傲巖阿類猛虎。一松怒突勢若奔，山魈水鬼爭紛奇狀。神龍夭矯幾千春，屈鐵虬枝侵逸浪。五陵豪俠當新秋，肩摩轂擊訪林邱。俯仰那如有人世，坐卧陰疑逢島游。我來扺提攜繞日對雙松，事事覩殘鱗剥落，風雨生秋，燈梵唄飛霜霰。松乎松乎何落落，盤空翠黛森巖壑。不知何日鬼魅侵，一株攝取歸冥漠。使我心中淚點滿，心胸烏能哭，冗再見此雙松。

杪春飲一琴樓分圍雲蔚賦

春晴寒食後，濁酒漫澆留石氣，浮荒徑花光動。小樓彈棊消永夜，對月罷閒愁。嫻熳休辭醉，歸來興未收。

麻村

只在烟光裏，行行路更賒。驚濤從石轉，老竹壓簷斜。野黑高原燒，晴香古陌花。微吟篇白髮，出興寄桑麻。

望太行

遥峯積翠倚嶙峋，睨視風烟萬派喧。孤塞秋聲盤地軸，燕台雲氣接天門。土思絶頂窺邊騎，無那荒林綫斷猿。紅葉青山方在眼，高原躑躅又黄昏。

登宏濟寺閣

湖聲寂寂擁青山，雨過雉城試一攀。傑閣身臨天地外，荒江月出有無間。但有腳底帆檣過，静覺眉邊鸛鶴還。文行鑿不知何代，月空王日夜從烟鬟。

送呂半隱先生歸蜀

峨眉山色望中寒，獨客還家值歲殘。老去滄桑應灑淚，名成詩酒罷彈冠。十年旅況羊腸慣，千里歸途鳥道難。隱矣西川廬墓好，杜鵑聲急雨漫漫。

王鴻藻 字彤鵬，號自山，又號心齋，兩尚貢生，官中書舍人

長安歲暮行

天氣歲云暮，風雪何霏霏。冽氣侵肌浹，冷征衣。太息行中雁，胡為向南飛，來時曾有數，繒繳良不稀。何如剪其翮，為身得所依。雁兮為予答，豈曰不懷歸？憶昔秋風來，翩翩逐上林。此時雖已失，此志不終違。長嘯一聲去，天外秋雲微。

與田半園丈夜敘

我亦似飛鴻，飛飛靡所止。迴翔欣有托，凝神且住此。客歲游京華，悤悤家國裏。驅車南與北，日月迅如矢。瞬息近三年，回歸且課子。椿萱正向榮，妻孥信可喜。有叔中表行，骨肉真知己。笑予服轅下，胡為不知此？悠今朝服官去，爾亦慎行李。揮手出里門，時復爾爾黄金聲價重，文章生氣充。叔氏為予惜，勸進杯中酒。歲暮欲何為，四顧悲風起。

聞孫大司空奉 命浚海口

聖主施恩日，儒臣拜節時。十年餘病哭，一旦起瘡痍。沙擁春濤濶，流通澤國宜。逢聞旌蓋駐，雙羽瑤天逵垂。

九日旅懷

登臨何處是，高台滿目秋。光入望來，客館又逢佳節到，故園先菊花開。那堪萬緒仍黄葉，細把新愁付綠醅。萬壑千山風雪裏，空囊羞為剃頭來回。

寄懷段廣園夫子

一别經年音問稀，每將離緒對斜暉。青山老滯先生杖，紅雨輕沾客子衣。放浪天涯書劍在，蕭條身世碍羈違。京華二月春光麗，欲賦長楊未忍歸。

送友人之江右

盤日都亭餞送人，君今日暗傷神。鶯花二月征衫薄，烟水三江旅食貧。帆落湖天呼舊侶，枕欹風雨憶慈親。莫言彈鋏歸來晚，滿河陽已反春。

周虹 周鴻 宫樊譓 樊想慈 壽平 豫宗 儲雲 翁石磊 李載可 季堪倫 京泰 王晉源 劉九皐 沈龍翔 胃車出 漢出 全鈺 繆尊 周昇 李穎 張麋 黄篤祥 俞維埴

登北極閣
高峰一閣插晴空指顧金陵入望雄北極星河蒼漢外南天風雨碧
烟中三山佳麗迷飛燕六代繁華冷斷鴻登眺不堪回首處朝陽殘
樹月朦朧
瞻泰岱
疊嶂層巒急暮鐘千山一半削芙蓉氣通呼吸天門樹梯接雲霄
日觀峯客到珠宫探漢碣鶴巢松頂話秦封欲攜謝朓驚人句
直入烟霞十萬重
丁元會 字大叙日乾姪
偶題
十載顰眉異浮名只自知家貧親易老才短遇難期小閣孤灯
夜疏窗細雨時無懷千里志拊髀動深悲

周虹 字虹起号大橋先生工詩善射又又松為廣南参将大橋隨任海上有一箭雙珠事詳載州志身没詩稿散逸于同人抄本中檢得若干首
、駱賓王墓
古碣横衰草唐賢姓未殘墓門冬始見狼山麓草枯始見海氣晝常寒
落跡江湖易懨才宰相难空餘忠巾淚千載為君彈
、陽朔道上
南越还南去風光覽黯然長途傷倦羽故國渺疎烟四面撑拄地千山
接鳥天計時秋已盡桃綻滿荒田
別李總戎
登龍未半載長揖別吾儕風雪關河路飄零羈旅愁青帘枒外
肆紅敝竹間樓有毋嗟予季歸歟不可留
贈黄漢儀
蒲柳邗滿路重來訪故人卅年空航嶽今日又風塵冷眼予非傲
才多君自貧相逢惟拍手時事不須論
、江東門訪舊
舊游多白下訪舊繞江汀沙軟留人跡山空聚葉声双榆公子第百里
帝王城相對同懷古秋風無限情

俞晝 劉靖 陸大衍 王讓 劉允祚 王梅 雍鎬 朱增羊 陳君極

、秋雨潰隄
隄潰秋來雨連綿幾月陰怒濤鳴斧底孔艇門湖心村落無高岸人
家剩短林淮南十萬户與水共浮沉
、揚州晚泊
日落楚山遠秋殘暮氣清白花沽好酒紅樹望高城短短天涯棹茫茫客
子情二更灯火裏何處玉簫声
冬城偶作
躡屐上高城天空眼界清雁投東海宿鐘出北山鳴卒歲愁衣褐消
寒頼友生舉頭水魄满照我十分明
、梅花
霜迴月冷二更過江上冰如意若何半臂為誰搖縞素寸心只欲老
烟蘿花經寒極開方艷香到清時夢不多惟有孤山林處士相逢
起高歌
、與鄭孝威寒宵小集賦贈
攲帽高歌去早秋重來凍合長淮詩人易老千年誇才子誰封萬
户侯此日解裘重買醉何時作賦共登樓五陵笑煞諸紈綺被裹黄綢不出
頭
、廣州夜泊 時由海南返家大人署
仙華勝蹟已全消飄泊空驚歲短桃萬里獨看瓊海月二更初起穗城
潮烟凝野岸秋炊著灯滿山郵夜剝蕉行路却难思故國天边如聽玉
人簫
、憶嶺南風景
六年車轍遍大海南五嶺高低漸欲諳山寺路隨雲斷續土人語共鳥
呢喃窓推蕉下聽秋雨書枕樓頭看暮嵐夢裏至今猶戀戀七星
岩上酒初酣
、八日登開化寺大悲殿樓
巍然高閣壓吳陵袖拂慈雲此共登瀕海天光全在水渡江山勢
半歸僧蠻長雁醉排人字初地花光綴佛灯極目浮螺冰欲泮
東風吹佈白棱棱
落花六十二
、辭柯遜影日匆匆凋謝何須怨晚風自是情多人易老豈因春去色皆

空蕭踈江浦十家外骯髒山塘七里中可笑補巢双燕子年々天末

拾殘紅

舞袖蹁躚一抹齊爲誰懊惱翠眉低繁絲促節春將暮剩粉零
香日又西青草渡邊蝴蝶去黄陵廟裏鷓鴣啼寸心莫道灰同
冷猶有餘香逐馬蹄

閻　鴻 本名鴻雯字雲舫廩貢生儀徵籍世居泰州著有綠光草堂詩天放草堂集

和湍雪帆留別韻

相逢正值菊開時孤詠淒涼事可悲風木樂魚空有淚參商杜
甫更留詩極天關塞孤帆影捲地烟花兩鬢絲懷袖年々書不
滅下言難別上相思

平原覽古

路入平原思渺然四君聲蹟至今傳處々上客尊毛遂蹈海高
風得魯連如許頭顱操一硯向誰肝膽弔千年賣漿飲博人安
在日落荒城起暮烟

登文游台

蕪城北去有高台學士風流總劫灰但有王秦通雅會何須置定
識維才川原落日牛羊下詞賦清秋鳥雀哀我羨師生衣鉢近千山
相望鬱崔嵬

宮懋謙 字蓍英号杜洲官德州知州著嘯月齋詩集阮常生云杜洲當鎔鈌東瑯琊台秦中石刻至今巋然

渡沂水

白日落沂水欲去聊盤桓秋風散燕暑潭々生新寒手中竹馬鞭是
昔青溪竿臨流不垂釣佇立興長歎

九日岳阜登高過雲谿精舍

志士感蕭晨騷人愛素節杖策事尋幽溪迴路多折捫蘿展遐眺佳
興發高致山空雁影沉木落秋容潔下臨古蘭若花石轉幽絶上人足
名理相對忘言說一悟清淨因永息馳驅轍牛羊下前山點々溪頭
別回首晚林鐘疏烟淡微月

大通阻風

天意阻歸程狂飈挾雨聲浪花噴樹濕雲葉幕山平鄉遠書難到
寒多夢不成誰知羇旅恨日々逐潮生

宮懋教 字念劬

春感

竟把閑雲視此身半生無夢逐風塵病當謝後客常少書到多
時家已貧衰鬢似星難染老愁心如草不逢春欲將踪跡同文
通豈隔恆河未有因

宮壽年 字貽安夢仁長子著靜敬堂詩

議波靖海樓

東南形勢峙神邱文物由來最上頭何事高台空茂草幾人長嘯
漫登樓斗牛尚有衝霄氣棟宇能無惜籌他日丹梯憑眺好海天
一色望中收

宮懋德 字萬嵐監生

雜詩

清秋好風日虛窗無雜塵瀟灑開奇懷長吟暢閑身時復弄琴書
轉于幽獨親既適目前興喜與先哲隣大地真綺生假我以良辰
忘然意自得庶幾無悶人

宮家宗 字友達貢生官靈璧縣訓導

歸燕

秋老難爲客愁看社燕歸呢喃如惜別來去別知幾倒羽甘清露辭巢
正落暉明年春色好還傍舊簷飛

儲雲 字山濤又號蓋元拔貢生官含山縣訓導著君淑詩文集

詠史

漢帝得天下豁達異凡主區々斬蛇事荒誕何足數濡哉劉寄奴奮迹起行
伍權力扶天子恐爲眾所阻詐言新州蛇手斬顯高祖皇天眷有德
符瑞自非古茂陵封禪三代業如土

山水歌贈顧禹功

山峰遠樹何蕭森洞庭々右蒼梧雲先生寫畫先寫神前身自是曹
將軍我常思買潛山麓見此峰巒已心足安得坐我高峰頭直向懸
崖結茅屋

登大觀樓同黄文々趙憲吉澄鑑賦

天氣晴明曙色開危樓高聳踞江台雲迷樹杪潮聲亂窗對沙洲日
影來豪俠久埋橫槊志風流空負濟川才湖山閱歷從茲始好友銜
杯亦快哉

翁　磊　字岱瞻

送秋浦胡崇娘歸里

哀妾自有夫何為流異域楚軍本橫威非妾美顏色逆視見故山
不敢覓消息夜寂訴幽怨有客潛然側告我東海守殷勤郵孤
蹤嗷嗷西北風黃鵠奮歸翼飄飄非舊客舊郎还辨識問我别来
愁淚落不可拭

李載可　号吟四

冬夜同雪江大弟晚泊青蒲閣

水閣蒼烟落照昏扁舟投宿向孤村老来未免勞形役客路相依
有弟昆隔岸梅開僧舍徑過橋柳亮酒家門推篷月夜明于晝光
冷霜天雪一痕

李堪倫　字小石号伏星

寄顧俠君太史

阿英高况近如何聞說許詩卧薜蘿鵰倦應非修羽翼鳳飢知
是避增羅人生僻海才原少梦後寒江路不多笑我年来踪
懶甚百花洲畔幾時過

海濱白社幾人存謂酒軒仙袁李戚西齋勿齋大村恕堂諸前輩剩得吾家老弟昆謂家吟四
投刺客來旋下榻送茶僧去便閉門有他遠岫雲千疊照我空梁
月一痕有可寄居居莫笑居難居易任評論

春殘次家兄吟四原韻

桃花落盡柳花殘又見庭前放合歡車榻風迴驚午夢一簾雨
濕怯春寒不堪逢集叢常澀自覺休文帶欲寬莫道貪游常
秉燭韶光九十指輕彈

李京泰　字芝彩

送北垞还真州

天地能容幾輩閑雪風如此度関酒緣如已驅愁去詩重交情送
客还永夕坐寒当户水孤舟梦老隔江山溪橋十六啼鶯早待訪垂
楊綠一灣

王晉原　字雪樵　雍正癸卯解元

劉郎婦詩

海濱有孤雁音斷葭蘆洲乳雛隨巢盡寒飈夜飀飀家本文星
後郎操素清求心安不奢望声名乃成蓋草爲甘理没同穴逢

蒿郎春来靡無長採採非一儔岐路隨所向淮肯相從游蒼天浩
無極悲風鳴松楸

癸卯春赴省應試題齋壁

一天雲勢擁奇峰萬丈文芒駕彩虹龍見初行梅節雨鳳飛遙舉麥
秋風彈衣柳霧新沾碧映酒榴霞簇曉紅最是鶯声催詩賜櫻株
鐙出蕊宫

劉九皐　字鶴亭　著焚餘草

范堤烟柳

鷗堤捍海億綿延百里春潮隔柳烟歲歲鶯声歌不歇口碑如見范
公賢

天目晴嵐

蜀岡未脈跨郊坰嵐氣天光一色青鹿女不还深洞鎖南有龍
尾接滄溟

沈龍翔　初名熙　康熙癸巳舉人　少有異才　詩與古文名一時之宗匠

天目晴風

天末本仙臯年来耕種千晴嵐杳如許井石自縱横

泰堂明月

高堂倚一州去天纔八五明月當空懸照徹窮簷苦

冒車書　字富五　号硯齋

秋興

幾縷秋烟一抹霞空階涼雨似山家常憂來日不相待詎是我生真有
涯往繞林巢封落葉宅連雄堞亂歸鴉侯蟲也似知遲暮鳴過牆
陰稿豆花

峁山數葉只留餘猶記成童佩韘初王謝弟兄過絡繹盧家兒女笑
軒渠花水留中巡暮柿葉聲寒問府墟吏部遺書亦穷係
我始飽食到華胥

冒漢書　字又愈　号小山

過友人園亭

鶯声三月盡得此倚闌干江柳晚烟重梨花春梦寒芳時負不再
佳句最為難殊愧故人意殷勤紋一餐

金　珏　字蘭齋

冬夜賠補野老人

舉世誰憐作賦才百年生計總堪哀人如中酒心常醉難欲添霜志不
灰幾載吟魂悲楚客十年春夢卧漢臺明朝又發河干棹六幅蒲帆
雪夜開

繆　尊　字黄日諸生李文耿介生平不營資產
排悶情詩酒琴書而已

郊行即事

遠水浮城郭悠悠適此心頹垣行處古老樹望中深却喜山光近還
憐暝色侵未知烟霧裏何地不層陰

喜晤杜蝦耕

陰晴屢换日初長有客停車到草堂花近江樓將欲惹柳窺驛路
未舒黄相逢不改文如石别人何由契已霜此意無須多慰問聞
襟一笑共持觴

國　昇　字魁霞號鶴籟儀徵人居泰州康熙庚子副榜官訓導著
畫山樓詩文集假年日録程奴析宗兆以社中老斷稿栖栖
晚年目病惟日午就窓作詩文易未字大如
胡桃得寿定二年卒八十八

春中過蘿園　在真州

夜雪作餘寒朝曦萬徽睃物候本向榮精舍况非遠窓虚山翠明林
静鳥声緩坐久寂無人繁花落空館

天門舟夜

已决歸期近愁心翻不眠水昏初月夜山響欲風天客路依漁火人家
認柳烟新涼醒殘醉坐整舊衣偏

李　賴　字賓山

落雁峯

舉手開天門嵯峨上通渴置身最高巔雲霧興出没蒼茫環若盂黄
河細為髮鴻濛盡虚無萬仞鸞哭凡山鳥飛莫至陽雁自回翻我觀
謝眺詩声如蠅蚋發驚人尚不能安可呼帝閽

游西山勝水庵

鳥道藤蘿接山深日易西人穿欹石出天向遠雲齊是壁皆成壁無
声不到溪更憐茶罷滴修竹壓檐低

登兔耳峯

極目洪荒特大涯近海不春濤驚萬馬初日取双虹不見秦王渡曾

聞漢使過置風吹半醉清嘯倚太空

張　梁　字九嶷著知拙堂稿

柳枝行

河堤自古鐵與石近日河堤柳枝塞前歲河上來吉成今年柳梢文
須行官根一石柳一束三倍於未猶不足胥吏如狼横索錢催頭册欲
人家哭楊柳青青滿堤連年斬盡不生梯滿船載向湖邊去積久堆堆
化作泥君不見邵伯鎮南幾千戶晨炊半是吳陵樹

黄鸞祥　字瀛客泰來子

王浩川昆季招集竹里同外祖宗梅岑先生國博孔東塘先生
鸞祥侍家祖父即席命賦分得十四寒

廣陵雨歇尚餘寒躡屐尋春未殘曲浦漁舟吹短笛過畫橋烟樹
隔山看閑邀好友同高詠静對芳樽歸去欢此是慢亭投轄處不妨

剪烛且盤桓

送繆樛初先生應試入都

父執多年追讌席今朝相送出都門游和風御柳飄鸞閣晚日
宫鶯出鳳樓對策廣川真慷慨憐才司馬最風流千門九陌

花如雨務達憶春光控紫騮

俞維植　字聖威號學耕

放歌行

猗嗟哉男兒生愁一室真可哀四夜半呻吟四壁静不能乘風飛上黄
金台猗嗟哉彼蒼蒼柳何困我潮奇放浪形骸十年事業頓塗倒肯
雲折挫亦云早大風拔起東海樁繁霜壓起北堂草巢覆應嗟卵不完
驚濤況打鶯鸞鳥二十不十渴二十無適從霹靂魑魅塞天地授間從有奴
芙蓉君不見敝裘歸來蘇季子窮人大哭不知心又不見終軍年少不讀
書出關游俠能棄繻莘莘吃吃事黄卷英雄無乃為虫魚舞我劍飛未
電撫我琴漫沈吟一喜復一愁天下無知音無知音且狂走平生志氣復何有
崔巍立馬心轉傷茫茫烟水空回首

夏夜詠月

浮暑高林下時時駕鹿車遠過田父屋醉把故人書落日長空亦清風別
院虚所嗟詩未就皓月滿吾廬

俞　壽　字為先號知莊著落落吟

山行

萬疊峰巒濕翠横分明人在畫中行驢疲却喜能知路山好何須更問

名侍日孤松懸鶴睡入雲古木挂泉鳴總然世外饒幽趣隨處留遺
俗情

聽鶯

楼外風清日正遲春光潑眼夢差池聽來黃鳥雙雙語知在垂楊第幾枝

劉靖 字阮仙

古松吟

城南十里江村樹路江水灌河日東注尋春有客溯河流河邊都是垂楊樹樹裏聲聲雜鳴昫舟人指點寺是口板橋東去向山居翁翳鐵難辨林藪主人邀客入衡茅客權千章延佇久回頭都視樹如烟風雨雖迷山巖遠天為言此地蒼松古斷碣荒垃又計年園向松陰冒雨走走過參嵯三五畝半空寒綠逼鬚眉不願淋漓但倚首周遭一望十五株俯仰向背意態殊老虬屈曲蟠頭角層鱗飢鐵爪剝膚鳥鵲不敢巢上有天風颯颯奔濤千年未許枝下有地祇冥冥護林麓須臾索酒一開襟吉代山莊春草深醉後狂歌興勃勃揮毫各寫古松吟古松吟余技短座上在前珠玉滿常司馬今傲君我讓詩人兼酒人亂中飲神究誰是司馬才高神攀有神時維三月三十日米勿看松羊遠書

新晴泰山春望

晴光漸入杏花天抖擻探春上絕巔雪岸亂流歸壑水寒峰初散隔江烟帘搖沫樹村中市網罟斜陽郭外船外安得雲驂北麓下暫休密找共[illegible]禪

花朝後二日泰山晴望

春光浪擲過花朝且喜尋山杖一條遠岫淡描新黛現微風輕度薄雲消半灣鴨綠浮波面幾縷鵝黃入柳腰好景漫云攜不去溪中收拾貯詩瓢

陸大珩 字思白号蔥門 年三十卒 世著有蔥門詩存二卷

尋呂涼州江村故址

古樹斜陽淡一村閒尋野老話黃昏花增覓路今無主水竹編籬悲有門塞港依然飛荻絮斷橋誰復見潮痕可憐一代詩人把衰草寒烟夜夜魂

王濩 字子濂 著有樹詩集

廣陵秋望

秋色蕭條四野空蒼茫何處認隋宮殘霞綠樹浮雲外潮落清江暮雨中曾憶宗釵埋廢壠還悲金雁逐飛鴻遙偶來邗水尋遺跡山市青帘送晚風

劉允祚 字永錫号達庵

送倪周之初之吳郡

客路難為別風霜促曉征岱雲千樹合吳月一帆輕落雁予同遠飛歸鳥君獨行天涯知己在好續歲寒盟

中秋夜泊滕王閣

繞閣江光浸落霞蒼蒼雲樹接蒹葭人逢勝地詩難續客為浮家[illegible]易華帝子風流餘畫蝶才人問賦問棲鴉重來攬勝知何日徙倚闌干對月斜

王梅 字鹽梅号遜雪山人 候補州司 著吳陵集

蕪城懷古

千古繁華地空餘一片秋鴉台猶斷碣螢院已荒邱月冷將軍幕春深太子樓何人明月夜江上泛扁舟

天寧寺識予元上人

到門先見竹已識主人風座定塵囂淨窗開色相空雲多天不礙詩冷句偏難我取攜尋酒論心教茂仁

王雍鎬 字京式

寄懷蔡九霞

江南忠烈舊門墻獄獄儒宗眾所望倒庭愧非王粲後執經先認鄭公鄉遙憐梦老千山路已後花飛響屟廊計到蘇台游賞酒卻看桃塢又斜陽

袁懋年 字仙谷

別姑執端子

攜手何堪秋月殘郵亭相送意漫漫歸時只恨江波闊帝向青山斷處看

陳志樞 字柳塘

岳墩秋望

登眺何須五嶽游城西乘興陟荒邱白蘋雙槳芙蓉渡黃葉千村絡繹秋清磬声中澄水寺夕陽影裏隱溪樓佳欄者兩喜耳蹟不蘇蘆家有莫愁

易之烱 字凌洲 田授子 康熙己酉武進士 著秋錦樓集。

送陸無文先生之廣陵

隋苑殊非舊，君行及早秋。亂煙隨雨散，涼月下江流。何處飄蓬從，今宵夢江樓。知君還歸久，橫筆過揚州。

送趙石渠守司州

天中行欲盡，板劍指泰山。郡邑空煙外，人家野燒間。虎風開峽路，雞月響溪關。知爾多題詠，應憑驛使還。

○繆肇祺 字介哉 康熙乙丑武進士 浙江掌印都使司都使 詩新三登高弟 後著雅況 君兄從弟唱酬甚多 名山巨川 每為日留 其北道南之作 見者無不愛之

都門懷歸

思親辭鳳闕，驛路尚漫漫。日落江南夢，風生塞北寒。長途懷故國，旅舍寄征鞍。莫作他鄉客，歸來膝下歡。

靈濟早發

燕趙悲歌翔氣空，披裘十日買歸鞍。霜飛匹馬旗亭月，淮月落荒雞野店餐。千里雲煙迷故國，百年棋局夢長安。幾回射策金臺畔，一笑臨風振羽翰。

客都門汪函齋夫子招飲

燕山木葉走城壕，樸面黃沙旅夢勞。故國雲深埋雁鶩，他鄉松老捲波濤。三秋客展瀛華館，萬事風塵有濁醪。梧掖彈文真諫議，狄門桃李愧吾曹。

薛蓥 字奎生 詩最云奎生隱居嗜古 不事生產 品行學詣 與仲遂生並稱高士 留心經世之學 七邑水災疊告 居人苦之 奎生從源竟委 經營數載 得久遠無弊之策 獻于當事 竟不果行 著蜷嘯集。

過得一庵訪妙峰上人

霜落疏林淨，煙開古殿晴。梵書音朝磬寂，禪性曉潭清。曲逕迴人跡，雲簷斷鳥聲。所居曾不遠，得與惠休盟。

贈張古民

宿昔曾聞賦子虛，十年始得識相如。尊前白雪朝摛酒，閣上青藜夜照書。天地得君開翰墨，山川老我傍樵漁。歲除有約休教負，鄭重春風到草廬。

黃九河 九洛
秦定遠
仲訏良
王錦
王鶴
高詔
俞楷
沈嘉植
佘儀曾
李亦文
王孫驂

黃九河 字天濤 恩貢生 挾策游京師 文游甚盛 一時薦紳先生莫不推許 所撰詩歌 伯紫繹堂諸君已序而行之

下第南歸往淮陰值暴水發不得訪阮鶴緣

瑋瑋濟濟滿群雅，青雲阮仲容。況同梓意尤厚，壯氣鈍真追龍馬。縱君有白髮，親全在承懽。一日為千載，及時獻策不見收，痛哭登車返淮海。攬問長安諸老，春痛飲荊高少一人。余亦拂衣急南下，山陽城畔更相親。自從淤河北淤濟水，逢愁生三千里。入夢分明阮家草，疏對客酒，殊自晨興緣渡甘羅城。城邑間水沒王家營，表浦虛廬半漂蕩，男女啼哭鳥鵲驚。淮陰郡中百萬戶，緊塞城門牢築土。城頭官長逐指揮，官舟拯溺人無數。此地瀕危安可居，司河者誰民為魚。此時有心訪舊不能往，惟對驚濤白日空欷歔。

登狼山

維揚千壤峙雄關，地盡東南惟此山。雖無幽峻供尋陟，造極能窺江海間。天南百里隔江甸，吳國方輿渺若線。江勢東流氣更渾，茫直注滄溟成一片。今古蛟龍鬬不休，昨年金鼓使人愁。我來對酒波恬後，靜瞰松濤問梵樓。

送孫豹人先生赴石督府幕

聞道廬山路，烽塵漸欲銷。千金能致士，六月遂乘船。單鼓嗣湖漲，漁灯散市橋。傳經返幕府，心事總蕭條。

舟雨

野色雨濛濛，游人頂短蓬。岸青天隱浪，江白鳥呼風。茅屋花生村，故帘酒正濃。那堪寒十日，春盡板橋東。

野店與葉桐初別

幾日江城聚，臨歧自惘然。驅車分古路，衝雨更天（春）霧。隱平郊樹，雲侵野燒田。縱步村店酒，懶醉杏花前。

為佛眉女郎留行次偲仙裳元韻

那得人情好，真能杜板扉。孤蹤時欲棄，古道世原稀。暮雨閒詩舫，秋泉洗衲衣。看君南去意，直擬鷓鴣飛。

聊復商行色，还須理積疴。新秋炎未解，孤棹去如何。烽火色遮楊子，潮声上曲阿。期君来此憩，高枕謝風波。

元夜輟耕玉行石城兄仙裳姪月舫小集玉照堂

節当荒歲後，沽酒不成醺。但覺人堪戀，無妨夜已分。燈知何處市，月忘此宵雲。佳會殊難得，隣雞莫遣聞。

夜泊惠山汲泉作

向夕停游屐，挑燈坐石牀。泉同人意澹，茗是雨前香。啜罷山容寂，聽来夜籟長。松間有明月，偏照薜蘿裳。

月夜坐虎邱山

出门無好月，恰喜到山晴。疎磬雲邊落，微烟水際生。懶尋寺路，時有踏歌声。徧愛生公石，猶傳六代名。

春草

一望春無際，長堤古驛邊。碧欺三徑柳，色染五陵烟。細細柔侵屐，綿綿遠接天。如茵真可藉，長此醉花前。

贈宗定九

三十年姻婭，班荆識面初。家仍憐謝傅（君居東原乃謝公別墅），貧已似相如（同人贈君有家徒四壁歌）。碧水秋栽賦，寒堂夜讀書。何時過委巷，烟柳待柴車。

許嘐遇毛亦史吳元音兼得曾偉雲先生音問

已知久發还家棹，幽路逢君轉悵然。說到荆高声已咽，别来管鮑誼誰堅。霜增夜氣侵紅蠟，月引愁懷上錦箋。聞道故人消息好，春風準發孝廉船。

寄李映雪碧先生兼柬令嗣元祐九畹倚江

塵世滄桑更幾年，先生真不負林泉。從教姓字烟霞老，肯許封章道路傳。四月寒多青草亂，一湖天遠白波連。寄言王謝諸兄弟，好採尊鱸上酒船。

雨中登多景樓

江雨瀟瀟暮不休，携尊着屐一登樓。含風草樹翻低浪，到岸帆檣起亂鷗。梁代標題蒼霧冷，孫郎戰蹟暮山浮。誰能对此無愁思，況復天涯事遠遊。

南池望太白酒樓

平池背郭陰且澄，上壓虛閣何崚嶒。詩酒舊雨已陳迹，亭臺此地还相仍。天漫碧柳望無際，雲淫丹梯勢欲崩。似此郎凝亦殊致，不有許賀誰為登。

冒雪抵錢塘晤吳六平鄭有章

長安握别倏經年，夜夜吳山遠夢牽。短棹肯教迴暮雪，孤鴻一任下殘烟。傾来東閣千壺酒，望去西湖十里船。明日斷橋聯句處，旗亭敢惜解囊錢。

邗上訪劉公戢先生不值時予與先生將先後入吳

门巷垂楊第幾家，寂寥旅館傍城斜。冰壺自屬山公鑑，銀漢頻移博望槎。日暮隋宮飛社燕，風吹吳苑落秋花。碩期石上聽歌去，短簿祠前酒易賒。

贈送閔南曾則通歸隱峽山

江湖景色自蕭條，决策甘將世味銷。天寶有诗存史筆，灞陵何路訪仙樵。春風短髮冠黄籜，秋水扁舟起洞簫。别後蒹葭空悵望，月明人在萬峯遥。

送毛亦史歸婁東

知君夜夜夢鄉關，夕照荒原看独还。剩有此身娛白髮，竟無餘策買青山。江風細雨高樓外，野樹蔽雲斷岸間。此去逢人如問訊，為言有客鬢毛斑。

寄懷紀桑子兼憶合肥大子

見說柴車返舊京，雁门西望最含情。憶曾燕市同呼酒，忽復江鄉漫聽鶯。隔歲兵戈催白髮，空山風雨劇黄精。都憐買駿逢知己，痛愁然全台是樂生。

別杜茶村先生

寂寂逢憁感索居，欣逢長者命篮輿。非貪奇字旋沽酒，每接高談勝讀書。人世百年今始快，梅花一夜暖全舒。無端楊鼓催晨發，又道行蹤不自如。

寄懷杜茶村先生

人来書發海陵城見憶何辭半日程便道不教供掃榻江猶
盼停梦事三載難親炙約踐前途急遠征悵望空齋題白處
疏灯細雨不勝情

半塘舟夜贈女郎

白堤私語暗魂銷少小曾依廿四橋却語向館娃誇絕代只餘秋
影不勝描

玉管銀箏沸渡頭青尊紅燭散鄉愁如何夜半人歸去落月無
声水自流

悼亡

三載歡場有若無低回屈指淚模糊窮泉縱有山頭石只望
家鄉莫望夫

山莊感懷

浮螺山畔草如烟柳暗高樓对雨眠巢燕已隨人去盡蕭條
風景廿三年

黄九洛字姬定

喜李于鷹見過即次見怀韻

君在東寧日思君獨倚樓那堪一月隔已是萬山秋襆被忽聞至
衣絃頓欲收情深言不盡坐待月光浮

九日期趙庶先生登高阻雨留飲小齋

雨〻青山阻屐痕蒼茫空目自掩柴门黄花香冷烟〻径紅葉声中
雨一村客似孟嘉誰落帽主非陶令獨開樽秋光自在幽齋裏
且把茱萸細討論

月夜聞箋

長宵幽籟最関情梧蔭高樓月自明江北江南風景異總憐
羌笛似旅声

秦定遠字以御康熙癸卯武舉人淮海二十四世孫少工書及長好
詩歌有李浒年登九十有七李文定公欵曰百歲人仍以
御定題之下交友不以存没易志客都
中有負孟嘗之目著快雪堂詩文集□

月下聽砧

誰家夜搗砧征人在何處只此月華明高樓共边戍聽殘倍
黯然庭階下寒露

東黄交三

貴賤有知己締結非一朝唱和曾未絕粗糲頻相招俗人不解事
每以己意嘲君因公累授書向東皋余遭厲小愠風塵倦
馬勞睽違過兩載相思曉日高五月把米薪長夏坐生寂寥
傾蓋心素心人光儀照蓬茅安得愈疾檄霍然起中宵

入茱萸灣漸聞鄉音

中原相習久到此識吴音漸有还家樂翻成不足心垂楊
含宿雨叢竹散晴陰鄉信逢人问船頭望茂林

塘栖即事

石门貪夜發天曙入塘栖一水連吴越双橋隔鼓鼙小舡人渡
穩落日雁飛低極目高樓上鄉関望轉迷

次韻答王大宗伯敬哉先生見送

經年燕市客春盡始言歸攬轡花如錦臨岐淚滿衣知交千
古重去住一身微豈不慕高舉淹留難奮飛

不得詣智者寺

迢遞智者寺惟見嶺雲封径狹難驅馬岡迴自卧龍人耕赤上焦[野]
子倚青松日暮人遊倦山僧竟未逢

甘羅城晚眺

秦相功名此地留烟波浩渺望中收南連淮水通清口北枕黄
河湧濁流碑碣舊橫榛莽境帆檣競出荻蘆洲六合落日孤
城上一片啼烏動客愁

王敬哉先生招飲青箱堂即席分賦

銀燭金尊夜未央春風簾外月如霜淵源詞賦傾〻峽今古才
華重二王凍雪晴消閑綠野梅花香暖近青箱相自憐潦倒
長安道何幸瞻依北斗傍

席允叔招同諸子聽花書屋燕集

蕪城三月雨初消攜手尋春度板橋花滿青山宜載酒人依畫

閣聽吹簫隔林短槳來桃葉映水長隄拂柳條但得吾儕饒
逸興鶯聲何日不相招

重過甘羅城

再入荒城市昔賢淒涼風景似當年依然沙嘴眠鷗鷺猶
自墻頭繫舸船面々水流黃浦月時々漁唱碧雲天昨宵雨
過兒童喜又報泥中露古錢

曹正子有綠水送春帆之句同諸公賦贈

渺々春江帶淺沙綠楊低影布帆斜攜琴妥放山陰棹載酒輕浮
魯望家點々綠烟飛燕子飄々紅雨泛桃花扁舟一路波如鏡相送東
風到若耶

勞々亭

山亭灑淚送君行多少離愁唱渭城亭畔昔人曾種柳年々
折盡又還生

南游雜詩

颯々西風昨夜晴北山高處雪華明義烏門外衢寒去為覓
梅花信馬行

牽舟繞上海潮江灘怪石清泉取次看兩岸山連七十里紆迴不覺
夕陽殘

紅橋

路轉城隅盪畫橈垂楊影裏見紅橋可憐今日繁華地廿載風
霜戰骨消

張紹良 字又房號紹庵家住于天署為附監生著有柳村詩集又房孤僻幽靜栗愛吾廬于郭外誦讀其中吾聞之過樂取人長其天性也

學圃

管寧戴皂帽與友同荷鋤視金如瓦礫世乃與衆殊我不分五
穀而能辨園蔬園蔬日以秀灌溉臨清渠荷鋤倦歸來偃看山海
圖

京口曉發

渡口月初落城頭古角鳴人家明宿火行里帶殘星野店江光白山

草色青南徐頻作客歸夢幾時醒

瓜洲晚眺

朝放邗溝棹暮登瓜渚城林紅殘日下江白晚潮生風送孤帆遠雲
連斷嶂平金山標古寺隔水聽鐘聲

燕子磯夜泊

發興攜尊酒登臨倚老松千帆停夕照孤寺入雲峰僧梵連
村杵江潮走毒龍滄溟秋月上霜冷一聲鐘

王錦 字又度號湖舫心齋看著曉白廬詩湖舫少孤嗜學黃仙裳愛之妻以孫女隱居南溪足不出戶嘗曰閉門即是深山何必桃源絕境乃避俗耶

送月舫先生授經月來閣

海內聲華著有年然山藥具不要前質杜陵過日詩為事陶
令傳家硯是田自有琴樽消日月漫將書劍托林泉定知北阮
親南阮沽酒從今不費錢

王鶴 字九皋號野亭心齋看著松軒集野亭工騎射精陰符與黃蘗江琮草亭朱雲士繆蒼然張克謙詩文唱和稱莫逆交

初夏黃仙裳文過飲齋中

高士過仙院銜杯洽舊情結交三尺劍笑語一燈藥圃影烏杉樹
林光月上城明朝還有約來聽隔花鶯

暮春過黃上木別墅

春日閒游過竹西青々柳色四郊迷江湖多少浮沉事不及君家
雨一犁

高詣 字次庸一字坦園

北垞先生昔游南梁嘗與焦子東長倡和茲復來而東長歿已十載矣因題一絕句見示遂次其韻

相逢海上話離悰廿載存亡一夢中太息故人邱壟在石楠花
發夕陽紅

俞楷 字陳芳號正林貢生官華亭縣教諭著三極易知錄陳芳門第清華姿才茂異乃能從綺麗紛綸中擁書萬卷日事披閱澹然如入定老僧從來肖以清剛為適渦然當世讀其所著書皆愛慕不能置其詩始而縱橫奇滿後乃法嚴而格正神遠而識超

西澗

東澗奇以泉西澗奇以石泉聲入樹青石光蕉水白起伏如波瀾
續錯如妃嫱屏列數十尋指摩發光一巖自天開層折下
山脊澗自天開巖徑遠谷而下石浪翻遺谷雲霞濺枕席松篁回復々崩
岸却蒼碧谷口逢漁樵此中有遺客

登攝山中峰絕頂

駕言登𡽱山陟其最高頂不圖傾東南豁然如夢醒江流
秋色中清光何耿々風檣飛燕子飛樹蔽浮雲影錯趾多
峙嶁大勢已吞併茅蔣可與言眾山俱氣屏龍蛇走萬松
靡非曼若宮款薄伽百海印宵沒無人境对此心茫然胡能
辯喧靜天風落異香翩々心骨冷興廢成今古任運絕思省
省自出人世間安知有質賴

紫峰閣泉

龍山第一曲傑閣當峰倚後有古桂巖峭壁兼天紫忽然
磴道旁冷々得一水何人破山骨幽寒出地髓昔聞有先哲

劃石乃以指因知慧業人領會多奇詭我作四泉歌耳冷實遺此憑
欄一梳餘月上流雲駛

張公洞

神仙若復人間世十洲三島俱是非神仙若不人間世張公々洞曷為爾
今我來游亦偶然采山原不采神仙豈料山中奇絕處不是神仙殊
不然初入後洞難容趾委身一蔽蛇行耳聞煤發炬忽狂叫奇石
玲瓏兼崖齒石乳紛垂石柱起上不及頂下不底忽然上下斷其際一
線難續何怪異鯽魚背上飛霹靂奇險直崩千丈壁雷大燒開一
線天石柏森々踞磐石積馬如入猛獸巖虎豹犀象勢相銜獅子搏
兔狀奔突駿馬下坂脫兩驂久々如上仙梵閣鉢盂鐘鼓形相錯蓮華
湧現僧胡跪雲門半敞天仙落過嶺倏喜天光開森羅萬象充雀
肯漁陽娼玉何足道太湖美石都罷來晶熒透露不可測神奇
光怪羣相猜目瞪舌咋無語耳目變換忘形骸或曰神仙真不死
千秋萬歲常棲此虎蛇山鬼未敢侵為有丹砂盛石裏此語儱
侗亦最癡以此求仙々可憐既云委蛻遺濁世何為留向石床及丹

竈何為多此塵寰累要識神仙無別理空山無人而已矣張公々
洞千古傳虛靈豁達無此子

棲霞寺

寰中四古剎其一號棲霞濟南靈巖荊州玉泉天台國清江寧棲霞松有齊梁色碑
傳唐宋家塔光搖虎穴殿影照龍沙最喜門風遠都來五葉花

天開巖

絕人奇險處幽障忽天開一線江聲遠千尋秋色來逃禪存正
眼造物見奇才邃勝非吾意沈吟对講台

閒居春事

閒居春事劇風日自開明山意淡欲寫溪聲聞轉清々松眠有
道十柳竹醉無情最愛方洲草春風努力生
登臨隨遠近談笑及春晴所到皆怡悅何々非性情尋幽趨勝致
采隱愛無名別有烟霞地何曾入世行
夜々聽蕉雨朝々对竹陰雲深着月色花落負春心愁思從時日
清言自古今鳥鳴空谷外樵采有深林
枯坐松嵐山春光日以加和風秀芳草曲水照桃花雲月生文字江
山老歲華世人羣異趣令我思烟霞

吾廬雨為水沒登耕雲臺觀其勢

驚濤直起灌高臺只分臨流欢水哉歷々遠村隨鳥沒北浮々秋漲挾
天來百川忽爾三徑五柳蕭然共一隈皆決滄波搖落日數音欸漁
唱使人哀

初三日登千佛嶺看月

看山尤愛日云夕過山嶺初窺月一涯萬樹松濤浮塔影千崖佛火照
孤霞鐘聲不醒齊梁夢香氣空聞晉宋花植杖無言秋色暝西
來紫氣傷淮家

木樨花下聽奕

清秋避世日牆東枯壁荒籬徑不通亭午山前秋雨歇棋聲靜落
古香中

金沙寺

清溪百折穿山脊雨腹峰巒如秋舉行遍空林不見人松濤浸
々竄蒼鼠

海陵詩存卷下

里人郭 熊選

宮國苞 字渭川，号云桥，監生。世胄清才，坎坷不遇，晚年渔游禮坛，負盛名。詩如仙掌春雲，不愧江板桥。著有半江楼北遊草諸集

春夜書懷

照室紅燈暗，悲風白髮新。老生歎倒夢，春遠寂寥人。門閉心猶壯，肩衣近已陳。衰年驚節序，孤負此良辰。

僧舍避暑

倦遊來佛舍，小徑竹風清。夢向衰年破，秋從枉熱生。淺溪雙鷺立，古樹一蟬鳴。黄茗逢僧話（治），蕭然笑念平。

冬日過王平園先生石區軒 舊刪去

送胡丈由皖東遊

淚落不開春，春江又送人。窮來悲離別，老去怯風塵。舊國青山遠，他鄉白髮新。孤帆從此發，珍重百年才。

秋夜懷范松亭司馬

炎暑因風退，新涼入夜生。夢隨孤燭旅，秋繫百蟲聲。落寞哥所忘，飄零歲（?）當情。相思腸欲斷，况此同情（?）。

七月感懷

一水迢迢外，煙波有故居。青山遮塞雁，歸夢繞江魚。落寞情偏老，悵飛鷁顧已盡，天街涼夜永，清露滴衣裾。

宿王柳村郊居

迴環溪上路，幽寂四無鄰。水竹宜調鶴，烟霞能壽人。涯香剛卜夜，花氣不關春。一室聯床處，渾忘話及晨。

棠湖晚泊

湖波清且潔，晚泊近沙洲。雙鷺白浮水，一花紅為秋。霜華消客路，生計羨漁舟。待月沽村酒，長吟破旅愁。

落梅

一樹橫斜隔水濱，東風吹散豈無因。收殘香片剛逢雨，屏到泥塗為占春。鶴去樓邊饒弄笛，琴橫竹裏不逢人。江南三月凡桃李，好借餘芳布錦茵。

東海旅次寄懷秀瑛八弟客京邸

花前分手記春殘，吟月珠林怯獨看。千里關河孤夢遠，九門風雪一燈寒。年衰豈海謀生拙，米貴長安作客難。兩地相思各天末，尺書珍重勸加餐。

寓府宿姚司馬官署假寐

一天空月照冰池，偏是勞人睡獨遲。野寺鐘聲宜閒數，十年醉泊鬢如絲。

珠溪道中送黄小松歸江南

相思相見總生愁，況是河橋送去舟。如此無楊如此別，銷魂何必定楊州。

送梁松坨歸里

汪理雲堂燭影孤，秋風一夕起江湖。十年淚灑知多少，半為窮交半別枯。

夏震 字東麓，號春舟，監生

秋夜東周晴溪

不寐空彈鋏，雄心一白頭。雨收半庭月，蟲響一階秋。可奈平生事，教今夜也伊人夢何處，應在浪西樓。

舒日部上路葉古軒表弟 七首刪

衰草

何處寫秋色，六朝蔓草荒。飛霜連塞白，落日拄天黄。遠道歸期杳，清池宿夢長。寸心含冷綠，留取待春芳。

花朝雨中同人泛香軒小集

最喜聯吟處草堂，夜來新漲滿池塘。一春晴好無三日，百卉權歌仍萃揚。上客偏多湖海別（謂晉石雲橋暨古軒表弟），佳辰其奈雨風長。須教共會還珍重，難逢花時共舉觴。

新夏集瑣香書屋懷方立堂江敘澤

朱櫻綠豆事事會，小雨疎疎夜夜愁。往事難平收去水，離心易感未來秋。夢中芳草人千里，江上瓊簫月一樓。借問蕪城詞賦客，詩尊還憶舊吟訪。

荔塘明府遠行寄訪留別奉和原韻

問君何事歲南遊，見說聊為八口謀。萬里雲山空有夢，五更風雨獨驚秋。不堪前路無青眼，其奈依人已白頭。從此相思渺天末，數聲征雁下西樓。

春日思家

春風吹羅幕，春夢全無著。幾日不歸來，山花開又落。

同黄東池傍花村探秋

去年花裏逢君處，石徑行來最舊譜。未免被他籬菊笑，年年秋在客中探。

夜泊聞鄰舟琵琶

孤舟夜泊汪初醒，到耳哀弦不可聽。商婦琵琶司馬淚，秋風各自感飄零。

常廷鍔 字淨土，號檜齋，貧而耽吟，不事生產。中年癡廢，日坐敗牆老屋中，嘯詠弗輟。易簀前十日詠春月，有句云「深院梨花門半掩，高林楊柳笛聲殘」，讀之幽冷，有鬼氣。余謂古軒曰：檜齋病不起矣。後果然。其子繼香，字甯才，敏耽吟，綽有父風。著刊檜齋全集

黄葉

黄葉下紛紛，西風作暮陰。衰遲應有恨，搖落本無心。雁到霜偏早，蟬鳴秋已深。江皋人別後，斜日滿疎林。

客中定高

旅思秋一世着秋怪居身寬强經今日醉花當故園看日落笳聲壯江
空雁影空飛風起天末吹衣客衣單

秋柳

治葉倡條事已非炎風無力尚依依十年空使黄金賣昔日秋邀青眼稀
終古隨堤傷逝水一聲羌笛怨斜暉飄零莫問靈和事只有寒
鴉作陣飛

四十

四十韶光似水流安貧已分此何求懶從舊雨邀青眼漸有新霜
上鬢頭兒女未婚身臥病弟兄分爨母貽憂從今事事無爭
競一任人呼作馬牛

韓一鳴 字柳村諸生

登木末樓

總角危樓峙削巖有路通層峰間地勢高木吼天風形勝南徐
控旌旗北府空大江嗚咽水猶似弔英雄

將有遠行留別諸同人

故山不可住此別奈愁何歧路英雄淚浮名錯操歌薑蔬秋水濶鴻
雁異鄉多去去重回首新霜雨鬢皤

寄懷白下金曙帆

容思經秋苦還添別恨深關河孤館夢風雨一灯心淚落尊中酒聲銷斝下
琴人生似溝水各自感浮沉

嚴灘懷古

羊裘着去豈無因捷徑由來是富春七里烟波聊遁跡一生心事托垂綸客星
枉自占漢文天子何曾忘故人若使堂廉誠盛德何妨朋友亦君臣

賀鶴原移居

卜居無地正茫茫卻羨君先構草堂騷客最宜聯白社美人端合住西方閒來
種菜門常閉老向臨池学不荒茗椀藥炉真部位置一杯消受十風凉

懷黃淡溪

苑檐十載對門居未住曾無一日疎握麈譚深人静夜出花吟到月來初羊腸遍
歷身偏定鴻爪重尋跡已虚別後生涯如念我清貧典盡琴書

雨中同楊竹庵再過且住軒小集分得春字

疎雨蕭蕭酒趣塵元亭又見草成茵來如燕子重尋社閒過桃花不是春嗜酒
半生如有癖縱譚多語驚人不如此會成佳話道路爭傳折角巾

暮春送別

離亭一別即天涯雲碧山青正憶家只有楊花飛不散紛紛如雪裹
征車

李碧園 字八愚 八愚性嚴而介疾惡如仇同人行一不義即疏之不與之交世目為愚故自以八愚為字文境高卓世多知者莫如欽賞之將首拔焉而八愚病劇試竟不終詩文稿在寫於終前一日焚之

賦前三爽亭

經已蓬蒿消君猶誦讀勤耕耘三寸舌樑杼一家夫心痛鵑啼血 君患咯血之病
手豈雁失群可憐潜岳鬢四十雪絲絲

陳銘 字鼎鍚 號柳門 諸生

讀項王本紀

崛起大江東烏騅怒嘯風三年第霸業一炬燬秦宫失計鴻溝劃
孤歌虞帳空生還羞故土此誤亡英雄

遣興

長日静方覺閒身起較遲庭花收宿露籠鳥誦新詩有酒不妨飲
世人有所思小窗清課畢坐到月來時

渡江

莽莽風烟接素秋茫茫身世一浮漚千層雲氣胸前湧萬派濤聲腳底
流隱約樓臺連鐵甕悲凉鴻雁滿瓜洲却憐江上頻來客難免青山笑白頭

對月

霜淨月弧明悄寒照帷幕衣邊露氣凉满地桐花落

許浩 字夲泉 監生

讀椒堂遺稿有感

焦鶴空山痛失群重拋殘淚讀遺文生前心血嘔應盡身上吟魂
黄閒那有黄金鑄骨斷無青眼不憐君蕭蕭宿草西郊路三
尺殘碑伯道墳

俞國華 字蔚村

贈李少白

疎狂猶似昔風骨本天生匣秘千金劍詩堅五字城青山羈客夢紅豆
暮年情 少白新納姬人 聞道楚氛靖鄉園足釣耕

柝

酒醒燈光暗疎更聽轉淒雨沉孤驛外夜静六街西人擁寒衾
數聲隨曉角低聲心傷往事何況天闌雜
西郊

短隄曲々近西郊偶为尋秋俗慮抛山色遠从疎樹出水光低向暮雲交一帘酒市人探菊半角殘陽鳥認巢庭與漸慵詩興起草堂门在月中敲

冬夜病中有懷董東友人

壯志蹉跎負此身閒雞夢裏覺酸辛峭寒風力能冰硯深夜燈灰不暖人昌葉尚可醫飢是病稚多相贈豈为貧掉頭悟得三生幻舊雨箴規莫厭貧

咏史

江東已識無鄉比閫内如何失此賢太息桓温空跋扈竟收人傑讓苻堅

豆花

蔓牽屋角蔭蒼苔千點花从雨後開络尾一聲凉似水秋風先上短墻來

高垂裕字啟昆職監生

落花

紅雲宴散客遲々青子生陰綠满枝鎮日间將銀絡索是誰吹斷玉參差手先已是啼鵑候天气渾如中酒時望遠愁春兩悵觸故拈紅豆誤相思

舟中口占

推起船窗八扇紗山村遠近足桑麻養蠶门巷清明節一濃路陰醃紡車

宫瀚字綠香諸生

贈梁希古

飄泊常为客垂青得異人憐君肝胆热愛我性情真豪气絲難綰清言庄有春相逢一尊酒同洗十年塵

團維堅字雁山諸生雁山與許錫圃棠古軒及詩同人結芸香詩社于興隆庵姿雅集連雨畫夜至於瞪目結口不能言茭笑戮瞭々留客共興豪如此

花朝雨中集浣香軒分韻

壓屋濃雲墨不如軽寒亭館最蕭疎聊拚花事三分減細數春光一半虛詩興漸豪中酒後茶烟忽散捲簾初料應添得门前漲流水平橋賞鱖魚

秋日同人再集雲谿精舍

一聲鐘磬出林间同訪支公再叩關月色淡收化为水秋光瘦不过于山靈花點來愁中鬢楓葉如人醉後顏记得前宵共酩酊烂窗吟到夜深還

宫連錦字纈雲乾隆甲寅科舉人

晚翠山房同人分賦九秋詩拈得秋柝

星河络角夜三更殘醉初迴客夢驚響入遥天新雁和敲來深巷吠蛩鳴相闻竟似郵連魯警衆何殊鐸与鉦从古關梁多下吏敢辭霜露惮宵征

儲霆銳字時敏为宗壚先生裔孙九岁能诗咏麦穗有錯認村中沽酒家之句未弱冠通经史善属文以攻苦致疾夭父鳳衔明经拾其遺稿鳴附梓之

桃源圖

路入桃源裏居人别有天桑麻疑太古雞犬亦神仙不與興亡劫焉知漢魏年再來峯壑變流水前溪川

陳燮字理堂嘉慶戊午舉人官邳州学正著憶園诗集王柳村群雅集云謝少宰視学江淮目理堂爲郭景純木元虛之流舉秋帆吳會英才集云理堂一官奉檄十載嬰憂仲宣登楼景行種韭繹其詩每悲其志阮梅叔珠湖草堂筆记云理堂题紅梅诗珊瑚剪格桃花分细写官斋雪後詩予爱诵之

謁宗壚先生祠

吾思宗壚公異才本天授便々孝先腹書味非飣餖射策掇巍科下筆海山走養望官南都蔚然松柏色中朝及嘉隆昌言礨屢措疏薦四諍臣忠肝鐵石就至今諫草傳艷为儒林首餘技及藻翰不落七子後惜哉用未竟銓衡職空守荒祠遺構存殘碑卧苔蘚夕陽下堞圍海風肅圭竇典型去已遙鐘鼓知誰扣归來讀公文簫韶九天奏

謁王心斋先生祠

餘姚古講学高見卓不羣空山荧一穎寂妙契由天真良知獨提倡兩字昤吾軍大業炳南紀浩气凌宗氣先生起布衣守道衆所覩闻風益興起拾級趋祠门長揖文成公論辨趋常倫退就弟子廿向草澤淪力行久逾積坐忘理則存同游二三子罔弗尋厥

根姑信吾儒贵不惜軒冕尊茔祠数百載海滨芳皆人遐哉学要敦读
之篾未闻

秋日同俞樸人缪善夫李南阿程稽亭過浴沂亭奉怀戴次山先生
孤亭生空綵败葉園元阑穿雜度署行倚楹闲琤潺凄迷失畜雨绢滌輸
華班及兹秋风一每忆春风间濠梁宜獨冷淮水波漩環牽船作学舍璣
法炽茔山知莊昔有惠苦孔今谁颜高情缅遊墳别夢仍追攀黄鹄
一再举合并寧慳

元夕后一日同黄仲则登天橋樓待月作
春风吹人人欲倦春月照人人可怜乍宵月出我醉眠今宵待月争月先城南
尺五峯杜天鹭沙自起吹空烟天橋横貫入馳道忽闹空旷無迴旋汪楼之高
高百尺登楼四顾心茫然冰輪欲上不肯上清光一線相连绵但见远火出林際疏
星错落明遥天举杯呼月月在手月驚秦颃秦却走脱貂付與酒家娘醉
引荆卿作死友生中山谷今文雄风流却似阮嗣宗途穷偶尔痛哭返牢意
獨駕谁与同狂言霓々落玉屑高歌飒々来天风扰云直上叫阊阖欲令真宰
迴洪濛嗟予抱病风尘下客裹良宵亦聊且對君長啸忽复悲欲起古人问
来者赤娥悄々芳一言照予清泪如铅瀉

射虎行
斐旻射虎妙芳匹一日得虎三十一数然怒馬叢薄中众虎屏息一虎出虎小
而猛樸地吼收軍墮弓辟易走回顾却顾封使君风號日冷起悲雲北
平父老笑相语君乃射彪不射虎

满沙隄寄和雜诗仍叠前韻奉懷四首之一
天末双鱼到闲笺獨倚桐詩蛇随筆落肝胆照人空遼海三秋老长城五字
雄多情千畝竹一一报平安

说剑
不是袁公術聊从莊叟遊當年飞古雪肝胆话清秋鸣自匣中出言于
天外游留怪他持寸鐵细碎辨恩雠

黄葉
秋老江南木葉稀六朝金粉未全非高峰瘦日不知處古戍鹜沙相间飞惨
淡心情餘蠹本蒼凉烟景入荆扉却怜草色河桥外又逐征塵上客衣

登戏馬臺
衣錦何年戲馬廻龍旋怪石擁荖台重陽风雨思高会西楚山川出霸才浩蕩秋
原看鹿走蒼茫戰壘見花开阮生一掬英雄泪廣武吟生迴自哀

懷王雪園同俞樸人宫竹轩韩柳村李南阿作
揀花风起思茫々话到衣襟感不忘镜水芳由归賀監人雪圃会稽吹臺空自
帀梁王愁中歲月消杯酒客裏山川对夕陽知否同心二三子懷人墻理
舊詩囊

題張傳山太史雜去詩後
王师四载出褒斜犀盗猖然恃井蛙天下奇才誰八陣古来烽火畏三巴闹山馬
骨连雲棧風雪樓船走浪花廿首新詩疏痛哭祇今惟有賈長沙
满世宗字作人號沙隄乾隆戊申举人官和州学正夫子正色空芒言笑不苟
江淮人士群奉为山斗焉

淮陰寓中題友人白描牡丹
曾记東華春欲暮看花車馬纷々度愧我緣慳第一香牡丹時候淮陰住正倚
阑干檣落红且喜故人来尺素披圖舊見窈窕姿輕若籠烟淡籠霧伊
谁能賦碧銀豪绘取天香成别趣富贵偏侍落泊神等闲那许胭脂污好
將本色筆端留不博时人眼底顧魏紫姚黄尔自去此间幸免蝶蜂妒

旅寺送王雪圃往河南
对榻乍逢君分袂何太遽花落一江春鳥啼孤寺曙淋漓祈地歌太息登車去此去
與門為访侯生處

中秋夜寓村寺口占
疎雨一番過蕭然坐上方乾坤真逆旅烟水亦家鄉月色原非色天空別有空禪
機今夕悟塵梦喜俱忘

閒居詠懷適陳澧塘見過
豈有懷中玉空悲頭上冠詩書終日对風雨一窓寒壯觉聰明減貧如世路难元龍欣
過我剪燭话更阑

下第後館潞河新中即景感怀
游仙一夢付东風覺後塵灰奴亦空耳聽蟀蟋鸣道上身如鸚鵡寄籠中百年
槐落又餘綠三尺榴花不自红何日故園容笑傲村居翻欲羡冬烘

徐观字鹤年原籍兴化人负气傲物而胸襟坦白無私游江淮间四十餘年归老海陵
卒于城西僧舍同人敛之瘗西行頭茶庵之西为立碣焉
四十
未敢言强仕翛然韋布身乾坤空我壮骨肉有谁親野店茔雞夜秋风匹馬
塵浪游知计左闭户守长贫

送周曙峯歸里
十載飘零苦谋生事々难与君同作客先我上归鞍风緊離歌咽天昏别酒空
臨歧芳一语各指鬢毛看

葉落
西风太無情吹落前林葉森柯当归根缘何莽不息
吴淇字符軒號窝廿泉游于江淮論壇之站间卅餘年至贫不能自给而盘飧若
吟不绝著枕流阁诗钞

上方寺晚眺
踏夜步崇岗落木起空色川原同莽蒼憑眺渺芳極空亭澹夕晖歌吹久岑寂古
人不可攀俯仰悦今昔入暮踈鐘鸣新月挂东壁

破屋嘆

浮生五十顛毛秃，釜底炊煙時斷續。瓦徑繞城根老樹，庭破屋蝸牛篆壁寒凝塵。苦竹當窗伴孤獨，秋風颯颯秋夜涼，客來說鬼螢光綠，燈光綠逐顏紅。仰天大笑天宇空，天空容去月初起，依舊軒翁破屋裏。

贈潘介亭

介亭讀書越前矣，胸羅萬卷何便便。露困不知身世累，耽吟慣結湖山緣。甘與屠沽交，恥受公卿憐。往往披衣蹤破屣，佯狂入市歌聲喧。市上小兒不相識，揶揄備至群呼顛。我愛君才世稀有，每當酬對情留連。進君語怕君肩，勸君努力祖生鞭。古來有才必有用，允容允傲終林泉。

落葉嘆

秋雨淅淅風凄凄，萬萬委塵黃葉萎。柯柔飄入屋，烟翻屋角收拾秋心歸寂寞。茅齋惆悵倚桐看，寒氣着鬢，怨樸落回憶芳園青滿枝，不覺流光暗中變，嗚乎人生還變亦如此，昔日少年今老矣。

海州

古堞峙山椒，山空黃木凋。茅棚背近海，鹽井向通潮。問俗民情儉，謀生灶戶勞。坐鄉居俯壤，處處有蓬蒿。

送楊秀君之豫章

江北自悠悠，江帆送客舟。相思千里別，追逐一天秋。孤枕濤聲與，西風動旅愁。歸期定何許，深共話離憂。

懷刘卧松

去歲重陽月黃花，一送君秋風大，多老白髮感離羣，海氣林中合白光夢裏，今何時，同倚翻綸說程界。

秋日喜晴與李梗莊張克益過草閣論詩

濃雲散盡新晴候，月到疏林客到門。把酒已酣三日約，論詩不作一家言。人間膽譎孫蔡囊，吾我輩交遊有揭尊。千古才心期共許，西顧相對醉黃昏。

贈居然

相憐鄙意踰自嘆，喜無老昔日鏡中花，今日殘僧草。

園從鑄字錯身誤，竟歲向坐逮室傍徹人居泰州。乾隆辛卯刻詩無微不出。將詩商善小畫山房詩例。

退室偶成

自我畢退室於茲已三年矣，人欠不掃如蓬四邊，風旋江湖滿泰已上下層山，歌暮日酬酒向官閣追歌，弦而耳塞。稍乏譏絕行復辭。笨猿鶴況致想梧前去其餘。此山不移，文雄之徒嵌然望賢有追言，我發有業。地人生過眉甚不已離人住置，新識照晨營日追強降，喜日生孫一座。世有微風，吹泊其所，歸志萬仞，悟微精饉之諸且輕閑。一局身無事。

時自龍花告歸秦淮相晤却寄

海東天低雲漫漫，我有老友隔其間，別年年年不得來嘉宗順嘗禎仙頹自我西來空，我怪僕島已倚無時，送春科在挽畫面南有室

不追戶當閣翔風吹雪去如掌夜臥撫精來構園歸來萬里胸不挂泣面且寧頷，嘆撫手排追室呼二子（悔塵與君大業園楞嚴耳中久 繼香）不聞叱咤轟雷疑雷一破山

次常繼香韻即贈二首

一識閒居寄少來，平生黃耳席生埃。百年而外衰安老，兩昔詩投不達泉。却煙君為詠咲，顏學如我嘆，不為廣相逢笑更歡。並笑但付高吟響，併催。

秋盡田畜遊巧，還慕君年少盛，君詩有才似頂，何須說此事，由來孰可搬寶劍。自從星外吐，霜蹄且任出穿中持。頗閱星滿地，文解好共山翁一笑嘗。

潘幽 字操村

客中喜晤袁滄山

一榻飄零可奈何，故園內昔可張羅。髯眉我愧廿年改，兒女君憐八口多。客況排燈惟對影，愁懷降偉浸成歌。柴扉相滿罷相送，莫惜街泥踏屐過。

送袁滄山之東亭館居

送君不是故園歸，又携琴書感式微。百里烟波從此隔，三年詩酒共相依。老來我已甘蹤伏，貧賤人多似葉飛。但識家學作山埭，魚莫惜寄柴扉。

袁澄 字滄宗 監生

暮春過希誠書屋

步碎堆菊隔吟眺，每去往向夕叩柴門。一見形神爽，藥圃記初成。堂西二畝廣（謂），烟蘿竹樹深，水漾花蕭聲相訪。過高軒，雅飾活心，最令荊袁人歸（蘿）。胸襟為雅脫情言。報謝若醉卿，浮談初不知，歸已遲，雲林移月共（樹）。

春草

一片青無際，當年接遠天。却逢垂柳岸，破徹頭烟。好夢當三月，綠人又一年。青蕪依堤滸，塁與醉村眠。

己酉仲春喜徐鶴亭華至堂讓

相逢又喜菜椒，南窗路風霜久，話我使將醉，爲存舊蹤。君兩柄情不厭淡，平生談笑汎詩，寥卅載，岸歸儕，俯仰眺別後，鬢眉皆老大。醉吹莫負月初三。

癸卯夏季楓崖伊雲江雪浦招集大江精舍分韻

董展雲集籠鎖，各流和風彌森小寺，山烟水三分，白浪大湧波，懷五月涼於秋。歷枝異顏，憐廬橘出眼，夜明到各樓，遞英晚鐘，鐃六六不妨，華屋畫圖。閒不春遊此園，玉蕭落下，與悼園鶴最先諳。

雪後募山道中

高下松山尾不及，幽石橋澗水繞迴環。轉轉一路來，鮮素艷看江南雪後山。

謝偉如 字玉亭 遜生 夢虹橋詩鈔

訪友人即贈

疏景蕭然水竹居，閒將心事付禽魚。淺懷白雨消殘日，氣似春蠶盡掃除。一塢白雲奇葉後，滿庭紅雨折花初。頓來心上無他事，待展雲箋為乞書。

土城

彈丸何事恃堅城，稱得當時因備兵。海角金鋒烽火息，人家半作罷征良田。門塞夜三更，白鷺村郭農勤二月耕。今日風光迴殊昔，承平不用名開平。 海安土城為明初嘗聞平築

煮茗

庭外頻來鶴避煙，石鐺松火激清泉。新泉春盡敲雲茶去，傍人在春風穀雨天。

三塘雜詩

禁烟節棄度清明，桃李無言倍有情。一夜樓頭新雨足，幾家門巷賣花聲。

輕霞薄靄欲橫空，山色烟光杳靄中。寶勒鈿車人散後，鳥啼無數夕陽紅。

王純嘏 字松塘，精於製硯，質而廉眼，分兩應得，一不服店於賢卿。僅三詩，僅內吟以自適。

秋日偕伴鶴步月蹄華壻枕暖並訪葉吉軒

日色澄高秋，秋風敲客愁。僧歸黃葉寺，鳥下白蘋洲。北郭千家暝，西河一水留。草堂知不遠，訪為暫句留。

吳會 字曉嵐 嘉慶甲子舉人

出門

男兒學干謁，仗劍事奔走。僕夫行製裝，舉酒別親友。堂上拜雙親，見父不見母。吾哭更吞聲，枕個膝前久。門內戒家人，晨昏托新婦。弱女甫四齡，依依衣怪袖。誰云四方志，至此不回首。

秋江詞

芙蓉花，秋江水，美人期不來，明月空千里。木蘭橈，山去水更遠，遠遠情渺渺，知何處，芙蓉花落秋江暮。

海門觀日出歌

天門訣蕩開鴻濛，天雞大叫扶桑東。羲馭吾上不肯上，先遣海上彤雲紅。紅紅雲忽被海風捲，海上萬里澄青銅。天光海氣相摩盪，廿瑞又遣潮頭降。一落才看千萬強，一輪早躍三山上。上有三足金烏奔，下有百道鬖蛇翻。赤鐵出冶不再入，火龍吐朏那復吞。此時上界欲卓午，此時下界同初昏。晴烟一綫走碧落，萬戶千門動魚鑰。回首金鉦兩點青，一聲吹起城頭角。

聽楊明軍說金川縛賊事 明軍名建治，米都人，以金川功授泰州營游擊

明軍醉卧古戰場，夜夜鐵笛吹青羌。鐃歌親製十二章，使事如使架花鎗。麾下健兒身手强，血洗刀劍衣累瘡。橫磨十萬百煉鋼，不斫賊死驅生降。不驅酋虜驅吳王，驅之不異驅犬羊。且驅且縛縛且拉，有時縛賊裂帶囊，有時縛賊割馬韁。縶兩手足弓反張，白木挺子貫中央。一貫五賊皆郎當，五腹貼地五首昂。五肩五背相銜撞，四卒對舁行踉蹌。騰越澗壑越山岡，凱歌亂雜呻吟腔。明軍斷後神飛揚，軍門大纛開兩行。兩翼散卒來扶將，明歸來十賊九手僵。解縛擲地開銀鐺，人各一賊監車箱。軍明笑脫軍前裝，帳下犒士羅酒漿。酒中血灑生黃麞，歌嗚不辨伊與涼。男兒到此真昂藏，不爾野者徒空倉。於今說賊聲琅琅，意氣磊落抗天閶。歎者鬱者如堵牆，論功策勳不可量。撚鬚一笑歸故鄉，家有八百株都桑。

恩張兩總戎歸自臺灣軍營

落日大旗紅，刀環唱小風。鯨鯢收海上，龢范在軍中。甲洗銀河闊，文飛露布雄。一聲鐃吹萬，天外兩歸鴻。

山寺

不負尋幽約，來為初地遊。山空如識寂，花裹嘆登樓。晴灑谿飛雨，涼生六月秋。高吟誰屬和，空外起樵樓。

宿鹽陽城外潮音庵

出磬一聲當，驚濤千疊湧。誰識詩客夢，家已宿僧寮。夜色連潮色，江潮接海潮。客遊何處覓，山去迢迢。

京口送陳雲士入蜀

五錢世家別，征車且暫停。他鄉兒女泣，落日短長亭。路入千盤細，山銜一髮青。斷腸今夜曲，莫唱雨淋鈴。

杏雨樓

琳宮珠雨散青蒼，恭獲優曇入眾香。四座祥輪迷海氣，一龕寶月炷湖光。天開迦葉三花界，雲淨維摩十笏房。競羨講堂邀上客，春風簪筆埽詞場。

石城橋

石埭橋外曉風微，從倚平林送落暉。記得去年曾泊處，繫船楊柳又添肥。

韓光榮 字曉郁 監生

白滿送客歸江南

昨日渡河來，今日渡河去。天寒雨雪多，明日在何處。北風吹我心，共入江南路。

廢園

數畝荒涼地，然隔一葉偏。春風吹不到，秋月自孤圓。鳥鼠尋陳跡，蓬蒿起暮烟。何人來牧馬，衰草尚芊芊。

答同社某

故人書到勸加餐，去住如今事百端。有母列當垂老日，無衣行況晚秋寒。空囊作客神先沮，路依人鋏怕彈。到底壯心消不得，一鞭風雪上征鞍。

王壽康 字竹彬 監生

金陵曉發

僕夫催上馬，環々又晨征。落月下鍾阜，殘雞鳴石城。鞭絲難指路，馱鐸只聞聲。去々東方白，朝暾隔樹明。

朱鳳藻 字瑞廷，號廉江，諸生

柳枝詞

一枝相贈抵黄金，共說情同灞水深。只恐柔條能繫馬，短長牽不到人心。

吳履厚 字載堂

春暮

名花開落晚初晴，種菜西園自荷鋤。春有光陰如送客，人兒貧賤肯閒居。少年風趣三分減，回首雲程一半虛。莫向通天峯上問，此身原是不材樗。

何橋 號醉石居士

宿田家用座人韻

藝麻一畝勝蘭畦，太古空山少是非。雁戶昏灯春燕巷，底門斜月話牛衣。謀生半世横經拙，好夢今宵負未歸。叢(?)影耕隨野老，悠然心息漢陰機。

鍾爾敬 字竹樣

春草寄宮雲橋

東風連夕釀輕陰，吹醒茸々寸草心。別後新牲(?)憐怅望，夢中好句欲重尋。情隨細馬千蹊遠，思與清波一樣深。眼底穠華却不染，任他花柳放芳林。

宮增祜 字篤周，號潔溪，副貢生，官東流縣教諭。先生早從方朴山、王己山兩太史遊學，醇品粹，老厭宦途，歸掌壇坫，士林奉為山斗焉

辭家

街鼓靜無聲，荒雞叫深院。起促遊子裝，行李殊簡便。山妻前致詞，中述謝攝善。太息我命乖，風霜筋骨鍊。關河往來頻，回首淚如綫。忍淚別嚴親，晨昏汝無倦。毋氏總帳前，芳蒸一杯奠。饑寒好為之，毋使遠人戀。揮手謁帝京，閶闔即相見。

呈黄崗萬侍御 年茂，南泉

偉人間世生，山川復阻隔。夙夜切景行，苦乏鄭莊驛。歲乍來吉州，先生司講席(懐)。剌謁清光，所聞邁於昔。羲經萬彙涵奧義，誰與闢圖說，發其蘊神解。後天易證以洪範，書疑是補天石。百世聖人起，淵源應一脉。餘事逮藝文，古勁鎔經液。抗疏肅朝儀，皤々青銅柏。挂冠浩然歸，笑傲煙波宅。桃李滿春風，樗材荷嘘植。承命滋愧顔，敢勿自鞭策。別來曾幾時，陌頭春草碧。天際望迴帆，累啟希三益。

題秋江坐月圖

秋氣苦沉寥，秋河何浩蕩。伊人性殊俗，扁舟任俯仰。蘆荻滿江皋，飛鴻天際響。明月皓似漱，深心發妙想。嗟予不得志，跋涉何擾攘。悵望圖中人，超然悅塵鞅。

送友人南還

秋風催白日，故家急離杵。策馬風塵險，談笑以嗤之。今當左夜闌，言別悅離索。襟袂逐行旌，握手歌驪許。兒子生我門，而家尚羈旅。它不怪遊歸，喜晚神清。閨堂上白髮親，膝下嬌兒女。霜天稻粱謀，嗷々迷雲所。而暮對孤灯，兒一未不能語。

梅竹杖歌 丹為張亭石帆賦

石帆子今詩伯，孤潔之性眈輿隱。白髮飄蕭拄杖送行，佛東坡先生飛笠之標格，新詩贖遠源，謫仙長歌短謡。初爲手摩嘉雲五沚復贈予，來自西山，歎竹堅老，淨信世匠。片々梅花若筆苗，與檀嘉名兆溢美。斬削節文而質懷，爾若桍之野，九峰之側，日月照臨，雲霞雕飾，汀洲澧浦兮蘭麝芙蕖，薜荔兮環珮，院韻勝而桍高，皮中空而外直。頃自臺浩江上來，遍而石帆孤潔之性兩相得，規圜久受，劇霊壽之被汚。杖兮杖兮，爾何來？何而詩人作宴，奴和詩之鶴日，而偶子獻之癖。世世世府中，推敲饒蒓臺，惟爾周旋，差不孤耐。拄百錢，買棚(模)雀，興甜一吸。酒百壺，帶月帰來，伏爾扶兩々，孫為烟霞徒。杖兮杖兮，爾何幸數百年，後桃竹梅竹名并馳，爭是植根八十四山上，文豹未豹。杖喧呼。

舟過大滔鎮

黄山壁立千仞高，疊嶂重巒虎豹豪。蒙密古樹不可識，下有汹湧不測之波濤。巨石崚峥意態雄，衹衝列戟亘其中，眾流如駛運鼓，下雷霆交作聲。摩空上有戈公祠，堂宇鼎修，葺行夫焚瓣，禱雲霓。極危急，榜人股慄，佢僂前五体投地，争合十山巔。理檣百丈，牽解衣。磅礴水中，立贔屭。呼號天昊，驚孤舟。欲側恍檣，沉吞叢島。迸曲而遶，跳珠盤瑠。屏呼吸，舟石衝，樁舟有聲。男伯東間，伺梗流客子心。祝久蕩，揺默禱，如見先靈。柔力崇灘，過平水鋪，舟子披衣弄柔檣。水石壁五僅二里，凌累上灘，日亭午。

鄧石山選芸香詩鈔蒙激壯作先生枉謝

石山與余皆重記於陵許據憐同病絢羅芳卷文葆富瑤席亭
珍出結勝前身秋賦逢趙板旋以澂琳惜破甑選勝特遲吟
壇幟係工綽宗那敢競高嶠十友推康犁參差考訂互糾証
石昔所叔拄大筆孝箴慎墨附列在少陵京兆與橋公二閣
力湘閱芸經近今屢有手而失後見名傳闌大秉鄭生本少師
宋工教盤鑄純泰陵勁芝正不古望眼開廣搜秘冊罕遺牘誰
知纖羽依海濟以彼鞠飛薦深穿白髮鬚鬢今九十靜諷梵
英扶鐘聲龍命下降微箋詞披閱舊稿莫能定兩寒鐙窗
下里音難合是外先就改去去去之存去存否恐杜撰並飯
飣切勿憐余龍鐘老欣附驥尾殊蹭蹬

過陋軒先生遺址

往哲乘雲去行人式古廬即今蕭瑟意想見浣花居風雨長吟
夜飢胸乞米書榮名身後事當日泥塗漁

俞圻 字越千號讓林副貢生清才碩望而令兄薇塘皋先生府名所論有惠連之目 有雲梯道寓峰集即俞圻校訂

秋夜登金山絕頂

長江八月江水清黃山倒影涵空明白雲淡宕秋天平人烟遠隔瓜洲青
振衣直上凌峥嵘一聲長嘯天冥冥鐘鐵陵谷金石鳴水怪夜洪濤
腥寥寥夜半江中聲回首海門秋月低

題友人琴鶴圖

海天春欲暮心跡寄瑤琴古調空流水疎風落遠林畫圖餘古意天地
幾知音野鶴一聲喚蒼茫下夕陰

新寒

熱覺鶉衣薄尤驚兩鬢秋疎烟淡平野孤月靜高樓楓落山中色
冰輕水尚流圍爐試新火莫惜酒盈甌

冬日江干送客

小艇斜陽去丹楓兩岸殘寒峰浮水靜一雁落沙寒暮雨無歸萍
板春風失蕙蘭倚桐空悵望江汐正漫漫

月夜舟次惟宮寓樓客邸上

繫舟秋水岸涼夜淨吟魂孤月深空碧人家深閉門知心隔遠
樹客思淘荒村反側不成寐挑灯作餘書

秋山

黃葉倶蕭瑟悠然見翠微鳥隨黃葉下僧與白雲歸惜惜鐘聲
寂迢迢稚路稀不須無骨瘦影瘦夕陽肥

瓜步空湖送客

江楓木落正蕭條芳酒離情悵古寓思湖邊樓閣兔句可堪月夜
獨聞蕭一天細雨和孤棹黃里空山積暮潮珍重相思莫回
首好乘風力快扶搖

宮王超 字御天號乾隆丁卯舉人甘肅平涼知縣罕功陞署直隸秦州知州

送友人入都

霜天月落高樓聞雁聲飛南歸遊子遠徂征杖未蒼
軟駝車向風塵風塵隔千里到日春風暖曉空黃金臺起
無觴遠襟圖圖之何迎冠蓋紛相迎白有子虛賦可以超群英
皎皎上林花映古客衣明一枝笑相折揮手凌蓬瀛

將之汴京過平山堂有作

十里平山路烟花照眼明香車羅綺影畫舫管絃聲堤柳宜
春雨山花趁晚晴何堪風日好匹馬役長征
望到虹橋如深林酒旆斜橋臺花靄靄簾幙雨窗窗松影盤雲
磴濤聲落暮笳海陵回首處芳草接天涯

無題戲贈友人

裊裊秋風繫戀回故人歸去薇花蓬欄干十二都非水可是西泠夢
到時

韓敬之 字治也號廬泉乾隆丙午舉人官上元知縣教諭

送吳嫁雲之嶺南

且馬去河干春風萬里空孤鴻送遊子大雪滿長安天地存吾輩山川
感古歡不知丹穴鳥何事擇琅玕

病後假步

熒熒香消篆被空羞雜喧喧夜漫漫去遙每每離家易病劇方知作
客難百種秋聲和雨一樣清月望中殊故鄉古隔巴霧旅夜
料豪情酒未闌

送儲玉琴適漢陽

卯飲客東送行舟直到西南護水盈千里故人还遠别一天涼雨又新秋
草迪蕭紫侵霜鬢不禁雲山湧暮愁君去試看彭蠡闊有無鴻雁
越汀洲

繆祖培 字晴嵐號歖川乾隆戊戌會元著修月樓詩稿

對菊

敗葉紛飛林空階倚冷篠蕭園秋色佳黄花叢菊空香採華把高
歌陶醉陶公去來遠東離久塵俗霧高秋氣淒誰與伴幽獨

概豈飛飛晚仙謡

沈沈雲海光濛濛晚鶴飛卅勳罡風八萬戶中吞聲息歇朝陽逸駭
紅日紅瑶臺露溢花含淚桐千十二堆深翠烟霧迷離玉漢問丹
符寶籙楪溢字鈞天樂奏隨控烟嫋嫋餘音娇列仙無言不言理瑶珮
鶴唳一聲天寂然

玉關行

黄沙撲面衰草死塞雁一聲天似水雲蓋日淒玉關西傷心譜入琵琶
裏曲終時叟淚零嘆滴紅冰僵玉指霜雪重馬不行四野起
風殘角起

月夜獨坐

獨坐不成寐秋高夜氣清曉花涼度影落葉靜聞聲何處領先
趣悠然見此情翠樓送新雁好月上前楹

送於大一川歸丹陽

年華蒼莽事無成五嶽填胸氣未平騎放原本相怨讒疎狂
始解誤功名茫茫歧路傷楊子落落窮途哭阮生何況東風
吹别淚蒼涼野色上行旌

雨中同人遊雨花台

一天疏雨恰遊蹤嫉夜同登杳靄中松柏浮煙出隱現乾坤失氣
只空濛四圍山色侵華鬢滿澗泉聲咽暮風去喘憑欄不歸去
素心惟有托征鴻

朱慕渠 字希載號郇州貢生清門弱裔失路才人故落筆鄙言
但惜每於汪閣燭地時讀其遺稿不覺泫然泣下

癸丑元旦京師大雪謝鐵崖饒汪

春風一夜春光淺吹放梨花黄梅深天上瓊樓玉宇高光明不許纖
塵逕九門大道填欲平疲驅曳車車欲折小風刮面與人僵凍
手引韁十指裂車中坐擁紫貂裘不覺雪空空怪雪熱家是長安
卧雪人袁安門外人踪絕何處吹來餑餑香層薪淘甕味清冽
一吸能回頃刻春人生有酒即佳節醉後吻燥思煮茶自起下
階煮殘雪

九日里窑廠登高同源鐵崖作

一醉聊佳節登臨强自寬山光四望合海氣北來寒往事紀一歎柔依人
去住難菊花頭上插忘却鬢毛殘

京邸春日齋居感賦

長安十載賦閒居又觸鄉情二月初不可告人惟客況最難下筆是家書
鷓鴣自分牢騷慣蝴蝶空勞好夢虚日暮風塵南望處海雲江樹
兩愁予

俞至 字樸人副貢生

佳人

佳人趙瑟侗瑶琴矜獨擅俗耳悦箏琶專房失寵薦蘭蕙委纖塵
迎彼桃李賤縫素異工拙良人詎一盼門前有游波鏡上無回箭自
分妾命菑無緊恩愛倦秋風多多情未敢忘團扇

庚午冬移居白沙宫硯耘過訪舊廬寄詩一章賦此以答

窮貧歎才苦不早故鄉生長他鄉老淮南一去雞犬無天於何處匙凡鳥莫
人相訪掃未琴一彈再彈傷寂心雪樟搖夷剡溪曲桃花悵望仙源深我
財被禍歷江汜如橘踰淮化妄想漁夏鯉殷勤尺素傳九天珠玉落懷
裏把詩一讀酒一杯酒中新落山雀巍山静常依白日海酒酣不見
黄金臺天地茫茫皆逆旅可悵關山隔傳侶床頭明月起徘徊
滿地相思共誰語

燕子磯

危磯高百尺挈伴共登臨山色連吴楚江流自古今片帆經雨涅
孤鳥入烟深羨彼垂綸者終朝澤畔吟

歲暮客浦水漢杏堂

出門行不遠别業返橋邊一徑接溪岩數家連竹陰茶煙重重

壓人語雜幽禽坐久忘塵俗悠然見古心

早梅

驚轉東風第一程梅花消息問江城烟中蕭寺夜鐘動雪後一溪春
水生似畏峭寒猶隱約如尋殘夢忽分明試燈院落人相望華
點窗前瘦影橫

秦淮竹枝詞

涼篷船小載笙歌人在玻璃鏡裏過一陣雨絲菱葉亂家家門外
鴨兒多

孫廷颺 字霓山 諸生

贈張石帆先生

有唐詩人淮樓起宦業詩名戴後張子青袍未復稱閒身白髮蕭蕭垂過耳我從
槐市識清塵酒酣握手情相親自言寸卯橋邊住風月江山總主人手折瑤
華悲別既三年離思隔烟波長謠不改杜陵貧蒲魄江皋仍拾橡
只今豈脫塵可聲振衣一嘯來清風日暮留君君不住棹郎吟
躅推篷歌路

喜晤瑞上人

古廟空林裏相逢哀已衰秋水綠當檻蓼花紅傍人吟安參逆味
老去見天真自分漁堪隱清溪勝蜀春

答周種萑

宅學牆東隱終憐硯北居累多生計拙貧在故人疏入世羞談劍逃
名悔著書輸君能食力手自把犁鋤
庭識幽居好編蘿護草堂入籬萑綠隔水稻花香此境君初遂何時我亦
嘗挑燈話農圃邗後贈南陽

上隨園夫子

蕭騷鶴髮老江濱總是兩漬詩從這解組竟抛三浙路買山權作六朝人中原壇
坫淮同調海內靈光賸此身今日南都近山斗朱霞天半仰丰神
含香曾讀小倉詩萬軸琳琅過眼時名到驚人何況早生當並世不嫌遲都將
經濟歸風雅儘為溪山作主持聞道隨園門百畝欲從三徑為追隨

聞雁

海天霜冷雁初飛旅館驚聞思轉微橫槊健兒應解甲鳴箏少婦欲沾衣
水雲身世家何在冰雪關河計轉非謀食年年多似爾天涯空羨稻粱肥

題李給諫大中先生出關詩草後

九重鳴鳳出鵷班萬里投荒記乃顏盡室忍看成永別孤臣原不計生還風沙
日暮悲青海笳鼓秋深夢黑山只有吟囊殘稿在至今流播玉門關

孫鳴桂 原名駿 字劍樵 廷颺弟 諸生

月滿軒

地僻可結茆虛軒自軒豁心閒機事盡夢轉歌聲發開窗天宇清林暝吐新月
月色正泠泠素心托高潔
華胥轉道遙不如原上牛鴟鴞戀風雲不如水中鷗乘身入田園終日無忘未返
機焉有齒千古同咄酒

宮煥勳 字竹軒 諸生

懷人詩十之二

嗜酒愛醇醲山歌閒求素心一朝美具對開胸襟陳以青玉案配以綠綺琴
不惜名物貴氣味熏人深抑忘破寂寥芳辰恣嘯吟何當臨風望迢迢思不禁
李南阡
重衛

雅望陳太郎一官江之濱繪堂春風生欣榮有桃李平生氣最華揮金如揮
水縱酒放狂歌姬人快指使取道會言歸匆匆一面耳江水深復
深何處采芳芷 陳澧堂燮

寄余玉函友十之二

粗知無故厭糾紛白首羞強向習勤片刻放閒還自力瓜陳藍角
向樓耘
何須幽隱向山深蒲筐秫稿就夕陰坐到中宵天宇淨爽然絡
獨閒襟

翟倫犀 字然明 號蘭谷 諸生

重陽後一日真如寺晤涇縣族弟鏡堂

蹤跡苦飄泊萍蓬向沙骨肉總天涯從來雨散如何處話到鄰卒各悵
家節過蕭晨空菊徑居鄰澤水可桃花（錢塘佳桃花潭）相逢爭忍話桐別紅
樹江村日正斜

翟鏞 字貴山 監生

餞秋

紅樹添行色黃花憶舊游那堪今夜酒又送一年秋老雁苦催

客新空早悤袁世人獨倚首桐葉下西樓

六月一日夜坐即事

六月一日秋气生飒々细雨未初更織雲度河忽無影凉风入树时
有声三点两点疏叶響一个两个螢火明虚堂岑寂客不寐浯
闲烂炧难为情

韓柳村哀詞

幽年彭延贵交相事々郑亲家[illegible]獨知上学記从青髮日忘年交到白
頭时生悔罗隐功名薄死惜方干墜遇遅傍沒梅花风雪夜空
宜重唱渭闺诗

李亭彲 字雲谷號南阿歲貢生

美人风筝四之一

偶尔凌虚縞袂温居然舒锦比天孫夢回蝴蝶千年化吐盡春
蚕一線存色必飘零出薄命漫因遊戲上銷魂归来全屋還
莊舌风雨绸缪倩主恩

陸浯 字篠樓諸生

述懐

弾指劳生半百过塵沙空藉緑硃磨闲心剩月团仍老到眼雲
烟变幻多讀媿著才时鍵户吟生脫口漫高歌婦無求去能偕
隐只合蓬蒿懒卧窩

牛馬紛呼小市謹一枚久已托桑麻字允同字誰構浯僧为談禪
卻弄茶天末雁鴻賓水國风前杞菊錦霜花年来赢得维
摩病料是刀圭鎖鬢華

西園飛盖憶當年兩度朋簪盍七吴 同山板灯美夫樸人竹軒南阿
戰疊秋高星落々歌臺春盡草芊々錐阰欲立営無地蓑或
间窺便有天莫漫炊烟更欣羡有人早著祖生鞭

年々蹤跡付萍蓬彭蠡飘零又海東歸去阮孚雙屐懒吾
來假浩一亞空久陶倚杖思田舍前渡投竿有钓翁家已無聞
兒去大趁宗可許繼宗风

楊尊三 字方田號達軒監生

過天津

風俗鱼盐美遊踪筆度过路通京國近岸泊海艘多夜市喧絃
管春城門綺羅古稱東北地雄壯古関河

楊尊夔 字竹庵號漁亭監生

秋山

一片柱天淨蕭然三兩重苔痕和石冷雲意失春濃落葉空
林路西风古寺鐘楚天新到雁飛过夕陽峯

秋夜

凉风在高树黄葉鳴空庭夜月半窗白秋螢一榻青浮生知老
大往事出飘零何事弄长笛淒清不可聽

上巳前一日同人集雲谿精舍

東风生蠟屐天气近初三流水殘花徑空山破草庵春須如
命惜詩可當禪参話久斜陽裏吟燈冷石龕

題聽秋图

秋從何處來聲从何處聞深夜立空庭月在梧桐上

葉夢蘭 字小晥號澥谷

移家西河

移家新结瀼西鄰老屋三椽灑掃新蔽水最甘因養父弟兄相
得勝依人古軒謂家草堂論浯無虚夕芸社題詩步後塵最喜秋來
添韻事不教辜負菊花辰余而古軒同有種菊之癖

繆承鈞 字堉緒號美大貢生

別燕子磯

天載重江陰澗迴一水湾老漁欲終古燕子自青山記泉維舟日秋风落照
间舊遊似相識争忍不躋攀

欲老

升天出佛願肩剛一晌驚心兩鬢斑不分年光如逝水強攜尼酒对春
山红蘚映日新扶杖碧玉炊风舊珮環閒道淮南丹竈近可能大葉
駐朱顏

帰与

帰与踪跡寄萍星笑見雲归客尚停一夜秋心红树雨十年鄉夢綠
莎廳香爐依舊隨荀令席帽分明戀管寧莫向前塵歎惟悴古人
书劍亦飄零

宮麟 字硯雲號蠢莊又號閑庵廪貢生

邗上懷古

鷃鴒初飛借一枝青衣夜叱有人知他年六鎮分符日記否園蔭夢裏時
高歡宅
飛閣凌空旋畫欄秋宵高讌出林端座中只有秦淮海吟取名星入廣
寒雲山閣

吳增祿 字錫藩號燮堂弱冠負文名屢薦不售中年託詩酒以遣興性豪縱飲卒以此致疾殞身

偶成
未醉豕謀醉既醉豕世事吐哉荷插人乃爲身後計

雨中登高
佳節恐虛度登臨自覓詩迷宿雨凌履破朝寒覓句空搔首逢人漫整冠濛濛烟樹裏誰把菊花看

秋日懷夏園耳山紅舫客秦淮
秋風楊柳拂青溪秋水空明夕照低料得酒樓燈欲上一船人語過橋西

宮爲坊 字言可號荔園乾隆甲午舉人國子監學正夫子以年老不仕設講席于家從遊甚衆一時登第者多出其門文以秦漢唐宋爲宗而能談論每徹夜不倦而口不言詩及選是集其嗣君子梁寄一冊來皆韻極佳讀其詩如見其人

昕至定陽和坦菴弟韻
朝日淡層陰山色何清越擬欲踏烟巒直上青雲窟路遠不可登對景惜華髮依依同心人攜手入林開來照梅花香是故鄉月

有感
晨起覽雲烟旭日上危石盤曲萬山中杳靄忽已夕來日不可期去日如過隙不見爛柯人旅懷難暫釋

同坦庵弟至淨慈寺訪寶蔭上人
古寺隔雲深中有高僧住一徑冷蒼烟鐘聲入庭樹不知城市囂但與詩人過欲坐晚山青忘上忘遲暮

過嚴子陵釣臺
炎漢中終古先生有釣臺雲山千里闊風雨一帆來灘湧濤聲急霄催雁叫哀伊人不可見回望暮徘徊

放鶴亭
處士今何在空留放鶴亭烟波此日闊一眺萬山青茫茫定梅花夢未醒哀且爲惆悵無語對林坰

疊韻別坦庵四之一
我過浮生未有涯君於清況不妨賒停車幾日仍爲客游宦經年即是家門隱達驅鳥在庭多戀岫引雲霞 謂摩古壇外華巖衆諸詩人 天長水遠間中味草長無憐花滿衙

喜晤何明府南英
欣逢何遜在揚州息馬蹁躚幾日留齋館閒分新賜俸雲山夢繞舊登樓出擬玉墨生華髮宦橐銅章已白頭一別十年今乍見杖節還上木蘭舟

得陳澧塘却寄
空江渺渺尺書來搜落誰憐曠世才官是鄭虔偏愛酒貧逢杜甫獨登臺故園千里心如結長鋏三聲首重迴山水豫章誇絕勝春遊華屋笑顏開

酬家應乾弟舟中見懷作
出匣光芒曜太阿隻雛重向武陵過麟符報最蒙恩早鳧舄看山得句多賦珠璣到吟榻懷人雲樹倚行窩宦遊未肯忘鷗鷺如此風流奈遠何
自分寧甘守硯阿眼前岸月易經過夢中舊識青山少鏡裏新添白髮多蠹簡有緣消永晝蝸居無世賴號吟窩傳經很說逢彭戴 原唱有課塾美成佳子弟之句 冷雨荒烟謂我何

西湖口占
十里湖光一鑑青四圍山繞碧波平難窮水色兼天色不盡鐘聲與雁聲夜少樓臺都秀絕倘逢邱壑覺情生此中大有高人在夢遠梅花鶴不驚

惜別吟五十首之十 舟中雜感或出所見或有所思信筆寫出無先後倫次也自記
一行宦在向南飛似向天涯說未歸到得歸時偏惆悵迴翔不爲稻粱肥
無計分勞重歎聊將心事付漁舟莊容去空山冷珍重
衢陽一別出泊衢州札寄坦菴
堤吹綠水可盟心 坦菴贈予有盟心如綠水之句 長日愁心較水深鎮夜喧闐
奈蒙馬一燈寒擁半溫衾

龍江東去是蘭谿漸覺灘聲入耳低獨有孤飛雲不斷泥人直
接定陽西

水冷沙空一鷺浮孤情暫寄古荒洲未能飛入雲中去不逐繁雲
也白頭（吳王夫差時白有鷺出水中飛入雲中）

雲閒消息久沉淪（謂松江廖古塘）平子重逢未有因（謂張農華）小院不來
（謂家芎田）余又去滿庭風雨只懷人

船頭月冷一燈青枯坐幾思入杳冥紅葉滿山高處望（向）蓮亭與樹
心亭（向蓮亭在石硿寺樹心亭在康王廟左常山附與繆滌湖同遊）

看山曾說遠山好佳境還於近處增（與坦庵同舟時曾言山以遠者為佳）一別
雲峯舒倦眼烟波遮住影千層

訪朱只好問山雲山為憐人特放青精過富陽青未了孤帆一片為誰停

夜泊錢江月影織潮聲直欲到山尖愁吟落葉人歸(?)富臥聽空煙夢
不甜

朱景泗字冠林一字鐸斯以海博馳驟名場終坎壈不遇予贈詩云回首京華事已非近狀況與世相違胸羅萬卷廿人諒贏得新霜滿鬢歸晚年著作極富惜其散軼故所選甚略

送吳藏臣歸湖州

悠悠春草生寸寸愁腸結(?)嗟彼同心人悵然從此別世路多坎坷天
風吹鬢雪

平山堂瞻六一先生遺像

日暮遊蜀崗松濤起峻阪斜照上叢祠山光澹以遠載拜欽鬚
眉高風留近軌經濟出文章千懷殊繾綣江月漸茫茫鐘
聲催客返

太行山覽古

大行尺脊橫天古左魯右晉今中央邈綿石棧歷太古高崖
巨壑撐磅礴行經龍文回車處令人懷古多慨慷側身遙望
長平里荒榛羃歷連崇岡同日趙卒四十萬骷髏血濺遙相
望世言死生由命豈伊生命皆不祥始知人謀毒于兜天道
以次錫雪(?)强趙高當軸祖龍死軹道朱組秦亦亡行行落日
隱高巘石門松栝烟蒼茫探碎始識李侯墓再拜涕視霑衣
裳銅官異人不世出跌過不否聖所臧從來陽一陰數二奸權
鮮不妨忠良莫年陰謀竟何在將軍馬鬣猶堂堂舉頭回
望白雲合停鞭試問車何方梁公思親昔過化征人過此仍

懷鄉永亦經時陳同視聶哉前路慎行藏

經岳忠武故里

五國春深草不綠千秋誰洗青衣辱鐵騎宵馳北斗低黃龍塞上貫三哭
璽書十二九天來河北英雄氣為懾只今再過生申處夜深喬木清
猿哀

漁火

瀨平江影里漁火出蒼烟野岸疏星夜螢花淡月天微茫空水外明滅斷
橋邊倆對孤舟夢殘更卧不眠

過清寧道院贈昝春鍊士

曲徑攀蘿入花宮絕頂開龍松吟古洞泉從下荳(?)臺山氣連雲動江
聲帶雨來欲逢麻水合掃石坐蒼苔

讀晉史

西代南征奏凱歌羊車促爾望恩多君王正學唐雲祥兄弟偏採吳
越戈但見扇塵揮玉塵已知荊棘沒銅駝張賓王猛才如用或
免新亭嘆奈何

遊白雲寺

驚崖盤空一磴斜白雲精舍帶晴霞幽明寄玄春鉏葉鄰屋烟
生午焙茶山鳥啼殘紅杜宇傍樓開遍碧桃花紅塵此處飛難入卻
恐方壺未足誇

夏日過西河草堂即席贈古軒妹婿

黃鳥聲中綠樹濃幽居不厭日過從識途泰已悲疲馬論士君能辨伏
龍千里客囊留短劍十年[illegible]塵夢破殘鐘（時余從京師返里古軒亦自真州归）折桂一枝醉
朵花釀一洗平生塊壘胸

側帽風前髩未華軒軒人似赤城霞芳尊屢擣龍鬚草話舊同消風
爪茶可惜黃金曾鑄錯休將白璧笑吹琴(?)秦淮風景燕山月孤負
秋來菊麥花

古意

仙艇向良友問爾何為出久客世談秋風吹鬢絲

玉鉤斜

楊花尚未飛朱顏已消歇香魂何處歸猶傍迷樓月

歎逝

今古共一擲棋局池夜夜浴虛波任喬運李喬談笑(?)英
雄白首多

仲振奎字雲澗監生松嵐長子懷才抱潔学有淵源一時从遊者甚衆詩格在韋柳間其崎岖雲則過之著有綠雲紅雨山房詩鈔

錦江雜咏

昨夜山雨急唇安水勢高兩岸居人稀欲渡無輕舸立馬大河側洶抉風藹々童子識予意郵南有橋々廣不及尺亘如虹在霄洪波撼其下目眴心神搖錦江橋周道坎陰在崇朝何況滇池路山川鬱迢々

溫江小堠新𨀁溪襟帶間山水畫面玉狂瀾吞遠天淡豈有父老煩流涕潸々生者未死別居者朔暮離陽侯又鼓盪浸此百畝田居者不為出皆洶免餒守生者無其患歸來亦可祭

華陰西嶽廟

巍々五鳳樓飛甍栋雲腳學堠抱日月秋意洶鈴鐸金龍盤空起白鴿對檐語中有太皞宮神光畫斁薄

謁叔母

朝與族妹別暮登叔母堂不見叔母久鬓髮忽已蒼慟念先嚴逝相看淚滂洋𢘟定問慈母年時筋力強下及弟妹輩旁及姻婭行大妹入廚下洗手作羹湯小妹不識兄百喚羞出房鄰家訝生客婦孺環一牆廿年無戚族問家未何方阿弟躍來年郵橋謀酒漿烹鮮摘蔬果斟酌傾中腸中腸不可罄秋烟夜已央明日孤舟別悠々雲水長

擬古

忽々何所樂乃在天一方開山路綿邈何由知故鄉付書與鯉魚所言不能詳方春雁北飛方秋燕南翔遠別去經年歧路多旁皇萬物所不堪游子心以傷浮雲在風中欲往行復飄飄泊兆未計男兒當自強

度梅嶺

雞鳴檢行裝駕言渡山去曲折上重崗螺轉入雲霧縣磴歷千盤危梯經笛度兩峯相斷間中有登天路梅關分南北疆域判雄庾棧負難固逢烽燧各有戍振衣陵絕頂宇宙渺一顧千疊萬疊山十重百重護小庾如兒孫嫦娥如僕婦長嘯陵天闕東西走烏兔倫比與東花枇天嶺南枝昔在張子壽鑿險便行步亦越宋管銳種梅洵征路從倚梅花國疇昔洵奇趣泰洵梅花神高吟旁平賦

清灘

清灘一片石江水一百尺萬石水中枕萬水石上立天吴鞭撻龍一羣怒尾齊向東洋奔之而出角勢夭矯吹沫直上天為舍扁舟觸險不得進有似鄒滕敵齊晉戈兵早與望風走摩壘更捫心困四分巨竹聯一韓細裹蠻纏以鐵石三條總由百夫牽打鼓兩聲金一擊忽為一落千丈强金鼓倒擊聲驚惶重加巨纜大于臂邪許一聲一倒退至辰達酉險始出舟人相顧面無色安洵秦王鞭驅石東向東海填安得鑄王弩倒射驚濤不敢怒山頑水惡無哲人如何上有明妃郡琵琶出塞不復返粉澤粧閣今空存枕边淬透聽猿淚洵耳灘聲不能睡

牽牛行

田第一火好鞴署五色龍文畫摩爍尔牛嶄然見頭角好去立功莫前郵鋼船駕海狎波濤竹中環山輕岸嵩郵椒丁桂誰有名出身戰場方磊落功業縱不上雲臺郵騰春田老耕作牛兮努力食細草明年在錦江道

石城曲

美人在何處家在石城西石城艇子木蘭楫門前秋水青玻瓈芙蓉花落蓼花老江上秋寒游客少當窗理鬢默無言眼底紛々誰最好君不見東家好女嫁作商人妻昨宵蕩子遂歸來啼西家阿妹能作婦夫婿情多翁姥怒老守閨中良人美妾心清似石城水石城水尚有波瀾妾心乃如井水空

醉歌行

天不能無酒星地不能無酒泉男兒磊落負奇氣不醉何以全吾天癡雲似墨壓斗室大雪如手翻雕闌商陸不紅燭無餘故人相对情闌刪青州从事龜知己為之四座生溫顏脫衣遮暮作牛飲下箸那用烹羊蹯人生萬事有定數醉中天地還然寬稽狂阮哭未免陷阱誤張草何其類三万六千一彈指四十五十兆華年丞哭當歌立續廢富貴於我生雲烟醉鄉枕赤城壽命華胥酣夢轻神仙間天借取銀漢水問地借取蓬萊田種秫釀作琥珀色駕鼇壓出珍珠圓渴龍𣀮身小四海長鯨鼓鬣吸百川一臥不妨一千日置身疑在鴻濛先樂哉醉乎不可言請讀南華秋水篇

夜泊燕湖

孤月水天淨中江夜泊舟春星燎野大漁火入雲流入去一壺玉宿鼇三月秋偷然不思臥更檢木棉裘

蛩

紅藤碧草陰蟋蟀以秋吟一覺空齋夢月明如水深夜風輕不動人籟杳然沉淒切調宮羽天涯萬里心

月下登甘露寺山

手擘風雲氣來登第一山眼空江海窄心遠地天間七塔蒼烟露孤帆帆綠樹灣與君高著腳莽々是人寰

元日過馬當山

一片馬當石崚峋下半生懸崖落人語老樹挾風聲嶽雪藏空色天江

放晓晴孤帆值元日应赋快哉行

九日北城高眺

胜句生拳空放眼步登临老树发空籁归云生暮心半畦丛细菊一雁度遥岑故国无消息秋风两鬓侵

古宋

日落葵卯驿天空葛伯城古今一春梦王霸总虚名但有林泉性垂竹帛荣孤忠吊孙许千载见平生

海门署中晓起观荷

一片相思月双溪菡萏天露叶残衣重花气五更圆流水碧如许疏枝红可怜衙斋闲徙倚香远若瓯前

水仙花

瑶钗新拾得云以赠同心万里空云外一江春水深相思不通语寄怀恐难任寂寞怜交甫空留汉女吟

哭李生福海

爱汝真如子抛余何处行世从原修短所误是聪明废籍犯尘撵遗诗带泪评空斋人定后灯火独凄清

栖霞山寺

峰回来绀宇天末倚孤亭江气涵云白岚光挹古青六朝存断尚隐迹问瑶星衣云云诛茅住香灯读道经

锦堤晚眺

锦官堤外锦江湄闲眺斜阳暮霭时绿柳千盘来渡口青山八字见蛾眉公孙楼橹遗灰尽巫相祠堂古柏欹归路自迷明月照市灯红霞泛性宜

姜襄平侯祠

山路骑风古树秋回天无力叹襄侯阴平石破孤王在锦水堤闲落日收一座英雄空拔剑至今钟磬尚含愁兴亡一编消英祚不断谯周恨未休

至瓶堤呈外父滕斋先生

踏破云山十万重琴尊来傍大人峰河声岳色归行笈汉县唐州有客踪西蜀清霜侍雁信东林明月借云封千秋天为余要把消沿烂空七尺筇

谒余忠宣公墓

树影不照陈皇帝墓上犹留元至华大义自能轻一死精忠难渝在今宗灵护白蛮搭陈雨断碣苔荒老石花晴郊却建名欲求空江空日落飞鸦

王祥里

巍巍卧冰处大孝动今古蕨一堕空泉谁为事区母

漂母祠

千金报德浑闲事一粥长年对碧涛到底热肠青眼好汉七不到款美侯

纳妾

幻梦浮云电风因断弦情绪又三春今朝得践花粥约结对瓶台怜故人内人病逝罢妾自随

田琳字秋玉号鹤舫诸生诗屡玉立善病工愁诗多商音读之如闻三峡衣裱只有才世命之微与

拟古

中恼何耿耿炎猿春江曲杜若尚芳洲欣欣随意缀昀以遗所思采之不悉掬嗟我佳公子渭渭隔烟水期君君不来落日暮山紫

缪竹庭画竹歌

竹痴画竹胸无竹意兴一随兴所触兴来信手写数枝飒飒空堂起空绿有时画以寄为疏尺幅之中千万株有时复以疏为密径大之中只数章密密疏疏无定谱择毫直写空千古两蹊风驰笔西甜只时自上雏为主鹤舫斋中诗一幢气骨神韵皆天出

凉秋高张雪色壁中宵恪有风雨声

送韩晓村再游大梁

大河日暮秋风起怒涛声涛疾如驶送客是客是家云山处迟暮知己秋兴在前涵再沽夕阳渡口舟重靴衣千因君访轵里金谷繁华近若何铜雀荃凉复宾似古人不见古踪湮流水光阴一弹指梁园行乐随云美

夜坐

不若遥家侍蔬水乍日空空抚毋时白发萧萧人已老

雨洗碧空净烟光带露流谁家弄长笛吹起故心愁花影半窗月

西声涛院秋消除尘虑当此境最清幽

老将

壮心犹未已部曲几人存久醒封侯梦难忘报主恩标雄略摆

甲数秃瘢痕定远殊如笑徒思入玉门

漫兴

消健以句毋娇痴石东兒承欲妻作弟课读父画师把聊春来早

宠云月迟迟间门世刹咏心踪水云知

白下寓斋友人两饮

衢泥来访窎宗门去板桥听御串凭两淡虹如才子气月中花似美人

魂此为鬲院遗址重谈往事经三载共趁新凉泼一觞沈醉只愁归路晚鸳

峯钟鼓报黄昏

答同社诸子书

漫鱼遥寄五云笺情愫聊凭七字传诗境渐如淮橘化风怪我作海

棠颠久抛旧雨连今雨笺到中年羡少艳为订清秋重把晤鸥湖

来秋米家船

冒心田梧集洪稚存孙渊如陈桂堂㊣汪春田蔡芷衫曹溪泉朱春

生死達春張寄樣乾野雲程高山蔡琴叔王柳村諸先生秦淮水榭予以病酬
赴約王治堪數促出詩率占一律
十年想殺秣陵舟泊向秦淮說舊遊吊古只依烟月在看山恰值雨雲收入吟紅燭
前句蘆棲清溪水上樓莫怪旁觀生健羨此間風月最宜秋
隨園詠淮陰侯有英雄第一關心事撒手千金報德時之句予仿有此為反
其意作此
君重王孫臣一飯英雄原自孤恩去間第一傷心事報德人來拜墓門

新雨初霽池上納涼

夕陽返照雨初收漢漢烟光淌院流忽有清風生兩腋再遲三日是新秋

惜葉古軒

錦帶吳鉤結客場十年歧館又僧房而今金盡無顏色歸臥西河舊草堂

送枚亭

少走西川客大梁世路辭枝又維揚今朝又作維揚別何處他鄉是故鄉

程在佐 字楷亭嘉慶丁卯科解元

春日沭陽道中

策蹇脇山道川原風景殊大河東向去歸雁北行俱棠蔭歌袁老邑簡齋太史是邑有政聲
郡封接贛榆魚鹽饒土物天限此方隅

聽友人彈琴

四座忘言靜不譁高山流水思俱遐夜闌聽到無聲處落盡桐陰

一寸花

許東詮 字右衡號蘭原博古耽吟狷介自守居西河陋巷中時與葉古軒
豆鶴莊集相對忘言意泊如也余贈詩有句云鷺鷗結伴貧交久
菘蓄生香世味疏可想見其為人

春江

浩淼春江水揚舲趁好風草澇遙岸碧帆沒夕陽紅波暖魚龍浩時
清舟揖通北歸數行雁明滅亂流中

過項王廟

三年霸業竟無成占得江千數屋楹破廡尚圖千里馬短筵誰薦一
杯羹鬚眉不減英雄氣風雨如聞叱咤聲笑煞東歸狂杜牧徽此
大器比浮名

卜築西郊有成題壁

水雲深處剪茅茨草草經營費構思十畝種稌供釀酒四圍泥壁
待題詩故人風雨來能早老病疏慵起較遲但得安閒常任此不
妨貧過太平時

中年

駒隙光陰逗眼更半生樗散愧埋名詩緒舊稿刪將盡友婦新交近
老成欽酒漸疏當日是看花不減少年情可堪一事增衰柱兩鬢霜華
鏡裏明

畫樓

畫樓咫尺粉牆東面面珠簾壓綺櫳一點癡情隨燕幼十分幽怨托琴通雲來
楚岫終慳雨舟入仙源竟阻風記得前宵凝立處海棠花外月如弓

古意

郎自理秦箏妾自調吳瑟絃聲雖不同一樣心淒惻

題畫

秋風起林薄夕陽在高嶺老屋閒無人斜窗眠瘦影

初夏即事

午風吹麥浪出蚊較雨量晴日又睡行遇柳堤自入畫一枝節杖一溪雲

書趣

東湖湖東桃花香外湖湖外郎船北留郎住解看花去明日西風薺菜黃

鄒然 字存之號識堂廩貢生宦溧水邳教諭候選通判性豪孝先君常
談其愛季弟文境幽折而蒼茆相伯仲均以中年早死時論惜之

聽雨

忽覺衾如水才知雨氣寒蕭森侵夢裡淅瀝到更闌倚枕詩人老挑燈旅客嘆
愁籬畔冷一徑菊花殘

旅夜有感同唐廣文浦

書劍飄零旅況難夜深雨客共清寒高堂夢寐思遊子海俗心情笑冷官聽雨懷人秋雁
遠時家兄在遠山游浙連床覓句寺燈殘戟門安用書生拜閉戶高眠曉夢安

詠古

年少須將盛氣除周旋長者要心虛不甘進履圯橋上孺子何從得受書進履
須憑寸管自抒奇三百竽教一一吹實呼求才太苛刻今來聲氣有差池吹竽

萬榮 字蘇林嘉慶丁卯舉人

遊高柜仙西游采即送之省試

西馳匹馬三千里泰華嵩崑當面起携來好句上峰巔高歌聲入蒼冥
裏下視潼關六扇開秦宮漢殿多蒿萊殘碑斷碣摩挲遍側身望
古徒生哀長吟曼嘯時延佇石破龍門瀉秋雨秋雨秋風秋士懷句
發商聲調何苦集中秋懷卅首可以八卷周內留滯不稱意兩載翻然整歸棹
琴書依舊一肩輕驚人詩囊壓飛騎今年來看月中山逢我一笑開
心顏我去辰玩意朝察讀詩方悔識君晚君今又掛金陵帆君家兄
弟稱三鳳季子承明先倚从君才應不忝騾騎此去青雲定飛鞚
他年鄉祈壯經幄著作還須推大宋詩君收拾此遊詩好為詩時
播雅頌

舟發武林曉眺

秋色正如照熱陶先如法珠林纖月生遠水冷螢飛何處明漁火有人看
釣磯帶夕吾自哂波此片帆歸

吳江夜渡

未近空山寺鐘先夜半鳴薄陰微作冷殘醉不能醒楓葉落何許
江深空復清偏逢高詠者燒燭待三更

喜晤李白樓出其手訂詩稾兄云即題二絕以贈

邗江一别渺愁余千里來君仲蔚居又借湖山供卧宕好看鬚髮
縱風珠豪如柳晃名終貧君有元龍氣未除手把金杯莫教放
酒痕連日上襟裾

孤竹聲殘燭影深披來袖底出球琳中年定千秋業百劫難灰
一寸心是處鶯花供彩筆此邦山水助清音千峰素氣人終識莫
嘆無錢可碎琴

自姑蘇抵京口即事口占三絕

吴山越水往東趍家上飢驅未暫停匈兄流民紛逆左斗身不敢怨飄萍

金閶還接錫山城歌管聲喧雜市聲惆悵江南望江北澤鴻無夕不哀鳴

又見紛紛舴艋過江頭夜半哭聲多頻并百歲哀鴻淚截住洪湖水不波

仲賢勤字受之有蓉賓遺草行世受之神清性敏髫齡脱口能詩蓮文
雲江進士之舅素性染疾垂危吟不絕口卒年十七

度梅嶺

林暗月未明旅舍催行客披衣立中庭露下侵衣溼高堂呼僕從姊妹
駢肩立匆開門外喧車馬紛紛出出居初上車天曉晨星沒行人兩
峯間天闕乍開闢千盤石磴危一綫雲梯直上有叱馭樓右有婦嫌
望人遠雁將回鎖鑰下南倒傍午度梅關出境過祿宅回首望江南
蒼茫不可識

中秋舟次蕪湖

涼宵一棹泊江關千里行蹤數日間鴻雁一行依碧水鷺鷥幾點下青山
采菱歌隔金波影攀桂人分玉殿班想到秣陵今夜裏十三樓上動
歡顔

羊城送臘

又見天涯過歲除一春消息欲來初南交原少冰雲到東路先看草木舒
樅子字斟金液酒梅花香拆蠟丸書指毫學寫宜春帖自署珠江仲蔚
居

大通煙雨

秋煙秋雨壓江流彷彿君秋到莫愁却怪隔船聲潑剌鷓鴣飛過蓼花洲

泊楊梅村聞絡緯

蕭蕭絡緯滿林聲催作征衣萬里行想到故園秋色七月豆棚杯酒話離情

鄒茂堅字嘉穎性至情摯未冠儼若成人竟以哀毀夭折篋中檢得是
篇讀之心痛故存之

夜讀吟

去年夜讀時娘問字而饞今年夜讀時饞字娘不知
酸風滿窗燈閃其光讀不出聲掩卷呼娘
撫娘撫淚如泉欲啼不敢啼啼時摧斷心肝

泰州詩徵

佚名輯

《泰州詩徵》三卷，佚名輯，據南京圖書館藏清鈔本影印。

全書輯有清一代泰州本土或泰州籍詩人一百七十餘名，以姓氏依韻編排，並及方外和閨秀。所輯有宫夢仁、翁磊、朱淑熹、夏震、鄧漢儀、陸舜等。各有作者小傳，並引《廣陵詩事》、《淮海英靈集》、泰州志、王豫言等爲之注解。

（顧　聲）

泰州詩徵目上

文瑞堂

孫廷颺 余仪曾 薛芬下

朱淑熹 璐 光岳 盤 盧生 俞楷 梅 堉 維植 元煜
秦定遠 陳忠靖 志襄 紀 志鐸 厚耀 瑤篴 燮
袁懋年 孫廷颺 鳴桂 韓敏 鰊 園昇 田 鋐 琳
高獻可 余儀曾 王而強 讓 鴻藻 孫驤 梭
錦 鶴 雅 孫驂 雍鎬

沈 協華 懋敷

文瑞堂

泰州詩徵上

宮夢仁字宗衮號定山康熙庚戌會元官至福建巡撫

著讀書紀數略。文苑英華選。續南宮舊德錄

荻汀錄中丞十歲能屬文官御史時疏數十上皆切中利弊黃淮泛溢急請疏理海口繪圖入告出為河官由督糧參議至福建巡撫所至俱有政聲歸田後修春雨草堂讀書自娛

廣陵詩事康熙庚戌會試復八股文定山以是年中第一所著讀書紀數畧五十四卷康熙四十六年上南巡恭呈御覽得旨刊行遂并版繳進存貯內府亦儒生之榮遇也

七夕文讌

天際涼風來雲衣澹秋君迢迢望河漢仙期度靈匹烏啼欲驚林螢點忽飄帙薄帷[illegible]纖月玉虍未盈魄緬懷緱山駕仰睇瑤島蹤鴛梭織已停初陳綺羅席西園富才彥出入金馬籍相將凌黃鵠乘時貴羽翼上溯勲與華下企皐與稷邂逅契魚水雨美豈終隔高旻曠許何良讌歎此夕秉燭念携手庶幾長惆惜

清江送張友鴻滇中司理寄訊藩臬諸同人

簫管中流雜棹歌仙郎擁傳下牂牁百年詞賦題金馬萬重風煙阻石螺蠻俗古來多健訟　主恩天外待鳴珂昆明戰代今何似寄語加餐老伏波

宮夢熊字宗熹康熙癸未武進士官侍衛改刑部郎中

泰州志宗熹純孝性成母歿三年一依古人喪禮鄉里奉為矜式

湯山應制

曉隨仙仗出楓宸律轉陽和景物新豹蔚鷹揚齊輔翼山瑤海翠供時巡龍騰靈液春波闊人沐殊恩帝澤頻何幸微臣沾雨露獻詩獻祝效堯民

宮象宗字友蓮貢生靈璧訓導

歸燕

秋老難為客愁看社燕歸呢喃如惜別來去信知幾刷羽甘清露辭梁正落暉明年春色好還傍舊家飛

九日即事

山高欲礙雁行斜洞口無人菊自花隔岸蒹葭饒碧浪背城風雨下平沙十年書劍難酬國九日烽烟苦憶家一望荒源嘶野馬愁思吹斷暮天霞

宮鴻曆字東表廩監生著涉園集

淮堤謠

淮堤坦〻淮水湯〻不入於海灌我下鄉
坦〻淮堤奔濤不遏冬来築夏来決
天高可登虎猛可制一淤淮水不可治

宮鴻歷字友鹿號恕堂康熙丙戌進士官翰林院編修著棣園集舊雨園集齊魯紀遊金台紀遊

魯仲連射書處

樂毅已歸趙聊城猶抗齊仲連一紙書墮城如拾遺信哉國士語賢於十萬師韜光卧東海孤跡何可追戰國標李運而有高士姿刑名習申商口舌誇秦儀謀身亦云巧反掌憂懼徵名爲州同長爲萬代嗤

送敖山来歸錫山

力擢南山虎兕豪不忍擲氣可雄萬夫長爲兒女役君當少年時金門初射策寸管吹雲烟高文振金石人愛千羊皮不實一狐腋歲暮倦行遊異鄉感蕭槭送君泰山趾中

衢文轍跡心隨秋雁飛路傍孤鴻没江南雲水闊歸武永晨夕

長安午日

生事都如縛楔菰千纏萬裹滯長途高門敢望齊丞相醒眼真憐屈大夫綵結靈符聊避鬼盤堆昌歜故愁吾南州五月鰣魚美未買烟蓑棹五湖

寄懷王乾菴園雲蔚王陵延

蒲暮秋林落葉稀荒城暝色靄餘暉爲嗟遠道書難寄郄羨寒雲烏獨歸懷抱暫隨流水去蹉跎空與故人違風塵鞅掌誰青眼高館多君晝掩扉

宮壽平字貽安夢仁長子著靜敬堂詩集

議復晴海樓

東南形勝峙神邛文物由来最上頭何事高堂空茂草幾人長嘯漫登樓斗牛尚有衝霄氣棟宇能無借箸籌他日丹梯憑眺好海天一色望中收

宮懋謙字著英號杜洲官德州知州著嘯月齋詩

阮常生云杜洲嘗鎔鉄束琅邪台秦石刻至今巋然臺

渡沂水

白月落沂水欲去聊盤桓秋風散蒸暑凜凜生新寒手中竹馬鞭是昔青漁竿臨流不垂釣佇立興長歎

九日岳阜登高過雲溪精舍

志士感蕭晨騷人愛素節杖策事幽尋溪迴路折捫蘿展遐眺佳興登高發山空雁影沉木落秋容潔下臨古蘭若花石絕轉幽上人足名理相對忘言說一悟清淨因永息

馳驅犢牛羊下前山黯黯溪頭回首晚林鐘疎烟淡微月

宮懋德字嵩嵐監生

雜詩

清秋好風日虛窗無雜塵瀟灑開奇懷長吟暢閑身時復弄琴書轉於幽獨親既適目前興况哲隣天地真悠然假我以良辰忘言意自得庶幾無悶人

宮懋教字念劬泰州人 阮小雲筆記吳江吳山人中奇有人生如草怕逢秋句為時所誦泰州宮念劬懋教有愁心如草不逢春之字俱足令人惆悵

春感

竟把閒雲視此身半生無夢逐風塵病病當謝後客常少書到多時家已貧衰鬢似星難諱老愁心如草不逢春欲將踪跡同支遁豈隔恒河未有因

宮𨼆字柄和康熙乙未進士官中書著花嶼山房集 徐太史陶璋云君監督通倉公正不阿詩如竟體芳蘭有青邱之遺

春雨草堂感舊

寥落雲山一鶴深先人卜築此園林百年風地節投閒十畝烟波退老心香草美人空悵望園有香草亭美人之居桃花流水漸銷沉傷心遺跡無人問一樹斜陽噪暮禽

口占

奉母攜家總未能官居風味似山僧饑寒不去憐癡僕形影相依杖夜燈有路歸田何繫戀非才入世合凌兢霜華也解相輕薄日向愁人鬢上增

宮翼宸字參雨官光祿寺典簿著紅椒山房集

送程風沂北上

盟鷗淑筆談 丙寅歲余過海陵采訪遺文佚事纂入廣陵圖經時廣文年八十八神采雖健如五十許人而議論暢達百年文獻多所徵引並出示其師方朴山雷翠亭王已山陳桂州諸公評閱詩文手迹留憩春雨草堂終日不倦余目為天之幸人今之古人世間人也卒年九十三

東戴孝廉震

經義久晦盲聚訟多舛逆卒土競風騷誰探古人賾吾子性殊俗獨抱遺經癖平心比例嚴雕鏤務精覈上窺七政理下尋萬卷隙特宗高密翁羣言空繁劇立說補其遺一一盡新獲不受古人愚屢奪羣儒席耆舊江夫子疑義相與

文瑞堂

析 諱永字慎修婺源人 我亦嗜古者歲月苦見逼把臂邗水溝聽受手加額倏忽七八載相遇長安陌別來著何書亂絲得分擘方姜萬往已 方苞姜兆錫萬斯大三先生 鍾文酣經籍 諱畹著有春秋詩經周禮諸說 惜哉逵莫致未得遂請益觸[illegible]往來頻庶幾永朝夕虎觀比宗經非僅事尋摘錢盧今巨子 錢大昕盧文弨兩太史 王任頗決擇 王楷曾庶常任大椿禮曹任基振中書 在下顧九苞伏案窮晷刻君才十倍過勿為境所厄

送文人南還

不及河橋餞知余病已深養親雖子職補袞是臣心別路風沙熱空山水木陰阿連如見問知足浮沉 觀成弟時同事垣中

宿遷懷古

官柳連雲水浸坡蕭條舊跡重經過烟生遠戍迷殘壘日落寒城隱大河騎擁暮雲看射雁鈴鳴秋草聽䭾古來白馬烏騅恨兩兩銷沉奈若何

同莊松峰吳弃長夜坐話昔遊

幸因趨事瑣闈中剪燭西窗得暫同越國風烟懷雁蕩蜀中花鳥說蠶叢春來舊友晨星散老去前塵俗夢空安得年年塗蠟屐鼓山常看海濤紅

泊韓莊閘同柄和用賓叔同向裴氏莊話舊韻

猿鶴蕭條鎖舊庭滄浪亟夢幾番醒巴山夜雨船中話溢浦秋聲枕上聽往事隨波銷寂寞新寒得酒慰飄零三年重向韓莊泊惟有湖光似舊青

翟宸孔

宮增祜字篤周號節溪萬年曾孫乾隆癸酉副貢生官東流縣教諭

文瑞堂

秋風催白日萬家急砧杵策馬鳳城隅談笑心悽楚合尊每夜闌言別愧雞黍樸被逐行旌握手能幾許羨子出都門而我尚羈旅豈不懷遄歸落魄神消阻堂上白髮親膝下嬌兒女霜天稻粱謀嗷嗷迷處所薄暮對孤燈悲來不能語

山夜聞鐘

萬山深處泊天際下鐘聲頓覺塵緣淨何來夜氣清響沉山未寂灘近水爭鳴亦有安禪意拈花掃石坪

九 文瑞堂

過陋軒遺址

往哲乘雲去行人式此廬即今蕭瑟意想見浣花居風雨長吟夜親朋乞米書榮名身後事當日泥樵漁

○宮履基字應乾號坦菴乾隆庚辰舉人浙江常山知縣

題節溪兄蒹葭秋水圖

春雨盪湖波先人詠獨皓披圖一灑然孰問秋江渡家學擅毛經大令紹芳步盛名南北馳馬希伯樂顧身世無逢辭美人隔雲路屢困無怨尤毋乃為君誤蒹葭增感傷莪

湄動凝佇笑入葦花叢於焉侶鷗鷺冷落萬古胸蒼茫向誰訴頭掉謝塵鞅余亦扁舟去

答霜橋姪真州

歲暮懷人百感增關心花萼更難勝情如海上孤雁飛跡似天涯有髮僧望到鄉雲縈汝切夢尋歸路遇吾曾西冷好月容延佇屈指瓜期興欲騰

述懷

拙宦蕭騷鬢已稀孤懷惟戀野蓴肥三秋容與秋帆早一水長空見雁飛路轉青山難作別情因將毋遽言歸炎涼一笑前塵夢自分江湖老布衣

十 文瑞堂

宮國苞字霜橋監生著半紅樓集

羣雅集詩話上舍工詩善畫州人仲雲江葉古新鄭耳山羅夏園結芸香詩社吟謌上台月旦者十餘年在都中英文肅與丹徒張石帆并稱江上兩詩人選同人詩梓之名雷峰集所著半紅樓遺稿尚未附梓亦恨事也

棠湖晚泊

湖波清且潔晚泊近沙洲双鷺浮水上一花紅為秋霜華

消客路生計羨魚舟待月沽村酒長吟破旅愁

、宿王柳村郊居

迴還溪上路幽寂四無鄰水竹宜調鶴烟霞能壽人酒香剛卜夜花氣不關春一室聯床處渾忘話及晨

、七夕感懷

一水迢迢外烟波有故居寄書遲塞雁歸夢感江魚落寞情偏悵飛騰願已虛天街涼夜永清露濕衣裾

、落梅

一樹橫斜隔水濱東風吹散豈無因收殘香片剛逢雨辱到泥塗為占春鶴去樓頭纔弄笛琴橫竹裏不逢人江南三月凡桃李好借餘芳布錦茵

、齋居偶成

世路經過合閉門細將物理自評論花當富貴難全福人到饑寒感恩三徑草荒無過客一池冰結待春溫空山落寞誰知己只有梅花月一痕

、題儲玉琴畫溪春泛圖

十一 文瑞堂

青山面面翠沾天佳處憐君未買田兩岸桃花紅欲雨一溪春水綠成烟美人消息吟香草詞客生涯托釣船我有先人耕讀處不扶歸棹十三年

、友人歸自塞外喜而有作

白草黃沙出玉門忽傳 天語降春溫三年遠戍違親舍萬里生還是 主恩竄入邊詞無怨調磨殘衣線有啼痕文章福命都休論且與琳宮潑酒尊

、寄秀弟

花前分手記春殘冷月珠林悵獨看千里關河孤夢遠九門風雪一燈寒年衰荒海謀生拙米貴長安作客難兩地相思隔天末尺書珍重勸加餐

、秋夜懷范松亭司馬

煩暑因風退新涼入夜深夢殘孤燭影秋緊百蟲聲落寞無新意飄零感舊情相思隔天末官況水同清

、寒夜宿姚司馬官署偶成

一天寒月照冰池偏是勞人睡獨遲野寺鐘聲官閣鼓十

十二 文瑞堂

年聽得鬢如絲

、珠溪道中送黃小松歸江南

相思相見總生愁况是河橋欲去舟如此垂楊如此別銷魂何必定揚州

宮　麟字秀機號困庵增祜子貢生著硯耘吟稿

阮小雲筆記困庵客都門館於王述庵司寇邸第司寇南歸施太僕小鐵延主其家西公交相引重卒年四十四

月夜渡揚子江

利涉舟人趁夜行中流鼓楫覺身輕江空始信天無盡浪

湧翻教月有聲萬疊帆檣爭色相兩山樓閣化虛明此時疑入蓬萊境忘却塵緣一段情

宮協華字川田號晚香泰州人乾隆庚子舉人

赤岸登文昌閣野望

山僧蓮宇外傑閣倚斜陽海潤西風迥林深落葉荒烟光浮木末天影入青蒼不盡懷鄉意長謌付慨慷

題魏松濤進士春耕饁餉圖

紅雨青疇一徑斜百年風日屬田家桑麻儘有閒中趣肯

學河陽只種花

翁　磊字岱瞻

送秋浦胡宗娘歸里

哀妾自有夫何為流異域楚軍本橫威非妾美顏色遙睇兒故山不敢覓消息夜寂訴幽怨有客潸然惻告我東海守殷勤卹孤蹤噭噭西北飛黃鵠奮歸翼飄零非舊容羞郎還辨識問我別來愁淚落不可拭

江洪字蒼舒號芝亭歙縣人泰州籍生員官西寧府知府

西寧道中

日落西風怒馬嘶愁看甲士卧牛犀軍儲豈敢疎俄頃劍橐何堪倦挈提塞草驚沙圍暮帳陣雲熱火變寒聲鄉心到此俱成燼休說艱難運不齊

施震鐸字瞻齋號千里諸生

客中寄兩大人

風聲初釀冷遊子正思歸細雨關河隔孤燈色笑違音書還驛路魂夢只親幃夜夜高堂舞難忘五色衣

同內子分選驪珠集

誰言續史只班昭舉案梁鴻豈寂寥剪燭分題聊卒歲揮毫索句坐良宵閨中畏友時相對閣上詩人不待招多少牢騷憑汝遣倚欄何必聽吹簫

儲澐字山濤貢生含山訓導著霞起樓詩文集

山水歌贈顧禹功

山峰遠樹何蕭森洞庭之石蒼梧雲先生寫畫先寫神前身自是曹將軍我常思買灊山麓見此峰巒已心足安得坐我高峰頭直向懸崖結茅屋

懷家玉依春坊

憶别滄江又值秋涼蟬驚入仲宣樓樹當紅處偏餘恨月到明時更起愁遠道相思新夢寐宗臣名姓舊風流可堪寂寂沙洲畔惟有芙蓉對白鷗

登天觀樓同黃交三趙憲吉澄鑑賦

天氣晴明曙色開危樓高聳路江台雲迷樹杪潮聲亂窗對沙洲日影來豪俠久埋橫槊志風流空負濟川才湖山閱歷從茲始好友銜杯亦快哉

吳崇先字式武號鶴山著世綸堂稿桂籍軒詩

詩觀三集鶴山先生與余三十餘年投契具詩苦心淘汰字不虛下近作則格力益遒復有姿態流逸於酒論文舍君誰屬

邗關送何青綸

曙色蕪城白看君擁騎行風沙寒驛夢鴻雁曉霜聲酒對山公席時訪張吏部詩齊水部名凌雲新作賦筆札滿西京

暮秋步甘露寺

隨意行來處林深又一天潮鳴梵響雜徑轉佛燈連樹為殘秋落山從返照妍登臨思更遠笑指逝波禪

黃河即事和李書雲內兄

行盡江南路因深去國情鄉音隨地改雨漲沙平荒岸知秋早輕帆雁聲故園憑夢轉紙帳與梅清

秋夜聽琴

一座令人靜端然彈正聲指經相應處心境自平和不在聆音調還期悟太清碧天照秋水此夜更分明

渡寺即事山左道上

古寺全無壁，寒雲半補門。徑荒行客少，兵過幾家存。板蕩舟橫渡，依稀雁到村。最憐燒榾柮，僧老乏朝飧。

題宮紫陽年伯舊山讀書堂

東風吹柳絲，湖濱竹石參差。野鶴憐新雨，一簾催曉夢。故山萬卷對殘春，林邊遠見蘇公杖，澤畔長垂尚父綸。眼看十年鋒鏑盡，科頭抱膝是先民。

過仙霞嶺

只有山相接，都無路可通。數松橫出險，一壑倒流空。鳥截關雲白，霞飛海氣紅。急尋村店去，何處問樵翁。

朱淑熹字艾人，順治辛卯舉人

柳敬亭自京師過訪吳陵感舊時出示予壻陳雁羣札子

老病蕭條薊北回，還將海國感興衰。眼龍出塞人長別，誰使孤城馬更來。白髮賓朋雙涕淚，黃蒿池館一樽罍。當筵休說開元事，何處昆明少劫灰。

憶爾金臺蹤跡頻，尺書淮水約垂綸。依然懷袖難磨滅，無那河梁足苦辛。冷落任安偏氣誼，凄涼優孟在風塵。當時豈乏陳遵客，矯首朱門事又新。

濟寧舟次奉寄鄧元固夫子

歸興滿扁舟，輕帆滯驛樓。客中佔酒慣，春日看花愁。寂寞劉蕡策，蒼茫杜甫游。十年已知淚，飄灑汶陽流。

酬黃仙裳見寄顏平原書入關齋會報德記碑

束髮漫塗鴉，輒愛平原筆。腕鬼能縛人，奇勢不能出。顏公碑版十數通，摩挲日掛東園中。家廟多寶及坐位，直與大令爭豪雄。聞有八關報德記，平生第一楷書字。此碑高豎宋州東，安史鋒挫田王功。州人戴德羣加額，特向魯公求鐵畫。石幢高一丈，其大可數圍。磨礲鐫十面，矗立何巍巍。火燒兵刼城池改，乾坤幾度更桑海。惟有顏碑歸獨存，青天紫氣常光彩。幾經耳熟羨客談，遠道莫致情空含。叔度論交三十載，遙貽佳本同蘭茝。白頭狂喜舞復歌，相思江樹迷烟靄。

朱　璐字武如

春思

晴峯靄靄水淙淙，望裡蒼茫思不窮。池浴沙鷗吹細浪，亭翻紫燕舞輕風。千年戰伐山川在，一夕樽罍感慨空。那用孤城愁極目，含香春芷碧烟中。

朱光岳字鑒瞻號蘇菊圃貢生著古香亭集

懷古音上人

遯跡深山裏，安禪不計年。萬峰朝海月，半榻老林烟。結客餘詩癖，封關少俗緣。孤鐘敲不歇，驚起毒龍眠。

一琴樓病中感懷兼柬姚恭士園雲尉

十年卧病老漁竿，岐路頻嗟出處難。涕淚青燈聽舊雨，風塵白髮照吟壇。南徐山色連江遠，隨苑簫聲帶月寒。幾度倚樓愁對影，天涯賴爾一追歡。

雨中懷姚恭士

蒼涼一徑薜蘿陰，倚荒天費苦吟。念汝無家增白髮，憐予結客少黃金。愁中細雨鶯花老，病裏新詩涕淚深。寒落幾回思痛飲，更誰把臂入空林。

朱光鑾字青嶽號竹村著牧鶴軒近詩

詩鈔三集：海陵朱子青嶽，神致如蘭，閉門古處，日與二三同志觴詠自如，共事風雅之業，吾嘗愛而慕之。向予選二集時，久賞其風秀。丙寅秋，予客廣陵之董樓，復以新篇見寄，既爾婉麗，更極高超，斯真得漢唐之遺法者。

瓜渚曉發

放棹烟波裏，漁歌聽榜人。孤城猶月色，獨客正風塵。山寺鐘聲早，江花野店春。昨宵瓜渚酒，歸夢幾回真。

妙高臺步月

玩月名山好，江聲上古臺。望中嵐氣接，空外暮烟開。入夜潛龍出，臨風老鶴哀。同因高衲話，茗戰不知回。

酬贈笪江上先生

遯跡名山歲月遥，多君相訪動輕橈。時予讀書焦山亭，先生維舟見訪。著書頗愛陶潛酒，市古頻來許渾橋。兩世情深蘭譜在，百年人憶桂叢招。江干種藥身將老，回首京華夢亦消。

盧生字歇庵布衣　王屋云：生講學江都，卒于汝寧，遂葬羅山下。

南屏

繞湖山疊々樹密是南屏近見千重翠遥浮一點青疎鐘
常拂水高塔不鳴鈴最愛斜陽下扁舟沙岸停
俞々楷字陳芳號正林貢生官華亭縣教諭著三極易
知錄
淮海英靈集正林早年有俞子書三刻行世晚年篤
務理學　聖祖南巡　召試經筵學劉子
力陳時文科舉之弊分析五經源流蒙
以纂修義叙授華亭縣教諭立規制士習爲之一變　賜閲
巡撫張清恪公
稱爲江左大儒
西澗

東澗奇以泉西澗奇以石泉聲入樹清石光兼水白起伏
如波瀾繡錯如施嫱屏列數十尋指摩發光澤一巖自天
開層析下山脊（澗自天開巖經遺谷而下）石翻浪遺谷雲霞濺枕席松
篁回護之崩崖卸蒼碧谷口逢漁樵此中有遺客
閒居春事
閒居春事劇風日自開明山意淡欲寫溪聲閒轉清三松
眠有道十竹醉無情最愛芳洲草春風努力生
登臨隨遠近淡笑及春晴所到皆怡悦何之非性情尋幽

趨勝致采隱愛無名别有烟霞地何曾人世行
夜々聽蕉雨朝々對竹陰雲深蓋月色花落負春心愁思
徒時日清言自古今鳥鳴空谷外樵蘖有深林
枯坐松嵐上春風日以加和風秀芳草曲水照桃花雲月
生文字江山老歲華世人尋異趣令我思烟霞
俞梅字師巖一字太羹康熙癸未進士官翰林院編修
儲治河方略。孔子家語訂正。歷朝詩雅。雲斤詩集
淮海英靈集　聖祖南巡　召梅父徵見
賜御書耆年碩德額　特命梅充揚

州詩局纂修官分校康熙字典一統志分韻唐詩政
治典訓諸書癸巳山西典試闈中飛奏成官卷正額
三名取額外五經民卷補之孫尚書嘉淦王中丞思
李侍御徽皆出其門晚年杜門著書撫教故人子成
立者數人
年五十卒
舟次燕子磯　甲申集作艤舟又作雁南飛
作脱風濤險維舟燕子磯雲空山影瘦潮長浪痕肥狂客
吟秋水孤帆下夕暉倚篷無限意目斷南飛
半塘弔詩人黄儀逋墓　甲申集二首選一
天涯孤塚水邊門寂寞人間北海樽三尺荒烟埋醉骨萬

余

山冷月照詩魂是仙非鬼兼終信欲殺能憐世莫論獨惜
孟光墳墓遠隔江愁綠鎖眉痕
俞　堉字容萬號蘅皋太姜孫乾隆乙酉舉人官舒城
縣教諭著類苑聯珠尚論管窺詩古文騷賦編年詩
鈔懷舊感秋吳陵郭北竹枝詞
淮海英靈集蘅皋為諸生時即以博學稱乾隆辛未
南巡獻詩璽貂文綺之賜倍諸生學
使莊侍郎有恭言江南獻詩者百計
惟此生詩最佳一時公卿多異之
登德州城樓晚眺和宮雋甫韻 先辛未作

堅城雄峙鎖長空高步頻教鄉思融劃斷燕齊雙眼外包
羅海嶽一樓中洪濤亂捲晴巖雨落日鐘明遠寺楓勝概
移人收不盡任他哀怨起賓鴻
俞維植字聖戉號學耕
放歌行
猗嗟哉男兒坐愁一室真可哀夜半呻吟四壁靜不能乘
風飛上黃金臺猗嗟哉彼蒼彼蒼抑何困我離奇放浪之
形骸十年事業顛潦倒青雲折挫亦云早大風拔起東海

椿繁霜壓死北堂萱巢覆卵不完驚濤況打鴛鴦鳥
二十不干謁三十無適從霹靂翻翻塞天地腰間徒有雙
芙蓉君不見敝裘歸來蘇季子旁人大笑不知恥又不見
終軍年少不讀書出關游俠能棄繻摯摯死死事黃卷英
雄無乃為蠹魚舞我劍飛赤電撫我琴漫沉吟一嘻復一
怒天下無知音無知音且狂走平生志氣復何有崔嵬立
馬心轉傷茫茫烟水空回首
夏夜詠月

溽暑長林下時時駕鹿車遠過田父屋醉把故人書落日
長空赤清別院虛所嗟詩未就皓月滿匡廬
俞元燈號牧隱後補州同知著南遊草
歸家後述懷
楓岸停舟夕照斜一肩行李問生涯多因宦薄難為客纔
聽年荒怕到家短榻半經蛛結網殘籬猶有菊花開市爐
分熟知回棹便是更深酒可賒 劍南詩市爐分熟通市賒酒
、泰定遠字以御淮海二十四世孫

江蘇詩事定遠足跡半天下交友不以存歿易念客都中有貿五嘗之目著快雪堂詩文集山水間詩編年錡從軍詩兼工詞世以其行七呼小七云

惜陰筆記以御為王文貞拔戎所器重予最愛其數骨貿逾勁新詩老更奇十字

月下聽砧

誰家夜搗砧征人在何處只有月華明高樓共邊戍聽殘倍黯然庭階下零露

柬黃交三

貴賤有知己締結非一朝唱和曾未絕粗糲頻相招俗人不解事每以己意嘲君困八口累授書向東皋余遭厄小愠風塵僕馬勞暌違過兩載相思曉日高五月抱采薪長夏生寂寥傾蓋素心人光儀照蓬茅安得愈疾撥霍然起中宵

入茱萸灣漸聞鄉音

中原相習久到此識吳音漸有還家樂翻成不定心垂楊含宿雨菰竹放清陰鄉信逢人問船頭望茂林

仲連臺

荒臺帶晚烟寂寞□古城邊忽見射書處因懷魯仲連

、陳忠靖字念共一字爾位號曉堂順治丁亥進士官刑科給事中著曉堂詩集

泰州志給事靖早舉經筵速差恤刑二疏皆報可郡罹水患疏請全蠲賦額以廣恩卹辭甚愷切得旨俞先後左遷歸早卒

天津玉皇閣晚眺

登臺且倚盧敖杖一嘯臨風覽畫圖雁帶斜陽歸大漠人從北陸達神都千檣雨岸燈明滅萬户三更月有無不是銅街催滴漏丹梯十丈好提壺

、陳志襄字陶思監生

江蘇詩事志襄父成社有仁人之目入成均為大司成徐立齋所賞識著談定齋諫忍居諸集

夏日簡鄧孝成先生

憶與君別時乃在客歲春讀書江都祠邈若越與秦非無風帆便托足奉清塵姻戚相攀援含情竟未申去冬堅冰阻薄作歸舟隣方期叙契闊斟酌焚枯鱗而公憂足疾言笑苦無津歸來當歲暮鞅掌難為親遂令長者別荏苒及

玆晨人生不相見每歎星與辰矧伊金石交能不懷酸辛
紫車夙云駕思将良晤因宇宙若炎歊揮汗正沾巾聊復
倩雙鯉先此布情真悄待秋氣高登堂快主賓不知義皇
侶曾否念故人

中秋鑾江邸舍有懷黄仙裳表兄

四序愛佳辰玆宵愈可惜露白意驚秋風清月似望蕭〻
旅館吟高聲奏金石誰知賞音人共坐江天碧

得君三舍弟都門消息却寄

廿七 文瑞堂

分手驚秋夜如今隔　上林三春鴻雁字萬里弟兄心
淚逐思鄉盡情同望　闕深何年托尊酒歇〻話升沉

陳志紀字雁羣順治己亥進士官編修

泰州志康熙元年京畿旱會有　詔求言志紀獨以翰林具疏劾天下督撫貪婪不法狀卒為忌者所中謫戍寧古塔貧甚以醫自活卒於戍所

塞外歲暮枕上作

普天皆王士萬里猶比隣狂言不加誅蒙　恩為戍
民沙磧豐田畝黍稷自耕耘荷鋤兼荷戈斥候分所勤從

在後　在前

來生肅理無非天地仁荏苒歲云暮悲風響荒榛旅雁翮
然南臣心拱　北辰百情久已遣忽夢入　君門
花磚鵷鷺集余亦列簪紳說書侍講筵春殿香氤氳
賜宴及小臣芳醴沾朱唇復捧　賜書歸拜舞謝
至尊須臾山鷄唱殘月照衣衾方知戀　闕情
長夜感精魂來朝值獻歲遥祝萬年春

寧古塔春日雜興

謫居關塞遠忽〻又春深雪氣猶千嶂花光失故林從人

廿八 文瑞堂

學射獵驅馬試驅吟　宣室無猶見虛懸待漏心
邊草青難發關雲晚獨看琵琶誰更奏暗引淚珠彈
罪比邱山重　恩同覆載寬一行來絕塞萬里見春寒
自度陰路溝來從絕塞居雕盤迴野色雁轉望家書慕府
雖加禮鄉園盡已疏舊時三徑菊無恙定何如
朝簪雖久濶塞眼望猶懸努力襄嘉運無勞惜故牽猖狂
逃斧鉞歡喜得耕耘昨自春田返牛羊入暮雲

陳志緯字衛公著自怡堂集

西

立秋

大火忽西流相看又早秋蟲吟知節至葉落伴人愁何處

花堪賞此間酒正芻撫時聊自適碌〻更誰求

送包瑤昆之吳門次姚恭士韻

知君久矣猒風塵涉世何須逐要津忽桂征帆離野岸幾

時把盞聚同人鯨濤亂擁空江月燕子猶飛故國春酒社

詩壇還努力誰云草澤有閒身

陳厚耀字泗源康熙丙戌進士官翰林院修撰著孔子

家語注。左傳分類。禮記分類。戰國異辭。十七史正譌

天。文術。算。春秋長術

疇人傳安溪李光地薦厚耀通律法引見

上命試以算法繪三角形令求中綫及問弧背

尺寸厚耀具劄進稱 旨旋請省親歸里戊子

特命來京己丑五月 駕幸熱河厚耀

扈行至密雲 命寫筆算式進呈少頃出

御書筆算問知此法否厚耀對曰 皇(此上)

法精妙極為簡便臣法臆撰不可用 上諭云

朕將教汝〻其細心貫想以待朕問次日又問曰汝

能測北極出地高下否對曰若將儀器測景長短用

檢八綫表可得高度此在春秋二分所測則然若餘

節氣又有加減之異然亦不準何也臣聞地上有朦

氣之差以人目視之有升卑為高映小為大之異故

以渾儀測之多不合但在天度數則不差也又問地

周三百六十度依周尺每度二百五十里今尺二百

里地周幾何地徑幾何奏云依周尺地周九萬里今

尺七萬二千里以圍三徑一推之地徑二萬四千以

密率推之當得地徑二萬二千九百一十八里有奇

上朕問地圓出何書對以周髀算經曾言之

問何以見其圓也對曰職方外紀西人言繞地過一

周四面皆生齒所居故知其為圓且東西測景有時

差南北測星有地差皆與圓形相合故益知其為圓

時厚耀以母年高不忍離乃就教職得蘇州未踰年

指示 上曰此法甚精不必用八綫表

郎以西洋定位法開方法虛擬法寫示又 命

至座旁隨意作兩點于紙上厚耀隨點之 上

用規尺畫圓即得兩點相去幾何之法 上從

容諭之曰堯典敬授人時乃帝大事奈何勿講自是

厚耀之學益進嘗 召入至 淵鑒齋問難反

覆疏及天象樂律山川形勢得徧覩 御前陳

列儀器又 召至 西暖閣詢問家世甚詳從

至熱河 命賦泉源石壁詩 授中書科

中書傳 旨曰 上道汝學問好授汝京

官使汝老母(也)喜 上諭厚耀曰汝嘗言梅瑴

成學甚深今命來京與汝同修算法瑴成至

上問曰汝知陳厚耀否他算法近日精進向曾受教

于汝〻今汝祖若在尚將就正于彼矣乃 命

厚耀瑴成疏修書于 蒙養齋 賜算法原本

算法纂要同文算指家量算指幾何原本周易折中

字典西洋儀器金扇松花石硯及瓜果等克什甚多

癸巳修書成 特授翰林院編修甲午丁內艱

命賜帑銀着江南織造經紀其喪喪畢晉國

子監司業擢左諭德兼翰林院修撰戊戌會試充同

考官己亥告疾以原官致仕卒年七十五子傳華諸

生

北苑新秋應　制
雲天清暑色木葉送秋聲水淺魚龍起山空鶴鹿鳴南薫
金闕近北眺翠屏清一路沙痕白秸花亦有情
熱河趵突泉
由來鑒飲頌康衢誰道甘泉冠勝區萬派寒潮飛匹練半
天花雨灑明珠膏流海外尋源處清在人間發軔初此地
風雲開北極靈根玉窟擁　皇圖
泉源石壁應　制
奠定新開繼禹功九州隩外碧霞空千尋削壁渾鋪玉百
道飛流似吐虹天獻奇巒真瑞景神輸太液豈人工欲知
萬象無窮境盡在平成變化中
陳瑶笈字丹文
壬戌孟冬巢民先生招同諸名賢四十九人為海陵
讌集
標置龍門逸興賒頻年結約遍天涯波濤學海驚春蟄馳
驟騷壇起夕霞社結蘭亭傾綠蟻堂開會老進胡麻相將

永日稱良晤遮莫題詩擁碧紗
陳　燮字理堂嘉慶戊午舉人官邳州學正著隱園詩
集
韋雅集謝少宰視學江淮目理堂為郭景純木元虛之流畢制府英才集小序云理堂一官奉檄十載搜
憂仲宣登樓景行種悲繹其詩每悲其志
王秋塍明府量移商邱書以誌別
渺渺金堤外迢迢沁水分不歸常送客有夢定逢君草長
來路時余于己酉冬來豫道經商邱峯寒別後雲太行應戒伴獨立對斜
曛
說說劍
不是袁公術聊從莊叟遊齒牙飛古雪肝胆話清秋鳴自
匣中出言於天外留怪他持寸鐵細碎辨恩讐
老兵
百戰餘生卧草萊戍樓閒聽角聲哀迷離望極平安火慷
慨歌成阿濫堆至竟封侯無骨相何曾厮養不英才記從
故李將軍後夜夜山南謝虎回

黃葉

秋老江南木葉稀六朝金粉未全非高峯瘦日不知處古戍驚沙相間飛慘淡心情餘畫本蒼涼煙景入荊扉却憐草色河橋外又遂征塵上客衣

登戲馬臺

衣錦何年戲馬迴龍蹤怪石擁荒臺重陽風雨思高會西楚山川出霸才浩蕩秋原看鹿走蒼茫戰壘見花開阮生一掬英雄淚廣武吟成迴自哀

袁懋年字士祺號仙客著竹窗吟稿

詩觀二集仙客烏衣妙族髫齒博通與僕酒社詩壇歡相得也竟以攻苦早世遺稿多散佚令似拔公羅得數章見示得之古艷絕倫即付剞劂以存吾友

從軍行

來時依綠柳到此鳴黃鸝借問往來人未語淚先落

塞上曲

長安夜月枕戈眠夢到江南路幾千畫閣樓頭聲不住斷腸依舊古城邊

孫廷颺字虎山之耿村人諸生

張學仁云虎山詩筆清健與小沅劍樵同為閉戶力學之士王柳村過吴淩得其遺稿喜不自勝亟錄之羣雅集中

贈張石帆先生

有唐詩人誰繼起皇甫許載後張子青袍朱履稱閒身白髮蕭、垂過耳我從槐市躡清塵酒酣握手情相親自言丁卯橋邊住風月江山舊主人手折瑤華臨別貺三年離思隔煙浪長謠不改杜陵賓落魄江皋仍拾橡只今齒脫儺叉耳聾振衣一嘯來清風日暮留君、、不住棹頭吟躡樵歌路

喜晤瑞上人

古廟空林裏相逢秋正哀鐘聲雲外落海氣日邊來聚散憐岐路蕭疏共茗杯分襟仍瞬息無那此心摧

聞雁

海天霜冷雁初飛旅館聞驚思轉微橫槊健兒應解甲鳴箏少婦欲沾衣水雲世身家何在冰雪關河計轉非謀食

年年爭似爾天涯空羡稻粱肥

贈黄丈溪居

幽居無比憐終日絶來賓秋水緑當檻蓼花紅傍人吟成
道味參老去見天真自分漁樵隱清溪勝富春

題李給諫天中先生出關詩草後

九重鳴鳳出鵷班萬里投荒記犯顔盡室忽驚成死别孤
臣原不計生還風沙日暮悲青海笳鼓秋深夢黑山只有
吟囊殘稿在至今流播玉關

孫鳴桂原名駿字劍樵廷颺弟諸生

月滿軒

地僻可結茆虛齋日軒豁心閒機事盡夢轉歌聲發開窗
天宇清林暝吐新月月色冷冷素心託高潔正

驊騮輕道途不如原上牛鴻鵠戀風雲不如水中鷗束身
入田園終日無妄求道機苟有會千古同夷猶

除夜戲爲兩兒作報旺避鞭詩丙辰作

除夜事事了追逐舉家置酒祈多福盤餐味兼食含肉且

喜到門無剝啄興酣稚子忽撲漉畫然一聲驚爆竹大兒
誇口顔腴數聲聲不斷纏襭都長竿繫繩纍纍俱祥光照
夜懸金壺焜燿直瀉千明珠排窗振瓦門巷紆桃花併裂
五色鋪碎鋪錦滿地期躍瑜左家嬌女掩耳走傴立喫虛
神抖擻獨有小兒笑拍手凛凛應聲不絶口信知纖芥盡
祓除温磨松盆暖更噓鬱葱佳氣直充閭百蟄皆驚天地
舒直回大化參元虛豈徒玩物嗤拘墟見説今年寡稻粱
萬家煙火方奔忙何人束錦漫點裝手足凍皴供相羊今

夜匍匐千百場倏焉一炬亡何相得不物力空消亡籍曰
豐年須禱禳何以預知辟不祥吾聞作善自百昌徒尚其
衷安足臧

韓敏字遜之一字公遜歲貢生

題因樹樓

重結高樓傍水隈知君不爲燕遊來白雲自昔藏烟水紅
杏于今覆綉苔感歎舊姿懷手澤徘徊絳幔付塵埃登臨
此日誠堪賞爲想音容不再回

韓　鰊字似鯉敏子

晴海樓晚眺

岑樓縹緲接青雯躡屐登臨趁夕曛萬山光迸海氣千行樹色接晴雲勝負郭衡從見別浦歸帆遠近分何處罏魚林外出文昌高閣暮氤氳

園　昇字冠霞號鶴叙康熙庚子副榜官訓導著畫山樓詩文集假年日録

淮海英靈集鶴叙嘗遊江楚制撫幕中贊畫甚當程雙橋京兆以社中老斲輪稱之晚年目病惟日午就

韓　園　文瑞堂

窗作詩文易米字大如胡桃得者寶之年八十八卒

春中過蘿園在眞州

夜雪作餘寒朝曦薦微暖物候本相向榮精舍况非遠窗虛山翠明林靜鳥聲緩坐久寂無人繁花落空館

天門舟夜

已決歸期近愁心翻不眠水昏初月夜山響欲風天客路依漁火人家認柳煙新涼醒殘醉坐整葛衣偏

田鉉字太虛

脂作指

春夜寒甚

帙散虛窻側短檠敝裘孤擁八三更漉將新酒何辭滿想到踈梅分外清燕子未來春已半雪花纔歇雨還生且從襆被眈高臥莫問明朝晴不晴

田　琳字林玉號鶴舫泰州諸生著鶴舫詩鈔

淮海英靈續集鶴舫詩品行誼皆挺拔邁俗與宮國苞仲張履鄒熊漢北菊羅克俊周照佶芸皆吟酬海陵風雅賴之殘遺詩散失仲景諸子常以為恨

送韓曉村再遊大梁

田　文瑞堂

大河日暮秋風起怒捲驚濤疾如駛還家是客客是家雲山屢過成知已秋興庭前酒再沽夕陽渡口舟重艤我欲因君訪軹里金谷繁華近若何銅雀荒涼復奚似古人不見古跡煙流水光陰一彈脂梁園行樂雖云美不若還家侍蔬水昨日登堂拜母時白髮蕭蕭人老矣

送梅芳亭

少長西川客大梁無端萍梗又維揚今朝更作維揚別何處他鄉是故鄉

最

金陵寓樓友人留飲（所居爲舊院遺址） 芸香詩抄 選入
衝泥來訪舊柴門長板橋頭柳半髠雨後虹如才子氣月
中花是美人魂重提往事經三載共趂新涼撥一尊沉醉
只愁歸路晚鷲峰鐘聲報黃昏
冒心田招集洪稚存孫淵如陳桂堂汪春田蔡芷衫
曹澹泉朱春生張遠春張寄槎鮑野雲程禺山蔡
琴叔王柳村諸先生秦淮水榭予以病未赴約王
治城敦促成詩率古二律（録一）

十年頻放秣陵舟怕向秦淮說舊遊弔古只餘煙月在看
山恰值雨雲收人吟紅燭尊前句簾捲青溪水上樓莫怪
傍觀生健羨此間風景宜秋
送友 芸香詩抄 選入
客中情好正依依又理征帆挂夕暉身似落花留不住與
春來亦共春歸
高歗可字扆葳號介橋附貢生官柳州通判
長沙換舟

文瑞堂

年少深慚祖逖鞭一官匏繫劇堪憐驚過殘歲仍新歲憶
上吳船又楚船曉渡暫辭雲夢樹暮帆猶帶洞庭煙長途
況味經來慣柔櫓聲中睡正便
余儀曾字伯來號羽尊
盟鷗溆筆談伯來先世自莆田流寓泰州伯來遊如皋冒巢民待之以沉修故事遂家焉著詩畧
五日懷古
三閭楚賢士祿命胡不昌區區昭屈景豈曰國無良室中
滿葹蓋資心在懷王自古死莫贖一杯空沅湘

長沙固年少嶷嶷非濁夫識卓不見容彼哉絳灌徒纖驪
有奇骨安逐駑駘趨媿傅哭墮馬所任寧斯須
孟嘗處齊國一炬炳中夜妨父語如冰高戶對虛如碌碌
餌虛聲珠履競稠雜還賓眾中市義斯其下庭
得全堂流連菊飲用杜韻呈巢民先生
長夏天不雨始秋勝驚心藝菊待重九辛苦遥及今今晨
一花發儼來空谷音賢達浹志意樸茂相招尋觴詠四美
備絲管咽寒林

文瑞堂

菊韻用淵明光爛文章府臭腐化神奇良工敢辭苦小子
刻鵠鳴見收煩数苦想像有形内寧得幾相緊所樂在性
真悲咤将焉取

答許漱雪農部

十九年重聚雉城靈光心事漫相驚名山老盡他鄉眼逝
水悲深故國情背似時人輕布素濫分春色照紫荊連朝
晴雨渾難定農部能來且聽鶯

王而强字乾庵

往莊有感

曾記昔年到為兒尚不愁今年過此地白髮已盈頭細雨
侵疎笠斜風妬小舟黃昏茅舍近牀卧耕牛

同友尋燕子磯諸勝

十載重過燕子磯相攜登眺入斜暉青山不改當年舊白
髮偏宜此地非孤磬入樓常寂寂老僧迎客獨依依須知
世事浮雲滿莫訝書生拂意歸

王　讓字子謙著菊村詩集

廣陵秋望

秋色蕭條四野空蒼茫何處認隋宮履穿綠樹浮雲外潮
落清江暮雨中曾憶寶釵埋廢壠還愁金雁逐飛蓬偶求
邗水尋遺跡山市青帘送晚風

王鴻藻字彤颺號自山貢生官訓導著鷗吟集

瞻泰山岱

疊嶂層巒急暮鐘千山一半削芙蓉氣通呼吸天門樹梯
接雲霄日觀峯客到珠宮探漢碣鶴巢松頂話秦封欲攜
謝朓驚人句直入煙霞十萬重

東蒙道中

盤曲岡陵有路通經旬來往此途中嵐光掩映晴開嶂山
氣虛無接太空幾處仳離聞野哭数家烟火見淳風停車
四顧頻三嘆愁絶沙堤夕照紅

長安歲暮行

天寒歲云暮風雪何霏霏霏霏冽氣浸淡慘冷裳衣太息
沙中雁胡為向南飛來時曾有数增繳良不稀何如歛其

翩奮身得所依雁兮為予荅豈曰不懷歸憶昔秋風來翩
翩逐上鐵此時虛已失此志不終違長嘯一聲去天外秋
雲微

與田半園表叔夜話

我亦似飛鴻飛飛靡所止迴翔欣有托寧神且住此客歲
遊京華戀戀家園裏驅車南與北日月迅如矢瞬息近三
年日歸且課子椿萱正向蔡桑榆信可喜有叔中表行胄
肉眞知已笑予服轅下胡為不自恥兮朝服官去爾亦慎

行李揮手出里門時命復爾爾黃金聲價重文章生氣死
叔氏為予惜勸進杯中旨歲暮欲何為四顧悲風起

聞孫大司空奉　命復濬海口

聖主殊恩日儒臣拜節時十年餘痛哭一旦起瘡痍沙擁
春濤潤流通澤國宜遥聞旌盖駐雙羽碧天垂

九日旅懷

登臨何處是高臺滿目秋光入望來客館又逢佳節到故
園先見菊花開那堪舊路仍黃葉細把新愁付綠醅萬壑

千山風雪暮空囊羞剩敝裘回

寄園懷顧蕉夫子

一别經年音問稀毎將離緒對斜暉青山常滯先生夢紅
雨輕沾客子衣放浪天涯書劍在蕭條身世薜蘿違京華
二月春光麗欲賦長楊未忍歸

送友之江右

整日多都亭强送人送君今夕倍傷神鶯花二月征衫薄烟
水三江旅食貧帆落湖大呼舊侶枕欹風雨憶慈親莫言

彈鋏歸來暮杳滿河陽已及春

登北極閣

高峯一閣排晴空指顧金入陵望雄北極星河蒼漢外南
天風雨碧煙中三山佳麗迷飛燕六代繁華冷斷鴻登眺
不堪回首處朝陽殘樹月朦朧

王孫驤字白舫

文星閣看桃花

城頭高閣倚煙霞挈伴登臨春正賒紅雨引來新燕子清

渠開出舊桃花人偕少長詩篇感地接宮墻氣象華醉藍
不愁歸路晚隔溪燈火是貧家

王　梅字鹽梅號遜雪援山東例授州司馬著吳陵集

淮海英靈續集遜雪燕處時嘗有青鸞翔集經年不去飲酒則侍立如童僕曰我平生之知已者惟此鸞耳

初春客瓜渚登頻申樓望南山積雪

好春迎幽人東風吹宇宙浩歌登此樓我懷非復舊雲開
雪千峯寒色在戶牖江南遊冶兒金騘更馳驟相對復踟
躕相看失去就

燕城懷古

千古繁華地空餘一片秋雞臺猶斷碣螢院已荒邱正冷
將軍幕春深太子樓何人明月夜江上泛扁舟

天寧寺識子先上人

到門先見竹已識主人風座定塵囂淨窗開色相空雲多
天不礙詩冷句偏雄我欲攜尊酒論心數落紅

王广　錦字文度號湖舫著瞻白廬詩

淮海英靈續集湖舫少孤苦嗜學黃仙裳愛之妻以孫女還居南溪足不出戶嘗曰閉門即是深山何必桃源絕境乃避俗耶

送月舫先生授經峙東內叔月來閣

海內聲華著有年然藜真不亞前賢杜陵過日詩為事陶
令傳家硯是田自有琴樽消日月漫將書劍托林泉定知
北阮親南阮沽酒從今不貴錢

王　鶴字九皐號野亭著松軒集

淮海英靈續集野亭工騎射精陰符與黃鷟江徐草亭朱雪士繆蒼然張克謙詩文唱和稱莫逆交

初夏黃仙裳表伯過飲齋中

高士過清院銜杯洽舊情結交三尺劍笑語一燈藥圃影
鳥移樹林光月上城明朝還有約來聽隔花鶯

暮春過黃上木襟兄別墅

春日閒遊過竹西青青柳色四郊迷江湖多少浮沉事不
及君家雨一犁

王雅字正子

雜詩

瀉酒置杯中表裏色空明此物有深味顧影時獨傾一醉
就枕席方寸正和平奈何單栖鳥繞樹長悲鳴哀痛爲誰
故無乃傷伶丁聽之感心曲反側寐不成攬衣失次第强
起步前檻(榴)同病莫我憐覆面淚縱横
黄鵠巢珠樹六翮生光輝適遇驚風起吹向淮南飛日昃
方一餐中腸恒苦飢猶是千里才毛羽世所稀蓬蒿暫栖
息衆雀莫相違
百川知天寒凝冰不揚波草木復摇落爾松將如何幸遇

雲間鶴飛來栖高柯相期守固窮世(路)俗盡虞羅
雲端有仙人自言王子喬呼吸紫鸞笙遺響滿碧霄步虚
下中庭羽衣凌飄飖奉我藥一丸燦爛若瓊瑶受之弗極
飲置此待來朝文宪尚未報太素忍遊遨

送吴陋軒

知己嫌吟可判年問君何事理歸鞭應愁鸝鴰飢無米約
伴山僧種野田

王琛，字受軒

山行和滄洲韻

遥見雲屯嶺入山不見雲龜蒙連一色齊魯勢平分客路
情方定村醪氣正醺天涯成聚首誰復怨離羣

王雍鎬，字京式

寄懷蔡九霞

江南忠烈舊門墻嶽了儒宗衆所望倒屣愧非王粲後執
經先認鄭公鄉遥憐夢老平山路已報花飛響屧廊計到
蘇臺勞賓酒卻看桃塢又斜陽

王漢藻字鶴山著鷗吟集

過喬侍讀園林

苦邪溪上幾人家盤曲周遭入望賒出水菰蒲青似染接天荷葉好於花長橋衡卧月衝波直深樹穿雲繫艇斜聞道還山清夢眘杳湖洄幾欲賦蒹葭白田風雅

文瑞堂

文瑞堂

泰州詩徵中

張幼學字詞臣順治丙戌進士官大興知縣

通志云大令以廉能稱　王屋云詞臣先生之詩惜不多見

宣鎮詠雜

傳聞竇憲勒燕然山在桑乾泉水前馬谷晝閑神駿過羊房春盡乳羔眠將軍漫拂兜鍪士野老仍耕苜蓿田指點廣靈門外樹手植今已十三年

張　嶔字石樓

壬戌孟冬粟民先生招同諸名賢四十九人爲海陵讌集

天地間有磊落氣觸于作者爲佳句六代盡驅來大江江城夜復諸賢聚主人館閣閑況ㄟ菊花香透霜樹林青天夜半忽見月銀燭高燒客自斟龐眉皓首誰壓座客多安石東山卧那知年少皆驚人揚子之濤白雪和興來放筆漏欲闌爛醉不顧神鬼駭蘭亭梓澤昔何盛滔ㄟ逝波如急湍良會不飲且不賦古人白眼將恕看

張　琴字桐峯一字桐仙康熙癸丑進士官内閣中書著耐軒集涉園集

江蘇詩事舍人留心經世之學所著淮黄交會閘浴海口諸議及歷法兵刑樂律漕運鹽法馬政屯田諸篇當事多采用之

擬古

翻然覺所誤流浪無前期文名非不佳中心遭驅馳咸陽瓦礫場有下雄鬼嘯淒ㄟ野田花徵香當秋時隱居徙安閒日月相追隨憂不見古人登高一望之

秋日獨酌寄孫豹人吳野人

秋浦懷君夢杳然于今不見已三年老因離亂寧如昨詩爲窮愁更幾篇滄海棲風吹卧柳邗江細雨放歸船相思空對黄花發何日乘流到酒邊

山東道中

剡民種樹細商量半畝荒邱亦幾行莫愛枝ㄟ都愛惜全憑梨棗上官糧

卷五七

射鯉謠

星將稀當射鯉官家稅白糧不稅田中水

張宸字石村諸生

謁先生西臺

何事登臨客空山有哭聲風塵皆變色天地竟無情竹石歌俱碎江流恨不平高臺凌碧漢千古共崢嶸

張符驤字夏御號海房康熙辛丑進士授庶吉士著依歸艸

江蘇詩事太史工古文師法歸震川集名依歸以見志也

清明後十日會葬故友閔賓連于平山堂下

楊柳花中溢哭行孤墳芳艸近清明知君芒屩行吟慣試看山光與客平

張紹良字又房號留庵附監生著柳村詩集

下草文云又房孤蹤幽靜築室吾廬于郭外誦讀其中喜聞已過樂取人長其天性也

學圃

管寧戴皂帽與友同荷鋤視金如瓦礫毋乃與衆殊我不

三 文瑞堂

原缺

分五穀而能辨圃蔬圃蔬日以秀灌溉臨清渠荷鋤倦歸來展圖看山水

京口曉發

渡口月初落城頭鼓角鳴人家明宿火行李帶殘星野店江光白山程草色青南徐頻作客歸夢幾時醒

瓜洲晚眺

月放邗溝棹暮登瓜堵城林紅殘日下江白晚潮生風送孤帆遠雲連斷嶂平金山標古寺隔水聽鐘聲

燕子磯夜泊

發興攜尊酒登臨倚古松千帆停夕照孤寺入雲峯僧梵連村祈江潮走毒龍淹留秋月上霜冷一聲鐘

張　麋字九草著知拙堂稿

柳枝行

河隄自古鐵與石近日河隄柳枝塞前歲河工告成今年柳埽又頒行官糧一石柳一束三倍秤來猶不足胥吏如狼橫索錢催頭邪顧人家哭楊柳青青滿舊堤年年連斬盡

四 文瑞堂

不生梯滿船載向湖邊去積久堆堆化作泥君不見邵伯鎮南幾千戶晨炊半是吳陵樹

張銓字木庵

塞上曲

天涯盡處夕陽低黃河萬里路欲迷望斷故鄉何處是行人今在玉關西

張鴻文字青壁

友人久別重晤

別來多歲月相見各驚疑世路悲今日交情憶昔時傾花下酒莫看鬢邊絲此地惟余爾相依且勿離

張應詔號麗山乾隆己卯舉人

過棲霞

筍輿越平楚招提敞幽磴蜿蜒凌松風軒窗抱峯影琳宮出層碧高眺得幽迥習習優曇香濤聲答孤磬信美此山川漁歌滿清聽寒翠入江烟月色在高嶺

楊瑚 璉字古存號聖與泰州諸生

陳璸云古存好遊佳山水遇即忘家著文山述遊破帆吟三年一遊錄寄餘園稿鏽淡詞

題補山秋泊圖

雲水相遭處維舟儼畫圖烟開城上樹風響岸邊蘆擊楫興何壯論文意自殊歸來詩滿載囊重累奚奴

西湖竹枝詞和毛稚黃先生

銷魂疑是斷橋西花柳平分散滿堤湖面直因經界破黃鸝今作兩邊啼

黃雲字仙裳號舊樵諸生著桐引樓集、悠然堂稿

今世說黃仙裳感舊集仙裳子陽生字屺懷號晋漁事祖母至孝能詩寧都魏叔子為作序詩觀初集仙裳二十年前屏蹟村舍于漢魏六朝唐之詩靡不窮詩源流綜其至變又從孟貞與治伯紫諸君論詩益復醇備姜真源侍御刻其悠然堂詩李奎瞻太令近刻其桐引樓集以予繆司選政屬嚴為簡汰當代作者如林求如仙裳之風神秀上格法宛悵者目中實罕其儔仙裳行將策馬金臺與十五國人士揚推風雅當必許南陽生為不阿所好也淮海英靈集仙裳居姜堰鎮初受知于太守陳素素被枉破家仙裳不避險難從之遊

江村春日

門前芳艸路春到有誰過曙鳥喧寒樾條風動綠波性迂

來世少覩健得天多莫訝將彊仕猶然隱澗阿

經落帆亭是癸巳春與陳濩仙先生別處

故交十載散浮萍樵李風烟此再經今日獨尋應寂具當時相送落帆亭東東門蟻酒春猶綠南浦綠楊晚更青只八有寢園生宿草鷓鴣啼處不堪聽

婁東修復前觀察馮留仙先生祠宇

憶昔驚心丙子年誰將隻手獨扶天舉朝半醉烏程酒名士猶沉白馬淵黨禍清時公又死奸謀用後鼎俱遷寧知宗社邱墟日廟食東南爾几筵

梁溪舟宿聞吳歌

雞唱烟中亂槳鳴夢回酒醒未天明江南風景彫殘後纔聽吳歌第一聲

讀書堂與諸生講禹貢

園居新雨餘薰風肩高帷碧篠紛冉冉芳草何萋萋疏解夏后氏反復隨尹辭始冀而終雍高下功異施乃粒在烝民八載亦已瘦疲當其過門日中心常苦悲痛父殛羽山

文瑞堂

遑顧呱呱兒天地竟平成至孝安可追起家于司空踐祚平總師卓矣萬世功蒼昊齊巍巍誰為無父人把卷增涕洟

武康前溪

黃鳥啼殘百舌鳴前溪隊隊踏歌聲誰人更續前溪曲少帝風流萬古情

陽兒之江上中途遇雪

木葉蕭蕭打篳門一天風雪又黃昏辭家初效今宵棹沽酒却投何處村自愧饑寒驅愛子誰能羈旅重王孫勞生須信難高卧未敢懷安守故園

青溪月夜續燈庵即事

莫信繁華擅六朝茆庵深坐話清宵金陵萬事都如夢月色猶留舊板橋

送何龍若歸京口

米家畫裏放船迴一路看山倦眼開只恐還鄉無舊業桃花空傍戰場開

桐鄉陳刺史宅贈黃介石

文瑞堂

白門多難後生死亦相依閲歴一心在蒼茫萬事非寒城暮鴂鳴舊第閉朝暉慚愧論文者如君真復稀

旅館雪夜

肅氣入簾幙孤燈剔未殘雪凝深夜重衾念老親寒離合甫三日關心非一端床頭餘濁酒强飲不成歡

黄　藻字公采

別仙裳兄授經南村

負笈南村去離將學授書清宵方判袂落葉𩙪驅驢坐對烟光裏行吟夕照餘寸心愁不盡天畔雁行疎

黄九河字天濤

北上於袁浦發家書

丈夫志四方不受兒女羈苟懐萬里志勞勤何足辭昨發海陵城今宿淮水湄附書寸送徒援筆中心悲親亡兩弟弱支户惟中閨水旱歳頻仍全家常苦饑官租宜早辦西疇勤耕耨幼弟學易荒肅恭承明師回首望螺山先壟草離離遠行戀所生貧賤無歸期苟能行直道何懼路險巇

長安多親舊音驛日夜馳紙短苦意長挑燈重封題欠伸啟篷窗月落村雞啼

送毛亦史歸婁東

知君夜夜夢鄉關夕照荒原看獨還剩有此身歸白髮竟無餘橐買青山江風細雨高樓外野樹叢雲斷岸間此去逢人如問訊為言有客鬢毛斑

寄懐紀橐子兼憶合肥夫子

見說柴車返舊京雁門西望最含情慣看燕市同呼酒忽復江鄉漫聽鶯隔歳兵戈催白髮空山風雨劇黄精却嫌憐買駿逢知已痛煞金臺是楚生

黄九洛字姬定

九日期超康先生登高阻雨留飲小齋

兩兩青山阻展痕蒼苔空自掩柴門黄花香冷烟三徑紅葉聲疎雨一村客似孟嘉誰落帽主非陶令獨開尊秋光自在幽齋裏且把茱萸細討論

黄師憲字汪若

喜天濤兄自燕京旋里

舊好存棠棣新詩愧竹林但存今夕話還是隔年心露濕花枝重燈昏戍火深依依十日飲愁絕塞垣吟

黄泰來字交三仙裳子黄秋谷云交三爲宗梅岑詩人之婿好讀書嘗謂古人不難期志不立耳所選詩傳刪除俗調着以青樓集浮香閣七律觀海集洗花詞

將有洞庭之遊蔡右宣程言遠以詩相送援筆答之

我聞洞庭之山七十二峯高嵯峨洞天福地何其多東西對峙青黛黛上有姑射絕世之仙娥餐霞吸露匪朝夕光華日月相摩挲仙人夜吹白玉笛胡麻麟脯能留客長嘯一聲千峯驚水晶宮殿銀蟾白吁嗟此境不易登千家橘柚垂層層丹邱在人境仙子憑虛升上有蓮花放千葉高呼帝座如可應蒼虬赤鯉竟何處花落花開自朝暮蓬瀛清淺路不通女牀文長相思樹烟中縹緲看若無玉几珠簾隔紅霧銀河倒瀉橋星樓天香滿袖劉郎渡欲携二客訪芝庭具區湖水如東溟麻勸我屐莫停神仙自古忘其形洞中仙子久相待俗眼惟見洞庭之山點點湖中青

游花溪奉懷東海夫子兼柬龔含五先生

花溪昔爲安道宅千箇黄鸝吁深碧江左風流今尚存玉峰夫子追前迹卽地便爲綠野園臺榭參差最開闢胸中五岳任意生眼底天池隨步得登峯造極無以加曲磴懸崖幾百尺始知會心不在遠邱壑從來屬安石文章德業亘古無榮光夜映台星白瀛臺侍宴瓊花朝太液揮毫珠樹夕分明身在閬風中玉宇晶樓紙常摹柏梁和龍又芝房大風天馬賡瑶席名園書閒午橋莊落紅滿徑蒼苔積濠濮遊魚自得情野鹿能迎山客屐白雲來往自無心春秋閉却東山弈珠江有客歸未能一榻高樓愛幽僻十年心慕始相逢投閒那久棲巖隙傾談共念玉峯師一代儒臣聲望赫猶憶廣陵初識荆陽羨陳君話疇昔紅豆歌成恨未終標置蒙公爲鞭策門牆萬仞總難窺雲泥兆眺江湖隔菰蘆抱膝祇長吟撫景爲端空自惜花谿桃李千萬株飄蓬我作滄浪客

虎邱謁蔡忠襄公祠

蔡公忠烈超千古晉陽百戰欲戮斧猛士相從盡致身自
日黃沙捲旗鼓憶在鼎湖十八春羣盜如毛塞寰宇中原
千里無人烟處處堅城逼樓櫓秦中拱手失函關赤眉百
萬號豺虎臨邊將士心膽寒寶王紅顏恣賊取須臾一葦
渡黃河太行搖動擎天柱中丞竭蹶命出師彎碑將弓石
沒羽摧鋒入陳屢敗之賊勢遮天壓城府兵盡矢窮潛上
疏孤臣力盡負英主城破猶聞老戰聲三立祠前鵰鳥舞
投環又有盛將軍國亂難亡衛部伍孔明陣裏將星流宗
澤營邊忠兒苦生爲柱國死明神今日酬功立兩廡湯公
踊躍搖祀多政作公祠亦英武吁嗟當日失廟謨奪肘封
疆用闒茸緋衣常侍講孫吳坐失事機由奔國寧武關前
塞草黃英雄血淚傾如雨大璫反爲賊元勳九門迎龍開
宮戶此輩平時挾至威臨危授命誰堪數中丞鐵漢雎陽
風國恥未雪埋黃土只今祠廟虎邱開忠魂夜作胥潮怒

贈汪鈍菴先生

高樓百尺卧者英餘子紛紛慕姓名道德千秋歸碩果文

文瑞堂

章一代屬先生身遂山水頻營宅心厭榮華不入城著得
太元經始就問奇門外有人行

山塘送卓子任歸廣陵

送春時候送人歸惆悵臨歧指落暉歲歲夕未醒還勸酒今
朝欲別又牽衣崖前野店花落揚樹裏紅亭燕子飛君
去渡江吾尚滯舊山先已夢漁磯

黃宮檣字上木號木庵諸生

黃春谷云木庵得母朱之教幼即爲名諸生援例入
太學授州司馬其內父田半園嘗語人曰溫恭處世
之法我于上木得之丰神閒
雅世比之沈休文嵇叔夜

春日宗梅岑先生同王孚嘉諸子過仙裳叔寓齋未
遇

偶過邗水駐星槎日日僧樓聽暮鴉肯向阮廚來舊好直
教謝屐到貧家林飛細雨三春老溪冷江梅一樹斜塵事
獨羈虛宴會那能重過把流霞

上孫司空夫子

看竹曾過大阮家中宵劍氣識張華未從東海終三策仍返

文瑞堂

西清判五花聖主獨崇師相禮部民瞻望使臣槎爲言邦
上觀濤久不得吳陵拜絳紗
、黄鸞祥字瀛客泰交子
王浩川昆玉招集竹里同外祖宗梅岑先生國博孔
東塘先生鸞祥侍家祖父即席命賦
廣陵雨歇尚餘寒躡屐招尋春未殘曲浦漁舟吹笛過畫
橋烟樹隔山看閒邀好友同高詠静對芳樽締古歡此處
幔亭投轄處不妨剪燭且盤桓

黄鸞和泰交子
浴沂亭
少女風當停午清快哉此樂迥難名涼從近水空中起雲
向遥山缺處生桃李亂英浮若椀芰荷香氣上軒楹晚來
一雨渾難寐無數池蛙不住聲
黄喬年字邑僊著韻香樓稿
冬夜過徐辰玉留飲因懷梅峯
快哉今夜酒又與素心揮詰久深譙漏詩成倚竹扉霜驚

栖鳥夢寒逼旅人心忽念远遊子栖〻胡不歸
、黄元焯字潤山
嘶馬客舍書壁次抱甕軒舅氏韻
白板扉開綠樹間江村事〻助清閒爲貪睡味常横榻才
放心閑得看山破我旅愁花窈窕驚人曉夢鳥綿蠻此中
自信能容懶鋤土編茅請署關
黄　瑄字卧山福建人泰州籍
秋晚遣興

盡日浮雲起涼風四野呼短牆堆敗葉荒水折寒蘆何處
彈馮鋏吾生半阮途悠然還伏枕排計定江湖
黄　沅字公言
聽韓經彈正羽化操
夜静群聲寂枯桐響更聽鶴鳴瑶草綠鸞舞玉山青霜咽
橋邊笛風停月下箏空階音未絶梅影過春亭
黄德溢字沛四
春山

望々江天迥春山碧落中日晴嵐氣動雲淨石門通苔蘚
鋪幽磴花枝冷梵宮杜鵑啼不住疑在最高峯

、方　苞字白英著蘿浮鄭蔭閣蒹葭清漣諸集

許師六蘿浮詩集序稱白英性憤激好面斥人過不少遜爲文不合當世之務嫉之者遂中以鉤黨之禍此編侘傺抑鬱獄中之作也

送宗瑗度歸秦郵

晚別孤篷細雨中前村霜葉一燈紅不停兩槳衝煙去何
處鐘鳴月在東篷

、唐　麟翔字石郊

登天目山　久初攷三集十二只此一首

蒼々旭日照名山鹿女孤踪似可攀一望塵沉浮烟霧裡
六朝興廢水雲間嵐光自繞滄江宿嶂影常隨青草閒首
石學仙居此地重開丹竈綠溪灣　考成評點遇早仙蹤大有滄桑之感

常建極字景峯號近辰瀋陽人居泰州

張韻堂馨云近辰祖某曾官觀察在海陵與顧萬峯費軏御項處田爲詩友

村居

幽棲逾十載灌木漸交柯路仄人行少林深鳥聚多山嵐
沉虎穴江月上漁蓑莫漫垂簾幙春風燕子過

咏睡燕

江雲空落渚烟微藻井深沉暫息機應是一春營壘舊
倦故閒伴日繞簾飛雙棲未引柔雛語獨惜先憑好夢歸
珍重虛堂休久戀醒時還惜舊烏衣

程應鵬字翼天監生諸著綠蔭園集

空碧亭夜眺

路出重林外長江一望平殘霞催月上遠火雜星明人在
中流坐潮來四面聲如何天路近不見有吹笙

秋日憶戴星韓

念爾故鄉遊帆開紅蓼秋宣城多酒市浙水少羊裘渺々
江空闊紛々客去留何時來此地尋我話離愁

程盛修字風沂雍正庚戌進士官順天府尹著夕陽書
屋初編南陔松菊集　淮海英靈集乾隆四年風沂擬詠史樂府十二篇恭進奉上諭輪進經史講義之御史程盛修所進詠史樂府十二章指事寓規詞意婉約聲得獻納之義意與論經

史者不同甚壽可嘉者賞內用緞二匹筆墨二種以示嘉獎嗣視通漕潞河晋大京兆以終養告歸籍

咏史樂府十二章

斷罟匡 臣按微非時也魯宣公夏濫漁於泗淵里革匡斷其罟而諫公曰吾過而里革匡我是良罟也爲我得法使有司藏之師存侍曰藏罟不如置里革於側之不忘也

泗淵漁里革匡斷其罟悟君王君王聞言三歎息阜物防貪良史職有司藏之無忘規庶幾見罟如見革師存一言婉而風置革於側無面從不見朝聽忠言夕委棄留衣留檻皆虛僞前漢皇後宋帝

文瑞堂

市價對 臣按過濫刑也齊晏嬰宅近市公曰子近市識貴賤乎于是景公繁于刑有鬻踊者故對曰踊貴屨賤公爲是省于刑

臣近市識貴賤我后知不知胡不採衢謠淄十萬生齒多家家踊可柰何踊之價浮于屨不嘆咏謳歌舞仁人一言省于刑頓教億兆無詛聲修德更不誅祝史海岱千秋思晏子

辟戟諍 臣按裁近倖也漢武帝置酒宣室使謁者引內賣珠兒董偃東方朔辟戟而前曰陛下方積思六經而偃以靡麗奢侈極耳目之欲宣室者先帝之正處也非法度之正不得入焉上曰善 政

東方生能直諫守法度黜靡麗曼何物賣珠兒敢容宣室宴辟戟陳詞意氣雄侃侃尚有先臣風不見申屠嘉坐丞相府執法猶能困鄧通

乘船戒 臣按勸持重也漢元帝欲御樓船薛廣德頓首曰宜從橋上不悅張猛進曰臣聞主聖臣直乘船危從橋安聖主不乘危大夫言可聽帝曰曉人不當如是耶乃從橋

從橋安乘船危千金之子坐不垂莫躓于山躓于垤舉步何必非嶮巇曉人言直可聽君不驕臣不佞霸林西馳騁六飛諫草能教馬首迴

文瑞堂

撤屏悟 臣按防色荒也漢光武御座新施屏風畫列女帝數顧視之宋宏燕見正容言曰未見好德如好色者上即爲撤之

屏風新畫美人美人顏色傾國姿君王顧之情可移情可移即可誤賢臣獻規君頓悟不見積勤納諫唐太宗不畫蛾眉畫奏疏

侍宴規 臣按抑華侈也唐諫議大夫蘇世長侍宴披香殿酒酣謂唐主曰此殿煬帝之所爲耶唐主曰卿諫似直而實多詐豈不知此殿朕之所爲乎對曰臣實不知但見華侈如傾宮鹿臺非興王之所爲耳唐主深然之

披香殿是隋是唐臣莫辨臣雖似詐其實忠不聞興王營離宮靈臺百金儉德崇

從獵諫諷臣按止遊畋也唐諫議大夫谷那律嘗從出獵在途遇雨太宗因問曰油衣若何得不漏对曰能以瓦爲之必不漏矣帝爲之罷獵

油衣則漏瓦不漏諫議微詞規乃后罷獵從茲愼馳驟會荒乖古今同拒關不納贏馬供漢門候魏筆公

佳鷹表臣按杜微求也唐太宗遣使至涼州都督李大亮有佳鷹使者諷使獻之大亮密表曰陛下久絕畋遊而使者求鷹如陛下之意深乖昔旨如其自擅乃是使非其人上悅手詔襃美賜以荀悅漢紀

涼州鷹使者諷之獻王廷王者久不貴異物今日何與昔旨拂君無荒臣有表悉索微求愼微小旅獒入貢載周書世間玩好無特無

宮體箴臣按黜浮靡也唐太宗嘗作宮體詩虞世南曰聖作雖工體非雅正臣恐此詩一傳天下風靡不敢奉詔帝曰朕試卿耳

宮體詩廟堂首倡瓊琚詞詞雖綺麗體不正天下靡然歌詠之朕試卿卿果諫同時尚有王師旦翌微宮頌不入選

文瑞堂

用筆喻臣按端心術也唐柳公權爲司封員外穆宗政暇嘗問公權筆如何則盡善对曰用筆在心心正則筆正上改容知其以筆諫也

用筆在心不在筆結密矜莊露神骨司封員外侍書來片言足使君心一萬幾操縱總心生落筆端人正士形乎原太守顏真卿

觀燈諫臣按陳民瘼也宋太宗以上元御乾元樓觀燈賜宴見京師繁盛諭近臣曰朕躬覽庶政萬事粗理每念上天之貺致此繁盛如此臣嘗正避席曰乘輿所在士庶走集故繁盛如此臣嘗見都臣外不數里飢寒者甚衆願陛下視近以及遠蒼生之福也

乾元樓矚神京樂熙攘慶太平太平有象張燈宴君樂須教民樂徧焉得綺羅筵前千萬燈照見九州蔀屋鵠鳩形

三司告臣按慮盛滿也宋真宗初即位陳恕久領三司常命條具中外錢穀恕久不進屢詔趣之恕对曰陛下富於春秋若知府庫充實恐生侈心是以不敢進也

領三司掌錢穀胡爲不入君王目春秋鼎盛府庫餘豐亨豫大非良圖不見朝爲先識李太初祥符中芝進天書

陳定先領袖南宮旋登狀頭作四絕調之

五更聲徹六街頭英妙輸君第一籌傳徧洛陽光價遠卅

文瑞堂

年重與説揚州（調棲村前輩）
三載淒涼冷署秋此番高出衆仙儔教官金榜非難事難
在蓬萊最上頭（教官金榜挂名時諺語也）
馬上昂藏七尺軀風飄鬚譽溢通衢捲簾紅粉知多少盡
道鬑々頗有鬚
雄姿英發初妙時三十卿材認本師衣鉢相傳作公輔到
來已是十年遲（衍園先生以亞卿左遷分校年二十九今已三十九矣）
同年顧震滄（棟高）以經學授少司成召見稱旨復曆

文瑞堂

寵錫袁詩爲贈
千佛曾通籍依然理釣緡非官能奪志有母足安貧稽古
忘寒暑殊榮出苦辛一言資拜獻風俗未還淳（召見時陳言所奏對）
丁日乾字謙龍號漢公順治乙酉舉人著漁園詩
（詩觀初集謙龍于宅畔構漁園池亭竹石俱勝客至則彈琴賦詩所著甚富）
書北固山舊讀書處
少年歌嘯秋（春）江外今見蘆洲舊壘邊鐵甕日殘嘶獵馬金
焦風勁下樓船山中短榻禪燈在橋畔垂楊酒市邊到此

那能重寄想眼中帆影入遙々天
燕京雜興
春色過前陌柳條青未掃泥沙氷雪開照人顔色老十年
始一來姓名無人道故交官亦貧晉接徒傾倒朝瞻南山
雲夜夢北山草榮華不及身輕肆如飛鳥千里怨勞瘁緬
焉懷四皓
白門秋集高座寺彈指閣
山静紆南郭僧高閉竹扉人從黃葉過寺有白雲歸攬勝

文瑞堂

全忘俗同羣自息機一簾清磬外秋水淨垣衣
九日登雨花臺
正擬登臨散客愁逢君著屐上高邱遙帆欲度長空影落
木多開別墅樓此日何人還醉酒六朝無地不悲秋曾經
少壯嬉遊處搔首西風自白頭
丁行乾字自公號路叟日乾弟
（芳清源云自公爲謙龍孝廉弟聰俊早卒有花影補荒籬五字最妙阮梅叔先生目爲晚唐佳句昭代詩存稱日乾龍受皆如皋人）

揚州

城堞遶輿廢繁華無盡時荷香侵短棹花影襯笙歌吹
風流遠琵琶世態高原多戰鬼秋氣最堪悲

丁元會字天敘日乾姪

偶題

十載須眉異浮名只自知家貧親易老才短遇難期小閣
孤燈夜疎窗細雨時每懷千里志拊髀動深悲

丁龍受字田來

寄家漢公白門

朝天宮内羽仙家詞客閒行衣帶霞前代風流賞不盡留
君獨看海棠花

聞黄仙裳入都喜而有賦即爲贈别

廿載才名達帝京而今攬勝愜心情冀方俄見羣空馬上
苑新傳出谷鶯豈有悲心歌仍聽筑每多盟好共班荆看君
一躍飛騰去都羨登仙是此行

凌鸞字青巒監生（鄧立誠云青鸞先生明僉都御史海樓公之後也世居海陵後遷郡

城博學工詩文惜其遺稿散佚右詩從先生璘之曉樓處抄出聊以存其梗概）

秋夜登晴川閣

客思悲長夜登臨傍水濱樹凋山影瘦潭靜月痕新笛韻
層樓出碪聲隔院親西風眠不得搖落感勞人

泰山墩懷古

海陵曾駐馬遺跡憶軍門廟自何年立兵從此地屯精靈
歸華嶽忠孝滿乾坤破壁龍蛇舞依稀潑墨痕（墩有岳武穆題壁上手書刻書）

漂母祠

貴日千金易貧時一飯難淮陰終孟浪莫作報恩看

移家郡城

慚愧張公三十車無多書劍感移居蓬頭稚髻相從去一
帶平山好結廬

湖上三間對早梅一尊聊爲此花看閒貧家莫謾愁沽酒
問字偏多得得來

謁蕭孝子祠

母病竟不起雖生欲何爲彷徨討無出俯仰惟自思夜半
轉悽惻神明其鑒茲但願母疾愈捐軀復奚辭割股人
已難拔肝事更奇母病從此痊兒身從此危身危婦亦苦
逆情含哀悲詎言出糊口不令高堂知破涕還成笑衰姑
賴扶持孝節萃一門申報由有司以孝治天下旌表建專
祠鬱〻墓門松冰霜不改姿疎〻嶺頭梅芬芳會有時共
此歲寒心令德垂無涯肅拜黯然去清風吹樹枝

雷塘道中

文瑞堂

欲訪雷塘墓有無阿麼何事幸江都中原民力真凋敝百
尺迷樓役萬夫
跨海曾徵百道兵萬方鼎沸不聊生無端又下江都詔更
造龍舟自在行
吳公臺下憐幽草揚子江頭憶綠楊多少繁華都是夢莫
教不夢感君王
隋堤楊柳故依〻種樹循纔事轉非欲向荒原一憑眺夕
陽西下暮烟微

村居

無多春色駐荒村片〻飛花逐水痕幾處桑麻欣共話一
蹊桃李靜無言庭前好鳥時窺戶簾外清溪緑到門最是
江南二三月家〻祈社賽雞豚

湖上

春風蕩微波平湖暈淺碧晴光上翠巒出對此數晨夕灼〻
林花紅皎〻山月白我本煙霞人膏肓在泉石少小困飢
驅四方苦行役卅載始息肩一廛託安宅世網寧復嬰毋

文瑞堂

爲腐鼠嚇年華悲逝水光陰如過客不樂尚奚疑古人已
陳迹

劉懋贊字質公號僅三著雲村草 二子

九日登西山

荒嶺秋烟接吹臺那堪寥落酒人哀天依〔低〕戰壘征鴻過地
捲風沙獵騎回武穆祠前松半卧胡公壇畔菊還開舊山
指顧登臨處惟有斜暉照草萊

渡燕子磯

文瑞堂

停車江店暮落日隱征塵估客喧爭渡歸帆競泊津一亭
青對酒雙鳥白隨人信宿荒磯畔涼風起白蘋

深秋同張湛生賈祺生諸君遊水月庵

零落吾儕只短衰故山風物奈愁何斜陽帶雨浮鐘磬幽
寺無人黯薜蘿雙淚老垂殘菊盡一生無傍酒杯多諸君
不厭招提寂佛閣禪林好嘯歌

劉懋勛字堯叟 訪硯字膺公號堯叟 篔山園遺稿 廿六首 三子

訪硯膺作曾

。九日登文星閣同梁墳田雪龕使君暨同里諸子

文瑞堂

清飈動今序澹景薄林皋眷言託君子懷古企賢豪振衣
醉景臺落葉盈綈袍佳覽舒遠嘯短髮故蕭騷芙蓉媚危
渚烟波蕩輕舠田廬欣錯叉平疇數枯槁嗟彼行役者終
歲馳蓬蒿中原猶戎馬江介紛旌旄少府急金錢筆書示
何勞何如躡層巔擊鼓酣醇醪延眺極城闕庶以散鬱陶

明擬之家

良鄉除夕同王四暢作兼示建州羅次公

雲物悲遊子風塵老此身自憐車馬困誰數塞垣春客夢
連燈火鄉心亂夕晨與君三十月潦倒意偏親 蕭騷之甚

文瑞堂

蘆溝橋曉發

不作長征客安知遠道情寒風吹雁急朔氣壓雲平路入
殘星暝橋連積雪明那堪三輔地野燹隔林生 蘆溝名作多矣 曉發因為心細法老 按切

南歸留別家介公兼呈農部旋九叔

三年欣握手重別又殊方羈旅驚春盡鶯花引興長自維
兄弟好轉惜鬢毛蒼無那仲容劣飄零今又客鄉 筆力絕健

周櫟園先生重過吳陵招同諸子讌集共賦

邗江持節當年地白舫重來鬢半斑真氣逼人心欲醉清

文瑞堂

言滿座暑全刪風霆曾洒孤臣淚湖海今逢故舊顏聽說
射烏樓畔事如公豈合老東山

過羊叔子故里

流風雅韻重荊吳遺跡荒涼牧夫纔帶人歸空壘殘碑 問 調高俱爭上流
淚盡只平蕪城連碧蘚朝烟散閣枕蒼崖夜月孤為念三
公甘折臂徂徠新甫獨踟躕 整而能逸麗而不膚故佳

劉允祚字永錫號達庵

喜張祖望過訪

蘆溝橋曉發

不作長征客，安知遠道情。寒風吹雁急，朔氣壓雲平。路入殘星暝，橋連積雪明。那堪三輔地，野燹隔林生。盧溝名作多矣拔切曉發因寄心細法老

南歸留別家介公兼呈農部旋九叔

三年欣握手，重別又殊方。羈旅驚春盡，鶯花引興長。自維

周櫟園先生重過吴陵招同諸子讌集共賦 皆同梁園田雪龕侯君延令張天任鉏犁黄濟叔廣陵宗定九同里宫紫陽張詞臣陸盡文黄仙裳宫武承

言滿座，署全删。風霜曾洒孤臣淚，湖海今逢故舊顔。聽説射烏樓畔事，知公豈合老東山。

過羊叔子故里

流風雅韻重荆吴，遺跡荒涼問牧夫。襆帶人歸空廢壘，殘碑淚盡只平蕪。城連碧蘚朝烟散，閣枕蒼崖夜月孤。為念三公甘折臂，徂徠新甫獨踟蹰。調高俱爭上流 整而能逸麗而不膚故佳

劉光祚字永錫號達菴

喜張祖望過訪

文瑞堂

此地無車馬，相過意獨真。高談天下事，不棄主人貧。詞賦蒼髯老，文章白髮新。秋來有離菊，把盞莫辭貧。

送倪周初之吴郡

客路難為別，霜風促曉征。岱雲千樹合，吴月一帆輕。落雁寺同遠，歸鳥君獨行。天涯知已在，好屬歲寒盟。

陸景宣因訪其先人祠過豐陽郎席賦贈

四海投交把臂遲，十年前已入相思。蒹葭夢接西泠月，杯酒吟殘白苧詩。斷碣無傳千載前，學德清風時畏後人知

殷勤不盡平原興，凉倒思江忍別離。

劉懋賢字憑公 萬春長子

春雨草堂

别業横塘曲，相招野鶴群。塢深天失翳，林迥葉留雲。驟雨傳花氣，微飔射水紋。因之以琴瑟，户外任紛紜。

劉九皋字鶴亭著楚餘草

泰堂明月

九有長空一鏡懸，獨稱海甸自何年。冰心會見良司牧民

文瑞堂

仰餘光戴二天

劉　靖字阮仙九臯子著太乙閣詩槐蔭堂草

新晴奉山春望

晴光漸入杏花天抖擻探春上絕巔雪岸亂流歸壑水寒峰初散隔江烟帘搖疎樹村中市網罣斜陽郭外船安得雲谿北麓下買休容我共臞禪

劉司炎字篁圃　青杰子

白桃花

三月桃林訝雪紛冰肌玉骨亦超羣武陵溪淺非關月仙洞春深總是雲玉燕掠時驚莫辨素娥飛處自難分高人縱醒羅浮夢錯認梅花鎖夕曛

劉司夏字夢渭　又

初夏夜

拂石撫瑤琴松風弄餘響移時月東升光輝亦何朗地僻遠市聲心清絕塵想仰視天宇空明河清且廣露坐夜涼生孤興憑誰賞

劉芳號湘南貢生　淮海英靈續集湘南早歲喪偶無嗣肄業安定講院歷五十餘年謝公金圃評其詩文云深情遠韻寄托遥深如聽仙樂步虛非復人間凡響嘉慶六年夏以無疾終于講院號舍同里張春李南阿立石墓前以志不朽

詠史

子房本為韓仇出那用人間萬户侯儒者不言黃石事高人只愛赤松遊浮雲富貴原如此辟穀神仙有異不三傑同稱不同調弓藏鳥盡未曾休

周　虹字天橋布衣著天橋遺稿

駱賓王墓

古碣横衰草唐賢姓未殘墓門冬始見狼山麓草枝始見海氣晝常寒衰落跡湖易憐才宰相難空餘憑弔淚千載為君彈

周永安字晴溪

送蔣大歸里

綠水正殘陽銷魂復斷腸三春難握別匹馬獨還鄉風雨羈愁遠鶯花去路長河梁一分袂初月又蒼蒼

答汪巽宮先生

河橋分手後，明月落空梁。小閣吟魂冷，春燈別夢長。開尊思舊雨，把劍對秋霜。又見魚書到，情深字亦香。

春日集義堂雅集

蠟屐投深巷，來過處士家。蝶飛芳艸綠，鶯喚夕陽斜。地僻風生竹，宵寒月在花。主人情意好，供客煮新茶。

金玉聲字崔貽，著笑翁草

園居

園居半畝地，好結我茅齋。桐老陰逾屋，苔滋淨到階。蟲聲曲榭月，影落幽厓。匪有袁安興，能閒一兩鞵。

李亦文字江衣 詩觀三集：江衣爲余門人，賦才極艷，死而著作零落，偶得一章，輒爲傳之。

送王自牧學博之淮上

江聲千里碧幢分，十萬軍儲過水濆。鐃角夜吹邗渚月，樓船秋泛甓湖雲。徵輸才調煩民牧，飛輓賢勞到廣文。此去黄花孤驛晚，雁群嘹嚦那堪聞。

李嘉允字爾孚，號孟齋，著草樓集

夜識軒

文瑞堂

山靜寺亦古，窈然入初冬。曉見千峯霜，夜聽寒巖鐘。有閣非草元，有酒勞過從。柳下真吾師，閉世非不恭。

入關

家世淮南舊，悲然西入關。春風萬里盡，夜月一時閒。望嶽疑天上，登樓憶草閒。羅浮頻有夢，香閣水潺潺。

贈入赴隴西

印綰通侯度塞垣，肯將詞賦老文園。寒氷夜合千山立，牧馬晨嘶別部喧。謠俗舊傳周宿室，客星今動漢河源。開門烽火連年靜，百里何妨屈士元。

蒙城舟中

膝前盤繞四十歲，破屋半救歡有餘。邊邑驅車萬里去，中原駐馬千里墟。家書到手魂更悸，歸計愆期夢亦無。片帆忽過古譙郡，寄語吾親休倚閭。

李炳石字存齋，康熙丁卯舉人，官雲南曲靖府同知，著花隱軒詩前集十二卷、後集〇卷

休園讌集次陳南陔韻

老夫何害屋三間，家近樓台正好攀。排闥每緣閒看竹，入

文瑞堂

門誰信不居山春風已染紅千片夜雨將添綠一灣有客題詩驚下榻奚囊肯聽載空還

第五泉

山泉標第五清冷鑑毛髮扶節陟孤亭落葉响林樾隔江數峰青我懷自怡悅

李亨衢號南阿貢生阮亨云南阿品誼端謹海陵諸生奉為人師

書王柳村種竹軒集後

愛讀右丞集如游輞水間曉風江上柳春色雨中山國史精華萃貧交性命關所嗟分手易一棹暮潮還

紀愷字巽庵號蓉村諸生著蓉村詩稿

簡金鏡詞客田雲鶴字輪長善詩工書老號金鏡詞客

少聞君名最耳熟長慕聲華挽車轆今則同鑽一故紙涎頴生涯校殘牘食單寧有八百里十日或啖黃雞粥可憐瘦沈減腰圍滿眼白茅雜林菽近別西曹執法門宅還鬭雞場鄰圃大帀古常懷不死人八詠五君皆八幅家僮八百一何多陳門乃少將軍僕丈夫有志奚足悲石可枕兮水可掬隱德不效王堪癡路岐不作楊朱哭達則如蘇不成譏惑則如賈悲舍鵬黃金不鑄百年身白羊謹飽一脾肉詩人悠悠何足論惟信可倚言不宿烟霞深處好結鄰誓將老我杉皮屋

許彭年字介眉號鹿村著鹿村集

訪黃儀道不值

爲訪幽棲客行來路未賒北窻喧鳥雀曲徑入烟霞客散茶聲歇亭空樹影斜主人何處去落盡一溪花

旅懷

青山策蹇日初況老大無家淚滿襟況是空林蕭瑟夜銷魂殘月一聲砧

、杜光先字海樹

望敵墩遠眺

不意東陽地登臨別有天遠峰青入檻野水亂浮烟鋒鏃銷沉盡墩臺次第連憑高懷舊蹟髣髴聽啼鵑

、杜漸鴻字五沙一字南帆又字東垞

釣魚

釣魚如釣雪蓑笠一天風鶴氅者誰子羊裘或此翁遥情歸浩蕩朔氣入空濛定得奇寒句霏霏落短篷

單迅字兆捷號百雉 阮常生云百雉工詩得其婦翁黄仙裳之傳

擣衣曲

江南秋樹紅一湖江北楊柳黄欲枯新寒已逐新至雁昨夜明月聞鷓鴣夫婿從征妾獨處西風瑟瑟侵肌膚衣裳猶在隔年笥淡粉濃抹皆荒蕪露下天高江水闊臨流顧影傷千紆遠戍倏經三五載青鸞黄犬何為乎年年針線無人寄夫在燕山妾在吳

象文長兄遠歸對酒

兄弟經時別銜杯聚晚林那堪歸里日又動遠遊心桐葉驚秋早燈花覺夜深近來全閣筆大謝有佳吟

蔣夢麒

平山堂柳

一望平山碧四圍春風楊柳尚依稀不知楊柳人何處嫩綠猶然若依客

沈昞 開字亦李安豐場人

懷吳長吉

見說君家後此身殊不聞一燈生遠夢三月在黄山芳草忽然碧故猶未還荒村花亂發亦只掩柴關

沈復曾字大復號林公著但園詩集 詩觀初集敘稱閩海陵風雅一派總于鄦林公起而聿倡正聲後乃彬彬蔚起扶衰振雅之功不可沒也

已丑仲春鄧孝威諸子合社小集即事

東風飄初旭芳甸黯江城今日池上酌禽鳥相趨鳴綠莎緣曲圃白蒻抽新縈岸日浮楊柳圃柳調倉庚招我城外踪締此邱中盟三益望石友四始聯金聲山廚供短簇濁酒瀉銀甖夜午不知歸逸爵聞喧爭人情悵所戀況乃衰白并清夢餘春草明月被柴荆

雪夜村店懷雪舫

鳴鞭古城下鈴鐸晚風凄急雪騰荒店饑鷗巡舊谿窗燈寒影斜樽酒故人睽遥憶江上滄雲峰高士栖

四月朔夜雨

蕭瑟檐前溜風誰點點酸三更愁不寐四月雨猶寒古木蟠深霧荒燈語夜端那知春近遠花向隔宵看

秋日題長鏡上人浮玉山庵

岩嶤飛閣倚嵯峨絕壑憑陵晚吹多北走大荒分楚漢南通百粵出山河千年草樹深紅雨落日魚龍起夕波最是漁人輕雪浪烟裘不避白黿渦

四天澄碧水茫茫此夜招尋宿上方石路漸深山市遠禪關長閑海雲涼鐘鳴下界晨烟起樵唱空江晚霧黄慚愧飄蓬許元度欲將清夢付滄浪

沈成垣字惟茨

送潘悔橋歸天台省墓

烟雲萬里難飛蓬歸夢依稀細雨中地險秦關思夜月花隋苑明見春風呢喃新燕穿青靄欸乃輕舟繫綠叢好友分攜情戀戀離亭一醉濁醪同

沈嘉植字子厚號恒雙著山雨樓集羅浮偶存

淮海英靈續集子厚作詩不喜酬應强之輒閣筆過名山水則津津吟哦不已

寶帶橋看月

橋頭看月色驛路白如霜砧許千門靜蒹葭一水長關河秋渺渺雲樹影蒼蒼醉後饒餘興呼童載舉觴

送蔣霞生入都

迢迢冀北道遊子漫羈栖古驛寒梅放平沙朔雁低千盤衝雪度一劍帶霜攜珍重樽前約春風聽馬蹄

暮春起雲山房送家竹西北上

石林精舍倚山椒俯瞰清溪野趣饒幾樹殘紅飛小閣萬重新綠隱危橋春來花鳥供遊屐我輩文章付酒瓢爭奈驪吟纔竟夕東風明月又征軺

花朝獨坐

晴日風和百卉新疎枝滿月笑芳晨寒爐茶熟誰相過獨有梅花是故人

仲育字遂生梁垛人

宮節溪云育家最貧凍餒切膚未嘗一告已知清風高節陋軒之匹也程幼文為收其遺詩刻之王柳村過

南梁詢其集已無有能知其名者何軒頤之辛而遂生之不幸也

送汪芾斯先生丁艱歸里

好花爭發下車時却被寒風一夜吹百里盡瞻春色好九年不厭辟書遲共知緑野有心去長望白雲多淚垂今日歸來烟水外清香攜得老梅詩

磬山冬夜別慧上人

清風吹送白雲還半在高僧兩袖閒但見蓮花迎短杖那知霜雪度重關芒鞵復踐來時路明月空留去後山從此

寒江千里闊祇憑白舫載清閒

題西施浣紗圖

綠水堤邊白日斜漫將人面比桃花吳王一見新歌舞石上無人更浣紗

仲鶴慶字松嵐乾隆甲戌進士官四川大邑知縣著迨。暇初集

盟鷗溆筆談大令詩文俱負時望不愧名元于過海陵嗣君雲江大令出示遺集并閨秀詩商定一門風雅可班冒氏宮氏

離別難和吳甌亭

離別難蒼烟落日蒹葭寒執手苦於邑瞬影立河干河干昨夜西風急雨月不歸惱行客稚子傳燈經正紅老親扶杖頭俱白旅人拈枯枝載歌離別詩樂莫樂兮新相知臨歧把袂殊遲遲開函贈我五色無以報之青城絲中有一人前致詞欲語不語涕漣洏青蒲一束酒一卮爲傷去時憶來時來時秋未老露浥芙蓉小西風前綻遲明月鴻飛早與爾共題箋墨花零亂生雲烟與爾共賭酒高天寂歷

回珠斗與爾共乘舟紅燈夜月蘆花洲與爾未買笑貌姑未嫁文君少同心之言臭如蘭無端爾去予心酸西風吹秋〻漸殘慷慨爲歌離別難離別難倉卒彫朱顏十六橋頭水潺〻行蹤不定如波瀾君不見勞〻亭斜陽芳草何青〻又不見情盡橋垂楊離恨一條〻古人淚接今人淚歌眉低壓雙峰翠孤擢先愁道路長華燈且盡樽前醉明知相別還相逢眼前揮手太忽〻君歌我歌〻未終小橋流水悲秋風秋風悲流水咽離別難〻離別

東淘晚秋

西風一櫂海東頭九月新晴正暮秋遠水縧歸漁子艇夕陽紅上老僧樓花飛蘆荻迷栖雁粉墮芙蓉冷霜鷗正好單衣快遊興泬寥天氣不須愁

落葉

舊日長條不可攀凄凄槭槭下空山高樓明月夜如此古戍西風人未還四壁蕭條傷暮景一天搖落想衰顏夕陽多少前朝事堆滿荒苔不叩關

次韻別西垞

翠管紅牙夜不休接天燈火古揚州蕭閑只有南闌客倚徧夕陽江上樓

別王書國

一徑西風一夜霜酒闌歌散別王郎門前百里東淘水流過龍溪是故鄉

舟行懷劉硯谿即簡趙滌齋

故人曾說梅花居梅花開罷無尺書一春睽隔夢萬回兩日綢繆三月踈蘭槳重游舊時路柳亭誰買今番魚相思不見望邗上問君悽惻當何如

蛛網落花

閒情艷景愛山家蛛網層層胃落花蕩子銷魂春緒亂美人香夢竹簾斜裝成青朱絡愁鼓唱到紅么蘇幕遮最是憐芳風力巧不教簿命委黃沙

登烟雨樓

輕舠一葉轉迴塘水殿秋高七月涼樹底人家見城影日

邊樓閣浸波光紅衣欲謝芙蓉老翠角初翻菱芡香立徧西風不歸去玉蘭花下說南唐

崇明客中送湯如海還乍浦參軍

水犀原不畏風波移節重聽織女梭攜李尚建吳社稷金甌已控越山河輕裘緩帶籌邊客石鼓銅撓大海歌獨我送君招悵甚鄉情誰似老湯和

姑蘇舟中寄懷瀛洲諸子

昨渡瀛洲海適問姑蘇津今飲姑蘇水卻知瀛洲春緣紅

謝長條新綠浮遠垠春亦不足念為念瀛洲人邂逅千里客栖遲十餘旬氣合如贈蘭心醉如飲醇豈敢遽言別上有高堂親擲盃殊慷慨臨歧轉逡巡扁舟去復去落日悲心神修途杳難竟遠志鬱未伸寄言莫相思後會非無因

九日登丹陽三義閣塢

不奈蕭條客裏秋悠高聊復遣閒愁雲邊山色裁平檻天外江聲欲上樓一帶烟林低夕照半空人落語寒洲鄉園回首知非遠籬下黃花開徧不

幽居

山深萬籟沉樹密斜陽薄石壁蔭空青餘寒散幽壑

永昌城

半枕青山半水隈車馳馬驟起飛埃中原萬里西南盡鼓角三軍東北來碣石斷文多紀戰沙場殘骨久成灰戍樓正憶籌邊策落日嚴城晚不開

即山盧小集

十年心跡海茫茫白髮愁傾酒一觴老去友朋真性命狂來歌哭總文章暫因夜雨聯吟社曾踏寒雲過戰場成敗眼前都莫問扁舟明日又他鄉 即山廬小集

李棪卿字枚及棪貢生官通判

晚出南口城

黃沙撲面駭飛蓬四月驚寒起朔風南下地形趨督亢西來山勢扼雲中吹笳半壁城樓晚牧馬荒陵草木空却問當年誰鎖鑰北門終想寇萊公

宣鎮

上谷嵬然壯客遊當年右臂繫神州途經鷄嶺山如鑿地近羊房草亦秋鹵薄昔聞從帝子犬牙今復制諸侯邊聲盡入西風厲鼓角悲涼鎮朔樓

詩徵 下

張幼學字詞臣順治丙戌進士官大興知縣

通志云大令以廉能稱

王屋云詞臣先生之詩皆不多見

宣鎮雜咏

傳聞賓憲勒燕山

季載丙 季堪偏 顧紹美 蔡孚環 繆肇甲 繆祺 沅標 永垣

祖培 冒車僕書 夏震 鄧漢儀 邵榮 易采

厲秀 厲相 陸舜 嚴齡 与 大珩 薛芬 易京

易之烔

德月 行定 上思 上崇 性慧 圓能

宮婉蘭 洪湘蘭 徐淑秀 俞廷元 陳倩美 張瑛

周淑媛 姞媛 貞媛 趙箋霞 仲蓮慶 振宣

振宜 貽鑾 邵笠 德日 德月

泰州詩徵下

季載可號吟四

送友

杖藜我獨悵臨岐餞不能沽酒一卮難後氣平多病日床頭金盡暮年時斷橋細雨人初別野浦銷魂櫂下殘幾度離情戀帆尾老來愁絕是生離

季堪倫字小石號伏堂 府志称春草軒集

寄顧俠君太史

季 文瑞堂

阿英高矚近如何聞說評詩肆薛蘿鵬徙雁非修羽翼鳳饑知是避矰羅人生僻海才原少夢渡寒江路不多笑我年來疏懶甚百花洲畔幾時過

海濱白社幾人存 謂陋軒仙裳孝威西齋勿齋大村恕堂諸前輩 剩得吾家老弟昆 謂家吟四 投刺客來旋下榻送茶僧去便關門看他遠岫雲千疊照我空梁月一痕有句寄君三莫笑居難居易任評論

顧紹美字景先著瑟庵集 淮海英靈續集景先博涉宏覽閉門守清貧居與黃仙裳相近兩家燈火月色林薄相映絃歌互答時讓其高

飲俞樓和仙裳先生

總是知音者看山先後來今宵留客處當日讀書臺月可添詩料花如爲酒開新知與舊好都是謫仙才

病中

自別殘冬後居然隔世人酒因多病減詩爲寫愁真對鏡全非我求醫更苦貧明朝寒食節又負一年春

孔東塘先生改拱極臺爲海光樓

相傳拱極是仙臺一望荷花十里開觀海人從天上至乘

顧 文瑞堂

槎客自日邊來公餘挈伴尋詩去興到探奇載月回怪得海光名再易尼山原只在蓬萊海

寄呈龔大宗伯

春殿賡聲高容臺制作勞一時嘘草木萬里獻風騷憶別宮城路長憐楚水濤終當依日月豈敢戀蓬蒿

蔡孕瓌字公梅

贈歌者

憔悴天涯正此時黃昏鼓角亂鄉思也知崔九岐王少懶

唱江南紅豆詞

繆肇甲字學書號補山貢生著問月樓詩集

江蘇詩事肇甲祖嶽明崇正間以布衣伏闕上書免泰州浮糧一萬五千餘石補山內行克修爲明體達用之學過下河隄璣司空在豐就其家詢訪善策功賴以濟著芳苞亭文集唐詩神昭代詩傳

寄黃俞邰太史

憶在京華捧訣時登龍喜見紫芝眉常于花下招袁虎每向人前說項斯十載交情千日酒九秋詩意萬年枝相期另院黃花發重看先生倒接䍦

繆肇祺字介茲

都門懷歸

思親辭鳳闕驛路尚漫漫日落江南夢風生塞北寒長途懷故國旅食寄征鞍莫作他鄉客歸來膝下歡

客都門汪函齋夫子招飲

燕山木葉走城壕撲面黃沙旅夢勞故國雲深埋雁鶩他鄉松老捲波濤三秋客殿盈華館萬事風塵有濁醪梧掖彈文真諫議狄門桃李媿吾曹

盧溝晚發

燕趙悲歌朔氣寒披裘十月賈歸鞍霜飛匹馬旗亭酒月落荒雞野店餐千里雲烟迷故國百年棋局夢長安幾回射策金臺畔一笑臨風振羽翰

繆沅字湘芷康熙己丑進士殿試第三人官至刑部侍郎著餘園詩鈔

金志章云先生平反江西六閱月每謂人此行君無長物惟得詩七百餘篇爲毅來集今論之亦無存者

淮海英靈集湘芷康熙五十一年充會試同考官五十四年召試乾清宮列一等五十六年視學湖廣旋

擢給事中雍正元年奉命採穀江西得米六萬一千石以飛輓不便敕停運交撫臣收貯二年授太僕寺卿時江浙沿海潮溢成災大吏籌發倉廒沅疏言臣赴江西採買之米現貯本處請運送浙江庶官米無過濫之虞而江浙不待另買得旨允行三年轉四譯館少卿四年遷通政使六年擢內閣學士出按山薦臺縣令朱元成許玉僧慧侵蝕帑項事坐沅成誣如律上嘉折獄之功即命清查東省鹽斁撥劃虧匿所增引票胥吏不能因緣爲奸八月遷工部左侍郎尋調刑部左侍郎十二月疏陳鹽政事宜設官地以靖私販設水程單以便商運定撤引處分杜營汛勒索復分司運判之職以專責成凡所建白俱有裨于時以十二年十二月遺疏入賞銀五百兩賜祭葬如例

國朝列郡司馬視學楚中延四方名流校閱所得人文極一時之盛楚人爲予稱道之詩舊入江左十五

子選中予曾評點後批全稿見半爲朱墨改易所云
老去漸于詩律細者耶
史文靖公云嘗見佳詩勝賞襟裾文集公于家中拍
浮引滿掀髯四顧旁若無人聲鈦叉手奚奴拱席濡
墨數人不能給

王孝子詩

丁繇日繁重閭戶多逃亡文安王氏子飄泊辭故鄉棄我
舊井竈舍我舊耕桑甘心離匹偶各東自西翔解一故鄉不
能歸涕泣淚如雨一燈何熒熒健婦掩門戶生兒在襁褓
日夜尚須乳解二兒生未十期兒志如成人上堂見阿母兒

文瑞堂

僵

有平生親兒生不知父兒不如鮮民阿母爲兒言兒汝父
久埃塵上天與入地欲見愁無因孝子聞母言含淚聲酸
辛解三團欒復團欒爲兒授家室登堂見花燭香聲哭不得
兒生未識爺何以安枕席誓辭連理枝永遠事行役再拜
阿母旁泣血流顏色解四出門何所之徑徑別里門悃悃長
號慼行路天地爲之昏日則望雲馳夜則戴星奔飛蓬
天末何處尋本根解五行行大寧旁僵臥荒祠外精誠動木石
魂魄交冥冥開眜門揖老叟夢中與神會午食見指南訪溪

米粗穲當歸乃隱語不聞附子膾解六迤邐入東南山擇形
神枯黃沴蝕顏面瘡痍生肌膚果然帶山下夢覺逢精廬
佛香飄院落有客蒼髯鬚詢知舊鄉里驚喜立坐隅尋聲
猶識得精神相感孚父子抱持哭淚落千僧徒解七慇懃勸
還鄉腦林戒行李入門見老妻毀顏已暮齒新婦潔盤餐
爲翁具甘旨至行格天地和氣浹鄉里高曾遺矩矱子孫
遍朱紫至今道旁人齊歌王孝子解八

送顧嗣宗返吳門次留別韻

文瑞堂

正

韓孟雲龍日夕依故山猿鶴久相違人如諸葛真名士品
是江東大布衣吳地烟嵐應入夢楚天鷗鷺漸忘機步兵
日有蓴鱸思隱語當歸且緩歸

和陶靖節飲酒義農去我久一首韻

末造方任運達人思葆真抗志慕皇古惟以返吾淳六經
爍設光景日常新俗學尚虛無咎不在嬴秦禮樂若桎梏
典籍同埃塵卓哉紫桑叟述古何慇懃途遠轍自合跡異
神彌親昭然揭大義爲世通迷津獨立魏晉中岸然古冠

巾飲酒乃寓言所念羲皇人

焦山志僧葺山志初成索余題句因書卷尾

三山一氣青蜿蜒峭帆擘破空江烟數聲漁唱隔情碧夕陽杳森淼聞扣舷蓑翁（衣田先生）逸興何軒軒振衣直上秋樹巔半山紅葉絡碎錦青黃雜揉波中天蝸牛廬中草芊緜坐聽江水鳴濺濺我擬將家傍巖坐往焦公祠畔客醉眠雷轟古石留厓邊八行遺墨當時鐫馬鳳笙今何處所女郎佳話千秋傳（石上有鳳笙題名）前塵影事空憂煎不到此山已

文瑞堂

六年寺門前過雙淚落天香主人今已仙（癸酉秋曾侍先君遊于此）兹遊怳悼空迴旋名山一日難延緣牽牽船欲別不能別一江秋水流娟娟

題藏山山下廢著

樟陰森半畝遙接萬松青月冷蓬萊閣雲迷越望亭凍梅開石甃老鶴守寒廳（內祀王龜齡先生）不是陶貞白何從餌茯苓

留別兩湖諸生

黃鶴晴川態自妍幫車辛苦駐經年壓書囊空有三千牘負

郭曾無二頃田晴日暖風遲畫舫清歌妙舞是離筵老夫一掬孤寒淚灑向春潮意惘然

繆　標字曉巖一字海峯沅李子雍正己酉欽賜舉人官太平府左州知州著自怡集

謁湘山寺（壬申春余奉命之粤西三月朔舟抵全州念先公證前世爲湘山寺老僧因偕同年李景賢往遊焉出西門里許即湘山寺歷石級百二十層轉東南即無量壽佛塔塔內供聖像係肉身古銅色漆地有活機敲銀錢之鏗然有聲由塔入殿有主人常在忠孝是佛額最後爲御賜藏經樓披寺爲定南親王重建僧云湘老和尚即佛寶號種種靈蹟詳湘山志中憶先公歸道山已二十四年於兹矣香火前因山河錦遷撫今追昔愈難爲懷歸舟燒燭成七古一章）

文瑞堂

春風吹船來全州卸帆冒雨同清遊西瓦窯邊日新霽千秋格磔啼斑鳩路出西門行略彴湘山寺影從天落百級延緣鼓勇登苔痕浮綠沾芒屩祇樹盤拏路蒼幹斜陽古塔穿蔽薄遊人陟磴凌高空大筏三千嶺其閣此寺相傳昔玉創無量佛住宗風暢烟穗停爐避已遲天銀著滕鏗難傍解脫常超風火輪跏趺依舊毘盧樣垂去珠簾眉雕漆光聳來肉髻金精相寺僧指點說當年摩尼寶氣橫空

懸夢中早結三山緣徑山飛錫塵情捐食雞遺蹤江流漸
擺擺落幻網紛糾纏黑雲夜出森如磐祥光五色空中騫
禽吟獸吼崇山巔霜鋒霍々飛梯聯南油百斛膏火煎歐
風游戲真神仙檃括湘山志中事 我有片語向僧告寂照工夫寓
元要不愛拈花悟去來戶數揮麈談忠孝憶昔先公證前
世呱々墮地鍾靈異暫撤香林五蘊空曾摩寶頂三生
記鍾魚舊業已飄烟卅載猶參清淨禪搗殘藥臼單居日
爵盡紅霞欲曙天心空及第軌幽趣拏音擬訪湘山去樓

閉華嚴未許彈萬頃湖波杳烟霧先公校士三楚擬游湘山寺以地轄粵西未果
旂常勳烈終麟炳身如蟬殼從頭省憑欄往事一沾襟羈
孤淚洒風旛影搨來宦海趁浮名香火因緣話此生昏鴉
拍々日西墜靈山欲別難爲情氷花凍省誰參透花開都
是春時候前劫摶沙意黯然山河千古人非舊

繆永垣字藹峰著嗜書堂集

客懷次俞蘐林韻

迢遞層雲起暮陰娟々新月忽高岑風霜萬里還家夢砧

杵千門入夜心檢點征衫餘別淚祗徊世路幾知音何時
更訂皇州約同聽鶯聲滿上林

秋日遊日涉園

秋光倒眼一泓斜落日亭臺散綺霞隔座琮生雲窨雪開
樽風落石床花當年金谷留餘韻今日平泉憶故家最是
層樓高處望一行白鷺起晴沙

繆祖培字晴嵐號敦川乾隆戊戌會試第一人著修月
樓詩稿

春仲雨中登泰墩

一春花事付沉陰屢解愁懷上古岑吳越關河悲遠別海
天風雨入高吟霧連大漢千帆暗烟濕空林萬井深倚醉
凭欄時一嘯欲 鷗鷺證閒心

肩車書字富五號硯癖

秋興

幾縷秋烟一抹霞空階淙雨似山家常憂來日不相待
是我生眞有涯逕繞林皐封落葉宅連雉堞亂歸鴉候蛩

也是知遲暮鳴過牆陰藊豆花
界山數葉且留餘猶記戍童佩韘初王謝弟兄過絡繹崔
盧兒女笑軒渠蘋花水醫中丞墓禾黍聲寒開府墟先中丞撫泰陵家于陵海陵遂葬焉吏部遺書亦寥落先吏部藏書亦散失我過飽食到華胥

冒漢書字七轡號小山

過家上苑

鶯聲三月盡得此倚闌干江柳晚烟重梨花春夢寒芳時
真不在佳句最爲難殊愧故人意殷勤致一餐

夏雲字春舟黄金云春舟與鄒耳山葉古軒羅夏園諸子聯芸香吟課宮大霜橋極重之子紅䌷工詩

秋夜不寐柬周晴溪

不寐空彈劍雄心感白頭雨收年庭月蛩響一增秋可奈
十年事偏生今夜愁伊人夢何處應在浪西樓

衰草

何處寫秋色六朝蔓草荒飛霜連塞北白落日極天黄遠
道歸期杳清池舊夢長寸心含冷緑留取待春芳

夜泊聞鄰舟琵琶感賦

孤舟夜泊酒初醒醒到耳哀絃不可聽商婦琵琶司馬淚
秋風各自感飄零

鄧漢儀字孝威康熙己未試鴻詞以年老授中書著過嶺集慎墨堂集英疑集孝威舉鴻博後歸寓董子祠執業就問者車馬塞市爲時所宗如艸其過梅嶺詩入馬盤空細烟嵐返照濃王文簡極稱之嘗論近代人之詩爲詩觀共四集中有歷禁之人奉旨抽燬行世

曾庭聞自潤州枉過草堂賦贈

偏是窮途重友生柴門握手淚縱横一時聚散兼貧病千
載存亡只弟兄宅卷重尋車馬跡江湖猶戀鼓鼙聲與君
試話封侯事慷慨悲歌萬里情

章門逢談長益約同訪徐巨源陳士業不果

章江寒色上漁蓑客裏逢君踏葉過萬里烽烟長草腐一
生魂夢客銅駝依人四海平原盡哭友空山杜宇多我欲
同尋高士宅風帆明日又牂牁

山行趨大庾

見 灰

莫愁前路杳日出正東峯人馬艇空細烟嵐返照濃過崖星斗見近郭火徧逢更喜灘聲外層層響亂松

晚抵三水

昏黑仍前發蹤星破寂寥岸明知有汊船動覺生潮海道羣龍會山城百雉驕稍回兵舸接盜賊滅三苗

遊海珠寺登丹霞臺眺望

脫岸潮生盤渦回鶩看萬水觸墩臺不知何代琳宮闢竟作軍營鐵礮開健卒自吹橫海角荒臺難拭戰場苔茫

茫春浪古城遠獨自浮鷗日暮來

嶺南作

絕島誰偉颶母生五羊城角暮烟精蠻花爭傍陳隋碣海道曾過秦漢兵百戰地埋烽火黑中宵龍抱寺燈明無心更訪居門事月黯秋村破帽行

張登子招集喜遇胡豹生感賦

別汝真經十五年瘴南重過百花天中閑生死誰書札此地悲歡盡酒筵萬里河山驚感集一時兒女對烽烟英雄

老去心情改淚盡高涼洗廟前

憶昔邗江集霓衣花開吟好送斜暉西湖戎馬君臨見草南越樓船事已非宦拙終緣家口累客貧難向戰場歸春風嶺外聊羈跡萬事銷愁有采薇

瀧瀼歸舟偶感

青春芳瘴逐山流細雨孤帆共漾客愁聽徹猿聲江更闊祇疑天上是韶州

廣烈士招遊天寧寺偕有作

千丈浮圖未敢登佛龕聊與伴香燈十年親酌曹溪水我亦江湖破衲僧

宿百里江

對江湖口縣此地只孤村夜色圍廬嶽風聲觸水門地防蛟穴鬥人習虎崖蹲耳復高眠去天涯易斷魂

巴河鎮登太乙閣 閣爲故相國姚公思孝所建

平津賜第久荒蕪傑閣巍然瞰舊都高處銜盧天外伏到來雲夢雨中無千家烟火猶洲渚幾葉風帆自畫圖曾是

文瑞堂

赤眉燒不到奎光深照斗牛孤

芒稻河 府志作曉過芒稻河

曉雨霏霏濕平川渺渺流忽驚濤欲裂真訝地空浮淮泗奔雙鬭蛟龍折數州頻年憂飄子生計羨漁舟

過馬當山

水逆舟難上橫江更馬當飛雲盤斷壁絶岸走危牆隱隱蛟龍伏迢迢虎兕行臨深頻自責從古戒垂堂

鄧勗采字扶風號次德漢儀子著我笑軒稿

別姚舒恭

寂寞荒村裏傾壺那復增秋光連遠岸水氣逼深燈繫鄉家家舫沿溪處處罾難爲分手別歎歎話吳陵

九日之東皋省家大人即寄巢民先生

亦知逢令節客舍倒壺觴可惜猶岐路無由話夕陽夢隨雙動心逐片雲長寂寞秋江上聞花強自香

鄧邵棨字若雍號顧亭漢儀子著鄧尉山人稿

送舒恭之番村

寂寞柴門路飄然竟放船狂風吹野屋急浪打荒阡愁思誰堪語荒齋只晏眠遥知吟句苦獨眺水雲邊

秋感

秋風颯颯落丹楓塞北黃沙攪亂鴻濛故月鋒猶戰壘蕭條白骨只秋風猿啼哀峽千村怨草沒荒郊萬里堆何處清砧敲永夜關山月照北邨空

鄧勵秀字七友漢儀子

春日登太白酒樓

山衡江面出樹壓一樓荒猶覩風流跡曾傳供奉觴祠堂啼獨鳥春色散斜陽無那宮袍杳千秋憶酒狂

鄧勵相字方回號冠城漢儀子著文選樓稿

天童寺

萬松圍古寺蛇徑勢迴環日黑長疑雨雲陰欲變山仙禽穿澗浴翠竹繞亭閒極目窮滄海森奇任意攀

廣陵奉贈杜茶村先生

青山未買欲何依閱歷謀艱事事違江海兵爭耆舊盡風

塵世變管絃稀笑看彈鋏傾冠蓋豈共論心只布衣浪跡
一生詩滿篋百年吾道付漁磯

陸舜字元升康熙甲辰進士著雙虹堂集

淮海英靈集元升初任刑曹多所平反提學浙江勤于教士旋以疾乞歸戊午舉鴻博不赴

瓜步

積水荒烟兩岸平三竿落照似懸鉦布帆帖處長空遠沙鳥飛邊暮靄明雲外沈山連海氣風前吹角入潮聲獨來徙倚江干樹心跡翻從作客清

陸錢齡字蔓修號耆卿舜次子貢生著漱碧堂集

戴濂云耆卿先生海陵循儒也老能齊物全須友病不干人只著書所學所守於十四字見之

讀書四首

讀書不讀經知繩未來引木圓因就方視直但爲曲古奧雖難窮蓄蘊可深復乃知飲食中至味惟菽粟

讀書不讀史如鑑未磨治眼前一寸光物轍形亦移馳騁千載上歷覽有所思乃知參朮功可以補虛脾

讀書不讀子如流未灌注翕闢亦見深尋源得其趣見道雖一偏立言殊訓詁乃知海錯中更有江瑤柱

讀書不讀律如醫昧診視良藥自有靈庸師誤投劑罪疑因惟輕失出亦非計乃使儒者學不如文法吏

過居和袁山人韻

春來日月漸長舒身外閑愁總豁除策杖飽看雲駐藹當門喜對竹蕭疏老能齊物全須友病不干人只著書卜築儘饒泉石興何須屛跡隱華廬

焦山看紅葉同耕隱上人分韻上人本非緇流有感而棄俗者

流青叠翠過山窪秋老江南葉了華盡訝鷓啼猶有淚誰憐命薄不如花根蟠石罅知霜氣樹倚瓊心帶落霞高下迷離都入眼回橈指點白雲賒

陸與齡字夢九諸生著西渚集

報國寺松

何代遺蒼寺蒼涼象木陰偶然辭塵市長自作山林鶴淚清霜夢龍蟠夜雨深後凋誰得似今古歲寒心

春宮詞

別院笙歌攪夢魂梅花樹底怨黃昏北枝未發南枝發一樣東風兩樣恩

弔顧雲娘墓

東郭西風不可聞淒涼抔土石榴裙十年孤塚誰相伴秋去秋來祇白雲

陸大珩字思白海岸布衣

姚雨亭云思白與尢山人水村友卒年三十誦暮春詩即可覘其年之不永也

暮春

三月東風似少恩吹花吹柳斷芳魂可憐春到寂寥日飛鳥無言過竹門

薛　芬字羍生泰州梁垛人著雉啼集

過得一庵訪妙峯上人

霜落疏林淨烟開古殿晴梵音朝磬寂禪性曉潭清曲逕迴人寂跡虛齋斷鳥聲所居曾不遠得與惠休盟

謝仲遂生

放逐詩魔久其如復見侵狂吟何處無事得相尋山響自低語松風多遠音愁思翻亂急都怪伯牙琴

贈張古民

宿昔曾聞賦子虛十年今始識相如尊前白雪朝攜酒閣上青藜夜照書天地得君開翰墨山川老我獨樵漁歲寒有約休教負鄭重春風到草廬

易　東字田授辛卯戊子兩中副榜著曉堂集鄧孝威云田授

術擅岐黃學通蒼籀守有存無二窮理盡性書法卓絕古今給事不衛元宋

餞別

驅車六河陰朔風飄我衣白楊彌廣路川途詰無期驕虛絕塵蹤雨雪行霏霏綢繆同心子東西渺何之黃雲暗征塵日暮多鼓鼙荒城飛鳥盡四顧惟旌旗一身不自保違念妻與兒中宵悲不勝起坐促衣裾

丹陽早發之瓜渚同吳蘭次由周伯劉壬步作

風雨鷄聲裏呼燈上客舟一身兼主僕諸子只窮愁日暮無村酒寒空有敝裘寒鴉歸古驛夢已到揚州

次韻贈李助

李子貧非病漁竿坐水門秋風今歲晚野日隔溪昏掃徑
憐花影鋤雲動石根六朝千里月無恙照霜村

銅鞮趙孝子

痛哭前朝事傷心忠孝門千秋爾父子百戰此乾坤并碧
孤臣淚山青烈士魂草狼重過處慷慨向誰論

晚望和王雛夏韻

東溪晴亦雨相望水波青歸艇輕烟直穿雲古殿冥荷香
深一落葭影亂孤汀對此忘城郭漁歌取次聽

文瑞堂

揚州道中呈許力臣師六

明月揚州路瀟涼夜半船君家兄弟好酒罷一床眠遠浦
雞聲暮荒村樹影邊廣陵濤已近揮手杏花天

秋晚曲江宴讌集聽冒辟疆侍兒度曲限韻

綠尊今夕感流年白袷蕭條江海前雄劍星文侵草閣寒
香露色上花鈿佳人晚拾金堤翠彩鳳春栖碧樹烟明月
不來人自醉狂歌欲問酒中仙

暮秋遊西湖雨阻宿板橋

一路寒楓動客愁旗亭貰酒脫鷫鸘青簾夜搖神仙舫紅
袖人歸燕子樓暮雨不堪悲落木霜燈如此照深秋鐘聲
飲入芭蕉響黑野宿星橋夢白鷗

積雨遣悶

暮雲高閣楚天昏亂石驚泉惱客魂花落隋宮愁似燕柳
沉江館靜疑村奔流萬頃連陰壑斜雁雙飛下島門縱使
雞聲我去也知白首厭劉琨

送黃仙裳北上

文瑞堂

十載飄零老蔚然依人更作薊門遊已無肇札需園今何
處金貂慰旅愁青眼群公猶夙夜酒壚往事漫風流相逢
剩有悲歌客好與登樓賦白頭

易之烟字淩洲東子康熙乙丑進士著秋錦樓集

送陸無文先生之廣陵

清苑寧知舊君行及早秋亂煙隨雨散涼月下江流何處
飄蘆管今宵夢酒樓知君憑眺久橫筆賦揚州

送趙石渠守同州

天中行欲盡拔劍指泰山郡邑寒煙外人家野燒閒虎風
開陜路鷄月擎潼關知爾多題詠應憑驛使還

德　源字巨潭泰州人

癸卯暮春同東谿北坨泛舟紅橋

蘭艇輕橈處處通一溪柳絮颺春風酒酣別墅青帘裏詩
在平山翠靄中野水無情隨眼綠村花何意戀人紅橋頭
明月依然好可許清遊到夜終

行　定字巢庵興化陳氏子

淮海英靈續集上人得法于金粟費隱容和尚開堂于泰郵之乾明寺退休于泰州之慶雲精舍

喜黄仙裳先生過訪

柴門常自掩有客叩方開因得支公語遙知叔度來風高
披竟日情洽竟忘杯獨懷東林遠相攜去復回

送國博孔東塘回京

簡命親承濬海濱片帆今又指　楓宸白雲本是無情
物也逐東風送使臣

上　思字雨山號雪悟泰州人

淮海英靈續集上人主天寧寺聖祖南巡駐蹕本山從殿堂以至後苑直入卧内帷幄幃帟被而已上大悦御書蘇閣二字扁其閣復賜金一時榮之其詩世比之李何

登圌山絕頂

極目微茫接遠天山光水色兩悠然風塵不到烟蘿裏雲
月時來梵磬前樹影獨依幽澗樹鐘聲疑上夕陽船相看
舉世同蕉鹿三嘆孤峯仰昔賢

送馬高陵北上

竹院閒過說遠遊獨攜書劍去皐州一身岐路當長夏幾

日他鄉又早秋冀北烟塵筏倚劍江南風月待歸舟故園
梅信春先發莫向天涯久滯留

送喬東湖北上

高士門前草不刪經年養得似吾閒論心正好來禪室握
手何堪去故山足馬遙嘶千嶂外一鞭高指五雲間青雲
穩取還如舊不著紅塵半點斑

上　崇字石靈泰州宗氏子

淮海英靈續集上人受法天寧寺臣潮主興教寺後繼主泰州覺永寺

讀黄仙裳秋槎唱和詩

建功何似建言奇，老將殊勳有了期。不及先生拈好韻，亂離直到太平時。

性

慧，字炳一，號幻雲，江西古虔州黄氏子。淮海英灵續集上人主泰州光孝寺，其弟子西林亦工詩，徐舍人禮華稱爲海陵兩詩僧，爲之序。

寄劉石池

碧水情千里，青山隔萬重。故人棲隱地，遥憶白雲封。雪後應鋤藥，春來好課松。相思托明月，常照漢陽峰。

文瑞堂

圓

能，字西林，號香雨，興化張氏子，主光孝寺。

和宮節溪先生菊影

向背渾無定，高低叠幾層。夜光摇素壁，秋色上寒燈。陶徑移來晚，東籬未能。更憐塵外跡，不畏曉霜凝。

送寶林歸里

秋風瑟瑟敵行裝，相送歸帆下楚陽。出郭四圍蘆荻遠，到城十里芰荷香。孤村野水添新漲，細雨青燈入晚凉。客裏閒情俱莫問，好憑詩思寄滄浪。

文瑞堂

文瑞堂

象
衆ゝ集云著
一葉落詞

泰州名媛詩存

宮婉蘭太史紫元女如皋諸生冒褒室著梅花樓集

王西樵云宵先生疾以好俠重義傾其家夫人製扇以給晨夕極工巧時爭購之至今雉皋刮織扇並夫人遺制也

元宵喜晤十六姪如闓

汝來恰值傳柑節我老驚看兩鬢銀回首弟兄多隔別相逢子姪獨情親梅殘正好迎新月柳放何堪又暮春帶水家鄉原不遠衰年惟有淚沾巾 按正始續集殘作花放何堪又暮作葉還看發舊

洪湘蘭字畹雲儀徵人進士錫璋女貢生仲振猷室

雨絲

徐徐飄落艷陽天散不盈筐萬縷懸一夜暖衾添錦綉十分春意最纏綿縲都難盡低縈霧密到成綢細和烟都衹剪刀風剪斷遺珠零亂滿花田

徐淑秀自號昭陽遺子南渡時宮人泰州邵某室

江淮詩事南渡宮人徐流落都門劉學士肇國用金贖武人贈邵某歸居泰州之挽村為詩多抑鬱哀憤之音邵舍人最愛其入畫無人知是我倚闌看蝶認為花之句

淮陰道中

昭陽遺子謫人間曾列龍樓第一班楊柳折來風雨夜芙蓉分得水雲顏不如世上無金屋猶說臺前賜玉環薄命今生還復處傷心何地可容閒

俞廷元字素蘭俞堉之女兄

送衡皋襄林兩弟北上 按正始續集北上作遊京師

阿姊閨中數去程翩翩兄弟又長征燕臺此去三千里珍重關難破曉行

哭夫

一別桐棺倏五年相依形影總帷前紛紛血淚啼枯後又到春深聽杜鵑

陳傳姜字慶虞諸生朱澤況室

淮海英靈集傳姜賢而早夭其詩中佳句如烟月訣相照竹深人夜歸亂竹不知路好山多抱樓一庭芳草迷行路萬點桃花送好春千里關河初過雁四山風雨獨登樓皆可誦也

憶母

膝下相依慣劬勞力已殫不緣今日別那識舊時艱霜落

長河冷，心懸兩地難。惟憑諸弟妹，早晚問親安。

中庭

中庭四無人，高梧自清翠。夜半起秋風，蕭蕭葉如雨。

登樓

庭樹迎霜葉漸黄，秋風颯颯思茫茫。登樓幾點離人淚，付與雲鴻寄故鄉。

病亟示夫　白田風雅作夫子

花方破蘂因風落，烏忽離巢帶葉飛。揮淚向君頻屬付，老親多病幼兒癡。

張瑛字玉英，符驥女弟

午日弔屈原

汨羅千古恨何深，此日靈均何處尋。角黍徒充饑鬼腹，蒲觴不醉怨臣心。洶騰海浪翻風雨，慘淡愁雲變古今。澤畔行吟人不見，離騷讀罷淚沾巾。

中秋

旱潦何堪兩事并，縱當好節亦愁生。花經暴雨如相妒，月

文瑞堂

避寒家不肯盈。肴核自成荒歲景，酒漿猶貴野人情。莫嫌此夕無佳醼，尚有饑民之菜羹。按正始集潦作澇，盈作明，野作老，嫌作言

周淑媛字文洲　小名錄：杭宣澤妻，有湛雲岩草

元日哭先大人

一夜思親淚，天明又復收。恐傷慈母意，暗向枕邊流。

周姑媛字室楨　宮閨小名錄云有梅林居詩

各媛詩話：人知海陵瑶石、文洲兩女士負才名，鮮有知其姝室楨者，殆亦有幸有不幸耶

夜雨

床頭聽夜雨，細數不知休。洗盡千巖色，山難洗舊愁。

夏日

茶灶正飛烟，棋聲敲晝眠。日長無意緒，傍水弄荷錢。

梅花

冰肌玉骨絕無瑕，清韻天然姤麗華。一丈粉墻遮不定，侍兒偷折比鄰花。

周貞媛字瑶石，施千里室，著蘭蘭集　按正始續集作淑媛姊

哭童幽蘭　按正始續集多女史二字

文瑞堂

春風秋雨幾神傷寶奩落空閨憶曉粧亦信有才天也妬可憐無語骨猶香玉簫聲咽三更淚銀燭光搖五夜霜碧落黃泉皆是恨何須鶴唳斷人腸按正始續集寶奩落作寂寞亦作方也作亦淚作月

白竝頭蓮

亭亭竝立斂濃粧枝上新凝六月霜素質不登青玉案縞衣當伴白頭郎比肩如約無私語對面相憐有異香謾道予家畱別愛濂溪清淺已成行

趙箋霞字書雲甘泉人大令廷熙女仲振奎室

文瑞堂

寄懷綺泉二妹

聽有遥歸約離心尚海東空波一痕遠清夢五更同春草非瑤草顛風不惠風梅花開老屋相待撿詩筒

寄瑤泉三妹

淚花和雨落邗溝十日離懷萬疊愁征雁啼殘香閣夢亂蛩吟老暮庭秋身如珠網東西繫心逐江濤日夜流寫悶畱雲小窓下晚風病骨幾登樓

仲蓮慶字碧香素女洪仁遠室

喜松嵐二弟歸里

經年懸望眼今日見歸人莫話升沉事猶留發落身心清何所慽道在不憂貧一酌蔬盤酒黃粱夢後真

自嘆

羸支瘦骨度朝昏積漸年衰積漸貧八口饑寒憑指力半生辛苦是鍼神方書空檢寧心藥茗椀難消渴肺塵垂老何堪愁又病暮雲西望未歸人調二弟按正始續集寧作安

秋日雨中口占

文瑞堂

樹底風來全散暑簾前雨過驟生涼無人小立迴廊下落盡一庭秋海棠

仲振宣字瑤泉鶴慶次女張祥鳳室

蟋蟀

古砌空階處處鳴短長吟出斷腸聲難忘悲感前生怨未免低回此夜情烟鎖藤蘿秋一徑草荒亭院月三更只愁寥落知音少休苦啾啾訴不平

歸燕

吉瀨飛雲事已非香巢零落冷殊悱江南夢斷廬無賴塞
北家寒尚可歸疎雨疎風情黯黯秋山秋草影依依社公
酒熟春光好邂逅花前上下飛

水仙花和雲閒大兄

低回無語自淩波遠浦人歸竟若何閬苑夢酣霄雪淺楚
天風起夜寒多自安月性依蘭友合署霓衣翦月羅越只
恐年年春恨重仙根金屋易蹉跎

仲振宜字綺泉鶴慶女侍蘭封室

寄懷雲江六弟

去歲與爾別關河雨雪霏霏最憐分手後又值落花飛春草
愁中長家山夢裡歸一帆東下艇何事久相違

寄懷芝雲三妹

相思相憶更相憐一樣離懷兩地牽虎阜那堪人寂寞留
雲空自夢纏綿久拚薄命隨流水不忍回頭恨昔年幾度
夜深眠又起山鐘村柝總淒然

春雨

碧苔芳草盡油油細雨無聲濕瓦溝燕子不來春寂寞晚
烟空鎖杏花樓

仲貽鑾字華振奎女宮誰室 名媛詩話往聞泰州仲氏多才媛欲求其集選入同音集惜不可得丁卯予兄有採訪遺聞文獻事之役過泰得雲江先生為文字交先生因以六女士遺集囑予兄點定入擊雅集予遂能盡讀之玉樹珠林仲氏何多才也

新柳

東風吹醒灞橋春縷縷朝霞染未勻不放長條青到地柔
情怕贈別離人

邵 笠字澹庵諸生黃杜若室 淮海英靈集澹庵工吟咏中更家難四壁蕭然炉香茗碗靜坐讀書病中悉焚其稿故流傳絕少

和夫子貸米詩

莫以貧為病吾儕本寂寥[illegible][illegible]鬻雖久罄意氣不全消
張子仍存舌陶公肯折腰有隣難貸米相對慰清宵

新柳

春雨連朝夕開軒柳色來纖腰猶怯舞青眼未全開葉葉
舒新綠絲絲挽落梅未堪持贈遠詩意好相催

、德 日姓蔣名葵字氷心 竹淨軒詩話氷心生而聰慧甫識字即能辨大意爲詩無師承輒工後爲尼字德日著鏡奩十詠集與周羽步吳蕋心齊名

夢醒聞雁却憶女弟

依稀離夢夢中來忽聽孤鴻意自哀剛爲失羣牽憶妹煩
君寄淚到粧臺

德、 月姓蔣名蕙字玉潔 正始集號雪齋德日妹

閨怨

十丈深情四遶溪風光二月六橋西八千路遠三秋別百

萬愁叢一夜雞白壓玉雙盟尚有青絲又尺結難齊半生
兩處成孤夢九折柔腸烏夜啼 以上錄江蘇詩徵

和姊韻 以下錄惲珠正始集

小院涼生落葉風天街玉露濕花叢懷君淚筆難題句瘦
減腰圍愁病中

德 日字氷心號藥林著有拂愁集。氷心姓蔣名葵幼慧讀書過目不忘于歸陳氏所適弗偶削髮爲尼法名德日

初秋

蕭然一葉下梧桐初覺涼生小院風暑氣漸消人意爽卧
看新月到簾櫳

周姞媛 字室楨廣東海陽人按正始集作廣東人亦知何據錄此俟考

春水

碧波新漲大江頭兩兩浮鷗傍客舟妾意亦如江水上紅
塵不染自東流

陳傅姜

題清泉石上畬

白玉鄰鄰見底清究將泉水濯塵纓不須長嘯江湖外
細雨斜風引棹行 白田風雅

邵 笠字澹菴

菩薩蠻

亂鶯啼破流蘇夢。攖挑濕露花梢重。小婢促梳頭。開奩滿
鏡愁。畫眉人不在。蹙損雙螺黛。淡日上紅紗。輕蟬鬢影
斜。

虞美人後段

翠眉一霎愁峰鎖。挼碎芙蓉朶。問伊底事忽嬌嗔。道是采花掠亂鬢梢雲。

二閑錄家之集　香東漫筆卷一　季報第六十五期

文瑞堂

前日趨候正　兄与洪一君暢吟詩句鈞筆墨生
疎已久偶尔不揣鄙陋勉擬一律録呈
問梅先生　斧削並乞賜和指
政　素知飽學本非常萬卷詩書腹内藏
濟世家聲堪足道救人德澤更難忘神來詞
句關心賞時到梅花撲鼻香君曾不愧
先師術車馬盈門四處揚
庚申佛臘前二日中峯氏國鈞未定草　王石齋

前袁君少九以大小冬三首示予當依原韻奉佈現檢
閱合璧未見出韻姑再勉擬録呈並乞指
政　春去秋來又轉冬兒童放學帶歡容歸家切莫多荒悞
堂上之言必要從　冬至前天是小冬安排餜錠節相逢雖
知追遠宜誠敬喚到兒童拜祖宗　昨日冬來今日冬但
看後輩拜重重陽生一線從今始日晷初回到處逢
此日冬來彼日冬鄙人何幸到收容忽逢伯道堪嗟歎
都是年衰運又凶　中峯氏又草　王石齋

國朝海陵詩彙補遺

（清）鄒應庚 輯

《國朝海陵詩彙補遺》一卷，清鄒應庚輯，據南京圖書館藏清鈔本影印。

鄒應庚，字小隱，《國朝海陵詩彙補遺》卷端題爲篠隱，江蘇泰州人。庠生。

鄒應庚叔祖鄒熊曾輯《海陵詩彙》一書，未及梓行。應庚復留心收輯，得詩若干首，都是《海陵詩彙》一書所未備者，故名本書曰『詩彙補遺』。全書共補入宫鴻謍、陳瑶笈、韓敏、俞焯、錢青選等海陵籍詩人四十人，詩作百餘首，卷末有閨秀徐淑秀、張粲、張貽鷗、田貞姑、張阿品五人之詩。均爲入清以後所作。全書按作者編排，作者題名下皆有小傳。所收詩詩體不限，有絶句、律詩、古詩，内容亦頗廣，抒情、叙事、説理皆有涉及。本書於瞭解清代海陵詩家作品，尤爲珍貴，於瞭解海陵地區文化亦多有裨益。卷首有同治八年（一八六九）趙瑜序，引鄒應庚之言曰：『泰州志乘殘缺，有志纂修者徵文考獻，捨《詩彙》其奚從？』揚州市圖書館藏本趙瑜序下鈐『漁叟』朱文印（趙瑜字漁亭，晚號漁叟）。

（蘇　維）

序

郜君筱隱以詩學世其家其先叔祖耳山朝海陵詩彙一書未及梓行而公歿哲嗣藹人珍藏待梓有年筱隱又復留心蒐輯得詩若干首皆集中所未備者另繕一冊顔曰詩彙補遺將梓以問世而乞叙言於余余謂補遺者補詩彙之遺也未見詩彙而先叙補遺甚非謂也筱隱曰不然子不聞文見於此而義注於彼乎泰州志乘殘缺有志纂修者徵文攷獻舍詩彙其奚從無如卷帙浩繁猝難集事吾擇其易為者為之俾覽者嘗鼎一臠窺豹一斑庶乎飲水思源耳近年以來兵氛寖熄弦誦如常假而吾鄉有好義者出焉謂此前輩某之撰述不可以終晦也當起而贊成之又假而吾族有解事者出焉謂此高曾某之手澤不可以久淹也當起而繼述之夫龍文之鼎百斛無力者望而却走有難于負之而趍矣則夫五十餘年有志未逮之舉安知不藏事於旦夕間乎此補遺之刻所以為詩彙之嚆矢也是何難叙之有余應之曰善遂叙而歸之

同治八年歲在己巳長至日 弟趙瑜拜撰

國朝海陵詩彙補遺

里人鄒應庚蓀隱輯

宮鴻營字東表廩監生著涉園集

淮堤謠

淮堤坦坦淮水湯湯不入於海灌我下鄉 坦坦淮堤奔濤不遏冬來築夏來決 天高可登猛虎可制一泓淮水不可治

陳忠耿原名瑶笈字丹文康熙壬子科副貢生

壬戌孟冬巢民先生招同諸名賢四十九人為海陵讌集

標置龍門逸興賒頻年結納在天涯波濤學海驚春蟄馳驟騷壇起夕霞社集蘭亭傾緑蟻堂開會老進胡麻相將永日稱良晤遮莫題詩擁碧紗

韓敏字遜之一字公遜歲貢生

題因樹樓

重結高楼傍水限知君不為燕遊來白雲自昔藏烟水紅杏於今覆綉苔感歎舊姿怜手澤徘徊絳幔付塵埃登臨此日誠堪賞為想音容不再回

俞焯字餘齋康熙辛卯科舉人官江西婁縣教諭

飛鴻堂梅花

飭新門徑古槎枒烟郭爭喧赴看花有客再來尋舊隱此堂比昔更紛華飛鴻靖老春猶在放鶴風高興正賒聞說主人能大雅遍教佳句入籠紗

榮落風前歷幾家緑鬟相倚寂無譁態疑仙蛻珊珊骨色淡春空冉冉霞一道盤根通地脉雙柯索笑慰天涯玉顔氷魄分明是東閣當年未較差

錢青選字大樽號漢儀

春郊遊望

野岸風微日已曛江梅江柳鬥繽紛花扶綺轂迷紅袖酒傍金樽泥翠裙水郭漲添新霽雨山家路轉欲生雲春光到處勾留著薄暮流鶯樹樹聞

丁龍受字田來

聞黃仙裳入都喜而有賦即為贈別

廿載才名達帝京而今攬勝愜心情冀方俄見空群馬上苑新傳出谷鶯豈有悲歌仍聽筑每多盟好共班荊看君一躍飛騰去却羨登仙是此行

寄家漢公白門

朝天宮内羽仙家詞客閒行衣帶霞前代風流賞不盡留君獨看海棠花

張　宸字石村諸生

謝先生西臺

何事登臨客空山有哭聲風塵皆變色天地竟無情竹石歌俱碎江流恨不平高臺淩碧漢千古共崢嶸

繆　鍪字彭巖

謁駱賓王墓用郜公木韻

郊原衰草浸荒烟想見英魂氣浩然地下儻逢徐敬業潑天遺恨滿崇川

天海無能接斷橋行吟澤畔恨迢遥詩魂應共青山化我欲提壺試一招

凌　鸞字青鸞監生江都鄧立誠云青鸞先生明僉都御史海樓公之後世居海陵後遷郡城博學工詩文惜其遺稿散佚

謁蕭孝子祠

母病竟不起雖生欲何為徬徨計無出俯仰惟自思夜半轉悽惻神明其鑒茲但願母疾愈捐軀復奚辭割股人已難披肝事更奇母病從此痊兒身從此危身危婦益苦逆情含哀悲詭言出餬口不令高堂知破涕遅成笑衰姑賴扶持孝節萃一門申報由有司以孝治天下旌表建專祠鬱鬱墓門松氷霜不改姿疎疎嶺頭梅芬芳會有時共此歲寒心令德垂無涯肅拜黯然去清風吹樹枝

湖上

春風蕩微波平湖暈深碧晴光上翠巒對此數晨夕灼灼林花紅皎皎山月白我本烟霞人膏肓在泉石少小困饑驅四方苦行役卅載始息肩一廛托安宅世網寗復嬰毋為腐鼠嚇年華悲逝水光陰如過客不樂尚奚疑古人已陳迹

秋夜登晴川閣

客思悲長夜登臨傍水濱樹凋山影瘦潭靜月痕新笛韻層樓出碪聲隔院親西風眠不得搖落感勞人

泰山墩懷古

海陵曾駐馬遺跡憶軍門廟自何年立兵從此地屯精靈歸華嶽忠孝澈乾坤破壁龍蛇舞依稀潑墨痕墩有岳武穆廟壁上手書刻石

村居

無多春色駐荒村片片飛花逐水痕幾處桑麻欣共語一蹊桃李靜無言庭前好鳥晴窺户簾外清溪綠到門最是江南二三月家家祈社賽雞豚

漂母祠

貴日千金易貧時一飯難淮陰終孟浪莫作報恩看

移家郡城

慚愧張公三十車無多書㡬感移居蓬頭椎髻相從去一帶平山好結廬

湖上三間對早梅一樽聊為此花開貧家莫漫愁沽酒問字偏多得得來

雷塘道中

欲訪雷塘墓有無阿麼何事幸江都中原民力真竭敝百尺迷樓役萬夫

跨海曾徵百道兵萬方鼎沸不聊生無端又下江都詔更造龍舟自在行

吴公台下憐幽草揚子江頭憶綠楊多少繁華都是夢莫教來夢感君王

隋堤楊柳故依依種樹償縑事轉非欲向荒原一憑眺夕陽西下暮烟微

陸與齡字夢九諸生著西渚集

報國寺松

何代遺蕭寺蒼涼衆木陰偶然移蜃市長自作山林鶴唳清霜薄龍蟠夜雨深後凋誰得似今古歲寒心

春宫詞

別院笙歌攪夢魂梅花樹底怨黄昏北枝未發南枝發一樣東風兩樣恩

吊顧雲娘墓
東郭西風不可聞淒涼杜弔石榴裙十年孤塚誰相
伴秋去秋來祇白雲

陸餞齡 字夢修號耆卿歲貢生

登狼山望左右諸峯
瀕江乱石何年長五山絡繹爭俯仰中峯巉絶任攀
躋聳身直逐飛鳥上哀壑驚湍流活活絶磴松濤風
莽莽西北雙巘小於拳天外培塿屹相向黃泥半壁
枕江流馬鞍一線開天掌劍脊綿亘接筠山淺水鱗
鱗見沙漲想見屯兵細柳營百年戰鼓消烟瘴大東

浴日望滄溟洞口灵光景清曠恍如置我日觀峯絨
翠雲霞紛萬狀憶昔三宿此山巔夜聽啼猿曉雞唱
江山回首方再來徒侶寥寥半凋喪朝來擬辦東山
屐峯巒遍歷瞻殊相豈知須洞起天風冷浸毛骨思
添纊灵境閟怪疑鬼物精誠默禱不予覞歷歷群峯
在眼前勝遊阻絶空惆悵

徐 碧 字繩祖號雪堂諸生

觀海
江漢滔滔水朝宗下海門東西浮日月俯仰合乾坤
浩蕩三山遠蒼茫萬古存偶來逢海若一看化鵬鵾

徐兆熊 字開齊號東濟

渡彩虹橋
潾潾断澗忽相通涉盡江風踏彩虹兩岸桃花春水
上一泓寒碧下蛟宫

黃 玠 字玠石閩人泰州籍

再過狼山
五狼山水自悠悠七年不向此重遊如今再到經行
處山色猶青我白頭

黃鸞和 字 諸生

浴沂亭
少女風當停午清快哉此樂廻難名凉從近水空中

起雲向遥山缺處生桃李乱陰浮茗椀芰荷香氣上
軒楹晚來一雨渾無寂無数池蛙不住聲

黃喬年 字息仙著靜香樓稿

冬夜過徐辰玉留飲因懷梅峯
快哉今夜酒又與素心揮話久深譙漏詩成倚竹扉
霜驚棲鳥夢寒逼旅人衣忽念遠遊子栖栖胡不歸

陸 禹 字碧人號伊亭監生

登狼山
矗矗中峰割曉昏憑虛小立靜無言心依古佛同僧

寂耳聽寒潮作雨喧香火三春烟徹漢松杉一路翠
迎門一年兩上崔巍地瞥目滄桑幾度翻

陸　進字岫帆號樵海諸生

秋日登狼山

秋山分外好霽日愛登臨一水劃吴楚五峯横古今
東南渺無際天地亦何心趺坐發長嘯商飈爽客襟

尤　澍字霖三諸生詩清新河雅於唐人學皮襲美陸魯望於宋學嚴滄浪劉後村其人其詩識為冥冥之鴻不求聞達者也時與繆湘芷俞太羹杜梅樹沈緝之諸公相友善著有古鐵齋詩集

對酒作

春寒苦逼人凍雲壓高柳生讀古人書虛窗對良友
園花分細香鳴泉咽清瀏曠馬生幽思呼童具樽酒
清聖濁賢心一斗復一斗山鳥弄清歌勸我莫停手
白眼看塵囂牀頭劍欲吼男兒當壯年青天数搔首

既醉作

人性本自在原無拘牽憂惜為名利擾逐生喜與愁
我生四十餘恥者為生謀但愛山水癖因之辞故邱
西湖舊名勝七載恣淹留朝對南山雲時或泛滄洲
坐卧酒一壺適意鄰鳬鷗烟波笑世人勞歴無時休
百年計未成倏忽嗟白頭一善何曾貽百謬相纏糾

叶早知塵事虛悔不逍遥遊欲得醉中趣渺焉安能
求

醉中吟

昨過長安道馳驅車馬塵豐臺芍藥開絡繹看榼陳
紫衣簇金鞍云是京洛人翩翩貴公子豪華邁等倫
今復過其里偶憇城東村村老坐相語指我識其門
昔者勢焰時來往皆王孫歌舞列仙樂綺席羅八珍
喧闐達昏旦少時安四鄰令且三年來非復如前春
人事中蕭條遺子黄河濱僧居舊大厦雞犬無相親
追憶在神京還變不逡巡何如村中叟守節耐清貧
飲我新熟酒餉我池中鱗陶然作醉歌濁富原非真

呈查初白先生

迂生伏里門蒼茫弄烟水蕭蕭荻蘆中唼唼鳬鷗裏
拍浮得酒船仰視天一紙漁笛送晚風田謳不成徵
誰令七字詩流傳三千里前來京國書先後到雙鯉
舊侶有南官同儕及繆子道公甚殷勤嗜痂不相鄙
遲我到輦下晉謁修容止廣樂聆鈞天一洗箏琵耳
是時長安道鱗翼紛譎詭公詩如鸞凰逌然獨軒起
緱山子晉笙良夜爭翹趾風水奏霓裳側聽宫牆李
爐錘百鍊鋼流溢成清泚持以斷蛟鼉那復計犀兕

年尼一串珠歛盡光芒煒渾含燭萬象逃遁皆顛委巴人下里歌仰企遑尺咫續聞近天顔夔樂揚休美幾見江湖人浪倒冠裳屣引分自知遥欲進先當恥荷公河海量頻頻問葭葦流光急迅波老至驚髮齒不識紫芝眉何以酬君子數聞公歸來雲天倏遠迩今來遊浙江扁舟方東指弭櫂錢江門悰緒蓬窗倚似聞長者駕欲往珠江涘急起促拏音整襟殊不揣迂生卧海濱疏拙知無似昔承秀水翁擘窠頒下士今來無他求乞公示詩旨歸家有寵榮得見靈光巋

湖上贈張奐歎時以浙帥抬至

人生蹤跡如浮萍東西浪走無定形往歲逢君公路浦相逢一笑先垂青今日杭州復相遇君作師儒我羈旅客中有此亦欣然頓覺湖山掃烟霧側聞大府多賓僚酒龍詩虎爭相高先生獨以粹德重温純至處非輕豪吾曹終歲空勞勞側身天地首頻搔春風看得西南路但覺青青草似袍

贈閻君詠

尊公考据成專家想見精力專五車揭來遺君湖上路爛然眸子軒晨霞手著異書凡幾卷趨庭恐復陳紛葩綿津開府今不見誰其識此真騮驊澌江大府真儒望泰山喬嶽爭嵱岈風雲吐納日千萬君其踴躍無咨嗟負書自古有劉勰休文能不慧齒牙我亦留心在典籍道路奔走成風花叢殘不知何日理期君相與重披沙

偕查可亭渡江詩呈一笑

高帆一挂船鼓檝船頭船尾皆浪花鳧鷺滅沒雪鷗舞雜樹奔走山槎枒我時酒醉方麻茶但聽風聲刮窗紗天低地昂信軒簸鯨呿鰲擲從紛拏迷茫小夢到鄉國似是稻隴兼桑麻犖犖确确田頭車翻銀潑乳聲喧嘩俄然驚覺成一笑孤身仍在荒江涯

司馬温公書家人卦摩崖石刻

秋風放槳西湖遊湖中烟水明清秋畫船但識簫鼓樂誰能領略真銀鈎煌煌温公正書留萬年家國誠良謀徽欽不返家孰正而今巉巖含其羞誰與刻者摹真迹正氣凜凜藏精道當日洛蜀苦分党門户堅峙言紛糾叶老臣深陳嘻嗃戒此意豈復知比周後人不察有深意但以人重工鐫鏤高廟南渡勢不振康侯意激傳春秋安知事在神宗世履霜堅冰餘深憂摩挲三歎不獲已聊書感慨留山陬

湯溪署中得初白先生手書

鳳凰自在千仞翱，不與百羽為同曹。閒鷗泊泊飛近渚，乃得矯首窺其毛。釣天雅奏雲中璈，豈容桴鼓相嗷嘈。游魚偶然出水聽，乃知跋浪翻波濤。他山先生人中豪，許我得作查浦遨。歸來三日恍若失，牧馬不敢窺臨洮。湯溪雪大水盈濠，朶雲飛墮官紙桃。河海不自以為大，山嶽真欲忘其高。臨風載拜使者勞，雄誦爭看驚同袍。此行辛苦殊不負，歸裝足壯春風舠。近聞鶱鶴鳴九皋，珠江一水流滔滔。海南江北一悵望，桑榆何日隨鞬櫜。

秋雲

輕薄雲情幻，秋空不肯閒。乍晴仍乍雨，飛去復飛還。蔽日風能掃，為山石不頑。何時三素見，一洗萬方艱。

枕上

枕上聽寒滴，秋宵不肯明。那堪催斷雁，况是帶殘更。一夜千鬚白，孤城百感生。天涯多旅客，各有故鄉情。

與張魯瞻沈彬儒坐話

久客鄉音變，非君竟不知。忽看花上露，已似鬢邊絲。鼎鼎華年過，堂堂白日馳。天涯芳草意，前路更何之。

懷傅藍植

別客滄波外，霜飛三易秋。吳山青照几，宣髮白盈頭。

十二

老入詩才健，貧知士節遒。故人家海上，千里夢同游。

次韻答黃石閭舅氏

金臺分手客西湖，七載淹留一劍孤。丱角兒童看老大，華嚴境界識虛無。身閒贏得鄉愁重，鄰近新多酒債逋。花月尋常皆是友，浮雲原不礙微軀。

繆湘芷及第

江左才名十五賢，鏗金戛玉已多年。但知騏驥行千里，忽作鸞凰上九天。堤柳記聞風笛響，宮花簪自御筵前。傳聞此會逢開宴，不獨詩豪亦酒仙。

山翠樓

山翠樓前翠作堆，青山匼匝水縈洄。亭亭塔是六和好，面面窗教八扇開。修竹連雲橫嶺斷，急風吹雨渡江來。騷人鎮日無餘事，唤取金樽注玉醅。

子陵釣臺

一路青山叫畫眉，先生今尚祀崇祠。功名不作雲台想，心事惟應水鳥知。七里灘聲環竹樹，百尋山色峭階墀。劇憐蓑笠寒江叟，但向風前弄釣絲。

龍井寺晤訥菴

一片空山曉霧遮，振衣盤折訪僧伽。春深到處聞啼鳥，樹密高原罷采茶。冷座泉飛龍迹杳，清談日送竹

十三

陰斜群賢自昔遺芳躅石上詩封薜荔花

過溪亭

過溪亭子留名久我到溪邊亭已無断碣苔生茅屋漏長松雲卧定僧孤樵歸澗路聞芝朮人静荒岡起兔狐前代清才餘想像畫船徒為説西湖

理安寺

理安寺在萬松間只見蒼松鬱翠顔路轉方知楼角峻人來頓覺市心閒纖塵不到清宜佛淨土端須達在山幾日笙歌叢裏鬧片時來聽鳥關關

送張鶴耕之桐江

知君明日桐江去且辦今朝葛嶺遊淺碧三分浮酒盞輕珠一串轉歌喉摇摇越舫烟中路點點吳霜鬢上秋咫尺便成千里别我將乘興海東頭

剡中

晚年浪跡似飛鴻直看名山入剡中客緒已如雲意散鄉音難得故人同千家小屋層巒住幾日新霜雜樹紅遥想當時風雪夜便從此水櫂孤蓬

送申錫東遊時余亦將南行

幾日湖干烏帽斜君尋台蕩我金華重重竹樹須嚴瀨步步江山羡永嘉千里有書還付雁三年此路更離家何緣但向杭州住日狎烟波泛釣槎

海樹置酒

風日清和人澹山桃花開過鳥聲蠻故應勝地壺觴澹難得先生薄領閒柳陌征人行欲返蘭亭内史喜初還詩成咳唾皆珠玉高會他年記此間

江行

巨魚跋浪見銀鱗野水浮空似玉津作箇漁翁無限好富春江上日垂綸

石壁臨江峭欲飛藤蘿風裏弄斜暉好山半不知名字絶似江南燕子磯

面面青山簇似堆白雲微起鬱崔嵬纔看一箇山頭暗驟雨飄風捲地來

秋山道中

採蕺山高天半横鏡湖秋水一波平烟雲百態能相媚日日山陰道上行

紅樹蒼崖間幾重人家時被白雲封連天盡是稽山雨何處蘭亭寺裏鐘

宫二酉字大山號侶耕增生

九日登烟雨楼

又佩茱萸眺遠村一樓烟雨正黄昏樹浮海氣潛通

郭風捲秋陰直到門籬下花開爭晚節林端木落見霜痕牢騷不為征鴻動已辦燒燈對酒樽

張　星字鐵橋

過某氏荒園有感

風流江左舊官衙無復當年鬥麗華燕子還來認簾幙玉人何處抱琵琶苔封石磴餘芳草擸枕荒隄但落花歌板畫圖都省識幾回憑弔夕陽斜

送霞亭空侗之白門

秋山秋水正秋新絶妙金陵畫未真披上薜蘿衫子去一船明月兩詩人

施雲標字井亭諸生

梅魂

依稀何處著香魂是也非耶遠近村處士墳边春動影美人林下夜開門夢回紙帳空餘想月落水衫但有痕付與東皇銷不盡珮聲隱隱在黃昏

王方徽字正音號留村諸生

海東修禊

鶯聲喚我出柴関舟放南梁水一灣修禊俱臨東海曲置身如在永和間花因勝地頻開落鳥與吟人共往還料得春風能做主不將烟景讓平山

沈　堅字鉄麓諸生

落葉和韻

十月嚴霜重疎林葉盡凋籬根看疊疊檐角聽蕭蕭帶雨高低墮隨風歷亂飄歸僧迷石徑淨掃倩山樵

黃之嫂字浴光號汝溪

九日同人西岡登眺

九日無花草好節尋秋有伴一憑高酒因歲歉沽來薄詩為愁多興不豪到眼風塵迷古道關心桂玉笑吾曹支笻徙倚郊原外蜿蜒斜陽感鬢毛

黃成媄字俊民號卓峯

梅花

彎環蒼勁隱疎籬春色尋來路委蛇消息還須容我訪好香莫付水雲持

袁來堅字霞亭

南濠夜望

野火起空潭清虛接蔚藍疎鐘敲落日孤犬吠荒庵細碎螢光亂蒼茫海氣涵涼侵羅袂薄詩骨倩誰擔

俞詠圯字石洲

初夏即事

送得春歸我倦遊閉関聊狎水邊鷗蠶桑事了將梅

雨櫻筍時過已麥秋海燕引雛雛畫閣庭柯分緑上書楼青蒲安得鋩如劍割斷人間細碎愁

孫大年字香社

江上雪

大雪乾坤老空江冷趣多魚龍驚晚歳珠玉媚寒波迴棹迷銀海推蓬失翠螺急須謀一醉未惜典漁蓑

葛維煦字鶴汀乾隆癸酉拔貢生

園椒墩移居

平生心醉素心人正好移居接比鄰巧合香山詩七字緑楊宜作兩家春

沈成渭字午橋乾隆癸卯舉人乙卯進士官安徽府教授

丙寅重九日家弟舫西招飲紫陽書院酬贈

秋風枯生客情傷聞説招遊喜欲狂千里知心三兩輩十年浪迹九重陽嵐光乍霽猶含霧樹影紛披漸染霜籬菊幾枝開正好居然山館有清香

天涯兄弟篤宗盟況復張筵集友生仲叔清才神淡遠謂閬玉撫先生士龍逸興氣縱横謂陸淡安先生登高強步抛筇杖豪飲傾尊鬥酒兵最喜酡顔人盡健明年此日共餐英

姪女孫佩華于歸陳生晋元書此以示

夫婿翩翩具雋才子昂端不困蒿萊蛟龍得雨尋常事定有珈笄到鏡台

沈謙字君捣乾隆癸卯甲辰聯捷進士官浙江羅源知縣

五華山館夜雨

孤館連宵雨羇人萬里愁昆明湖水滿不得下江州

虞步廣字滙遠號星塘詩格高渾不落宋元與懷寧韓劍泉儀徵汪筱漁相友善皆為江寧凌芝泉及門

隴頭行

隴頭之水流湯湯行人到此摧肝腸夜寒羌笛落明月三更水凍天飛霜人間到處有流水偏是隴頭愁

入耳朝朝洗馬畏水渾一照愁顔心欲死頻年不盡長鳴咽怒觸崎嶇九迴折征人淚枯水不乾関山有夢飛難越昨聞令下斬楼蘭來朝試洗金創血

秋思

月色緑窗紗重重樹影遮新凉一聲笛殘醉半簾花玉鴨噴香細金猊壓枕斜紅牆幽夢遠惆悵美人家

東溝守風

日冷寒生骨風狂怒激波黑雲連水起白浪打船過山市沽應遠江豚拜更多平生飛舞態奈此石尤何

别友人

江上青山草木凋江楼送客雨瀟瀟今宵酒醒知何處一片秋聲咽暮潮

高　銘字曼亭號文子嘉慶癸酉拔貢官河南淇縣知縣

和京江女史鮑浣雲詠虞美人花原韻

踈籬一角秋雲薄掩映繁花綺交錯貞姬誼不事二天不敢駢持吐秀萼當年狼藉委花鈿秋風帳外埋嬋娟千年怨魂迷烟雨猶和楚歌作楚舞江東何日再歸來紅淚闌干濕坏土

醉後作和王左亭韻

紫朱皂白蒼黃赤造化小兒神不測美人魂化湘江

雲思語幽修呵石壁相如四壁尤蕭條子雲亭子生蓬蒿三徑歸來彭澤陶東籬角挂酒一瓢酒酣面壁作五噫聊對釵痕出酒氣問天難問辞空費

和夏紅舫春柳

雜花生樹亂鶯飛獨向風前弔落暉濃緑暗迷沙上路薄寒清透酒人衣六朝柱自傳金縷一色依然拂翠旂莫向漢南頻極目年年春意遍郊畿

題杜工部遺像

寂寞秋江淚暗傾苦搔白首望昇平眉端幾許憂時意不為耽吟作瘦生

内府圖形遺畫師開元才子漢官儀當年賓客多相忌却荷千秋聖主知

徐淑秀號昭陽遺子南渡時宫人後為邰某室

淮陰道中

昭陽遺子謫人間曾列龍楼第一班楊柳折來風雨夜芙蓉分得水雲顏不知世上無金屋猶夢台前賜玉環薄命今生遙集處傷心何地可容閒

張　粲字陳影江甯人農部許承欽遼室僑居泰州著適燕吟王春圃云陳影秀眉目鬒髮玉膚性慧而靜年十五歸農部未解吟咏農部誨以音律旬日遂能中程度年十八而歿

七夕懷武陵諸姊妹

烏鵲橋邊夜度秋穿針記共上高楼那知萬里銀河水瀉入南天盡是愁

晚春

春事闌珊鎮日陰客中消盡斷腸吟妾心正是檐邊柳不遇東風恨不深

張貽鶴字揄華

秋露

冷凝仙掌三更月清沁銅盤一味凉草木餘芳能幾日莫教容易變為霜

田貞姑字釆蘋幼字仲雲江先生子蓉賓蓉賓未婚而殞姑矢志不移先生嘉其志為立嗣

馬

二十初度

二十年來恍惚過年年奈病奈愁何今朝又到生予日添得綃巾淚點多

窗紙楞楞厭曉暉起來新換白蕉衣徘徊幾度遲重生瓶内葵花較我肥

杯酒親澆忍淚痕生難通語死何言盈盈三寸玻璃盞猶記當初手自捫

玉樣兒承膝下歡嘻嘻倩我整衣冠滿頭却把榴花插博得白頭人笑看

張阿品字桂仙亦字品秋儲夢熊簉室

榆錢

庭有高榆樹青青綴古錢東風留幾箇買住晚春天

聽蛩

細語吟成露氣清空階月照聽聲聲淒涼人生殘更後無限離懷一夜生

天竹

誰家庭院綴玲瓏萬顆圓勻點碧叢自是淇園留別種珊瑚七尺碎猩紅

海陵詩徵

（清）夏荃 輯

《海陵詩徵》十卷，清夏荃輯，據南京圖書館藏鈔本影印。

夏荃有《退庵筆記》，已著録。

本書自方志、別集、總集、時人來稿中，按朝代輯録宋元以下泰州作者或流寓於此的詩人作品，詩人有事迹可考的皆附傳。按宋、元、明、國朝、流寓編排。始於宋代查道。所收各家均有小傳。揚州市圖書館所藏鈔本爲殘本，存卷一宋元、卷十二清、卷十四閨秀、卷十六流寓，共四册。揚圖藏本與本書十卷本内容相同，但分卷與編排體例，有所不同。如十卷本各卷卷首先著録作者目録，附其科名；十六卷本則注明各人收録詩作之文獻來源及數量。

（顧　聲）

海陵詩徵目錄

海陵詩徵　目錄　七

仲蓮慶 江蘇詩徵五首
仲根宜 來稿選十一首 江蘇詩徵一首
仲根宣 又二首 又二首
趙箋霞 辟塵軒詩鈔選八首 江蘇詩徵一首
洪鄉蘭 來稿選四首 又一首
仲貽鑾 來稿選五首
張貽鶴 又一首

卷九 流寓

許承欽 詩觀初集選廿六首
呂　潛 感舊集選一首 又四首 又二集選五首
費　密 詩觀初集選四首 感舊集廿一首 詩持二集選二首 二集選二首
黃　逵 黃儀通詩選廿三首
戴勝徵 淮海英靈集選二首 石梓詩鈔選九首
園　鴻 詩觀三集二首 淮海英靈集三首
佘儀曾 詩槩選十八首 詩觀三集四首 詩觀初集一首
何　鐵 詩觀初集二首
王　雅 詩最二集選十一首

卷十 流寓

姚諲昉 詩觀初集六首 三集五首
園　昇 清詩大雅選九首 山水清音集選五首

海陵詩徵　目錄　八

於　震 江表英靈集十八首 冰玉集選廿五首
徐步雲 饗餘詩鈔選十四首
園維墉 小畫山房詩鈔廿八首
園維堅 芸香詩鈔選二首
徐　觀 春柳吟一首 又三首
徐鳴珂 研北花南吟草選卅六首

海陵詩徵卷一 宋元

里人夏荃退庵甫輯

查道

登岱

凌空疊嶂絶凡埃，青帝高居絳節開。捧出海天紅日近，迎將蓬島碧霞來。石閭閃爍迎陽洞，玉簡光華封禪臺。一自祥符禋祀後，太平頂上最崔嵬。泰安縣志

胡瑗字翼之

石壁并序

余嘗覽李翰林題涇川汪倫別業二章，其詞俊逸，欲屬和之。今十月自新安歷旌德而仙尉會公望同遊石壁，蓋勝境也。奇峯對聳，清溪中流，路出半峯，佳秀可愛。傳聞漸建汪公所居不遠，掩映溪岫，率類于此。且欲尋訪，迫暮不獲，因思旌川即涇川接境也，而幽勝過之；汪公亦倫之別派也，而儒雅勝之。豈可使諷詠不及于古乎？輒成一首，題于汪公屋壁，雖不及藻飾佳境，比肩英流，庶俾謫仙之詩不獨專美矣。

李白好溪山，浩蕩旌川遊。題詩汪氏壁，聲動桃花洲。英辭逸興繼爾來，三百秋。汪公亦蕃衍，宗支冠南州。其間新建居林泉，最清幽。竹聲滿道院，山光入書樓。仙氣既飄飄，儒風亦悠悠。子孫多俊異，詞行咸精修。我來至石壁，賞之不能休。酣味碧溪水，苦飲黃金甌。因羨汪君居，復思汪君投。過景清興發，浩與天雲浮。斐章異繡段，灑翰非銀鉤。庶與謫仙詩，千古同風流。宋詩紀事

胡志寧字安定先生子慶 歷進士官永州知州

遊廣福寺

蘭若幽深與世違酒闌重口未斜暉藍輿繞入花邊路布衲趨迎竹下扉清籟敲風和梵奏獨棍籠榻漲煙霏吟欄倚遍詩成處不覺金蓮映月輝東皋詩存

周孟陽字春卿

題招提院靜照堂

羨師遺世網舊隱啟新堂月白秋庭小風清書磬長

遊輕勢利歸夢在滄浪滿篋朝賢句孤雲出帝鄉

遊徑山句

地高多與風雲會天近常爲日月鄰宋詩紀事

曹　輔

東坡詩集卷二十七送曹輔赴閩漕詩施元之注云曹輔字子方海陵人元豐間爲鄜延路經畧司當公事後提點廣西刑獄時元祐黨禍諸賢多在延内子方周恤備至士論與之詩紀事曹輔字子方華州人登嘉祐八年乙科提點廣南西路刑獄福建轉運使朝奉郎司勳郎中號靜常先生書學紀聞攷跋曹子方書以爲祐陵時上書論時事靖康至樞筦愚謂有兩曹輔其一字子方與蘇黃游若論事爲樞筦者字載德龜山爲銘合爲一人非也全祖望注云曹子方海陵人東坡有送之閩漕詩其爲樞筦者則與龜山同里　案宋詩紀事所載字子方官廣西路提刑福建轉運使曹輔字爵老與施注合其爲海陵人無疑樊榭作華州人誤矣說具退庵筆記且輔詩有游劉道人巖絕句見粵西詩載乃官廣西提刑時所作亦一證也

次韻无咎戲贈兼呈同舍諸公

少年落魄走四方看山聽水興難忘深林誰復知孤芳
十載江湖稱漫郎紫溪風月幽思長綠水如鏡煙蒼蒼
追隨豪儁多清狂春風爛醉眉山堂下瞰羣峰聳如槍
吳儂棹歌笛靈羌攀蘿捫壁疲獲藏經的選勝行齎糧
客兒經臺倚高岡共卧明月吟胡牀投身忽落崑崙傍
征西萬馬隨騰驤官軍夜半填賊隍食盡師老催歸裝
將軍數奇漫鷹揚斬捕不能酬失亡曲突徙薪語莫償
幕中病客非智囊扁舟東猶憶吳鄉兒侯平日丈人行
生駒令始見驌驦伯樂一盼過老商恐是稟質蒼龍房
尤工吳語放降王叔敖抵掌對燭光秋英落盡金鈿黃
玉甕浮春醅潑香九天廣樂來新涼笑談聊此共一觴

天街六翮將翱翔正值羿彀遊中央我老委翅無復望
洞庭橘熟千林霜行當拂衣解銀章買取百花洲畔莊
世外日月何曾忙翛然一室生吉祥車馬還能過我牆
夜具茗飲與柘漿更看君詩雲錦張

上祖擇之龍學

此生飄泊任乾坤南北東西豈更論萬里欲封防塞土
十年重到李膺門少驚人事時千變盡付羈愁酒一樽
主上思賢厚風俗如公終未老邱園

題白氏莊 白序字聖均自言白侍郎之後有莊在樊川

浮雲萬態變朝昏疊嶂尋常翠滿門錦里先生多勝事
香山居士有賢孫春風樓閣閒棊響晚雨池塘見屐痕
寄謝世間無此樂起予歸興憶江村

松江亭

塵路長迷眼江亭一散襟始驚天地闊更覺水雲深點
點鷺鷗影疎疎橘柚林扁舟他日興誰共此登臨

遊劉道人巖

故老能將舊事傳仙翁蹤跡尚依然方知物外壺中景
隱隱煙霞有洞天 宋詩紀事

王俊乂字堯明觀從子

擷蘭爲窗友題

晨興涉蘭澤，駕言思采芳。淒淒歲云暮，白露霑我裳。及時不釆佩，恐隨蕭艾黄。相求在同氣，孰謂盈傾筐。□醒去以遠，清風激沅湘。州志

查許國字匪躬

鳴弦峯在吳州南，虞舜南巡撫琴于此

木葉蕭蕭江水清，幅巾藜杖遶山行。忽然行到山深處，聽得鳴弦一兩聲。宋詩紀事

周麟之泰州志麟之字茂振敬述五世孫紹興十五年進士以中博學宏詞第一教授宣州不赴授太學錄尋擢中書舍人倅徽州明年召對授著作兼禮部郎翰林學士使金主為殊禮厚遺還上嘉美之除權吏部銓綜無失嘗陳利害四事其於糾姦繩吏尤切上從容曰卿在銓曹效力巨細必聞由是眷顧愈厚是秋拜同知樞密院明年夏虜遣都復銜命往賀未陛辭會天申節慶使至持嫚書且索兩淮襄漢地中外忿之麟之因奏猾虜意可卜宜練甲申儆使不當遣上曰卿言是也彼將割地何以應之對曰講信之始分封畫圻應有載書顧出以示請將自塞使者果無語麟之又上疏極諍語急切謫祕監分司南京居瑞州孝宗帝復故官麟之有疾請復左中大夫尋卒年四十七麟之學識宏富為辭令得體外制千餘篇名海陵周公文集 欽定四庫全書提要海陵集二十三卷外集一卷宋周麟之撰其子準編麟之以文章任侍從致位通顯與王珪略同故此集制誥居大半吐屬雅贍亦與珪相近其外集則使金來往所作與珪之不出國門差異

呈伯父元仲

我伯氣吐虹貫日干文光胸中有和璞發揮見文章筆
追羲獻風叫壓曹劉牆平生冥鴻心孰得窺行藏人間
富貴味掩口不一嘗方朔飢欲死次公醒而狂方寸不
受折養此百鍊鋼江湖五十年飄飄曳征裳晚歲一區
宅欲並幽林塘浙東山水窟選勝方徜徉蘭溪得佳致
行築鍾山堂自念世途險機穽寧易防俛首吾不能高
卧庸何傷貧賤苟自得麰糗皆膏粱願言守此志鵬鷃
聊相忘

干戈十年餘荏苒百憂至誰憐齒未壯遽失綵衣戲捫
心天不聞空下千斛淚藐然一星孤未忍隨以逝兩壟
新松楸壓生舊聲悅柰此愁絕何況復形夢寐蕭蕭風
樹悲此恨豈有既念昔髫齔中從公識奇字一從江淮
別歲月不復記公尋武夷春我友頤山桂比來忽相見
再拜只流涕恩恩說情話恍若已隔世先人有遺經夙
夜馬敢墜餘生倘未殞肯負平日志但恨不及親臨風
一歔欷

寄伯父元舉

我家百夠門族望甲鄉國堂堂六世祖名在碧落籍人
曰吾故侯善政尤古昔後世聯簪纓北原蔭榆柏里居

百餘年世出二千石當時叢桂中鳴珂動城陌變故忽
相仍流蕩兵火厄一經焚刦遺故里半荊棘奔騰塵壒
昏逃避天地窄十年湖山游幸不死鋒鏑朝穿雲麓青
夜釣月溪白口闞度陽九闔室僅安適遽嬰風樹悲呼
天淚橫臆陂陀東龍岡悵望隔宅岁先塋在陽羨東龍山故鄉渺
歸期異縣悲久客北轅吾不能遼絕江海隔思我伯父
賢一別幾更歷寇至獨不去巍坐空四壁高標揖夷齊
九死出焚溺居為一鄉望後學所矜式泮水修復初儒
盟首閒席我獨隨風蓬孤陋阻規益明年秋鴻飛槐花
動行色庶遂升堂拜情話輸悃愊詩成喜不寐興逐飛

天翼

辛酉大雪戲成十詩以千山鳥飛絶萬徑人蹤滅為韻

北風夜捲地凍雲曉黏天黄竹歌未終飛霰集我前森羅崑山墳零亂淮夷蠙縛賊懸鄒城安得兵三千

跨驢遊灞橋策馬阻藍關詩人自清苦逐客當何還我獨擁被禱高卧環堵閒黄精已無苗斸雪思舊山

桂松亦華顛丸石背玉表造物不作難夜半月出皎書窗互照映甕牖鷩易曉舉頭忽彌望萬里絶飛鳥

複帳藏香篝綺席羅妓圍馬知華門子清啖袖鵝衣臘

白三日寒遽使畫掩扉愁思已如許共作風絮飛

舊聞沙漠寒磧鹵一天雪誰憐牧羝人白首持漢節朝廷北顧憂歲晚不忍説寄言上林雁何事音信絶

堆盤水晶鹽翻匙雲子飯年年六出花不必以獻瑞浪言平地尺貧亦非所願愁無儋石儲安敢擲百萬

林梢宿鵲飛未覺煙樹暝瀟瀟打窗聲慣向雲屋聽冰結積已深風收舞初定凌晨出門喜折屐印樵徑

吾無千金裘為博貂米春牀頭臘甕熟漉以淵明巾飲少瓢至醉醉眼迷天根衢寒望南巷不見披氅人

千騎射獵軍一簑垂釣翁寒江與曠野得意應無窮頗我俱未暇緩步聊倚筇惜此連璐白涴以雞犬蹤

拂衣珠唾飛撼樹縞裙裂衣延簷索梅笑敧枕聽竹折念此積雪寒憂世心逾切夜分耿不寐風燈半明滅

憂旱

老農病旱如膏肓汲井灌秧秧已黄湖田半作龜兆坼河渠斷道不可航救旱不必焚巫尩當去民害烹宏羊嗟哉銷變此不務龍川佛舍徒祈禳中興天子食不□側身感天天與祥霈然坐待三尺雨擬賦雲漢歌宣王

雙投酒

君不見白玉壺中瓊液白避暑一杯冰雪敵只今名冠

萬錢廚此法妙絶天下無又不見九重春色薔薇露君王自酌觴金母味涵椒桂光濯泉御方不許人間御向來我作金門客不假釀花並漬核日日公堂給上尊時時帝所分餘瀝一朝釋佩投江村卻訪田家老瓦盆道院母泉灰腳重官爐玉友糟頭渾有酒如此寧不飲但賦獨醒招楚魂錦溪昨夜秋風入梧葉雨殘溪水急呼奴為我挽飛流滌瓮燎薪炊玉粒奴言斯釀良未宜此間寒燠來無時雙投舊法酒經載令馬可試君無疑初觀白醑寒漿溜再加麴米成重醇色如竹葉照人明香似蘭英和露透妾挐一笑醆斝空所恨無多纔數斗嗟

予性與禮法俱況此掃車甘窮居宵學鴟夷隨後車不煩騎驢驥子扶馬用附缶歌烏烏一觴一詠聊自娛

呈郫人李簽判

錦江煙水春茫茫錦城遊宴歌舞狂酒酣緩轡蹋花去尚說當年先侍郎吾家本郫人先侍郎仕蜀日芙蓉堂詩有蹋花歸去馬蹄香之句後來遊宦家因徙子孫不復歸桑梓世居淮海二百年路隔關山七千里敵兵南下風塵昏衣冠渡江黃屋奔淮鄉幾作邊戍地叢桂舊地無一存海陵舊居名叢桂坊我從避亂無定所見君襟韻真謫仙往來遊戲壺中天眷言我祖梅花塢釣月眠雲拉巢許爾來又卜南郭居自笑飄萍

舊同閑邂逅笑語心豁然平生行李遍方外南逾五嶺入蒼翠脫韉未屈力士手探囊已壓奚奴背為歎干戈何日休浮家泛宅江海遊丹砂鍊就葛洪鼎茶竈行隨魯望舟天涯一見傾蓋舊青城猿鶴知存否會當叱馭過邛郫相從卻飲郫筒酒

送台道人

我祖來從錦江曲尚憶郫筒醉春淥輕衫拂石蹋花歸近傍青城結茅屋余家本郫人先侍郎仕孟蜀王為翰林學士有拂石生來山袖冷蹋花歸去馬蹄香之句傳于世嘗隱居青城山子孫散作淮海居奕葉英風凜相續不惟叢桂競傳芳時有高人吏趨俗余家登科者二十餘人海陵號所居為叢桂坊或隨羽化附青蛇伯父遇呂公年未冠尸解或避詔徵稱赤局伯祖得道宣和間累詔不起封守靜處士自稱上天赤局左僕射我生本是林泉人失腳塵中困羈束每逢蜀士話維桑便欲攜節訪前躅道人家世出巴西萬里江山見眉目笑施砭石起膏肓坐察形神窮倚伏我席為門君荷旃相見忘情謝榮辱幽香小鼎暮煙橫濁酒一杯春蟻綠此身多病經百罹只合紉蘭與餐菊休論燕頷覓封侯莫說鳶肩騰太速我有風懷酒問君何時一飽顏公粥今日君行跨奔鹿欲下鷲洲穿柳谷他年願結白雲期與君同看金峯鵠

與蘇州守十詩以兵衛森畫戟畫寢凝清香為韻

吳山濯濯煙鬟清湖水練練光遶城城中主人目如電爽氣坐納山水清千門鳴絃夜月靜四野垂穎秋月平試占古語詠侯德一賢可當百萬兵

蘇臺屹立層霄裏環望水雲三百里十年草綠春城荒麋鹿肆遊歌舞地公來一顧百物新華屋下蟠煙霧翠正須滿意事登臨早晚中臺拜英衛

館娃宮院秋沈沈採香芳徑花委金吳王舊事久寂寞口地猶懷千古心黃堂高興動罇俎三百畫橋絲管音吳儂但識嘗會樂那知繞屋棠陰森

城西連拖楓橋夜城東樓軸閶門下細聽來往棹歌聲

一一歌呼頌仁化爾知德政並龔黄我慕風流到王謝
會當臨景賦新詩寫得吳中有新畫
洞庭雨斷兼天碧松月江明波動色翦橘霜色照座黄
鱠鱸雪縷堆盤白秋到湖山最佳處此景付公天不惜
英名自是龍驤家更待高閣立幡戟
相門舊列名臣傳挺挺遺風眼中見遠覽初褰賈父帷
仁風已滿袁宏扇坐看詔璽天邊來袖章入對金鑾殿
好追樂事醉昇平日奉宸遊玉津宴
一方靜治民安枕天子英明用人審慈厚薰然布帛溫
威明皎若冰霜凛斡旋妙手經畫餘貫朽如山粟塡廪

海陵詩徵 卷一 十五

禁闥還容汲直歸淮南定報姦謀寢
六飛南駐開陪京朝廷恃此爲金城元侯卧護股肱郡
去天尺百日月明誰憐遊子歲一過欲往不得如流萍
今日西風要留客好山橫道煙光凝
青衫飄泊江海生十年蓬底載我行每逢勝地一長望
江山舉目難爲情登樓幾作仲宣賦在野猶帶棠林經
邇來困甚幾執熱顧馬一濯秋風清
蓋公論詔齊相堂穆生酌醴元王觴古人好士乃如此
名重千載尊而光我公風度冠今昔龍門冠蓋春雲翔
微才詎敢充旨味藥籠庶容芝桂香

中原民謠 并序

紹興己卯冬予被命出使長至後三日入北界留燕京浹旬明年人日復渡淮而歸時北人咸謂彼主不道汰虐已甚頗頗以殺人爲嬉方且竭財力事土木又將欲色舉南夏并吞八荒曾不知覆亡之無日始予聞之駭且懼未敢盡信其說及往返中原數千里觀人心之向背測天理之逆順考事物之廢興得之謳吟者蓋不一而足何其慨然思舊德之深望王師之切也然則聖天子中興恢復疆土綏靖宇內兆已著矣北敵其能久乎於是因所聞見論次其事隱括其辭爲中原民謠十首庶乎如古所謂抒下情通諷諭宣上德廣風化者異時太史采詩或可以備樂府之闕云

海陵詩徵 卷一 十六

燕京小

予次汴京聞敵欲遷都于汴起諸路夫八十萬增築城闕脩飾宮殿至以宣德門爲小而易之展東御廊侵民居五十步令下之日老壯悲憤至有號泣者及渡河而北見遊童歌曰燕京小南京大修蓋了康王坐金以汴為南京所

過諸郡不謀同辭洎至燕則其宮闕壯麗延亙阡陌上切霄漢雖秦阿房漢建章不過如是又欲舍之而南徙果何意哉作燕京小

燕京小鉅防絡野長蛇繞展闢地池數倍寬帝居占盡民居少（燕京城内地大半入宮禁百姓絶少此得之北使）通天百尋殿十重（其端門名通天）金爵觚稜在半空萬户千門歌舞窄不知九市人聲寂時時日晻盲風來殺氣冥濛昏霧塞舊來寢處穹廬中今乃燕坐阿房宮猶嫌北方地寒苦又欲南嚮觀華風汴都我宋興王宅二百年來立宗祏一朝飛瓦下雲端盡毀前摹變新飾故老痛哭壯士讙吾寧忍死不

忍觀只恐金碧塗未乾一朝濺血川原丹群兒拍手歌相和此地寧容昏暴洸旄頭夜落五雲閒還與吾皇秦徽坐

迎送亭

予留盱眙幾月待對境取接未有耗忽聞有四方館使先到泗州按視一路館舍修飾甚嚴潔及入北界所至都邑門外各起迎送亭一所丹䨼猶未乾也傷車父老指以謂予曰迎送者迎宋也此地殆將迎宋乎作迎送亭

迎送亭亭邊柳色何青青樹頭風和鵲聲喜未戴碧瓦煙光凝路人翹首城南北牓字新題照阡陌金牌天使走馬來蕃官出門餞迎客車頭老人扶軛行自言身是宋遺氓斯亭豈為迎送設殆欲迎宋非虛名南人側耳驚相顧此語端能卜天數説與征夫且緩驅往來怕見征塵汙莫折亭前百年柳曾經宋德栽培久只期南望翠華歸再拜馬前稱萬壽

金瀾酒

予憩燕京會同館敵以吾國故不設樂一日有梁大使入館傳旨曰（梁乃先朝内使官也）卿等執衣命至此朕拘典禮不得與卿同燕樂今賜卿

金瀾酒二瓶銀魚牛魚（銀魚長尺餘比南方者尤大牛魚出混同江一魚之大如牛或云可與牛同價）皆下拜受賜瓶盤乃金銀器升龍交錯彤製甚精古且命并留之有客驚謂予曰酒則美矣其名不祥予曰古人命酒名無不佳者蘭英以香名竹葉以色名酴醾葡萄又各以其木之華實名金瀾佳名也古樂府曰月穆穆以金波又曰洞庭秋月生湖心層波萬頃如鎔金金瀾之名其取諸此乎客曰不然予弗聞夫白蛇斷而秦亡當塗高而魏昌國之興亡實係焉金瀾者金運其

將闌手子矍然曰有是哉作金瀾酒

金瀾酒皓月委波光入西冰臺避暑壓瓊艘敵中暑月於冰窖造御酒甚清冽陳梱奉使至彼當盛夏嘗被賜使火炕敵寒揮玉斗北方地寒臥牀累土為之若竈然熾火其下謂之炕寢處飲食皆在炕上追歡長是秉燭遊日高未放傳杯手生平飲血狐兔場釀糜為酒邊外人釀糜為酒其味甚醲厚醉則殺人氈為裳猶存故事設茶食北俗重茶食聞敵人開國之初尤尚此品若中州餅餌之類多至數十種用大盤累數尺所至供養并賜燕必用飣高金剛大鐲胡麻香茶食中一種名為金剛鐲甚大五辛盈盤雁粉黑北人盛饌以雁粉為貴以木柈貯之其瀋黑色以生蔥蒜韭之屬置于上臭不可近豈解玉食羅雲漿南使來時北風冽冰山峩峩千里雪休嗟北酒不醉人別有班觴下曾闕或言此酒名金瀾氣數欲盡天意闌醉魂未醒酸未覆會看骨肉爭相殘一雙寶榼雲龍翥明日朝辭倒壺去只留餘瀝酹亡王帝鄉自有薔薇露酒本朝禁中御酒名薔薇露

歸德府

行至南京聞車前有父老相與語曰此歸德府也易名矣或應之曰名則易矣而實未嘗易也此地古商邱是為宋分我藝祖之興初授鉞于此時號歸德軍大業既定列于陪都今天子繼統復于此登寶位改應天府蓋我宋十葉興王之國今曰歸德復舊名矣祖宗

之澤在人者深神孫紹隆聖德昭著民不歸我而誰歸作歸德府

歸德府四野陂陀抱重阻闕伯之墟舊宋州心為大火占星土昔我藝祖龍潛初授鉞此地開炎圖錄袞拜野休運啟土氣鬱鬱雲扶輿真人當天朝萬宇北望帝城天尺五舟車輻輳川塗交盡說南京比三輔中興天子膺赤符又臨此地登鑾車版圖一失故地隔坐使神州淪異區金杏園邊春色早連阡累麥瀰河道景物依然似曩時只使居民泣豐鎬民言我宋澤深仁況此舊名歸德軍于今府號襲前蹤不日中原當自復全人無德亡無時大德日隆天下歸

過沃州

沃吾古趙州也予過趙問所以易名者州人曰往年此邦忽天開有聲如雷流火涌出敵疑其為趙氏復興之祥也改今名且取夫以水沃火之義或又曰沃之文天水也趙氏之興其讖愈昭昭矣語雖似不經不可不紀作過沃州

過沃州停車聽我遺民謳茲為名邦古趙地皇家得姓基鴻休自敵雜居民在鼎民心不改千年并一日天開

神火流祥光塞空吐金景敵人驚呼上畔知（金稱朝廷為上畔多見於公文）曰此異兆誰當之天其有意福趙氏于斯效瑞騰炎暉是歲更名州作沃自謂火炎端可撲不知字讖愈分明天水灼然真吉卜君看石橋千尺橫上有蹋跡青騾行當年勝概壓天下豈忍歲久污血腥我有簞壺辦漿饋來審王師何日至此身終作趙州民趙氏帝王千萬祀

造海船

河朔道中逢太平車數百輛相尾而北皆載竹木繩縴揭旗曰某州起發北通州造海船物料或曰北通州舊潞縣也隸燕山今升為州在燕京之北地並海敵於此造海船千數百艘將由膠西浮海而南矣作造海船

造海船海傍樸斲雷殷山大船闢艦容萬斛小船飛鶻何翩翩傳聞潞縣燕京北木林翻空浪頭白近年升作北通州謂是背吭宜控扼坐令斬木千山童民間十室八九空老者駕車輦輸去壯者腰斧從鳩工自期鼓檝滄溟隘他時取道膠西寨橋頭相風風北來飛航信宿趨吳會誰為此計狂且愚南北土性天淵殊北人鞍馬是長技南人濤瀨如坦塗果爾疑非萬全策驅民忍作

魚龍食任渠轉海入江來自有周郎當赤壁

渡浮橋

大河自兵火後浮橋廢矣近歲敵復建焉予宿豐邱北使遣引接來告曰昨以凌冰東下斷浮橋三十六洪修治未畢工今當以舟濟翼日未辨色至渡口各不下車曳而登舟後月餘回程橋已成遂策馬而過或曰此橋縻錢數百萬緡人力不可勝計斧斤未嘗輟也他年王師北征其無憂乎作渡浮橋

渡浮橋黃流噴薄翻雲濤駢頭巨艦寸金緯翼以巨木維虹腰成河老兵三太息顧語行人淚沾臆去年造橋民力殫今年過橋車轂擊只愁屢壞費修營追呼無時困征役前月南朝人使來欲令踐此誇雄哉無何層冰蔽流下三十六洪中夜摧當時白馬津頭渡不下顛車上船去今朝緩轡揚鞭回笑蹋長鯨指歸路但願河伯常安流斯橋不斷千古浮他年過師枕席上孰憂王旅行無舟適見黎陽山下驛驛垣破處龜趺出豐碑大字天成橋猶是宣和時相筆

金臺硯

使還過白溝河河水涸深廣不盈尺耕種連

阡陌無南北之異道左見茂林蓊然或曰此御莊也望之有佳氣使人慨歎至保州接伴副使楊少卿遼陽人也其奴密以二硯來獻且曰此佳硯非翰林主人莫能當蓋山谷所謂金臺老張硯也硯底刻字尚如故予感之報以香茗作金臺硯

金臺硯舊日老張聞寓縣金華仙伯一品題名高萬石羅文傳南轅回次白溝河褰裳欲渡塵沒韈向來畫此限中外今乃四顧無吳歌忽見御莊雲蓊鬱千章喬木參天碧始知佳氣似春陵更喜眼前多舊物伴行蕃使

言侏離髯奴鑲耳乃有知叩轅斂袂出雙璧不待驛官來致辭自言所獻非荊璞僅比澄泥與銅雀稚稱揮毫白玉堂夜掃黃麻追灝噩人皆謂彼勤且誠盍探露囊分寶馨歸家請辦千斤墨異時擬勒燕山銘

任契丹

燕趙間豪傑任契丹者居太行山心懷本朝誓滅僵敵時從十數騎出入所過郡邑靡然嚮風莫有能當之者或曰頃年敵人打圍嘗為博浪之謀而不遂一日倡義十萬衆可指呼而集予自欒城趨沃州已夜分矣過任于道衆皆駭懼計無所出繼而知其為南使也從間道引去北人皆曰任將軍其有成乎作任契丹

任契丹太行為家千疊山此山阻絕天下脊中有義旅蛟蛇蟠任君本是良家子身長七尺風姿偉心懷忠義欲擒敵誓與群豪揭竿起時從數騎出郊坰所向萬人俱披靡不驅丁口不攫金只取餱糧事儲峙道遮天使奪牌歸佩牌易衣人不知往來燕趙數百里徒手不假寸鐵持夜半相逢沃州北問知南使寧相扼倡言我輩抱雄圖郎主打圍曾狙擊時來左袒奮臂呼十萬兒郎

一朝得勸君努力雪國讎為我斬取月支頭功成好爵皆君有金印垂腰大如斗

雨木冰

庚辰正月四日自虹縣至青陽驛夜半起程行未數里大風雨作雪雹雜下二車皆陷淖而壞跬步不能進明日彌望皆瓊林瑤草蓋世俗所謂木冰稼者因思春秋書雨木冰先儒以為庶人執兵之象北方之民其將圖視而起以共踣北敵乎不然彼有異謀又將南牧乎天亡之時必不遠矣作雨木冰

雨木冰貫珠絡玉千葩明横鞭一拂條葉動寶釵墮地聲鏗鏘昨日登車天地黑怪雨盲風起東北俄然散雹亂飛英流滓滿途深沒膝前車折軸不得行後車脱輻泥翻軛曉來廓氛天宇清萬象奪目何晶熒凜如介士執矛戟四野列陣霜雪凝汴河隄上民驚説問是何祥木冰稼平生有眼未曾看舊説惟聞達官怕車中囁嚅齊魯生嘗學五傳窺遺經因言前哲論災異占曰庶人皆執兵只應此地干戈起草木如人兩相倚莫憂燕人飲泗水盡道明年佛貍死

愁懷三首

雨沐秋容淨雲横天宇高流流走地塹木葉下亭皐興引淵明酒寒侵范叔袍清愁不能已高枕誦離騷

燕去簾帷靜蛩鳴機杼忙淒風萬籟息夜月一匳光自喜襟懷豁寧為景物傷幽窗有佳致坐挹桂花香

江遠蓴鱸晚徑荒松菊寒近知秋信好更覺旅懷寬遠杵風催急横琴夜向闌飄零莫惆悵吾道久艱難

表兄知府郎中張公輓詩三首

自昔三珠樹如兄最早成握蘭霑賸馥搴桂阻高程健筆三江瀉英標一鶚横奄烏驚電謝口失劍峥嶸

淼淼沉江路猶遲皁蓋臨但疑三甲起那識二毛侵北海樽罍在南園草木深水亭風月夜八詠想遺音

自是吾宗出金蘭臭味同影纓聯北闕抱槧踵南宮去國鄉書密還鄉卷轍同詎知生死隔回首一彈中

太廟觀芝草

九廟寧神靄德馨煌煌又見産芝英香凝薦斝椒蘭潤色映雕梁日月明紹復祖宗全達孝感通天地契精誠試披瑞牒占休應看取皇家萬葉榮

曉開疏屏望榮光仰見威靈燭下房二本同樞真盛事三年疊秀是殊祥好圖瑞采增旗幟（二十五年太廟芝草生是歲郊祀臣乞依乾德中太祖親郊作三瑞旗故事特製靈芝旗有旨從之）更誦靈華續樂章（頃歲臣寮

嘗請以太廟瑞芝播之樂章）拜舞共陳歸美頌喜浮春殿九霞觴

見張運使郎中

野鶴摩雲萬里心一枝聊復寄高林愁邊舉目江山異客裏登樓歲月深長鋏誓為知己用短檠空伴讀書吟龍門不拒通家子應許來聽正始音

送王時亨舍人帥蜀詩

一從雁塔綴英游又見功名得志秋丹闕萬人窺榜眼碧幢千騎擁鼇頭錦城日暖悍鰥舞玉壘煙深鎧仗收他日中和聞善政一琴亭復久淹留

送僧大通還山

三年虎卧白雲關誰念窮猿失故山野客已拌花自落
道人全與鶴俱還厖眉皓首雙松老白氎青絲一室間
何日得追塵外趣聽君擊鉢翠微間

戲呈珉禪師

我來何幸識支郎百丈峰頭寶月光貿薄自憐非燕頷
窮途誰信是龜腸漸看鬢底千絲白敢説眉間一點黄
坐見錦溪秋水濶不知何日理歸艎

和元華叔無悶齋

家在濤江欲盡頭結茅寧為樂休休達人自得一經趣
遊子空懷千載憂坐對聖賢唯酒適身憑形影以詩酬

公今非遯亢無悶要把韋編續聖邱

初除西掖士華兄以詩贊喜次韻為謝

向來歸卧白雲邊忽拜君王詔墨鮮誰借羽翰超弱水
又隨簪橐過甘泉酒同今夕兄酬弟詩比當年聖得賢
潤色正須燕許手小儒那有筆如椽

以珠子香建茶寄皖公山馬先生

筠谷珠璣北苑春寸誠千里託靈芬為投白鹿巖前客
何日容分半席雲

西園堂榭落成種植畢工偶成口號十首呈張公參政選八

遯叟高眠石磴雲鴟夷長泛五湖春爭如晝錦延華萼
同作商山四老人（公以四老名堂）

華堂迥出復城高更買鄰園徹古壕要展渭川千畝竹
騰栽錦里百株桃

鈎簾待燕春風裏把酒酬花夜月前更啟西窗納清景
煙光如畫擁斜川

城外青林可當山橫雲翠靄鬱孱顔虛堂一枕林泉夢
如在煙霞縹緲間

林花倒影入清池池面春波泛緑漪更築小橋亭上去
便成家世授書圮

小蹊深樹鹿呦呦野鶴無聲蕙帳幽風月滿庭共笑口
依然不減醉公遊

幽叢灌木便成林準擬炎天百步陰應許春禽樂餘蔭
鶺鴒穩寄一枝深

水流映帶清漳宅野望遲回半月臺只恐宮鸎映陪賞
日邊便有鶴書來

破敵凱歌六首

夜半江風金鼓聲拔營初起石頭城敵情不料諸軍渡
一戰淮西唾手平

莫怕南來點染塵阜旗劚馬漫如雲黄頭碧眼驚相語

切勿前逢八字軍

山川千里戰塵清，不負當初嚙指盟。從此敵人敢欺我，江淮草木已知名。

將軍羽扇自臨戎，帳下健兒爭立功。鐵馬莫來淮上牧，漢家旗纛半天紅。

江花閒隊曉霏開，爭看官軍敗敵回。十萬強兵今已破，不煩天子六飛來。

捷書日日到甘泉，使者聯翩出勞旋。將士歡呼拜君賜，賜鵰銜寶帶鵲袍鮮。

破敵凱歌二十四首 并序

紹興辛巳冬，敵大舉入侵，蹂兩淮諸郡，欲自采石濟江，王師邀擊，大破之，遂趨瓜洲，謀南渡甚急。十一月二十八日，大雪，馳次維揚，夜半敵營變起，戕其主完顏亮，衆軍瓦解，奔潰北去，軍民讙賀。予頃在樞庭，諜知北事甚悉，因策其必敗。至是因追述所聞，作破敵凱歌二十四首，于以見聖天子威德茂豎，上帝助順，北敵狂暴自取滅亡云。

可笑狂夫到死狂，欲投馬箠渡長江。始知人語符天意，果向南朝作鬼降。完顏亮決策南來，羣臣諫止，不聽，曰：天若不令我得志，甘向南朝作鬼。

采石江頭萬鼓聲，祭天臺上手揮旗。坐驅朔馬為魚鼈，笑煞江南蹋浪兒。敵營采石，晝夜擊鼓讙譟，聲震天地，隔江數十里皆聞之。又築臺刑白馬祭天，亮坐於臺上，督發舟師，手揮旗以為鼓械之助。

雲航飛下北通州，弭楫膠西一戰收。千七百艘同日燼，始知飛將有奇謀。北通州，燕山府潞縣也，并海。敵衆年於此造海船，因改為州。近盡發所造戰船至密州膠西寨閱習，聚會為南下之計。李寶自海道出奇兵攻膠西，縱火焚大小戰艦一千七百餘隻，至是無舟可用。

一從犬吠瞰西山，便報車輪不得還。自詭長驅如破竹，不知先助劍門關。今年春，有羅浮山得道者土木道人嘗以讖語聞于上，其略曰：西山犬吠人東口人鬧，巨木塞門，交攻不少。至是北人稱兵東先犯蜀，吳璘與戰，大敗之，橫尸數十里，已先失意矣。相繼李寶取東海，後亮為木毒大總管大懷忠所殺，皆如其言。又謂北人來不待冬，死不及臘，亦驗云。

敵餓曾無一月糧，煮弦燒箭莫充腸。南來本恃清河粟，不意偏師夜絕綱。北人口糧不過一月，因糧而已。今破兩淮，人無所得食，俟山東之粟自清河而下。一夕為李貴以偏師絕糧道，綱運不至，餓死者甚衆。敵退，淮人於野竈中得箭簇不計其數。

北人不識九車船，笑理輕舠狎大川。莫道敵軍曾得濟，猶傳折箭誓青天。建炎間，烏珠南渡，橫行江浙，其歸也，為韓世忠所扼，幾不得免，幸口脫身，至江口，即折箭指天，誓終身不復過江。今亮之來，既失素備，旋伐木造舟，皆輕舠，不可用，王師以九車船當之，所向無前。北人相顧失色，亮猶悖然曰：回太子尚能過江，我何為不可。

泚河席卷苻堅陣，赤壁灰飛孟德舟。在昔猶能脫身去，汝來端送郅支頭。

自古師行用衆難況圖深入冒多艱五百萬人存者幾
淮南白骨委如山亮之南來號五百萬其死也餓莩滿野
燕山臺殿壓阿房又欲移巢古大梁起就漢宮三十六
固知無德祇爲殃亮都燕山宮闕壯麗窮極土木今年從汴以宣德門爲隘而撤毀之別行增創其餘宮殿輪奐一新頃在樞庭內中出汴京圖宣示宰執大畧如漢制而侈過之
七寶爲牀坐殿衙金猊雙立噴飛霞自緣積惡難安享
不得全軀作帝羓予奉使至燕山朝見之日見北主儀衛華整過於中國其御榻以七寶爲飾天生有金猊二高丈餘飛香芬郁不能安享而南來以死復不得全首領而歸蓋積惡所致也
只憑信誓畫山河二十餘年兩國和解道渝盟甘蹈國
若爲輕信馬韓哥講和之初畫疆已定金亮無故請割兩淮之地元有誓書與本朝其末云皎如日月之可鑒堅若金石之不渝其棄好以背盟甘墜命而蹈國其語如此今日之禍蓋其自取馬韓哥□燕人名欽亮之謀也

海陵詩徵　卷一　三十一

自聞三策日垂涎急趁秋風一舉鞭堪笑不知天數盡
據鞍猶說馬兒年馬欽嘗爲本朝歸明官任兵鈐差遣和議之初敵來取去遂歸用事數年前獻三策于亮皆取江南之策亮喜之用爲謀主其南來也欽有力馬謀云亮與欽每並轡謀亮問欽曰南征之期當在蛇兒年或在馬兒年欽曰在蛇馬之閒蛇馬謂巳午年也韓哥欽小字彼俗稱呼多以小字□
黧面長髯桀黠兒一生渾事殺人嬉莫將遺像欺羣目
曾向貞元殿裏窺北主面黧黑目下視長鬣一番人□頃奉使日見於貞元殿見其狀甚熟今好事者傳其像乃作獰惡瞑目可畏之狀與向來所見不相類
何事圖形列九墀豈容鬼質近宸奎君王端欲懸金鏡

不惜雲章手自題近傳御製御書題完顏亮畫像曰金主曰亮獨夫自大弒君殺母叛盟犯塞殘虐兩國屢遭必敗皇天降罰爲後世戒
也學賦詩橫槊公浪拋狂語倡羣凶由來立馬元無地
空指吳山第一峯亮離中都日賦詩有立馬吳山第一峯之句
每率羣凶共打圍防姦惟許屬鞬隨一朝醉卧隋陂□
衆箭攢胸死不知金主每打圍隨行騎士止許屬櫜□以從緘封甚嚴不得擅自施放至軍變謀逆者乘其醉卧引弓射之
向來燒飯起中都已覺妖星墮玉除罪惡貫盈天不赦
區區猶欲禱醫閭亮離燕京嘗詣諸陵祭享其俗相傳謂之燒飯又遣使禱于北嶽醫閭諸山

海陵詩徵　卷一　三十二

曾爲兵卜涸神聰不信名山事大攻今日汝魂遊□□
不知何面向靈宮亮欲南向先遣金牌天使詣東嶽□之不吉大怒遣使焚嶽帝廟火之不然僅燒東廡數椽而已□侮慢神明如此
似聞敵帳啟行初盡擁青氈入故都便好乘機收赤縣
長纓更縛北單于予奉使日聞敵中有北元帥者擁重兵在嶺北不受詔命亮已不能制亮之南也有萬王自立于北方入據燕京遣使廢亮爲王改元大定所謂萬王豈非向之北元帥耶初亮遷都于汴凡汴之乘輿服御人物種種皆輦以自隨復歸于汴王師若不疾驅則汴之所有必歸萬王矣
昨向北邙山下住旋移狼纛駐雞籠此身已是鄰尸冢
又欲飛投鼎鑊中亮先過西京於北邙山起御寨□□冢之間嘗掘地得石刻不祥語大怒撻其主事者內侍梁大使及到淮西又居雞籠山必死之讖已見於此

勝負端從曲直分我師屢捷氣凌雲坐聽鼙鼓傳新曲
不怕番家鐵塔車北人驅吾中原遺民被以重鎧束介馬巨木聯頭數千為羣號鐵塔軍以為前鋒頃年我師屢敗望風奔潰良以此也近諸軍皆識其機不復畏之矣
中興天子漢宣光自有深仁荅彼蒼天遣百靈爭助順
神兵遍野拂雲長彼人被擒者皆言每與王師接戰□合陣前猛士長丈餘執器械甚□□神人狀多武滿野蓋百靈助順之效
此日君王自撫師到營爭望翠花旗不煩一矢渠魁斃
又勝澶淵卻敵時
江上春風鳳蓋旋鬱葱佳氣靄中天從今四海歸圖籍
金殿垂衣億萬年 海陵集

查 籥字元章紹興辛未進士乾道中戶部郎中領四川財賦司

題卧龍山

山巔祠貌儼丹青千載懷人爲一登隱隱故營連白帝
茫茫恨水向西陵石根蘭芷香無價雲頂松杉翠作層
人事天機古難料詩成試語定中僧

萬州湖灘寄王夔州十朋

滿目暮山平遠一池雲錦清酣忽有鐘聲林際直疑夢
到江南 宋詩紀事

周邦 宋詩紀事：邦，海陵人，居錢唐，右文殿修撰，知廣州。檀之孫。官迪功郎，江東帥幕，著政和大理貢錄。

次陳彥青遊鍾山韻

雄壓吴頭控楚腰，千峯環拱冶城橋。黄旗紫蓋旋歸漢，古刹凄涼尚號蕭。郗后化蟒之地，虎苑陀土人名為蕭地佛寺。

北嶽經行匪濫巾，相陪來現隱淪身。春蘿秋桂還吾輩，白浪紅塵付若人。宋詩紀事

周李 宋詩紀事：李字德紹，海陵人，燀之孝（子）。

□□川碾茶圖

獨抱遺經古本乾，笑呼赤脚碾龍團。但知兩腋清風起，未識捧甌春筍寒。宋詩紀事

周　燀　宋詩紀事：燀字昭禮，邠之子，樞密麟之之族姪，南渡寓居臨安府之清波門，著清波雜志。馬曰琯云：案今刊本清波雜志作煇，舊本有紹熙四年張貴謨序，書中作煇，宜從之。

句　案清波雜志，煇自稱少時嘗從同舍金華潘元質和人春詞云云。

捲簾試約東君問，花信風來第幾番。宋詩紀事

海陵詩徵　卷一　三十七

周　晪　宋詩紀事：晪字伯陽，號方山，泰州人，武林社月泉吟社第十九名，自署識字耕父。元詩選：晪字伯陽，號方山，自號識字耕父，泰山人，寓錫山之鄉州，元初與東必曾孝先結武林社。

送僧歸蜀

詩禪寄杖錫，不問道塗難。到水浮杯渡，逢山卸笠看。悟空諸念寂，傳佛一燈寒。蜀國又歸去，令人憶道安。

春日田園雜興

蛙聲似吹雨，初足桑椹欲紅。風始和，少婦每憂蠶利薄；老夫唯喜秫苗多。舊栽花木山鶯識，新買陂塘野鷺過。此境東風元自好，當年金谷事如何。宋詩紀事

海陵詩徵　卷一　三十八

唐志大 堯山堂外紀志大字伯剛海陵人歸田詩話姑蘇之被圍也唐伯剛和人泥字韻云云謂當時居權要者不如處閒散之樂也

和泥字韻

玉樓金屋愁如海布韈青鞵醉似泥歸田詩話

馬玉麟 明詩綜玉麟海陵人張士誠據吳官參政城破死之

虎邱和范文正公韻

綠蕪迷四野空翠擁千巖風過鶴鳴樹雲歸龍在潭雨花翻寶座積石護僧庵此地如容我移家住水南

又次柳道傳韻

高城落日下樹擁半山青野鳥啼還歇溪雲散復停微官猶是客對此暫忘形為愛生公石移尊上小亭明詩綜

倪隱君索和張外史聽雨樓詩

江雨飛來夜氣澄小樓高處冷于冰聲留蕉葉頻敲枕影亂簷花獨對燈遠客異鄉生白髮故人今夕擁青綾致君堯舜慚無術思入湖天睡未能清閟閣集

繆思恭 元詩選癸集：思恭字德謙，號菊坡，吳陵人。至正間爲揚州路令史。張士誠陷平江，思恭亦隨軍克復常熟，授萬户，後調嘉興郡同知。歲丁酉，張士誠遣其弟士信來攻，揚完者命思恭典火攻。敵檣櫓蔽天，排川而下，思恭於杉青閘東西岸積葦以待。時南風大作，岸上舉火，敵舟焚燎，至四十里。此師遂大捷。未幾，張氏受命，因大城武林，思恭統所屬工徒赴其役。張陰屬士信來此戮辱之。思恭當治而北面數十百丈，勞來督罰，殊得衆心，視他所築愈益堅好。士信亦無日不一日巡工，至思恭所。時日已暮而工未輟，謂曰：“出作入息，汝何獨勞民如此？”思恭曰：“平章禮曰：百司猶敬共皇命，爲之民者，敢偷餘晷？”士信曰：“此人口利如錐，何怪杉青閘畔烈烈通人。”思恭曰：“今章太尉革面，國家得成獎順之典，若念杉青之役，猶恨不力，縱逸平章耳。”士信曰：“別駕好將息，言及杉青，猶能使人肉跳不已。”治郡三年，復遷貳杭州，尋擢淮安總管，卒。初，思恭爲嘉興貳守時，招諸彥高巽志等十四人小集南湖，分韻賦詩，人得一字，即席而成，亦足以紀一時之變，且幸此會爲不易得也。

至正二十年八月十五日招同諸彥小集南湖以杜甫不可久留豺虎地南方猶有未招魂爲韻

得不字

我生胡弗辰，守土嬰簪戡。亂離難斯瘼，兵氛駕飄拂。貫人既防求，苗獠鷹騎拂。比户罹毒淫，流殃痛未訖。大軍有凶年，荊榛莽芾鬱。天地塞樂歡，三口口沈沕。當國衷黎氓，方來濫朱紱。所冀民社寧，優詔非爲屈。傾覺元氣清，太空如蕩祓。借問今夕娛，還思去年不。元詩選癸集

堯岳 字子秦，世次與考。葉州志人物有堯允恭，景定咸淳兩領鄉薦，宋亡隱居不仕。堯周希姓，岳疑允恭之族，特無由攷其時代先後，姑附於元人之末。

題來元暉五洲煙雨卷

數筆元暉水墨痕，眼前歷歷五洲邨。雲山煙樹模糊裏，魂夢經行古石門。江邨銷夏錄

海陵詩徵卷二 明

里人夏荃退菴甫輯

石光霽 列朝詩集：光霽字仲濂，元末從張以寧於江淮，授春秋之學。洪武十年舉明經，為國子學正。十七年陞春秋博士。以寧沒於交阯，仲濂訪其遺集行世。

詠范堤柳贈唐宗醫士

東溟萬里揚鯨波，飛濤衝突將奈何。大賢憫念蒼生苦，築堤為護田中禾。堤成遥遥過百里，彷彿蒼蛟洪濤裏。盛哉楊柳夾長堤，參天萬樹參差起。春雨初收海氣屯，溟濛翠靄連遠村。但聞枝上鴉何處，啼朝昏居人惜似甘棠樹，滔滔遺愛今猶存。海上良醫世稀有，無數奇方懸左肘。行年八十活人多，應與大賢名不朽。昔曾賣藥過堤傍，種杏多如堤上柳。州志

太學夜宿

蠟炬燒殘夜二更，高齋蕭爽客懷情。山林只在虛檐外，錯把風聲作雨聲。列朝詩集

王瓚 字明正統辛酉舉人，襲正千戶

繅絲井

絲雲飛去鳳笙殘，丹轉梧桐玉甃寒。機杼荒涼秋草歇，轆轤寂寞野花團。祗憑博望知源遠，肯信麻姑見底乾。千古真遊何處覓，一雙鳴鶴遶欄杆。州志

王定 字明叟號嘯雲康熙時歲貢

春堂

廣陵明月夜寂寂寞騁空陰死外沈清澗花開出書琴隔

唯吉日多讀對柳酒中詩對一刻江南北寒光攀手心 州志

海陵詩徵 卷三 三

王讓 字子時遊原籍丁溪袁祖甯洪武時編成內 留木頭居九馬水任傳至四川謀洪中之雅聯采多星中隊政五時有圖來秀五觀 從公棲城已歸六宏治中任元旅非年之以苦不光置已詩休於己人撫科梁公移土國大生像詩表遺逸 花言萬里賢子存問官山公東有禮謝陰洪際推敘文謝光泉吉陳美張君嘉諸明丁詩木平 進士

送張掾回奉勞苦洪雅士大詩

解組歸來已六年，宦情恒夢在四川。正憐菊酒依籬下，
忽有鴻書到海邊。為政久懸循吏治，問安深荷感民虔。
洪陽比古勞相語，閒讀南華種秫田。 中十場志

海陵詩徵 卷三 四

張文 字存簡，號口口。明天順己卯解元，成化丙戌進士，官浙江副使。

贈羅殿撰 公中成化羅倫榜進士。羅公草奏劾南陽，未有註語，適公過訪，閽者辭，張投詩云云。羅見詩，遂以扶植綱維四字為註語。

狀元及第纔三日，扶植綱維千古稀。我亦與君同志者，
請君相見莫相疑。

海陵詩徵 卷二 五

冒政 字有恒，號復貞。成化甲午舉人，乙未進士，官至右副都御史，巡撫寧夏，卒賜祭葬。著復貞集二十卷。

題寶應范氏良沙別業圖

占斷溪南十畝烟，數椽茆屋俯流泉。綠雲耕破春連壟，
白雪歌成月滿天。汲水煮將蓴菜滑，投竿釣得鯉魚鮮。
一壺春酒騰騰醉，不信人間別有仙。寶應范氏譜

夜泊潯陽

千山如畫出平灘，一棹潯陽夜欲闌。沙渚雁兒棲月穩，
琵琶亭子倚江寒。風迴淺水蘆花白，霜壓深林楓葉丹。
誰似多情白司馬，青衫曾此淚闌干。

初夏有懷

鉤簾坐翠微，夏景弄晴暉。日午槐陰密，風清柳絮飛。鶯
聲枝上老，燕語棟間歸。卻想同心友，開尊話竹扉。東皋詩存

海陵詩徵 卷二 六

儲巏 成化癸卯解元

磨臺山中

牆低林木疎，馬上見山麓。朝陽曬我背，蹊徑紆且複。徐驅喜崖谽，稍上鷲峯獨。何當陟其巔，一騁遠遊目。閶風渺崑邱，萬里疑可縮。翻思下土人，誰與洗炎燠。歲旱不為霖，白雲滿幽谷。明人詩鈔續集

靈山

靈山慕名勝，曦午停征軺。倒裝換冠幘，徑往凌岧嶤。手披茂草開，思逐浮雲飄。迢迢詣白塔，獨立吹清飆。迴旋休緇廬，老屋依山椒。野僧三四輩，衲破形容顦。共言山中貧，斂水聊令朝。問渠何所戀，且得避征徭。

平谷院中

縣僻客來少，庭幽草未刪。我來掃荒翳，老樹迴蒼顏。溫溫飄風來，稍稍暮鳥還。晨興開北牖，一飯面青山。煙峰遠宜眺，絕勝窮躋攀。惜哉行役累，難寓非長閑。

寶坻郊行

四月麥隴焦，靈雨苦不早。田家能幾日，租食不相保。我從鄒陰來，風暵顏色老。閒愁填脾腑，詩思淨如掃。馬得膚寸雲，拔此千里槁。傅巖諒已求，桑林尚須禱。

廷章文光邀遊龍潭寺賦謝

蒼山宛龍蟠，南樟琅邪尾。潺潺雨崖間，一綫行如螳。崎嶇度澗彴，蒼萃拂林卉。何年鑿靈巖，佛閣擅雄偉。長年環滁思，江介浮一葦。及茲諧良游，落落故人幾。肝腸苦雕琢，鬢髮銷譏誹。歷覽石上題，留詩予山鬼。雨公廟具名姓，在丹扆空山。豈久留，且醉月生朏。

訪鳳舉進士寺中

聞君僦僧刹，屢往屬未閒。及茲炎雨際，獨步城東灣。路紆經石棧，木杪開柴關。老僧訊鄉曲，喜溢眉與顏。砌苔淨堪憩，庭樹涼可攀。藤蘿映瓜圃，眷子栖其間。此境稍閒閒，已覺超塵寰。誰為劇屋角，坐納西南山。嗟予職吏句，茲游良已慳。但恐他時至，君去空予還。

贈張鳳舉改寧海

嘉君本奇士，得縣山水窟。前年遊桐江，釣瀨漱齒髮。今年過赤城，天姥爽風骨。況茲倭城里，有士古肆研。手把遡志編，生氣凜不沒。長有懷口詩，高齋對明月。

題蒼雪道人卷

水宮失蒼佩，龍伯竊上天。染成天水碧，眉花競芳妍。灝漫三萬頃，彷彿堆雲煙。物情忌太潔，白帝不敢前。道人茅宇小，骨冷鸞高眠。出門杳無見，乾坤正蒼然。誰開混沌竅，坐此清冷淵。翩然謝濁世，還我太古年。

至日再用韻招趙張并公獻飲

節物不相貸，歲功無停閒。昨日綠水波，今日冰雪灣。倏茲日長至，商旅皆閉關。齋居幸暇豫，思奉我友顔。寓游邇坊陌，過從非難攀。人情眷鄉邑，况託文字閒。常恐忽分散，各在天一𥨊。君看暮歸雲，未必朝來山。感此每長嘆，嗟君來何慳。一觴亟相屬，坐遲春陽還。

白巖扇頭次泉齋韻

黄塵走名都，白日鬬隆景。雲山忽當眼，便自出人境。脩然塞驢翁，細路轉巖巔。疎林劃空明，一笑得人影。我家柴墟旁，南望長引領。煙蘿繞茅屋，江月閒漁艇。栖栖恐

無成，題詩聊自省。明人詩鈔續集

席上賦史吳仲歸雲洞

悠揚滿洞中，歸來不知處。曉起語農人，春田夜多雨。欲問洞中雲，何時下山去。明詩綜

中秋日鏡光閣餞馮執之分韻得長字

招提倚城背，俯抱平湖涼。晴飆蕩暄濁，高閣淩空翔。秋期倏然至，我友之遠方。駕言騁遐矚，共舉惜别觴。九衢豈無月，塵土涴清光。眷焉此終夕，徙倚隨巖廊。浮雲爾何妒，點綴天中央。吁嗟人間事，欻化那可量。燕月幾回圓，桂水千里長。相思遂明發，良夜遥相望。

題吳康齋贈劉濟寧清白字卷

康齋兩字雲垂紙，珍重劉宗百金比。南窗把卷觸熱看，習習清風吹箄几。就中墨汁西江水，直寄任城五千里。閒中丈人不復見，得見風流老孫子。傳家所寶在不貪，阿堵真堪付泥滓。長安父老向人說，虞部郎官亦如此。君不見漢家西京全盛時，五侯七貴門如市。繁華回首竝成空，籍籍今聞楊伯起。

南旺湖次韻

南湖水濶秋無岸，盡日開帆疑不轉。忽從樹杪得高崖，始覺扁舟出天畔。漁家何自住楓蘆，陂寒雁鶩遥相呼。

斜陽欲下晚風急，人間此景何時無。君不見飲啄那須論漿藿，人生得意良不惡。

秋蟲齧盡枯楊綠，道上征車晚驅犢。北風昨夜過任城，便覺緇塵涴吾足。十年飽看江南山，衰遲自愛留都閒。檀園宴坐騁吾目，千章柳樹城隅灣。君不見漢家苦覓羊裘樣，底事江湖任踈放。

八月十五日夜對月有感

昔年中秋在靈谷，坐待冰輪轉空曲。一天明水四山寒，老兎涼蟾出新浴。舉杯不飲嘲菊田，扶衰取醉澆謫仙。三山豪士頗跌宕，高歌屢和騎鯨篇。洞天一别長相憶

草樹巖巒總陳迹山中父老寄書來十過中秋無此客前年奉詔祀房星樸被獨宿祠西廳正當今夕月滿榻水晶窗户琉璃屏古人不見風流在冷落人間無好會南樓高興據胡牀西園清讌追飛蓋中宵徙倚庭中央我所思兮天一方銀潢碧海渺無路翻令百感生中腸嫦娥應笑詩人老底事愁多頭白早千年石臼擣元霜不與人間採枯槁閒道狂胡戰武威關山塵土涴清暉安得并州劉越石一聲長嘯解重圍

涿鹿道中

受命嚴垌牧馳驅敢自閒雨中行涿鹿詩裏過房山野水寒猶澀邊雲晚更稹歸程那用算應傍麥秋還

涿州分司夜坐

薄牒相仍急沉迷眼欲花籠燈猶閱馬廳樹已棲鴉强半春為客饒多夢到家卻嫌塵土涴無地汎仙槎

自文安至保定

夜短不成寐晨初仍戒征星霜行曠野燈火發高城游倦憑誰慰謳勞祇自賡褰帷看日出花柳半村明

登雄縣城樓

高秋恆登眺平楚動悲謳樓櫓何年廢前朝爭戰々
間青海戍塵淨白溝河翻笑咸平際金繒滿塞駝

雉堞倚雲平關河控古城獨憑秋閣迥千里暮山橫灑落平戎策淒涼款塞盟丸橋遺石在覽古若為情

清源舟夜

十年三往復此地忽重經塵土長安夢煙波汶水舲平川涵夕景遠樹隱春星買酒偏難醉從人笑獨醒

彭城有懷

清夜棹歌發高秋客思生蘇縣鄉國夢歷歷水雲程老樹尨蟠石衝波怒齧城白門樓上月偏傍海東明

涉濟

河曲風無定船扉掩復開岸花衝絮落沙燕掠波迴詩思逢春亂鄉心苦病催分流從此去欲渡且徘徊

留城雨夜

南歸仍卧病欒裏謾隨身風雨留城夜鶯花沛水春渴心縣楚旱衰鬢洗京塵長路曾來往逢人莫問津

春晦連日風雨贈別

風雨彌昏旦韶華暗去來病多空意氣事往半塵埃西郭園初罷南湖水盡苔今朝覽明鏡更覺老相催春去年年別顏衰日日侵稍期全晚節已愧負初心江郭行雲暗湖田冒雨深柳陰晴處坐聊和老農吟病較芳時晚春含晦日陰曉鐘人不寐舊雨客難尋院

溼蛛絲重庭虛鳥跡深平明有幽事移竹滿西林

殘春餘幾日欲去且相留脈脈難為別悤悤不自由天涯芳草路花外夕陽樓誰道文園客新來賦倦游

懷舊何處觀燈好四首

何處觀燈好分曹建業年春星低觀闕晴雪映山川鄰曲筵長接城隅騎每聯憶同江水部終夕詠紅蓮

何處觀燈好臺城並騎時酒邊看夜戲花下聽春詞火樹璇霄發松棚絲市移遲遲南陌上明月鎮相隨

何處觀燈好琳宮禁籞西星橋通碧落雲網綴丹梯梅畔春猶寂松梢月漸低傳柑誰得句痛飲憶宣溪（王世賞號）（宣溪是夕予同希大邢亮飲朝天宮西院）

何處觀燈好風光帝里多鮫屏圍寶炬鼇駕灩金荷列第珠垂箔長橋蝀枕河誰家吹鐵笛月午更相過

良鄉察院夜次壁間韻

不眠疑漏盡獨坐夜燈明好夜春連市微風月滿城疑香清燕寢落筆得蠶聲無限懷人意迢迢到玉京

排徊沙苑夕更喜駟星明雜虜猶遮塞王師未築城春田椿莽迹夜枕鼓鼙聲宛種雖神駿何須慕漢京

次吳侍郎克溫天界寺別春

病裏逢春去持盃索酒何空山花事晚晦日雨聲多謾

誦劉郎句疑聞穆氏歌長干舊僧在應記客曾過

送劉大理赴兵侍

南寺停丹筆中臺侯玉珂溼雲鐘阜雨秋水潞河波廟算何煩戰天驕已請和匏翁舊門巷公暇數相過

夢祥徵柱石足跡遍方輿懷抱平生在功名取次書邊兵今健否國馬近何如回首同官意長安十載餘

驛中會宿別朱亨之用實夫韻

江館送君行遙遙白下城傾杯愁酒盡促席愛燈明闕下平安字淮南骨肉情短謌非楚調彷彿帶離聲

追輓孫叟德麟（里中孫叟德麟予弘治甲寅過家時已百有二歲作壽詩之迨戊午冬歸則叟丙辰年已下世矣復次韻追輓同錄於此）

海濱多大老百歲獨完名閱世衣冠古臨風杖履輕何須郡貴顯惜不與耆英盛事宜謌詠東軒舊有盟

嘆息斯人沒惟留百歲名客來看杖在仙去覺棺輕午枕槐初夢秋潭菊自英東軒精爽在地下續詩盟（全文實嘗約賦詩賀之無何文實亦死東軒其號也）

悼光孝寺然僧

老愛屏山律閑參洞室禪幽居惟種竹淨社不名蓮院日留殘句林風掩斷編西林耆宿盡懷舊一悽然

有懷

獨坐誰爲伴清謡夜不眠懷人千里共看月幾回圓秦
塞連雲戍荊門下峡船歸程那可料依舊析津年 明詩綜

大城院夜思

渺渺孤城入暮笳坐深游思轉無涯風高明月還生暈
夜久青燈自結花雁鶩登堂愁吏簿驛騾遮路擁奚檛
長安兒女應懸念過盡清明未到家

大房金源諸陵

奉先西下亂山侵澗道迴旋入暮林翁仲半存行殿跡
莓苔盡蝕古碑陰秋山春水風流遠大定明昌德澤深
卻是宣和辭亡國弓廬黃屋豈初心

長白山高朔漠連金源風致故依然千秋魂魄猶思沛
萬里邱陵卻到燕感事重飜江統疏傷心莫問靖康年
幽蘭一爐雄圖歇汝水悠悠入墓田

入易州

萬山趨海欲東浮曾記高醻入易州絶塞風雲生遠興
嚴城鼓角動清秋樓居豈有仙人在市飲誰從俠客游
六載悠悠華髮換黃金臺上看吳鈎

宿呂梁有感

赤石寅緣宿呂梁黃茅轉盼失前岡百年身世如秦贅
一髮功名媿楚狂投老計應吾土好懷人情與暮雲長

夢回多少關心處清鏡朝來有鬢霜

偕叔鳴元弼游盤山

歷徧中盤七十峯冰崖雲磴盡行蹤誰將形勝歸戎落
本爲山川畫薊封絶頂氣寒連沆瀣澄潭秋冷卧蛟龍
黃泥坡下漁陽路不羨東坡二客從

冬至恭祀東陵

五陵佳氣鬱蒼蒼誰羨秦關百二强千騎從官天上蹕
一函中使御前香北來碣石非仙路南去蒼梧豈帝鄉
最是因山渾不改九泉銀海渺無方
滿山燈火列穹廬十載王官奉謁初騎省秋來還有賦

文園老去漫多書氈寒尚憶青綾直臺迴頻瞻絳節居
擬和冰廳長至曲昌平道上獨馳驅
鐘聲半夜出明樓陵樹行行石磴幽鵠立且須中使鑰
駿奔初薦太常羞橋山弓劍雲長閉高廟衣冠月自遊
曾是鐘陵陪祀者幾回清夢落南州
十里松林護曉霜出門初覺夜蒼涼苦寒酒客爭持被
太瘦詩人不裹糧平野忽看山滿地高城似與月爲鄉
謁來始識東陵路記取茲辰日在陽

秋思

青鏡朝來白髮新已拌林卧作陳人詩疑晚歲真成癖

病喜豐年始乞身蕉鹿幾回隨夢變塞鴻何處附書頻
憑誰撥置牀頭藥更買南山作近鄰

歲晚病懷

海國栖遲歲又殘將心此日向誰安稻粱謀拙空垂翼
松菊情多穩掛冠社遠漸驚詩思減身閒聊得病懷寬
清時事業諸公在群盜中原莫謾看

二月十四日遊東山

雨晴曾約訪東山出郭何妨抱病顏十里路隨花柳入
片時身共水雲閒風流故國惟墩在春到誰家有燕還
合與詩人增勝槩四山消得一亭環

青山一髮十年思載酒來春喜未遲案有雲山皆作供
座無絲竹雅宜詩清時不灑新亭泣往事堪消別墅碁
試問臨川丞相道于今墩姓合從誰

次允溫南宮賞魏花

南宮花發滿朱欄對酒先拌十日看彩筆舊傳才子夢
青綾誰道主人寒明妝向晚圍紅燭妙舞迴春試翠盤
空艷花枝無好句東風應笑客衰殘

仲湜請老次韻奉留

少年詞賦擬相如晚入彤墀夜直廬謝病屢移江表疏
買田曾卜桂陽居莫驚春晚淹行李想念時危畏簡書
聞說蒼生占出處詩成應是倚樓餘

九日同諸公登幕府山次樊川韻

秋晚驚看木葉飛寒山一逕到來微天晴曠野千峯出
水落長江萬里歸渺渺平蕪懷故國垂垂短髮對斜暉
平生膽有登高興千仞岡頭再振衣

次白巖韻二首選一

楓林松壑路寥寥客思逢秋未易消且拂煙霞凌絕頂
懶從棋救問前朝病中得句還蕭索醉裏看山欲動搖
祇恐明年移俗駕題名先擬白雲招

謝希大虎皮

風露短札墨淋開多謝皋比撤送來食肉我非投筆相
寢皮君有控弦材毫端擬畫真難類座上聞談祇謾猜
卻笑病餘還戀闕車茵穩稱不須裁

再次進之放懷二律

散帙南園非傲吏裁詩東省縱閒情羊腸自笑一官轉
蝸角何堪兩國爭老卻棋枰機事息春辭藥裹病身輕
揭來已置人間世叵底吳鉤半夜鳴

移病答李師文仍用前韻

病來何處覓醫師請告須移五日期霄漢功名青史笑
江湖心跡白鷗知貌從秋後衰於菊詩向人前劣似碁

獨有閒情同楚客澧蘭沅芷不勝思

呂邦彥請飲新城道觀追次遜齋先輩謝客見訪之作

山中春酒縮新茅仙棹相將汎碧濤座客盡傾張翰墨
主人誰似呂安勞全尊檀板花前叩海錯江魚竹下庖
曾是鄉賢棲隱地欲追遺事薦溪毛

廷章邀視龍潭遂留飲寺中次壁間韻以謝

洪潦激秋石磴微春寒不與毳袍違空中樓閣神靈會
潭底蛟龍窟宅稀芳樹自貪幽寺發亭雲還向故人依
多情苦憶曲涯語假石峰前詠落暉

次韻答東園先生

漢署歸來睡思濃病餘無復賦三雍延簷自曬花邊藥
敧枕惟聞郭外鐘豈有文章陪國論謾將名姓入臺封
舊時三徑今搖落欲向陶翁借菊松

再答王掌教

舊業郊居傍水涯脩門回首望來賒枯腸戒酒因行藥
老眼耽書故看花便整冠裾趨紫禁祇慙名姓污黃麻
北山猿鶴應相笑早晚移文到爾家

又分韻得多字送杭東卿

飛樓突兀挂明河西北雲山入檻多絕頂危巢敧鸛雀

夾城流水帶蒲荷清商掠樹驚秋到明月看人奈別何
生撫佳辰懷遠道送君須待醉時歌

李後主寫生鶺鴒

毫素長供內殿歡隔江忘卻汴盟寒梁園花落秋風起
應作山頭凍雀看

張道士山房 正月九日冒雨過張道士碧雲山房蓋別十有五年矣剖柑命酒酌予夢鶴小樓追念舊游凋謝殆盡道士今年八十有一而康强如曩時奔走塵途者固不如閒居之佚也感歎之餘爲賦四絕

不到青林十五年長松垂鬣鶴成仙江東舊事憑誰話
坐盡銅盤一穗煙

芳樹青青二月時林扉街雨記吾詩紅塵消盡長安客
留得雲房老鍊師

十日連江雨不休雨聲隨處種閒愁寒簾欲待晴時去
不為春寒不下樓

徙倚詩成午照餘仙家宮府半樓居醉來也有回山興
自擘黃柑蘸酒書

舟中題畫贈錢員外仁夫致仕歸吳中

清泉白石舊成鄰謖謖松風灑鬢新行過溪橋須稍待
長安恐有拂衣人

三月晦前二日晚出城

爲惜年光自不支西樓誰唱送春詞出門何處無芳草欲倩東風住少時

郊行

淩兢瘦馬踏春泥雪後郊原綠未齊一抹午煙風隔斷野鷄聲在竹林西

七日寶應有懷

湖雨吹風洗暮煙渚禽驚浪逗行船舊時酒伴飄零盡莫怪春愁到客邊

古城驛

野水微茫斷岸平幾家相對掩柴荆不須候吏沙頭報驛站懸知是古城

北風

一路輕寒二月中水南桃李不曾紅怪來河朔春光晚吹過花時尚北風

入易州

萬壑風煙散不休放謌今日縱燕遊客程漫道無供給滿眼青山入易州

石門驛西

青山綠樹路漫漫四月春光正未殘只比江南少洲渚行人莫作塞垣看

老米店有感

層冰一夕塞河船記得攜家已十年鮭菜燈前誰共飯月明行店一悽然 明詩綜

詩答潔夫弟

池塘春草夜來生小謝裁詩寄帝城莫訝開緘鄉思劇客邊今日正清明

望岐溝

野水荒烟没斷橋欲尋遺老問前朝不因書記班師奏未必岐溝定屬遼 明詩綜

林正茂字宏治乙卯舉人丙辰進士官江西布政

贈洪道長重構文廟

雨澤虔威共使車江淮桔槁亦萌芽馬前山色搖旌旆
橐裏封章麗彩霞奕奕廟新崇聖化行行人止避高牙
憑誰更續埋輪傳竹帛光爭日月華泰州志

張承仁字一山

攜沈埸良才與芳兕登泰山

汗漫江山愧寂寥鶯花端合試晴朝一春强半還須惜
五日為期不待招客具祇應供海錯仙廚誰為炙山梟
欣從狂簡聽高論共吐長虹貫碧霄

登郡樓詩

嘉靖丙申郡樓成七月三日郡大夫裕庵陳侯邀郡博暨鄉士夫命酒登賞時同登者為郡大夫林思泉郡博士李東嶼劉良山吳巽風鄉士夫林定軒方伯華南晚光祿方玉山轉運冒南皋別駕袁方洲徐香巖李澄江進士共十三人

公暇相邀上郡樓元龍豪氣已橫秋銜杯興欲吞江海
作賦才應貫斗牛今古曠懷何處寄乾坤清氣此中收
擊空鷹隼爭飛急俯檻怡情羨白鷗

遊新城觀

此地今非昔日都暝煙和雨上金鋪百年樹色殘霞暗
一帶河聲片月孤畫壁音塵猶祀李舊家聲望合歸盧
廢興自是人間事仙術何須問有無州志

儲　洵字平甫，號平野，文懿從子。明正德丁卯舉人，辛未進士，由郎官出知湖廣沔陽州，晉福建僉事。年七十二卒，門人私謚曰貞文先生，崇祀沔陽名官、邑鄉賢。著有平野集、革除錄、江河伏流編。

先君耕雲之墅閒野趣堂，聲詩自娱。弟茂冉甫搆草亭，力穡之暇，頹乎觴詠，牽攬物色，儼可會意。洵童子時慨嘗釣游，因列述之。

雲溪草亭

莫測溪水深，孤雲宿溪石。不會風雨昏，為愛溪雲白。時坐草亭中，无心澹無迹。

尊灣漁釣

惻惻遠游篇，寧作懷歸客。手把瀟湘枝，趺坐風月夕。歸泉無尺鱗，玉璜照秋碧。

荻埭樵歌

雲寒沙溆明，水清荻花發。縈薈東荊榛，柔曼易翦伐。重惜松桂枝，丁丁斧聲歇。

雁蕩耕蓑

山枝鳴春鳩，萵葉青木刃。習風蘇泉理，旱凷得餘潤。且紓稰粱謀，磽畬畏秋饉。

茅山牧笛

王喬夜吹玉，龍吟萬壑空。靈蹤落叩巔，餘響流長風。林外歸牛近，閒情夕照中。

邊城村市

鼓角無城寂，牛羊秋壟殘。風帘出踈木，籬犬吠晨寒。坐飲田父酒，何如車馬繁。

店基曉渡

遠樹入西月，迴溪曼寒濤。役役未燎席，行見朝日出。棧木蕭葭叢，悠悠濟川術。

軍汊風帆邊城、軍汊皆張士誠故迹

躍馬已云沒，平川日蒼莽。及今海上漁，猶弄蘇州榜。向夕吹悲風，邅迴寄遐想。

蒲場雪艇

蘆花散晴雪，白蘋生秋風。蕭條溪水寒，不與山陰通。扁舟悵歸晚，雲暗冥飛鴻。儲氏家乘

海陵詩徵卷三　明

里人夏荃退庵甫輯

華湘 字源楚，號南晼，明正德丁丑進士，官光祿寺少卿

贈瑶湖王州守陞刑部副郎

文旌高揭促行囊，倚路梅花送舊香。事向眼前知造化，日從心上見羲皇。鷟湖一脉分流遠，魯國諸峯接地長。爭說高門先有慶，圜牆六月足無霜。州志

徐嵩 字小石，明正德辛巳進士，官順天

贈韓伴松 伴松邑人，精岐黄之術，嘗愛蒔一松，婆娑其下，故號伴松，著有休休樓集，惜不傳

董生有地多栽杏，子獨潇然寄一松。留與歲寒能濟世，不求標記活人功。州志

王　艮

勉友人處困

若得吾心有主張，便逢顛沛也無傷。寸機能發千鈞弩，一舵堪驅萬斛航。動靜云為俱是則，窮通壽夭只如常。願期學到從容處，肯為區區利欲忙。

送友人

數年心事一朝融，着實擔當樂未窮。上賴聖師陶冶力，下承賢友切磋功。悠悠歲月何時了，蕩蕩乾坤到處容。述此情懷期我友，莫將意見泥胸中。

初謁文成先生二首選一

孤陋愚蒙在海濱，依書踐履自家新。誰知日日知新力，不覺腔中渾是春。心齋全集

王　襞字宗順，號東厓，心齋先生仲子，自號天南逸叟，著東厓集。明詩綜：東厓隨父心齋之會稽，傳陽明良知之學。吳興沈桐贈之詩云：念子賢者後，至理早已融。譬彼三世醫，指授寧無從。詩其餘事，然如一室風過雨三更月到窗，好雨應宜早，扶花不恨遲，生雨新亭曉，聞潮落月時，老攜杖屨歸山谷，閒看兒孫種水田，亦有活脫之趣。

漫成

青春去何速，白髮將奈何。豈乏大藥資，而不棲嚴阿。擾擾苦勞生，所得諒無多。古人貴聞道，道在焉問佗。明詩綜

招虎墩北洋莊子

溪北溪南幾許程，不勝烟柳望中情。移舟待續花時約，燒燭徒聞月夜更。細雨啼鶯愁黯黯，空山伐木聽丁丁。

門前一派滄浪水，乘興還來共濯纓。

對菊

傲骨凌霜節最高，耐寒偏肯對吾曹。持杯笑撚吟髭問，風味先生得似陶。

述意

霜拂金鞍玉墜腰，雞聲催入紫宸朝。爭如林下抱清夢，月在半窗風影搖。東厓遺集

王　楝字隆吉號一庵

遊開先寺

乘興看山雨卻晴，芒鞵得得上山行。半空飛瀑真如練，四面攢峯不識名。石屋遠尋腰腳健，龍池閒憩道心清。登臺敬讀降王刻，無奈干戈百感生。臺有明翁紀功勒石時寇猖獗故云

月夜泛盱江彈琴舟中

水滿江千月在天，短篷輕下思怡然。光涵一色明如畫，雲斂千峯靜似禪。笑我揮絃成獨往，懷人欹枕意忘眠。明朝好訂姑山約，共了鴛湖未了緣。一庵遺集

李　湘明嘉靖乙酉舉人

登郡樓詩次韻

冠蓋初登近海樓，風煙新送半江秋。景延吳越疆分楚，星度婁奎宿應牛。囊底乾坤容我放，襄中風物任君收。漢皇前席恩方重，何事憑欄羨白鷗。州志

林　春 明嘉靖戊子舉人壬辰會元

答薛石屏

遺我以古琴清音越且長遺我以古硯筆陣生輝光古琴本無絃雋永味足嘗古硯背有紋捫之堅且剛愧非淵明心徒言祇自傷把酒不能撫浩歌發清商愧非金石質投筆增慨慷貞靜自獲壽柔脆胡以臧何時得斯意抱琴坐君牀言念君子交膠漆安可方何時緘君書同心試與將言念君子度千頃其汪洋

隨駕謁陵望功德寺

招提望北極羸馬怯途長古樹依僧定青山笑客忙麥

苗經眼碧花片點衣香自慚陪法駕敬職誦無荒

早朝

長安月色馬頭明遙聽雞聲滿帝城綠樹陰森溥早露翠幄重光瞻拜近肯將舊學負初心

夜宿天竺

日暮依僧部外家入門長揖見袈裟金蓮止水流雲影寶樹清風透月華若信此心隨處足不妨游目看來賒

同行莫厭來遊晚霜醉楓林半作花

飛來峯

松林斜日落餘輝石洞中虛古迹遺峯說飛來寧有翊水有流出自忘機忠懷武穆空餘井靖愛逋僊尚有詩逸興不妨歸路晚且移禪榻了心期

聞邊警有感

敵騎長驅薄太原近郊煙火半蕭然魚麗作陣連秋霧月暈侵圍入夜天紫塞謾傳三戰捷黃河寧洗萬夫冤還思頗牧嚴刁斗不羨驃姚繫頸旋東城集

沈良才 州志：沈良才，字德夫，十六游庠，寔甚。時富民劉欽出粟賑諸生，獨卻不受。直指李東校士首拔良才，徵學官為備禮冠婚。中嘉靖乙未進士，由庶常官給事及都吏垣。值上以祝釐相分宜，疏論其貪污，茲論不宜驟膺簡命，未報。已而丞廷尉，晉少卿。虜突入畿，轉烽火徹齋宮，上怒，下丁司馬汝夔獄。良才與司寇都御史傳輕比，失上意，杖之庭，幸無恙。以御史大夫建節鄖陽。四方亡命刀耕火種，礦徒白日行掠，良才寬縱省刑，編戶安堵，而勸習屢下，士分布要害，出不意禽斬渠魁，諸脅從咸與赦除。歲大祲，發郡國倉會以賑饑，全活甚眾。陟左司馬，佐其長運籌帷幄，每會赤白囊奔命口日應之如響。時虜駘籍東南，天子命良才視師趣治行，柄臣趙文華自以疏請往，嵩附會他事，遂罷免。最後家孫道隆以夔州別駕考滿赴京，上書訟祖生平忠直大概，下冢宰議，具如言，為復原職。梓有文集十卷，沖夷多致，及讀奏疏，所彈射宜權貴耽耽側目矣。

池亭對弈壽周獅峰都憲詩教次韻奉答

結廬傍鍾麓端居謝囂塵秋光淨庭宇池上芙蓉開剝
啄聲在門高軒花下來兒童驚此客無乃廟廊才兼葭
倚瓊樹鶏黍聊追陪魯酒不盈杓玉山何能頹一局暫
游衍八陣生風雷蛛絲與蜩甲役心徒纖埃得失兩欣
結此意誠悠哉
繁霜萎羣卉忽覺秋氣臨鴛鷺服鹽車遠道何能仕仰
止濂溪翁究若南山岑一見即傾蓋同心期斷金性拙
寡所諧荷君日相尋貽我陽春曲雖雖鸞鳳吟滄波起
宿鷺翠竹鳴間禽古來忘形交芳名流至今願言各努
力江海同沈深

次小石山樓成

名園負北郭窈然花竹幽引泉通曲沼疊石成高樓棟
雲飛燕雀巖霧隱龍虯憑虛對南山吊古懷東周長空
一縱目萬象皆兼收靈籟鳴松杉寒鴉噪城頭豈惟豁
孫悶亦足消杞憂冠蓋日過從琴尊恣淹留榻因徐孺
下轄為陳遵投揮塵吐雄詞朗朗諧天球明星掛屋角
新月生簾鉤情忘略賓主戲劇爭盧闍四壁張華燈追
歡夜未休朱絃雜瑤管綺席羅珍羞人生貴適意身世
如鷗浮樂哉安石翁高卧東山邱

聞邊關有警

朔方八月秋草肥雲中突兀彰邊威千羣萬落不可數
惟見萬里紅塵飛羽檄星馳報主將細柳營開列軍仗
寶刀初試黃金裝鐵騎驚看新虎鬣翻身上馬意氣豪
坐論卻敵如秋毫臨戎對壘不敢動徒云守備誇旌旄
令嚴成久軍士苦反使兵驕猛如虎回軍謾唱凱還歌
論功列宴陳仙舞東南膏血輸備邊豈知一飯羅萬錢
國家養兵意何在卻令此輩欺皇天如今長城不可倚
貪婪之欲真無已芳草綠遍湟中田空使英雄涕如水
廊廟惟懸西北憂相臣日夜生邊愁古來擇將為上策
轉移民力歸田疇

吉祥寺送客歸過少巖夜話有詩洛答

送客來山寺，穿林破野情。機忘愛僧靜，春淺覺寒輕。佛日明虛殿，煙花滿近城。歸時忽相憶，徑訪不須迎。

鐵瓶草堂爲同年馬竹理題

卜築憐金谷，移居傍鐵瓶。堅貞存百煉，瀟洒足三靈。楚竹環溪綠，吳山擁戶青。乾坤隨俯仰，生意滿君亭。

與青蘿夜飲歸馬上口號

歸馬鳴霜轡，胡笳動晚城。流連高士飲，珍重古人情。丹闕梧桐老，清江草木平。莫將鳴鳳巽，閒伴野鷗輕。

贈馮南淮之茂名

盛世收英俊，憐君作逐臣。青蠅亦何事，白璧本無塵。花柳三春楫，江湖萬里身。滇池終奮翼，切莫賦思蓴。

栢高宅同賞牡丹二首

春日符卿第，清罇偶共開。花迎晴日麗，香逐午風來。上品憑誰譜，孤根每自培。繁華歷塵俗，幽賞夜方回。

憶侍承明日，同看上苑花。黃封開賜酒，紫笋薦新茶。瑞靄浮瓊幄，香塵散玉車。春光原不異，斜倚石欄誇。

秋日郊行

疋馬西郊試野行，紅塵飛盡碧天清。山浮翠色連雲樹，雁帶寒聲度晚城。滿地桑麻忘帝力，千年宮闕樂時平。

海陵詩徵　卷三　十一

野情似鶴秋來健，風翮稜層欲萬程。

花朝

春衫初試綺羅輕，客裏佳晨景色明。節序百年驚過鳥，風光二月囀流鶯。已窺柳眼知消息，更向花神卜雨晴。回首上林紅紫合，□□城□□□□。

奉壽一山翁史母舅七袠

喜逢初度正清秋，甲子輪回倍十籌。海上遙迎青鳥信，山中惟伴赤松遊。傳家甲第三朝盛，持斧聲華兩地收。遙憶紫薇稱慶處，極星高拱瑞雲浮。

春日草堂讌集鴻山學士贈詩次韻

玉堂詞藻駕長卿，筆陣能攻五字城。遠市盤餐留客坐，隔簾風雨送松聲。煙籠弱柳三山暮，荷淨方塘一鑑平。昨夜文星聚東壁，草堂時見慶雲行。

鄖臺有牡丹二株，隸人云植雖久而未見花，今年盛開，喜而賦詩以貽後觀者

遍地瘡痍費撫綏，不知春色到天涯。憑欄忽喜花驚眼，報國翻憐鬢有絲。露浥檀心生瑞馥，日融紅雪散仙姿。追思鳳閣芳菲處，卻似鄖臺對酒時。

晚遊南岩

路入南岩景更幽，憑虛高閣迥生愁。雲疑石檻詹疑動，

海陵詩徵　卷三　十二

雨過松林碧欲流別澗泉聲時細細隔溪禽語晚啾啾
道人指點神仙跡煙鎖荒臺滿目秋

次上溪韻

南北邊疆日枕戈還家又見賊經過孤城嚴戒朝鳴驛
弱旅催征夜渡河推轂有誰紓國計撫膺無術起民痾
海鄉處處烽煙急極目江天聽戍歌

賀劉白川海防平倭

憲節驅兵到海灘堂堂一陣斬樓蘭旌旗色淨江淮霧
鼓角聲生草木寒滿目瘡痍沾沛澤一時朝野胥騰歡
吾儒英烈真堪羨談笑風流比謝安

夏日陪家泉憲使省耕次梅樓侍御韻

憲使巡農出郡闉人人爭羨古風還晴開阡陌旌旗靜
露浥桑麻鳥雀閑報國每存心耿耿憂民時見淚潸潸
杞人牘有江湖念此日臨流一莞顏

次方洲韻四首之一

風塵廿載暗貂裘拂袖歸山訪舊遊從此閒情付鷗鳥煙
波到處一漁舟

次上溪韻二首

故人相見自怡怡共話風煙未靖時卻笑龍鍾老司馬
一身無補國安危

頻年奔走闕晨昏解綬歸田及暮春戲綵吹篪隨分樂
五湖風月伴閒身

贈馬石渠尹長葛

嘉靖辛丑京師大旱石渠將行請言爲別遂書
此贈之詞雖不工意亦篤至思所以救旱則知
所以恤民矣治長葛也何有

烈日蒸火雲赤地數千里九重宵旰憂祈禱徧羣祀吾
聞河東郡災旱亦如此黎庶日蕭條征輸殊未已平生
霖雨心乘時思奮起慎勿厭牛刀郎官應星紀

哭徐文小石

予少石翁二紀辱不棄爲忘年交翁守郡時予
已登進士立朝繼而遷藩臬周流晉楚之間拜
中丞巡撫順天則予爲都諫矣翁薊鎮被誣顛
末予知之獨詳中朝縉紳咸冤之其章奏在秘
府者是非皎然人不得而知也翁重厚長者絕
口不言予故篇中及之俾觀者知所考云

內外經營三十年甘棠隨處口碑傳祇期直道酬明主
誰意流言逐大賢白璧點蠅難掩潔青天浮翳豈虧全
當時下石人何在重檢遺編一惘然 鳳岡集

徐麟 明嘉靖戊子舉人

登郡樓詩次韻

公暇同登百尺樓松濤翻動半天秋江南客子初聞雁楚月征夫不佩牛蓉媚小塘秋水静樹藏宿靄晚風口凭欄一笑乾坤闊鷺起沙汀幾白鷗 州志

淩儒 字真卿號海樓明嘉靖癸丑進士官僉都御史著舊業堂集

冬夜與幼名德仲少坐

歲晚役車休乘閒枉高躅俱爲勢外交共濁尊中渌良讌薦嘉魚清言秉華燭冬遊興不淺看山及新旭

原上即事

睡起澹無營高原策杖行孤雲天際没獨鳥水邊明口動春奔急煙浮夕棹輕寂寥歸思逼明日上吴城

寓南莊

避俗郊居過新秋爽氣多墟光澹孤里江色亘長河懷學陶潜醉翻嫌甯戚歌百年天地内還守舊山阿

雨後見餘花

積雨銷春盡殘花曲徑中泥深鳩杖懶囊澀蟻尊空冶態辭芳歲深心托老翁百年風韻遠還放五湖東

病愈謝官克昌

世事看來破人情病裏真每勞青眼客頻顧白頭人暮齒逢奇數餘生待好春夢回還自喜色色覺俱新

晚别

竟日來山郭秋高興轉深江流喧暮鼓霜葉落寒砧白首黄花約孤舟萬里心行行歧路别燈火出前林

田上觀秋

辛苦事南畝窮日不知歸水上春田足秧分早稻肥墟
煙生暮壠夕鳥下山扉生事此中盡初心幸不違

小疏自陳謾述

清世何當久濫竽一封天上乞歸歟攀龍騰躍清冥遠
獨鶴昂藏白露疎馳騖老羞千里足寂寥閒愛一牀書
還將餘力耕南畝歲賦官家十石儲

題舊業堂

投佩歸來不記年草堂猶自檢殘編閒看白日西飛口
靜結青山老去緣問字錯疑揚子宅撫琴空對伯牙絃
午窗寂寂無人語一榻松風夢葛天

西莊落成九日對客三首之一

招尋鎮日共徘徊半畝宮成數頃開山色空濛當檻落
水聲淡疊抱城來佩萸歲歲淮南酒吹帽人人鄴下才
高興憑陵殊未已獨扶藜杖強登臺

睡起倚門述懷時里中錢亂甫定

啼鳥聲中春夢銷靜來翻覺向來勞枝頭紅杏花空好
江上青峯山自高九節暫拋王烈杖一揮謾試呂虔刀
柴門此日驚塵定獨立長風吹鬢毛

冬日即事用呈戴全光

海上星軺歲暮還馳驅暫歇草堂安山口口口口口口

野樹煙籠十月寒性僻苦吟霜夜短身閒口口海口口
比鄰況有江淹在瑤草春回擬口口

午節過荒園邀劉子瞻唐宏業諸丈

山青雲白海天高病後逢時興轉豪斗酒悲歌酬楚節
瓣香孤憤讀離騷傍檐鳥雀喧廚果當路藤蘿口野口
此日池亭須酩酊滿山風月屬吾曹

自賦

歸向滄洲二十年息機閒傍白鷗眠空濛山氣朝口口
酒瀝溪聲夜聽泉對客題詩留草閣得錢沽酒醉江天
餐霞自試無靈骨聊作人間一謫仙

羅浮山在郡治之北相傳爲僞吳張士誠故壘

浮山滄海自蓬萊誰爲分移此一坏岸草有靈波不没
渚花無恙鳥頻來空潭月出魚龍卧舊里風生虎豹哀
一葉年年秋水上滄浪幾曲棹歌回

二月九日趙真定校士行次涿州

旌旄高捲塞雲開颭颭春風涿鹿來八郡英雄口口轂
百年陶冶愧非才孤城日落星軺疾古驛吏寒畫角哀
回首長安剛百里幾番歸夢到西臺

病目懷幼安

鬢毛零落眼模糊山色遥看似有無花口口口口口口

命宮三日酒星孤卻憐壓世埋荊璧翻怪波□照□□
青白看人懷阮籍一尊還向竹林沽

讀劉道長封事

春江閒伴白鷗眠偶讀遼陽疏一篇國是欲明黃閣下
天恩還賜紫宸前片帆川上清風滿匹馬城頭□□□
十載疎狂霄夢斷對君猶自淚潸然

自題海樓書屋

萬卷牙籤插棟齊草堂開向小湖西且拚歲月□□□
獨許川原醉裏題一片晴雲當檻落數聲好鳥□□□
小山不是桃源處市遠林深路亦迷

海陵詩徵 卷三 十九

題小西湖

半頃波光落鏡湖春風歲歲長菰蒲雲雷不動龍常卧
簫鼓無聲鳥自呼柳色遙添山閣碧月明深映草亭孤
乾坤閒地誰爭得留與詩人醉一壺

秋燕

搖落西風暑欲收雙棲梁燕動新愁穿殘簾幙□水雨
剪破池塘七月秋人世往來雲忽散年華代謝水空流
煙花回首春明日還傍元龍舊卧樓

過徐園分花因懷石翁一首

珍重名園幾樹花短枝移插野人家涵□□□□□□

玩世亭飛紫燕斜幽意漸添鄰舍色芳容定□□□□
殷勤獨憶中丞老對局常呼夜半茶

自述呈友人

十年海上事春農煙水無心處處逢藜杖日隨孤棹往
蓬窗時啟亂雲封逍遙恍學莊生傲老病非關叔□□
細向平生數知己青青岩畔歲寒松

病鶴

長鳴沖舉早知名此日昂藏太瘦生白雪漸看翎□□
丹砂未許頂能成影涵煙水秋江老夢落松林□露清
回首風前還起舞依然雲路九霄輕

海陵詩徵 卷三 二十

鄭州道中述懷

蒼茫暮色上堆煙攬轡空城思黯然飛蓋影搖官樹裏
吹笳聲落戍樓前衰同老馬懷千里愧比香芹獻九天
檢點行裝無長物昆吾三尺舊龍泉

寓報國寺

院深風靜鳥聲清幾樹繁陰到廣庭布被暫尋高寺宿
蒲團聊結老僧盟薜蘿不上紅塵色簪笏難忘白髮情
萬死君恩無可報還期寸簡答昇平

送奎老還莊用舊韻

為愛青山敞夕扉短筵高燭對元暉拂□□□□□□

開匣驚看紫電飛白髮人閒留我在黃花江□□□□
殷勤何物遺衰朽啄黍場頭雞漸肥

龔公祖修完沿海河工賦此誌謝

煉石空聞欲補天坤靈親鎮帝堯年製鰲東海任公□
授簡滄江使者傳水國稻花香挹露沙隄柳色鬱□□
功成不獨關民瘼財賦東南倚濟川

早醒

疎燈隱隱聽殘更帳轉牀頭百慮生信是老人□□□□
屢呼童子問天明

夜雨損麥

漫言平地欲成河隴麥波翻一夜過痛撤吳城人千萬
哭聲還似雨聲多

喜晴

芳郊風色散新晴多少遊人江上行老恨積陰銷鬢短
一壺今日出春城

送近翁江魚和韻

倚闌烹鮮醉夕天長安回首望幽燕萬年寢廟開春□
千里帆檣送使船玉筋不緣天上舉雪鮮那得世間傳
野人一味賓筵獻看取高懷中聖賢

生日袁壻應舉邀飲詩謝以謝之

短袍白幘戴堯年草木山中人一年時以採薇□□□
日困沽酒檢囊錢身閒不問人間事行健還疑地□□
歲歲懸懃煩王壻錦筵紅燭濯新泉

韓伴松邀飲時大雨生凉喜而賦贈

對酒松陰日未斜龍鱗香散半天花水泉長伴神□□
風雨俄來柱史家滉漾瓶開姑射露庸纖標□□□□
還廿疑得韓庚訣七十相將鬢始華

臘月望前一夜與君仁子厚對酒

寒宵客至促飛觴殘臘無多秉燭忙江郭史籌催漏箭
草堂明月帶清霜嫌將美服招人指笑取新詩換酒□

回首西園春事動又陪花鳥競年光

寒夜儲幼安劉子厚對雪

對雪談詩興亦豪百年南斗見吾曹乾坤一笑開新酒
風雨相看戀舊袍雲薄晴籠江月白庭空倒映海天高
獨憐皎皎明雙眼不畏寒光欺二毛

出謁後留友人小酌

朝隨匹馬走南川夜對群龍敞北筵忙處昏昏閒□□
疎簾高捲看青天

柬儲雉麓

獨倚棋枰銷白髮更將詩句答青春琴□□□□□□

杖履翩翩有故人

燈夜同近翁集王磐石宅

燒燈張樂列瓊筵憶昔風流已十年顧我顛毛全老矣見君庭柱尚森然銜杯欲問口中月吹角能銷海上煙取醉不須愁夜禁四門鎖鑰在牙前 按公有題王將軍磐石庭中雙口口詩

舊業堂集

宮永建字克昌號恒山明廩生

秋日登望海樓

新秋氣爽碧空澂高閣平臨極目清夕照半銜城堞影天風多挾海濤聲黄花景好憐張句白雁聲悲口口口烽火只今猶在眼乘風誰為斬長鯨

淩海樓邀賞牡丹即韻奉答

名葩自昔重花王錦蕚檀心簇繡裳似為昭華口口口豈緣近侍競新妝渴羌對酒心先醉老眼看花興轉狂我愧夢中無彩筆等閒辜負好春光

渡港口舟行田中水勢如海有感

輕舟一葉渡前村濁浪掀天白晝昏萬井不聞蒔穲稏幾家尚自筭鷄豚歸巢舊燕應尋木墮口口口口口魂目擊瘡痍勞撫字時艱人始識君恩

倭警

堂堂正朔暨遐陬溟渤烟銷二百秋豈謂島口翻口口卻煩王旅渡龍湫東封港漫漢罕元非策屬國顛危更可憂安得劉侯仍秉鉞 劉都督○江大破倭於望海蝸斬首二千餘級 樓船橫海樹勳猷

和王龜齡韻

秉杖遙看雨後山山中雲出翠微間道心不逐浮雲去

雲自勞勞我自閒 理學公遺稾

李存文 明嘉靖辛酉舉人乙丑進士

選館讀臣鑒詩

六位乾坤正皇明御萬方公車盡時哲妙選屬賢良聖祖垂風訓經綸煥日光去貪懲墨緩崇雅詠羔羊晏叔堪流範田蚡已濫腸鴻文懸琬琰鳳藻並琳琅覆轍仍當戒高山詎可忘今皇光柬籙薄海慶垂裳雨露滋羣品雷霆震八荒巖廊環稷契郊遂屏張湯眷想超元覽天恩錫衮章肖躬思報國撫卷效勤王攄赤傾葵藿懷恩愧稻粱兵期千萬歲載筆頌時康 州志

王之驥 明嘉靖庚子舉人丁未進士 王陳策之子

吳陵竹枝詞

菖蒲溝頭水濺濺，蓮花池上月娟娟。金盤擬薦銀絲會，隔岸催呼白小船。

約郎載酒賞春臺，郎跨青驄得得來。笑指鬢邊春信早，隴頭先折一枝梅。

金波一里長菰蒲，浪打飛花溼繻襦。貪唱採蓮渾不惜，蘭舟蕩入小西湖。

秋風原上百草肥，公子城南射獵歸。桃葉馬飛珠作勒，蓮花劍舞玉為衣。

風搖雜佩玉玲瓏，橋畔金車處處逢。女伴燒香來赴約，含羞同禮碧霞宮。

蒹葭一帶小溪斜，紅簇籬邊散晚霞。知是吳陵二三月，家家分得洛陽花。州志

海陵詩徵卷四 明

里人夏荃退庵甫輯

劉清 號西郭，明萬曆時歲貢，官浮梁訓導。少負奇節，時里中林東城講先儒心齋之學，清北面師事林，教然以見知自許，於是從清受業者甚眾。子宏，字成，進士。

題壁句

琴到沒絃應和寡，笛如無孔豈容吹。州志

劉希文 號巽齋明萬曆時歲貢生官長洲訓導與劉萬春父希周爲弟兄

夜宿新城觀次韻

厭聞車馬到騈闐幾見桑田有變遷無計煉形逢絳雪
何從慧悟出青蓮祇爭名利飛蜉羽一任浮沉泛葉船
信宿仙宮清夢寐卻疑身在白雲巔州志

劉萬春 字廷之明萬曆丙辰進士官浙江右參政

安定祠銀杏樹

薰風下天來吹我凌空衣睇此千年樹欲去還依依槃
陰沁詩骨靜宇發天機安得北窗間羲皇謾同歸

書王武小西湖畫卷後

惟有西湖在錢塘練光黛色何微茫煙拖楊柳千堤翠
風漉荷蕖十里香側身南望隔楊子無因飛渡六橋水
平生曾識兩高峯夜夜神遊清夢裏吾鄉亦有小西湖
泰山之麓城西隅蛙鼓隔林空積蘚雁沙連野剩殘蘆
寧知得遇來陽伯身作江淮天半壁載疏載瀹追禹功

頓使湖波依舊碧碧流如帶叟如環臨賞真同濠濮間
宛轉橋通仙舫過菁葱樹待美人攀畫史王郎稱好手
筆落水綃堪換酒他時攜向越中行還能彷彿西湖否

登泰山次張一山韻

封禪無書望秩遲尊稱帝時自何時三台斗極登方見
四序機祥候始知圖蔣山青遙上堞江淮漲綠細通池
軍威道脈今安在弔古憑高幾賦詩

登望海樓次徐巖泉韻

落日憑欄望眼開蒼茫氣色接蓬萊千家井竈孤城合
萬里帆檣一水迴不見秦鞭驅石去空聞漢弩射波來

即令過客知多少可有元虛挾藻才

遊新城觀次張侍御韻

僞吳當日此稱都匝地曾經錦繡鋪古木寒煙鴉影亂長天秋水雁聲孤羽衣笑傲頻揮麈酒伴狂呼每得盧幾度來遊生感慨繁華畢竟屬虛無州志

海陵詩徵　卷四　四

王相說字懋阿號鞠畋天啟壬戌進士官湖廣參議著趣園詩

北固感懷

江上高山山上樓望江南北思悠悠何人肯念吳民苦幾處能分聖主憂千古英雄帆過岸百年翻覆水成洲相逢且盡登臨興莫把閒愁送白頭詩觀二集

海陵詩徵　卷四　五

宮鍾嗣字負吉號鷲鄉崇正丁丑進士官廣東羅定

定興況烈婦詩 女時猶義歸其一 婦井 三

一將軍降鮮覩誰道前期遂馬嘶向日無光春霧深

幾多巾幗愧鬚眉節藏顏此七人軀可能俠烈門深閨

天留元節植扶輿婦姑相從姊妹隨心皎水依依義

并流芳此一時嚶鳴上騰冀上之碧落下瞰無下之清

緣總此精氣盪鬭獨來獨往與世相維迹奚返聞者

惻想憑生有盡命不衛當其含笑以赴視死如歸方

且晝乾坤以不朽何有乎人今日之惆悵與嗟嘆詩二觀

九日登君山有感

片石崎嶇倚素秋雨窗晴態望中收春中城郭樹花搖

平楚江山日夜浮漫說仙槎通碧落閑看寶帕散銀漚

他鄉更苦渾無那郢手擅誰來一唱酬

淮上晤又道鄰

蕭蕭宦檄擁青萍自顧頹顏愧此生歸六未遂酬國士

集群何計慰編氓幾番宵旰勞明聖是處瘡痍想太平

我輩年有心應不識誰中伏櫪老驥荊

王鞠劬東寧西川殿甫詩以勸駕步韻

別墅寧能臥謝安時艱特借甚文冠建牙自識君恩重

叱馭能教驛路寬烽燧樊煙餘繡斧陽春有脚行雕鞍

劍關錦水經行處雜蜀書成取次看

季子小有卜居海陵

鯨飛翔落幾千年誰道塵寰有謫仙字說文章垂後進

獨留風骨邁時賢浪跡求似應同調詞如君者肯復傳

聞說蓬萊又清淺同揩老眼看桑田 中憲公遺稿

劉懋賢字愚公明天啟丁卯舉人著簗庵詩

祖命林公紫元孝感汎舟西湖乘月過荒廬小酌

息影入春嵐流英照園圃林花覺我閒霽月紛相布睞息定禪機孤鐘啟清悟煙青鴻渚閒水白導魚路誰人移畫舫衡彼高林霧循潭悦空性因之散林步返駕攢陶眉草樹復糾互啟扉夜色靜竹香侵衣襟風期鑒各真笑談逈如素靜體峙巒岑浩歌吼庭樹遑知煙水外赤羽橫塘渡風波不可涉盟君指鐵墓

題春雨草堂

別業橫塘曲相招野鶴羣塢深天失曙林逈葉留雲衆

雨傳花氣微曛射水文因之理瑶瑟户外任紛紜

題就園

幸有煙霞共予懷未渺茫千峯隨月載半榻度溪香草樹沿堤變山雲帶水涼遥遥槎上客聊爾聽滄浪二集

水月庵贈愚微上人

繞城迂水徑曳杖叩禪扉此地遠塵俗所言皆道機悟來參鳥語意往送雲睞即此深山是翻經照雪暉吳陵國風

沈復曾字大復號林公諸生著旦園詩集

鄭孝威曰啟禎之間海陵風雅一派幾於響歇林公起而聿倡正聲後乃彬彬蔚起扶衰振雅之功不可沒也

州志沈少司馬冢孫復曾字大復明諸生工詩

乙丑仲春同孝威諸子合社小集即事

終風飄初旭芳躅發江城令日池上酌禽鳥相趨鳴緑莎緣曲圃白蒻抽新榮岸日浮陽鯉園柳調倉庚招我塵外蹤締此邱中盟三益望石友四始聯金聲山厨供短簌濁酒瀉銀罌夜午不知睞逸爵聞喧爭人情愜所戀況乃衰白并清夢餘春草明月被柴荊

水南汎舟

伊人結高栖古陂薄城衍晴日亂鶯花池陰落層巘水竹不一方煙雲時在眼遥鐘林谷靜一樹櫻桃暖輕鯈跳飛沫詎識春流淺林水坳堂間芥舟未為褊夕鳥下疎煙客口落花滿

同李平菴夜話酒闌不能下乃作歌三首

世亂驚吾在林栖共爾愁乾坤殷戰血江海劃分流泰哭蒿城上商歌黍谷秋戈船卧霜甲白日葬悠悠

誰信桃林甲西征杳不還關河迷紫氣輿馬泪闇顏落日邊聲急春城古道閒書生工涕淚空對蕨薇班

不識浮槎信蒼茫澥氣昏煙檣驅陣鳥星使斷河源石

路盤雲細風江盡日喧山青烏鵲喜獨鶴自高騫

得郭夢原孝廉書因憶陶使君

孤雁寒雲外澄江落日低故人千里目片紙萬行啼鬢髮先霜雪州原厭鼓鼙風流今日盡魂斷武昌西

四月朔夜雨

蕭瑟檐前溜風譙點點酸三更愁不寐四月雨猶寒口木蟠深霧荒燈語夜湍那知春近遠花向隔宵看

將西同詞臣孝威賦

短衣商歌疾驅風此散裘地形趨碣石山勢折河流雲葉隨征鳥春祠憶射牛東南銷王氣立馬向齊州

蕭條悲物役北首指河山路出雲霞外風生虎豹關城荒尋兔苑木落見秦關憑弔千秋事縱橫客未還

讀黃眉房江上吟感述

誰尚中原碎唾壺扁舟雪涕去江湖康王城小秋風落謝客臺空夜月孤拔劍一呼天地老飯牛繞唱海山口聽來又似秦廷筑慷慨樽前噪灌夫

早春懷鄧孝威邗江

昨在邗河草堂靜坐臨風雪不開門比來客到真相憶況復梅花暗撲樽隔歲魚書傳頻曲三春柳色黯陶村何緣便作飛蓬轉薜荔園荒爾斷魂

送龔太常芝麓游魚

孟夏邗江送客楂林塘晚色動雲霞鳳簫雙倚燕臺月綵筆重分上苑花寶鼎歌成祠太乙櫻桃躲龍自官家梨園子弟舊相識一曲清平歇暮笳

秋日題長鏡上人浮玉山巷

岩嶤飛閣倚嵯峨絕壑憑陵晚吹多北走大荒分楚口南通百粵出山河千年草樹深江雨落日魚龍起夕波最是漁人輕雪浪煙蓑不避白黿渦

四天澄碧水茫茫此夜招尋宿上方石路漸深山市遠禪關長閉海雲凉鐘鳴下界晨煙白棋唱空江晚霧黃

慚愧飄蓬許允度欲將清夢付滄浪

寒食郊行

戰哭頻年痛鼓笳揚州兵後滅繁華龍蛇火斷春三月桃李花飛雪萬家隋苑有臺空繫馬蜀岡無樹不棲鴉攜樽且踏王孫草何必招魂倩景差

高沙道中

閘口奔流爭渡遲黃頭駕船赤汗垂襄陽估客鬢如雪愁對青湖白鷺鷥

五月繁霜客枕寒湖村風雨況漫漫顧郎春社桃花酒的爍青珠瀉露盤

雨過紅橋風緩吹溪光斜影綠絲絲篙師笑指西溪路
劃碎溪東柳一枝 初集

白英過山齋夜話

宿昔念幽遁宴息思空巖背流結高樓寫馬華樹巔廣
川延素月浩淼驚飛泉投杖憩雲岑修晦曠墟煙遠懷
托樽酒良覿徒見牽眷此平生歡寧甘塵土捐臨風一
披襟申締郎中緣
郎中有鳴琴悲風颯以淒浮雲渺天末佳人杳何期之
子抱沖襟信宿寒河湄握蘭思莫展折麻徒見嗤鷺鳳
翔雲中顧此墓門鴟

江上晚霽

雨霽暮潮收春江靜不流一峯當鏡出萬頃薄雲浮谷
鳥亂空翠巖花高自留沙平人語碎漁市滿前洲

銀山庵秋眺

水落沙痕直天清鷺影高長年此山閣永日入風濤青
郭雲迷繞懸崖石不毛臨觴忽不御江上滿鉦鐃

登南山寺塔

寂寞前朝寺幽廊上蘚苔片雲常帶雨落日更銜杯楚
甸入煙淨長河樹杪回茫茫今古恨惆悵幾登臺

和水月庵壁間韻

凋凝空雲物驚啼午漏清人煙分水市花影落山城池
潤多秋爽林高散夜聲諸天非色界霜雪沁珠明

園居望曉青不至

長日園居為近君門前蟲語竹紛紛涼風落處驚秋葉
片雨飛來是水雲良讌無多思往事清時能幾尚離羣
相看只有城頭月濁酒枯魚坐夜分

初秋聞警同孝威呂公克章限韻

大江西望極吳天戰艦雲旂入暮煙正想六龍飛絳節
並驅千騎獵春田悲歌敢托南山賦風雅還思大歷年
最是清笳吹夜月撩人幽恨不堪眠

江天黯黯白狼孤明滅霞光送落鳧澤國幾年銷戰伐
野人何處覓江湖秋裳共約蘭為佩雲蕊新炊米是菰
折柳金城莫惆悵河山終未渺黃壚

孝威移家秋實園即事次韻

才子高齋傍水開滿庭竹色覆蒿萊荒山繞郭雲生戶
野壑無煙月到杯木落不知江雨過風微猶帶澤鄉來
狼煙徹地驚魚鳥羨爾郎園閉綠苔

登狼山

十年清夢寄滄浪偶為尋僧過白狼野水如煙淩古寺
斷山拖翠倚斜陽快臨覽閣雲霞曙不盡波濤日月黃

草樹淮南青未了蒼茫獨立數睐航

曇上人精舍是攝山絕頂

繚繞丹梯取徑危鍾雲環抱楚雲低諸天過雨金銀色
絕壑連陰虎豹啼海氣似搖雙闕動江潮直帶萬山西
飛泉百道松千疊曾是支公結夏棲

江夜

一葉青蓑十里波夜深人唱打漁歌月明如晝水如碧
野鶴叫空清露多吳陵國風

宮偉鏐字紫陽號組弦明崇禎癸未會魁官翰林院檢討

有懷陳太僕皇士

甲申正三月風沙變朝昏君為長安遊顧我長安門車
馬塞行路僕從何繁喧意氣生虹霓握手盡華軒清卿
世所羨君情託帝閽豎立肯後人豈料事更翻潔身希
仲連載筆聲還吞一別承明廬畜德在家園商歌答金
石結友半邱樊我欲攜牛腰丹黃聊與存浮雲蒼狗幻
威鳳青冥騫立功會有時潛確道彌尊

響山詩

何處響山屋相期卧隱過大都車馬少應為竹松多淅

瀝閒竽發嘈吰答浩歌五更殘漏永起舞一婆娑

園居和沈林公韻

青楓白雁晚塘餘憶別承明第幾廬几上僅存高士傳
橋邊半築野人居迴回絲筆聲情壯顛倒清罇禮法疎
馬首長安何處是茂陵風雨卧相如

龔芝麓前輩招飲水閣

舊京芳樹自何年客夢平蕪歲序遷遂有好懷憑蕙葉
時移清影付花箋千秋抗疏嚴檮杌一夜吹簫泣杜鵑
遮莫彩雲容易散邂君同上若耶船

春客長千王元倬招集陳階六寓園時寇姬白門

在座

子夜層樓悄夢寒一春心事向人難才非救世官多誤
客有閒愁吟未安腰帶半同青鳥瘦淚珠時共美人彈
相逢擊筑吹簫士握手離亭仔細看

題姑山草堂

長安馬首狎征塵知己天涯賦潔身可有餘春留勝地
却教斯世署遺民花谿歷亂逢樵客石磴斜通理釣緡
松桂未凋猿鶴靜百年吾是舊綸巾

白門偕諸公齋話述懷

全戚全甌自壯年相逢銅馬淚珠濺日邊鴻鵠翔千里

澤國魚龍闢百川司馬鸛鶴衆歷亂謝公鵑鴂辨蹁躚
朱門漫引蓬蒿侶側耳鳴鷄悄自憐

燕地述感八首

題詩碣石問冥鴻亂日登樓賦轉工白首誰憐青海暮
浮雲不辨夕陽紅故園歲事滄江上京國烽煙驛路中
易水舊稱遊俠窟悲歌何計付秋風

燕吳狂客舊名齊京洛交遊酒自攜香草漫吟青玉案
新莊應號浣花溪畫橋宛轉扁舟入平楚蒼茫小閣低
入望煙沙才一抹何來書札半金閨

幾回清夢到梅岡驢背行遊靜晚塘逸客單車辭魏闕
羣公匹馬向河梁天連楚澤吟芳樹路轉淮陰駕短航
寂寞軟塵懷故國自從桑海嘆蒼茫

何人招隱問康琚興在青牛薄板車十載浮沈燕市駕
九秋搖落鹿門居船迴濟北青楓後客至淮南紫橘初
却憶明年花放日小園沽酒荷春鋤

當年聞道此南征中夜聞雞到舊京路近白門飛馭入
人從朱衎避驄行黃金裘馬青雲色白首漁樵落日情
猶憶補鍋箍桶客一時星散感飄萍

不盡征鴻向夜聲前除落葉客心驚楚江漁父陰晴態
越國鴟□去住情紅樹驛亭羇婦夢紫微華省吏人行

高車駟馬竟何事欵坐羌鉗意未平

少婦凝妝翀翠鬟封侯消息望燕山王樓人去腸空斷
銅柱銘成鬢已斑欲寄愁心與白日漫栽佳句對紅顏
千潯一碧羅浮路醉倚扁舟月半環

極目離愁見雁臣醉偎紅袖感雙甄家園夢入芙蓉老
帝里頻驚柳色新捉鼻自昧名下士絕裾猶是昔年人
雕狐甲夜天河挽暫與柴桑小結鄰 初集

八寶宿李氏園亭

長堤湖水潤客入草堂幽檻外俔迂樹窗前范蠡舟晴
鳩啼雨溼海燕掠沙秋落日平安道渾忘汗漫遊 初集

湯君謨見示蕭尺木所畫春江送客圖

小艇知何適將無踏海行草橋新月上山店曉燈明悵望同舟色踟躕執手情片帆春水足詩思落江城

燕地雜感

天雄直北古澶州千里浮雲入望愁一自寇萊公去後暮雲風葉響梧楸明詩綜

潘　乾字曉青

懷章右臣

谷口花深春正長茂林何處擁枕榔青山未買三弓地白髮新添兩鬢霜老尚著書成結習貧能卻病是奇方故人風雨如相過好酌牀頭甕酒香

西溪

閉門罕人跡鑿壁寫山容開窗不開戶得見東林峯竹塢留煙住蓬亭越水開霜明月白下時有釣船來吳陵國風

李又白字木公

真州鼓樓上有武安王祠

麗譙高並五雲中颯爽英姿壓天空百道寒煙生海靆千聲古木闌江風晴開傑閣金陵紫晚映遥山鐵甕紅無數昏鴉催暝色坐看圓玉出蛟宮 吳陵國風

海陵詩徵 卷四 二十

沈晉陽

歲晚讀高士傳有感適黃仙棠詩至答之

花社春將至山居雲盡封風波知幾載燈火耐三冬食力從樵牧依人學賃舂浮沈君莫問日醉混行蹤

無能守故轍有意且高歌邱壑閒中敍煙波釣裏蓑買山光隱少開徑就荒多感此歲云暮秋霜鬢若何

山莊晚眺

處處松陰滿樵開一徑通鳥踈雲壑靜僧語石樓空積翠含微月遥泉韻細風經過心不厭憶在故山中

重過虎邱

片片閒雲卧寺門相看猶是舊山根風清石滿千人醉月白泉留一劍痕古澗鶴聲通島嶼講臺花語日朝昏白公堤上踈帆速黃髮蕭蕭興尚存

海陵詩徵 卷四 二十一

金陵懷古

八月秋風過石城江山猶昔物情更聽來笳鼓邊聲壯望斷銅駝客思生幕府山前嘶代馬莫愁湖畔扶秦箏河梁看到中天月十載傷心此地明

秋日村居

一夕西風萬樹秋寒山吹遍不勝愁遥天染就丹楓葉積雨新沈白葦洲人事全經霜鬢滿浮雲終散月華流

東籬看盡黃花色有酒何妨失故侯

哭顧與治

曾伴漁樵入舊山一朝獨往不知還詩名壓下才堪伍
鈎黨中郎淚欲斑野擣寒花存客詠雲亭近草倩誰删
秋風嶺上無南北日暮淒其早閉關

廣陵眛舟

昨日江干歇短蓬今朝又復過邗東淮南桂樹迎秋雨
江上峯巒接暮虹老健只緣滋味少囊空豈是作詩窮
烟横漠漠歸舟晚猶似南徐在望中 采山堂草

盧　生 遺民詩 盧生字歌庵江南泰州人布衣講學江都

南屏

繞湖山疊疊樹密是南屏近見千重翠遥浮一點青疎
鐘常拂水高塔不鳴鈴最愛斜陽下扁舟沙岸停 遺民詩

黄位中字宛生號眉房邑之善堰人天濤姪定雨先生尊甫也官前明錦衣衛指揮鼎革後隐居不仕金陵爲先生曩時宦游地憑弔之餘作十六樓詩思深調苦悽惋動人同時杜茶村林古度余澹心等題跋甚夥著德園詩草

二十九夜云吉命小舟送余至傳瑞符山莊日尚未出相對太息淚下令子執卮酒進勸悲至之情殊不可忘也

多難逢知己開樽慰我驚翻思前日事偶得此時生醉已忘鯨穴眠猶畏角聲一從歸棹後長憶故人情 江蘇詩徵

春光

誰挽東皇住花飛意若何老懷無好夢別院尚清歌酒為傷春少詩從閉戶多乾坤猶帶甲不敢怨蹉跎

寄懷俞赤水天木昆仲

甲第誰家壯郡城詞壇爭播二難名一時意氣高湖海當代文章屬弟昆曳尾自甘山澤老關心偏見故人情秋風旅舍今何夕孤劍空隨夜雨鳴 俞來稿

唐志契字元生

自書小像叨

半生全力圖書耗三世微資石塊消 繪事微言自序

海陵詩徵卷五

國朝 里人夏荃退庵甫輯

陳燮字理堂嘉慶戊午舉人官邳州學正著憶園詩鈔六卷吳會英才集陳學博少負儁才綜覽典籍嘉禾謝東墅少宰視學江淮有郭景純木元虛之目既以里選入都聲華籍甚迷庵司河雨君尤為激賞然而一官奉檄十載櫻憂仲宣登樓景行種悲繹其詩每悲其志陸機云思涉樂其必笑方言哀而已歎學博之謂與

謁胡安定先生祠

有宋天聖後學校事丕變先生起海隅不愧儒者冠十載岱嶽遊羣籍恣貫串琢磨得孫石樂道絕歆羨知己一文正迺以布衣薦木天廣校讐鱣堂聚英彥經義與治事身先術最善緬懷皇祐初南宮試文戰先生居太學多士此其選始知儒有真不以標榜衒我生千載後尚論渺聞見暇稽梓里賢講堂與文讌崇祠肅几筵瞻拜屢回旋老樹號天風濃陰閟深院遺址瓦礫餘巍然石一片先生講堂今改為書院中有講學處石碑先賢不可作蘋藻分宜奠悵望何山原松楸久樵爨

謁王心齋先生祠

餘姚昔講學高見卓不羣空山萬籟寂妙契由天真良知獨提倡兩字張吾軍大業炳南紀浩氣凌紫氛先生起布衣守道衆所尊聞風益興起拾級趨龍門長揖文成公論辨超常倫退就弟子列甘與草澤淪力行久逾積坐忘理則存同遊二三子罔弗尋厥根始信吾儒貴不借軒冕存荒祠數百載海溢興替人遐哉學樂歌讀之獲未聞

謁儲柴墟先生祠

吾思柴墟公異才本天授便便孝先腹書味非飣餖射策擬巍科下筆山海走養望官南都蔚然松色茂中朝及嘉隆昌言屢搆疏薦四諍臣忠肝鐵石就至今諫草傳鬱為儒林首餘技及篇翰不落七子後惜哉用未竟銓衡職空守荒祠遺構存殘碑臥苔甃夕陽下城闉海風肅圭竇典型去已遙鐘鼓知誰扣肆來讀公文簫韶九天奏

秋日同俞僕人繆善夫李南阿程嵇亭過洛沂亭奉懷韓次山先生分得山字

孤亭出寒淥敗葉圍元闕穿籬度略彴倚檻聞琤瀑淒迷失舊雨氍毹輸華班及茲秋氣悲每憶春風閒濠梁官獨冷淮水波漩澴牽船作學舍醲酒臨荒山知莊舃有鬼苦扎今誰顏高情緬埏埴別夢仍追攀黃鵠一再舉合并寧當慳

元夕後一日同黃仲則登天橋酒樓待月作

春風吹人人欲倦春月照人人可憐昨宵月出我醉眠
今宵待月爭月光城南尺五韋杜天驚沙自起吹寒煙
天橋横貫入馳道忽開空曠無迴旋酒樓之高高百尺
登樓四顧心茫然冰輪欲上不肯上清光一線相連緜
但見遠火出林際疎星錯落明遥天舉杯呼月月在手
月驚我顧我卻走脫貂付與酒家娘醉引荊卿作死友
座中山谷令文風雄流卻似阮嗣宗途窮偶爾痛哭返
率意獨駕誰能同狂言霏霏落玉屑高歌颯颯來天風
排雲直上叫閶闔欲令真宰迴洪濛嗟予抱病風塵下
客裏良宵亦聊且對君長嘯忽復悲欲起古人問來者

海陵詩徵　卷五　三

素娥悄悄無一言照予清淚如鉛瀉

黄樓

黄樓屹立彭城隅下瞰汴泗東南趨使君遺址足登眺
保障勢與金隄俱憶昔洪流下澶魏遠注鉅野吞淮徐
彭門三版作屏障呂梁千仞來斯須高浪駕天水皆立
支祈斷鎖爲先驅吏民盡走使君泣投白馬逝捐微軀
戴寒水落急版築躬親棲樕安民居伐蘆折柳具芟梢
辮竹壓土歌喁于功成不日勢鞏固河伯受職瘡痍舒
蕭條小市見難泰零星野老昧田廬餘功作樓鎮茲土
不獨觀閣耽雄都顏之以黄色取土土以剋水名非迂
南山鬱鬱石犖确遠水漠漠沙模糊使君登樓一長嘯
政成物理心則娛勝遊遠繼三百載此樂豈與青蓮殊
雄詞照耀淮海賦凌轢宋餘子無茲樓閱歷近千載
河勢遷變需良圖至今好事謁公像謂微公續吾其魚
我來正逢豆花水目擊駭浪心瞿瞿登樓再拜一灑涕
酹公卮酒公知乎

落葉吟和答春浦時春浦將之鳳陽予亦有松江
之役

寒潮夜打蕪城腳落葉聲聲總蕭索朝來顧頷吏東西
四顧霜天莽寥廓人生榮瘁無定姿風塵蹤跡常乖離

海陵詩徵　卷五　四

短衣匹馬仗孤劍桃人土梗終安之去年我走芒山下
雁鶩群飛叫平野時因風雪念故人又手悲歌淚如瀉
今年君自燕臺昧酒痕狼藉沾緇衣傍儓客子着白帽
蝦蟇賦就形容非蒼黄君復濠梁去予亦扁舟看楓樹
雙峰對峙清流閼一水斜通赤雁浦代馬越鳥皆迍邅
南枝北風殊可憐莊生魚樂已陳迹李膺鱸鱠知何緣
欷歔握手斜陽道贈我長篇疾於掃爲君一幅剪吴淞
更畫關山行旅稿

三泖春汎圖述庵先生命賦

澱湖春暖鷗波靜水漭微開疾帆影鏤金妙手收爲圖

尺幅汪汪忽千頃先生生長水雲鄉三十六峰長管領
題名便已詠霓裳握槊旋看直薇省請纓忽作萬里行
六詔三巴肆馳騁欄江曉渡似牽藤大渡宵行類投阱
功成拜賜掌雲司如石如淵足清迴銅街車馬肆高步
新儒誰甘悼前猛先生志不忘烟波山澤閒眠夢屢警
潞河昧棹暫乞寧十丈緇塵已先屏秋風冀北曾憶蓴
春雨江南初見杏錦袍天上坐神仙撩眼圖沙泊孤艇
機山嵐氣新鬐鬣欸浦漁歌舊答箬矗空鐵鳳出林端
彩繪微茫雜蟠蠟昔遊恍惚入夢寐蓬底時時認靈境
憶昨春流侍几杖歲屬屠維月在寎別來鶗鴂已三移

晷影何能計短永先生孝思痛風木余亦萍蹤逐桃梗
披圖驀過前塵口不能言心自有觀濠惠子特放縱
誓墓羲之太孤冷江湖廊廟本一致達者何嘗有畦町
定知天意毓大賢廬以山林易鐘鼎麒麟臺鳳閣有述作
會軌銀河酌滄溟乘槎倘許一問津親向九天聞欬磬

鹺使曾賓谷先生招同吳穀人太史胡香海吳退庵徐朗齋吳蘭雪集康山草堂命羅練塘爲留客圖以紀之即席賦呈

火雲欲下輕雷轉杉篁萬本秋容淺武功遺躅三百年
一塊崢嶸矗高館使君留客千觴空羊鐙影射雙旌紅
豪情遠與雪峯竝浩歌不許江流東華嚴樓閣何時立
鶴繞螢飛照瑤席曲折纔看短紙開蒼茫未覺中區窄
淫哇雜遝紛塵海壇坫東南幾人在正聲還與續風騷
元氣應須立真宰西風倒吹山月寒酒酣卧數星闌干
淋漓妙蹟出金碧倏忽清夢相追攀琵琶一曲成今古
勝概重煩巨手補蘭亭硯石秋禊篇他日定推三樂府
先生得蘭亭硯石又舉行秋禊皆繪爲圖紀之以詩

賓谷先生招遊焦山不果卻寄王夢樓太守謝鄰泉漕使胡黃海學博以江流天地外山色有無中分韻得山字

大江東去何時還中流浪打雙髻鬟憶從京口望滄海
寒雲白日埋荒山焦先往矣不可見剩有佳處留禪關
我公愛山似坡老與山有約思躋顛扁舟便擬踐宿諾
招邀裙屐相躋攀還閱片石久聚訟欲辨瘞鶴窮榛菅
郵筒況久促行李隔江雨雨神仙班挂帆不果定有待
山疏紙帳非緣慳半龕燈火付彌勒一竿烟水輸魚蠻
朅來登高縱遠目遙峯積雪光斕斒懷人歲暮足吟嘯
縋鑿幽險開愚頑東風幾日遍沙渚冰消皎鏡波潺潺
丹梯倘許步公後春潮咫尺蓬萊閒

宋繡東方朔捧桃小像

歲星墮地作奇特，朝為侍郎暮執戟，書陳農戰空自豪，飽讓侏儒定誰惜。用之則虎不則鼠，盡節效情本無主。蓬萊水殿三千年，茂陵劉郎一抔土。蟠桃如斗核如杯，銜書青鳥何時來。金鐵繡出汴宮手，中有萬劫昆明灰。瑤池池上芙渠溼，孔雀聽經窗外立。道君亦有諷諫人，不寶康鼎寶雲笈。

遊寶光寺

陂陀行已盡，路轉忽禪關。赤日不到處，清陰相與閒。鐘聲醒倦客，佛面冷荒山。何處尋齊己，行吟空自還。

月夜渡淮

作脫風濤險，孤帆下楚州。亂鴉隨木落，遠水帶星流。旗偃雄關峻，燈寒古驛秋。推篷對殘月，一為解覊愁。

過觀音庵

竹徑退殘暑，客心驚早秋。亂山銜日落，遠水接淮流。佛火淹初地，風鈴起暮愁。茶瓜有真味，一為乙公留。

登禹王臺 即古吹臺

覩亡仍作客，春盡一登臺。簫管隨雲散，風沙動地來。飄零梁苑賦，慷慨謫仙才。信美非吾土，殘暉迴自哀。

揚州曉發時將之河北和仲雲澗

中歲重遠別，客心時自驚。如何攀凍柳，復此去江城。塞雁久南向，霜笳催北征。多情故鄉酒，一為作朝酲。

過淮城和雲澗

一櫂長淮路，真忘雉堞高。煙波千里下，春鍤萬夫勞。悽愴風前笛，嶔崎膝下刀。揭來燈火市，三度理征袍。

曉月同雲澗作

多情憐曉月，特地送征輪。黯淡千村曙，高寒一夢真。冰霜明遠道，雞犬怪行人。牢落風塵影，相於共苦辛。

小除日姜同軒招同繆靜軒善夫園椒墩集蛾術軒分得肴韻

苦吟戀殘臘，延景矚寒郊。世界千花樣，冰霜幾故交。債從閒處避，詩託漏年鈔。知否梅消息，香傳竹外梢。

題頤藕怡詩集後

閒情容我輩，餘事老君才。一卷艱難得，千秋懷抱開。潮回頻送客，花落幾銜杯。記否看雲處，東風萬馬來。

攜雪軒分賦

說劍

不事袁公術，聊從莊叟遊。盡牙飛古雪，肝膽話清秋。鳴自匣中出，言於天外留。怪他持寸鋏，細碎辨恩讐。

聽碁

飽食夢初覺，聲聲到耳間。疎簾清簟外，流水古松間。袖

手吾何敢機心此漸刪不知柯爛處一着為誰慳

讀畫

大有詩書味相於筆墨緣掃除新語錄俯仰舊雲烟落落分三品悠悠悔十年何須問言象故紙即真詮

貰酒

搔首人間世狂來換一瓢債從行處有券或隔年燒跌宕臨邛市銷磨散騎貂當壚莫相訝為爾讀離騷

送蔣師退歸南昌

交誼歷三世與君緣最深寒暄宮閣夢饑渴旅人心夜思勞鳴劍家書說典琴藏園遺稾在一讀一沾襟

有母白雙鬢天寒正倚門歸帆衝雨雪望眼到雞豚草莽時情少艱虞色養尊羇懷仍落寞濁酒共誰溫

喜蘭雪至

五載一相見憐君雙鬢疎死生憑衆口行李足殘書字撥灰寒後鐙挑雪下初昨宵宮閣酒珍重惜離居

百慮饑寒外空成乞食詩君常念形影我久拙言辭短景衣裘敝嚴風鼓角悲殷勤舊時月留與照江湄

懷王雪圃同俞樸人宮竹軒韓柳村李南河賦

楝花風起思茫茫話到分襟感不忘鏡水無由歸賀監雪圃會稽人吹臺空自弔梁王愁中歲月消杯酒客裏山川對夕陽知否同心二三子懷人慵理舊詩囊

夢羅雨村先生感賦

憶侍談經到夜分牆藩風軌肅江濆棟梁久屬胡安定溝壑終填鄭廣文頗我常為避風鳥只今應悔出山雲鄉園迢遞無書到或恐西華尚練裙

登戲馬臺

衣錦何年戲馬迴蓬蒿怪石擁荒臺重陽風雨思高會西楚山川出霸才浩蕩秋原看鹿走蒼茫戰壘見花開阮生一掬英雄淚廣武吟成迥自哀

老兵

百戰餘生卧草萊戍樓閒聽角聲哀迷離望極平安火慷慨歌成阿濫堆至竟封侯無骨相何曾斷養不英才記從故李將軍後夜夜山南射虎回

老僕

懶隨款段過前村每感長鬚手自捫貧亦有情依舊主閒常無事說高門典琴去後餘悲在泥酒賒來一笑溫鄭婢蕭奴同逝水餘生空羨古昆侖

老妓

十二巫峯夢已非香銷酒冷寸心違丹唇不掩新歌扇紅淚猶飄舊舞衣剩有音書嘲薄倖懶隨兒女話輕肥

枇杷花下無人到倚遍斜陽白版扉

老優

面目頻更笑語真最頹唐處有精神悟來金粉前生樣
看到衣冠後輩人橫笛聲聲憐爨竹飛花點點戀重茵
當場一擲傷心淚付與參軍仔細論

老馬

過眼驊騮盡錦鞍頻年伏櫪意闌珊秋風古塞窺邊懶
落日荒原顧影寒駿骨幾曾逢郭隗壯心何必似曹瞞
太行舊是崎嶇地莫向鹽車仔細看

老樹

飽經霜雪骨偏遒碎錦真花總謬悠哀響盤空成碎雨
濃陰如幕到深秋根穿石磴無蘿附幹聳烟霄有鶴留
莫向山中尋手植看書人去杳難求

濠梁秋興四首

桐帽棕鞋汗漫遊風烟蕭颯古濠州荒城畫角千山曉
孤館青綾一榻秋照影我曾逢止水無心人亦怨虛舟
橋梁生計謀常拙白雁聲聲何處洲

鎮鄉雲氣接晴嵐獨客登臺酒半酣遠水生波連郭北
好山如畫隔江南魚忘惠子年時樂書冷洪喬別後函
稍喜夢魂能識路殘荷枯蓼徑回三

荆卿雄骨已爲塵繫筑中宵驗苦辛萬古愁歌餘此日
三生知己更何人玉樓自擅無雙品蠹粉空存未了因
酒冷燈昏思往事寒螿如雨逼蕭衣傷頎文子

敗葉零星繞玉除元瑜蹤跡渺愁予海陵夜雨舂紅栗
淮溪秋風上白魚珠履三千緣易繡蒲葵五萬扇終虛
到來一事差强意日日抄詩聽小胥

虔南春望

蔦姥荒墟倚望遙春深客思最無聊天連百粤常多雨
江鎖重關欲上潮父老迎神喧社鼓兒童撲蝶鬧花朝
竹枝我有灘行吟惶恐聲聲學楚謠

水仙花四首

誰從花譜辨玲瓏雪貌冰心見化工愁絶怕逢三里霧
泠然虛越一江風虞妃襪步更猶後越鄂舟歸想像中
離合神光渾不定錯教名字擬天葱

姍姍仙骨是耶非瑶島荒寒月影微波遠難隨香艸拾
雪深還借玉沙圍三生渚北無珠贈一笑江南有夢飛
辛苦來槎河漢客只今腸斷舊支機

紫府高閑靜不譁歲寒風物小蓮花凍泥錯落分銅洗
銀蒜模糊隔絳紗製就空青休問種生來白璧自無瑕
孟堅舊有傳神筆淡墨和香上畫叉

鏡裏烟波石髮新，漫憑花睨認前因。編來詩史應為婢，吟到涪翁定絶塵。芳草主人思醉國，蹇修終古究騷人。容中好理成連譜，一曲清移方寸春。

題謝香泉侍御金焦看月圖

兩點金焦積翠浮，輕帆一葉話中流。海天東望難為水，七百年來樂此遊。大有樓臺噓蜃亂，不須簫管借揚州。只今指點狂吟處，夜夜寒芒射斗牛。

靈澤夫人祠為方均堂先生賦

山河百戰陣雲平，兒女偏傳廟祀榮。一片霓旌環佩影，五更殘月杜鵑聲。江流終古爭荊楚，蜀道如天隔死生。

家國興亡何限恨，草風沙雨獨含情。

高鴻臚畫閣莊若抱琴遺像

桂嶺瀟江事可憐，翩翩書記走蠻天。全沉得句三家外，玉帳談兵四姓前。瘴雨無情埋碧血，海山何處響哀絃。生綃留得鴻臚筆，指點鬚眉一慨然。

喜雪

秋老江南木葉稀，六朝金粉未全非。高峯瘦日不知處，古戍荒沙相間飛。慘淡心情餘畫本，蒼涼煙景入荊扉。卻憐草色河橋外，又送征塵上客衣。

題張船山太史雜感詩後

王師四載殘斜群盜猶然持井蛙，天下奇才誰入陣。古來降大吳三巴，關山馬骨連雲棧，風雪旌旗未沒花。中有新詩流痛哭，祇今惟有賈長沙。

六月三日夜泊淮陰夢中得二十字似是詠虞美人花者錄之

垓下楚歌聲，君王死別情。可憐玉階草，亭傍戰場生。

送蒲洪亭北上

金粉樓臺夜夜簫，江頭冷散可憐宵。多情留得閑中柳，一樹梅花一酒瓢。

白秋海棠

斷腸花發斷腸吟，高館西風思不禁。憔悴故園秋雨後，一痕殘月古牆陰。姬人張汝璞于六月沒去

仲振奎字春龍號雲㵎國子生得朋集春龍弱冠成文章尤工四聲本於家授

道士洑

揚舲道士洑怪石起人面地狹走陰雷山迴断江練巖竹長青梢春花墮紅片悄然閑仙宮疎磬落天半

臨邛道中擬徐庾體

斜江朝喚渡古道入臨邛飛鳥工琴語居民仗水舂竹王雲裏廟銅官雪外峰問卜無高隱當壚有曼容若逢人犢鼻莫認酒家傭

錦城別李五允豫李六允觀

芙蓉花開不得住短衣匹馬衝寒去瑩篌聲低酒意闌樓頭日落青楓樹與君鄭重別今宵相攜送我相如橋雲山十萬在前路此是征人馬行處長君歌新詩次君舞長劍共道知心萬里行一十二時常罣念感君心意極纏綿使我淚下如涌泉執手歧路不忍釋疎星四五城頭懸僕夫催人苦將別石橋流水同嗚咽知君有夢逐征人夜夜離愁共明月

漢口放舟

抽帆辭夏口林木下斜曛一酌杜康酒滿江神女雲舟輕浮竹葉波細漾韡紋別有濠梁興蒙莊何足云

文君井

仄徑生桐樹當門護石闌蛾眉在何處金井不曾乾雪乳烹茶嫩冰花釀酒寒照人清泚泚只是有波瀾

君平宅

君平猶有宅華表幾時蹤遶屋星堪數當階葉亂飛月寒停注易石古斷支機寂寞燈香冷終年靜掩扉

重過草堂詩

後代無詩史當年有草堂鵑啼山竹裂花落水雲香一卷留孤憤千秋共激昂重來江外寺獨立向蒼茫

薛濤墓上作

此地埋香骨何人問碧雞青青墓頭草直過浣花溪暮雨枇杷落春風杜宇啼裁詩憐薄命便借錦箋題

五丈原

不識黃花縣今來玉樹宫荒原生冷霧古道入扶風漢相無遺壘秦天有斷鴻蒼茫增感慨落日隴頭紅

蒲坂

驅車過蒲坂古驛入沙邱滿酌索郎酒遥看鸛鵲樓河雲吞落日城霧鎖寒愁千古垂裳地秋風曲漫謳

聞道

聞道烏斯藏昧誠肅表文筍輿充物貢金箸定蕃君佛地無刀仗天朝有護軍元戎新撤幕不鑿雪山雲

過露筋祠

不知露筋女，未問鹿筋梁。寒日在流水，晚煙開野航。有人閒鴨語，無檄討蟲芒。竟過崇祠去，昧鴉逬樹忙。

海門署中晚起觀荷

一片相思月，雙溪菡萏天。露華殘夜重，花氣五更圓。流水碧如此，疎枝紅可憐。衙齋同徙倚，香遶茗甌前。

巫山

六六巫峰合沓連，迢迢巴國舸艤船。啼猿不斷千山雨，飛鳥遙分一線天。未免荒唐神女夢，最堪悵惘玉溪篇。我來嬾問當年事，明月名茶親烹上峽泉。

秋蝶

粉褪殘裙故故斜，逐風時復過鄰家。飛來簾幙渾如葉，老去心情尚在花。蕩子飄零消歲月，美人顦顇卸鉛華。不堪重按霓裳拍，自把蹁躚舞袖誇。

金陵客中偶成

六朝城堞枕江洲，十度名場又慕游。明月識人如欲笑，閒雲於我尚含愁。秦淮水冷蛾眉老，王謝堂空燕子秋。勘破繁華歸一夢，年來無感到心頭。

蟂磯廟

頻年浪跡比浮漚，四度蟂磯此暫留。殘日半江明古樹，輕雲八面護神樓。淒涼望帝悲鵑化，縹緲江妃伴夜游。稽首香臺長太息，吳宮花草為誰秋。

張家渡弔文文山先生

張家渡口弔文山，太息當年國步難。正氣有歌終一死，孤臣無那絕三餐。丁零洋裏秋雲冷，惶恐灘頭夜火寒。我欲遺祠一瞻仰，滿空風雨黑如磐。

夢中詩

寒燈耿虛房，一夜梅花雨。支枕不成眠，相思為誰苦。

題林桂巖山水扇頭

廿年不見蜀山秋，對此真成夢裏游。似否難頭闖上路，蒼雲紅樹抱層樓。

銀屏山謁趙順平侯墓

銀屏常不朽，中有順平侯。石馬嘶殘月，山花豔晚秋。三分虛大業，百戰一孤邱。落日荒鐘後，靈風滿渡頭。我來瞻國士，父老話神奇。丞相留磚碣，官名署有司。癸未墓崩，居人得磚碣，曰：乾隆二十八年知大邑縣宋載添漆五十斤，下署武鄉侯，共二十隸字。宋公為添漆修墓焉。漆燈長不夜，汗馬更何時。徙倚松林下，昧鴉噪晚枝。

宮彥超字學尹號芝圃嘉慶戊子舉人

戊辰計偕北上車中感賦

長安居不易錢輩看鞭先碩我青衫老拚他錢硯穿書
曽悲十上楮又刻三年鈴馱宵來發郎當聲客眠

平凉官署呈毅齋仲兄

吟鞭西指向臨洮匹馬秋風興轉豪雞唱潼關催月落
雁橫天水傍雲高白頭兄弟經年別夢萬里關山入夢
勞今夕官齋同翦燭為余拂拭舊征袍 來稿

海陵詩徵 卷五 十九

汪誼字穎川廩生

齋中口占

小巷幽居隔畫溪幾年抱膝任鷄栖閒階不雨常生蘚
古屋無巢自落泥午夢醒時茶正熟晚窗吟罷日初低
東園聞說春風早來與何時信馬蹄

十六夜對月

為憐殘影徹書幃底事遲遲上翠微昨夜也應嫌太滿
故教一線減清輝
今宵已訝出雲遲對爾聊傾酒一巵此夕正如人五十
相看都是始衰時
兎魄微虧隔綵雲美人凝望尚情殷卻憐不及青鸞鏡
夜夜團欒總十分 來稿

海陵詩徵 卷五 二十

宮製衣 錦字美存，號石泉，乾隆戊申舉人，官南寧縣知縣。

題吳觀察馴苗圖

烏言卉服阻神州，敢爾跳梁負僻陬。成算目原無小醜，先聲膽已落諸酋。鐃歌唱處雲隨馬，兵氣銷時野放牛。今日披圖真颯爽，錦衣玉帶識君侯。

丙寅仲冬自滇旋里過鷹愁崖有感

千盤鳥道極嶙峋，行盡危梯暫憩身。險惡不堪回首望，老夫已是過來人。來稿

宮錫祚

登雨花臺

梁武留遺蹟，登臨蒼莽間。秋聲萬壑樹，雲氣四圍山。野寺花仍落，荒臺石不頑。茫茫烟雨外，何處款禪關。

江寧鎮曉發

曉發江寧鎮，蒼茫月在天。松聲足寒籟，山色淨朝烟。僧舍白雲裏，人家紅樹邊。秖愁霜路滑，疲蹇莫頻鞭。

太白樓懷古

昔人不可見，樓上秋風高。月色為誰白，江聲空自豪。乾坤何莽蒼，今古此風騷。我欲沽千盞，憑軒酹巨濤。

鹿汪即事

鷺風捲野亂雲飛，長日人家晝掩扉。地僻浪傳仙鹿隱，昔傳有二鹿居此，久而成汪，故名鹿汪。潭空爭望白龍歸。白龍潭昔傳有白牛於此化龍而去，故至今白龍挂則年豐。桔槔隴上禾猶短，碌碡河邊草自肥。昔有碌碡二門河中，衆人以草又獲取其一，至今尚在。我是挈家來就食，那堪憂旱涕頻揮。

簾外牡丹

花王端合住珠宮，十幅冰綃面面通。風過雲霞搖絡索，月來水墨繪玲瓏。香飄玉佩無聲外，春在湘波不動中。國色未堪憑一覽，不妨老眼看朦朧。芥軒詩鈔

仲洽

江行遇雨

長江春落寞，風急雨淒淒。霧氣連雲黑，天光壓水低。片帆烟裏湮，遠樹望中迷。卻羨村居者，披蓑傍釣溪。來稿

得柘庵六弟粵東書卻寄

竟夕不成寐，忡忡如有憂。脯修支隔歲，衰病劇今秋。門掩常辭客，家居空運籌。燈花忽報喜，知有遠書投。

我與親手足，此恨恨於天。不料鳴琴宰，猶分食俸錢。酒堪沽小甕，園覔解殘年。且與兒孫輩，高歌棣鄂篇。詩鈔

仲振履

度梅嶺

月上天未明，山館羣夫集。朔客拂衣起，衣單寒惻惻。繞城三五里，沙路曲以窄。輿轎趁足行，負販騈肩立。樹杪忽開霽，峯頂朝陽出。雲浮玳瑁斑，嶂疊芙蓉色。劃然露雙崖，巖巖插天碧。斫碑石萬仞，盤曲梯千尺。巖花間紫翠，山果垂丹漆。下如猿飲澗，上若蟻穿穴。石罅一線開，峭壁深而黑。谷響聲窿窿，欲入不敢入。壯哉古尉佗，恃險抗明德。遂使鸞鳳都，幾成虎狼窟。子壽古賢相，開鑿繼禹迹。東北接神州，西北啟香國。迄今百蠻種，胥隸輶軒籍。我來陟盤陀，去天不咫尺。北闕鎮豫章，南關鎖甌粵。榕樹夾修道，梅花繞官驛。中峯湧飛瀑，背流分兩脈。一上滙贛江，一下驅雷澤。嫦娥互其左，叱馭建其脊（叶。叱馭樓在嶺上）。春屬互行止，先後交相易。行行日已暮，喜見重門闢。燈火列若星，閭閻密如織。下輿入官舍，黃埃重拂拭。杯酒猶未終，長街柝聲急。

諭南平父老

今年六大縣，羣醜勢充斥。濱海多流離，縣官不得息。南平去海遠，山縣小而僻。目不睹鋒刃，耳不聞啼泣。況茲幸有秋，禾黍垂嘉實。織布可以衣，耕田可以食。胡為恐

少年結黨事椎擊不讀騂尾盟妄思牛耳執怏意在一朝轉瞬罹罪辟累及骨肉親圖圄無人色我爲民父母稂莠豈容植若以不教誅終覺我心惻忠孝由勸勉良善非生質必先父兄教乃謹子弟率秀者勞其心蠢者勞其力鄉邑無游民何從生盜賊父老奉吾命宗黨相勸述刑罰不爾加徭役不爾及怡怡安隴畝歌詠昇平德伏臘一尊酒

聖諭相講析小邑有淳風庶以塞吾責

湞陽峽

湞陽峽曲而狹一水南北奔兩壁東西堞日月不到無

昏朝風雨離合走魍魎愈入愈深天無光陰巖出沒神鬼藏上有老樹叫號若虎豹下有亂石高低起伏如羣羊瞌然白者浪花激黝然黑者山根蒼暗中空濶風不定天籟地籟交相競兩舟十步五步停一呼千聲萬聲應吁噫嘻古云蜀道上青天今之粵南入九淵茫茫見水不見田安得秦王驅石之神鞭鞭山盡入大海填使海無瘴山無烟

蜑婦詞

飛鵝塘口儂家住歐馬村頭客行路獨撐一葉小蠻舟日日趁錢橫水渡春江軍校夜捉船奉檄江門嚴堵御

軍校捉船兼捉錢大船一千小數五阿儂船小錢又無八日交盡鞭笞苦昨日縣官來廠前儂跪縣官馬頭訴翁年八十姑七十丈夫去年被盜擄滿船衣食靠儂身更有呱呱小兒女卻蒙特簡謝軍校差徭幸免單寒戶水師百人船廿隻嫌少猶遣軍校怒縣官治民不治兵贈我船錢長歎去

題湯雨生秋江罷釣圖

我聞雨生名未識雨生面月明紅樹古揚州漢軒山館留題徧（雨生曾官揚州）匏瓜笑我繫富鄉移節東來忽相見文芒奕奕吐白虹武庫桓桓飛紫電君本萬肩貫公子捧

檄南荒試長劍將軍三絕皆冠場丹青妙手尤清擅褒公鄂公不復寫自寫閒身寄江町秋山漠漠濤於烟秋水澄澄淨於練一竿點破白蘋香打槳來日將晏可憐一幢江南秋萬里迢遞到小縣乍喜蠻烟蜑雨消卻看楓葉蘆花現顧君添筆畫蒼顏寫我科頭作君伴君把漁竿我刺艇直釣金鼇上星漢

題程禹山南歸集

述興亦已倦征人胡不歸風霜十年飽骨肉一門饑零落匣中劍闌珊身上衣應知憔悴伴含淚下鳴機

牛渚磯次韻

温嶠燃犀地今存牛渚磯寒潮崩石骨暮雨長苔衣楓葉向空墮蘆花夾岸飛西風應怪我不共白雲歸

鶯

借問此何鳥來從幽谷中金衣貴公子紅樹老歌童翁翳蔽朝日玲瓏趁好風可知叢莽下餓煞白頭翁

燕

予家江上住與爾是比鄰今換新門户還依舊主人棟梁誇紫綬書笑浣緇塵入幕何容易盈盈掌上身

蜂

爾亦春明種判花到處黏折腰雙翅輭螫手一針尖已擅攢香技曾無逐臭嫌只愁秋信早辛苦為人甜

蝶

誰撒金錢會蠕蠕竟脫胎分明花裏活都道海中來高占珠宮選能邀帝女媒題紅吾老矣讓爾擅喬才

泊舟有待

終朝風復雨孤艇泊沙灘遠岫連雲合荒江入夜寒愁多催我老金盡告人難不識當頭月今年何處看

七都河夜泊

孤艇泊孤村村閒盡閉門灘風吹面冷山月向人昏睡小無全夢悲多有斷魂重搔雙短鬢坐對曉霜繁

雨壻入贅詩以示之

相望已經秋相看淚欲流青衿才子目白髮老人頭伉儷今偕矣匳箱太薄不堂前有翁姥何敢苦相留

孤棲予亦慣羈滯爾差安野菜知能咬殘書尚可攤三春蠶雨大六月瘴烟寒好待清秋節偕妹理繡鞍

送貽簪貽笄兩女于歸

去去勿予戀宜家爾日長同心偕姊妹努力事姑嫜女子重柔色儒門忌靚妝殷勤安布素慰我遠相望

況有乘龍壻英英皆妙齡花晨同覓句雪夜伴橫經燕婉歌南國鵬摶盼北溟可人紅燭下衿已一雙青

我本孤愁命何容誤爾曹別離傷白髮身世老青袍荊布差堪守梯航漫卹勞嶺梅花放日為爾寄江皋

臨歧更諄屬片語抵黃金勿倚嬌癡性常懷夙夜心廚中供旨蓄燈下理寒鍼尤望堂前老毋辭訓誨深

由棲霞曉赴石城

肩輿淩曉入山城山徑紆回驛路平貼水白茅含翔氣隔村黃葉度秋聲鐘鳴古寺林鴉散草沒荒陵石馬橫底事築場人更早已炊松火煮香秔

秣陵別雲浦

此別迢迢未計年相看爭得不潸然官無遠志嗟予老

家有元燈賴爾傳（闈題與發解題同）先人丹詔功名秋一瞬白頭
兄弟路三千（時予奉家大兄南遊弟留赴試）臨歧哽咽無多囑寒食殷
勤掃墓田

廣州

拋卻山程更水程一帆喜近五羊城橐空幸免胥人攫
官小知無候吏迎萬疊帆檣通市氣四圍笳鼓震邊聲
勞勞從此無餘暇何日纔攄弔古情

羊城旅次贈王雲程貫一樓劉霽巖三同年

記同走馬曲江隈瞬息雲泥亦怪哉老我木天無福到
與君花地有緣來五人出守惟江令（同年到粵者五人惟嵐霞得官）

口啼饑愧李悝到底輸儂占風雅僑居都近越王臺

厓門懷古

山氣蒼茫水氣渾驚濤滚滚下厓門漫空風雨青冥合
跳浪鯨鯢白晝蹲正氣未消南北恨大招誰弔古今魂
我來卻幸時清晏海不揚波萬舶屯

病中示雨女

顧爾雙雙感鬢華催人其奈病交加半生好夢空流水
無限傷心對落花痴剔篝燈支夜枕强籠紗帽放晨衙
奄奄直到何時了不信吾生未有涯

藍關謁昌黎廟

傳昔昌黎向此行我來謁廟不勝情鱷魚竄海妖氛靜
驫馬嘶霜朔吹橫性道敢期承八代文章或可正諸生
卻憐無與收吾骨搔首蒼茫瘴日明

惠州西湖

山城橫枕瘴江頭一曲寒塘滯不流鵝鴨浴波聲拍拍
蒲菰颭雨響颼颼尚無酒市喧金勒那有歌船送玉喉
但把朝雲比蘇小惠州亦自勝杭州

寓羊城與李錢橋夜話

銜盃坐對一燈青此聚渾如海上萍千里夢魂頻碌碌
兩人鬢髮各星星談衷盜息君加勉（錢橋新調順德）死別生離

我遍經傾蓋生平不知倦相交真個到忘形

宋吉甫歌筵口占即以誌別

貼地氍毹照夜光熏人佳氣刺柔腸金戈鐵馬心猶壯
紅粉香匳夢亦荒老淚已乾河滿子新聲爭唱杜韋娘
明朝打槳東歸去啼鳥飛花驛路長

野市茶尖

小駐藍輿次水濱青山雨過尚含雲水添野渡二三尺
春到山家八九分飛鳥下空歸遠樹落花滿地送斜曛
明朝打鼓回衙候更復何人喚卯君（予每遠歸家孟必出堂問慰）

青谿道中

清絕嵐光一望深頓思高寄洞門陰松花石乳隨時飽紅樹青山自在吟盡享十分無事福不留半點未忘心只愁叩引神仙侶又復嘵嘵說點金

泰嶺

泰嶺流泉咽向西邊嶺遺廟祀昌黎藍輿行到峯高處無數鷓鴣嗔客啼

舟中

行盡青山又白沙白沙盡處是人家卻看點水蜻蜓外紅放幾枝山柰花棄餘稿

海陵詩徵卷六 國朝

里人夏荃退菴甫輯

吳會

出門

男兒事干謁仗劍學奔走僕夫行製裝舉酒別親友堂上拜雙親見父不見母欲哭吏吞聲徘徊膝前久門戶戒家人晨昏託新婦弱女甫四齡依依戀懷袖誰云四方志至此不回首

咄咄歌

四座且勿喧聽我歌咄咄去年洪湖水泛濫在八月其時禾稼登幸不被漂沒今年五月終駭浪忽衝突加以西風來勢復興也勃辰更一夜長竹箭萬流發所到無堅隄河伯太猖獗錯疑海水飛無復息壞竊滾滾東向注吾郡乃其窟釜底衆所貉地窊水反凸豈惟秔稻田頃刻付溟渤并令血肉軀狼籍飽魚鼈千村萬落閒重復經降割江湖已滿地何處求苟活浮家苦舟(無)毀室且作筏一路啼飢聲滿眼泣別血咫尺不相顧一霎成永訣棺槨道上橫雞犬樹頭歇黿鼉亦何心鬧鬧坐榱粢頭聞橫流中神燈現寥泬煜爚輝三更倏忽驚一瞥（北郭外屢見水上燈影往來好事者駕小舟迹之俟不見）分明天眼開不救地維絕

木石誰能湮雲漢誰敢扶哀哉鴻雁嗷誰實作之孽死
者在泥塗生者苦播越有田不能耕有土不可戡三日
一秋糠十步九莩莩生爲澤國人性命輕一葉稭災有
哀介繪圖有鄭侠我欲起兩公排雲叫 天閽

後咄咄歌

一歌〻聲長再歌〻聲促前波〻未平後波〻又續不
見丙寅年仍復遭百六容來水潦降大工議版築一卷
河渠書千秋金鑑録 去年冬剳府河帥重修河渠志
恩綸天上至
詔免海陵粟水衡頒禁錢神倉發積穀家出粟客貲各

設黙敖粥 醵商紳士皆捐設粥廠 完卵護覆巢吹律移黍谷賴兹
殘喘延不爾轉溝瀆今春稍〻穌料理破茅屋土銼無
一甑瓦盆無半斂仰視桑梢間泥痕尚漉〻燕子幾時
來先我梁上宿出門見牛宮泣涕想黄犢黄犢已質錢
已質不可贖入城投豪家乞貸苦不足聊復益以田畧
券飽其欲未醫眼前創先剜心頭肉掏能備所需豈暇
計口腹破囊撈籽種跣脚騎轂轆到家語妻子今冬有
旨蓄且耕舊菑畬急播新種稑四野桔槔聲一夜響轆
轆三月桃花水冒出新秧綠五月黄雀風吹得新秧熟
幾日隨挈歸 名早稻 欣〻炊白玉瀉洞一聲來千家萬家

哭誰爲司命人不鑒前車覆高吟䣛子篇急伐淇園竹

聽揚將軍說全川縛賊事 將軍名建浩成都人以全川軍功擢泰州營遊擊

將軍醉卧古戰場夜〻鐵叢吹青光鐃歌親製十二章
使筆如使梨花鎗麾下健兒身手彊血洗刀箭衣裹創
橫磨十萬百鍊鋼不斫死賊擒生降不驅雜虜驅賢王
驅之不易驅牛羊且驅且縛〻且扛有時縛賊裂帶裳
有時縛賊割馬纏縶兩手足弓反張白木梃子貫中央
一貫五賊背卽當五腹貼地五首昂五肩五背相衝撞
四卒對舁行踉蹡騰越澗壑趨山岡凱歌拉雜多新腔

將軍斷後神飛揚轅門大纛開兩行兩翼散卒來扶將
穌來十賊九欲僵解縛擲地閲銀鐺人各一賊監車箱
將軍笑脫軍前裝帳下犒士羅酒漿酒中血灑生黄麞
歌嗚不辨伊與涼男兒到此真昂藏不爾野雀饑空倉
祇今重説聲琅〻意氣磊落排天閶觀者聽者如堵牆
論功策勳不可量掀髯一笑穌故鄉家有八百成都桑

五人墓

雌蜺貫日天模糊封狼踞座驅雄狐有明熹朝閹禍烈
厰公一起驚畚鍤畚鍤者誰毛御史緹騎來傳厰公旨
蓼洲吏部閶銀鐺五人一呼萬人起誰言此旨出厰公

我曾但知有天子不與廠公生誓與吏部死五人頭上
戴青天御史腰間金紫君不見城東門無人收血漉
漉五人頭又不見虎邱南山塘路生祠毀豐碑樹松柏
青青五人墓

海門觀日出歌

天門訣蕩開洪濛天鷄已叫扶桑東曦馭欲上不肯上
先遣海上彤雲紅紅雲倏被曉風卷海天萬里澄青銅
天光海氣相摩盪無端又遣潮頭衝一落裁看千丈强
一輪早躍三山上上有三足金烏侖下有百道金蛇翻
赤錢出冶不再入大龍吐鱗不復吞此時上界欵卓午
此時下界同初昏晴烟一綫走碧落萬户千門啟魚鑰
回首金焦兩點青一聲吹起城頭角

焦山古鼎歌

我聞岐陽十鼓泐三巫九鼎無一存焦山山深一鼎在
萬古不被江流吞司徒南仲昔吉廟日豆罍卣陪犧罇
何年小劫淪人世天風吹落饕餮魂滄桑一十有九代
自周迄明如日有見胸有言金甌完缺不可數斷脖只向山
頭蹲不覆公餗不折足那肯帖耳登權門趨來披莎一
捫摸上有歷代摩挲痕九十四字欵識古封揚丕顯詒
後昆想見史籀作篆刻雲云雷回偏其反不隨焦山乘
羽化不共鶴銘瘞石根空中甲丁不敢晚神鬼呵護無
朝昏上瞰日月沃烏兔下吸江海烹蛟黿此山此鼎共不
朽豈識荆棘銅駝冤乃知法物貴永守挈瓶難仗賢
子孫般倕寶玉計百萬咸陽一炬非周原鼎如亦在三
月火超軼秦漢誰復論世人紛紛寶贋鼎不直田舍老
瓦盆三千年物啟褻視位置合在明堂尊我歌未已鼎
欲吼海門紅浴扶桑暾

宿攝山

一徑入修竹欵關僧未眠江明無月夜山響欲風天客
夢迷青梵塵心淨古泉何當掃空翠高枕法雲邊

山寺

不負幽尋約來爲初地遊山靈如識我花裏唤登樓晴
灑諸天雨涼生六月秋高吟誰屬和空外起樵謳

秋懷寄汪頫川

亭皋飛木葉天末又涼風之子不可見苦吟誰與同宿
鷺一行雁月冷半階蛩剔盡秋燈影迢迢更漏中

喜張雨緇戎睞自臺灣軍營

落日大旗紅刀鐶唱北風鯨鯢收海上韓范在軍中甲
洗銀河瀾文飛露布雄一聲鐃吹響天外雨昧鴻

同陳理堂俞澄夫集蛾術軒分詠得讀畫

十幅雲嵐展碧綃玉叉晴帶篆烟挑荊關舊譜縱橫得
山水清音自在調培到玲瓏原落々空來色相囗超々
卧遊一晌高吟罷餘味還應象外饒

丁卯橋尋許用晦故居

閒居詞客賦安仁鉄甕城南卯舍新巷口秖今餘夕照
橋名終古屬詩人楚江樓已空陳迹寶晉齋曾託比鄰
指點奇奴春草綠青袍如見苦吟身

書呂瑤峯事并序

豫章呂瑤峯奇士也予遇之郡城酒樓酣嬉淋
漓一見傾倒高吟絶無青眼來儔我再有黃金

也贈人之句別後聞其客吳門又客金陵丙寅
冬客自省垣來言有西江呂生病死逆旅中兩
僕竊金以逃無殯殮者所善秦淮妓河春出纏
頭貲厝之妝樓之側一時爲詩歌以紀其事者
甚夥予聞之曰此必吾瑤峯也爲累欷者竟日
亦成此律以當輓歌云爾

誰保鬚眉七尺身多君殘夢妥香塵青山荷鍤成千古
紅粉憐才見幾人絶調聲々廣陵散瑤峯善琴吟魂夜々大
江濱寄言走馬章臺客好把黃金鑄河春

昭明讀書臺

蕭梁帝子擅風流夜々書聲此地幽芸閣半銜山翠起
牙籤曾帶佛香收千秋犖悅搜江國句本李善上文選表一代文
章配選樓今日戴公亭下路月明人見鳳笙遊

石城橋

石城橋外晚風微徙倚千林送落暉記得去年曾泊處
繫船楊柳又添圍

真州酒家題壁

真州城南問酒家酒家門外青山斜一溪野水望不極
涼煞幾枝蘆荻花

崑山道中

笑我貪程負酒瓢水村帘影不須招長年自倚操舟熟
不卸風帆過浦橋

艇子輕於梭子輕山城漸遠不聞更唤回一枕還家夢
呷軋櫓聲如雁聲竹所詩鈔

費復堅 字素之號叔夫諸生

立秋病中

小榻書堆枕疎簾月上鈎五更驚短夢一病入清秋露氣侵衣冷蛩聲當戶幽壯心殊未已晚起獨登樓

丹鳳樓懷古

丹闢飛霞彩高簷擬鳳形潮來江水濶樓入海風腥兵火百年地人文一代星不勝憑弔意落日□蒼冥

繡毬

一蒂攢成瓣瓣花不矜顏色卻繁華風中裁剪春如繡月照園闌客夢家壓樹白疑窗外雪臨池綠襯水邊霞佳人未許輕拋擲沉醉人回酒意賒

横山道院四檜詩

青

一覽羣山萬翠收獨標黛色照仙邱染三染五何人手非紫非藍總佛頭應有將軍新鑄劍不須司馬更悲秋空中彈指庫虛幻衣上痕多此逗遛

奇

風不能搖雨不磨佛家何事種娑羅枝如龍爪當空見拱拂雲峰入夏多韓愈文章皆險筆襄陽書畫沒平波軒昂磊落天生就冊上庸材奈若何

古

不知千百年來樹卧老山中日月長鳳舞鸞吟唐樂府魚書鳥篆漢圖章尋常甲子無寒暑幾輩兒孫作棟梁我欲結廬林下住北窗高枕說羲皇

怪

無限瘦瘤看不真摩天更欲倚孥入聲搖山岳長風雨靈奪乾坤自鬼神野凫城狐都竄穴竹王木客亦奔塵世間怪物知多少此是山精不化身

謁伍相國祠

荒草祠堂太寂寥當年志氣足干霄窮愁落寞蘆中渡悲壯淋漓市上簫亡楚自知讐已雪霸吳猶有恨難消南來越甲東門外夜夜胥江總怒潮

次毘陵驛憶同三杏江蔣大吾原蔣二仲先

惠山回望雨初收古樹龍烟綠滿疇兩岸人家如畫轉一帆江水抱城流茶烹陽羨難消渴酒到蘭陵祇益愁有客他鄉睞未得又憑魚雁寄揚州

到家

轉因疎拙葆天真廿載游蹤總幻塵書是行囊詩座客花如侍婢悅賓人頻呼兄弟開新釀卻喜兒童值好春頭白老親燈下坐慣題往事說艱辛

春柳四首和紅舫內弟原韻

春到江南百感生，絛絛婀娜繪難成。燕來惆悵青拖地，人去相思綠滿城。梁苑最多烟雨恨，蘇臺又聽管絃聲。

莫問前因與後因，風流如故忒精神。殷勤作態應憐汝，眠起何心歎故人。二月春山眉染黛，十年新夢襪生塵。不知多少黃金色，買得人間庭庭春。

無那情懷感絮飛，又看烟水帶斜暉。山中慣拂吟人帽，道上難牽客子衣。此夜月明愁玉笛，幾家年少賦春歸。長安昨日催征馬，賴折鞭絲問帝畿。

雖栽細葉翦柔條，酒旆詩幌兩共招。漢水有情都放眼，柴門無恙苦垂腰。興來扶杖日將夕，晨起憑樓烟欲銷。一曲故人千里外，依依長此寄蕭寥。

閒居

課兒書亦費調停，此外何心了不經。詩是昔遊皆草幸，花如老友漸凋零。西風自掃苔階白，夜火時分禦竈青。獨有從前辛苦事，五更辰轉向窗櫺。

何阜海村即事

蒲蒲樸被此停車，茅舍相連四五家。一夜海風吹凍雨，曉來滿地結鹽花。

斜日荒涼第幾村，家家煮海避潮墩。三椽竈屋初停火，牛拽鹽車直到門。

興化城北觀荷

故人邀我北城隅，爲訪烟波入畫圖。數頃荷花香不斷，扁舟搖過鯽魚湖。

歲暮憶家

兒數歸期女計程，開門見雪兩心驚。連呼阿母牽衣問，如此雪天耶不行。

婁江舟次

石橋橫影漾波斜，兩岸垂楊十數家。挽髻女兒墻下坐，

不辭辛苦弄繅車。

水抱江城十里遥，臨江水閣夜吹簫。通波門外停船客，半等來潮半落潮。　棣華山館詩鈔

仲振猷

相思曲

相思結子紅離離美人種入春煙裏子成遂作相思樹
知子相思自根起相思不老人易老愁抱春雲泣芳草

偶成

繞屋濃陰蓊四圍杜鵑空唤不如歸此身恰似營巢燕
一口香泥一次飛 苦杏詩鈔

俞國鑑

儀徵張孝女行

儀徵城河廿載涸嘉慶三年重濬鑿城南池底得石碣
碣字分明未殘剝字記甲子乾隆初救父孝女張巧姑
巧姑本是小家女年紀十三纔有餘阿爺瘁廢阿娘死
巧姑孝聲滿閭里拾枯掃葉竈邊薪織蒲辮葦市中米
雨兒慵保知誰家搔頭噓熱返哺鴉鴉喔聲斷妖鳥語
嘻嘻出出來鬼車世間底事急於此卧病榻旁烟焰起
猛虎可搏河可馮巧姑之勇勇無比心知有耶不知火
寧知火亦能焚我崑岡竟燬玉無瑕火宅不開蓮一朶
明日官來勘火災殘屍分給桐棺埋官人呵導高軒去
父老咨嗟片碣開碣成瓦礫堆中豎五十餘年失其處
過客惟尋胥浦橋詞人只弔屯田墓紛紛今見營專祠
火中孝女知不知柱間莫詩謝仙字峴首徒生鄒湛悲
專祠崇化坊西側地是巧姑舊居宅燒燈節後賽神來
儀徵人作新寒食 邗上題雜集

梅嶺弔史閣部

燕子春鐙正擅場可憐江北戰雲荒誓師已識全軍墨
注血空悲兩鬢霜宋室僅存文信國唐家誰是郭汾陽
月明嶺上重回首分得梅花一瓣香

金山謁韓蘄王廟

八千勁旅截江波南渡曾揮落日戈峰影一拳留壁壘
潮聲百折走黿鼉軍鋒未抵黄龍府天意先閑老鸛河
彷彿夫人鳴戰鼓西風終夕響烟蘿未稿

詠古禅樂府

先人功高督八州今乃東帶見督郵叩門乞食亦可喜
何必區區五斗米衡山詠未甲子青醉鄉卻在羲皇
初
册金輪設銅匭鏡殿開明堂毀女主昌歷二紀晋陽局
設美人計禍水相沿亦天意君不見鸚鵡翼折不得飛

宫女又唱桑條葦
前有六賊後汪黄朝廷那復相李綱登聞鼓擊聲喤喤
悲哉一死嗇歐陽諸生舉幡伏闕下漢唐有人乃獲救

新安道中看山作歌

晴沙粼粼石鑿鑿水入桐江清見底朝搗鐵笛坐船頭
不言無風七十里瀧口已拖千重山山光卻在冥濛間
狂奴故態亦何有只愛飽看烟中鬟一峯未斷一峯出
晴雲俄隨雨中溼雨来頻助瀨聲喧雲起全遮峯頂沒
雲團峯合疑水窮扁舟影落澄潭中豁然一綫劃崖際
石門洞壑遥相通上灘曲折波迴繞卻羨来船下灘好

惱人不是峽猿啼密樹聲聲畫眉鳥鳥聲未歇天黄昏
斷霞魚尾明前村秋晴處處山田潤潮落家家水碓喧
幽花歷亂層厓放狂笑能令衆山響奇秀由来甲海東
新安爭似浮天上明發天都最上頭芒鞋竹杖宜清秋
回頭卻望從来處笑指烟波一葉舟

題鄭湛若抱琴遺像

紙上鬚眉尚激昂抱琴心事本非狂離騷哀怨沉湘浦
銅柱勛名紀瘴鄉亡命人皆惜張儉絕交書早類嵇康
莫從洗硯池邊過浩浩天風海水涼苔香詩鈔

輓浙閩水師提帥壯烈伯李忠毅公四首

横海將軍鎮越東扶桑計日挂琱弓幃圍鵝鸛波騰紫
水截蛟螭血染紅士雅渡江曾擊楫兆陽破浪欲乘風
大星忽向天池隕淚洒豐碑爲表忠
鹿耳門邊亂慨慷何来妖讖兆彭亡礮車飛處陽冰冶
鐵鎖横時海日荒羽翼已殲餘逆虜圖編空弔戲南塘
洋吏不報中軍鼓一髮東甌哭戰場
樓船百戰出澎湖閩粵嚴疆一柱扶未必水仙能就撫
可容島帥尚稽誅沈舟志決兵全洗下瀨軍愁勢易孤
看取怒濤飛十丈有人披髮訴天吴
續畫凌烟鄂與褒魂騎猶自動弓刀南溟誓擬除妖蜃

東極憑誰挈巨鼇那得英靈淪黑水尚餘威惠懾紅毛
大名記取蟠根李䀹〻中天太白高

仲雲浦招集稱圃賦贈

巷口競傳北阮貧買山今喜闢荒榛無波井忽涵新水
歷劫松猶媚古春南海書來應憶弟輞川圖就稱閒身
歎呼紅豆詞人起（雍兄雲渊自稱紅豆邨樵今已下世矣）同醉花前酒百
廻探訪

海陵詩徵　卷六　十六

湯治昭

東坡生日小集瑞伯齋同用放翁玉局觀拜東坡
像韻

坡翁生日詩始綿津宋相延百餘祀當作故實用吾
儕下里生稽首微忱貢神未信有徵爐烟颺飛動惟公
於世間人中見麟鳳詎肯伍凡鳥一例受羈鞚往昔八
州督寥〻一春夢所喜天下士咸樂後車從星隕七百
年騷壇至今空詩筆垂光芒亘天作蝃蝀功業有人阮
文章實天縱名齊李杜韓跡接風雅頌後生亦何幸咀
含耐吟諷蠹彝紫色徒庶幾識正統

讀蔣心餘先生填詞

文字無生氣譬若陳死人旦起脱筆硏日午揚灰塵咸
陽亦無火其勢將自焚堂〻蔣夫子詩筆垂千春餘波
作院本啼笑皆逼真大旨表忠義翦截浮僞文一字才
落紙熱血行間噴肅然起人敬黯然消人魂頑廉懦夫
立小技閔彝倫連雨客不至蕭瑟天黃昏油燈光欲闇
濁酒熱不溫閑函一再過或喜或怒嗔中有姚氏劇讀
之聲暗吞哀感不能已氣結思一伸發狂遶屋走痛哭
呼秋旻奴子叩其故張口無所云文章竟何物其攉佯
鬼神喜怒與哀樂頃刻叢余身先生游戲耳百世爲酸

海陵詩徵　卷六　十七

辛莊騷太史公筆墨同其尊此豈場上曲而以傳奇論生氣亘萬古永〻無飄淪

紀事

嘉慶十五年庚午秋九月湯子金陵睞失意神恍惚行李祇一肩衣衾雜書帙城北有嚴闕紅旗半天揭云收落地稅四望筆甌脫其上有官人錦衣而大腹奔走者成群森然爪牙列賤子貿〻來一見即嗔叱我僕蠢如牛釋擔氣悚慄顛倒我衣裳毀壞我扃鐍我初猶抵攔詈聲共凌辱低頭告官人書生本寒乞既非來遠方奇衷貴稽察復不扶重貲浸潤足饕餮而胡綏好胥反覆肆搜索其人置不理踞坐色如鐵道旁為余言將子慎唐突此君與邑侯葭莩甚親暱貴重無比倫炙手勢可熱徵求及負販刻深比蛇蠍昨獲貴難翁二十稅其七云此有令甲違者合鞭撻翁强不肯予敲扑臍皮胷公膺爾何人慎毋虎須捋我聞謝良言盛氣不敢出吹拾狼藉裝吞聲返蓬蓽翦紙招我魂適來自鬼窟

阿棋生祭告亡内

君亡已七載棺停猶未葬荒〻一老鰥踉蹌恣放浪何琴八九齡抗頭照遺鏡性復愛詩書閒即弄鍼線斷弦帶忍續守義聊自誑以余獨旦哀慰子長夜況所嗟母年衰卅句勞饒飱余又鮮兄弟宗嗣竟安仗無後為不孝將焉避群讓友生斂婚貴定沐泉下諒掩淚對新人為歡苦不暢今年舉一雄宛肖厥妣狀無兒今有兒孤魂勿快〻憑棺灑杯酒存殁泣相向行以來歲冬佳城卜君壙三年猶一夢萬古同所藏兒肥女平安默〻君其相

歲暮書事

朝廷養士澤深同江海滋十年食學俸報國慙文辭大帑積官庫須給憑有司持牒奉老母餘者供儉糜多士賴培植勿使元氣衰今冬停廩餼寒士同齎咨校官肓徵索來往煩文移州將事如蝟吞語殊支離云此區區耳行當待來茲先生喟然歎卒歲將何資老親甘脫粟竟缺稱觴卮朽腹誦文史其聲含悲噫恒心不可失婉戀忘朝饑折簡約同志高詠雞鳴詩古梅折新萼擲角春風吹

理髮

前年愁白髮去年愁髮稀今年更稀少會有落盡時趁此落未盡且插新花枝身事吾不問世事吾不知所惜有佳客而嘆無酒資少留看殘書再請歌新詩我友亦不去落〻飄吟髭清談亦足樂為懽胡可遲

鈔杜集竟敬題一首

杜陵老子作詩苦蒼茫百感塡中區一千四百四十首横絶騷壇無古初風塵澒洞不可擬畢生那得變眉舒家鄉阻絶烽火急呻吟日日愁妻孥致君堯舜竟濩落許身稷禹空踟躕西上麻鞋見天子空山足繭成羇孤凍濤青坂足悲咤喜聞仗回清都揮淚高歌洗兵馬柴門屏跡甘菰蘆牢愁苑結作詩史傷時撓弱非皮膚齋咨涕洟出天性變風變雅傷何如編詩若值魯中叟家父凡伯看齊驅後來箋注等駁訟毋經月緯良枸墟唐書新書炫奇博微詞刻覈嫌纖紆新城説詩主妙悟

乃以向郭推錢盧晦翁昔撰詩集傳刋落序説芟榛蕪以意逆志古人重鄭箋燕説胡爲乎我於斯文有癖嗜往ゝ開卷憂歧途手鈔一冊作珍玩麥光戕紙蠅頭書章句悉遵宋槧本各家訓詁同删除譬如荒穢一朝盡嘉花美竹羅清疏裝褫成帙誦且拜奠以酒炙歌烏烏天地中聲出金石此老精靈疑可呼珍如拱璧置懷袖攜之寢食隨身俱奇文不惜共欣賞有能讀者真吾徒

興化徐鶴峰索詩爲壽歌以贈之

王子松樵工琢硯索我爲書石交傳石交更有徐鶴峰迂怪略與王生同我爲兩君衡氣味一似氷霜一蘽桂松樵揮手辭人間此老行吟獨憔悴鶴峰鐵筆姿峻嶒奇秀酷似徐青藤豈無他人我同姓家風或者傳雲仍嗟哉絶技難爲用織名往ゝ愁飢凍酒酣學作鵁鶄鳴真氣淋漓自驚衆來不拱揖去不言人疑奇鬼驚頑仙袖中小石鑿山骨磨刀霍ゝ親雕鐫歲月忽ゝ過飛鳥七十年來蕭寺老古貌矍鑠蒼厓松不見敷腴不枯槁塵埃不入浮雲胸自甘乞食菰蘆中恥以詞章媚朝貴晚節差勝天池翁松樵生鶴峰子轉眼人寰判生死奇技毎干造物忌莫更鐫鑱於十指石交舊著嗟書殘擬作合傳韋連看青藤逸致足摹寫史才惜愧袁公安

黄山松歌

有客昧自天都峰招邀示我黄山松盤拏屈曲不盈尺居然突兀成虬龍嗜前古撿歷三世對此纖弱成兒童滿堂動色歎神妙第齋似與黄山通黄山之松出非想石頫而頫仰而仰一松一石成一形古貌荒唐絶規倣幸無鵬翼搏飈風不爾便欲排雲上君攜此幹來人間元氣淋漓落手掌黄山雲海高嵯峨雲中時有神仙過煉丹臺下遺薪多虬根穴石交枝柯上有白雲互縈繞下有元鶴營巢窠一枝一幹勿輕拜軒轅黄帝親摩抄我來長揖蒼髯叟出山遇合良非偶配之一卷愚山詩

時讀施愚山先生遊草　酹以三升雪翁酒山猿釀酒巖石有窪之者甚香美黃山白猿音
門呼為雪翁　閑閭卻埽盟歲寒位置巍然閒尊卣會看腊香
結壺珣松與人同臻上壽

浮山禹廟觀山海經塑像次昌黎謁衡岳廟韻

郡城訪古隨犀公浮山作鎮城之中曰稽大禹此廟食
崇祠穰栯瞻巍雄浮山拳石出地底歆尋此脈誰能窮
虛堂鐘鼓肅稽拜緻冕飄颯雲旗風森羅像設毛髮動
塑手雨辟精神通庚辰童律趁號令恍惚劍佩聲摩空
蒼水使者獻金策百蟲將軍驅祝融松栝陰森翳天日
鎖壓百怪朝靈宮山經一冊作粉本殊形詭色塗青紅

鄗生讀書苦束縛浮茲證據恢愚衷內五方山外八海
纚風沐雨勞神躬堙洪塞源滅妖怪元圭永錫書攸同作
經三萬九百一十又九字八年偉績明初終即此浮山
之石露方丈屹若明德留餘功循廊已歷九州遍奇觀
頡谿雲曈曚整衣出門重太息束手坐看黃流東

旱　甲戌五月

四月不雨至五月秋田坼裂成坡陀良苗枯死作細草
我我莫辨蒿與莪連檣大估行不得長年炊飯然青蕽
井水一甌半泥滓行見疫氣生痒瘥去年豫東連直隷
姦民竊發紛么麿埽除辛賴　廟謨睿大官逼迫徒娙
婀千村萬落長荆棘甘霖奚術回焦枯江淮財賦甲天
下運粗船撈高岸岸即令土炕插不得秋深何以償催
科旱母風行熵苛虐一宵青鬢成霜皤愚氏齋食虔步
禱泥龍衙衙商羊歌嗟哉爾氏慎勿叱長官出示方挑
河

夏紅舫招食黃犀寀賦

雪花漫空大如席處處蘿頭吹鬣䈎先生坐詡羽獵賦
柏桊聲聲出金石故人折簡招客忙中廚特飭羅酒漿
腹中菜園羊不蹭剡乃後味烹黃犀平時見酒眉不接

此夕連觥耳方熱高談長嘯轟若雷雪夜森然電光掣
頗思手執丈二矛身軀獵騎陰山頭東青落處窟狐兎
餓鴟聲裡號鵂鶹風毛雨血灑天際填坑滿谷成山邱
割鮮行炙讌賓客胡姬玉面彈箜篌雪山蕩蕩作銀海
冰燈的的懸晶球掀髯一笑盛意氣胸中頃刻忘羈愁
儒冠誤人變鬢白兒女呷嗄伴書冊豪情勃勃層冰消
只望燈花宜酒食酒闌雪口行人稀雷雷街鼓催人昧
昧來布被寒如鐵夢到天山雪打圍

僧樓聽雨圖桐軒先生命題

先生示我聽雨圖乃是墨初馬君之所作北山古寺絕
人迹竹樹參差閒樓閣龍王廟口烟霧生頃刻風櫓飄

雨腳先生意興最豪，涼氣蕭蕭入蘆葦，生中有客規作圖絶勝殘山馬一角，我昨泊舟洪澤湖，拍天巨浸青模糊，橫風急雨亂鵝鴨，驚蛇走虺穿菰蒲，黄昏四野黑若瞖，我時爛醉須人扶，電影續續亮不止，咫尺望見蛟龍趨，詩心怒發不可遏，酒氣拂拂墨點麤，同舟駭愕長年怪，風波乃欲志其驅，至今展卷一吟嘯，髣髴似聽招招呼，四時馬君惜乎不在座，請寫驟雨荒村圖，明年我欲從公俱，閒來賞雨高僧廬，即事作詩兼作畫，毋使清景一失如追逋

望焦山作用東坡先生自金山放船至焦山韻

我昔望此情眈眈，好景坐失趨江南，焦山於我竟何故，風利不泊至再三，名山咫尺不得上，笑予蘭足如僵蠶，昨日金山略遊眺，海門東望中心惄，性命窮薄較蘇萬萬倍，而乃躑躅不敢輕江潭，烟鬟引領覺心醉，譬如不飲神已酣，隱君三詔卧不起，括囊人不聞清談，蝸廬一角人跡絶，至今高躅傳詩龕，巖花江水作供養，清獾不復知肥甘，嗟乎吾人身後得此亦良足，浮世擾擾將焉貪，轉思倖未拜祠下，塵容俗狀夫何堪，吾生落魄坐多口，行當結舌肆帝庵

高庵招飲極驩步目至瑞伯齋茗飲而別

天氣不寒復不熱，復有花梢半輪月，市酤得酒網得魚，使是今年好時節，同心落落六數子，浮世茫茫能幾日，小人有母七十餘，衰髮疎疎不盈櫛，兩君小我近一紀，各有偏親頭似雪，高庵與我得子遲，瑞伯兒郎年十七，兩君薄有負郭田，愧我傳家空紙筆，三家光景約略同，保守清門慎蹉跌，吾儕於世匪麟鳳，亦復何能作蠛蠓，事親課子萬事足，此外毋庸勞肩肩，碧天似洗微雲消，三五疎星森就列，萬籟無聲人跡稀，竹韻茶香最清絶，此時眼界無一塵，胸次何嘗愧前哲，可惜雨村招不來，一夕清談快相質

題王文安公擬山園法帖

孟津書法自天授，神理骨法良超超，遠者鍾王近海岳，筆鋒所至難藏逃，天神裝束嚴且整，豈肯竊宠儕山魈，廟堂千官肅劍佩，不與老女矜妖韶，天成秀骨出冠代，想見眉宇真人豪，哲嗣蒐羅入貞石，隻字點墨愁輕拋，張叟八旬擅目力，日中鏤刻分釐毫（此帖公子藩芽太史付刻，刻工張翱八十矣），先生此書足千古，獨殿勝國開　熙朝，戲鴻來禽兩壇坫，對此直欲從其祧，詩文書畫要領袖，勢與秦華爭岧嶤，有明詩人若麻粒，絳雲晚出魁其曹，後人讀書意見刻，滶五十卷多謦謦（牧齋前集百卷，國朝集五十卷），立身一敗

戲

事瓦裂文章技藝如風飄我憐其才惜其遇往〻眉涕
沾青袍無端看帖忽悵觸庭前栝柏風蕭〻

立春日召客飲

臘月十七交新春滿街鹿〻多忙人閒人如我復少味
起來曠望青天塵河公叱水〻不退河上大員高枕睡
草茅不許說時務且引閒人共酣醉有酒不飲何其迂
吾宮幸免蠡蠶居小兒撲滿底用惜恣買黃河變鯉魚

高丈子堅卧不出作此以當七發

去年桃花開滿陌先生去作燕臺客今年又值桃花時
先生髯卧南山陲東皇欲去將何之人生少壯如星馳

眼前春色頗堪惜豈合旅負黃金卮丈夫束髮讀書史
百事胸中有原委憂時懷古中心悲安肯低頭對妻子
吾年五十無聞焉酒鑪之側長酣眠老親八十喜健飯
高歌作息酬皇天吾子廁名在天府夜雨閒心鈔縣譜
況茲漪雪蒙　君恩未許哦詩守環堵故園光景慈乃
公下河半作蛟龍宮近聞淮北苦春雪麥苗不復青芃
芃租船乃借黃水運道旁築室成內訌江波勞可濯叟
足濁流漸與長河通時事蒼茫亦孔劇　陛下須材勤
側席功名事業貴蚤圖攬鏡吾慚鬢衰白先生薄宦雖
可哀淇水左右思君來勉為蒼生出所學徘徊歧路何

為我

寄懷仲栢庵師四首

白首名成後纔分赤緊符官衙同里塾仙令是醇儒治
譜應編集家風續宰滿南中雲物好隱〻望飛凫
聞有量才聘中巫禮數優眼經秋水洗珠許夜光投馬
骨憑真賞蠶聲憶舊遊門牆添玉笛立雪想風流
記下河汾拜相依渭華嵩三年學秋駕四座領春風岐
路真慙我慈雲竟負公自憐遵祖鶴雙翅太蒙戎
東坡門下士師範仰欒城（謂雲甫丈）語我家書至增入遠道
情閒幟知官況呵手試端抗想見鳴琴地冰壺照舊清

不寐

萬籟蕭然候空齋特地清秋無通夜睡月比故鄉明野
鶴有寒意荒雞非惡聲披衣聊起坐枕上一詩成

淤溪

返照入林薄酒醒寒氣侵一叢水楊柳搖落感秋心漆
後荒碑斷烟中古寺深未須厭寥寂漁唱答高吟

次韋閭集五燈詩韻

旅睫何曾着篝燈破辟支夢醒千里外酒渴五更時耿
耿消腔血瘖〻感鬢絲鄉心正無限惟有玉蟲知（客燈）
久熟江湖味微茫夜火幽因聽漁子笛照見蘆花洲鄰

躬推篷乞寒星逐水流錯疑湘漢上神女弄珠遊

舟燈

一點慈燈續長明紺殿陰空空塵世影炯炯法王心照處元無盡傳來許共尋繙經中夜起光滿白毫侵

佛燈

與我最相習焚膏已半生興亡事千古風雨夜三更味較兒時永口口口口口全蓮跡院日應記此時情

書燈

犬吠知春到疎燈遠近看迢迢望籬落閃閃出林端幾處寒檠共誰家社飲闌幽風圖可繪田燭報平安

村燈

玉簪

定是遺簪化栽還近玉墀孤芳不自展幽恨待誰知帶雨初橫處臨風欲墮時拈來渾一笑愁絕鬢如絲

蓼

別浦維舟處閒花愛水濱垂垂明古屋裊裊拂西風雲淨楚天碧日斜江岸紅酒旗疎影畔卻好映丹楓

仲雲浦丈畫少陵像命題

一千四十又五載公卒於大歷五年生氣淋漓尚宛然搔首陰崖歌義鶻折腰錦水拜啼鵑蒼黃國勢中興日闤闠騷壇木有天光燄至今長萬丈瓣香應共禮青蓮

小病

繞過新年小病侵吞春春事費沈吟懶將面目投時好聊將文章耗壯心韶景偏逢緣積雪嘉招多誤是輕陰

香鑪烟篆和風裊蕉捲虛堂一徑深

拜柴墟先生墓道即寄儲四湘舫

落日停車薦藻蘋南都冠冕繫公身圖君不結中常侍厲士無慙古大臣詩派先聲開七子元燈餘燄照鄉人吾州自公後鄉會試屢得名元詒孫尚滯諸生籍經術業業接後塵

黃葉

秋林昨夜點新霜愛此蕭疎葉半黃古寺袈裟攙壞色孤村籬落聚斜陽偎烟雅帶寒雲瘦菓處人驚鬢影涼似此儘堪供點染翻嫌楓樹競濃妝

堊壁

相如四壁儘蕭疎撑漫都忘手拮据半渚苔痕遮未盡十年題句埽無餘排牆生怕同王衍壼寢聊思學寧子飲罷誰將薦杆舞笑看清影上燈初

湖上同李雨村

揚州西郭暮春天十里旗亭看酸使古意聊閒修禊讌清遊例用典衣錢風頭弱絮團成雪馬足香塵蕩作烟記得微行花檻客沈吟此事已三年

故事 文廟釋奠先日演習祭禮以弟子員資深者主之余時為諸生祭酒而典格不行歎之

豐宮釋菜記髫餘志欲宣尼廡下居到老規模弟子職

全家衣食聖人書絃歌縱習難希世對越無由實愧余使語諸生業綿蕞白頭祇合把犁鋤

文姬

絕代紅顏絕塞行胡笳彈作斷腸聲美人國士同淪落不少生降李少卿

何信陽硯

大腹山房姓字鐫墨華猶映水紋鮮拓毫未敢輕題詠曾寫風人明月篇

螢火

腐草叢中醞釀新流輝亦自有精神三更月落溪頭黑

留取餘光自照身

題夏退庵所得北宋姜君誌石 并序

按誌君歿於嘉祐三年又五年而葬墓在招賢鄉之原去今七百六十有九年矣石完好無漫漶誌稱君富而能施，而不德慶曆中州始立學即輸財於官又大治館舍延士人之賢而文者絃誦其中而購全監書以實之類非凝，俗士之所能為者今之人殖財而自封者無論矣或稍知嚮義遇公事捐貲數十金輒思撰一記刻一石掛名於郡邑之志者比，也況海陵在北宋時為聲明文物之邦非今日比何難乞高文以侈大其事而獨寂無稱述亦可為施而不德之明徵已又豈知身後八百年而名卒大顯於世哉撰文者鄉進士史原有歐王手意而志亦不詳其人惜哉道光辛卯招賢鄉民鋤地得之昧於退庵拓其文見示而屬為詩

退庵示我姜君誌云自窮鄉轉移至石質高廣各二尺瑩滑居然如玉粹刊者浩生名維安界畫雕鐫最精緻字體高爽能成家徐浩李邕參位置姜君有德於其鄉死日得年三十四有兒能攝州助教鑿石徵銘寘深閟

不死其親孝子心血淚殷，墳土漬幽室滄桑閱世多完好如新出諸筍婁壽衡方曹景完此石何妨樹一幟退庵今之趙德甫金石文章有偏嗜可惜吾州太寂陋海氣昏，少文字秦漢碑碣不敢望六代三唐庸可冀偶然弋獲等金薤鎮日摩挲不得睡張筵名客共把翫讙笑歌呼雜口泗姜君有知定莞爾身後茫，得所寄昔者汪中得漢闕甎芭席裹頰車騎閉門坐對忘朝飢舉國譁然爭愕眙君此孤癖將毋同奴子頳肩邪許致高齋著錄亦已夥得此知應推上駟命工椎拓亟示我忍凍孤吟拜君賜

楊　筠字篠樓

擱田歌

天寒日暮北風作敗絮無温如紙薄私逋官租索不停
計將稱貸先署約手持一紙詣豪門主人睨視色不樂
備問爾田存幾何不質爾田吾不諾十畝秧田價百千
强予半值名爲擱頒令門館執筆書全田不許留卯角
今年不償又明年一子一母恰百千鄰途擱契换賣契
臨睇給以千銅錢

戊辰洪湖又決至十月水勢未平感賦一律

十月洪湖水涵天不宵平側闢憂

聖主何以活蒼生百里無乾土千村有哭聲至今隄未
築多恐誤春耕

廢寺

不識何年寺蕭倖絶四鄰碑徒存石帽佛不辨金身黄
葉秋三徑白頭僧一人炊烟知久斷爨下已無薪

漂母祠

淮水秋高落漲痕曾傳此地飯王孫不圖巾幗能忘報
豈有英雄肯負恩千載殘碑埋瓦礫數椽老屋賤雞豚
天涯我亦悲淪落欲向荒祠奠一樽

貴宫人

冠未有意炫新妝待丹渠魁報烈皇準擬好兵遠好色
不圖擒賊未擒王軒生虎帳如泥醉怒掣鸞刀潑水光
莫恨大才成小用女兒難得此剛腸

美人十詠選四

面

芳容瞥見已銷魂何况相逢笑語温紈扇半遮偷度曲
蛾眉淺掃慣承恩每宜薄怒增嬌態更藉微醺帶暈痕
最是不堪回首處桃花紅映去年門

髮

一握香雲七尺餘天生尤物有誰如燈前傾影光能鑑

窗下含愁懶未梳倒壓釵從新睡後滿簪花是曉妝初
那知我見猶憐者未食倉庚妒已除

眉

淡淡春山入望遥司空見慣也魂銷顰如可效非真媚
秀到能餐未許描幾疊黛痕和笑展一番密意代言挑
妝成低向檀郎問深淺何如宫樣嬌

腰

嫋嫋腰肢瘦絶倫每於舞罷見豐神簾前拜月深深折
窗下停針緩緩伸一捻纖如隋苑柳十分細到楚宫人
憐他就抱迴身處定爲情多不忍嗔

子規

曾聞望帝是前身啼血難忘故國春爾自無家歸不得何須抵死勸行人

鬻婦吟

傷心處處石壕村咫尺分開骨肉恩道左有人含淚說去年此日正新婚原稿

海陵詩徵卷七　國朝

里人夏荃退庵甫輯

宮瀚字綠香諸生

贈梁布古

飄泊帝鄉為客垂青得幾人感君肝膽熱愛我性情真豪氣終難繡清言座有春相逢一樽酒同洗十年塵芸香詩鈔

程應佐字稚亭嘉慶丁卯解元

初夏同人登香雨樓並訪西林上人限青蒸二韻

選一

高聳層樓接杳冥一時眼界豁然醒天空鳥破人烟白夜靜星連佛火青掃盡塵埃開慧業飛來花雨得餘馨從今領取逃禪趣好聽維摩貝葉經

碧雲方丈即事分韻

問訊白雲巢浮生等幻泡人因花氣聚勾向樹陰敲城市誰真隱山林此淡交何時結茅屋習靜避喧囂

贈王雪園

孝子奔父喪一日欲千里暮春三月聞鵑啼恨不飛渡長江水側身四望心茫茫囊無貲斧無舂糧蕭然旅櫬滯濡口安得挽扶歸故鄉乞哀聊復走東海當年父執多寮采棠樹前塵香莫尋麥舟高誼依然在窮途誰解哀王孫荒荒白日為之昏天末飛蓬隨斷梗飄颻不得尋木根雲龕十笏依惠遠梦醒荒鐘燒燭短慷慨淋漓斫地歌淚痕頻向麻衣浣烏乎噫嘻行路難黄金散去不復返驚魂已自慟風木徒跣寧復辭間關即今孤影向何處邗溝烟水迷前路城荒月墮風雨昏夜半呼船渡江去

海陵詩徵 卷七 二

題儲玉琴楚游草

五年前向郭中遊好景都從筆底收野鶴數聲來赤壁青衫一曲吊江州天邊月送匡廬影梦裡人聞漢水流想是臨風發歌嘯翛然塵外對輕鷗 吳陵倡和集

登天門山

到此江流闊天門兩扇開大風吹水立孤艇破潮來浩蕩魚龍卧荒涼雁鶩哀振衣臨絕頂遥憶謫仙才

掃葉樓

詩人已去有高樓江影天光檻外浮落葉滿山僧不掃一聲清磬一聲秋 来稿

春柳和夏紅舫韻

烟枝露葉滿林生染就深黄淺綠成一樹垂垂臨遠水萬家隱隱認春城如絲容亦新添鬢得意禽才曉弄聲憑仗東君青睞早風流絕世最関情

芳懷似梦有前因攀到柔條倍愴神摇曳怕逢寒食節臨風如對漢宮人飄來嫋嫋留香篆吹入纖纖起麴塵莫向章臺重繫馬依徊都是可憐春

江南草長燕飛飛無限羈愁悵夕暉金縷已聞歌艷曲玉関猶未著春衣波生遠渚停雙槳烟鎖深村露一旂最是長安怱促別青葱回首遍郊畿

海陵詩徵 卷七 三

種遍楊枝幾萬條畫欄東畔漫相招有人日暮閒垂手看徧風顛試舞腰不管別離空影贈未逢搖落已魂銷吟懷卻似王司李綺麗新詞破寂寥 春柳吟

辰重陽登高同人分賦

縱目郊西喜乍晴佳辰重展踏莎行湖山此地宜高會風雨前宵已滿城夕照有情生遠色疏林無恙起秋聲關心兄弟天涯別愁對長空雁影橫 桐井詩話

吳增祿 字錫蕃號燮堂廩生芸香詩鈔燮堂弱冠負文名屢膺不售中年託詩酒以遣興性豪縱飲卒以此致疾殞身悲夫

偶成

未醉我謀醉既醉我無事咄哉荷插人乃為身後計

雨中登高

佳節思虛度登臨强自寬滿城迷宿雨叟夜破朝寒覓句空搔首逢人漫整冠濛濛烟樹裏誰把菊花看

秋日懷夏園耳山紅舫客秦淮四之一

秋風楊柳拂青谿秋水空明夕照低料得酒樓燈欲上一船人語過橋西 芸香詩鈔

繆維鑛字在東號蓮溪諸生

夜泊青山

舟宿蘆花岸新蟾入夜清推篷借漁火欹枕聽潮聲暝色四山静江光千里明南飛有烏鵲應識此時情芸香詩鈔

朱成梁字康泉廩生

歌風臺懷古

大風四海共飛揚臺上高歌氣慨慷佐命英雄存有幾貧交父老獨難忘普天已莫非王土此地猶傳是故鄉豐沛至今遺跡在楚猴秦鹿兩茫茫芸香詩鈔

儲步雲字湘舫歲貢生

晚步

晚步郊垌外閒游緩緩躡鐘鳴羣鳥息月出衆星稀乘興不知遠清光時滿衣臨淵非有羨偶上釣魚磯

清溪春泛

二月春雲釀碧波買舟剛趁曉風和柳花作雪桃花雨人在清溪畫裏過 芸香詩鈔

邗上旅次

旅宿揚州市蕭然襆被單疏鐘催鬢短殘雪壓燈寒懶作登樓賦偏歌行路難梅花應笑我廿載舊儒冠 蘭言集

鄒元基

莫愁湖

檻外無人盪小舟芙荷香裏泛輕鷗清波隔斷秦淮水不許胭脂混莫愁

勝朝湯沐古池臺歌舞勛名兩不灰到底英雄讓兒女梁間海燕爲誰來 芸香詩鈔

黄　鍾字東序號冬嶼歲貢生

廣陵懷古 四之一

繁華猶説舊江都大業行宫入畫圖底事閒河勞士女誰憐對鏡惜頭顱祇今廢苑螢千點依舊長隄柳萬株試問玉鈎斜畔路有人耕出玉釵無 芸香詩鈔

春柳和夏紅舫韻

春來還似往年生但覺愁腸觧不成此去祇宜竹西路可憐最是石頭城風吹楚ゝ多狂態詩詠依ゝ有怨聲寄語行人休折取柔條易惹別離情

陌頭嫋娜燕初飛我亦癡情絶令暉今日有懷慈母線

海陵詩徵　卷七　十

半生無恙老儒衣酒徒漫過三叉路渴疾仝消一竪旂惆悵故人渺天末珠江銀港隔遐徵 春柳吟

謝妻

憐君亦是可兒身藥餌親調奉病人我命猶存腸欲斷朔風未起手仝皴相依破屋同偕老那有完裙度好春今日向前權再拜願教子孝荅艱辛

種菜

閒門學圃在春三吏喜家人灌溉諳日暖風和新雨足菜花黄上女兒籃 原稿

袁　澄字濟宇號雪坨初名承國子生少學詩於同鶴笈先生著雪坨詩鈔

管亭木榻

遼東古營州山川勢區匯中有高蹈人守貞奉漢臘抱膝五十年坐且穿木榻公孫彼何爲强用相結納

春草

一覽青無際蒙茸接遠天卻隨隄畔柳穿破隴頭烟好夢當三月懷人又一年香輪休碾碎留與醉時眠

清明日西園小集

粥香餳白又清明歷ゝ風光滿鳳城幾處好花含宿雨誰家幽鳥弄初晴巳添新火閒窗共向覺餘寒瀉暮生

海陵詩徵　卷七　十一

座有名賢欣把袂一時佳詠後先成

春日登靖海樓

蜃氣銷沈闊混濛城頭高處倚蒼穹無邊草色黏天綠不盡波光浴日紅山勢南來京口峙潮聲東下海門風垂楊烟外平橋晚部落都歸圖畫中

鷺鷥

鷗盟時結性無違公子豐標振素衣柳畔横塘衝雨立帆來遠浦破烟飛窺魚自見沙邊路咲獨難忘世外機記得昔年棲宿處水田漠漠繞柴扉

雪後茅山道中

高下松厓不及攀石橋澗水幾迴環轔轔一路車聲裏

飽看江南雪後山

潤州山遊

石路無塵步履輕閒街紙雨出江城杏花未放春寒重

何處名藍粥鼓聲雪泥詩鈔

海陵詩徵　卷七　十二

楊尊夔字竹庵號漁亭因子生

秋山

一片極天淨蕭蕭三兩重苔痕和石冷雲意失春濃落

葉空林路西風古寺鐘楚天新到雁飛過夕陽峯

秋夜

涼風在高樹萬葉鳴空庭夜月半窗白秋燈一榻青浮

生悲老大往事感飄零何處弄長笛淒清不可聽

上巳前一日同人集雲谿精舍

東風生蠟屐天氣近初三流水殘花徑空山破草庵春

須如命惜詩可當禪參話久鈄陽盡吟燈冷石龕芸香詩鈔

子規

月落深林黑聲聲帶血痕五更無限恨千古未歸魂隴

樹雲山斷巴江烟水昏有人聽不得家在夕陽村王末稿

海陵詩徵　卷七　十三

朱鶴年字野雲

題舒鐵雲破被圖

冷被多年鐵打圍杜陵舊雨送將歸替他綵筆傳春夢
一夜鴛鴦破壁飛

十年禪榻睡魔消留得姜肱被一條還似霓裳初出破
青天補石月修簫 破水齋詩集

包桂字榮秋號秋巖

秋日舟過羅浮山

近村近郭一扁舟來訪羅浮上一邱地勢曲迴從北繞
水聲環抱入西流楓林日落千家晚蘆荻風高兩岸秋
卻羨漁人無箇事扣舷歌罷對閒鷗

秋日同厲凝道訪菊過頌花農書屋

聞道閑公未出山與君同訪叩柴關秋疏老圃花三徑
人坐斜陽屋半間處士竹藏多放曠空林水木最清閒
把樽我欲頻來此他日東籬再往還

絡緯

無絲無絮又無麻何事聲聲動紡車盡夜牢騷空惹恨
一秋辛苦未成紗星河冷落機窗月風露淒清豆莢花
思婦幾番聽不得迴文待織寄天涯 詩稿

萬榮字薊林嘉慶丁卯舉人

贈李白樓

邗江一別渺愁余千里來尋仲蔚居又借湖山佚跌蕩
相看鬢髮總蕭疎我如柳覓名原薄君有元龍氣未除
手把金樽教莫放酒痕連日上襟裾

石門途次口占

越山遥在馬前青馬上征鞭未許停忽見流亡滿道左
此身不敢怨飄零　芸香詩鈔

海陵詩徵　卷七　六

高銘字文子號叟亭

題夏退庵所得宋嘉祐間邑姜君墓誌

一片韓陵石沈埋八百年幽宫儲秘寶鬼物守窮泉定
武此真本佳文亦斐然夜珠君拾得光耀艸堂前

游歷亭有懷漁洋先生

風前釃酒弔殘暉詞客攀絛淚滿衣古歷亭荒遺構在
初唐人遠雅音微長留屬和詩千首不見婆娑柳十圍
落日湖天扣舷去四絃高唱記依稀

口占

豪氣高龍大九洲禰衡抵死亦風流酒狂誰起膏肓疾

海陵詩徵　卷七　七

飯飽聊為汗漫遊廣絕交書曾熟讀士相見禮尚親儔
懷中敝刺憑君認李廣由來是故侯

答曹艮甫

一叟瘦影照深杯話到知心笑亦哀難解談元堪應客
牛能識字敢言才故鄉未是銷憂地佳節先登避債臺
難道優曇花竟好不教輕向晚風開

贈朱石樵

一叟幻影墮空花相對無言只自嗟羞我湘皋遺玉珮
憐君滄浦泣琵琶參軍老去髭連頰騎省踈來鬢亦華
尹邢東西十年別者番解后在天涯

各有春蠶未吐絲精神想像得風時華骨夢好遊千遍
紫竹蕭清曉一枝淮水東來雲漢〻大江西去月遅〻
何當共翦殘宵燭同向樽前訴所思 吴卿吟艸

海陵詩徵 卷七 十八

朱倩 字琴軒廩膳生著吟香閣稿

晚泊龍江閘

十里依青嶂龍江路此開水喧商舶集日落吏人閒漁火明沙岸睐雲下遠山舵樓一聲笛破瞑暮鴉還

梅花

不遣俗相近自然清照人乍回三日暖催作十分春小徑餘詩味前修認月身林逋正孤寂調鶴伴經旬

登城門西樓

憑高一長望野色入新晴芳草青連冢夕陽紅到城雲隨孤鳥沒水傍白鷗明何處疎鐘度翛然動遠情

燕子磯

礁矗江流險蒼茫萬派經片帆收落日烟鳥起沙汀遠水浮雲白孤亭對客青欲尋村店酒暮色已冥〻

甘露寺

孤寺倚雲根層陰鬱不開四圍山翠合一片雨聲來霸業三分壯長江萬里回峯頭誰立馬千古憶雄才

春草

茸〻淺碧滿芳園一徑斜陽燕子翻謝氏詩情三月夢長門輦路十年恩潤回細雨侵遊屐吹上春風沒燒痕莫更送人向南浦江郎此際正銷魂

海陵詩徵 卷七 十九

宫潤字玉川號晴軒廩生

和漁舫弟春草原韻

清明節近草萋萋，步步屧郊原一望齊。曾護寒蛩依短砌，又隨新燕逐春泥。柔莖抽處蕉心剝，嫩色攀從柳眼低。最愛斜曛挂南浦，遥連碧落共烟迷。

本無花蕊燦芳茵，隨地敷榮自在春。梅雨纔過生意潤，律風微拂舞痕匀。幾經野燒留根在，還共春旗鬭色新。寄語山童須愛惜，芳辰猶待踏青人。

題秋林覓句圖

不巾不韈稱閒身，小步疏林踏軟塵。秋在空濛聲在樹，天生好句待詩人。原稿

翟鴻磐字雲巖號漁莊廩膳生

真州晚泊

日落烟生古渡頭，揚州朝發暮真州。過江山好皆如畫，近水船高半似樓。放眼快看香浦月，挂帆重訪秣陵秋。何人烟外横長笛，酒白燈紅憶舊游。王未稿

夏暄 字雲嶠庠生

夏日山行

深亦不知山遠亦不知路火輪灼石焦十步怯五步仰視天無雲陰翳不少護招涼仄徑斜松杉相錯互下有幽泉鳴掬飲争甘霈絕頂欲攀躋夫脊汗如雨一事問山靈高寒在何處

衣冠墓

專閫曾登大將壇空留抔土葬衣冠江山分得孤臣局氣數偷將老淚彈書寄一家同死易兵譁四鎮獨支難至今嗚咽南朝恨流盡邗溝水不乾 芸香詩鈔

王世晉 字觀來號錫蕃天資華妙弱冠遊庠辛以攻苦致疾蚤世士林惜之著叅苑遺草孚子炳業拜行以

白髮

人見白髮悲我見白髮喜父母生我日惟恐不及此

虞美人

江東誰種隔年根香發空階豔血痕對此莫談垓下事恐將遺恨惱花魂

黯

朱鳳藻字瑞庭號康江諸生

柳枝詞

春愁黯黯上眉痕惆悵東風過白門烟雨南朝多少寺有流鶯處總消魂

一枝相贈抵黃金莫說情同灞水深只恐柔條能繫馬短長縶不到人心 芸香詩鈔

宮桂森字秀林著小山焚餘詩

送春

尊酒園林餞別時那堪風細雨絲絲依稀芳草人千里嗚咽紅橋水半池既是鷓鴣行不得如何芍藥贈將離明年再踐春三約金谷重遊繫我思

絲蝴蝶

輕盈生就鳳皇紋不入鸝黃燕紫羣拾翠風流誰作伴踏青時節正逢君黛痕乍染衣邊粉曙色低迷葉底雲消息此時傳得否天涯芳草又斜曛

城西

雨過柴門絕點埃清香撲鼻菜花開詩情只有城西好布襪青鞋獨往來 小山焚餘詩

宮德洋 字施普一字漁舫 諸生

春柳和夏紅舫韻

睞來秋色鬧江城，又值春風繫我情。回首罾濤憔悴甚，今朝翻羨展舒成。絲從綠野烟中裊，浪自紅橋雨際生。最是黃鸝多睍睆，高枝百囀聽聲聲。

何處青帘隔巷招，新愁舊恨結千條。待將碧玉飄歌扇，無復黃金繫舞腰。此日懷人空悵望，當時送客黯魂銷。章臺綠樹陰濃遠，憑眺何從慰寂寥。春柳吟

海陵詩徵 卷七 二十六

羅永根 字詠齋夏園文子力學早逝

靖海樓古松

手植達人代，高憑古佛樓。寒姿終不改，本性此常留。栖老千年鶴，蟠成百尺虬。從知蒲柳外，草木有春秋。

張麗華祠

璧月依然瓊樹枯，玉容何處憶黃奴。過江青蓋無消息，寂寞青溪伴小姑。

乞巧詞

兒女閒情一線牽，那知牛女事堪憐。只因占斷天人巧，不免終身負聘錢。

十二鴛鴦出錦機，金針一度一歔欷。縱然乞盡天孫巧，知與何人作嫁衣。未稿

海陵詩徵 卷七 二九

仲貽勤

打麥歌

打麥打麥城之東，耞板聲聲夕照中。先舂一斗作新麪，炊成粔籹餉河翁。

打麥打麥城之南，朝朝打麥夜飼蠶。飛蓬兩鬢不敢惜，沿海百里無丁男。

打麥打麥城之西，鵓鴣飛飛澤雉啼。二麥打完插秧去，又拋耞板把鋤犂。

打麥打麥城之北，打麥不顧兒女哭。城中石米錢五千，且博一餐麥仁粥。

越王臺

獨上越王臺，憑高眼界開。破空飛紫邏，橫路鎖蒼苔。木葉紛紛下，潮聲隱隱來。能教北面拜，崖胄亦奇才。

老僕 家有老僕周福，戲而作此

此老七旬近，鬚眉皆皓然。看人全不見，顧我獨相憐。奔走萬餘里，相依四十年。一杯聊後進，常說主人賢。

羊城送臘

又見天涯逼歲除，一春消息欲來初。南交原少冰霜到，東野先看草木舒。橙子寒斟金液酒，梅花香折蠟丸書。拈毫學寫宜春帖，自署珠江仲蔚居。

泊揚梅村聞絡緯

蕭蕭絡緯滿林聲，催作征衣萬里行。想到故園秋七月，豆棚杯酒話離情。

大通烟雨

秋煙秋雨壓江流，彷彿尋秋到莫愁。卻怪隔船聲潑剌，鸕鷀飛過蓼花洲。 暮香遺草

吴春源 字思泉曉嵐先生孫晼芳明經子髫年力學有聲童子軍弱冠後忽嬰瘵疾歿年二十三惠蘭蚤折惜哉

范堤烟柳

近海波濤遠接天范公遺澤記當年沿堤迤邐長虹亘萬柳迷離翠蔭便春雨湖邊分嫩綠清風嶺上護濃烟耕桑畎畝資屏障此日攀條仰昔賢

駝嶺清風

明駝遺跡鳳城東嶺路迢遥入望中高並羅浮延爽籟嵐分天目引清風故人忽憶來天末新月時分照碧空袖拂涼飇迎遠岫亭亭竹樹透芳叢來稿

顧鴻 字鶩飛號秋江

寒燈

一室有寒意蕭然夜半燈此宵清似水斯味淡於氷甑冷時相伴風夫苦不勝十年書舍裏相對似良朋

寒葉

悵望亭皋路疏林葉半僵多情猶戀樹無意不經霜落日天空翠西風生淡黄洞庭波欲起詩意感蒼茫

寒溪

木落岸空闊風酸冷一溪草枯全露港水涸半沾泥瑟瑟樹横卧蕭蕭雪漲迷漁罾霜下起氷塊帶橋西

謁史忠正公祠墓

金陵無王氣閣部有專祠胡騎看花興翻成拜墓詩春風生隧道落日射靈旗憑弔不能去衣冠慰所思

明月

彩雲吹散瑞烟籠匹練飛來大海東縱有星辰都隱約絕無樓閣不玲瓏金波瀲灩三秋冷玉宇澄清萬里同我已碧天試磨具此身如在廣寒宮

采蓮曲

粉痕脂影落烟波隊隊蘭橈載翠娥此地無人漏花聽不妨齊唱採蓮歌

最憐鳴綠溢銀塘密葦穲花亂入航搖向水雲輕蕩槳
忽驚三十六鴛鴦

揚州清明

桃花紅漲水平門橋巷家家插柳條最是麴塵含漾處
賣餳吹暖一枝簫

畫船簫鼓簇如雲沿路奔棚夫岸分五步一花十步柳
踏青多在葉公墳

偶成

綠楊庭院靜無譁旋擁晴雲罩碧紗春困乍醒簾不捲
流鶯啼上海棠花　讀易堂課藝

海陵詩徵卷八　閨秀

里人夏荃退庵甫輯

儲氏　文懿公女興化孝廉成學室

雨後

天桃灼灼倚窗前春色殘紛帶紫烟昨夜雨聲來枕上
惜花人醒不曾眠　明詩綜

及

徐淑秀 詩觀初集：淑秀自號昭陽遺子，前朝南渡時宮人也。鼎革後流落燕都，劉學士肇國見其詩，情之用鍾，全贖回以贈武人部某，娶而栖泰州之沈村。為詩多抑鬱哀憤之音，予曾觀其全帙，恨未見手錄。今淑秀已玉殞香銷，遺稿亦零落，僅從友人處得其一律，殘膏賸馥，伊可憐也。又有句云：「入畫無人知是我，倚欄看蝶認為花。」亦清婉可誦。詩永：淑秀自號昭陽遺子，詩多哀怨之音，白頭宮人親見興亡，因感詠之。

淮陰道中

昭陽遺子謫人間，曾列龍樓第一班。楊柳折來風雨夜，芙蓉分得水雲顏。不知世上無金屋，猶記臺前賜玉環。薄命今生遥集處，傷心何地可容閒。詩觀初集

海陵詩徵 卷八 二

雖

部笙 詩觀初集：笙字湛庵，吳陵人。詩緩徐淑秀為庶母，故湛庵遂工於吟詠。適黄杜若秀才，中更家難，四壁蕭然，湛庵惟鑪香茗碗，靜坐讀書。後不幸而卒，病中志焚其稿，僅得數章，斷璣寸璧，為足寶云。

和夫子貧未詩

莫以貧為病，吾儕本寂寥。餅罍羞久罄，意氣不全消。張子仍存舌，陶公肯折腰。有鄰難貧未，相對慰清宵。

新柳

春雨連朝夕，閒軒柳色來。纖腰猶怯舞，青眼未全開。葉舒新綠絲絲挽，落梅未堪持贈遠，詩意好相催。初集

海陵詩徵 卷八 三

蔣　葵字冰心著曉匳十詠詩覯初集冰心余門人蔣焰之女弟也焰字麗天爲秀才早卒冰心生而聰慧甫識字即能解大意爲詩無師承輒工歸於陳冰心自于歸後一切家政咸委之婢媵專以吟咏爲事每午夜蘭房一燈熒熒與青簪相照咿唔之聲不絶也家人咸以女書生目之

暮春苦雨即事

年來惟有感傷多九十春光總浪過鏡裏容顏空自老夢中詩句爲誰哦飛花滿院銷銀蠟細雨空簾鎖黛蛾可惜繁華零落盡香殘酒冷奈愁何

雨中新柳

深黃淺綠雨中新繞倚雕欄使損神翠色最宜侵少婦柔條未可贈離人衣沾清淚時時濕眉染濃烟故故顰

無力舞風飛更歇由來腰細不勝春

新燕

穿徑銜泥漾好春翩翩鬭舞羽毛新暖風吹入昭陽殿妬煞輕盈趙美人

初秋

蕭然一葉下梧桐初覺凉生小閣風暑氣潛消人意爽臥看新月到簾櫳

凉夜西風枕簟清鐘聲送月傍柴荆寒蛩也識秋光到砌下窗前處處鳴　初集

夏夜懷女弟玉潔　十之二

熟

曲檻閒凭趁好風一亭月色露華濃題詩盡是懷人句多在愁中與病中

竹爐茶熟好風生獨對花香欲惨情遥想故園今夜月清光也照晚粧人　二集

題春雨艸堂

地擬江南勝西湖好泛搖波閒鷗影度林靜鳥聲譁艸閣依新柳危欄倚舊花春烟籠細雨隱隱六橋斜春雨艸堂

蔣蕙 字玉渠 葵妹

秋夜聞蛩

蛩音唧唧最關情，無限秋光映畫屏。銀燭高燒更漏永，不堪聽處總成吟。二集

海陵詩徵 卷八 六

宮婉蘭 紫元太史女，適如皋冒萬之先生次子褒，著梅花樓詩。江蘇詩徵：冒先生褒以好俠重義傾其家，夫人製扇以給晨夕，極工巧，時爭購之，至今雉皋刻錢扇，蓋夫人遺製也。

禹兒重修倩石居賦以誌

老屋忽更新，含悲念先毋。憶姑永訣年，未逐含飴志。軫盼育三男，授淚拜天賜。愛若掌中珍，眠食何曾離。此居名倩石，一敗竟塗地。廿載委荆榛，補過在厚稱。一旦汝絕武，堂構渾無異。劬劬辟間石，殘柯倚蒼翠。努力習詩書，忍使後莫繼。澹泊絕玩好，温恭斂才氣。比肩兩雁行，杖汝思掩義。日夕侍明師，慎勿輕暴棄。長慟告吾姑，諸孫將成器。

海陵詩徵 卷八 七

寄大兄中丞公

吾家諸弟妹，最長共推兄。大孝能揚顯，清時際聖明。賤貧安我分，骨肉見君情。廿載傷離別，吳陵隔雉城。

留春

寂寂深閨燕語忙，庭前時有落花香。十分春色難留戀，一種離情易感傷。繞見曉風吹葉幔，旋驚新雨溢芳塘。柳絲折盡不別感，何日重逢共舉觴。

元宵喜晤十六姪如岡

汝來恰值倚柑節，我老驚看兩鬢銀。回首弟兄多隔別

相逢子姪獨情親梅殘正好迎新月柳放何堪又暮春
帶水家鄉原不遠衰年惟有淚沾巾

庚餘堂蠟梅

莫向窮冬怨獨開孤芳原自絕塵埃檀心似與春相避
素影偏宜月共來歷盡冰霜標令韻恥隨桃杏點蒼苔
酒温爐爇疏窗下為愛幽香首重回

冬日畫梅花

獨坐幽窗下寒風透碧紗染毫渾不覺為愛一枝斜

寄淮陰陳二姪女

月映簾櫳樹影深瑶琴彈罷少知音淮陰人遠無芳訊

流水高山共此心

仲夏同八嫂韓夫人於溪湖看荷

於溪湖口採蓮香並坐烹茶泛野航誰道嬌紅難比艷
名花不讓美人妝

七弟東表登舟阻風雨

十日樓前對早梅片帆何事忽相催多情祇有狂風雨
特遣行人去復來

海陵留別二嫂卞夫人

數月相依情更深殷勤棋局託知音黄花綠酒難為别
萬斛愁堆一寸心

和八弟友鹿詩扇

清和紈扇寄來新才調吾家第一人憶弟思鄉深夢寐
衰年骨肉倍情親　未見詩存

宮渼亭 渼亭宮偉鈺女，與由侍衛改授刑部郎中諱夢熊爲同産，適江都楊哲人。哲人宮參戎沒，渼亭撫其子應春成乾隆丙辰武進士。時夕司寇長白永公夫人因司寇聘款延女師課子女，聞渼亭賢，奉贄請焉。渼亭赴京師館夫人邸第，兩人均以孀居教子，志同道合，甚相得也。讀課餘暇，倡和極戚。館九年，渼亭辭歸。夫人彙梓其詩，名《合存詩鈔》。今詩刻中號思柏者，永夫人也。

秋夜雨中

秋雨終宵響不休，虛窗支枕數更籌。心隨蕉葉聲聲碎，淚逐簷牙細細流。霜雪三年全入鬢，親朋廿載半成邱。廣陵東去吳陵路，併入羇人一夜愁。

秋螢

腐草秋深得化形，纔過曲檻又疎櫺。平池映去天流火，

海陵詩徵　卷八　十

圍扇招來月帶星。飛到深宵猶閃閃，漸殘冷露更熒熒。隋家舊苑今何處，留得書窗一點青。

寫懷

深閨孀婦有何知，敢用雕蟲強賦詩。只爲夫亡成隔世，致令泣血寫哀辭。霜鐘夜雨千迴夢，塞雁巫猿萬種思。勤教孤兒還教女，暫存殘喘好支持。合存詩鈔

周貞瑗 字瑤石，施千里室，著《閨閨集》。鄧孝威曰：瑤石詩篇妍雅，夙擅閨房之秀。于歸千里，極有倡予和汝之樂。儼永清每向予擊節，故採登拙選，因誌聯芳云。

讀神傷解哭重幽蘭

春風秋雨數神傷，琴落空閨憶曉妝。不信有才天也妬，可憐無語骨猶香。玉簫聲咽三更淚，銀燭光搖五夜霜。碧落黃泉皆是恨，何須鶴唳斷人腸。

白並頭蓮

亭亭並立厭濃妝，枝上新凝六月霜。素質不登青玉案，縞衣常伴白頭郎。比肩如約無私語，對面相憐有異香。謾道全家留別愛，濂溪清淺已成行。三集

海陵詩徵　卷八　十一

燈下讀詩最

孤燈坐春宵，暗風吹我衣。燈影搖欲滅，燈光昏漸微。檢詩出所篋，雙眼無光輝。風去燈乃定，紙上生清機。願與蠹魚匹，千載常相依。國朝詩選

周淑媛字又洲

元日哭先大人

一夜思親淚天明又復收恐傷慈母意暗向枕邊流

國朝詩選別裁集淮海集江蘇詩徵

周姞媛字室禎名媛詩話人知海陵瑤石又洲兩女士負才名鮮有知其妹室禎者殆亦有幸有不幸耶

夜雨

牀頭聽夜雨細數不知休洗盡千山色難教洗舊愁

夏日

茶竈正飛烟棊聲驚晝眠日長無意緒傍水弄荷錢

梅花

冰肌玉骨絶無瑕清韻天然妒麗華一丈粉墻遮不定侍兒偷折比鄰花國朝詩的

陸小雲

鬘雲樓拈花十絕句

梅花

梅花有信到南枝愛試梅花案笛吹吹到夜深新夢破
鈎簾人靜月如眉

芳蘭

芳蘭何處倚春閒息息香風次第来擬傍新花終日坐
不教折取到妝臺

梨花

梨花新洗上春妝縹緲臨風最斷腸怕是年年寒食近

夜闌微雨度空牆

桂花

桂花香散碧空寒新月朦朧露未乾愛殺小山風景別
一枝長倚鏡中看

酴醾

酴醾分乳撲懷酥慵倚雕欄白玉鋪摘得新葩收拾好
銀槽滴滴響真珠

海棠

海棠過雨不勝柔虹枕霞衾濕彩浮自是太真新浴起
六宮春色等閒收

芙蓉

芙蓉映水吐秋芳水漾新紅瓣瓣香卻似澹烟微月裏
薄醒風態見吳娘

豆蔻

豆蔻臨風悄自疑東風昨夜鬧花枝那薄新綻春心小
十二樓花一樣吹

夜合

夜合臺邊秉燭看偏宜良夜閉新寒似嫌簾外風如翦
不放春心散畫欄

牡丹

牡丹新艷有誰群不使春光剩半分莫向花間餞春色
十重錦幛護香雲 琴悉詩

張瑛 字玉英海房太史女弟汪訒庵輯芳集云詩見朱觀歲華記勝

午日弔屈原

汨羅千古恨深深此日靈均何處尋角黍徒充饒鬼腹蒲觴不醉怨臣心洶騰海浪翻風雨慘淡愁雲變古今澤畔行吟人不見離騷讀罷淚沾襟

中秋

早潦何堪兩事并縱當好節亦愁生花經暴雨如相妒月避寒家不肯明肴核自成荒歲景酒漿猶貴老人情莫嫌此夕無佳讌尚有饑民泛菜羹詩的

王崇蕙 字鋤雲

秋閨戍婦詞

薄衾初覺嫩涼侵一寸眉峯萬里心攬鏡羞勻殘粉面倚簾愁搗隔年砧雁無霜信書沈杳人阻銀河水淺深最苦西樓將斜月金鈴小犬吠桐陰

春暮

風花無限思無窮九十春光悵已空莫遣飛英看流水有人窗下惜殘紅霄峰集

澤

處

陳傳姜 淮海英靈集：傳姜，泰州人，寶應朱實況室，賢而早夭。其詩中佳句，如「烟月渼相照，竹澤人庭昧亂竹不知路，好山多在樓」「一庭芳艸迷行路，萬點桃花送好春」「千里闊河初過雁，四山風雨獨登樓」，皆可述也。

憶母

膝下相依慣，劬勞力已殫。不緣今日別，那識舊時歡。霜落長河冷，心懸雨地難。惟憑諸弟妹，早晚問親安。

中庭

中庭四無人，高梧自清舉。夜半起秋風，蕭蕭葉如雨。

題畫

雨峯峭入雲，數里盤棋徑。深庭見幽居，地與人相稱。

登樓

庭樹迎霜葉漸黃，秋風颯颯思茫茫。登樓幾點離人淚，付與雲鴻寄故鄉。

病亟示夫

花方破蕊因風落，鳥忽離巢帶葉飛。揮淚向君頻屬付，老親有病幼兒癡。淮海集

王蕙貞 江蘇詩徵：蕙貞，字友章，常熟人，教諭之麟女，諸生宮在暘室。浣桐閣詩話：友章女功鍼黹外，善詩詞，兼擅青。著冬桂堂集。

秋雲

出沒緣何事，飛來幾處山。渼隨波影活，瘦與夕陽閒。怪爾情何薄，憐君去又還。天涯歎飄泊，已覺鬢毛斑。

即事

一輪皓月映疏簾，恰照愁人欹枕眠。千里清光同此夕，幾人歡笑幾人憐。羣雅集

夏日遣興

竹樹濃陰趁晚涼，披襟初試白蕉裳。月懸銀漢天如水，

榻近蓮池夢亦香。江蘇詩徵

俞廷元 字素蘭，太史大霙公女孫，衡皋讓林兩先生胞妹也，適

送衡皋讓林兩弟北上

阿妳閨中數去程，翩翩兄弟又長征。燕臺此去三千里，珍重關雞破曉行。

哭夫

一閉桐棺倏五年，相依形影總帷前。紛紛血淚啼枯後，又到春深聽杜鵑。江蘇詩徵

雷秀涵 字寶珠，晚號飲冰道人，詩人雷秋山女。盧雅雨先生轉運揚州，與秋山倡和時，至其家，嘗以謝道韞目之。子晉元婦沈佩華，俱工詩。

看梅分韻

南枝消息向朝曦，女伴停車款蓽門。玉骨我憐花太瘦，冰心誰信酒能溫。橫斜別有香中韻，浮動難招月下魂。占斷羣芳春自好，東皇莫漫說殊恩。

小西湖春泛

梅花零落杏花開，艇子看花得得來。翻笑春光多事甚，撩人詩酒醉千回。原稿

仲蓮慶 江蘇詩徵 蓮慶字碧香 泰州女洪仁遠室

喜松嵐二弟睞里

經年懸望眼今日見睞人莫話升沈事猶留磊落月心清何所賦適在不憂貧一酌蔬盤酒黃粱梦後真

屋破

屋破緣春雨泥深沒草堂閩心惟臥榻放膽是空箱風急燈還滅寒深漏轉長多情惟夜月特地送清光

寄二弟蜀中

蜀山蜀水路茫茫鴻雁分飛各自傷中酒幾回憐暮雨倚闌終日望斜陽即看鬢髮都全白遙想鬚眉亦半蒼好建文翁新事業女嬃逢華也生光

海陵詩徵 卷八 二十二

自歎

強支瘦骨度朝昏積漸年衰積漸貧八口饑寒憑指力半生辛苦是針神方書空檢靈心藥茗盌難消渴肺塵垂老何堪愁又病暮雲西望苦懷人 謂二弟

秋日雨中口占

楸底風來全散暑簾前雨過驟生涼無人小立迴廊下落盡一庭秋海棠 江蘇詩徵

仲振宜 江蘇詩徵 振宜字綺泉 鶴慶女崔爾封室

寄懷雲江六弟

去歲與爾別閩河雨雪霏最憐分手後又值落花飛春草愁中長家山夢裏睞一帆東下艇何事久相違

不寐

春宵苦無寐愁臥到更深强欲合雙眼渾難安寸心故園遥入梦冷淚溼重衾剔盡殘燈蕊披衣起夜吟

懷雲磵大兄

我昔辭親舍時兄久別家團欒憑梦寐骨肉尚天涯鬱鬱長飢鳳凄凄薄命花故園諸弟妹日日望睞楂

海陵詩徵 卷八 二十三

懷雲浦七弟

鍾情憐幼弟其奈久分離梦爲無眠斷書因抱病遲口口口口口口口口知爾定相憶言睞未有期

元夜思睞

展轉愁懷滯海濆雨中佳節病中身虛房睡起添離感故國燈圍憶老親夢裏閩河雖有路春來魚雁總無因不知此夕團欒酒幾度停杯念遠人

落花

花開花謝不須傷自是紅顏易斷腸當日繁華睞轉瞬只今飄泊惜明妝三分幽恨聞青瑣一片春愁冷豔陽

寄語吳童莫輕掃殘英滿地總文章

空庭一任五更風未死芳心有剩紅幽夢已隨流水去
芳魂誰惜繡幃籠遺鈿遺珥零春草和雨和烟襯玉驄
搖落何人憐碎錦紛紛鋪徧夕陽中

一番顛頓冷臙脂薄命何堪又此時自分幽芳埋淺土
不隨飛絮入春池紅塵易了生前債金屋誰描病後姿
爲問瑤宮花侍史綠陰幾得子盈枝

病孔雀

臨風獨整影蕭蕭丹頂金依翠羽彫萬里空懷滄海志
一身常憶故山遥飢無桂蠹鈿毫瘁臥看山雞舞態嬌
盡日瞰瞰斂下立何時變羽振雲霄

古詞

采采秋蓮花顦顇西風下不怨誤芳時浮生任閑謝

出峽

千厓萬壑水爭流水急舟輕不暫留百險經過人出峽
江南睞去看紅榴 原稿

春雨

碧苔芳草盡油油細雨無聲溼瓦溝燕子不來春寂寞
晚烟空鎖杏花樓 江蘇詩徵

仲振宣 江蘇詩徵：振宣字瑤泉，鶴慶次女，張礻鳳室

懷鄭雲二姊

寸心何耿耿悵海東天一別未經月相思似隔年多
愁常善病新瘦得誰憐回首留雲閣柔腸兩暗牽

水仙花和雲磵大兄韻

何曾不是歲寒身寶簪瑤釵別有神以水爲家應愛潔
鏤冰作骨不生塵湘江乍醒留仙夢漢浦初迎解佩人
好惜重帷深護惜莫教零落等飄茵 原稿

蟋蟀

古砌空階處處鳴短長吟出斷腸聲難忘悲感前生怨
未免低回此夜情烟鎖藤蘿秋一徑草荒亭院月三更
只愁寥落知音少休苦啾啾訴不平

睞燕

吉縝梁雲事已非香巢零落冷珠幃江南夢斷應無賴
塞北家寒尚可睞踈雨踈風情黯黯秋蟲秋草影依依
社公酒熟春光好遲汝花前上下飛 江蘇詩徵

趙箋霞 江蘇詩徵 箋霞字書雲甘泉人趙大令廷照女仲振室

寄外

百里未云別高懷且自由詩書能快意風雨漫牽愁夜讀休傷酒春寒莫典裘蕭條室家慮耕叟自能籌

秋柳和漁洋山人韻

西風消不盡柔魂落＝疏＝傍里門楚館細腰猶舞態灞橋殘黛減眉痕何堪繫馬長亭路留伴啼烏落葉邨爲問青＝今在否蕭條風景共誰論

驚秋猶幸未飛霜零落長條鎖曲塘空剩殘絲牽別夢誰收斷線入織箱新歌傳徧白居易玉笛吹殘桓野王

不用人前矜妙舞更誰來問善和坊

欵攜柑酒聽金衣斷岸斜陽舊日非蘇小豐姿空猗旎謝家簾閣尚依稀誰云老大情無耶自信輕狂絮不飛回首芳菲二三月一番憔悴與心違

家近隋堤最可憐蕭疏十里欲生烟雨中猶有芳心在風裏誰知舞力縣莫向永豐悲暮景好同京兆惜華年他時春到靈和殿萬縷千絲畫檻邊

懷錫之二弟

一月多病百慈牽雁字分飛各一天三度庭花開又謝幾回夜月缺還圓世途冷暖誰青眼浪迹風塵誤少年好自殷勤依廣樂音書莫忘海東邊

聽林鐵簫丈吹鐵簫

玉管瑤笙未足倫龍紋剝落海風皴會當鐵脚歌秋水唱醒梅花八月春

聽陳小山丈彈琴

泠＝淅＝復融＝切玉調金十指中翦得湘江衣帶水浪花聲鬭白蘋風 辟塵軒詩鈔

寄瑤泉三妹

淚花含雨落邗溝十日離懷萬疊愁征雁啼殘香閨夢亂蛩吟老暮庭秋身如蛛網東西繫心逐江濤日夜流

爲問留雲小窗下晚風病骨幾登樓 江蘇詩徵

洪鄦蘭 江蘇詩徵鄦蘭字畹雲儀徵人 進士錫琿女孝康仲振配室

上元對月偶成寄外

第一回團月偏當別後明春先殘臘至雪讓一宵晴大樹京華夜燈花旅客情迢迢孤館夢應過廣陵城

紅甲用夫又韻

納涼庭院淨餘炎勻染嬌香上玉纖扇底欲飛紅杏雨袖梢低露海棠尖豆當排處雙情豔花擬拈來一瓣黏卻笑手將櫻顆掩點脂疑向粉腮添

削蔥原比水晶芽軟玉嬌添一點瑕壓指春生鉤弋掌理鬟香媛壽陽花愁憐芳印心常捧唱到紅么手半叉

最是不分明處好咲拈骰子裹冰紗

草布

剪得江南烟雨春織來疏密總停勻憐生茅屋荊釵女雅稱棕鞋竹帽人黃淺黃深楊柳色雲輕雲重苧蘿身北窗披曳清涼地懷葛風期見朴真 原稿

雨絲

徐徐飄落豔陽天散不盈筐萬縷懸一夜暖侵添錦繡十分春意最纏綿縲都難盡低縈霧密到成綿細和烟卻被剪刀風剪斷遺珠零落滿花田 江蘇詩徵

仲貽鑾 江蘇詩徵貽鑾字金華振金女宮淮室名媛詩話往聞仲泰州仲氏多才媛欲求其集選入同音集情不可得丁卯予兄有採訪遺文獻事之役過泰得雲江先生爲文字交先生因以六女士遺集屬予兄點定入羣雅集予遜能盡得之玉樹珠林仲氏何多才也

杏花

絳雪周遮碎錦坊亭亭豔骨試新妝略敷淺白朝天粉小染輕紅及第香唐苑嬌分青鏡女曲江春護綠衣郎知他自有神仙度不倚東風宋玉牆

柳眉

東風吹出翠盈盈卻似修娥甫畫成怪底梢頭不輕展

箇中深鎖別離情

榆錢

誰把金錢撒暮春紛紛堆積滿芳塵獨憐日對迴廊下只買春愁不濟貧

留春

綠暗紅稀春事微別林風景已全非倚窗分付雙雙燕銜住飛花莫放歸

新柳

東風吹醒灞橋春縷縷烟痕染未勻不放長條青到地柔情怕贈別離人

張貽鶴 字縷華

絡緯

晚風斷續送秋聲，似有無邊恨未平。最是愁人聽不得，敲碪庭院月三更。

海陵詩徵　卷八　三十

海陵詩徵卷九 流寓

里人夏荃退庵甫輯

許承欽 遺民詩：承欽字欽哉，一字漱雪，湖廣漢陽人。進士，官戶部主事，居泰州。詩觀初集：農部詩近數千首，皆遊覽山川、紀叙時事之作，瑰奇輿麗，得未曾有，以僕有詩選之役，傾囊見示，悵惘溢不能多載。洋洋江漢，風格漸入卑靡，哭起而師興，三湘七澤，争勝，舍農部其誰與歸。蕊亭隨筆：欽哉前丁丑會魁，湖廣漢陽人，僑寓海陵，所著詩古文詞甚富。余嘗見其神主龕，供廳事旁，有義僕許忠主詞之，則云：余十六而孤，族中嘗謀奪其田廬，忠背余上控，事定則送余就塾。年十八入泮，二十六登賢書，忠始出居於外。病劇，請余至榻前曰：僕僅一嗣子，所有田舍儘足自給，生平苦積存三百金，奉主爲公事之資。按此，僕真不愧許忠之名矣。

夏仲自正覺寺過佛峪，遂登龍洞山絕頂 六首

靈區引逸興，前期召烟侶。中旦驚輕騎，勝游輕繁暑。雨餘亂峰青，良風振禾黍。連岡散山農，越陌來溪女。揮鋤上膏腴，揭笙風袂舉。遠樹噪蜩螗，隅林聞機杼。知有上皇人，松扉渺何許。感此懷臥龍，燈火夜深語。

行行越前隴，驛驛度川梁。鵲華紆左顧，徑轉晴嵐蒼。雲深鳥語寂，巖迴藤絲長。榛烟翳復吐，荆花艷且香。亂石齧馬蹄，迴磴紛鹿場。高槐蔭甘井，始識龍洞莊。童稚迭窺笑，雞犬亦彷徨。前山橫斷靄，古洞指朝陽。

穿榛盤地軸，磵戶愈蒙密。歘歘九曲溝，黝黝元龜石。本崩接連峰，佛峪覆禪宅。東崖說法臺，雲光此布席。右撫

海陵詩徵　卷九　一

清涼頂左跨象山脊當年振靈音峰首宿前御尚留楞伽疏微言照今昔至今般若泉倒射龍灣碧亭午陟禹登（禹登山龍洞亦名）磴道入虛空奧區元精合萬古青濛濛中窺閟靈景春至張雲通鐵壁散蒸烟繚繞圍鮫宮龍神氣鬱勃勢欲呼雷風步僻蹊每苔返景參差紅翠屏既羼靄三秀何玲瓏迴望懸珠泉泠泠縹緲中羣巒幽壑巔捫蘿遵仄徑洞口陰風生毛髮寒欲凝賈勇直炬入日光搖靡定仰窺旋螺頂海濤氣盤亘蜿蜒穿西窟龍佛森猶瑩衣珠絡橫紋波痕浮花勝當戶古先生鬼工迄未竟懸乳落涼衫蝙蝠飛成陣

洞外削青壁縛柴立天梯針戶通崖頂蔓穴無端倪鱗爪潛張翕欻若攫虹蜺黃緣杳冥上始覺萬象低緬昔鴻濛初夏后曾攀躋碑碣蝕苔蘚靈蹟荒烟迷碧潭埋地底陰壑風淒淒俯視蜉蝣島嗟我真醯鷄

分水嶺

驅車石雄里連空橫嵐壁窈窕上孤烟磴危徑屢折試劍一拳礴當闕匹馬窄中有暗浪喧雷霆行履篤東從閩溪青西鶩豫章白合沓杳靄間自古南條脊地軸起波瀾天樞限蠻貊挾巘千盤轉捲幔衆壑積亭扶盤古松嚴綴藻光宅靈雲怪霧來岧岧蕩胸腑仰視已墨沈俯瞰乃紺碧寒猿時叫影哀響答山澤奇峭逼人懷語笑為凍咽嘆息奧區尊鬼斧勞闢手不摘星辰寧知天咫尺

黯淡天（灘俗作天誤）

洶洶建溪源日夜波濤濺不知幾何高萬古臨無岸神鬼眈奇險造此降魔變積鐵張壁壘驅使霹靂戰酣陣失秋毫性命須臾賤我舟乘空來跳下幽冥殿後人謂已沒拚飛生轉盼卻望後人舟其巔當天半掀頭一投梭驚颸落鳧雁營魄奔餘響耳目生新眩幸脫虎口危尚疑壺中幻咄哉鑿頑堆回首隔鄉縣安得驅石鞭坐

使溪行善龍女獨不從咨嗟去如箭

茶洋

放溜日亭午倜儻入虎窟劇牙方趁人捷軀已超越峽角轉瀠洄前闖恣叱咄立魅嘯罡風萬乘霆車欻箭激下額淵蒼雲屢興沒元氣覆鴻濛鉅靈起唐突老蛟不敢蟠鼓怒招俠忽跳沫積昏晦千里縮溟渤旁崖艸木傾危磴猿猱訥晝夜見雌雷擘碎橫飛字巨險役鬻魂舵轉失山骨箕踞發石兒翔舞來倉卒聯絡送浮家嵌空倚嶔崟恨不搗朱顏中流具祀笏

蒼峽

迴峯如陣雲散亂飛我傍化爲萬頃雪堆起英靈閟玉花不肯結散與波臣鄉錯磨林央骨横據魚龍房耳角岀交崢筋絡皆怒張蓄怒待來搏攢簇千鋒鋩我舟拂其肘我僕呼隄防一身乃百心兩目皆蒼黄前茅出絶技間道趋陳倉久解撥鐙法驚帆先翺翔注壑捷走坂蟜若乘驌驦天風夷兩翼浩浩凌大荒羽化生水底何必求仙方寄語謝自然早晚同徜徉

石竺山

層陵起珂雪離石背欲落上隱波濤痕旁横蛤蜊殼坐想洪荒初神禹未開鑿汎濫没巖河雲巢棲海若靈區與世疎真仙此盤礴洞壑赴曲蛇璧影留孤鶴冉冉紅霧來花姑闘大藥丹光繞突奥琴心殷寥廓犢子何時回極望但高閣危檝後壓寒空老樹疑相搏身交七覺中迴漠趁行脚幽哀入良辰形神支寂寞自愧道因循無敢時衰薄惟應負笭箵逍遥侯銀角

海陵詩徵　卷九　四

過蔣家河

河橋流水急躍馬度前村十里倉交路千行樹繞門虚簷垂棗栗大澤散鷄豚應有幽人在心期擬細論

繡嶺

繡嶺俯離宫蒼蒼一徑通雲生虚壁下僧語半天中漢瓦蹲仙鹿唐碑抱古桐崖邊衔積翠尚帶美人虹

晴川閣眺望

大別山頭水滔滔日夜流三湘連粤徼九派下吴洲霧失桃花廟雲歸黄鶴樓古今餘感慨塵戰憶曹劉

上虞山絶頂清風亭

振衣臨倒影飛步望滄溟蜃市元雲合鼉人古霧腥愁濤驅地軸陰火亂天星惟有蜉蝣島蒸烟不斷青

白溝河

遼宋曾戎馬風煙十六州河聲寒組練朔氣老甿裘斷餉憂英主催軍失故侯良平持廟算誰定割鴻溝（故侯謂楊業）

海陵詩徵　卷九　五

德州渡浮梁

古驛紆山左長川抱海西土風秦漢魏河勢割燕齊鹿角関前樹平原嶺外鷄轉漕疲萬里兩雪看輪蹄

南沙河

徑轉沙河出懸車斷岸間亂流嘶渡馬飛蓋過前山野店鷄聲苦深林獵騎還回看嗚咽水迢遞尚潺湲

錢塘江觀潮

驚濤直上海門西欲捲青冥裂會稽銀漢倒流烏鵲迴雪山飛壓鳳凰低靈旗百萬驅雷鼓彊弩三千試水犀霸氣至今消不盡素車白馬駕虹蜺

薄暮望徐州諸山

日在西山第五峯斷雲奔樹護山容巖邊積氣知巢鶴
洞口餘寒應伏龍指領中原橫要害紆迴大澤鎖隄封
獨憐戲馬臺邊水不爲彭城奠鼓鐘

宿板閘口

荒祠暮鼓報黃昏野店收帘半掩門海口月生潮欲上
津頭風起水初渾幽知宿鷺拳空渚靜聽冥鴻度遠村
便當山居人事絶誅茅釀黍即東屯

泊揚柳青夜立廣野中

沙村柝響肅嚴更上將星昏野將明無數光芒臨水動

有時燐火送潮生枯楊暗嘯荼邱鬼短劍誰銷濩澤兵
搔首泇瀰懷往昔何人投憤壞長城

風行至南陽湖

寒飈作意送征航蘆荻森森叫鴟鶬遠岸平山趨斷隴
連空野水入洪荒蒲帆橫側沿汀出茅舍參差隔浦藏
百里魚蝦都會地土風應自賤農桑

秋日登晴川閣

飛閣凌虛耙漢城危磯絶壁枕江聲風烟浩蕩蛟龍舞
雲樹參差雁鶩橫鐵鎖穴深垂斷綆桃花祠廢冷銀箏
洪濤噴薄無今古尚似英雄氣未平

鸎兒湖

垂楊裊裊放游絲少婦花鈿步屧遲正是淮南櫻筍日
相邀同賽女郎祠

釀泉

立馬聽泉日已斜泉聲字字唱梅花春寒不管游人醉
流到城南賣酒家　詩觀初集

吕　潛 盛舊集 潛字半隱別號山農四川遂寧人僑居泰州兵部尚書大器之子崇正癸未進士有懷賢草堂課耕堂等集 揚州府志本傳潛工詩文書畫人得其尺幅皆珍之嘗游宮氏春雨草堂與姜垓梁以樟酬倡甚多傳爲盛事

送友蒼大師住水西

瓢笠欺無定名山久待公雪殘春路滑雲過晚江空道力馴巖虎鄉心折塞鴻還僧多慧業詩句滿南中

秋水園即事

近午過重溪亭空春草齊幾家園市小一寺背山低花隱漁人路香留燕子泥前賢遺澤在五夜尙聞雞

送吳子晉還蜀

風塵驚白髮兩度看君歸目盡青天遠魂隨夜月飛淚傾殘腕酒花點舊行衣旦暮嘉陵下相從問蕨薇

邗江夏夜懷史赤豹蕭寺

飛鳥不知處孤城生暮雲吟邊誰最苦鐘畔爾先聞月冷空王閣風疏故相墳蜀岡有歸路吾亦戀斜曛 初集

江陰晤年友張四若志感

二十年前別重逢白髮生登堂如有淚對面各無聲多難惟存骨居貧不愧名天涯兄弟少淒絕動江城

夜登君山

日與山相對追涼上晚磯月沉江樹暗風急浦燈微舊壘逢僧指荒祠到客稀登臨朋更盡徐趁野螢歸

大水渡泗州

浩浩春濤闊孤城一葉浮烟塵淮水暮風雨泗陵秋戍壘存官渡原田繞客舟年年涉江渚愁絕此中流

汴梁

魚龍去後息兵爭萬井依然禹甸清望裏遺宮春艸沒吟邊古戍夕陽平游梁詞賦慚司馬入洛年華異賈生欲問夷門栖隱處荒隄衰柳不勝情

客中逢梅溪侍御爲作畫

往事已隨春風斷故人相見說林巒峨峨歸思濃於酒

濡髮臨池作畫看 二集

江望

橫江閣外數帆檣立盡西風鬢欲霜只有鄉心不東去早隨烟月上瞿塘 盛舊集

費密

咸舊集密字此度四川成都人流寓泰州有燕峯集　池北偶談費此度少遇逆獻之亂竄身西域不毛之地已乃溯漢江下游吳越居淮南老焉常寓泰州〻守為塗徭俟余曾見友人几上一卷偶取視之其首篇云大江流漢水孤艇接殘春問之乃密作也遂賦詩與定交焉　鄧孝威曰此度詩矯岸自異不食人間烟火卻按之格律無不諧合是於波靡中屹然砥柱者

沔縣村居

故國不可到春風吹閉門烏巢原上樹花落雨中村事簡人過少居深竭自尊無書傳弟子耕鑿在乾坤

高郵遇故人

相逢多難後只此是天涯與子躬耕處蒼生向幾家朱門齊牧馬白骨亂開花耆舊何人在行吟感暮鴉

送劉與生還廣元兼呈王嶽

送爾西歸意惘然吾家山水渡誰憐雲邊短杖看梅樹雪裏微燈夢杜鵑一郡吏思新市後千峯長在故人前王郎舊有江湖約為寄芝臺詩幾篇

西鄉縣

雨餘春樹百花稀好處來游卻似歸貧賤已甘人盡笑顛狂未解客何為長堤白日眠牛馬官路青峯放鹿麋八十老翁居住僻相逢只說太平時　詩觀初集

僊霞嶺

野寺無僧住蝸涎四壁乾人家移絕壁馬跡亂空壇山色侵苔滑松聲夾路寒遠行猶百舍處處向南看　二集

小反

放船直入深山去無路青林有數家烟裏人聲呼伐木巖邊鳥跡亂開花殘氐未死征徭在新成頻增驛路譁時見秦中官長過不知何以慰三巴　二集

黃州元日

鄉閭渺西極道路春風生寒衣猶被體飄飄獨出城方舟臨江岸舉族南中行沙鳥相預飛翩翩向人鳴

隱者

老翁久深隱結屋巖石間春日采芳芷夕陽行亂山無事入城郭獨負壺樽送使欣隨芒屩白雲相與閒

紆車口

七日五縣路三百六十灘山深無人至好鳥相雜蠻松樹大十圍霜葉如渥丹此中有隱者抱朴鬢毛斑

山中

采藥不知還偶來身即閒月過燒葉處雪滿起雲山猿狖寒藏果熊羆老見斑菖蒲石上節久餌駐朱顏

冬菊

九日已陳事黃花未改妍寒枝當北牖野色耐霜天酒凍徵君側冰流故老前蕙蘭無數好春雨各娟娟

聽鮮二彈琴

自我傷麥落空懷大雅音忽從遷客指重見古人心谿溜瀉春雪松風出暮林秋鴻休再鼓幽怨已難禁

杜宇

霸業一時盡哀聲萬古傳哺雛依百鳥流血溼青天擪雨離人酒春風估客船此時來耳畔何處不潸然

北岸山盡

山勢龍從盡空濛入望遥平原開白日孤雁拍青霄一月舟爲宅千峰雪未消故鄉從此遠揮涕向蕭條

朝天峽

一過朝天峽巴山斷入秦大江流漢水孤艇接殘春暮色偏悲客風光易感人明年在何處妻子共沾巾

贈客

屠蘇唐沽内常懷一飯恩鐵椎報公子寶玦贈高人抗手自茲別悲歌西入秦可詢王景略捫虱向誰論

浮溪

日暮入邨落松衫客坐新雞豚散在野兒女聚觀人禮樂餘三代藤花隔四鄰家山獨烽火流蕩至今貧

客

負笈出巴蜀饔飧熟賊徂那能隨北雁長自客南徐春事實入早幽棲僻好愚閒來掃落葉席地坐閒書

手居

故國不可到春風吹閉門雲移峰頂寺花落雨中邨事簡人過少山深碣自尊無書傳弟子耕鑿任乾坤

翟邨

二客乘秋艇翩然過古邨不緣農客久勝地足銷魂水族甘魚蟹山居長子孫此中忘貴賤来往翟公門

更欲求佳處何能勝此山田園富畫裏婚嫁遠人間灌口峯千疊彭門水一灣江南無屋住吾意亦須還

洋縣

春山青復青春水綠復綠花開不見人何處滄浪曲

微風度城上滿城花盡開攜一壺酒花落滿蒼苔

鄱陽湖

昔去湖水深来日湖水變湖水無定流搖出湖口縣

古琴

古琴久不理塵積斷痕斑爲君彈一曲明月滿江山

空宅

春氣生寒目色微蟠龍繡鳳隱叢莊主人一去空留宅花落苔深蝙蝠飛

識舟亭

漁舠夾岸浪花腥煙樹霏微草自青春去何人記屐跡故衣重到識舟亭 感舊集

元日雨中見雁

野雲片片接橋西可惜年華自柳堤江上雨來催晝暝沙中雁起覺城低寒邊無信傳春翮荒圃宜蹤理舊畦濁酒一杯和淚灑看燈誰在浣花溪

金陵懷古

一聲殘篴旅魂消柳暗花飛過六朝甲第雲霞開壯麗樓船鼓吹擁逍遙石壇有路生春艸商女無端泣夜潮極目可憐鍾阜外長江空鎖水迢迢 詩梓二集

黃逵

黃儀逋詩序 儀逋浙之山陰人爲諸生棄之初游山左就所親贈以十數金與一騎遂任騎所之不問南北道既左乃思別就一人遊游晉至其地遽欲歸曰是閒無可寓目者其人強留之曰五廨亭故王府昔時園址存焉啟扉入則有樓五楹閒已久儀逋錐落扃鑰樓貯書數千卷尚未殘大喜曰吾不歸矣坐臥樓中者三年盡讀其書益肆力爲詩值解任始貧之南歸且轉僑之泰州前後所主者三輩皆武人也儀逋既來泰州久之納一小家女爲繼室且有子然貧不能圖歸時往來郡城既負才好謾罵人太守崔蓮生聞其才招之不往海陽查二瞻鬻字於江都善儀逋多客其所會查亡儀逋妻子亦亡益無聊去游上海病死滬瀆米莊伯教授蘇州還葬之丰墟寺後表其墓儀逋沒二十餘年長洲顧[illegible]原輯其詩得百八十七首桂馥項[illegible]齋梓以行泰州志儀逋隱于酒得古玉壺貯酒因自號玉壺山人酒酬作詩文縱筆如飛蹈蹈不能自休往來泰州最久詩稿極富多散佚後卒于上海其友人葬之虎邱劍池旁題曰玉壺山人墓

出塞曲贈孔樵嵐送友至關外戍所

河母呼我食格格不下咽着落掩哭淚長跪河母前兒有素心人明日戍遠邊蕭條豺虎窟一路無人烟不聞行旅到不聞戍客還北出遼陽城誰識路幾千昔爲膠與漆今爲箭與弦兒情將斷絕兒心實牽連孑孑行萬里形影誰與兼老母八旬餘交道何以全河母拂然怒河母槃然言汝母殊健飯若母離各天送者有還期戍者歸何年小人無大義孝養胥徒然

短別我母知長別而母痴我友給其母但言遊京師嚴檄催戍程檟車詣前墀我騎一匹馬繚繞隨所之風吹

沙雨來不辨閩東西白日慘以黃搖搖照戍旗送君居
其下反與我別離何以留贈君淚漬黃雲堆
對戍旗浩歌殊是閩南人相親過親舊遑問越與秦客
非邊議人何以衛邊塵念淚黯不言傷我生平神昔者
游珠海達節逢雷陳軒車一相見促席忘主賓官罷同
昧骨肉同一身故人罷當戍故交情何伸親從閩塞
回夢寐亦得真蕩子非浪遊蕩子母八旬

豆棚詩爲何龍若作

豆蔓過我牆豆棚比我室豆莢青復黃豆花紅且白豆
下坐何郎何郎是河黑何郎年幾何何郎年四十置酒
豆棚中生辰大會客

夕陽下短垣紫色化爲暝醉呼秉燭來秋盡風已冷草
堂大如巢促席坐相并
一人起作歌四座舞傞傞一人起作舞四座歌楚楚披
裘不仕周石門隱於魯何況今之人道德不如古
何郎掃豆箕與婦同笑嬉郎今年四十何不座熊羆文
舉與德祖是我大小兒何以名曰鐵鐵可爲刀持何以
字曰龍龍堪作馬騎騎龍復佩刀河黑真英豪

浙江潮歌

鴟夷怒氣不可泄噴作浙江一江雪不信海水西北流
半空轟起大潮頭英靈真果敢殺氣晝夜喊五湖驚走
大夫船九泉猶破君王膽手拖文種出墓宮種山全今
一角空海濱老人喜語怪親見銀鐙白長波濤中烈烈
森森屹相向八月秋風更悲壯吳國臣爲越國神巫鼓
簫簫迎伍相

南京久客堂歌贈杜本村

鍾山樹盡孝陵禿有客短髮住茅屋門前舊是御河清
不照當年宮柳綠老人破屋兩頹唐如杖一木相扶持
孝陵南向客東向孝陵在中屋在旁炊烟十日九日斷
宛如屏氣朝君王四十年前不敢死腹載先朝之國史

四十年間不敢葬腸斷先人之桑梓家在黃州算不遠
盈盈只隔一帆水王仲宣哭樓前哭送夕陽四百年沉
嗣宗哭途窮淚落酒杯珍珠紅看盡繁華眼不熱懷中
惟有郢中雪杜家又有杜陵詩詩中又有杜鵑血茅草
歲歲長庭除遊子今年七十餘可憐寧飲建業水可憐
不食武昌魚

登平定州文昌臺

面面翠屏開城東百尺臺地偏華嶽立天盡太行來緩
轡儒生馬狂烟旅店杯閒前老榆樹都是漢時栽
何處趙王宮山花夕照紅邊風號代北古塞走雲中萬

里音書斷三年道路窮平時恥學劍今日嘆飄蓬

由獲鹿之井陘

獲鹿西無地車聲天上聞鳥飛前避石騎轉下侵雲香火秦時鬼旌旗漢辟軍王公真設險攻取日紛紛

訪友人

城外衡冰雪橋南訪隱淪倦睞三晋客見過兩朝人天地容誰老江湖到我貧揚州燈月夜歌吹似梁陳

清明

風急管絃哀城東歌哭來墓誰今日拜花似故鄉開道路非多棲乾坤竄不才門前看折柳是我到時栽

上巳同安東袁友鹿登泰州泰山岳武穆祠

山以州名相傳岳武穆為防禦時築以覘敵上有武穆祠山高五丈餘下有小西湖寬數十畝

岳王祠廟俯湖濱地是吳陵客旅人燕子欲增當日壘拳頭能壓幾時春潮來斥步奔如浙草長柴墟積有磷柴墟武穆大敗金人處離城三十里佳節采蘭渾不記思鄉弔古兩傷神

芳草汀州可有蘭禁烟時節望臨安海邊北闕曾嫌小城裏西湖那得寬菜園花飛蝴蝶樸蘚碑血漬杜鵑看英靈泚為狂生落據檻高談宋事難

上巳蕭條吾泛酒旅軍辛苦汝量沙數竿遺恨湘妃竹三日興時薺菜花夢裏湖山真浩蕩春殘天地更繁華故鄉祠廟他鄉見東渡錢塘是客家

董子祠

柳巷祠堂傍水寒繁華城裏祀儒冠帷前窺草春無賴火後論文漢可觀吾道體從迂濶重浮雲身與卷舒難長沙恥作諸侯傅始信天人勝治安

平山堂

晴嵐飛去復飛還眺盡江南坐此間井底荒唐巴蜀水檻前濟楚潤州山地無題品非名勝人有文章不等閑歌吹竹西游冶散夕陽來照醉翁顏

再送雪崖睞里

江南江北潮無賴君去君來卻自由蕩子今年兩見婦故鄉幾載一登樓菊花時節山中酒楓樹溪橋畫裏舟如此風光留不得又將尋我過揚州

春日有懷費燕峰

帆槳去城三十里煙蘿抱屋野田村長安睞後知棊局短褐從前出劍門刪述頻年何日定江湖遺老幾人存西川花鳥東吳見陌上枝頭杜宇魂

晨起上蔡補齋乞米

窮途阮籍苦年荒晨起常無昨日糧總不折腰寧乞食

幾回枵腹廢臨觴，晏嬰豈枉爲知己，王粲何堪在異鄉。此去中廚頻滌釜，故人倉即旅人倉。

別張諧石返海陵時主梅壑水亭

罵坐今逢雨淮夫，相逢爾我迭相呼。詩能注鬼貧由此，蓋長如兄弟視吾。百里暫離還惜別，一椽久借亦憂無。西風蕭瑟東關路，送客偏教客醉扶。黄儀逋詩

海陵詩徵　卷九　二十

戴騰徵

淮海英靈集：騰徵字岳子，休寧人，康熙間居泰州之東淘及河阜，因家焉。愛游白嶽，以舟載其石樸，因號石樸。寓居海濱，吟詠自適，與吳野人同歌嘯於寒蘆野水間。著有石樸詩鈔上下二卷，又名河干草堂集。石樸五言如西橋黄儀逋故居云"冰天寫疎樹，夕照閃昏鴉"，淫河云"秋柳不藏日，暗川始度鴻"，時人稱之。

河阜歎

雷霆動天地，淮泗泱泱濤驟漲，滿室室四顧皆滔滔。雞飛屋上吠犬蹲牆頭，號家人聲慘裂，水勢櫓前高。魚鼈互跳躍，相顧樂其曹。皴居誰見慣，鄰舍借我逃。三日絕火食，千錢僨小舠。同難烟波中，日瘦風蕭颼。

由河阜復還東淘

棲遲稍已寧，宅舍今又移。束裝治耕耩，去去長此辭。河母撫叟版，兩面紛湧淚。是我平生居，今何棄置之。長跪我母前，請聽兒陳詞：水來飛鳧雁，水涸長蒿萊，旱澇皆不可，徒煩母勞思。即便理舟楫，友朋送河涯。相過念往昔，相顧徒傷悲。遠林樹曖曖，大澤波瀰瀰。問我來何日，浮雲無定期。

種木棉花歌

木棉花種今年未，鹵鄉潮水東西回。治我紡車理我軸，再逢幾日花齊開。朝出刈草暮出刈草，草少花多草多花少。經過老農咲啞啞，儂家只種黄花稻，種稻不教

海陵詩徵　卷九　二十一

子忙用稲易布衣滿箱

孫豹人見問近況

枉作年年計仍然一畝宮賤貧生侮慢兒女困英雄衣
競秋雲薄顏輸晚葉紅門前溟渤是會有怒鵬風

有寄

小檻積春陰閒庭幸蘚侵養花雲過厚藏蝶葉偏深莫
易山香舞須憐莊舄吟伴人渡語燕可一寄跡心

重至松岡弔葉紫台

黃葉清波照別離十年前景入安宜月明小縣城闉早
烟潤長淮漲落遲古劍看留吳季淚秋墳不唱鮑家詩

松岡草露露在最是思君獨上時 淮海英靈集

繅絲井

董永貧且賤自鬻葬其親至孝感仙子翩然結婚姻無
錢但力作何能贖汝身仙子工織素海瀕多斥鹵鑿池
引一泉水淡蠶絲吐朝來繅素絲暮來繅素絲昨為董
郎留今與董郎辭始知非凡婦駭歎動鄉邸至今千載
下原泉清悠悠人子來酌水請復思其由

王解子夫婦

東皋王解子素尚義有義士妻某氏當遠戍解
子憐之與婦婦頗代為解子明日詣官衙領
帖行皆以為義士妻適同鄉諸里長至戍所各
出金贖歸始知為解子婦而義士妻未之逮也

遺遺水波筵筵魚尾安識同遊為魴為鯉解一義士云云
天地慘晶妻竽謫戍歧路屏營解二解子心傷頗謂妻子
妻子慷慨解子歡喜解三一日治裝二日去鄉不辭跋涉
奚云路長解四朝至黃河暮至黑海眼中夫去天外妻在
解五方將老死不悟言旋誰贖蛾眉黃金爛然解六長者解
囊解子往看泣來哭歸路人駭歎解七林中蒼鹿雲中白
烏夜臺目瞑人世天曉解八

慈母

慈母心何苦秋高衣尚單念兒謀日拙宵自說天寒白

白廚烟細蒼蒼井樹殘茅檐風凜冽忍痛勸加餐

涇河

箭激東南溜羣爭勢欲空泊天泥浪紫觸石水門雄秋
柳不藏日晴川始度鴻臨流拜龍廟領借一帆風

夜讀離騷燈火不繼感而有賦

燈火經時匱囊書獨夜長太貧疏骨肉久賤失家鄉白
髮為期鏡青雲中道妨煩憂吾已甚獨弔□沅湘

雨泊揚子橋

客心驚雨吹離思滿孤舟遠水霑雲烟荒沙挹雨流亂

聲羣木碎寒影一燈留就枕已難寐雛鴉叫不休

西橋黃儀通故居

西橋歌詠地舊事問寒花荒鮮亂遮路故人無復家冰

天寫跡樹夕照閃昏鴉令我增惆悵年來鬢已華

東亭道中留別黃仙裳

草青沙白花公堤風景悠悠望不達人去野田春放犢

客來村樹午鳴雞相思南浦花應發分手東亭酒自攜

為語習家舊池館山公何日醉如泥

三塘邨舍逢吳潛宇

扁舟門外繫深春細翦燈花認故人不信相逢仍在客

海陵詩徵　卷九　二十四

偶談往事總傷神酒當良夜休辭醉囊滿清詩未是貧

此日須眉皆老大者番珍重別離身　石梓詩鈔

園　鴻

初夏訪姚恭士臥病東園次米葯圃韻

鶯啼草長歎銷魂樹老園荒獨掩門自是逢窮偏善病

何堪人隔減清言淒涼客裏勝千疊寂寞花時酒一樽

咫尺更期同把臂題詩舞劍對江村

過訪杜海樹新齋同俞溦芳限韻

望衡樓宇快登留策杖誰云路阻修飯後每循城堞去

詩人真在竹谿頭老漁帶月迴孤艇疎柳迎風拂小樓

渴使即來攜二仲翠微深處愜觥籌　詩觀三集

和潘雪帆留別韻

海陵詩徵　卷九　二十五

相逢正值菊開時旅詠淒涼事可悲風木皋魚空有淚

參商杜甫更留詩極天閱塞孤帆影捲地烟花兩鬢絲

懷袖三年書不滅下言離別上相思

平原覽古

路入平原思渺然四君聲蹟至今傳處囊上客尊毛遂

蹈海高風渴魯連如許頭顱操一硯向誰肝膽吊十年

賣漿飲博人安在日落荒城起暮烟

登文游臺

蕪城北去有高臺學士風流總劫灰但有王秦通雅會

何須曹定識雄才川原落日牛羊下詞賦清秋鳥雀哀

我三次師生衣鉢近平山相對鬱崔嵬淮海集

余儀曾字伯來號羽尊詩槃冒巢民序羽尊先世閩之莆田人其王父以鄉薦爲滁全椒令有文名晚年自稱余山人傳其厝赤水集中至羽尊遊爲吾揚之海陵人蓋從其先人流寓焉少孤力學善爲文工篆法摹二王書盡其神理客皋最久所著冷香序瞿瞿草柳溪詩稿諸集庚午合先後初作詩古文手自刪定吏名其詩曰詩槃文曰文槃杜于皇曰詩文先辨雅俗再辨古今俗固不可不古亦不可曰古曰雅非多讀書有卓識則不能入閩陰吾老友林古度則羽尊真其人也鄧孝威曰羽尊名家從商而流轉江淮風期落落惟事讀書詩多清貴嶢巖自闢堂奥如雲中白鶴又如雪後青山海內愛之詩最伯未先世自莆田流寓泰州家中落轉客諸郡縣如皋冒巢民待之以阮修鼓事遂家焉著詩槃六卷退庵曰先生庚午所訂詩槃文槃柳溪外編共五帙皆手自抄錄書法勁逸可喜余從雉皋友人假閱之首列冒巢民先生序集中丹黄塗乙甚多蓋未定稿也蘭陵李泰爲先生寫望雲思親圖一時冒巢民紀伯紫徐方虎周屺公李湯孫范十三王安節吳李舒沈宗元諸老畢皆有題贈此圖今藏余處

往昔行

序曰東林一舉炳炳日星自楊左獄成中原無色復社繼之如皋冒司李巢民其表表焉數十年魯靈無恙謗讟偏多往成虎闕令則泥蟠蓋圜鑿方枘而不入也己未重陽得全堂讌集劇演顏佩韋五人事巢民出示其丙子歲秋八月既望南都旅舍大會同難諸孤兒紀事三箋又加之以蠹舌中重聽耒頤悉余本有心因事致感猶水本無聲因風相搏遂不能已于鳴比夜

既長猶客不成寐添殘爐作任昔行潯字五百
六十

巢民司李文章伯適許我爲同調客紛〻輕薄少年場
任事茫〻心莫逆說來泰昌及天啟愚蒙宵小干綱紀
忠直禍源何所胎移宮梃擊紅丸是比當甲子乙丑間
孽閹吹焰焚卽山楊左諸賢在社稷楊都憲漣謚忠烈左都憲光斗謚肅
慭一疏再疏鋤神奸那知孽焰薰高天嫁言三案戕名
賢一網殺盡東林人國家元氣晨星然讜言楊左遺冢
蔽魏公忠毅懷寧忌魏吏科大中謚忠毅周公忠烈受遺孤周吏部順
昌謚忠烈心肝慘逆英雄淚繆李高黃與顧公繆學士昌期李御史應昇

高宇伯攀龍黃戶曹尊素顧刑主大章一時冤獄九家同青天白日落霜
雪哀凝無光號黑風忠毅冢兒隨父死死忠父兮死孝
子世間忠孝一門鍾子敬名同山岳峙魏公長子字子敬其時
緹騎下吳苑忠烈清忠風世遠五人市井吾男兒謂顏佩韋
馬傑沈楊念如周文元疾邪性命輕如霰淫未邪正不兩保滔〻
空惜頭顱好一旦乾綱攬烈皇都〻春風雪山倒五虎
五彪刑正後甃甃子一長安走魏公仲子字子一兩上血書陳
父冤死獄孤兒誰可偶子一才高三吳稀負入南雍居
南畿長衢短巷斂蹤跡傳道懷寧謀子遺元爽嚴公楊
孝廉爲匿子一僑一廛巢民五姓好兄弟陳張劉呂顧

樓邊陳則梁張公亮劉魚仲呂霖生女郎顧眉生樓上相失陳君則梁說子一巢
民一見膠投漆淮清橋下壇坫開頓使陰謀意寒慄觀
濤高會十三人只有楊家沮漢津則梁密之好古歌方以
智字密之歌成雪掃眼中塵左氏四兒一善詩左公四子子正子直子忠
子厚只子正知詩子一畫仿黃大癡畫上小楷跋情話淋〻墨
蹟真吾師子佩子潔寫孝經子佩子潔周忠烈子繆氏采室能穀
青繆學士子字采室密之飛白脫相贈三箋列名如明星方公
侍御范司馬方孩未范質公四方聲氣在門下秋浦尚渼與梁
溪貴池吳次尾宜興陳定生無錫顧子方朋逐奸邪扶大雅後來復用懷
寧侍修報乘權相仇讎巢民不着毒手死豈非天意嘉

靈修闇此野人深歎息側身天地滿荊棘千古勳庸一
夢中面龐傀儡君須識眼前韲粉休衡量白衣蒼狗空
奔忙秋雨秋燈弄柔翰知他何地無滄桑

雪晴放歌

昨夜雪花大如手今日晴光動花柳海棠一株開十分
倉庚鳴聲初發口深山月落想餘寒小院春濃依白首
東家稼穡同妻孥西家仕宦獨奔走我問兩家有何樂
兩家問我君何有入口空拳爭畏途出門入門成老醜
口少壯風去不來一寸雄心死杯酒

舟夜

落日泊孤舟蒼茫無限愁儘錢謀一醉支枕聽寒流郤
郭漁燈夜霜風荻浦秋閒閒勞懷處容易白人頭

苦雨

場圃麥芽萌勞思海日生閉門無客至看滄與橋平蒿
岸都堪棹圩田已廢耕蛙聲四相荅鎮日不成晴

惜別

買屠送君發帆開老瀾頭迍邅嗟浹冷跋涉兩心愁人
影從東盡河聲自北流前途須謹慎遲爾到通州

哭巢民先生

淵明曾縮綬皋羽自逋臣出處關天運聲名絕等倫憐

才青眼在尚德白頭真此日中原老誰爲萬曆人
匡峰容我住邊海獨高風問字蒙深許開心覺少同提
攜宵若梲歌舞向花叢十五年來事于今緩夢中

送周白公

江南江北客聚首歷冬春得向全無補論交若有神道
難爲世用天故縱吾貧艸恭同餘子軒車自衆人

中秋

嬾過摇生狂過阮情拌今夕醉成泥峯頭日墮白烟亂
水面月來青漢低僻壤亡年憂賦稅家貧佳節亦鹽虀
放懷對坐兩鄰叟不覺酕醄眼欲迷

癸

宮紫陽太史園亭海棠花下同座懸圃

年年一樹李家紅又看花開是此翁似有殷勤招遠客
兼將富麗點春工名妃睡去歡娛後故老我來感慨中
二十四番風雨裏布衣酒白髮回同

水繪庵桂下和巢民先生

旅葵旅麥洄池臺尚有叢生桂樹開低葉瘦能承露發
細香恬不受風栽水華青鬢人都去烟草黃昏雁自來
身外漫勞傷往事眼前只好勸深杯

陳尊生西河草屋

招我茅堂路未諳西河一曲柳毿毿入門無池竹連徑

買酒有錢囊再探看去軒車鄰巷富篝來邱壑此人堪
青衫爾我鬚眉改忍向尊前不醉酣

望江樓上祀文昌帝君年來日見傾圮登臨有感

直上嶔巇尺五天春風城郭海東偏憑空山色女牆外
杳靄文光帝座邊青草空階烟漠漠白孤高棟穴年年
金銀佛寺開圖畫此地蕭條一悃然

卧柳

移得依依自漢陰今看憔悴此江潯百年已向烟霜老
一仆全非少壯心偃蹇寒汀成棄置槎枒斜日倍蕭森
幾回豈度思張緒悔不當初種上林

古墓

老柏高松賣作薪全蠶銀雁走風塵龍光遠想鴻行客馬鬣手擁燕麥春化碧髑髏愁白鏟斷頭翁仲卧青燐前汀復有新華表轉眼傷心惹路人

落日

蟬聲過午哀日色沈河薄四顧動炊烟涼風生草闊

有人

有人顏如花家傍清溪住妝成棄脂水鴛鴦過溪去

題王安節畫

留都南北東西客繡水王郎畫手無二十年前持贈我

如今直是柳溝圖 詩槩

棲霞寺

平山堂陸棲霞寺殿址雀苑映摘星第五泉憑僧竈煮隔江峯插翠微青秋空漁唱頻來往日暮單笳入杳冥散步荒臺多感慨蜀岡殘冢有碑銘 詩觀初集

悼紀伯紫

人自鍾山舊交輸幕府新親明憂酒債牛馬耐京塵大夢隨年幻浮雲過眼真苦思頭白後清節臥無鄰

邵公木集社見贈奉答

車馬湖邊四見春青門一識種瓜人聞名自許清流上把臂相看白眼新世歷風波宜縱酒君多才地豈長貧餘生潦倒悲歌裏何幸疏狂得比鄰

集范兩奇小西園同孟伯駿

共舉花前酒一杯東南賓主好懷開眼青人自閒情具頭白余憎容思哀老樹當門看鳥下高峯插座想雲來晚晴更上西樓望桑婦鄰家笑語回

掘港場春詞

海氣江聲入望偏平沙淺渚雜人烟東風早晚桃花汛鮭菜如沉賈客船 詩觀三集

何鐵 詩觀初集。鐵字龍若，江南丹徒人，著秋燈集

清明舟集

幾載傷棲泊，移樽又淺沙。客心消燕語，春水醉桃花。老屋人誰健，荒江日易斜。卻憐孤墓遠，何事久離家。

餞陳其年夫子北上夜聽白三琵琶

日暮邊沙起戰雲，六朝名士盡從軍。難堪此際關山月，更向江南馬上聞。

王雅 詩最二集。雅字正子，浙之鄞縣人。父諱纘爵，官僉事，遇害時正子方孩，提母夫人訓以讀書，逐通大義。年十五六，即從先生長者遊，居無何，至揚州求父骨，寄其舅氏以居。久之家益落，之京師，欲有所樹立，適遇故人某有難，獨以幼子少妾託正子，正子挾之走吳中，得脫，卒全其家，復流寓揚州。揚州故華靡浮誕，正子不樂居，奉其母居海陵，益潦倒不樂，往往託幕館他出，然非素識其性，不能永朝夕也。有詩若干篇

雜詩

瀉酒置杯中，表裏色空明。此物有深味，俯影時獨傾。一醉就枕席，方寸正和平。今何單棲鳥，繞樹長悲鳴。哀痛為誰故，無乃傷伶丁。聽之感心曲，反側寐不成。攬衣失次第，強起步前楹。同病莫我憐，霞面淚縱橫。

黃鵠巢珠樹，六翮生光輝。適遇鸞風起，吹向淮南飛。日昃方一餐，中腸恒苦飢。猶是千里才，毛羽世所稀。蓬蒿暫棲息，衆雀莫相違。

百川知天寒，凝冰不揚波。草木復搖落，爾松將如何。幸遇雲間鶴，飛來棲高柯。相期守固窮，世路盡虞羅。

雲端有仙人，自言王子喬。呼吸紫鸞笙，遺響滿碧霄。步虛下中庭，羽衣凌風飈。奉我藥一丸，燦爛若瓊瑤。受之帶亟飲，置此待來朝。父冤尚未報，太素忍遊遨。

奉酬幼華家兄五首

十載看一冠，頤影少容輝。竟日過一餐，過時仍苦飢。孤

翁亦有托我獨頻多違紅淚滴青袍染成紺色衣
困頓固有命飛騰豈無時杜門且高歌坐檻望遠陂百
草雖未綠柔芽已參差更待風景佳與爾汎漣漪
盤盤終南山浩浩渭水津形勝古莫比英俊代有人高
達衆所羨風雲爾相親朝紆漢帝組暮作梁王賓
揮毫既編遽新詩更芬馥豈止寒暄問直慰濤壑厗君
已投明珠我敢惜美玉愧茲螳螂臂難追騏驥足
丈夫崇明德四海俱弟昆況復同枝葉親睦更篤敦綢
繆弗及時年華寧久存世務役微軀離別傷精魂

次陸文韻

大子港西荷花開登仙橋北遊人來棹歌一闋復兩闋
賭酒渾杯更淺杯行樂應須忙裏好流光何異空中埃
最憐趙家岳少保痛飲黃龍空爾才 城西有岳王祠

送洒軒

知己唱酬可判年問君何事理歸鞭應慈鸛鴿飢無米
約伴山僧種野田 詩最二集

海陵詩徵卷十 流寓

里人夏荃退庵甫輯

姚諲 昉

再過廣陵

故里睽成客經春未往殯風檣行處窓水月望中新野
宿香醪滅離家客夢真昨宵兒女衆燈火正相親

紅橋野望

倦極憑尊罍閒來些地遊有園皆面水無樹不遮樓黃
鳥春殘怨青旗日暮愁好尋嵇阮輩結侶共林邱

海陵道中阻雨夜宿白馬廟

急雨停空棹荒村農市睽烟深迷去道林黑辨孤祠神
馬何年立禪燈永夜輝無眠仍薄醉鴉語送風威

秋晚郊行

日落斷人跡荒郊早閉門秋墳啼舊鬼夜月嘯清猿雨
歇青山寺風高黃葉邨旅情常不樂慘慘暮雲屯

暮春書感

春花落盡御風涼卻笑無家問蜀岡半萩白甘身落拓
殘書猶擬興飛揚教宵愁見惟明月十載驚聞是故鄉
門徑悄無車馬跡空多燕子認茅堂

送碩庶其北上

頎況才名總絶倫尊前邂逅即相親旗亭客滞江南雪
驛路花飛蘇北春酒罷共憐今夕聚歌成獨悵遠遊人
攀條莫漫傷離別結室遥期作比鄰 頎擬卜宅東陽 初集

杪春同園雲蔚集米藥園小樓

雨過孤城暮同儕唫眺初客懷常惓怢酒興只樵漁歲
月閒登閣江山老著書春光能幾日試叩輞川居

鄧七友眛自雉皋枉顧荒園夜話

懷君情正切把酒值君眛道路憐渠幼風霜見面稀鴻
聲連鼓角月色冷園扉知爾還家意萊衣願不違

海陵重晤佘聖玉感舊兼憶家叔都門

竹西亭畔月微明曾記從君載酒行隋苑鶯花迷一棹
草堂絲管怯三更合離未醒當年夢生死誰憐舊日盟
此地重逢真不意幾回惆悵故人情

邱素人來海陵次舊山外父韻

老鬢婆娑客廣陵挂帆衝斷渡頭冰論心獨與窮交合
共翦春城雪夜燈

廢園

野水寒烟一徑除斷垣老屋傍城斜夜深月出人誰見
驚起池邊無數鴉 三集

園昇

春中過蘿園

夜雪作餘寒朝曦虜微暖物候本向榮精舍况非遠窗
虛山翠明林靜鳥聲緩坐久闃無人繁花落空館

大信道中風雨

又聞過大信迢遞數郵程路有百迴轉秋無連日晴逆
風爭樹力驟雨急河聲卻望天門近叢峰簇翠迎

天門舟夜

已決眛期近愁心翻不眠水昏初月夜山響欲風天客
路依漁火人家認柳烟新涼醒殘醉坐整褐衣偏

登天門山

誰鑿峨峨險江流自古渾兩峰蟠地脈一峽束天門日
浸羣龍隱風高萬木尊向來看戰伐舸艦想雲屯

題鄭耕巖江上草堂

杜老幽棲日成都有草堂由來朝市隱多半水雲鄉紅
葉橋邊雨黃花渡口霜箇人真寂靜攤卷一鑪香

寶田招同輯五泛舟龍門橋

閱盡别離苦方知良會難柳門當寺闊沙路傍湖乾節
氣鶯啼暖衣裾麥秀寒此行真足記杯酒莫漫 二

阻風黃州同馬東屛夜遊赤壁

挂席中流幾往還翻因風雪此躋攀寒深雲氣遥遮壁
夜悄江鳴欲上山夢鶴更誰同幻況樵魚有客且摧顔
也知坡老重游後難淂人如爾我閒

月夜雲谿山房步睐

天鴻湖光一鏡清柴門秋敞碧波明鶴踈松径露華溼
人立板橋烟水平遠火漸昏漁岸影踈鐘遥咽佛樓聲
未知醒眼何如醉月冷空山自在行

春柳詞

漘沱春煙近水昏秦淮亭榭迴銷魂何須更待清秋日
殘照西風過白門

本有清波似掌平袞陽帶水渡樊城緑陰門巷春三月
曾聽黄鸝第一聲

長倖驼地雪初消趙北燕南路正遥記淂一鞭新雨後
馬蹄泥滑十三橋

柴門開並小桃花也自春陰一径遮未免被他梁燕笑
年年寒食傍人家

江樓集飲同月航韓五

夢裏江山十載餘佳辰可笑杜門居西風野店朝呼酒
淳月溪橋夜打魚紫蟹不来三径約黄花又放一年虚
試開樓閣披圖畫此地分明許結廬

海陵詩徵 卷十 四

江樓坐雨

溪雲鐃過鳥飛還雲鳥心閒未是閒何似爐烟杯茗裏
一樓寒雨看秋山 山水清音集

海陵詩徵 卷十 五

於　震字亦川

得寶七書

美人隔天末贈我瑶華音勗我崇明德文采煥南金文
采固足珍所貴知我心我心正如結書中意已釋珍重
置懷袖時恐化爲血時恐化爲血中夜起視之明月何
團團照見庭樹枝相期保歲□勿任霜風吹

別意

人生有別離黯然心魂傷別離何足道珍重故意長木
落天霜高衆星何煌煌涼風起高堂動此燈燭光顧言
執子手與子傾一觴長安多故人冠蓋遥相望寄我江

南書慰我年華芳明發出門去旭日照河梁

昌化大溜歌

唐昌地軸盤天高帶以古縣羣山色山泉萬道向空落
奔騰爭赴錢塘潮灘迴石出鼓其勢盤渦往往妨行棹
我來三月水正發行船丰在山之坳作潛魚潭五六里
晝抵半道來中宵撫膺悵然坐不樂蒼茫萬緒紛煎熬
舟人倚柁向余笑君乎乃未經風濤前途咫尺達大溜
令人涉之朱顏凋作說與君或不信明發鼓勇看吾曹
半夜枕邊萬雷發地維劃斷天根撓熊咆兕鬬下沙岸
百谷競沸千崖號披衣欲起腔骨顫倏忽蓬背掀陰颷
淜湃怒鞭雪山立排空倒瀉星辰漂中流巨石列奇鬼
挺戈鮮立爭相鏖纜夫挽船觸石上擺磨無計淩岨嶢
嶢嶢船頭仰天泊魂魄坐卧懸猱猱晨風吹水勢益烈
厓根反走迎船梢舟人衆呼負船起一聲大叫窮青霄
者然船騰浪腹出忽登天上相招搖俯視萬擂短於箭
浪底猶自喧羣舠始信舟人不余誑買魚沽酒酬其勞
我昔扁舟過三峽巫峰十二烟嵐銷杳然徑渡無所苦
胡爲人世傳喧嘵祗緣杜老擅高詠意氣遂與山川豪
此灘雖險頗奇特涵虛亦自瑩秋毫市岸崩崖插天秀
可作雷雨興蟜蛟奈何道路屆僻遠千秋記載空寥寥

洒闌泊船獨歌枕綠窗彷彿語山魈偶聞君言故相慰
名勝安得終蓁蒿乾坤夷險境不一聲名顯晦隨其遭
精靈歲久必有託君言毋乃太牢騷爲知造物非有意
遣汝萬壑幽光標

張將軍贈白紵歌

江都白紵白如雪齊紈魯縞輸皎潔鮫人夜織貝闕空
札札龍梭走江月天孫作見驚絕奇拍格一聲機上裂
令人持向市間賣一市寒光動毛髮今我六月來吳陵
曼膚束帶尤苦熱安得數尺製短衣有賣直將生産折
將軍一騎江都來相與談笑開襟懷顧指平頭俾挐出

蛟皮匣濕光朣朧滿堂涼風起蕭瑟横剪一幅江波闊
海天昨夜青女降隨風亂落霜成堆羲和無言赤帝泣
日車辟辟翻天痕賓客坐者爭起立電光欲掣青天雷
將軍弱齡便筮仕秋風一鶚南天起同時兄弟垂金貂
曉入甘泉侍
天子鐵衣扈從獵上林一箭射殺兩青兕興酣下馬賦
新詩大貝南金光滿紙中黄虎賁皆歎息衛霍當年寧
及此牙旌節鉞正有加野服翻然返田里結交遠近皆
鴻儒置酒高歌未有已自請兩奏明光殿千言下筆如
飛電功名往往與仇謀每到垂成忽中變諸公衮衮釋

海陵詩徵 卷十 八

青袍峩冠命服真英彥肆帆六月江水寒依然裋褐還
鄉縣市兒相遇笑且譏斯人大抵長貧賤將軍高義胡
為哉寒暄推分無嫌猜倘然贈我錦繡段不衷之服翻
為災特命良工勤愛惜紉之滅盡鍼線跡修短既稱莫
貼手從此清風生兩腋何以報之發長謠永為好兮服
無斁

孤雲

出岫竟何事況當秋暮時天涯何所適吾道固如斯野
曠穿林靜風微度水遲浩然成獨往千載澹相期

嚴灘夜泊

萬山深處泊樹色俯空青落日啼山鬼空江吊客星明
河元澹宕高岸故沈冥地僻人還往疎燈出翠屏

道經峭壁

嚴扉天半闢此處有飛仙倒影風濤立横空紫翠懸帆
檣穿洞壑竹柏落高烟倘有閒田地誅茅野岸邊

游金山

到此非無地憑空大塊浮龍宮開絕島島道出懸流城
郭天南壯蒹葭岸北秋吾身何處着長笛起漁舟
江上秋風起蕭蕭落木多天根連海沒山勢帶江過關
塞通千渚波濤下鶴河歷朝爭戰地設險竟如何
妙高臺畔立黄葉滿寒皐水氣青天溼江光白日高風

海陵詩徵 卷十 九

濤飛畫鷁鐘鼓起潛蛟浩蕩閒生事臨風落彩毫

辛巳秋九月河水大漲由海陵放舟淘上偕羅老

董葉儕雪海上登高得八首

高樹横空海氣開望中秋色接蓬萊巃峰曉沒青冥動
蜃市晴鋪赤道來東極天垂分野盡南荒山湧沃焦迴
那堪景象當佳節獨愧拙毫作賦才
西風砧杵一天霜客路登臨總斷腸王粲功名悲幕府
杜陵舟楫老瞿塘時逢明聖憂偏切夢繞鄉關路倍長
俯仰正多惆悵事不因笑視佩萸囊

河源高挂白雲閒一夜狂瀾到海還鯨鼉怒掀初破岸
龍門倒瀉欲沈山千艘又荷
天儲發萬井澤忘
帝力艱總為方隅勞
睿想憑高無計慰
龍顏
草野長懷獻納情雲霄爭那一毛輕八支縱可尋陳跡
三策何由達
帝京垂老虛聲參劍舄當年同學半公卿園葵荏苒隨
搖落惱亂鄉心白髮生

曲河深處隱柴扉旅負松杉碧四圍山繞神亭鷹姤擊
潮通練浦蟹初肥乾坤秋老書難寄薪水時艱計總非
一例閒愁消不得征帆幾處挂斜暉
日落空原野戍高吳陵城郭渺秋毫吟壇赤幟開星斗
棣櫓青天下海濤一路滄桑懷舊雨百年憂患隔同袍
闍仙別有并州恨說與知心共鬱陶
東南天地久飄蓬淘上秋光故國同赤岸千尋虹跨海
碧城十里市浮空安豐多畫橋市約十里衣冠棲席仍前輩雞黍
登堂見古風對景不須增感喟生涯滿目酒杯中
淮海風高一雁橫層臺人語落秋聲波涵日月天無岸
堤偃魚龍路入城萬古悲歌懸莽蒼九霄雲物動崢嶸
濁醪到此寧須勸醉裏能教五岳平

月夜遊虎邱

胥江濤起霸圖殘詞客中宵獨倚欄月湧樓臺生絕壁
風飄鐘磬下層巒星辰照水魚腸動松柏浮空虎氣寒
終古興亡成浩劫隔林僧語出雲端

謁少陽陳先生祠墓

兩宮消息正茫茫廟算徒聞罷李綱不信九閽司虎豹
獨留三疏動風霜衣冠白晝悲東市松柏青燐照北邙
過客漫增桑梓感里居從古說丹陽

霓旌南渡幾時歸遺廟悲風捲繐帷草野詎干興復計
公卿無那諫書稀九重忌諱閒廷諍兩浙倉皇憶布衣
往事祇今餘涕淚豐碑殘照亂鴉飛
閒氣從來應列星祝融猶自避精靈空傳野燒驚榱桷
仍是忠魂走雷霆乾隆庚申祠不戒於火已而堂廡練鄣然鬚眉如故通邑傳為異事
浦牲牢喧社鼓棲霞軒冕哭冬青千秋得失應須辨萬
壓寒烟擁翠屏

北固

江城木落戍樓高鴉帶長烟下古濠鐵甕樓臺橫夜氣
金山鐘鼓出寒濤鄭虔才調空三絕庾信関山竟二毛

卭竅豈真容我輩仰天長嘯獨揮毫

北郭口號

十里青山半墓田湖光晴逗柳絲烟酒旗風雨清明路鬧過梨花又一年

雷合碑

碑在鬱岡乾元觀之東高八尺廣三尺厚四寸有奇通體龜坼無完好玩之端好可識蓋宋南郭先生爲真人朱妙觀所撰文蔡仍書而勒諸石者也文字皆遒古拔俗遠近寶之明李隆慶間碑忽圮土人將碎而爲灰會疾風從天半

來大雷雨碑仍立視舊制微斂樸之不仆識仙蹟也長歌以紀其事

大茅山南乾元觀古碑一片斂㫖東梱蘿剔蘚深奇字石紋割裂穿玲瓏大者若拳小容指補以石髓完如縫微茫肇確合未竟日光剎漏鋒稜中摩挲垂垂勢欲落令人仰視心忡忡山中道士傾余笑此碑雷合非人功當年貞白築壇後朱君妙觀布其蹤誅茅種松茹芝朮歸然大宋稱元宗南郭先生記其事蔡仍書法尤精工製爲此碑壇叟絕恍惚精氣蟠蛟龍歲久朱君觀化去旛幢零落仙壇空东文綠字成破碎東西棄置青苔封鄰村陶人頗相惜爨之竟欲污垣墉磨錨畚載負且去劃然虛辟生陰風天門晝開六丁下雲旗東指揮豐隆霹靂倒盤萬山動岡巒大震掀溟濛指揮契合仗真宰九閶軒闢光熊熊須臾雲雷路天末依然辟立參蒼穹令我聞之斂容歎神仙妙道何無窮古來名墨每閒出造物往往摧其鋒薦福雷轟鵠銘斷石經淪沒荒黌宮何如此碑毀復立森森點畫新磨礱始知神氣有訶幽光燐㶇精靈通我欲傍巖結茅屋朝真夜醮凌三峯人事齟齬苦奔走風塵終歲徒忽忽撫碑相對語未訖石壇雲氣浮沖融

鳳山晚渡

江出錢塘半入烟落日昏瞀昧山頂寺石斷水邊村地轉嚴灘險峯迴禹穴尊古人如可作容我賦招魂

舟次富春

十里春江路推篷倚夕陽波濤欺石勢城郭走江光對酒鱭魚賤回舟杜若香何須問身世聊此足清狂

水碓

西越民風幻家家杵臼閒波濤成日用山水入機關積石沿高岸洄流自轉環謀生計誠使來往客舟艱

圖峯夕望

長江從此盡青嶂倚高空山寺秋多雨江樓晚易風僧
晚黃葉外人語白雲中聞說方壺勝巖西有路通

游溪

落日游溪上蒼茫見海陵飛虹連水驛遠市帶漁罾風
俗疑鄉縣形骸近友朋滄溟重回首高樹暮烟凝

晚自海陵省先嚴墓

聊慰半醫願春殘一到家相攜呼小艇復此泊寒沙細
雨添蔬葉疎風落柚花白雲回望合舟楫又天涯

偕葛峯雨阻姜堰

雲陰猶未散繫纜對閘門岸壓濤聲起江懸雨氣昏蔬

蒲園釣艇烟火見沙村別有蕭騷意停杯仔細論

見新燕有感

池塘雨過夕陽斜又見銜泥掠淺沙處處飄零偏識主
年年辛苦爲無家名園社日仍芳草舊巷春風半落花
好待將雛新壘就飛飛一任到天涯

月夜重遊虎邱

火入吳宮半黍離荒邱重構講堂基春風絲管長洲苑
落日鶯花短簿祠半夜塔燈鈴鐸語當年金氣轆轤知
烟廊竹塢人俱靜曳杖重經有所思

鈔關晚渡二首

淮水東流欲撼山雙旌天半擁雄關河源舟楫通三輔
海道風烟控百蠻筐篚轉輸官稅急琴書獨載野航閒
誰教無事煩來往橐筆孤吟鬢亦斑

聞說泉刀此地寬繁華何處看儒冠城連海氣樓臺暗
署枕濤聲鼓角寒莫笑魚鹽生計賤由來天地息機難
又隨津吏催閘艇無數晚鴉戴羽翰

邵伯口

邗水郵籤報暮笳氏風猶自鬧繁華通衢近剖蛟螭宅
高棟遙連市儈家湖引輕帆晚古埭潮隨積雨下高沙
幾番欲訪棠陰處細草魚罾落日斜

得仲松嵐官蜀手書賦答

獨引郫筒酒滿卮壯遊天與賦新詩使君琴鶴之官處
工部文章入蜀時峽轉千江帆影細峯迴天柱鳥飛遲
吟箋近日知多少人喜應傳故舊知

夢繞康居半辟天相思無計治行鞭星辰夜帶烏蠻氣
竹李朝盤鳥道烟山縣恰宜通野客訟庭終欲訪遊仙
卻愁石棧穿雲到又見除書下日邊

九日同杜南帆繆晴嵐登北山寺後樓

短褐秋風舊酒徒一樓殘照倚平蕪雁聲北帶層雲起
天影東垂大海孤幾處高吟千氣象頻年鼓枻只江湖

相逢恰聚題糕侶夢得來情定有無

容安豐訪吳野人墓

日落平原海氣昏一抔蕭瑟對空村縱教大業留天壤到底虛名誤子孫路入荊榛埋斷碣潮來風雨弔詩魂誰知吾輩同淹蹇高詠遺編展墓門

秦淮古意

秦淮之水向東流桃李花枝橫酒樓行人莫問南朝事美人一去春風愁 水玉集

海陵詩徵　卷十　十六

徐步雲字禮華興化人幼機警風神玉立工詩古文詞書尤精妙楷似樂毅論行似聖教序乾隆二十七年召試舉人授內閣中書軍機處行走嘉事遣戍伊犁以分校四庫全書復原官尋落職寓家泰州杜門吟誦遂終八旬尚能燈下作小字詩文華贍一如壯時著饗餘詩鈔卒年九十三

九日偕王魯山登吹臺 吹臺相傳師曠吹律處

出門何所適直上東南臺驅車臨廣陌鬱鬱起黃埃柳翳落日賓鴻殊未來涼秋變炎燠物候誰能裁中原一矚望覽古心悠哉濁醪雖在手人事多舛乖俯仰忽千載與子共徘徊

城郭枕長河浩浩亙千里古稱梁與王其間一車耳賓客羅賢豪毋乃蝨與蝗人代閱須臾絲絲崇後起蕤臺百廢興登者知誰始冠蓋如浮雲歌吹散流水欲起老師曠爲我奏清徵

海陵詩徵　卷十　十九

度箬嶺

入嶺復出嶺星河露未晞風泉清客夢燈火照行衣寒犬吠深巷疎鐘隱翠微半山容小憩爲一款禪扉

京口夜渡

起看北斗理昧航渡口雞鳴纔有霜半夜風濤舂客枕半江燈火落僧房烟昏塔影疑飛動月滿鐘聲漸淼茫三過此山身未到山靈應笑俗塵忙

題嘉峪關驛壁

塞上風雲護女墻城頭鼓角起嚴霜羌人淚落頻吹管
遷客魂消屢望鄉分野星辰踰井鬼離筵音樂變伊涼
誰憐萬里關山月苦爲金閨照屋梁

過德州弔董江都 公廣川人今德州其地也

下帷三載老經師落日來尋董相祠石馬久零秋雨斷
玉杯重理刦灰遺園荒荊杞知何處策盲天人自一時
不獨廣川弔興廢平津東庠亦凄其

玉帶生

未喪斯文吾道存此生名已塞乾坤不胥燕市汙權貴
便是文山好子孫慟哭西臺餘涕淚摩挲老鐵費評論

紫衣玉帶尋常事若個王侯並汝尊

寄陳理堂 時壬戌下第

聞道吾鄉老鄭虔盤無苜蓿坐無氈高歌不入時人耳
餓死終爲國士憐潯酒醉眠燕市月看花夢踏廣陵烟
邵州盡日荒齋裏四野茫茫撫獨絃

八十自壽

耳目聰明鬢髮蒼八旬人似七旬强神仙無分居蓬島
松柏居能耐雪霜子婦稱觴還起舞孫曾繞膝也成行
回頭萬里傷心日豈悟今朝在此堂 予出塞時鳴珂甫三歲今已抱孫矣
爲之
羣然

天憐幽草晚初晴歷盡風波宦海平鶴料儘供僮僕飽
絓禽勤餉子孫耕縱然塞馬驚前失未必儒冠誤後生
畢竟老夫窮不死百年贏得是虛名

磨蝎爲宫命不辰 予以癸丑十二月生磨蝎爲身宫也 堙奉遠爪話前因
童子時曾夢花貿爲前身 西清侍從皆侍侶東觀賓朋亦故人 謂口口名
試同年諸君子 誰遣六州頻鑄錯信知三世有迴輪消除宿業
頭今白朧盡天心漏好春

成仙成佛兩茫茫大海中間一粟藏彭澤何年歸白社
邯鄲片晌醒黄粱悲歌往事隨流水老健餘生愛夕陽
休說少年豪氣在持躬謹慎即康莊

宫詞

昨日昭陽殿令朝長信宫生來是團扇不敢怨秋風

春日感賦 釣文襄公墓在京城東直門外十里地名望京時俞栗園以謁選入都因託其代謁公墓具牲醴焚楮爲撫今追昔口占志感

萬里生還未報恩百年遺憾付兒孫他時若向燕臺去
好訪東城拜墓門 費餘詩鈔

園維墉字木燈儀徵人乾隆三十六年副貢十歲善屬文長工詩古文詞邃於經學年七十任含山縣學訓導著有春秋表一卷西山房詩鈔

集古樂府

拔劍出門去出門何所之牌子鏽兩襠道逢并州兒一解 新買五尺刀乃在西北方十五從軍征逢人問故鄉二解 下馬吹長笛上馬折楊柳將軍戰昧主人前進酒 三解 北斗吹笙竽西河取鯉魴長安十二門白玉爲君堂 四解 翩翩堂前燕郎贈合歡扇誰能思不歌無郎蓋相見 五解 江陵三千三姮娥布帆起手採芙蓉花馬浮不進子 六解 白跌變行纏絲髮垂兩肩河漢不嫁女獨我知可憐 七解 門前一株棗風吹樹葉老莫作弦上箭但看霜下草 八解 金瓦九重牆瑯玡大道王紅羅複斗帳明珠贈耳璫 九解 青驄白馬紫絲韁陽春白日風花香手彈琵琶玉節舞迎取窈窕西曲孃 十解 桃葉映紅花鴛鴦翻碧樹不道歡不來只愁歡不去 十一解 迢迢牽牛星索居隔長河人生不長好遠遊唱新歌小時憐母大憐壻後來新婦今爲婆 十二解 生長石城下送歡板橋灣春風吹楊柳閉門下重關 十三解 桃生露井上狗吠深巷中儂本是蕭草拾取四面風 十四解 黃鵠參天飛肝心如推櫓三刀治一魚終當不置汝 十五解 相逢陌路間

戲

可憐白鼻騧歡今定憐誰長安有狹邪 十六解 熒熒帳中燭雕爐熏紫烟中宵無人語玉指弄嬌弦 十七解 織女游河邊十期九不果秋風蕭蕭愁殺人歡來不來早語我 十八解 髮亂誰料理素月爲誰珍調弦始成曲有錢始作人 十九解 西北有高樓樓高傍桃李桃開二三月烏生八九子 廿解 側側力力手難縫絲布淵猛虎依深山枯魚過河泣 廿一解 獨漉獨漉驅羊入谷闌獲得新濃二十尚不足 廿二解 水從橋下流兩落不上天魚戲蓮葉東雞鳴高樹顛 廿三解 巫山高奈何許我欲上蜀蜀水難東風飄飄神靈雨 廿四解 攀楊枝君馬黃我欲渡河河無梁隴頭流水鳴咽長猿鳴三聲淚沾裳 廿五解 昧昧黃淡思郎乘紫騮馬石闕生口中三星落田下 廿六解 田中何所有麥秀枯桑枝兩雪霏霏雀勞利世事反覆君所知悲莫悲兮生別離賤妾與君共餔糜屋裏無人看河誰 廿七解 臨高臺有所思烏夜啼作蠶絲今日富貴忘我爲 廿八解

亭河堡山中人家

空山聞雞鳴知有野人宅輪蹄峽角迴者然天地闢茅屋八九間面面對峭壁雷門纏古藤環垣疊細石有烏尾曳紅有樹葉翦碧小橋響泠泠水底碎卵白欣然見客來邀我飯燕麥兔脾雜雉羹濁醪舒几席自然累世

獵杳與城市隔兒童四五黠使學彎弓射醉餘一揮手
山風吹策〻落日下前崖滿林看虎跡

橐駝行

羊裘老子橐駝背蹲如凍鴟鞭倒掛駝峯負鏹二小笞
三折危蹄不勝載碨磊崇山前後移出樹穿林來隊〻
高者嶺頭下者谷紛如驅羊入雲内不聞駝行聞叱聲
一鞭響裂四山外秋風梢〻肅林莽圖然哀鳴客心碎

神頭嶺遇大雷雨

五日前從山店看一段烏雲亘天半居人指說神嶺危
僕夫未發背先汗盤旋峻嶭累日行罡風凘灑毛髮清

危梁橫貫四圍絕馬蹄蹜作空中聲斂韁約步不敢語
是時紅日正當午下覩雲海黑漫〻萬丈知是人間雨
疾雷轟上裂太空馬驚人落一剪同揮鞭徑起跣且跳
滂沆暴注橫顛風風狂雨暴號萬竅迷濛響震八荒鼓
猛行㹠與霹靂鬭手格金光百蛇舞懸崖走瀑吼奔牛
亂如滾丸齊下挾衣冠與馬雜呼叫併作一道飛泉流
須臾山盡雨亦足喜見臨崖山店屋煖湯濯足日銜山
曝履懸衾滿林木驚定試問山店兒兒笑拊掌怪且嗤
吾儕飽飯看山雨雲端有人那得知

佟將軍馬歌

將軍來自鐵嶺東身騎一匹雲錦驄八月海子多美艸
日暮牽出嘶長風驚沙颯〻天池晚骨聳銅山氣深穩
九尺連錢竹耳批一圉飛雪桃花滾曾鬪血戰催鼓鞞
此馬獨健翻霜蹄鐵角方吹甲帳北將軍已過雲稠西
征袍未冷汗猶溼傳言狂猘政方急揚鞭何不更西行
手勒黃雲陣頭立

古意

白馬青山道紅樓碧洛家交頭金屈戌鏤背玉琵琶麐
下鸚呼字門前柬作花態〻成此恨天上有乾斥
纂玉雙纏繫䏶骶五木枯郎非黃雞子儇作博山鑪揚

扳初隨母離敷自有夫紅窗無好夢打起後棲烏

周天橋齋中作

湖海同攜手東風明日昧亂姑聞未了燕子向人飛酒
病菖花起詩情香草微寂寥無可證來扣浣溪扉

送朱雝田赴陝

牢落不可極風高攬敝裘長歌滿天地短劍謁公侯山
色渾可古關門大樹秋憑君到函谷一爲訪青牛

遇於君亦川

相逢廣陵道前日下丹陽白髮江城老青春店酒香驚
才三獻賦豪氣一肩裛海上多文石銜寒拾大荒

窐

宿邊

雄關叢遠樹雲外響弓刀莽莽河流急悠悠客夢勞人烟雞市集沙岸馬蹄高欲弔么猶里秋風半野蒿

張秋旅店對酒

仗劍辭親舍誰言行路艱男兒一片膽關塞萬重山竹帛儒冠誤風雲鳥道攀無須悲執手把酒破愁顔

由照河

知有人家在風吹鈸鐃聲出林兵市酒艦炕婦擱箏地僻柴爲户年荒豆作羹挑燈檢鈴馱明發戒山行

過邯鄲

邯鄲臨古道何處訪叢臺細路萬山疊窮秋一馬來書傳呂國走枕拍呂僊迴不盡滄涼意前林落照開

九日黑窰廠登高

駿骨金臺滿登高愴獨游秋風吹易水白日老幽州宮錦才人恨長饒野客愁江湖方浩蕩萬里没沙鷗

西山

一望燒雲空寒郊正轉蓬棋跡山帶雨鷹下野生風去國悲楊子懷人感謝公蒼茫無所寄回首鳳樓東

遇王荔農

路入東壇石徑高一叢榆柳抱長壕荒城日午鬭雞唱老屋春深落燕毛喜我同修孫統禊知君不夢呂虔刀臨窗檢取新詩讀滿耳天風駕海濤

去僕

游蹤落晚幾經春相伴山顛與水濱未必野葵真向日卻饒飛鳥喜依人屏風首觸知伊慣沽酒錢艱愧我貧辛苦何曾使志却船頭波浪馬頭塵

冷燕辭巢可奈何依依偏覺舊情多來時恰正欄前笋去日難回海上戈自說愛余如顯士是誰教汝必東坡茶餘燭燼從今後一道林間怕客過

滹沱晚渡

鐵馱棉車滿渡停排空濁浪拍天青雕盤遠郭唐藩塔麥秀斜陽漢帝亭人去黄塵飛滚滚帆開白日送冥冥中流羌笛誰吹起愁絶幽燕老客星

真定

河朔千年罷戰攻天高樓櫓跨長空清秋鐵馬王郎渡落日哀絃趙國風屠狗由來同夢幻買絲何處問英雄行人別抱滄桑感獨仰浮圖指梵宫

獲鹿

井陘千丈繞崔嵬天險重城拱鐵扉北走常山雲倒擁西來河水鶴低飛幽人抱犢青巖冷大將登壇赤幟非

愁向玉門關外過回風落日滿征衣

白下

白下烟光引客愁楝花天氣柳絲柔春風長板橋邊路
暮雨青溪水上樓隻槳夜寒催艇子一簫人遠隔簾鈎
昨宵卜得歸期近覩向山坡問蔣侯

湖冲

百轉荒岡凸復凹岑倉數點露山家溪橋祠古連雅陣
巔椒人喧簇虎又不定寒溫天外侯無名開落澗邊花
往來只有樵翁過遥指鈴車入斷霞

白門絶句和梁小素

夜夜秦淮夜夜簫鱸魚時節長春湖曾經丁字簾前坐
細雨青燈話六朝

橫騎嬌馬内家妝寒食無門問李香依舊東風吹嫩柳
一條條綠大功坊

細馬馱馱紫玉驄酒旗風裏故宫前依稀認得蕭梁路
芳草青山燕子天

姑蘇懷古

斷髮文身俗未淳句吴霸業已成塵南來采藥兩男子
東去扁舟一婦人歌舞竟成今日俗雲山猶似昔年春
長洲獵草香溪水多少胥臺涕淚新 小畫山房詩鈔

團維堅字雁生儀徵諸生

花朝雨中集浣香軒分韻

壓屋濃雲墨不如輕寒亭館最蕭疎聊將花事三分減
細數春光一半虚詩興漸豪中酒後茶烟忽散捲簾初
料應添得門前漲流水平橋賣鱖魚

秋日同人再集雲谿精舍

一聲鐘磬出林間同訪支公再叩關月色淡將化爲水
秋光瘦不過于山蘆花點我愁中鬢楓葉如人醉後顔
記得前宵共酩酊燈窗吟到夜深還 芸香詩鈔

徐觀字鶴峯

四十

未敢言强仕蕭然韋布身乾坤容我拙骨肉有誰親野
店荒雞月秋風匹馬塵浪游知計左閉户守長貧

送同曙峯歸里

十載飄零感謀生事事難與君同作客先我上歸鞍風
緊離歌咽天昏別酒寒臨岐無一語各指鬢毛看

落葉

西風太無情吹落萬樹葉辭柯當歸根緣何舞不歇芸
香詩鈔

春柳和夏紅舫原韻

似合意緒弄柔條游子飄零屢見招與我分居閒令宅
倩人試舞小蠻腰眠多祇覺含情重魂小還因賦別銷
太息江干千萬樹禁中移植卻寥寥 春柳吟

徐鳴珂字竹鄰興化人監生步雲子八歲即學案書
著有硯北詞賦文皆有父風填詞音律嚴密格付玉田
花南吟艸

擬劉隨州八首選四

幽琴

山居屏塵慮感時芳草歇夜靜誰可語閑軒佇華月月
出閒雲遲林深清籟發古樂久不聞真賞自怡悅

晚桃

我遊元都觀不見種桃客瑤池千歲花開落亦陳迹春
寒猶多情護此好顏色莫怨東風遲早嫁良可惜

病馬

孫陽不復作誰識真騏驥轅下困塵笑殘骨傷其神落
日照曠野長鳴含悲辛惜哉五花身猶帶金瘡痕

舊井

轆轤墜銀餅石闌敧道側盛年歌舞地與哀閱今昔暗
脉有淵源澄清養寒碧幽谷寄彼蟲窺天無遠識

乙丑六月書事

五行迭相用偏勝則有害水以弱可玩其禍乃更倍江
淮地卑下氣白縈如帶美哉神禹功萬禩期勿壞詎料
巫支祈鎖逸屢爲怪去年秋風惡狂瀾肆澎湃遠邨見
孤點中流渺一芥禾稼幸早穫場築差可曬穀貴未妨

農猶得償逋債方冬不昧壓富春勢稍殺沮洳漸復舊
播種敢云懈秋鍼露手時微風交清露潞蓄既已盈異
侯桔槔溉淫雨忽币月淮滁溢而大江潮過其南北則
大河搖如兩敵相持重圍不能潰沛然趨下游湯湯洗
埃口維揚成巨浸熟辨溝與澮綠雲沈萬井哭聲聞一
派海若時正驕蛩廉揚其神助虐天為昏長飇捲高顴
田廬半漂沒存者亦空詹葦湿炊不然餅盤未焉哺老
稚妻溝壑丁壯走狼狽往往來閒作吏胥緣奸猾古稱
十年計茲則一以憊甚矣卧治難益思星月戴四境多
瘡痍疾痛方求艾吁嗟此邦人習尚移且汰一食動萬

錢千意猶未快泉刀若糞土綺羅等菅蒯飲博雜聲伎
流連忘歲邁鬼神誠忌盈勢獨非其類鞠凶先畀之天
道良可噫稂霰澀枯腸鳩鵠變形態哀此流民圖一一
難其繪得毋生孽繁塵劫歷將屆西川昨擾亂暴骨滿
厓砦妖氣幸掃除橫流復顛沛蛟龍垂飢涎膏血恣一
囂天心未戢暴斯民時真乂昔聞僧伽塔高矗泗州界
今已占滅頂豈但失尻背有時烟雨中往往聞梵唄危
隄如建瓴釜底寧久耐獲鶴與沙蟲恐適逢其會而況
沈災後疹氣餘疴瘵苟活即天幸那能色無菜國奢富
千倹否至終思泰俯仰生理艱使我憂心痗

邨店

邨店四五里小聚即成驛征夫暫休止解鞍先據席繒
頭繫坐旁人馬成主客從至吏營營塞馱絡繹入門
無他辭惟言速具食人生口腹累萬事無此迫時平皆
樂土未覺憚行役緬彼哀鴻詩懷古長太息

寄張祈山主簿

刻中山水天下無天台靈奧神仙區人間風日不可到
玉屏窅窕開瓊疏誰歟飛鳧獨來往羨君妻打錢塘槳
回首山陰道上行春雲處處連江城梅福一官毋草草
彈琴對飲境亦好天涯伯仲漫相思蜀地燕臺人未老

謂玄白孝廉船山太史

賀牛謠

去年牛值三十緡今年賣牛纔五千肆肉一斤廿四錢
刲腸割體真可憐牛兮爾勿怨水荒世罕見村村四面
浪拍天爾即貪生少留蕩爾死活人功德善昨日府帖
來牛廠揚州開日當千百頭紛紛爾牧勞安排太守仁
聲動遠邇可惜前牛已多死死生有數竟如此牽牛出
門心轉悲恐有官留難汝肥

迎米船 迓興化縣救荒也

迎米船臨高臺昭陽南望南風來連檣巨舶爭到岸邑

人欲蹝聲如雷孤城彈丸若釜底淮水湯湯勢未已城
中僅支半月米莊符披猖盜孔多米商不至當奈何邑
侯愛吾民當食不忍飯下令簡丁壯吉雜隨近遠與爾
刻期約要使十日迫從民所欲民爭先果能迎米五十
船積誠所至事必濟為父母者寧不然我遷吳陵三十
載桑梓瞻依情未改懸磬時聞鄰屋饑救荒賴有賢明
宰此邦奸獪風難勝弭盜全憑都護能不思懲亂用重
典痛鞭示罰言哀矜吁嗟乎土偶莫恃爾為土河大水
深同溺汝

打冰行

淮南大雪深三尺堅冰膠舟堅于漆舟人相戒呼打冰
刻木為椎船頭立蚍蜉乃欲撼大樹邪許聲聲齊著力
那知澤腹堅且厚鑿之如以水投石生使長途忍飢困
入夜惟聞慈歎息朝來長官羽書至漕艘南下催趺急
督郵挾筆驅敲冰手皲指裂誰為恤排山衆勢各奮擊
冲冲有聲無停刻忽然震地走霹靂冰圍十丈齊迸坼
艦巨舶纜若斧劈下壓舴艋響格格摧枯拉朽同捲席
男號女啼救不得愁雲慘淡天為黑冰乎肆虐乃如此
今我聞之生悽惻江淮頻年苦漲潦哀鴻今秋稍戢翼
胡為長流幼生骨固陰冱寒復作慝安得東風迴暖律

海陵詩徵　卷十　三二

笑指冰澌一時釋

霜信

鯉魚風定後茅店月沈時木葉紛番脫布衾將曉知江
湖驚歲晚鴻雁得書遲漠漠反濤影晨興感鬢絲

頌芝山自興化來訪

病起聞君至惟然倒屣迎感時逢歲歉小飲覺身輕霜
老菜黃色風高鴻雁聲翦燈深夜坐長話已三更
村落流亡衆浮家萬葉舟死生憑石瓠聚散感沙鷗來
歲防春癘長淮杞杞憂天涯兄弟處不僅稻粱謀

去夏淮水大至丙寅六月杪郎棣荷花塘復決禾
稼蕩然登岳阜望城外西北水勢感賦八首

水地比無端波濤六月寒憑高心惴惴彌望勢漫漫兩
載驚横潦孤城亦彈丸連天昏墊遠搔首發長歎
昨日吾宗至浮家竟出亡卑辭託兒女痛哭別爺娘萬
藟雖全底江湖休自傷來春能播種願汝早還鄉
擾攘北門驚居民競入城有錢無米市傍暮少人行愁
月蕩波影遠風聞哭聲不窮溝壑慮所患是餘生
荒店長姑母哀萬八旬過孰問貧兼病誰憐萬與蘿淒
涼逢暮景迫遞漏洪波欲遣舟人去艱難愁渡河
防秋聞故老釜底歎吾儕昔尚河睐海今憂江接淮支

海陵詩徵　卷十　三三

祈方肆虐斗馬去無涯不及劉伶醉從容死使埋
痛此顛連者由來苦不勝豐年自粗糲蓬户比巢橧詎
有豪華福惟期力役能遇災先禍爾天道總難憑
蒼莽觀身世頻年杞杞憂無禾供碩鼠有樹叫鵂鶹規
口口糜賦飄零豈為秋衡門如可憩吾意復何求
聞說閒居好梨園暇豫尋溺人方欲笑之子亦何心憂
樂斯民共嬉虞閱世深東南殷　聖慮宵旰到如今

新綠

陌上日初暖梅梢杏竟稀頻看嫩碧長未覺繁紅非細
茭雨痕潤高柯烟影微捲簾映清曉春色欲添肥

得氣有遲速東風無古今吹噓回舊夢萌櫱見初心露
渲色猶淺鶯啼春未深池塘波一色待爾漸成陰

退谷別業春晚池上作

日斜啼鳥散春盡落紅深送客易成別銜杯時獨吟涼
風醒酒面止水愜琴心試譜猗蘭操誰知空外音

宿清水潭

聽風兼聽水信宿短篷棲地軸手湖濶人家夾岸低波
濤鄰大壑性命託危隄那得移山術長淮流向西

聽洛下王友之述舊遊黔粵諸勝境

君耽山水癖陬壤我讀虞衡憶石湖荒服可憐人罕到

洞天聞說世間無峯當險絕烟嵐異花不冬彫氣候殊
坡老漫誇行萬里葛仙今日有溲鳧

金陵北郊曉發

蒼茫雲樹曉烟收邐迤蓬輿愜勝遊元武湖光縈宿雨
翠微山色入新秋西風衰艸眠翁仲落月荒祠拜蔣侯
莫問南朝歌舞地景陽宮井此高邱

癡

歲歲痴獃賣卻無癡中情狀各人殊儘多田宅猶營造
大有衣裳弗曳婁丹竈奇方求術士桑榆暮景購嬌姝
白楊衰艸連阡隴都是生前戀戀徒

幻

倏生倏滅孰相推結撰憑虛不可猜何故人心為鬼蜮
居然蜃氣作樓臺月邊捧竟飛騰上筵畔花能頃刻開
萬態炎涼炊未熟乾坤多事是胚胎

蚊

負山空錫汝嘉名蹲外如雷擾夢驚性以炎涼為進退
時緣昏夜易鑽營聚飛豈竟工文字暗刺居然有甲兵
可識危機爭反掌休于耳畔作吟聲

驢

欵段休嘲瘦不禁蹴時得得且相尋橋邊風雪詩人思

湖上烟波老将心作劇偶題諸葛字悲鳴徒爲仲宣吟

誰教畫本圖長耳空谷居然有足音

小西湖訪宫紫元先生春雨草堂故址

草堂問何處春晝雨冥冥只有東風早吹來楊柳青

梨花

曾踏春雲唱玉京洞仙何處覓飛瓊舊有洞仙歌集宋元人詞句容

懷黯黯知多少青鳥昧時空月明

華雨華風華曉寒一枝春色壓江干如今寂寞珠成淚

獨下晶簾不忍看

新河便民港

海陵詩徵 卷十 三十六

沿溪一帶入烟蘿蟹舍漁莊次第過橙實垂黄棉吐白

江南風景得秋多

九日登泰山墩

截業雄窺百雉城登臨天爲放秋晴斷雲北郭迴帆影

落日西風有雁聲紅粟均輸荒歲計城西時設賑粥廠黄花寂

寞故園情試聽澤國呼庚癸悵觸難消酒一盛研北花

南吟草

霄峥集泰人詩鈔

（清）宫國苞 編選

《霄峥集泰人詩鈔》不分卷，清宫國苞編選，據泰州圖書館藏徐菊人手鈔本影印。

宫國苞有《霄峥集》，已著録。

宫國苞編選同時人詩爲《霄峥集》六卷，共收録其時一百三十餘位詩人近五百首詩作，以江蘇詩人詩作居多。本書則編選《霄峥集》中泰邑詩人作品，卷首鈔録乾隆三十三年（一七六八）宫國苞撰《霄峥集》序，收録泰邑及流寓詩人共六十一人，每人一至數首。其中以流寓詩人于震作品最多，二十三首，其次爲泰邑人陳瑮十九首，朱東啓十八首，陳韶武十三首，俞堉十三首。每位詩人只列其字號，無旁批注等。

（周　忠）

昔元次山擇其同時人詩為一集題曰篋中而傳而作者之詩反或不傳焉未嘗不惜其以衣掩抱也然亦正幸其以抱本衣之功為不小厥後踵而行之代不乏人集名雖更僕數其宗旨幼誇漢唐人詩大率以嚴滄浪之言為準若楊氏之正音高氏之正聲李氏之選豈不於王氏之三昧亦素所沈涵濡首者今造稍壯縱觀四唐兩宋金元明諸名家詩乃喟然曰詩亦何必以嚴氏之言為拘拘哉竊念我宮氏自先太史築春雨艸堂後天下知名士如周櫟園杜茶村龔愚山輩爭締纻為吾高祖先中丞著有讀書紀數略曾進御覽賚予有加奉命刊行又為文苑英華選行世祖紅椒公亦著有紅柿山房詩集其後若孫析所藏書亦蕩無統紀日仰屋梁株守兔園冊子寧不來議亦復了不異人間從涉歷郡國凡於耆舊朋侶惠好之詩瀏覽尋繹得一佳什如珠一簞於是日積月觀而廣羅以為富焉披吟再四爰簡擇其尤者開雕以公諸同好亦篋中之故事云耳昌黎云文無難易唯其是而已香山亦云短長肥瘦各有態玉環飛燕誰敢憎竊取斯義以為權衡縱不足品藻淵源之庶亦無乖商榷云爾

乾隆戊子秋八月海陵宮國苞霜橋氏書於半紅樓之西牕

霄峥集摘鈔目錄

霄峥集

海陵宫国芑霜樵氏选　同学俞圻越千氏柬　璨侄侗氏参阅

田雲鶴 號長一字蓬壺

重陽前一日漫成

來日難重賀，殊蹤敲菊空。年光愁裏度，衰鬢鏡中秋。綠蟻誰能送，黄花未可

留。會須凭傑閣，長嘯海天寬。

劉育杰 卓庵 著呆竹軒詩鈔

課兒

積分已成寸，惜陰須自珍。枉懷前人語，每日不再晨。百花爭顏色，向榮保在春。假有

秋花好，岂月已周。循書在好檢，熟勉莫自沉淪。 注言

登蓬萊閣觀海

地迥看天盡，君臨渺渺中。眺心遥比翼，為岸千峯翠。峨岷飄渺我挑

極望御長風。海上三山君幽討。 校者氣序

泰州出宫霜樵韵

妙花姻晴長錦茵，情隨春暮秦春何。年年嫩色窺書幔，家家青郊趁艶魂，夢入池

塘游句少，風吹江畔慧愁動。傷心流蛩綺歸軟，淚目青青霧靄河。

又

九十韶光快似歸，長林嘴眼見春春。昨把家上青三尺，謝氏池邊緣一聲。室上春空

人妝馬應前，烟暖益衢派。回里平野無頹色，好待耳耳嫩色高。

綏 琬香 名一字玉妹 著呆閣亭集西糖片雨集

伴雪吟

讀書伴積雪，眠時所可知。積雪伴讀書，琳瑯發可聞。相資在寒窗，淡泊情何

限。天花從座開，妙理能参斜。眩芳塵白骨，類誦塵芳。重暗飄巻光，四座如烟雲。

念心不在遠，吹玄奏青瑶。觸手拈冰柱，玉戲擲天軍。當待雪伴雪，逢月為風風。

冉冉梅花香，薰我冰雪文。 六歌謠六歲銘讀之悦與古匹

題友人彈琴小照

我有無弦琴，一張生巖玉。軫條條裹，高秋月滿天。氣深宵弦流水，生空虛。挂之壁

上久示，御錦文斜。蝕生古香，童子彈琴。具琴三昧，妙於琴理。有默識，凉爾在上。習

琮。攜琴游母，稀莫逆。揚州五月風雨動，泊船河下迷烟波。市人高会揚人湿

蠅，歡嗡青蛙，秋蟲呼蓝。空空四野，耶得清音。蓋淘寫，何時斜。啼發累鹿，聆君

彈琴底圖畫。 清氣盤旋

九日

登高採菊，傍城口。萬水千山懷古年。今日即團高，踏窗重惊。念洛遠，淑為 三乱孝舒 韓繙

劍閣新吟，光何必揚州有差。田饱飯為窑老，射寬應老斜。四邨空烟。

題碧绡雜劉

窗波俯橫累手欄，無涉珠簾，弄碧箭，萍萍斜風吹漱。上訴魂今，抱付回溯。

木蘭渡槳槳難四，蕩入輕烟。蓮暝時今夜，桃根如有，夢紅羅拭淚，寫春詞。

螺唱鶯心夜雨，飽土懷三尺，葬雲英。多生艷想，難錯老月，夜魂淋錯，姓名。

遠來紅豆累，斜封夜火，葵葵蕩碎，中顛倒迷花洋，不老身情。鸚鵡罵春秋。 總世風流 經人 深致

俞 楷 陳芳 一字臣林

閒居書事 三十首之四

閒居書事，刻風日自閒。吟山意，灑頭寫，淡泰得，愈清。三松眠有道，十竹醉無

情。最愛芳洲草，事風努力生。

登臨隨遠近，談笑及書晴。所到皆怡悦，何之記惜情。尋幽趁殘跡，餘隠隱世

名。別有故園地，何為人世行。

夜夜聽蕉雨，朝朝對竹陰。雲深章月色，花落見春心。愁里從時日，清言自古今。

多情空吝外，棋藥有深林。

括坐松嵐上，春光日以加。和風秀芳草，曲水照桃花。雲月章文字，江山老歲華。

世人爭羡趣，令我思烟霞。 水清音遠，一洗鉛綵

俞 梅 師巖，一字太美

初夏游鄧尉諸山用劍南游湖中諸山韻

香雨浴新山，空青撥帆輕。指前不勝仍，遣幽居田嫩圃畫。洞天開四時，換佳境。高步雲峰巔，湖光收萬頃。洒然會心遠，細念時永。日落山猿嘯，佳趣人跡屏。千林陰森森，古窔厚。銅井靈風迴，山毛骨澈。清冷遠波瞰，遙峰修眉蔽。鏡影漫目盡四照，洞翁晨星炯。悵悵度山樓，烟霞歸舟領。涉此常棲永，何羨賞與領。 淋漓揮灑

登靈崖山

萬重嵐翠合，石鼓振雲端。極目湖山小，飛天宇宙寬。洩池流日月，一塔出林巒。默坐琴臺上，天風入指彈。 有拔地倚天之勢

舟次燕子磯

乍脫風濤險，艤舟燕子磯。雲空山影瘦，潮長浪痕肥。社冷秋水，孤帆下夕暉。倚篷無限意，目送雁南飛。 景前入情

自遣

合晴門掩一行，熱弱流三萬。塾瀛洲，伯牙指撫，弦曲宋玉，情多六酌秋。括望附郎方向暫，耕雲釣月夢南留。年來意興消磨盡，只有貪吟老未休。

俞 壽 為光，一字知莊

蕉扇

十丈芭蕉映碧空，裁成團團扇月輪同。隔簾色潤瀟瀟雨，入手頻添習習風。 清麗
宜搖樹下夢回犬，便取帷中備羽揮。酒逢情素，禪似蒲葵便更隆。 格調古雅

夏日同友人別墅

殘石草一徑斜，依稀深處綠意稀。颯颯鶯眠，茶初熟，香煙龍腦，畫不讓沈水。飽饕朱仲李，剖刀分割，部平放燭銀盤。自林梢出，歸去何妨近路踪。 一片清王素氣

俞 埴 字萬一，字衡峯

張烈婦顧氏詩

正氣鍾巾幗，大節明閨里。哀哉張烈婦，悽愴獨志死。我出城東門，孤墳屹然峙。金人相問答，頗末略可記。芳齡逾二八，洗垢未回來。淡水用作巾，烈婦永志誓枯。烈婦初嫁書生，長在茅檐色。蓬美貌花玉手，雙纖纖禮法自矜持。步窄樒。擾鋸叢何所需，妻風冷香爐，楼梭聲響，寒工素之積。邑惟美姿，容允矣，四德全。十九嫁桃夭，嫁為狗良幫。藺傑四壁立，一室鼓機西東，沒嗟間，兩酒食盤，昏迷梵之妻，與姑且餓。守空閨，妻餓何足言。姑年臻眉黎，典君裳衣，鬻君釵與笄。垂心歎歸之遲，劬共壠齋。何敢怨嫁，如性命本不高。嚴霜肅貞松，烈風振孤竹。禍患來無端，游苕兇夜哭。淒泊歸所甘，勤勞歸所職。何圖種薄兇，日向東牆逝。傾歸美而妍，淫心燒栗。濮義佩離瓊瑤，新衣裁綉。數揚揚去，隨東風流，放於欒臺。陷畫光徒弦相望。舍夭溺於火，不得死不休。投重溺於危，不得生不瘳。鑽究畫已絕，金帛塞新謀。稱勤儲乃夭，意氣重山邱。終携兩女田，春遊醉酒樹。生計諧有餘，解囊欣相贈。芳餌釣游魚，何以避垂鉤。烈婦烟炎光，幽閨愈斂約。當今重利多，勢族相羨。灼灼菁菁貌，綽麗素振弦無著。胡為萍水逢，肝膽披相託。委曲進危辭，人心不可度。交友無良，冥然付一嘯哉。此懷愈歎，辰影溪澹蕩。萬物秘此心，心死激何怨。述人生，怡愜恥辱，長多矣。詰怨哉舊，伴友密生同。域凡蛇酒肉，饜枯腸。甘墮奸人，術與姑摘奇謀。姦騙誘淫泆，歸閣失精魂。服鄰肌膚，慄慄注血淚，大節矢志勁，皎日倉卒交。孽屈嗟孤，揮手出慘慘。雲中月，昏昏星上燈，叩叩階下獄。纍纍屋上繩，交纏擁刃歸。高堂盛氣，嗔裂背中舊。說勢甚，屋梁簷三間不見。答翻牀下，蒼鷹翻手玉頭碎。指出挂柔腸，長繩已送兜鉅。結扣唇唇，唯誤叔呼吸。直以死相傷，苟死終物擾，敢不屈志哉。

鴻雁西北來漢飛影翩翩中道驚秋風雄鼓雌孤遷豈無攀雲儔秉志挽
清眠寐不背其雌亮執金石堅貞固無二君貞女無二天寶訓垂自昔父老紛
紛傳小家女亦自厚難再全覥顏立於世俯首何為焉短命早君時引頸歸
重泉

幽蘭生空谷無言自芬芳皎皎烈婦名鄉黨久稱揚宵來誦詩篇入耳何情
傷明眸覗其夫窈窕紛著英屏擁入閨戶婦屍儼在牀觀者赫震怒索魁邑
長重庚亟命駕至檢視怒髯張嚴究次就擒執法嚴秋霜勘鞫得情實一死
安足償主命抵貞魂分倖埋崇岡其由閶闔處分疏達天閽予旌符定制只
詔下寵煌煌表貞碑植立石表芳名合生氣日月聯精光行路蒼凄
千秋俎豆香謹言死而怨爾詠白雲鄉

白雲留太虛因風自崇巍田首生加鄉感高心如搗唱隨風世風白首同偕老
胡梅適閨幽終始不相依不為曲節死偏作殉腸子不為泣饗飲偏作央
家無遠知心隨媳死節不能寐寞知何名街怖何時了
二月春花榮九月楓林赤節物雖閒情紛向阡陌香車載人去重逢何歲
幼為金屋嬌長嫁青雲客盈盈枯此光輝如山澤石知一坏土貞骨此安穸
願語車中人停車一尋繹 壯湖家在海上錐健媳如姿光風前夜拆金之金鳥飛蓋在於此里天力要當從徑篇中得其棲居依光之用史信於歌

荊豪歌病中和張潛晉世伯韻

瑤光之墨藤花陰散成依鞠日山之阿出頸如尾鼻作役擬儀鼓牛蔬紫駝
皇風扇播四戈靖紛紛作貢來何匆定以高屋錫祿米健兒趨走相護呵閶
闔曉開仙掌第千古劍佩飛鳳磨彤墀拜舞日高犴殊物亦知隨鳴珂扉
氣總如此漢卿下屹如山立萬無欣翔羅並響奏天樂俾之率舞屬僊之侍
臣競上恢頌遙遙一髮朱顏酡兼閒無物而羲獻東西繫燧當霜戈焚刃
不必閑虛耳一命死敵輕於蛾又聞蒼梧日南野深耕耘之稀嘉禾雨淋日
晒未所避勞苦不免牧童訶何如來貢遠惠襄近光天威遠冊寵羅網

罰之時飽帝德居無燥濕寢以眠蔬園在郊舐在治同沐雲化遊熙和淺和
侍飲沾恩筆投今一夕陸沈河 芝先熊之丈言蒼之詩中之梁楝也

陳秉鈞 滂亭并之菊花山房詩集

春雪

春風萬物蘇遠近跡地脈百草欽玄功階前萬以綠閒户納生氣噓吸方鼓
盪忽聞集霰霰飄灑入深竹陽和衡鬥照陰機猶相東為語報消歇梅魂
亦甚縮惟當臥掩扉學囊表安之 名種嘉言示寺岑風弄月之作

清梵林訪某上人

握別條經年寸心常不懌兌無鴻雁飛宵冥音問隔秋風吹征帆殷向幽人
宅文室猶舊跡佛光仍壓壁晤言展殷勤窒瞑暇痛遐鐘磬發清音古之
歡顏色下隃知風心焉待婚嫁畢 古樸

閒居書興

世間學杜門守素甘恬退輕無倜儻懷形心幸不背呼童啓北牖遠與芳蘭
對庭砌更祁喬濡若濕澤撰成漏蝶與蜂紛紛自儔輩 靜觀萬物胸次
悠然

秋聲

有聲自鳴耳太空無一物搖撼試相尋奔濤或勢鞹轟此金令萬物
伸收屈母言未飀霜涼風已拂拂

牡丹盛開招孫竹醇徐玉山江素庵宮柳塘小飲

當欄春正老留此殿株芳謹解東風恨空凝曉露香嘗飛嫣嫩綠媞夢
醒猶此銀燭還同醉筆歌夜未央 陳言老去好向似仙

白牡丹

素如雪羽瑤華明珊珊瑤珮下瑤臺人間何處留春住夢裏空吟踏月來波
地綠若施有伴隔籬紅灼共衡稱不知富貴深閒了自有清芬次第開

佛手柑

三三峯頂澄雲烟消息同來一指禪摘要江南秋氣樹祇餘生果共前緣

雪山

玉峰端的逊玲瓏翁峭居然奪畫工添得峽前明月夜空光一片暮烟空 畫袁

陳韶武 為昭華有耕亭詩稿

病起對雪有懷柳塘

抱病匝三冬百憂驅不內炎閣疊層書詞苦苦空破沈背坐東窗咄咄書
空雨北風送寒雲飛雪逝大塊隨催沸高飛六鷁翔自翦山川被霧遮
乾坤旋夜態飛無間庭松泰天偏鍛鍊誰貲寒無開孤寓後從生僅
臥學孩兒土室聊自晦而我素心人蹉跎腳陰室樽罍空無酒何以伸眉
黛銀海空迢迢臨風歌苑在 選字選詩請我時選

十五夜

去年客秦淮月在雲深處今夕此幽樓銀海光於炬秋同境不同獨立思
延佇望三秋是高蓋向嫦娥語 別遣幽情

廣陵市中見盆榆古峭可喜盤囊得之

蒼怨冬丁榆揣庭合翁氣老幹蝕虬龍孫枝拱背嶠枝新挺出世姿助我入林想
拙樸久沈淪委形在土盎嬰彼禽与鶴樊籠失本真與雨露難沾濡此心常快々
我無眄睞姿爲償時一長而我自矜重不屑附翩翩鮮余山翦散人雲居棲淵翁豈
莫具隻眼良林辨霄壤乃任邗閩市素光忽窮溢里置几之席間讀倦聊俯
仰笑飛字案鎮佳北六鼓掌共言妖冶花飛來世所搖嬰屋之紫榆賢何足稱素
豈閑之潛然悅依情何不廣山川大且深萬物各形儒豈必桃李姿佳眼紛穰
穰不見松与柏孤潔殊無黨山策空霜霰至挺然仰獨上超拔在木嫁一時號無
兩於焉歸衙門珍藏待長壽好然從生類無可易標榜 家素深遠

不寐

良士固懼之晝作夜則息吾胀雜未喙夢覺徒反側秉燭更展書亦言崇明
德經之訓誦聲拔敲何色 發人深省

讀書

竟日報讀書屋土膩腸胃面目令人惱語言殊少味雪矣出窗寰空向牘留餘
緒余頗灌泊人舍有大粗豆麩及時不饑乎苦用稍再來而況衙門外荊棘嗟
禁蘇且莫惑語歧在莫心如雁何以視古人胸中日涇渭欣前艸可除墨沁
然池放眼闊乾坤榮名何處貴 及時十字可抵古言一則

過董氏山莊

整屋坐清渠幽香時一嗅不去劍何年標題空燦爛榆柳蔭迴塘桑竹互
濃翠遠迎舟帆檣繫總門前岸下築結茅耕心素殊伴奐何乃更其餘
招來莊毀勢攜遷不固然詩書習恐換相習不去返莫為終歸時 括此語
家矣黨猶憐爾伴

畫眉歌

有鳥有鳥名畫眉自剛因依向朝旭空山引吭時一鳴隨風飛韻生珠玉虞
人射利施網羅中於機阱勇鼓百能以金錯玉雕鏤王孫善價爭馳逐珠
籠繡閣聞春風哺且啄芳廄果肉如山回首雲漫漫何如幽棲托空谷 不思田首 傷心人托別有懷

甌江夜泛

山色有無裏烟波渺蕩中浮空漁浦月吟夜塔鈴風天影連潮白村燈
隔岸紅漫攜持酒盞孤夢著江空 明秀各半

過淮陰訪韓侯故蹟

東風催解纜落日擬淮陰一水分清濁荒陵閱古今英風空想像舊事
漫追尋市上少年少休雄跨下心 深

姚答雷文秋山

世事多翻覆波瀾似海深素心惟我契古意托瑤琴園柳春枝淑庭花
晝卯陰不悔風物好何以答高吟 情摯

几上石

萬木叢中倚碧空，是誰追琢供書案。高低亦有嵯峨勢，一枝漏透多造化工。晴望和煙和霧見，峯直拔嶔高風望，山一片堪清供，別是林泉玩不窮。

懷西湖次韻

西湖何處最堪游，放鶴亭前不繫舟。兩岸紅綃紛似蝶，一湖清水碧於油。黃梅緣柳蔭山寺，風來青帘出酒樓。已覺撩人詩思亂，六橋秋月又如鈎。周煤

過胡安定祠

杏壇高與古城高，七百餘年講席迷。往事尚留空祠半，斷垣書風書雨鳥空啼。迷

朱東啓　與亭其有靜壽齋詩鈔

登景州浮圖

並代雄高標出天，不盈尺下馬疑躋攀。長途日暮知多少，空雨後晴萬山雲一碧。溪眼勝奉沙，襟情迴超忽。浪潮不盡書，抗言念時吾。書秋寞條地，漢至通侯宅。廣川日夜流，美壘似空壁。高瞰天風來，仰天見明月。兵尾垂簾端，萃多知邪。撫僕夫理征轡，暝色漸已移。郵亭燈火斷，疎鐘送行客。雲破玉佩清旌

倒馬巖

亭亭鎮湧見巨斧，嘉然缺奴如若山石。鋒鍔崚嶒鐵首路，疑躋攀拭目驚愕。忽羊腸挂天根，坦途猶石折。行行入深箐，石勢向我嘯呼吸。當餘生雖如浮傾跌，我馬忽長嘶，四蹄迸已裂。此哉雲仙人，至今未經險絕。長歌罷足雞，數風生洞。路蜀道難，試與蒼山埒。筆下濤濤

恢白堂詠古

英雄故國千秋恨，白書當年謫仙謫，於此至今風土餘芳芳。謫仙才調古無匹，三峽詞源兼彩筆。嗟哉憔悴天家來，風塵顧問皆王室。飄泊漂零已有徒，白頭披髮帰江湖。生平何處弄海月，仙人共把青珊瑚，已為沒時筆何罪，肯隨老濞為好圖。爾王亂兜不識多，坐擁江淮空造次。漫將片楫流清流，慕不飛

諸柳蝴蝶歎息才人知每處，豪士失意怨流離。知人論世不必諫，千秋粉飾終無為。我來歎歎此書坐，悌異匡廬不堅臥。詠味似太白

採薇

孤峰肯主深山鄰，石磴飛雲之衆矣。西行一夜馬遇風，長林蕭蕭飛採薇。蕨葉滿山遍枝頭，色萬豆莓時聲。莫精眼成枯稿，書風腳踵繞實為前山。路旁一行樹，滌滌倒入心。靈火精飛蝠來天雲，汗喘彷徨走相附，隨意咸資處。此物嚴霜一夜成，枯葉四時空。燥不相宜，豈舒力老發難久。呼嗟草木為飢，秋人生物乃救。書度古今，傷伏有如此。高松百尺空自流。設伏能使今人美，附詠光矣之引是仙界中人

藝蘭

書帰归舊業，終日夢和好印多還。看竹方情文，藝蘭結根宜，峻石靜生浮幽。歎歎息人間事，同心古所難。令不錫茂

東山振衣亭信中巫操帥，曾與高宮如陸詩何如霍去病二首

烟氣俄君掃十萬，笑橫塵都護。令如此嫖姚，當來勇峰雲，鐵陣氣奮大振聲歌。箛鼓帰來，離當時志若何。

帷幄決策，三番險已遠。何足勞柳，獲直松待驅。除青海功，論與烏蒙傍書。古今竹帛在，漢殿疑誰如。出入李杜之门

鳳夜懷去和陳舊將，先嚴常秉鋒於此

程懷超庭日，垂髫此遠征。山川無往事，倚仗獨平生。苦已衰多士，今餘武舊營。蕭蕭風木恨，不淚暗縱橫。忠厚之遺

病秋雜感四首

射虎縱橫出未平，鄰舍聊此度餘生。孤燈夜柝遠樓柝，四面空山鎖一城。戰塊鶴勢

秋原脈有迴湧鳥野哭無衆鷲，心洞敞遠塔，病何日清風杖履輕。

白露清秋山色空，鬼方多事敢求安。几膝鏡影魂消老，閭望樓烽似罷甓檻。

禹森樽於集爪林，余容與笑從友。江南伴侶饒應釣，葦義輪只能一聚。

瓷帳摩空畫角哀，熱秋宋玉怕登臺。昇烏時踏枝三匝，舊雨爲編酒一杯。山
果孤繁元自熟，野花香好為誰開。黔中地僻衡陽遠，海上詩書竟不來。
一棹烟霞貫五湖，樣舟憐嫩當頻呼。定知骨相真吾稜，海動一名竟足吾。
井流已繞祖席，時平郑城追游已消多。三苗耕種空云翠，藥鋤煙火歲三到，
秋星萬里孤。 中含陋巷亦寬蕭蕭瑟

吏黔十年恩假歸里，冀與親知時叙權慕，乃仲弟有長沙之行，爰見為命
為光宮柄和兩君亦相繼謝世，今原之想人琹之痛，傳何如哉，陸二首

千戈蹤迹嘗歸加，勇衆分翮倦收翎。鴻雁天南成古屋，調鶯鋤原上苦秋風。
崖獅獅猿千樹，骨肉團圓為散人。今日僅名空畫錦，舊書默坐淚沾巾。
一般衡笛獨堪怨，釣侶耕徒悵昔時。挑燈墨翰已如此，鍾鳴鼎食何為。
里旬須當之任呈蘭消息，隨書至子風雨荒庭冷酒卮。感慨無陽招不得，九原
何處寄相思。 化先鋒稿中和在按

差浦晚月

長虹迢遞碧雲端，畫閣流霞正曉寒。霜氣滿天何處人，清影度樂乾。
隨手寫景處楚已倍陽闢

素山道中作

儒御青雲騎馬行，曉鶯枝上喚新晴。芳蹊溪樹參差碧，一路梅花自送迎。
投鞭下馬尚徘徊，趁是今宵月上時。深霧濕衣山遠近，一聲清磬報孤鴻。

永寧清明日 四首之一

九龍樓上鳳凰城，嫩綠嬌紅處處生。偏是今朝惹情思，街前風送賣花聲。 氣概一殊

陳明祚 睡翁一字栖雲，莊有雲广閣吟閣中詩稿

雨中萬玉蘭

冰玉檀如姿豈遭，風雨娉婷墮泥中。紫燕自有殷天意，清露而暘偏累
溪前金谷非吾但吾加。 嘆壺頭碑

月下牡丹

青紫紫英各生色，風雨連朝惱相逼。頗有名花開莫春，此花不与群芳匹。
芳姿秀已甄拔，天香國色標奇特。游蜂相看不語言，鶯燕同癖真人出。法
酒羹花下自私，開門掃徑迎相識。望能次第足吾願，是時車馬塞荊棘。交
有高僧出虎溪，飛錫巡禪聊破寂。座中騷客皆詩狂，潑墨揮彩筆。
長歌短句叫寶箋，書法和鈞用全力。萬丈光芒散綺霞，流彩不共金烏沒。
金烏西下兔東昇，快哉清輝生四壁。花魂月魄兩相迎，嫦娥仙子多消息。有
花有月不精神，有月無花亦枯寂。今宵花月共留連，好景休言容易得。青
光好去不復留，青花青月休相失。勸君痛飲須盡歡，杯中大有長生術。 筆致蒲酒自是達人

宿終南山說經臺

爲覓說經處，名山入已深。秋空松壑冷，夜靜斗牛沈。雲吐晴嵐氣，泉流枕上音。不須聞妙諦，坐覺洗塵心。

水榭坐雨

水榭臨溪曲，林花着雨肥。攤書皆君眼，把釣濕青衣。獨坐空懸思，閉門絕是非。望中無限意，飛躍若天機。 心閒情逸

村居即事

村居秋初暑，謝浴支笻陌上倚。道邊稻場早稻春新米，撤網漁船趁晚溪。古寺梵音三度歇，夕陽歸牧一聲笛。正呼小飲熱孤寂，滿安携瓶過板橋。 境幽情大家矩矱

宫增祜 篤周，一字節溪

題友人秋江坐月圖

秋氣蕭瑟寥，秋水何浩蕩。伊人性雅俗，扁舟任俯仰。蒼茫秋江岸，飛鴻天際響。明月皓以潔，深心發妙想。嗟予不得去，跋涉何擾攘。悵望圖中人，超然脫塵鞅。

秋晴登眺

趁此三秋日，凭欄眺杳冥。眼空高處閣，山入畫中青。若樹浮天末，饑鷹下

遠汀短忘蒲葦衰，何日照甌雲。 蕭若

下第後懷省中諸友

夢醒江南又落暉，故人從此遠帳暌違。長干夜雨匆匆別，雁塔秋風了了飛。攬鏡羞窺霜髩短，懷人空羨英雲飛。甌寧王粲登樓後，兩地傷心淚濕衣。 鳳骨在虎人對柳之間

宮藤基 應乾 一字素軒

秋夕齋中

淅瀝起商聲，端居萬慮平。懷人秋易老，聞雁雨初晴。寥寂閒庭靜，樓遲野鶴情。西風別閉處，惟聽草蟲鳴。 晚唐風致

觀獵

縱馬寒塘曉，秋原百草枯。鳴鞭迴繞騎，飛箭浮雄狐。甲楯霜初老，旌旗日正晡。從今看猛士，歸路醉屠酥。 壯氣

午窗

曦中倦倚畫簾捎，停午幽階影正圓。攬破晴紗蜂有韻，搖沈新綠樹無煙。湘簾影靜攤書卷，小院風和燕對天。手卷南華消白晝，清魂漫寄夕陽邊。 刻意

曲港

白楊門巷結茅楂，武曲周遭路不齋。夾岸桃花深遠去，殘花夾岸遠溝迴。風信車錯訝居人隱，信步推敲一徑紅。彷彿仙源何處出，青旗影外任西東。

漁蓑

漁家衫袖不成裝，閒着輕蓑上野航。兩袖瀟湘岸雨半，襟空酣秋花霜。披隨箬笠臨秋水，曬傍魚罾趁夕陽。畫影疏疏蘭芳外，更來不管芰荷裳。

繆永垣 時亮 一字嵩峰 華星觜書集

雪中雜興

寂寂梅花下，同游自參。橫四顧寂無人，重聽寒空柳葉風。一一披拂策，策之臨橋嗚，不識青衫味，不羨冰藥蕤。但得一尊酒，聊以慰生平。 蘇李遺範

次韻春雨 用石湖原韻

大塊氤氳淨天人，互撼勁旱魃何爲哉。炎雲赤如仙，邦滿競屠揭。那得西江瀉蜿蜒，騰勢騰蹄。崗莽舟中淦，赤地亘千里。造物偏多憐，錢鑄置弗疇，試未發鳥且哈叔難，在力牆嗷嗷。群待哈成灰，纖吟老婦秀心猶苦。哀鳴哺雞留荒雞，殘黑暗，抗閣無路入。熱寂渔隄參，倏雷閃箭鼓。湛高試寬闊，淋漓沁地脈，雖晚身亦蘇。昏沈入夜冥，弘猶而瀏灕。磐礴乘風驅，縱橫雨不覺。又為烟雨潮，蹤跡滿青蔥。漾阡陌，至味澤蓋嘔。豈歎未有空，奚瘵心愈灑。霄漢皇僭，匹黽入空櫳。人生作達耳，遑論久暫。風雲會有日，努力貴鑲鑿。常懷耿耿志，汲深重折轅。鍵户自怡悅，字孫樹微觀。学美似豁，窮賢愚，自安抑揮毫。聊陳此波引至再三。 陳極穩極

齋松

昔我卜居處，堂此孤松根。在前千餘載，東行藤蘿中。空群任代謝，電霜雪和恢宏。倚視藤與蘿，雲蕤熱秋風。 結句意遠

九日舟次

漫說茱萸節，韶光又一年。波濤今古月，帆挂別離天。梁梓望烟外，芙蓉秋水邊。閒心鷗鷺狠，迴首一凄然。

東溪阻雨泊於六川

東溪維梓處，同居擊短遠。六角琵琶來，奚似江鄉。而奈何新詩探古踪，短燭訴長歌。去去渡津遠，年光老老屏寒。 深古

田家隔水住，風雨閉柴門。烟樹遮雲合，山河擁地昏。漁樵逢去路，燈火暗孤村。景物閒吟哺，浮生且莫論。

登徐州南樓

故山猿鶴唳長空，迴首重臺湛露融。昭光引冠出羈羈。典未廿年，努力求式微。思深燃泥中，河陽雁影。風前夢。山嶺歸雲，歸江上楓。此際登臨無限感。

一氣犹向報征鴻

寥懷次蘧林韻

追隨屐雲叔莫陰，娟娟新月息高岑。風霜萬里思家夢，砧杵千門入抱心。檢點征衫餘別淚，依稀世路發秋音。何時又訂皇州約，同聽鶯聲波上林。和作

宮慕超 衡天

送俞霍蕃淑泉師

霜天月和落高樓，閑雁聲聲雁影收（一作幽）。南歸淑子遠徂征，杯酒未忘歡驅車向鳳城。隔千里到日春風晴，岐黃望氣趨鵝暢，遠情自有子知陸。可以薊遊羨英，賢賢上林花映世，衣照一枝笑相折，揮手淒蓬瀛。

宮超曾 寧遠

夜宿良鄉

北征蹤已此，一榻尚依然。猶馬悠今夕，靈鶴懷舊年。大荒村外月，人跡凌頭烟。熱極難成寐，參橫斜曙天。

岐黃舊孤山中

劉掛度山，騎崎嶇逆路難。鳥鶯人語叔風雜，鳥嘶望殘月，淡暮居花霜溼玉猶鐘，聲何處寺，探曳碧雲端。係旬之作

陳璨 字錦一字菊莊，號玉字錦詩鈔自怡集

宿通元觀

岐黃京峴山，英宿通元觀。山月怡窺簷，竹影互淒絕。妙香清道心，鐘鼓寐夜半，蕭蕭聞漁歌。江風吹不韻。觀在東壽之間

春日舟中懷袁英社諸子，致酒軒醴

不知為溜雲，飄飄不得住。春風海上來，吹落淮南路。斷雨下原隰，芳草綠。古渡輕舟去，鄉關背指海門樹。里天天不知，達情托豪素。樸質可饒有古情

題霜樵話秋圖

天風颯颯鳴，枯葉秋聲四。叔心傍徨扁舟，今夜五湖多。嗟眠不眠空寂勝一眠。猶月墮烟水，無勢鷺濤，落淮溪彷彿。石鐘山下淑泛光，前峰笛耳。短兵相接岳家步去

雨中上蕭山

萊塞迷空翠，高林護碧岑。客囊經雨重，推遲入烟深。霜露秋添色，山雲晚弄陰。上方鐘未動，古剎費追尋。深練

焦山

峻嶺插江天，望既望杳然。雲依東口樹，潮落海門烟。日月浸丸速，金焦一氣連。昔人樓隱處，古洞夜歸禪。著辣

栖霞步月

山月牽淑興，松門引步長。低頭見人影，放眼得秋光。露滴聲聲苦，風搖樹樹涼。偏能塵塊外，世慮已全忘。

崇莫送霜樵之海上

紙帳燈大已猶年，淑子分襟恨各天。愁裹思翔東野淚，時霜樵丁內艱，故留別有三年前作之句 有以為徒衣之句 雪中穩放子猷船。山樓臘酒剛逢熟，驛路江梅正破妍。海上詩壇多舊雨，難忘高詠費芳箋。情了然貼

重集木末樓

三年兩醉此樓頭，撥外風烟盡舊淑。石壁亞翻深淺色，江聲淘盡古今愁。陳遵湖海貧如故，阮籍疏狂老更遒。記東岑先生 留得山川供俊眼，漫將興感問孫劉。

西園雨霽

西郊雨霽洗成濃，黃黃葉林邊有杖藜。淑子坐煙尋酒旆，園丁帶徑理花畦。荒城斜日饑鳥下，古戍秋風病馬嘶。惟有西湖數株柳，尚枝憔悴似蘇隄。

送裴三肖誠印和留別之韻

西風送客酒盈樽，渺渺川途結夢魂。潮滿蓋磯沙似雪，閣雄帆踞石為門。睛拂翠黛天光近，樓接三秋日未昏。無地詩懷何處托，高吟應上謝公墩。一氣呵成 次亦可誦

蓼花

江口孤舟已繫閒，無風時見白紛紛。亂翻漁浦千層雪，望盡秋溪兩岸雲。清逸 夜色不迷鴻雁路，伊人遙隔鷺鷥群。采來擬被柴床夜，閒擁匡床坐夜分。

和霜楷飲一川扁高元韻

良宵莫負此佳期，笑向東籬醉一卮。四壁蛩聲吟玉露，三更燈月照銀…。河聲如山主，櫥櫃少。梅村句 酒似澠來，不…山句。茶村句酒似澠來 隨處有…園…夢…蘼。蕉窗絕偽 …雨逢迎

自涌州至白下舟中即事

西風吹一棹下蕪湖，客路星霜冷滿顱。自笑瓶無京口酒，天教眼看秣陵山。三秋寂寞驚心苦，六代興衰燕子闌。惟有從來耽水石，壯游莫待髮毛斑。後連常句見其惑快

蜀岡秋眺

勞人不敢慕高眠，又上崇岡眺野煙。怒馬蹄踏荒葉落，秀山橫亘夕陽天。古哉老樹搖雲翳，文壁新碑引畫船。正是秋懷無著處，一行征雁下江田。

春社與柳堤鐵楷芳田霜楷求山分韻

雨後郊原見物華，綠楊深巷酒旗斜。孤村隔岸歸鴉急，古寺層巒遠寺賒。十里啼鶯聞社鼓，喧時挂酢劝鄰家。蠶娘祭後饗餘肉，農家但喜桑麻長，不識賓筵笑語譁。樸似放翁

阮東岑先生招集木末樓

東風吹老百花殘，舊雨招攜上翠巒。名酒客尝京口味，野肴春簇廣陵盤。樓高鼓角三山晚，霜葉孫（?）郊一夢闌。相見斷橋停不住，憑欄放眼海天寬。風情駘宕 不減張（?）之佳

霜楷送白蓮花

月白風清不自持，絕無色相有丰姿。六郎醉後休輕比，好似羲皇出浴時。竹西十里映船紅，玉骨冰肌迥不同。詩遣淡波凌妙品，香飄水伴北窗風。

舟中聽笛

風雨空江激怒濤，孤蓬泊處荻蕭蕭。前人一語分明記，十萬軍聲半夜潮。

仲鶴慶 拙庵 著有迨暇集

客中別李二齋

遠從何所歸，君皇與子遊。觀言未暮，旋爾子去三年。對言耗道路，不可援。十日共瞬，雨似雲暫依。柳我去，君且留，各各勉長路。君家君知，視為言。知如故。在能謝之間

長袂納新涼，送我達遠郊。執手兩無言，言罷風蕭蕭。夕陽灑晴岫，照處遷（?）繁條。暝色亦已莫，舟子苦相招。悵恍一揮去，回首路已遙。人生暫相見，不如長相抛。出之容易却難手

繆祖培 晴嵐

玉閣行 此題老起

鷗沙撲面黃帆花，望雁一聲天似水。雲黃日淡玉閣西，傷心譜入琵琶裏。曲未終時淚零零，淚積紅冰凝玉指。霜空雪重馬不行，四野悲風嘶角徵。有迴風舞雪之勢

擬溫飛卿曉仙謠

沈沈雲海光深溦，曉籟衣翻罡風八萬戶。中斧鑿歇，鞠路遙駢紅日紅。瑤臺霧濕花含淚，闌干十二搖深翠。煙霧迷離玉澤間，丹符實錄模糊。字句天樂奏隨雅，娟娟之餘音香鸞列仙。好言不言理瑞琊。鶴唳一聲天。大抹以抹霞玉壁 結古 寂絃 八叉多作無以過此

菊

攸叢紛鋪林空階，餘冷絲蕭園秋色佳。坐此幽蘭菊，寥香採盈把，高歌…

浮醲踏闲心去，我志逐东篱。又看佳霜高，夜气清谁与伴幽栖。

月夜独坐

独坐不成寐，秋高夜气清。晚花浮庭影，荷叶静闻声。何处领真趣，悠然见此情。举杯邀影醉，好月上前楹。

雨中同人游雨花台

一天疏雨海游踪，慨同登杳霭中。松柏浮烟来隐现，乾坤真气只空濛。四围山色侵暮，楚汝间吊飨莫风长啸，汲桐不归去，来心惟有托征鸿。

李根大 盘谷

柳花

来归犹舞小蛮腰，百褶湘裙蝶乳飘。漫道随风吹易散，分明是雪暖难消。纸坊摇细细，密密荡径路。苍苍点点，画楼千里，相思如可寄，送得到何为折长条。缠绵

崔起汉 荫堂

梅影

一枝疏影未模糊，牵引罗浮梦不孤。映雪肯留灯作伴，横窗深藉月相扶。描夜色，看花和墨染来痕，折得无天幅，几叙花落点。歌斜漾波好工夫。好而雲

宫诰金 渠舫

送陈侄侗之白门

西风萧飒跨征鞍，渺渺川途去故关。红叶千重低出酒，秋帆一片钝涛山。不随远道新霜染，时倩同舟旧雨删。去好行消息，老夜深宵当追攀。

葛维煦 药汀

春柳

销尽离魂一望中，嫩晴天气碧茸茸。隔河浇染来移绿，近水遮迷舞袖红。一曲骊歌斜照里，几番羌笛晚楼东。东风着意年年发，休向江头获旧蓬。

孙乔年 心山

杜鹃花

丝丝新雨透胭脂，想到罗巾染赭时。好泪秋娘花底碎，红牙依拍榭轩词。

张星 铁樵

过东氏菜园有感

风流江左旧名街，无复当年闹舞义。燕子还来漂帘幕，玉人何处抱琵琶。若封断石余芳草，横枕荒堤但落花。歌板画图都有首，残家田漠帘夕阳斜。

陈志枢 柳塘

岳墩秋望

望眺何须五岳游，堪西京兴陆荒邱。白头婆娑荣荚度，黄叶千村络绎秋。清溪气中潆水寺，夕阳影里隔溪楼。凭栏未雨当年迹，不叹空家有吴氏。

陈伯龄 荣高

秋夜坐远楼闻笛

来去情无着，望楼闻落花。金榜方来好，玉笛起谁家。杨柳折离恨，关山怅正。听不堪清鼓动，明月又西斜。王摩诘之遗音

蕉雨轩秋兰

落落芳事已，能一枝和露露余晖。秋生空谷香宜远，人坐幽窗里入微。坐於秋水间中味 骚客垂承供雅佩，来风回怀旧书帏。芳丛寂寞谁知己，蕉雨深深静掩扉。

怀扬州旧游

红栏曲曲绕江滨，梦里琼花点未陈。山底过槽随贯酒，人家临水惯啼莺。和风暖绣青青草，丽日晴花细细尘。撩向西风打双桨，隋堤秋涨碧粼粼。

九日同人登高岳阜

披衣高揖岳王宮，放眼乾坤俯仰中。萬里晴(?)空排(?)塞雁，四山殺(?)血冷江楓。熱(?)
來上日貝(?)吹花節，秋老遙驚落帽風。一樣登臨歸(?)晚，無邊秋思若雲東。　黄里訊典

金蕉

閑踏何處淡雲鋪，醉與孤山別韻孤。可惜楊妃新浴罷，盈盈晴臉倩誰扶。

送劉克棄之金陵

隱隱蒲帆次石頭，天氣和波一輪秋。登遠望，聽樂聲，花落落，近知煙(?)十二樓。　逸

俞　圻　越千一字藻林蕪之戲流吟

秋夜登金山絕頂

長江入目江水清，萬山倒影湮空明。白雲淡宕秋天平，人煙遠隔瓜洲青。　曲振
夜直上濤峰嶸，一聲長嘯天冥冥。鋒鍔隱在金石鳴，水怪夜出洪濤驚。寥寥夜
半江無聲，回首海門秋月生。　淋漓

題友人琴鶴圖

海天春好莫心踪，寄跡琴古閒空流水。踪風落遠林，岫鶴飛，此意天地求志(?)
音野鶴一聲喉(?)，暮落下夕陰。　九間雲作流清等微響

新霽(?)

紅蒐鶴和蘭尤驚，雨聲秋疎煙淡平野。孤月靜高樹，楓落山無色冰雜(?)
水方流，園煙試新火。莫惜酒盈甌。　中和之氣

冬日江干送客

小艇斜陽去，丹楓兩岸秋。漢(?)峯深水靜，一雁落沙洲。莫兩(?)無萍校，春風失
兼葭倚樹恨，望江汐正漫漫。　弄客入古人之室

月夜舟次儀宮(?)霜檔(?)客邦上

繫舟秋水岸，涼夜淨吟魂。孤月澈空碧，人家閉閉門。客心隨遠樹，客里波
葱柳反脚(?)石成寐(?)，挑燈佛(?)佛(?)餘(?)。

秋山

萬奇(?)供蕭瑟，紅葉(?)兒翠微。多隨黃葉下，倦與白雲歸。悄悄鐘聲寂，遲遲
路幾希。不須愁骨瘦，殘粒(?)夕陽肥。

十月望永寧寺前看月　寺臨大河

不畏霜華重，月華浮(?)回靜。家(?)望偏憐，臨風綿(?)憂(?)春(?)短，到眼明(?)波夜(?)轉嘉。
十里錫光雲作岸，一天流影水為家。當(?)別(?)湯(?)道今宵了，已近鐘聲(?)掛樹斜。

劉司炎　篁圃

七夕

新月挂疎林，星河迴浹(?)深。人間兒女節，天上別離心。早雁傳秋信，涼(?)蟬帶苦(?)
吟。客權(?)風作(?)扨(?)，清露耦(?)沾襟。　自然雅切

白桃花

三月桃林訝雪飛，冰肌玉骨亦超凡。武陵溪漾(?)孤明月，仙洞春深鎖暮雲。玉
蕊搖時驚莫辨，素娥飛處杳難分。高人醒醉羅浮夢，錯認梅花鎖夕曛。

秋江載酒圖

載酒空江發棹遲，蕭蕭落木下高枝。秋人生快意須為此，萬里驚濤一葉舟。

劉司夔　克棄

江鄉

景物江鄉好，停車水一涯。茂林山鳥語，深竹野人家。巷曲樓臺狹(?)，風輕酒
旆斜。年豐多笑語，端不問桑麻。　風味絕佳

劉司夏　夢渭

初夏夜

拂石搖(?)涼，松風弄餘響。弱時月東升，光輝亦何潤。地僻遠市聲(?)喧(?)。
憑(?)臺想仰視，天宇空明，河漢正廣，露生夜深，生孤興，漫(?)誰(?)榮。

朱遵洛　箏舫

送宮弓田省試

别酒易成醉，征帆去莫留。潮生雨如月，天擁石城秋。工穩 玉殿三千陛，紅箋十二樓。空江烟雨濶，珍重放孤舟。

朱學渠 力山

綠牡丹

桐杆深紫艷拈開，遠護青莎近護苔。一抹晚光凝畫檻，半簾雲影幽檯臺。濃郁 應憐碧玉羅衣薄，誰解明珠寶者來。詎肯挨枯同嫩葉，翁翁窮醉夜光杯。清新深秀

朱景泗 冠林 一字鐸斯

平山堂懷六一先生遺像

日莫淮南蜀岡，松濤斜映夕陽斜。四上蒼祠山光以遠，我拜欽須眉。高風留近。諳含蓄 挽題詩出文章和，予慚難繼德江月。澹蕩之鍾磬，寥落返。悠然入古

太行山覽古

太行山脊橫天長，左魯右晉分中央。遊仰石樹歷太古，高崖巨壑撐磅礴。行程反又迴車處，令人懷古自慨慷。側方遠望長平里，荒榛冥莽羅塵遠。崇岡同日趙卒四十萬，觸髏血淋遍相望。世言死生者由命，豈伊生命抛。祁禍起於人謀毒，枉嘆天意以沉鋤。史強趙高紛紬祖，稅死軒邑朱丝素。只迺行以蔽日隱，高巘石門松柏。煙蓋蒼苔枯碎。粗讀者復差，再拜涕泗霑。衣裳。銅台宮人不出，故國不吞虛所感。從來陽一陰數二，權奸權不抗。忠良萬年陰謀竟何在，昭軍馬飄揚畫。峯巒回望白雲合，停驂試問東。何方梁山興，覩此延佇征人遠。此仍慨鄉，我心強敢，闊視跼踏慚前跡，慎斩衍夜。 海易深養並蘇韓之風

經岳忠武故里

五國書深，燕不鍛千秋。從說青衣虜，鐵騎宵馳北斗。傾黃龍望上矣，王哭聖書十二，天乃天負河北。英雄氣奮淚只今，再過生中。家抱深喬木，清積哀。 起結入古風格甚高

漁火

潮平江影黑，漁火出暮煙。野岸疏星夜，蘆花淺月天。斷蘆寒水外，明滅。點樓遥倚翠，孤舟夢裡又無眠。

游白雲寺

鷲嶺盤空一磴斜，白雲精舍帶晴霞。幽姻幽玉表尋棠蔭，屋帶深竿。楊柳山家歸燕社，宇隔樹開幽翠桃花。程產此處飛來入，卻似方壺。

玉句斜

未邑滸 流羅結似青邱

楊花亂起飛朱顏，已消魂歇香魂。何處歸猶傍迷樹月。 野豔語偶

叔遊

今古真如一擲梭，咸池夜夜浴扶桑。但任飛蓬老露剪髮，鬚眉添白首。英雄白首多。

周永安 晴溪

送蔣大歸里

偏水迎歸陽，銷魂添斷腸。三春雜擾攘，匹馬獨迴鄉。風雨羈愁遠，鶯花去路長。河梁一分袂，和月又暮暮。 兀傲入古

答汪巽宮先生

河梁分手後，明月落空梁。小閣冷魂冷，青燈別夢長。閒寻里舊雨，把劍

筹秋霜。又見魚書到，情深字亦香。

春日集茅堂雅集

蠟屐扶深巷，來過文士家。蝶飛芳草綠，鶯喚夕陽斜。地僻風生竹，宵寒雨在花。主人情意好，供客煮新茶。 中十字隽中逸之氣

除夕哭先大人墓

十載里親未敢忘，況逢佳節信堪傷。白楊樹幽窀穸，野黃土冷風欺雪。霜墓荒無人憐，宿草松門有淚奠。寒燈一杯掉首春歸後，愁見轻陰

費野棠　玉性玉情遠齋絕調

芳葉

楊柳梢頭碧雲空。芳草萋萋秋意濃。十里荷花鸞鳳影。無家萬里屋。掩面風襟容憔悴。君何在。病色淒涼細雨中。莫不忽生雜落花。無端。新色伴妻紅。秀

憶秋海棠

晴陰秋老薜花蔭。記得盈盈帶笑顰。夜雨芳春。罷夢歸。魂幽夢何處去。懷人。

瞿　宣應齋

秋夜放舟

帶月乘清興。扁舟水一灣。秋來天地外。生動蘆花柳。江南雁叫風和。聽濤聲心自聞。蒲蒲荻岸。夜泊不知遠。

施雲標井亭

梅魂

依稀何處暗香魂。是也非耶遠近村。處士墳邊春夢影。美人林下夜。闌門夢迴紙帳空餘想。月落冰肌但有痕。付與知音鐵笛聲。縱橫清影夢。黃昏。　　梵香夜讀方得此詩三昧

宮協華　芳田

赤岸望文昌閣野望

山徑蓮宇外。傑閣倚斜陽。海潮西風迴。林深落葉荒。煙光浮水木。天影入青蒼。不盡懷鄉意。長歌付悵悵。　天籟自可傳

夢內子

夜色斷芭漏鼓沈。朔風和夢響瑤琴。空鏡寒。枕燭光。燭影斜月。一簾寒。夢破何處。真睹面魂。歸空自語。傷心自憐。枉閒生離後。　是筆余赴試白門痛未面訣

杳隔音容直到今。　不堪追憶

徐牡丹

錦欄一片碧雲堆。占盡歐家絕艷姿。越鄂西京青翰發。衛夫人擁翠翹。來春風細細描螺黛。花露團團學石苔。多少姚黃與魏紫。不隨漂落。

夏　震　春舟

相逢閑。　眩目絕世

秋夜不寐東園晴溪

花熟伊人夢何處。夜在涼西樓。

清晚不寐空階。鎮雄心獨白頭。雨收半庭月。蛩響一階秋。可奈十年多病生今

襄子

何處當春秋色。六朝遊艸荒荒霜。蓬室。故國之句。艷說白落日。極天荒遠道。歸鷄西清。池瘦夢長寸心。今冷綿留取。待春芳。

無題

若共香車湖上遊。燈影團團摇合羞。羅屏半掩桃花月。錦幔鬟鬟。子梅香暖。酒醒時節。酒醒夢回何處。不管銷一段柳絲相別。只度春風。

度秋　鏡

春日思家

春風吹羅衣。春夢全無著。此日不歸來。山花開自落。　此等不對言語有言外

夜泊聞隣舟琵琶感懷

孤舟夜泊酒和醒。到耳哀絃不可聽。商婦琵琶司馬淚。秋風吹自輕飄零。　一曲伊州舊恨

宮　麟　蘿莊

秋燈

爽氣入空庭。秋燈映碧櫺。半簾秋影裏。一點夢中青。淡影明窗外。光冷畫屏。相看人未寐。細語不堪聽。

陳　沅　象南

賣花人

佳處青山樹，年年花了幽。盡園遊畫雨，宿花一扇秋。覓得人間利，送將酒
市樓。甜呼歸去晚，帶月臥林邱。 沁雪聽仍

王　臣 玉鉉

河亭坐雨

秋水漲河深，河亭坐雨人。酒寒沉落景，花舫濕修春。鄉里愁王道遠，吟
情醉後真。黃鸝如有約，啼傍綠楊津。

陳　濂 茂溪

賣花船

吳船十尺臥輕波，兩兩名花鏡裏過。橋下香風搖謝作，欲江南春色最來多。
尋芳小艇依紅槳，採遍閒蜂蝶偏遲。賣去好逢佳麗地，朱門燈月正
晴和。

袁來章 求山

秋夜宿耕雲樓步月至懷玉人俞蘅皋讓林昆仲登宮三霜橋樓
大晴嵐同石邨上疊韻四首

今夜揚州月，高吟把臂初。夜深孤館冷，獨坐一樓空。夜氣侵窗幔，天河
落小樓。二分從古好，同此酒杯乾。

萬月開顏照，懷人秀和歡。竹西訪歌吹，梅嶺說衣冠。古蹟遙同覓，新詩
宮不刊。料為餘集快，聊與託盤桓。

作石卯里，那君翻好主看。自從良夜下橋見，許共巡壇。圖史懷先澤，尊罍
繼古歡。那堪向日裏，紅樹隔江干。

百里孤雲遠，相思轉浩漫。風塵空身在，寂寞且相安。钥語驚霜早，燈
花掘夜闌。歸帆何日挂，天外已秋寒。 憂往橋造何未有

宮為坊 言可一字蕊圃

秋夏閨詞

未了尋花問柳心，一春了了覓晚吟。徑香拔得那十二紅樓上綠陰。
畫眉深閒怕指老，換羅襲舊春高角，郊西院，鄰院姊妹。繡里深情不得大往 簪珥重送櫻桃。
秋扇傍曲逞蓬鏡，乍暖薰風小閣頭。深深荷鎖艷紗粉，莫教輕露採蓮舟。

陳作賓 尹東

病中九日

縱目晴光遍，高天爽氣寬。已園深露白，澈染遠林丹。落帽情猶熱，吹花
節已寬。病軀添倦懶，午睡片時安。 共味然幾

黃景雲 竹田

題畫

策杖入林壑，竹竹路轉幽。苔深人跡少，地迥暝煙浮。斜日空亭暮，西風古
樹秋。何當攜高興，頂萬里豁雙眸。 穷可西深

清明前二日西河書坐

好春何處不留連，尤愛西河曲沼邊。十里雨晴楊柳岸，一帘青飏杏花
天。綠蕪裙小浮游舫，冷食錫簫禁煙。風景莫教人易老，一樽拚醉杖
頭錢。 景物依然

黃石逢 渠雲

湖山

湖山煙雨後，柏柚一溪煙。酒有難消夜，秋無不好天。推知黃葉落，漁散
夕陽船。祥橘孤吟石，里家炊烟絃。 鍊句侵桃詩家老境

羅克承 繞鉛一字芑塘

題觀海圖

到海情何極，山容接水深。風搖飛帘影，波起遠天痕。一氣迴羣嶺，叢丸
卯吐吞。京槎泛有日，萬里瀾崑崙。 浮從之氣

冬夜天香書屋小飲懷霜楷兄邗上

寂寂空宵共酒巵，清樽閒處憶詩題。縱遊語惜花陰短，遠夢愁迷客路遲。坐一世邗溝信未繫，二分明月隔無緣。尚餘一點相思意，惟指遼天雁陣橫。二面鋟呈寄情

陳炳蔚 慎齋

雨後見夕陽有作

蒼苔著地燕新斑，小館西風一逕閒。冷綠時添秋雨樹，晚紅斜抹夕陽山。花前酌酒香和穠，竹裏尋詩句未還。老去淡人閑處一樽相對茂閒閒。評西坨先生 天姿清灑

蓼花

疏枝弱穗帶烟柔，小岸蘆汀爛結秋。一種晚紅蕭瑟裏，幾人親采寄深秋。

王蘭 湘秋

秋日放舟湖上觀荷蕩之截句

雲疏烟淡過新秋，望日尋芳憶舊遊。幾曲銀塘風色冷，晚紅牽引木蘭舟。

俞廷元 素菜

錦城碎翦碧參差，勻注胭脂粉淡施。陣陣香添到小溪，一溪花影夕陽遲。二絕酷似青邱

送兩弟游京師

阿姊空閨哭去程，翩翩兄弟又長征。燕臺此去三千里，珍重閒雖破曉行。

哭夫

一別相依十年，相依形影隨帷前。紛紛血淚啼枯後，只恐春聲怕杜鵑。一字一淚

團昇 鶴筱 傷徵人 無有畫山樓集 以下僞廟

春中過蘿園

夜雪作餘寒，朝曦萬斛暖。物產木向榮，精舍況於遠。臨窗山翠明，林靜鳥聲暖。坐久聞無人，繁花落空館。謝朓風標

題陳侄侗接友青松枝圖

皆從里社聞，春英瑞列四座皆若英。就中長者約於十，次亦耄耋肩隨

稱旨牙餘論及賤子，語年可畏唯後生。但肯開拓文光倒，擁壇無用愁冥冥。行心識此語遍半世，到處聲氣誇嚶鳴。往往握手肝膈吐，忽忽背面雲雨并。唯雲墨 相知豈君示由愚，厚交未要求親暱。璧古人絕交比交好，一醉不改由堅貞。不在松楠 無相合自無相棄，尋盟那得無盟題。侄侗吾友鄉年少，時世粟米心所輕。眼底青光豈貽蕩，桃紅李白何不解。畫圖取意稱冰冷，日長如鶴 友松枝青，泰山高嶽我豈見。蒼皮黛色參高冥，任從風雷霰雨雪。噫吁流瀣利眉成樹靈，和鳴李有豺形似。以瞭枝深支何足，僕也散材嘗樗櫟。不獲擁腫身旁微，此意正用存老馬。將子家法傳先人，葉按圖靜坐試領略。耳根恍覺謖謖松風聲。兒時亦祖王公子學赴太祖谷藝公先生壽之延齋 五十餘年前諸昇長老昇以昔年同侍左右娛亦祖 閣里太公於兒輩許今知為侄侗先人拓葺首及之

胡中巫後齋程太史香溪暨諸同人蓮集行庵陸詩見送入都印

席留別拈得青字

舊後行庵地，深依晉樹庭。冶春和樹佛，帶雪逐揚舲。水遠淮偏急，山連郡曾青。縱延今夕酒，默默感萍蹤。裕居風味

望天門山

蓬萊岷嶓隘，江流自古深。奇闊兩峰憐切脈，一峽束天門。日落龍隱，風高萬木號。向來看戰伐，舸艦幾雲屯。字字可以扛鼎

天門舟夜

已決歸期近，愁心翻不眠。水香和月夜，山響歇風天。客路依漁火，人家認柳烟。新涼經歲醉，坐對蓄衣偏。中十字自是心得

大信道中風雨

又自過大信，近過郵程。路有百迴轉，秋無一面晴。逆風爭樹力，驟雨急河聲。却望天門近，雙峰餞翠迎。詩如逆風驟雨

東口歸舟至金山下作

挂席京流烟水渾，潤州迴望已黄昏。地分吳楚應中斷，山踞風濤勢獨尊。淡日魚龍盤浦望，寥天鐘鼓咽江門。妙高尚有垂堂語，賸欲去杉滄酒痕。（庚戌夏与弟覲午渡江有妙高臺把酒之約，今弟下世已数月矣） 少陵之遺

阻風黄州同馬東屏夜泊赤壁

挂席中流發往遠，翻因風雪此躋攀。空山雲氣還遮壁，夜悄江鳴鶴（鶴人獨犯）。上山夢鶴交遊同，幻況攜魚有客且懽顏。也知坡老垂游後，難得詩人如尔我閑。

胡裴錞 西陀錢塘人

留別宮霜橋

吾道棄如土，此邦翹獨離。來比燕子早，飛歸楊花猶。抽帆不忍歸，抱琴相與彈。大雅已淪喪，知君無迴瀾。 柳之仙風去來莫測

再別宮霜橋

千里未云遠，但恨山水重。離別無所苦，祇覺情性濃。今夕一輪月，明朝何寺鐘。知音邂逅難，時復為詮容。 非似襄陽

春院

水帶桃花色，天書薄命人。無端機上帛，空度眼前春。照影憐眉黛，長絲驗苦辛。鴛鴦莫相近，只恐暗傷神。 造語新警

春情

似水柔腸亂如絲，軟易牽情詩酬易集。願影試秋千，碧玉初窺鏡，荷郎正少年。鶯歌三月裏，心漲百花前。 于何處看出乃得此意寫即撫之妙

虎邱

紅酒玉琵琶，山塘七里斜。饒曾歸越女，虎爪此知名。差夜同吳吹笛妻風人賣花。須旋示稱相見惜年華。 缥缈新繁

五日航海訪仲松嵐於瀛洲講院

經筵音書隔海濤，一樽今此寄蒲萄。文章身價豐壇貴，鄉魯衣冠入座豪。千里故人美白髮（高朗），九天霖雨属青袍。昨年领郡端居日，烧我菖蒲九節高。

寄仲松嵐

天書飛下九重天，夢冷閩河又二年。巴水一條通北國，閩峯十萬鎖西川。老尋樹道熟驕馬，險入猩壇怕上船。道遠魚書六千里，可知無字示懷人。

吳趨湖同人安集

江山容我一閑身，移冷金銷舊白門。只有畫湖上柳，軟柳如吊吳趨魂。

姑蘇柳枝詞

於詩長條送情郎，短條係住与客王昌。不知多少春風恨，魚口橋邊正夕陽。

垂湖如光學滿船，船繁畫楊殘水邊。依稀弄水惱春色，春色不留人可憐。（兒女情多語之神似出）

於　震 一川，丹陽人，著有太河秋水集

詩寄七書

美人隔天末，怨我遙華音。勗我崇明德，文彩燦南金。文彩固足珍，所貴知我心。我心正如信，書中意已釋。珍重置懷袖，時時恐化為血（丸湖蓮），時恐化為血中夜取視之。昭月何團團，照見庭樹枝。相孤保巢窩，勿任霜風吹。 逼古似神

古林蘭若

淡色秀虛碧，搖漾孫荒秋。尋源得石地，閒雲護佳樹。荳襟暫披豁，聊淺詩花湫。夕陽在高樹，聆耳啼悍脚。心地有餘適，茶籟隨清幽。風吹我襟佛，彷彿煙浮。 詩骨如雲中鶴

別意

人生有別離，戀戀結心魂。傷別離何足道，珍重故意長。木落天霜高，衣單何燈下涼風初高，畫勤秀此燈燭光。願言执子手，与子傾一觴。長安多故

人對簷逢相憐寒秋江南盡與秋年華前路出門旭日照河梁 子建之後一人

昌化大灘歌

居昌地軸盤天高第此古君邦山色山飛萬道向空蕩奔騰爭起黃河之源鋤墟
激灘迴石出鼓其勢盤渦往往妨行橈我來三月水正發行船後緣半在山
之坳於潞漁潭五六里盡抵半道來中宵指肴惜往生樂意以之亂散以精光印山為若君范萬
象猪紛燕熱舟人俵校向余笑君乎乃未經風濤前途延遠知猶令
人海之米類湖下流千君或不信昭發鼓勇看吾曹半夜枕邊萬雷發
地維動於天根攪然吃咒陷下沙岸百尋竭沸千崖蕩披衣起坐觀動
骨顫倏忽篷背撼陰飆遇夷熱殺雪山立挾空御浪星辰漂中流巨
石列奇鬼推戈堅立爭相屢繞交擊船觸石上擺磨無計淒嵯峨嵯
峨船頭仰天泊魂魄坐臥碰棲棲晨風吹水勢益烈崖坼及起迎船
捎舟人初呼負船趿一葉大叫觸青霄嘉往船隨浪騰出忽墜天上
相攜搖俛魂萬幢短於節流座松自喧羅帆狀信舟人和余謝買魚沽
酒鄉知大勞我昔扁舟過三峽巫峯十二煙嵐鎖香往往渡無所苦
胡為人世傳喧嘵祇緣杜老壇高詠意氣逸與山川豪此灘驚險頗
奇特涵盡亦自瑩秋毫西岸崩崖插天秀可作雷雨與蛟蛟奈何道
路屈絕遠千秋祀寂寞空寥寥酒闌泊船相款枕綠臨彷彿語山魈何
閔君言於相慰名勝多得終若蒿乾坤處險境亦一艱名顯晦隨
其遇精靈留久必有托君言無乃太穿鑿焉知造物私早意遲洩
萬古照光標 紫雲第四風 源居共史氏大

硃秋為宮三姓

海濱同宮霜柳尺縑函起風雷家讀書立志追正始出以典重無儀
佻大雅只今久淪蕩力維氣運生汝曹一川老人老而饑學海亦覓翰雲
滿生平萬乃不得意高臥兩鬢生霜毛停往作家到海上拯手天地

同宋驥相知歐許歷岑暮得白置酒頻相招令我恢抱迴於斷及震
將蕭疏秋毫嗚呼宮子洵人杰萬手流流為派拋籌令雲人在天子位
廟堂之上孰不方擲契撫瓊御旦撫大久不沒直蹈相居肯而北數千萬
里為都尉又無乃枕戈衣鐵礪場馳突羅弓刀曷能七尺何所抵況乃
錢塘坎坷時相遭不如相聚飲美酒為誅堂排當予蕭指揮四庫為用
命赤幟獨揚鬣騷壇高一任偏師把高郵長城萬仞盤嵯峨丈夫如此
亦足快何必潮落雲青袍此意久於與君論恐驚鳥羣壁縫喧啾腦中五岳
崒紘排峯於仰天傾濁醪

白紵篇為張將軍賦 將軍名岸茂生號桂石一字築江江都浦村人

江都白紵白如雪齊紈魯縞輸白皙纖人夜織貝闕宮乳挑六均之絲柳起江門天
孫下見驚絕奇拍板一聲機上裂今人持向市間賣一市爭光勞毛髮
令我六月來吳陵慢雷東第尤苦惱熱為得數尺製短衣有意直拼
生屋柳將軍一勝一流西來相與歡笑開襟懷頗指和歌裸發出綾波匣
滄光灌灌凌空御風颯颯橫斬爭一幅奇江波開昨夜雨海天青女降隨風飛
施霜冰雀凝和無言赤帝涼日車躑躅赫天陝宮死坐地爭飛立電
光無狀擊青天雷將軍弱齡佼笠仕秋風一路南天飛同時兄弟垂
金貂曉入甘泉侍天子鐵衣應從機上棘一箭射殺雨青兕典酣下
馬陸新詩大貝南金光陵紙中黃虎賁皆歛息衛霍當年詎有此牙旌
節鉞正有加野服翩然返田里結交遠近皆文儒置酒高歌未有已自
慙雨奏昭光殿千言下筆如飛電功名汲汲與仇隙每到垂老忽中變
洪公紹紹採青袍逢時面目皆英豪歸帆六月江風空依然獨禮遂鄉
君市兒相逢笑且憐斯人大抵長貧賤里為深居一掃輕儀將軍高義卻為故室喧推
知無獨精備往贈我錦繡段不衷之脈報為史持命良工勤量惜級
之減裁鐵縷鍼修短窺稱體貼平從此清風生兩腋振之姚乏莫

論永為好首聯無數　擒縱大奇

游焦山八首之一

江流自古息天風，搖曳波搖擬西東，哀鳴無靜柯，我思古賢遠行人。
邈山河，橫渠時雅，彈絃為和，而我冥心遠，世氣沖，絃味天和。

孤雲

出岫意何如，況當秋莫時，天涯何所之，吾道固如斯，野曠窄林靜，風
來波水進，浩然猶往，千載汪相期。　純然世境矣

歸自海陵省先嚴墓

聊慰牛眠願，書猶一到家。相攜呼小艇，浚此泊寒沙。雨雨添孫葉，
疎風落柳花。白雲迴望合，舟楫又天涯。

嚴灘夜泊

蒼山深霧淡，樹色倚空青。落日歸山鬼，空江吊客星。昭河元漲客高
岸，故沈冥地。僻人逢佳，疎燈出翠屏。　嚴整

道經峭壁

岩岩天半開，此處有飛仙。倒影風濤立，橫空紫翠連。帆檣穿洞壑，竹柏
萬高煙。倘有閒田地，誅茅野岸邊。

辛巳秋九月河水大漲由海陵放舟淘上偕羅老董葉信雲海上望
高郵席拈韻得八首

高樹橫空海氣開，望中秋色接蓬萊。（八首總冒一篇之旗）龍初曉浪青冥勢，蜃市晴
鋪赤道來。東極天垂知野老，南荒山湧浪焦迴。那堪景象當佳節，
稍悅抽毫作陸才。（雄偉似盛唐人）

西風碧樹一天霜，（二句作首大旨開下四首）客路登臨總許賜。王粲功名懸幕府，杜陵舟楫老
瞿塘。時逢昭雪憂偏切，夢繞鄉關路倍長。俛仰正勞惆悵切，不同哭（淚下）
襟佩英囊。

河源高挂白雲間，一夜狂潮到海邊。（二首領頂附逢照雲句）綠麓怒掀初破岸，龍門倒瀉
奔沈山，千艘又荷天供費，萬井深憂帝力艱。總為方深勞睿想，還
高年計歲豐頹。

（又後）
草野長懷馭約情，雲霄寧那一毛輕。八支從可尋陳迹，三策何由達
帝京。泰重老氣如參劍，羈留年同學半公卿。圍葵在藿渣搖落，惱
畏鄉心白髮生。

（又後）
曲河流裂陷紫高，章貢松杉碧四圍。（二首頂夢繞鄉關句）山繞孤亭寒勢，擊濺通練
滿望初肥，乾坤秋老書難寄，萬水時艱計總非。一例閒愁消不得，征
帆裂處挂斜暉。

（又後）
日落空原野戍高，吳陵城郭似秋毫。（前首從海陵放舟啟首從淘上懷海濤後在路倍長三字着眼）岑壇赤幟開星斗，樓櫓青天
下海濤。一派潮來驚舊雨，百年憂患問衡閒。仙別有并州恨，誰與
知心共昔陶。

東南天地久飄蓬，淘上三秋光故國同。赤岸千尋虹縣海，碧城十里市
深空。（到此一筆收合）衣冠振席仍前輩，雞黍堂中見古風。若景不須悲
義帽，生涯淡日酒杯中。

淮海風高一雁橫，層臺人語落秋聲。波涵日月天無岸，堤偃魚龍浪
入城。萬古熊羆勢，蒼茫九霄雲物蓼崢嶸。酒酣到此寧須勸，醉裏
能發五岳平。（收結雄雅）

鈔關晚渡

淮水東流彩擁山，漢旌天半擁雄關。河源舟楫通三輔，海道琛彝擁
百蠻。筐篚總輸官稅急，琴書猶載野航閒。誰教無事頻來往，（金紫筆）
孤吟髩點斑。

閒說原刀此地寬，繁華何處著儒冠。城中海氣樓臺暗，城枕濤聲
鼓角寒。莫笑魚鹽生計拙，由來天地息機難。又隨津吏催開艇，無

嵌歸騎戢朋簪

月夜游虎邱

晋江潮打霸圖銷詞客中宵獨倚欄月滿橫台生絕壁風飄鍾磬下
層巒星收山水魚龍動松柳空虛氣寒終古興亡成浩劫陽林
伶語出雲端

喜友人從軍歸

征馬秋風出塞關十年旌旆鼓鼙間箭傳青海雕迴陣戈枕黃沙
雪滿山望外功名終隹了江南風景入春顏據鞍且按尋常了應佐
元戎勒石還

贈陳元孝從人碎琴闲士

七絃破碎早聞聲故國羅浮夢裏還詩派江湖三子集酒瓢風雨六
朝山祥心每寄絃歌外別恨相看慘淡間何日與君同挈缽浮雲
遠寄此身閒

秦淮古意　在仙佛之間

秦淮之水向東流桃李花枝燕酒樓行人莫向前朝問美人一去春風愁

團維墉　樹墩係徽人

春意

湧鈎控網簾春日東游家美人彈素琴一彈一歌湘妃舍作層雲
女香為衛所里在門外空掉玉簪歸　得古樂府之遺

序秋園題句

愁極翻雜玩湧環扣謝家爰頭金屋成錦背玉琵琶紅樹西廊月
黃鶯北里花悠悠生舊夢天上有簫聲　工麗似六朝

渡江

滔滔流日夜萬里入枝桑元氣浮東極神功據大荒閒鐘出鐵甕振

校失維揚百戰南紛了悠悠總夕陽　雄渾

送宮笠齋先生就職吳門

梅花江浦月娟娟破曉離人正扣舷宦跡中年寧動蘭才知漁世不知憐　三四沈鍊
一櫓春水吳娘酒兩岸斜陽賈客船到闔門空相憶好吹羌笛飯樓前

寄霜櫓在揚州時　篤孝平山

鳳城前日別紅車鶴郡今時駐翠華天子詔行青帝令仙郎吟遍廣
陵花雲中簫懷三千殿月下笙歌十萬家銀燭樓臺無遠夢玉驄去
去一長嗟

白門絕句

夜夜秦淮夜夜簫鰣魚時節長春潮毛絲字簾前坐細雨青燈話六朝

團維墉　閒山係徽人

秋艸

東郊彌望綠芊芊轉眼蒲原忽點然人去西東徐落日碧空花老
空燈芳春晴花驟洩積雨新晴野換田無數韶光總古年只應
進我到來年

王崇蕙　號雲常熟人

按梁蘭漪題吳陵女史王崇蕙詩云不盡春枝紅艷芳生憐天壤是王郎久知未死心先死太息人正向六正青緣不情理玉骨黃花無語弔斜陽可憐空抱千年恨說到多才總薄命蘭漪字素涵一字蘅溪廣陵人著有晚香樓詩集

秋閨戍婦詞

蕭条初覺嫩涼侵寸寸眉峰萬里心攬鏡羞勾新粉面倚簾愁聽
年年砧杵無霜信書沈杳人阻銀河水淺深最苦西樓鐘斜月全銷小
犬吠桐陰　秀潔

春莫

風花無限里無殘九十春光悵已空莫遣飛英着流水是人臨下惜殘紅

李沂 艾山，一字壺庵，興化人，著有鸞嘯堂集

懷吳野人

北有申涵光，南有吳嘉紀。南北有二君，乾坤風雅歸。吳君詩格老，硉兀超常倫。不意東海濱，今日見此人。我與君交恨不早，君今與我俱衰老。竹西萍水忽相逢，別後懷人心如擣。當今詞場如牛毛，載萬斗量。就中孫作者，落落難望。光怪吳與申，推許手更足。翁山屈子亦擅長，五言膾炙萬人口。三人旗鼓差相敵，吳君雖工詩，年來頗憔悴。水田逢旱荒，大為食指累。柴門叫呼來索錢，有時走向他村避。皇天不吝千秋名，但使終身饑餓不為奇。試擬問天訴上帝，帝曰自古才人皆如是。為此慷慨心不平，吞聲仰天獨揮淚。

鄭燮 板橋，興化人

贈方外梅鑑

海陵南郭居人少，古寺斜陽破佛樓。一徑晚烟籬落落，數家黃葉豆棚秋。雲山有意憐狂客，鐘鼓無情老比邱。卻到舊時曾宿處，半牕螢露正颼颼。 澹遠絶塵

羅本建 體乾，儀徵人

春日過雲溪精舍有作

踏青心事未銷磨，又向城西喚渡河。桃李雨來山店少，嫣花風過野橋多。遲遲落日低雲樹，隱隱疏鐘出薜蘿。憔悴吟人頭半白，此心還欲問維摩。

海陵詩録

（清）曹月湖 編

《海陵詩録》不分卷，清曹月湖編，據復旦大學圖書館藏稿本影印。

泰州古稱海陵，又名吴陵。本書即曹氏所編泰州人詩録。全稿寫於無格稿紙上，所收詩人自宋人周麟之始，止於清人張蘭，凡八十人。補編始於清初鄧漢儀，終於高興實，後附《吴陵竹枝詞》，並補録王廷琥、繆引年、王廣業三家詩。全書末有『乙酉夏六月望日校對完畢，曹月湖志』墨筆一行。按王廣業（一七九九—？），字子勤。泰州人。道光六年（一八二六）進士，光緒五年（一八七九）重赴鹿鳴。著有《聽花選詩》、《海陵竹枝詞》等。然則此稿中曹月湖所謂『乙酉』爲光緒十一年（一八八五），知此稿編成在光緒初年。

（李　軍）

海陵詩録

周麟之 字茂振，紹興十五年進士，敬述七世孫

寄伯父元肇

我家百笏門，族望甲鄉國。堂堂六世祖，名在碧落籍。人曰吾故侯，善政光古昔。後世聯簪纓，北原蔭榆栢。里居百餘年，出世二千石。當時叢桂中，鳴珂邊城陌。變故忽相仍，流蕩兵火厄。一經焚劫餘，故里半荊棘。奔騰塵土昏，逃避天地窄。坡陀東龍岡，悵望隔窀穸。思我伯父覺，一別幾更歷。寇至獨不去，巍坐空四壁。高標揖夷齊，九死出焚溺。

呈郡人李簽判

因边

錦江烟水春茫茫，錦城游宴歌舞狂。酒酣綏轡踏花去，尚說當時先侍郎。自注：吾家本郡人，先侍郎仕蜀日有踏花歸去馬蹄香之句。後來游宦家園徙，子孫不復歸桑梓。世居淮海二百年，路隔關山七千里。敵兵南下風塵昏，衣冠渡江黄屋奔。淮鄉幾作遷戍地，簽桂舊地無一存。自注：海陵舊居名簽桂坊。

馬玉麟 張士誠據吳，為參政，城破死。玉麟字東皋

虎丘和范文正公韻

綠蕪迷四野，空翠擁千巖。風過鶴鳴樹，雲歸龍在潭。雨花翻寶座，積石護僧庵。此地如容我，移家住水南。

次柳道傳韻

高城落日下，樹擁半山青。野鳥啼還歇，溪雲散復停。微官猶是客，對此暫忘形。焉愛生公石，移尊上小亭。

儲巏 字靜夫，成化甲辰進士，卒謚文懿，著有駉野、柴墟二集

席上陸史巽仲歸雲洞

悠揚滿洞中，歸來不知處。曉起語農人，春田夜多雨。却問洞中雲，何時下山去。

有懷

泰

獨坐誰爲伴，清謡夜不眠。懷人千里共，看月幾回圓。遠塞連雲戍，荆門下峽船。歸程那可料，依舊析津年。

春晦贈別 二首

殘春餘幾日，欲去且相留。脈脈難爲別，匆匆不自由。天涯芳草路，花外夕陽樓。誰道文園客，新來賦倦游。

病較芳時晚，春含晦日陰。曉鐘人不寐，舊雨客難尋。院濕蛛絲重，庭虚鳥跡深。平明有幽事，移竹滿西林。

大房金源諸陵

奉先西下亂山侵，澗道迴旋入莫林。羊虎半存行殿跡，莓苔盡蝕古碑陰。秋山春水風流遠，大定明昌德澤深。却是宣和解亡國，穹廬黄屋豈初心。

望岐溝

野水荒烟没斷橋，欲尋遺老問前朝。不因書記班師奏，未為岐溝定屬遼。

老米店有感

層冰一夕塞河船，記得携家已十年。鮭菜燈前誰共飯，月明行店一悽然。

延令奉懷張東田 以下録泰興志

江城五日漫留連，野寺僧廬盡别筵。詩裏輕軺穿北郭，望中喬木認東田。歸鴻目斷青山轉，春草情深緑水牽。今夜相望更相憶，阿戎應伴對牀眠。

小憩馬甸僧家

僧舍倚雲端，征途一憩鞍。櫻蕉供宴坐，蔬筍入晨餐。曬野雲山遠，初陽霧露殘。季鷹瞻望迩，無用説荒寒。

宿岸寺次韻

古刹初寄留宿，平生漫好奇。貝經翻舊葉，祇樹倚高枝。月伴枯禪坐，秋欺病客肢。清光不相負，此地一題詩。

儲洵 字平野，正德丁卯舉人，辛未進士，兵部職方司主事，福建分巡漳南兵備道，崇祀泗陽名宦、泰州鄉賢。著有平野集、草除録、江河伏流編。

先君耕雲之墅，開野趣堂，哦詩自娱，弟茂甫再構子亭，力穡之暇，賴予觴詠，牽攬物色，儼可會意，洵

童子時慨堂釣游目列述之

雲漾茅亭

莫測溪水深。孤雲宿溪西。不今風雨昏。為言溪雲白。時茅亭中玄。玄心澹無極。

蓴灣漁釣

惆惆遠游藕。寧似懷歸客。手托瀟湘枝。趺坐風月夕。歸泉尺尺餘。玉璜照秋碧。

荻墺樵歌

雲空空沙淑明。水清荻花發。縈香束荊棲。彔彔易薪伐。重惜松桂姿。丁丁斧斤歇。

雁蕩耕蓑

山枝鳴斑鳩。菖葉春未歇。習風蘇泉理。早出收餘潤。且紆稻粱謀。磽确畏秋饉。

茅山牧笛

王翁横吹玉龍吟。弄響空靈。蹤落白嶺。餘響流長風。林外歸牛近。閑情夕照中。

邊城村市

鼓角荒城宿。牛羊卧隴隙。風帘出疏木。雞犬吠晨罷。壟頭田父久。何如車馬繁。

店基曉渡

遠樹入西月。廻溪曼寒濤。役役未暖席。行見紅日出。機木萬二莖。悠悠濟川術。

單汊風帆

躍馬已去後。平川日蒼茫。及今海上魚。猶弄蘇門嘯。向夕吹悲風。逍遙寄遐想。

蒲場雪艇

蘆花散晴雪。白頭生秋風。蕭條溪水寒。不與山陰通。蕩舟帳歸晚。雲暗冥飛鴻。

壽瀛溪翁七十

男登之乃兄踰六十。六尺青藜雪和景翁。巧拙未須論。去就少趣。猶共廣疏慵。近園花萼喧春鳥。

自

晚植松栴作亡龍，光樂嘉平傳壽酒。高堂尚日笑顏紅。
掌中棠棣聞詩早。燈燈花開今幾年。晴日發色翔羽鳥。午風鈴閣梳冰絃。閑門自策牛車穩。少
石還燒藥竈燃。不似西方吮風雨。春迴籍子詠池邊。
寒溫暫稚同衣般。老至回看旦夕然。文字攀雲慚尚友。名家周許啓前賢。三陽郡邑循良政。五畝園林秀野篇。
種竹栽桃日成長。再周丙甲數餘年。
人生七十古来稀。昨幸逢来漫陸詩。犀角子由渾老健。牛醫徐孺强維持。曾書鴻雁風雲字。索笑梅花冰雪姿。
明試山中長日月。閒敲松下半枰棋。

儲滋 字海田，七品散官

雲溪草亭八景集古

茅山牧笛

一徑草荒春雨多。雲容山影水嵯峨。牛羊晚食鋪平地。牧笛吹風起夜波。道世每懷箕踞隱。荷蓑争羡飯牛歌。
回頭勻笑風波地。世路無然奈尔何。

雁蕩耕蓑

白石溪邊自結廬。平生蓑笠外無餘。衡門陋巷無人識。粗飯寒齏且自如。日落遠波驚雁宿。雨晴沃壤帶經鋤。
遺安誰似龐公計。不以門多長者車。

葦灣漁釣

水没溪痕不見沙。紅簾小艇祥如車。每臨蒪菜下鹽豉。强入歌樓媚酒家。不更從人問通塞。只得爛醉作生涯。
西風幾度漁家傲。潤網添罾幾水乂。

荻塘樵歌

雨濕菰蒲斜日明。短歌聊效踏莎行。閒身莫負樽前酒。小隱堪忘世上情。夢話幾番隨鹿逐。風波終日看人争。
吟歌雲鳥归樵谷。只恐江湖識姓名。

過城村市

高澗留賓酒滿杯，且西過佳客試徘徊。三家五家村舍近，千樹萬樹梨花開。小雨挾雲行訪岸，蒼洲斜日隔風埃。一等是處成清賞，莫惜春衫坐綠苔。

店基曉渡

棹花烟獨嘔啞，鷗鷺飛起出浪花。寒潮渡頭芽子色，蓼花灘畔夕陽斜。天教勝境為詩敵，長見仙蹤入畫家。溪父晚船分浦釣，釣竿斜插岸邊沙。

軍汊風帆

日暖風微南陌秋，帆檣高下亂維舟。檣含宿雨紅初入，水帶溪雲碧欲流。千里江山僅若路，百年世業為誰收。丈夫本自忘心事，好為裁書謝白鷗。

西溪雪艇

朔風吹雪正交加，翦出千林六出花。共喜丰登佳兆不妨清賞酌流霞。藍關去客应迷馬，洛下先生想卧家。最是晚來堪愛處，孤舟蓑笠釣銀沙。

闵 催客 舍

儲汶

字齊南，貢生，江西饒州府鄱陽縣人。

雲溪草亭歌

君不見城頭一片雲，須臾蔽日晴復陰，又不見官河水，百尺悠悠東逝，英雄心。北窗野馬歲月改，使我有酒不飲洒淚沾襟。散髮坐泉石，溪雲溪水懶吾吟。烟雲渺渺三百頃，蕩漾華山千仞碧。氣蒸坱圠成氤氲，峯頭之樹天咫尺。蛟龍水澗含珠光，猿鶴窺人守丹壁。夕陽樵下話我躍，六月風行走南陌。不去謝朓洲，曾聞揚子宅。自誦南華一卷經，風雲湖海翔。數回一船春暖歸蓬萊，一崖不入松檟，台唯有花外漁人賣魚來。

王襞

漫成　明詩綜

字宗順，泰州安豐場人。處士。艮仲子，自號天南逸叟，有東崖遺集。

青春去何速，白髮將奈何。莫之大藥將而不棲巖阿，摸摸苦勞生所得，詠無多古人，貴聞道，道在烏同也。

宮偉鏐

字紫玄，崇禎癸未進士，有宋山外紀、入燕集，又自號桃部漫士。

湯君謨見示蕭尺木所畫春江送客圖之詩　明詩綜

小艇知何往，將無騁海隅。州橋新月上，山店曉燈明。悵望同舟色，踟躕執手情。片帆春水外，詩里落江城。

燕地雜感

天雄直立古澶州，千里浮雲入望愁。一自冠裳分去後，暮雲風葉鬱青楊枝。

凌儒

字海樓，嘉靖癸丑進士，萬仕水今多惠政，呂狀御史，著舊業堂集。

題范文正公講書堂之詩　東麓志

昔賢能化俗，千古溢遺芳。舊而秋社空，堂蕭夕曛。蜀人里有淚，漢室嶽無文。一片蒼舊月，曾過照使君。

謁西溪三賢祠

捍禦勳名仰大齋，心今日拜祠前。魚鹽地僻千年產，梓村成壽井。烟水園衣冠，瞻瑞日海濱耕鑿載堯天。先憂久負平生志，獨對春風思惘然。

劉萬春

字延之，號山西舉人，丙辰進士，戶部江西司主政。

題王式小西湖畫卷

惟有西湖在揚州，店綠楊煙色何微茫。烟地楊柳千行翠，風送荷花十里香。倒影南山陽揚子，無因飛渡六橋水。平生曾識兩高峯，放舟遊清夢裏。吾鄉亦有小西湖，泰山之麓城西隅。蛙鼓陽林只清翠，連影刺雙遊船。知還來向作江淮天半壁，城疏新論進愚功之，使烟波依舊碧。依然弟史王環賞，真同濠濮間。宛轉通仙舫，過青葱樹待美人攀。海吏王郎称好手，筆底冰綃堪換酒。他时携向越中行。

還將彷彿西湖否。

徐嵩

小石，由進士援戶部主政，陞郎中。

贈韓伴松

董生有地多栽杏，子獨偏能寄一松。留與寒冬能濟世，不求標記活人功。

李來之

字大來，宮譽隋為孝廉，奇其才，延至家課其子偉鍔。崇禎壬午，師弟同舉於鄉，後偉鍔成進士，來之歸而食貧，益以狷介見重公卿。

自訣絕句 東臺末隱逸

兩大君親總未酬，一身拋卻義全收。時人莫笑書生拙，留得衣冠葬古邱。

尤澍

字霖三。伯山詩話云：余於鄉前輩已得陋軒、桂墅、桐引、舒園、迺雲諸詩入集中矣，後復聞尤霖三先生名，而未見其遺稿。今從得館得之，見其詩清新和雅，於唐人學皮襲美、陸魯望，於宋學嚴滄浪、劉後村。其人其詩，誠為冥冥之鴻，不求聞達於世者也。其平生跡游浙最久，故浙中之詩亦多。家居時與繆湘芷、俞太羹、杜海樹、沈緝之諸公相友善。

司馬温公書家人卦摩崖石刻

秋風放棹西湖游，湖中烟水明清秋。當船但識簫鼓樂，誰能領略真銀鉤。銀鉤煌煌溫國公，為留手筆家國成。
良謀纖欲不返家，家孰正而今嶺含其義。誰與刻之摹真跡，正氣字字生精神。猶遇當日洛蜀黨分門
戶堅峙言紛紛。臣何陳曉曉，高議此意豈復知。比周淺人不察，有何意，但以人事工讒謗，高廟南渡勢不振。
康侯意欲侍春秋，安知了在祢宗，芸芸霜堅冰，舒你憂。摩崖款款不獲已，聊書數慨留山隈。

枕上

枕上聽雲滴，秋宵不肯明。那堪催北雁，况是半聲更。一抱千鄉向，孤枕百感生。天涯多旅客，各有故鄉情。

與友笑話

思　雨

久客鄉音變，詫君竟不知。忽看花上露，似覺鬢邊絲。年年華過些，白日馳天涯。芳草徧前路，更何之。

嚴子陵釣台

一派青山叫一肩，先生今尚託崇祠。功名不作雲台想，心事惟應水鳥知。七里灘前環竹樹，百尋山色峭階墀。別憐墓空江上，但向蘆前弄釣絲。

剡中

晚年浪跡似飛鴻，直訪名山入剡中。吞緒已同雲意散，鄉音難得故人同。千崇水匝層巒住，此日新霜雜樹紅。遙想當時風雪夜，便從此水櫂孤蓬。

陳忠靖　字尔位，號念廿一，字晓，順治丙戌舉人，丁亥進士

宗嚴墅中同諸兄弟待望賞中秋

昨歲今宵猶客舟，歸來几杖復清秋。一庭皓月三更月，五夜星河百尺樓。竹葉雜浮杯影綠，天香二而散桂花。幽故園多少承歡計，何事風塵賦遠遊。

哭先祖示年皇帝

瀚海龍從泣皇輿，去不還。千年遺大祿，一月痛深山。宮樹殘前日，燕花冷舊顏。常思被遷者，空望白雲間。

歸里

里巷還如昔，朋游半若猶。聽隣生同客，大哭賣鄉省。親慘頓增看，君旦欲披離。歸來似小卅，無夢入長安。

哭亡弟尔篤

未忍剪枝柯，南天夢却迴。那知羽翮剝，古復似枉生哀。幼子書尚撫，先慈爾獨陪。歸里翻欲歇，愁傍白楊堆。

鄧漢儀　字孝威，少工詩，應博學鴻詞科，授中書舍人

九日揚州文星閣登高　江都志

鬼

徑僻人稀地，林深菊未荒。吾宗尊九日，天地老斜陽。渺渺江淮路，蒼蒼吳楚鄉。但宜傾濁酒，無力問滄桑。

和冒巢民襄壬戌中元日率兩子諸孫燃燈陳其年於定惠寺爲位哭之詩廣陵諸事

歲度年年事，香燈特地添。故人情獨厚，新鬼意何殊。那覓佳兒杳，空來大歸巖。一杯猶未下，秋雨正纖纖。

過大庾嶺 以下四首伯山詩話

莫然前路杳，月出正東峯。人馬盤空細，烟嵐返照濃。過崖星陡見，近郭火偏逢。更喜難兄弟，層層響亂松。

過梅嶺

在昔張文獻，曾傳劈嶺門。風烟通百粵，珠玉走中原。涼熱峰分界，要荒勢極尊。蒼碑搜索遍，字落失聞言。

夜泊中宿峽口絕句

昏黑尋崖驛，旅船峽牽星斗挂遠天。征人峽際珠寒落，夜荒燈火伴眠。

過英德縣南山

更闌酒醒見山低，天外歸帆傍武溪。蠻語漸稀燈火暗，青鴣時作小兒啼。

詠息媯

楚宮牆掃黛眉新，只自無言答暮春。千古艱難惟一死，傷心豈獨息夫人。

滄葦侍御招同馮硯祥、楊商賢、閔李隱、介弟南宮西園游宴 二首 東亭著

侍御海陵花園好，六月涼陰波浩浩。岸柳岸長只隨時，衆門出出江風起。就中名樹五六處，黃鸝無人恣搜討。今紛鏡將新開，竹值風光正晴昊。侍御自言分列植，柔雨度行皓豈何。怪樹竹許大原許，古產良不稀。鵂鶹晝道啼樓樹，空猶鼠宿叫松杉。橋竹雜花深，晨勝場名載。橋垓坦兒弟筆，賓朋出入門。只指藤蘿老蒼珮供給，具珍羞林安服勤敬絜事。射衣且爲傾百觴，傷時不免然心壽。洪地何緣難大鋪，分隔江海緣旗鼓。年年焚掠無郊墟，日日烽燧惑村墟。日談編戶日零散，尚有儲精不保抱。床月黑正風吹，昏燈逆上丹帰，宜保家舖枕簟。賓怕黃中兆筍節，四更人靜錦纜迥，燈火爛漫古河道。擬西園在郡西南圃邠李閒生根宜讀書處

宿延令放生庵

閣　熱

田頭來江縣邑樓得此中〇階前竹徑眉水抱花宮雪氣春將凍魚鼠夜有風聲出晚籟羅誰倡問支公〇

宿棲禪竹隱庵

結伴衝泥踏雪餘〇支節昏黑到精廬十〇年江海銷金柝滿院松篁冷木魚〇歸掃瓦林苗安舍更閒看積翦圃

蕭然來岳廟瞻遺像〇此地曾經殺戮殃〇

黃雲　字仙裳，號舊樵，世居姜堰鎮，詩宗盛唐，有桐引樓集行世

東臺李訪張尉生明府　三詩東台去

烟火東西千萬家〇雖不滅舊繁華〇今年春比去年好〇窮陽春到海涯〇鹽場舊屋王文〇得了文成吉道

東已學一燈謹繼芳〇還領袖馬插風〇

西子何年

百年戰到海之濱〇分秧初將萬里〇城台聽得鳴晚〇枝渡船秋水送歸人〇東亭美酒烏家樓〇何年涼風

萬舞紛紛月歡朕成經營〇訂回里信縈神〇

同人集于佛樓在東台西沿西門分大街

故人逼迫鼎臺亂以中流〇小院寒梧色〇空堂向雨寒〇寺古貞錢〇妙〇傳遍〇

陳志紀　字雁群，號懿甫，一字海陽，順治丁酉舉人，乙亥進士，康熙庚戌應詔直言謫戍關

分年於丙康熙丁巳年旨歸葬曾摘五籍樓於城西讀書其上

寒分歲莫枕上作

普天皆王土〇萬里盡從〇隨狂言不加誅〇家貴為良民〇沙磧墾田畝〇桑梗自耕耘〇前鋤苗荷戈〇斥堠分所勤〇

未生烟理無非天地任〇茫茫萬歲云〇莫緣風響荒榛〇旅雁寄〇能無〇巨心拱北辰〇百情久已盡〇忽夢入君門〇花磚

鵷鷺集余〇亦列簪紳〇說書侍講筵〇春殿〇亂前〇宴及儒臣〇芳醴沾朱唇〇復拜賜書歸〇拜拜辭西苑〇

須臾山雞唱〇斜月照衣衾〇方知戀闕情〇只恨生難禁〇思〇來〇初值歲暮〇遙祝萬年春〇

寧古春日雜興

謫居幽塞遠，忽忽又春深。雪氣搖千嶂，花光失故林。從人學射獵，挺馬試嘔吟。豈宦無由見，孟如待漏心。

罪比邛山重，恩同覆載寬。一行未絕域，萬里見春寒。逝帥書難得，閑雲晚故看。琵琶從史奏，暗引淚珠彈。

早朝

聆風鵠立望蓬萊，隱隱鐘聲曉殿開。扇引日華圍帝座，祈花影轉天階。雲霄迥識千官入，玉帛端從萬國來。無那祇慚白雪詠，令人長羨郢中才。

陳休

字希孫，號寅村，附監生，忠讀四子。

清明掃先給諫公墓

七載覲長逝，家貧失所依。歸山拜諫艸，附帖注萊衣。石馬飄風響，松門暗雨飛。淒涼人舊事，已全非。

陳厚耀

字泗源，號曙峰。康熙己酉舉人，丙戌進士。相傳泗源太史能背誦韻府一字不倒，詳見廣陵詩事。

敕觀嘉禾 家京

瑞靄橫秋空，風薰麥岐連。野合九穗並，部擁天雨無。民耕永增海屋籌，同向蒙帝佑，願上萬年觴。

敕觀水晶木

丹詔來天上，爭看瑞木明。繼離侵月魄，含景挹瓊瑩。山閣蔡燈杖，琳宮舍利縈。蓬山王氣合，萬物質陶生。

北苑新秋應制

雲天改夏色，木葉送秋聲。水闊魚龍化，山空鹿鶴鳴。南征兒女雨，近北眺翠屏清。一路沙堤白，拈花亦有情。

鏡水雲奔應制

何處湖山佳境，天然碧宇澄潭。寶鑑一泓止水，層雲萬狀浮嵐。坐聞風薰日暖，聞尋徑曲泉甘。冀北陶春有腳，會心何以江南。

詠熱河的吳泉進呈

由來鑿鑽頌康衢性道名山毓勝區斛湧泉飛尺練半天化雨灑明珠育流海外尋源處清在人间發彩
初映地風雲间北極靈根玉屬擁皇圖

泉源石壁應制

奠定新開繼禹功九洲陳外碧雲宮千尋削壁渾鋪玉百道飛流似吐虹天獻奇巒多瑞氣神輸太液匯人工
只知萬象無窮境妙在三才變化中

詠熱河瀑布進呈

地氣升陰倒海流歷山移向北興州只令那汲星槎使遡入仙源问玉虬

陳時清

字老香雍正朝貢詩錄黃北垞黃壚集中見廣陵詩事

吳王祖仁皇帝謹尚州刺史魏某華公原均

憐露熱雲日下來吳龍飛鞚赴蓬萊湛恩浹髓人人慟遺詔傷心字字哀功在兩间時永賴德弥千劫不成灰敬
承簡在天上久更發經綸出震雷

王孫驤

字白舫居近蔡蕙宅自號孝女巷詩人著入畫广詩集

昭明太子港懷古

城南風景尚稀依跨水虹橋柳岸圍爲摘前朝留片碣蕭梁遺跡付斜暉螺浮山暗仙翁隱鹿女台荒帝子歸廿
載結廬臨斷港舊游回首事多違

移居答黃仙裳先生

漫説先人有敝廬不堪風雨再移居征徭四月經營迫高火三冬生計疏稚子未歸沽濁酒老妻相對檢殘書陶

對

梁

隣比屋炊烟接，半是山樵半水漁。

南寺古塔

浮屠十丈鬱嵯峨，初地荒涼少客過。俯郭高於奎斗閣，如椽醮入泮池波。南朵古刹飄黄葉，唐宋諸碑卧綠莎。幾度登臨風景異，錫飛不見奈愁何。

繆沅

字湘芷，著稼米集，見廣陵詩事

渡錢塘江二首 伯山詩話

歎

大江岷峨來，峰巒恣環繞。迢遥下會稽，風烟隔蓬島。吴山一點青，濺沒來歸鳥。延佇立沙頭，天濶布帆小。

東平曉行

汶汶湯湯抱郭流，魯陰桑柘散平疇。雨鈴風鐸殘春夢，人跨疲驢踏晚秋。

由西直門歸邸第絶筆七絶 退庵筆記

一樹葉黄黄欲枯，西風連夜費枝梧。老夫前有關心處，寄与兒曹記得無。

李穎

字箕山，能詩，工篆籀，尤擅山水，在北苑大癡間。嘗游上谷雲中。鄒選本穎作潁

游西山勝水庵

烏道藤蘿接，山深日易西。人尋顛石出，天向遠雲齊。是壁皆成畫，無聲不到溪。更憐蒼翠滴，修竹壓門低。

宮鴻曆

字恕堂，偉鏐第八子。康熙乙酉領順天鄉薦，丙辰進士。

龍游徐偃王廟 以下廣陵詩事

子長生未晚，文獻有所據。世家編田齊，猶有宰我陋。訶齊世家誤以子我為宰我也，此詩未見

題蘇武南歸圖 二首

細弱曾留北海濱，獨令南客伴君行。丹青能畫移中騎，寂寞無人說馬宛。雁飛羝乳竟難留，漢使人人是拔（按前漢書漢使不降者蘇武馬宏等後畫像麒麟閣上止有蘇武一人又王歸於曲屬國言忠於中郎將忠後至右將軍封列侯而蘇武不及也大史考核之詳如此）尤，常惠無名麟閣上，也看叔秩取封侯。

宮翼宸

字參兩，官光祿寺丞，著紅椒山房詩八卷、楓亭詩鈔八卷

嘉慶

題程風沂南陔松菊圖 時年七十有九 二首

風塵南北共因依，京兆知名達帝扉。誰得似君年七十，萊衣戲綵向慈闈。

詔許還山慕初，故園松菊滿庭除。期頤歲月尋常度，著處逍遙奉板輿。

程盛修

字風沂，號蒦楼

認喜猶然

里句寄懷 以稿存楊厚甫家

月落不蕪城，鴉啼諸舊宅。三十六陂間，波光淨如拭。中有素心人，清操矢冰蘖。呂杜詡前徽，措施踐實跡。風吹京邑來，循聲播嘖嘖。走也尤色喜，抱負對平昔。未見鸞鳳姿，獨維困枳棘。良晤無有時，訴此情脈脈。

葉雯

字霨村

習

題靜安和尚松鶴圖

松鶴相依迥絕塵，空門君是讀書人。禪栖怕染繁華唱，坐卧依山潔一身。

李廷蔚

字蔚臣，一字瑕某，雍正七年武經魁，孝友性成，慷慨尚義。載州志

題靜安和上松鶴圖 晚家藏稿

畫仙畫佛都是假，寫照方知面目真。千古蒼松韻不易，一聲鶴唳渡迷津。吁嗟乎八千書卷今何在，學士當

手名不循入六，山洗六塵黑白分明淨，以身本生省却前生昧，轉頭依舊買書人。

仲鶴慶 字松嵐

秦潼歸舟二首 東台志

雨濕烟低壓孤舟，客緒多愁看晴露色，摇蕩水雲寓野寺，蟬鳴樹夕陽，牛渡河，故園遥在望，歸去奈愁何。

過大悲庵贈僧禹平

聞知老衲無相識，除是詩人只閑閑，行過長溪榕一曲，來尋你榕屋三間，紛紛敗葉西風緊，點點黃花落照間。題得數行出門去，空林鴉雀已歸山。

自題蕙蘭絶句 墨香居畫識 二首

春山二月下南崇，叢叢幽蘭細細風，我摘瑶釵君飲露，憐香曾許兩心同。

山風山雨本無常，幾日空林改舊妝，不識曲江江上路，可能回首問瀟湘。

陳明祚 字睞翁，一字栖雲，附監生，著有雲广閒吟、閨中詩稿

雨中對玉蘭 以下霄崢集

冰玉抱其姿，苦遭風雨妬，紛紛墮泥中，榮落自有數，天不全清華，雨晹偏累誤，前途不可知，吾但安吾故。

月下牡丹

春寒索寞無生色，風雨連朝惱相逼，賴有名花開莫春，以花不與群芳匹，群芳競秀已飄殘，天香國色標奇特，疑歸於看不晤言，驚疑洞庭真人出，沽酒對花不自私，開門掃徑邀相識，望後次第足音來，瑶無車馬蔵荊棘，更有高僧出虎溪，飛錫逃禪聊破寂，座中騷客發詩狂，潑墨淋漓揮彩筆，長歌短句鬭蛮箋，書法千鈞用全力，萬丈光芒散綺霞，流彩不共金烏没，金烏西下兔東昇，皎皎清輝生四壁，花魂月魄兩相迎，嫦娥仙子

欲去不復留春花

多消息，有花無月不精神，有月無花亦枯寂，今宵花月共留連，好景休言容易得，春光春月休相失，勸君痛

飲須盡歡杯中大有長生術

宿終南山說經臺

為覓說經處名山入已深秋空林氣冷夜靜斗牛沉雲吐旋間氣泉流枕上音不須聞妙諦頓覺洗塵心

水榭坐雨

水榭臨溪曲林花着雨肥擁書昏花眼把釣濕春衣獨坐空愁思閑門絕是非望中無限意飛躍盡天機

村居即事

村落秋初暑漸消支節陌上儘逍遙登場早稻舂新米撒網漁船趁晚潮古寺梵音三度響夕陽歸牧一聲簫

田思小飲愁孤寂隣叟攜餅過板橋

宮履基

字應乾一字素軒

秋夕齋中 霄崢集

淅瀝敲窗聲端居萬慮平懷人秋易老聞雁雨初晴雲淡閑花意樓遲野鶴情西堂深閉處惟聽草蟲鳴

觀獵

縱馬復呼鷹秋原百草枯鳴鞭迴俊鶻飛箭得雄狐甲楯霜初老旌旗日欲晡從禽看猛士歸路醉屠酥

午睡

曦車纔轉畫堂前竹午幽窗影正圓撲破晴紗蜂有韻搖成新綠樹無烟湘簾人靜攤書倦小院風和續夢天

半卷南華消白晝吟魂漫寄夕陽邊

曲巷

白楊門巷結芳廬幾曲周遮路不窮夾棟春深迷去燕隔花聲遠覓迴風行車錯訝居人隱信步惟尋一徑紅

佛仙源何窈窕青旗影外任西東

臺 謂 賦 冠 校

漁蓑

漁家衫履不成裝，買着輕蓑上野航。兩袖滴殘沙岸雨，半襟寒耐荻花霜。披隨鷗笠臨秋水，晒傍魚罾趁夕陽。望影飄飄蘆草外，與來不啻芰荷裳。

宮增祜

字節溪，一字篤園

庚戌夏仲，胡兩同學招飲荻莊即事，口占六言。時携小伶十八歌以侑酒

荻莊泉石絕清幽，花樹千叢萬綠稠。最是青萍縈曲水，高盧風動似新秋。嘉賓風雅擅詞章，書畫更番笑語涼。鄭重主人能主客，桃花潭水意深長。吹竹彈絲子夜歌，繞梁清韻薄瓊柯。尊前爭散纏頭錦，淺惜深憐奈若何。憑欄俯仰不勝情，名士消沈感笛聲。程惟周文昆吳篤江回憶寒宵觴詠處，可憐荒塚繞殘篇。程文眉歿十餘年矣江村伏案企浮名，謁請師門陸遜征。時麟兄以鴒寺少冠五淮沈醉園林歌舞罷，孤舟一棹廣陵城。扶醉歸來漏已三，悲歡異趣我何堪。牧峯一枕羈人夢，究似深山彌勒龕。

繆永煦

字靜軒，着有靜軒詩鈔、霜笳詩稿

題靜安和上松鶴圖

掃空文字業，清梵入高林。風格絕聲色，歲寒無古今。縱餘身外影，久得定中心。此境不可說，遙天孤鶴音。

繆永垣

字時亮，一字葛峰

雪中雜感 霽峰集

寢狄梅花下，月落白參橫。四顧寂無人，熏爐對空枰。晨風一披拂，策策窗樹鳴。不解高梁味，不羨氷蘖聲。但得一樽酒，聊以慰生平。

繆祖培 字晴嵐

紅橋舟中留別宮霜橋（廣陵詩事）

鷓鴣聲中蕩畫橈，離情黯黯付新潮。分明兩岸銷魂柳，何必愁人定灞橋。

陳燦 字崆峒，一字開緒，又號菊莊，太學生，著崆峒詩鈔、西泠游草

過孫家莊懷心山（東臺志）

老屋孤雲外相思無斷魂筆瓢千古雅大數家材秋水烟中寺蘆花月裏門考槃幽意足消息與誰論

題靜安和上松鶴圖（䏉莊稿）

淄雨三松老，修翎一鶴閒。鐘魚連野寺，衣鉢老雲山。竹裏香為路，沙邊水抱關。幾時得清話，相與拂塵顏。

宮國芑 字霜橋，工詩，著有半紅樓詩鈔，輯有霄峥集

題靜安和尚松鶴圖（癸巳春日）

河須刺刺說家聲，只向丸山好處行。片石松陰應坐穩，他年待聽話三生。

題墨莊樂耕圖

青山罨畫水增波，茅屋桑村路逶迤。稼穡便知虧家少，栽花到底誤人多。一春布穀啼深柳，二月甘霖潤綠蓑。家亦有田耕不得，十年歸夢負烟蘿。

路 逶亦作迤

王聯 字魯高，廩生，事跡載道光泰州志・篤行

題靜安和上松鶴圖

在俗有俗，出家無家。塵世青箱，貝葉曇花。菩提無樹，盘松非真。妙暗忘家，野鶴誰親。逃儒入釋，茲當棒喝。推釋附儒，茲當出脫。

周虹

字天櫞，居北山寺各狹巷內，著有天櫞初稿，事跡載園蕉墩序文十傳中。

古銀杏

出海陵之北郭曰新城，其地有禪寺一區，方十餘畝，爲古水字律院，今俗呼北天滋廟，大聖殿前有古銀杏一株，勢參天，濃陰覆地，每當風雨夕，滓滓然作龍蛇吼聲，一時當代名公宦士撫此輪囷，咸曰此孔明廟柏也。噫吁嚱，何其古歟！或曰開元初老僧所植，州志未載，不敢盡信，但觀其虬枝偃伏，碾砢離支，必趙宋以前物也。因作詩以補州志之闕云。

鴨脚何時植，龍鱗滿樹森。槎枝疑破壁，小憩可披襟。寺老千年度，留五代陰。海陵饒古物，先對此吟。

雲谿精舍春感同得雲字

又入東風寺，周零感舊存。枯僧呼不出，上清京人好句讓誰論。鉢冷飢鼯遠，廚荒布穀聞。登臨何落落，惟見江雲渡。

望南山寺塔

高塔間登望，意自殷憑欄。千里綠氤氳，渡江夜雨南朝雨，壓頂朝分北固雲。春到上方風漸暖，人游古寺日初曛。機心息盡參禪久，鐘鼓聲聲碧落聞。

張星

字鐵楊，西坨赤川諸詩人來游，與同里俞牧隱、陳位侗芊倡爲詩會，會必興先生，皆先生詩甚敏，晚年楊西楊見弱交十傳。

題靜安和上松鶴圖

僧寶傳有云：過方栽松，南公指石曰：這裏何不栽？曰：功不浪施。南曰：也知無下手處。又宋大朗禪師每執松枝談論，號談柄。我敬庵之親之繪圖，殆有取爾也。或者以其先世夢腹生松，不忘祖德，吾謂不然。夫既置身方外，一奉而空之，不得以塵囂俗語。方其清淨，則予將何以題之？松耐歲寒，鶴多僊致，皆與僧相合者因

思鄭谷詩好用僧字魏野詩好用鶴字故有仲先筆苑多籠鶴鄭谷詩壇旨惹僧之句實獲我心松耶鶴耶一而已矣爰作偶語以奉參（愛）

是松不是松是鶴不是鶴竹院曾相逢淡如雲水泊

王茘裳 見山族兄吾泰折衣街衣賈也工詩多焦乃刻有風致在劍南石湖間性蕭洒（喜）

欽見存文十傳

見山困日會大雨牆圮責逋者蹴而譁其室詩以貽之

避債臺危更容易蒼天更作雨風魔誰知直欲排牆殺此以後難容閉户逃千載遺廬須自省一時破甑那嫌抛獨憐空谷童相訪不見紫蘿日日勞

繆承鈞 字善夫號樽光老人

聽鶴山館看牡丹分間字

魏相堂前詎等間昭容袖裏叩花關（寶紫色）人來淡月籠燈候詩在莫烟曉露間（篆山詩莫烟曉露精神妖欲媚莫烟情態恨難惟）金毬乍浮開鏡匣紅妝初洗透雲鬟（李正封詩國色朝酣酒天香夜染衣元宗詔賞如日妝鏡台前飲一紫金盞則正封之詩又矣溶台題淺紅色者為洗紅妝）朱門此夕年年好多為留春不放還

程應韶 字星泉一字星宋

同張鐵樵游光孝寺口占

古剎橫秋水老樹餘枯枝長空數飛雁妙香欲動時

西郊古寺

蟬曳西風過佛樓蒼苔四壁暝烟浮香廚鳥散餘黃葉行脚僧歸白頭（坐）屋角有痕燈影瘦夕陽無語寺門秋鐘聲催出疎疎柳廢塔新添月半鉤

落梅和鐵樵即東西林上人

禪板香燈月上遲，空色相了南枝。羅浮説遠人非遠，都在隣翁夢覺時。

感辭

舊雨莘飄幾處居，忘形爾女近何如。芰荷香裏帷扃戶，歌吹聲中自學書。加也亦以加過古人識鈍既難學潦草，會多那遂補荒疏。枷從幾尺韓江水，為藉荆州一掃除。

懷韓治也

鏡香井歌　井依學宮旁，歲久湮沒，有明何君湘、陳君琦司鐸時重建

桐陰覆處清晝長，一鏡露浮荷花香。金瓶素綆久岑寂，元佑舊井屯蒼蒼。當年度地宮牆畔，璧落銀河劈分半。池中筆影搖空明，文曲闌干井邊煥。朝汲水痕鮮，暮汲石痕穿。何陳好事理陳迹，便與洗滌通清泉。君不見，一簣為山九仞井，汲古從來賴修綆。清齋活火手煎茶，翻羨先生官不冷。忽教瓶羸甕漏長，雕殘轆轤無聲泉水冷。

宮煥勳　字竹軒，諸生，偉錫曾孫，博學工詩文，著有古希老人集

移家詩　并序言

古云七十不修屋，予謂不然。屋以蔽風雨，適起居，予於履跡所經，雖舟窗傳舍，亦喜從而整葺之，其性情使之也。乙秋，僦余宗數椽，地甚幽僻，林木陰翳，禽鳥之聲不絕，轂大可遣懷，且與蔥亭衡宇相望，撰聯句，愴喜鶯聲階出谷，自憐蟲語噴鳴秋，興未已，書之盈，又成六絕句

一生浮泊滯天涯，予自弱歲便寄人宙，就閑居快煮茶。倘使春來飢易迫，庭前多種四時花。

天地吾廬寄興奢，予今已五十餘年香山樓閣又奚誇。數椽草草安存笈，倚杖蓬門看晚霞。

接宇琳宮靜不譁，地近呂祖仙壇鄰傳功火煉丹砂。欲咨羽士還童訣，先換蒼蒼兩鬢華。

幾人許我説幽遐，葺屋無須頌禱加。脱略形骸隨意坐，好分沉李與浮瓜。

枉道欣停長者車，出門數武酒能賒。醉來橫縱談天地，捭闔張騫泛海槎。

兩樹高梧碧蔭遮，繞廬匝屋徧桑麻。從茲且婦勤工績，學得於陵仲子家。

勿

陳燮

字理堂，嘉慶三年舉人。畢尚書沅梓其詩吳會英才集中。晚年官邳州學正，以修江寧府志歿于旅次。著有憶園詩鈔。

題靜安和尚小照

青蓮居士白香山，金粟如來舊躋攀。一自九華飛錫後，松濤鶴唳絕塵寰。

仲振履

字柘庵

久不得舍弟家書

范范經羊里，忽忽又三秋。老病兄黃土，悲勞我白頭。不知相見日，還是此生不。十月無消息，憑高雨淚流。

憶同舍諸子

多君日相聚，獨我悵相離。病久家情減，悲多詩思遲。白頭催短日，黃綬負良時。回首年少事，潸然兩淚滋。

獨酌

一杯獨酌不成歡，老命孤窮付浩歎。長大女將隨壻去，未七婦且當兒看。病中瘦損肌膚易，愁裏銷磨歲月難。也識百年歸轉瞬，眼前萬事太無端。

高紫嵐目瞽

前書正訝非親筆，此日驚聞爾喪明。天意不容留一目，世人何必有雙睛。叩槃捫燭悲才子，續史傳詩了畢生。寄與緬茄頻剔抉，回光或可助元英。

述夢詩

嘉慶辛未春正，予子蓉賓夭，是冬家夢又逝，余病幾不能起。壬申花朝，夢與理堂、南阿、紫嵐飲，理堂述奔走之苦，南阿述場屋之困，悲涼欷歔，泣數行下。紫嵐據几支頤，嘿不一語。已而鐵響闃寂，酒盡杯寒，雨吹燈，沾衣欲濕，余悵然誦「簷前細雨燈花落」之句，遂寤，意甚不祥。曾作四韵以紀。後七日便回，則理堂、南阿皆相繼下去世。嘗述以告舍弟雲浦，時紫嵐固無若竊諱之今閱紫巖書知又瞽矣乃恍然前夕理堂南阿之泣下者已蜕然化也紫巖與予病未及死故默相對耳來書又云他日覿面恐不復相見紫巖殆亦不死而隣於死矣至予以悲勞成疾骨恒寸寸作楚夜非童子折枝不能寐意彼蒼留此殘喘以償夙負一旦孽滿便當撒手去也則夢中之兆焉知非已死與將死者之精神於久不相見之日訢合而聚焉者耶不然何三子之偕入吾夢也爰重述之各系生平以誌梗概

陳學博燮

行九號理堂長予九歲少以明經負京師名滿公卿間司碭山鐸以父憂去官奔走楚豫京洛二十餘年制府畢秋帆今方伯曾賓谷兩先生尤亟賞之庚午舉於鄉司邳州鐸不得志托病免歸未江寧守呂仲篤夫子聘修通省志未卒業歿於館舍著有詩集二卷理堂之詩嗜古而不泥於古楷字瘦硬得黃庭之遺乙丑同寓都中恒教予與紫巖臨試策凡筆畫潦草必諄諄勸誡不作一世情語余與紫巖皆凡事之

志士悲坎坷才人苦轗軻名山大川間舟車日來往天欲困爾才何容事安享天欲永爾名何容伏草莽僕僕終餘年栖栖嗟道長朋友恣爛漫嶽瀆供吟賞鬢影拂星霜聲華愛鄉相垂老博一官甘蓿酬清況解組賦歸來飢驅苦放浪秣陵佳麗地一坏可以葬弄月大江濱吟露鍾山上後來覽勝者庶幾見靈爽

李明經亨衢

行二號南阿長余七歲少穎異試輒冠軍文章結屈有奇氣書法樸老似褚河南為人清峻若不與世合恒終日無一言及得一二良友把酒燈前縱談往昔漏三下猶不知倦余嘗謂其氣冷腸熱舊爲蓋確評也而屢試不售亦此之故去冬得其書云老病心悸乞醫方於家孟以勉為良吏見勖余為楚其書以告家孟之靈而不意書到之日南阿已與家孟相晤于泉室間矣南阿困場屋四十餘年老於明經辛未冬十一月辛

讀書在古人，原不求祿仕。今以仕而學，科名須早置。天仙化南陌，少有凌雲志。文芒劃霆虜，筆陣奔濁驥。冰雪含清光，詩書吐奇氣。胡弗陵而仙，竟以揑而躓。少日鸞鳳姿，老大傷憔悴。頭顱竟蘊毒，眼中貯雙綫紫。零涕哭秋風，日月忽交逝。生平錦綉心，銷滅重泉裏。所幸有佳兒，文行兩相似。頌誦寄我書，欣然君不死。

高舍人　筠

行四，號紫嵐，少余九歲。乙卯孝廉，授内閣中書。年十五六即與其兄若廷以能文名於鄉。尊人松軒先生爲紫嵐擇友，命以兄事余，故紫嵐與余詩文必相質也，出入必相偕也，患難必相急。世宮雲舸夫子謂其文如臨風舒錦，宜乎投無不利。失壯歲屢困禮闈，乃於暇時學詩，得意句酷似其家季迪。余之粵，登舟泣別，若不自持。續以隸書聯句見寄，殊莊雅有古致。方日丞置身木天，紛署中爲吾輩一吐鬱勃氣，書來告以目疾將瞽。天若竟瞽紫嵐，去死亦一間耳。理堂與南阿及余皆老矣，他無望矣，死可痛亦可。紫嵐甫逾四十，後來正未可量，獨膺痼疾，冥然不見天日，設終不愈，是普天下慧業文人一大恨事也。噫嘻！

妖壽世所有，最苦推廢疾。之子盲於目，殘形此爲極。行則恒悵悵，坐則甚兀兀。雷雨徒有聲，天地杳無色。玉發賞心書，依稀舊相識。錦囊嘔血句，檢點空相憶。悠悠涉長夜，茫茫馳白日。冥冥游幻化，四顧氣皆墨。願子袪百念，安神日冥息。元英啓其靈，虛室可生白。予亦勉加餐，澄心保筋力。他日或歸來，對面庶相覿。

兩壻入都詩以示之

相望已經秋，相看淚欲流。青衿才子目，白髮老人頭。伉儷今難矣，奩箱太薄不？堂前有翁姥，何敢苦相留。

送貽簪貽笄兩女于歸

去去勿余戀，宜家宜日長。同心偕姊妹，努力事姑嫜。女子重柔色，儒門忌艷妝。殷勤安布素，慰我遠相望。

況有乘龍壻，英英皆妙齡。花晨同覓句，雪夜伴橫經。燕婉歌南國，鵬摶膀北溟。可人紅燭下，吟己一雙青。

我本孤懽命，何容設爾曹。別離傷白髮，身世老青袍。荊布羞堪守，梯航漫卸勞。嶺梅花放日，為爾寄江皋。

臨岐更諄屬，片語抵黃金。勿倚嬌癡性，常懷夙夜心。厨中供旨蓄，燈下理寒鍼。尤望堂前老，母辭訓誨深。

送宮濤夏荃兩壻挈女歸里

已是秋深矣，相看淚滿襟。送完兒女累，剩我病愁身。白髮縈歸夢，青山隔去塵。從今老夫婦，日望海東濱。

路隔三千外，人皆二十餘。飢寒曾慣否，風雪可何如。客裏毋貪睡，歸時早寄書。堂前如問我，憔悴過當初。

惠州道中寄程稽亭

東坡八載嘆閑絕，我已六年羈嶺南。血嘔乾思乃盡，鬢毛搔禿影毵毵。腥飛蛋雨江光赤，毒裹蠻烟瘴色藍。錢度懷人行不得，刺桐花下小停驂。

馬墨初寄銀魚詩以謝之并索畫山水及柘庵圖

墨初今之倪雲林，夥以大癡氣鬱沈。揮霍道子霹靂手，不假曹霸經營心。十載丹青共拂閱，一朝嶺海嗟闊絕。折臂難描紫邏雲，愁心空對黃茅月。伴來寄我不白魚，冰條縷切何紛如。香分蠻署杯羹暖，想煞江鄉風味殊。魚兮魚兮味雖美，鄙人之志在山水。墨初為我握大筆，濡染淋漓盡百紙。鰤魚湖裏數家村，燕子磯頭古寺門。桃花流水弄春色，老樹寒鴉帶雪痕。更乞剩墨繪柘庵，畫我枯坐如瞿曇。山銜瘴日石氣紫，水飛蛋雨波光藍。紫嵐澄夫與雲浦，俯首各題長短句。青尊白髮兩相看，訴與孤懽百年苦。

寄雲門三兒

手把來函不忍開，莫年失意倍多哀。憂貧憂老凡休矣，勞力勞心我痛哉。書債已從吾輩了，（君云願任齋學）墓門尊待汝孫來。（汝以次孫承嗣蓉兒）不知白髮寒灯下，可共今生酒一盃。

己卯羊城上巳（謝）

九九消寒春潮殘，消息何晤閱江干。衰綿空設羹肱被，（弟來屢）易罽新彈貢禹冠。朔日（換戴涼帽）榆莢夢回朝雨小，杏花人遠晚風寒。（粵無榆杏故及之）吟鬢淚撚斷星星白，搓手階前看牡丹。

八憶

余鄉長淮以南大江以北城藉水圍地同山靜每當初夏之時鰣魚出網蠶豆堆盤新筍穿籬脆如劉玉含桃入市燦若聯珠賦市兒之手黃劈蛤蜊染村女之顋紅錫薤蔔刈來麰麥碾成粒粒青仁買得玫瑰摘下離離紫瓣蘇東坡曰想象風味悠然寂寥作八憶詩藉消長晝

憶得江村四月初，罟船絲網薦鰣魚。銀鱗白嫩肥于乳，張翰鱸魚味不如。

憶得垂垂豆角鮮，田家剛到飼蠶天。連苞爛煮香生釜，翡翠分開顆顆圓。

憶得籬間筍脫尖，龔龍包裹玉纖纖。缺牙快啖清香脆，饞口頻咀至味甜。

憶得櫻桃綴彈丸，筠籃紅點露團團。此身不到芙蓉腸，飽食何須赤玉盤。

憶得江干賣蛤蜊，并刀劈出膩于脂。箇人只愛西施舌，似黃堆雪滿匙。

憶得城西地數弓，瓞鮮人劚女兒紅。剁開白腨清而嫩，味勝紫花秋末菘。

憶得田家大麥仁，但逢小滿便嘗新。飽餐高臥北窗下，不識膏粱仕宦人。

憶得筠筐入市香，玫瑰新助美人妝。一樽濃浸醍醐法，入口芬芳紫露漿。

嘉慶己卯立春後五日卸南海縣事口占

紫泥封到許朝天，向百城中卸此肩。收拾琴書歸舊館，廬在司後街品題花鳥入新年。應官暫免聽衙鼓，坐歲居然剩俸錢。寄與汪倫須羨我，謂番禺汪孟棠弟今宵高枕得安眠。

諸君漫說好官聲，官好何嘗僅一清。縱有循巢留宦跡，不如牛耳主詩盟。時約諸同好新歲聯吟水流花放參消息，魚躍鳶飛適性情。樂煞太平明世界，梅花香雪滿春城。

戊寅重六日六十自述

問年初試一枝藤，待謝塵氛塊未能。短髮幾時離兔帽，缺牙空說啖紅綾。拙於世薄絲抽繭，壯似靈堂挂衲僧。羞喜炙人炎氣減，案頭清淨欲生冰。

度（庇） ○ 猶

自笑官聲太不虞，交逋上下欠工夫。難酬知己侯嬴老，（屢承名大憲相待過優）欲學安民范史迂。小部微歌揚爛漫，（北海東壤諸先生招飲設于司馬署中）扁舟載酒意縈紆。（吳寧東莞諸耆舊多遠來為壽）曾經滄海今都會，添畫珠江受隱圖。（屢有海天一覽小照賜題甚多）

三

小酌葡萄酒半醺，醉餘搭毛鬢毿毿。青雲羨鳥都成妄，白首為郎未免貪。喜少舊文留印閣，偶成新句貯詩函。潁濱何日征帆到，（雲浦七弟云將來粤）二虎風光好共探。（時將查勘大虎炮台）

衙齋靜坐

小雨星星溼畫軒，垂簾暫息馬蹄煩。時偕父老話今昔，欲與古人同晤言。高吻露根牆粉落，貓頭茁筍地翻磚。閒中俯仰增心悟，此是人生清淨源。

坐深添得靜工夫，罣礙全消一念無。古壁掛琴蝸殼墮，小池滌硯鴨翎汙。吹竽東郭先生倦，剖瓠南華道者迂。甘苦備嘗都寡味，不如歸去註陰符。

珠江泊舟

珠江潮退泊輕舟，一艦琉璃淨碧光。香稻入炊秋欲老，布衾裝絮夜初涼。蠔牆過雨藤蘿翠，蜑市回風橘柚香。此裏都饒明趣味，臨深我欲詠滄浪。

仲振奎

字春龍，號雲澗，監生，工詩，著有紅豆山樵詩草

清溪曲

清溪三里路修曲，老樹參天芳草綠。朱樓綺閣無一存，落日秋蟬鳴斷續。我思佳麗如雲時，一夜百萬洪梁卮。笙歌散後竟荒寂，繁華豈有綿綿期。紅蓮碧水送朝莫，對此徘徊不能去。何須更訪小姑祠，一盃獨酹湘蘭墓。

湖上吟

莫愁湖水明于鏡，紅蓮花豔白蓮淨。石城艇子打槳來，題句何須著名姓。湖上月來酒抱清，湖上風來吹醉醒。

自吟自飲獨歸去，可知我是古狂生。

橫塘曲

橫塘水風吹纖纖，似羅綺。橫塘樹雨灑涓涓，帶烟霧。妾家住在橫塘邊，橫塘秋好開紅蓮。郎來繫馬橫塘側，簫管留連朝復夕。送郎歸去最殷勤，却恐重來不相識。橫塘萍葉青參差，倏離忽合風爲之。花前小坐意良足，安用橫陳玉體爲。

金陵客中寒夜不寐枕上得句

江國寒深客不眠，酒旗歌扇憶當年。越塵散盡無春色，箏譜拋荒少舊緣。一榻詩魂心底淚，六朝山影夢中天。此身忽覺垂垂老，不受人憐却自憐。

繆引年 字漁湖

飢鷹

風捲黃沙起，攫身天地寬。撲雛聲倦翼，掠日鬢新寒。眼睇霜皋窘，聲欺戍角酸。稻粱餘鸛俸，振翮願分餐。

凍雀

霜雪頻年逼，破巢驚乳啼。擇音調舌結，翻翰更風低。避彈情難主，銜花事怕題。紀于山下過，蹤跡更凄凄。

病蝶

消身扶瘦影，不耐曉霜濃。衣晾苔痕薄，魂偎菊樹慵。縱入憐嫵媚，遂日費提扶。難道于天忌，年年淚滿容。

僵蠅

勞作趨炎客，今逢怯冷時。祇因風少烈，故覺力難支。戀日鑽窗懶，憎人觸睫癡。餘生何足惜，誤點畫屏爲。

放言五章仿白香山體

男兒本是可憐蟲，生在洪爐鼓鑄中。鮑叔讓金憐管子，藺君返璧勝廉翁。春花嫵媚終無濟，秋露凋傷亦

連江納姬詞
是花名花開並蒂
時小店令又聞
贍服娘你小手
二次納君謾
十乘戟九天翼
不教風流壬歡
之
何暇知何小芳名
揉香閨秀好空
情懷與你窗人
宿穢擁衾衣低
唤二聲卿
買得餓眉其容
因夢芳小二收
真二摺笺搖硯
分携手席素
新妇第二人
踏室双栖艳之
花萼原來老
並大嘉階前
多楂豆男卅
珠逗灵胎玉
有芽

容

有功勤透天機密嘯傲不看樓外夕陽紅

修竹森森矗萬竿佳入翠袖倚天寒籠禽足食遭羈絆野鶴無粮振羽翰道重尼山知遇少功高武穆令終難不干萬事游胸次且把雄心付鎮干

詩名空羨古人傳處己應當醒宿緣老樹有時紛落葉壞隄幾見久防川霜花疊瓦斯須滅冰箸懸簷頃刻堅曠達不爲塵世累高山流水伯牙絃

烏飛兔走去堂堂老死終歸葬北邙藉酒胄騰藏拙法逢人囁嚅守身方散裘李子書盈篋抱璞荊人淚濱裳知者何如仁者壽爲誰辛苦爲誰忙

擇就蝸廬日日居袖中藏有養生書香山結社非逃佛嚴瀨垂綸豈爲魚詞賦於今宗鮑謝文章自古道嚴徐靜觀物理須行樂莫羨門前長者車

陳奉綸 字掄亭 廪貢生

十月二十四日小飲四首次東坡岐亭詩韻 二十五日復增一首

性嗜病肉熱常苦蔗漿冰汁出門逢麴車涎垂兩頰濕禦寒裘已敝對酒貲不得債券將成堆嚴冬剝啄急肅肅連尾烏悲縮頸鴨伐木三兩人不時燕入幕肺腑忽相傾心追赤子赤菊徑葉消黃梅花月吐白勉等薄酴酒痕上衣幘支枕待夜闌浩歌雜悲泣心餘力不足周旋常恐缺造物容爾如談笑互主客入世苦迂疏滿面塵紛集

詩書味至厚豈惟一粒汁大道宏且深豈堪細流濕人心有同然古人先我得吾傳第一件坦坦是爲急破屋卧風雨常防擋階鴨學以究天人三年下帷某洞然無一物觸處盱膽赤清氣回平旦靈台日常白淡泊明吾志飯粗服布幘能忍李女飢無爲嘆其泣窮達莫非命氣化亦多缺人生希百年來往等過客一炊愁不滅蒞蒞萬端集

嗟哉富大賈終朝飲而汁懵然肥其家河潤不共濕錙銖弄毫毛雞鵝出纷失得其視用強奪比吾仁義急天爲

陸

暴其軀性命等鵞鴨赤手盜銅山轉瞬燕巢幕人孰無至性精血一腔赤每于恣睢時楸枰迷黑白意欲恣厚
蓄美食壯襟情徒增末路悲魂類若敖泣人非賢聖皂豈能無一缺當思肆殘忍常為易地處不能坐貪
夫罪孽邱山集
人為倮蟲長靈性淪香汁味道獲膏腴蘭氣吐潮浥浩歌石與金蓬户亦自得可憐輕薄兒但云謀生急識
廉不如雞知暖僅類鴨鄙吝本性生破慳閉其蓄讀書思脫穎出仕為保赤子之亦咕嗶談道雙眼白翩翩
學公子踈狂炫巾幘我吟哀王孫徒然苦欲泣孰不賴兒子如斯憾多缺過奢過儉嗇交互作賓客為罪
亦等耳此輩如蠅集
十載燒丹鉛安心乞米詰強作逍遙游居下而懸濕咬根菜自香肉食豈云得生計愁艱辛謀道意頗急時
喜良友至不供雞并鴨土銼生寒烟破窗失簾幕松倚危樓青霞亘斷垣赤久矣慕陶心菊籬衣隱白
手摘荒園蔬漉酒剩巾幘此願尚未能日學王章泣殘編誦不了坐對遠林缺朋來我是主朋去我亦客胸
包如許愁一部少陵集

題夏退庵所得北宋姜君誌石

姜君石碣久不載名海陵志冥冥數百年風沙翳銘字搗練復鐫鑱支牀更誰誌豈知趙豆城劍光氣難蒙
賢太守蛟龍纏片石出山來多古君集古錄搜羅具精意更覓金石刻遺跡隨所致鄭重示搨本觀覽
誇盛事細會銘中言仁人在施濟如對前賢心佩之永無遺

姜鳳喈 字桐軒

村居聽雨懷諸同社

村居秋欲莫抑鬱苦不適何夕掩柴扉臥聽秋雨滴衰草吟醉蟲殘灯耿虛壁我有素心人相望無由覿
樹聲雜雨聲根藉支寒荻誰家子夜聞倚樓弄長笛

老將

百戰功成後，歸來卧草門。撫髀尊談陣法，對酒説君恩。一夜沙場夢，千秋厲鬼魂。來朝天欲雨，驗取舊刀痕。

高銘 字文子，嘉慶癸酉拔貢，詩派兼唐宋，著有曼亭吟草二卷

題夏退庵所得北宋姜君誌石

一片韓陵石，沈埋八百年。幽宮儲秘寶，鬼物守窮泉。定武此真本，佳文亦斐然。衣珠君拾得，光耀草堂前。

儲鎮藩 字价人，增生

題夏退庵所得北宋姜君誌石

蛀粉殘叢費討論，每從先哲吊精魂。才搜赤水遺珠泣，酒酹黃壚宿草溫。歲月荒寒韵梓里，文章銷蝕認苔痕。信今傳古誰憑準，恃有人間稗史恩。

祛疑訪遍古林邱，烟雨迷離破佛樓。庚寅冬仲退庵邀余及張式南訪邑中古蹟皆徧 斷墨零紈珍楚璞，灯紅酒綠按吳鈎。箋疏瑣屑存忠孝，號召風騷足唱酬。一髮千鈞関絕續，甲科翻許等蜉蝣。

青精已是閲滄桑，況有韓陵石為償。歷刼似緣丁甲護，摩抄真匹西山藏。明誠舊録遺堤禎，趙宋荒阡土尚香。寄與神仙諸伴侶，莫愁翁仲卧殘陽。退庵於購三石墓地故云

賀子誠書莊室落成 晦藏稿

幽齋結構最精嚴，畫意詩情四壁兼。書帶草香侵坐榻，鳳仙花影上蘆簾。蠹魚搜青簡枯涎拭，茗煮紅爐活火添。第一桑榆多晚景，朝朝迎得夕陽遲。

固由胸次多邱壑，半假蕭閒娛老親。小隱最宜椎髻婦，承歡能慰白頭人。招邀朋輩都緣俠，富有圖書不算貧。我亦市城甘閉戶，輸君蒲酒出風塵。

程紹裘

字鶴衫，與夏退庵友善，咸豐間游幕安徽霍山，以寇亂歿于壽州途次

甲戌夏日松林庵看古柏分賦二律書示小香姪 殿宗蔣原稿

嘉樹何來老更遒，想從鬼斧費雕搜。月明深院鶴無語，雨過空庭龍未收。瘦影橫開千佛界，靈根居盡六朝秋。壁間斷碣尋難讀，坐對琳宮禪意幽。

寺門遥指傍蓮龕，入座頻聞風怒號。翠黛一林盤佛髻，碧雲滿地走秋濤。最多妙筆皆因曲，等是名山不在高。歸去逢人殊以冷，数声清磬散平皋。

真州道中

郊原逢午霽，景物望中新。翳柳低搖水，平蕪遠媚春。村聞沽酒市，風軟跨驢人。卅里揚州路，吹來衣上塵。

高椒園觀荷

倚檻真忘暑，風來袖滿香。人如鷗自在，花與水清涼。抱岸分隄柳，搖紅暈粉牆。故鄉湖上路，烟月畫船忙。

秋夜風雨懷諸兄弟

節過重九雁來天，繞屋風濤攪客眠。鄉夢牽連秋雨外，壯心磨滅夜燈前。幾能投筆身皆炎，誤信游山似有緣。大被團圞負亦樂，況虛花事又經年。

畫扇

拳石含苔潤，疏花帶雨欹。一痕秋影瘦，延到雁來時。

吳樹蘭

字香墅，曉嵐子，乙巳歲貢，著有佩秋書屋詩存

題夏退庵所得北宋姜君誌石

七百年前一片石，不使冰霜能剝蝕。泥塗晦迹閱滄桑，曠代無人精賞識。一從妙手徙雲根，珍之有如尺二璧。古今人生即風燭，况乃時移世屢易。姜君潛德發幽光，碑版依然神奕奕。有其器而存其辭，前本流

妄

傳爭秘帖論古更發祛羣疑字搜句剔經詳覈吁嗟乎殘碑斷碣半銷沉文字常遭劫厄厄公有誠心金石開遺編已比琳琅册相期覓櫝竟還珠初地仍教妥靈魄

陳晉元

字少芳歲貢生工詩善倚聲著有清味齋詩集生日倡和詩鈔

乙酉秋仲五十初度

依然一室坐維摩草草流光半百過筋力已從彊歲減心情都被病軀磨早除塵望存真性略借禪机養太和但使此身解棄疾年華那敢怨蹉跎

身後無名且莫論及時行樂已逾人也拚諧俗如游戲只許哦詩可率真琴揮終難裁古調車焚豈爲協方輪感恩知己尋常事祇悵虞翻骨相屯

迂疏真是百無能卅載羈留笑陸沉負賤安窮非易事功名淡泊豈初心年來但覺交游少老去惟餘感慨深便道狂奴仍故態新由相贏得鬢毛侵

七年小坐又羅塘閉戶權充養病坊最喜清風常入室每邀明月共開觴干時絕少千金帚醫懶都無百病方窮達儘知殆有命漫隨翁子問行藏

李宸

字楓崖諸生工詩與邑中諸名士結芸香詩社於芸山精舍著粤游草

題蘇若蘭挂圖

進倅流沙赴遠征迴文無那寄卿卿可憐八百四十字都是相思淚織成

題文姬歸漢圖

哀笳一拍一傷神身贖千金脫虜塵知否明妃翻羨爾當年同是出關人

題妓入道圖

蒲團冷坐一燈青回首巫山夢已醒百八念珠經一卷蕭郎不許隔花聽

澱

田琳 字鶴舫諸生 芸山詩社中人

客中月夜

雨過天如洗。煙光帶露流。誰家弄長笛。吹起故鄉愁。花影半簾月。蟲聲滿院秋。不堪情緒惡。此境故侵幽。

葉兆蘭 字古軒上舍 芸山詩社中人

老將

黃雲塞上射鵰還。博得封侯鬢已斑。斗印爭誇班定遠。錦衣坐入玉門關。九邊血戰聞刀嘯。百戰功成放馬閒。只有壯心消不得。逢人猶自問天山。

詠古二截句

華清賜浴水猶溫。凝碧池頭戰事屯。若果小人知有母。不應孤負洗兒恩。

漁陽戰鼓動邊塵。夜半宮車萬里巡。老將生降妃子死。當時同是受恩人。

羅克俠 字夏周諸生 芸山詩社中人

與古軒嘯竹蔚伯牛首即事四之一時鶴舫紅舫同行作

亂石疑無徑。捫蘿快一登。極天雙闕險。蹋迹幾人能。返照明江水。荒烟黯孝陵。祗愁忽高唱。驚醒六朝僧。

秋鶯

垂柳垂楊半已殘。此身何幸免流丸。友朋隊散求聲少。歌舞時非弄巧難。喬木幾經觀物變。金衣猶得傲霜寒。莫嫌公子終安夢。喚起春光另眼看。

閨中號舍 退庵筆記

至公堂下列西東。小巷條條路不通。九日騰諠三載內。一身枯坐萬人中。矮簷怕觸頻低首。短板思眠要曲䑨蝸含蜂房盡如此。渠儂都是可憐蟲。

許秉銓 字雲原，布衣，芸山詩社中人

送王魯石先生歸浙

片帆高掛武陵春。一曲驪駒各愴神。書劍忽驚王粲老。綈袍空念范睢貧。大橋花月新詩境。三竺雲山舊主人。別後相思應有句。好憑尺素託修鱗。

種菜

自把鴉鋤劚夕陽。種來蔬菜綠成行。閒中歲月無餘事。老去英雄有下場。春雨半畦菘葉脆。秋風一院豆花香。但求咬得其間味。縱使辛勤也不妨。

歸雲

一片孤飛帶夕陰。晚風催返碧山岑。浮沉終遂栖岩志。飄泊原非出岫心。往事那堪重入夢。舊時何處尚爲霖。西窗有客閑欹枕。目送悠悠發短吟。

補過

少年不讀書。好爲汗漫遊。呼朋日徵逐。生計改悠悠。醉酒復嫚罵。雌黃及同儔。因之來積毀。侗亦遭謗尤。即今多坎壈。毋乃戕是由。况復年老大。退思盡善謀。謝客親典墳。作橄欖糟邱。三緘有明訓。庶能杜厥羞。桑榆收未晚。令名或可留。

客途口號

檢點韶華事事非。楊花作雪惹征衣。如何江北江南路。猶有傷春客未歸。

偶成

六扇疏欞啟碧紗。藥欄亭午報蜂衙。山翁鎮日饒清課。編竹成籬護菊花。

鄭熊

字百山，别號芸山，詩社中人，著有聲玉山齋詩集

和夏紅舫春柳

鴨綠鵝黃到處生，半拖驛路半江城。千門曉色春如畫，十里輕烟雨乍晴。駐馬正添游冶興，啼鶯又動別離聲。那能載向陶潛宅，不替人間管送迎。

夏蘭

字紅舫，一字補生，諸生。豪飲，耽吟，不治家人産，晚年境益困，吟益苦，著補甌堂詩集

贈王左亭移居

城北橋西路，三間屋甚佳。貧家無定宅，名士有蕭齋。寄傲詩言志，推襟酒散懷。不須愁陋僻，析疑月明街。

題康壽石翠繞珠圍畫册

載酒揚州未了緣，縹緗尺幅寫嬋娟。不能好色非才子，又恐多情損少年。一世每逢如意事，三生只覺可人憐。煩君細把南華讀，雲雨荒唐自惘然。

平生我亦似君癡，心跡如君我最知。緗段瓊琚空贈答，楚腰衛髻寄相思。有情豈在巫山夢，愛好曾通洛水辭。誰解玉溪聞妙喻，蘭臺篇什漫猜疑。

云香集刻成題後

敢說家傳有錦囊，幸蒙採摘到山房。他年再荷輶軒過，一院荊花滿樹香。

踏青詞

白袷單衫稱体輕，金鞭玉勒出春城。天台儘有游人誤，莫向桃花多處行。

夏荃

字退庵，一字文若

酒樓縱飲歸途聯句

高坐氣昂昂，臨再索酒嘗。可憐王小二，不解是空囊。

始

王輔 字左亭，上舍，芝山詩社中人。時自稱匏尊老人。著有雪蕉草堂詩存

秋日憶秦淮舊游

曾記秦淮選勝時，六朝佳麗十三樓。花迎粧閣春爭艷，水惡歌船夜不流。彈指光陰悲故我，閒心風雨又情經秋。板橋楊柳今搖落，料得丁娘也白頭。

春風

點蕩東風漾泡春，一圍和靄撲芳辰。掃除積雪歸流水，撞擊飛花上綠茵。被處獨知天意厚，坐來不覺道心淳。吹噓莫謂翻多事，未了空山小草因。

曾嘉祥 字楓橋，上舍，芝山詩社中人

海棠

平開錦帳盡垂絲，深淺紅粧萬樹枝。入世無香應自悔，嫁梅有願不嫌遲。花圍濯錦宜晴日，春暖華清中酒時。分付東君須護惜，斜風細雨莫輕吹。

寒衾

冷味嘗原慣，中宵擁獨頻。溫須還藉我，熱本不因人。落拓餘孤影，支離縮此身。黑甜多好事，却夢累重裀。

野眺

夕照瀠孤影，無言坐石根。人家烟樹外，三五自成村。

俞國華 字蔚村

留別王左亭

計擬乘舟雅水邊，離懷爭奈落花天。知君著述非初願，愧我飄零是夙緣。休指青旗招伴侶，好謀金屋貯嬋娟。閒來欲慰相思句，還趁鄉園赤鯉傳。

武

盧瑄 字蕙圃

新夏同人岳墩晚眺

黄梅雨後嫩晴天。散步同登岳阜巔。山色蒼茫空翠裏，湖光蕩漾夕陽邊。出林鐘度漁樵路，抱犢人歸菜麥田。無限詩情吟未盡，西城蔀屋動炊烟。

沈殿春 字芳國

五古四章弔古門徐節婦

懷木森森枝，槎牙絶連理。眷彼共命禽，一心古井水。入門閲井臼，夫病顛風起。有時侹刃投，刃背忽相抵。有時搏火爇，火燄忽熸矣。此中誰挽護，默默神與鬼。回憶將嫁時，翁姑切阻止。婦誓不他適，蹈險甘心耳。嗚呼落錄鐵，志士尚逡此。

蠢我床前燈，燈冷灯昏夜。終身伴狂夫，寡鵠啼風榭。狂夫一朝逝，㮋績安然架。常時檄聲環，誰能顧棄柏。只知獨活苦，絶甘如蔗。朱門閒管絃，朝朝焚蘭麝。

漆用割至名，膏以滅光可。嗟哉韓蕭室，忍令竹摧好。叢彝偏閭里，聞風出涕哀。泪情陳大府，表節高崔嵬。亮此死節畢，鼎鑊何足哉。厲彼輕薄子，棄紛同飛埃。悲難遠颺去，安樂樹猶來。慚愧男兒身，俯首懷清臺。

至性格豚魚，正氣凜旭蜓。往年鬼兵擾，上岸爭馳逐。逼此貞節魂，控頭形容蹙。自來黄巾賊，知有經神屋。又傳赤眉退，殖兵姜里條。相披如黄巢，不入王官谷。取彼以為例，没世蹈芳躅。

費履堅 字素之號太夫

戊午上巳同人集碧雲禪室分得五律二首

篋

不為尋春訪，無心遇好春。燕猶歸故壘，花已換前因。語妙如迎客，香清解近人。匆匆忙幾月，又轉法王輪。

座有維摩詰，清機證佛心。總閑雲臥榻，山靜鳥窺林。更有詩情瘦，能將畫意臨。永和三日好，勝事許追尋。

田寶臣

字步泉，一字竹家，諸生。詩派出眉山，而加以精鍊，解經確有心得，尤貫通許氏說文。

寄常高庵

黄梅花放影高疏，想見潛廬正索居。閉户三更自歌嘯，推窗一片好蟾蜍。灯昏酒醒餘無事，霜相落烏啼或念余。我亦放懷千古外，年來磊落謝虫魚。

再寄

筐裏新詩為我攜，高哦不覺月華低。堂前未容清相對，天上星辰掃到西。紙閣深深還有燭，山家喔喔已鳴雞。歸途自念寒蟬語，不及先生氣吐霓。

再寄

程君與我兩睽融，出巷穿林聽放顛。萬樹梅花雙野鶴，半城斜月一溪烟。不知仙界更何境，但覺太清都在前。書遣奚奴報常建，桃燈還可賦新篇。

寄程小松

荒城誰可說相從，兄事高庵弟小松。神采照人何奕奕，相思如水結重重。飛騰豈是池中物，拳曲偏成澗底松。已是不堪寥落極，但期東野早為龍。誤叶兩松字加笑

再寄高庵

閉门一陣雨濛濛，家在烟霏雲霧中。但聽寒鴉啼古木，恐飛大雪吼狂風。朗吟不禁千篇出，憔悴都忘兩鬢空。如此清高家能幾輩，莫言詩困與詩窮。

再寄

詩思不知幾萬重，一重才過一重逢。逢人慷慨無他事，得句顛狂欲打鐘。抟比龜堂應不類，頻來燕寢愛

各　婢　慮

相從交情原忘廿，如醴飲到醇醪分外濃。

再寄

四面圖書列似屏，繞檐修竹舊青青。啁啁啾寒雀鳴還去，慘淡冬山睡不醒。十指錐懸無一事，諸詩稿另想頻經抄成帙，速付麻沙本，要共聯吟見性靈。麻沙屬建陽縣，去書坊不二十里，建陽鎸書人皆在麻沙一帶，見櫟園書影略注。

常增

字高庵，號繼香，道光乙酉拔貢，入刻竹葉山房集丁卯年詩，時二十歲，著有儀禮瑣辨、一松樓文稿、編年詩抄、高庵詩話、竹葉山房外集。

鬻牛歎

乙丑水來不可渡，下河牛盡換青銅。老牛觳觫滿行路，牽牛一一皆野翁。年荒牛賤無人買，終之緩步斜陽中。大牛腹大餓亦走，小牛含淚隨西東。丙寅買還秋復賣，價值减半如豜豵。今年春耕水已退，老翁諮嗟牛誠何衰。市人見牛與翁語，翁言飢苦遭年凶。洪水泛濫瀰未闭，萬頃倏變馮夷宮。大夫屋脊雞上樹，婦孺逃竄村村空。得船得命破浪去，載人載牛水匆匆。老夫家住茅山界，薄田十畝安雞蒙。婦一子一稚孫兩，買牛深幸家漸對豐。歲雖無餘足餬口，恒産庶可活哀隆。前年田没典牛贖，器具易粟易菜菘。去年贖牛急耕種，蓄牛那得私心喜，見苗芃芃。詎意水大隄又決，依然四野悲哀鴻。此日有牛無力種，蓄牛那得飢腸充。何況天心莫能料，焉知不與去年同。去年追逋更慘酷，吁買牛不償官窮人無以賠償之，以牛拒不納，家人諮嗟盡如秋蓬。兒諮嗟作僕婦作婢，高門消息常不通。兩孫遠賣江南去，存歿難知心忡忡。此牛轉與賣人飛筆，不如賣去買短蓬，撈蝦打魚飽吾腹，波中飄泊隨長風。言之未竟淚雙下，回首望牛牛惛懞懞。聽者太息各自散，老翁牽牛繞街衢。

紀荒二首

隄崩壞決水頭高，野老沈淪少壯逃。兩載流亡悲道路，萬家啼哭出波濤。各攜兒女愁凶歲，僅有瓶罍聚小舫。長日飢軀何暇立，可憐無處煮藜羮。

容

力稽頻年望有秋，禾黍苗忽付水東流。在瀾浮屋雞同泛，駭浪翻棺鬼亦愁。托命爭趨施粥廠，沿河暗泊賈人舟。從今堤比金湯固，常使人烟處處稠。

寒食

柴门寂寂雨丝丝，長遣侏儒笑朔飢。今日斷炊空藉口，風光正是禁烟時。

歸鶴亭

當時歸鶴有亭在，鶴去不歸亭亦空。今日春風上荒塚，行人無復說神翁。迷茫溪水綠三里，斷續菜花黄幾叢。此地神仙不可見，僅耕時節雨濛濛。

尋徐神翁守雌堂遺址

仙翁渺何處，來訪守雌堂。想見幽棲日，階前松樹長。白雲下遥郭，曠野剩斜陽。欲覓尋難得，茫茫烟草荒。

靖海樓

城上高楼聊縱目，眼前小景幾沙灘。兩株銀杏差能古，便算吾鄉一大觀。

文會堂

海濱幕府幾番開，名士醇儒接踵來。各有文章與經濟，不妨歌嘯雜悲哀。胸中邱壑荒煙埋，頭上星辰入酒杯。遺址衹今無處覓，春城寂歷滿蒿萊。

儲文懿祠

千秋寂寞此荒涼，青史流傳得幾人。幸有先生匡社稷，死留餘憾悲君親。當時馬政皆陳迹，小郭鶯花又好春。鄉里更難迂似我，獨來祠宇感荆榛。

謁胡安定先生祠

小西湖畔春雲綠，寂寞空祠生茂艸。先生一去無楷模，俗学孜孜安可掃。茲來今我肅衣冠，尚有遺型足師表。當年教澤遍蘇湖，經義治事互探討。能兼体用為醇儒，數百年來此人少。斯文後起得王君，良知学異豈堪紹。何况弟子今昔殊，僅弋科名掇詞藻。莫嫌祠宇门常閉，不如不見生徒好。此間與

烟臺 亭盛

徽

廢興更端改祀神仙，曾擾〻。百年專饗明德聲，元君玉女争祈禱。我同里閈愧仰止，却幸閒知獨能卓。低徊半日踏花歸，夕陽在樹空歸鳥。

里中有土阜名泰山，禅房花樹幽僻可喜，髫時嘗隨先君子一游，今春三月獨登其上，愴然有懷

吾鄉何處堪憑眺，只有城西翠一堆。蒼桧依然僧已老，碧桃無恙我重來。雲烟過眼皆陳迹，風木傷心感舊陪。渺〻滄溟最遼闊，也看海氣望蓬萊。

芙蓉湖

昔日芙蓉閣，簾前秋水流。高風懷六詠，空憶藕花洲。廢地噪沙鳥，何時團野鷗。荒城少佳趣，無處不勾留。

翠竹庵

竹柏交蔭青翠攢，亂石走地奇光蟠。蘚苔積寸欲侵路，鼪鼯晝見松風餐。蒼然四圍繞蘿磴，有亭翼然名壹山。未及攀躋急仰視，幻出雲氣空中團。虬枝屈曲若龍矯，圓影篩地白日寒。一處兩處山幽鳥，對鳴不遏歌喉乾。拾級直上入齋坐，眼中小〻成烟巒。我聞寰中名山競奇怪，峭〻嵌巖壁高千盤。其中勝境駭俗目，縋幽鑿險聞奇觀。足所未經夢不到，見聞狹陋拘弾丸。蒼天乃獨坐井論，由來未出閭里間。遂覺幽僻數椽屋，亦可暫遣襟懷寬。僧房如此尚難得，我來貪倚花前欄。何日脚根踏萬里，游遍鳥道扁舟還。長揖劉公拙歸去，崢嶸剩斜陽照樹交琅玕。

北山寺

寺門青草卒階長，弥勒殿敗無輝光。殿前隙地種蔬菜，塵沙吹滿東西廊。大殿雖古略雄偉，入後空樓無飾裝。過樓隱〻望深翠，松篁有徑趨上方。當門大不吠客，小室斜開樟檀香。樓西靜閣較幽邃，蓊然花木縈禪房。一僧樹下茗新煮，温言邀登花间堂。談無多語默相對，胸懷頓覺生清凉。不圖寺外金碧荊榛中，有佳境藏。客來真似倒噉蔗，乃知此寺非全荒。詢知山田足阡陌，膏腴所入供倉箱。積貯第一稱富贍，不欲紺宇彰輝煌。流民窮無立錐地，空門坐享誇豐穰。衣食飽暖住華屋，糢糊

鷺

花 成

梵唄礼梵王寺僧如此何足論樓上暮鐘敲夕陽笑從殿後出門去平野環寺繁耕桑尚幸遠近豐晨了
早歸途间看人插秧

羅浮山

一幅惠崇畫天然列短屏水禽出蘆葦秋雨落沙汀帆影當空見漁歌隔港聽晚來風獵獵海氣入滄溟

永寧寺

十畝方塘開野水正新漲魚翁釣出没影落清波上向晚來遠風中流聲微浪蘋荇吹欲散遠渚蒲長時見
竹光陰陰間漁唱鐘響寺门闭橋頭醉村釀

板橋明月歌

板橋小跨鹽河寬月光墮水一片白盈盈北接通倉橋雨橋中有環堵宅夜深出户河畔行長空皎潔玻璃明大船
魚貫截水面舟人熟睡無喧聲我來橋上倚楠立霏露着人衣袖濕屋上雲牛礙星辰帆月窗雖有尚寸心入脚下
瑩瑩生寒光恍如晨曦橋上霜雖大無聲萬家静乾坤清氣來無方千尺金虬蹲双眼对月吐華無盡[illegible]依頭
自顧橋影長恍勝秦淮闾長板當前妙境無人覺幾人月出肯孤往吾廬咫尺板橋北獨伴今宵此月朗樓乌
已定五更初橋南橋北行人稀北山寺裏夜鐘響自笑看月猶未归青天月豈為我設我獨不忍與月别橋上徘
徊月不知此心与月俱清潔

贈許丈雲原 秉銓 二首

數间破屋玉川子一串新茶采芽新辰了闭门貪覓句眼光頭白苦求工
日日春[illegible]左巷東若東身落牘追隨[illegible]前村得擬野舟笑古意蒼茫説霸才

葉文石軒 兆蘭 招集西河草堂小酌 堂西偏曰小詩世界

招賢橋南春漲生綠波一段琉璃明此舟小屋水雲裏梧竹復作蘇蒲聲米家書畫有新趣花為四壁窗櫳
横風摇婀娜门外柳畫嗜錦囊溪上董主人手闢小世界若來於此開詩城境隨先君百里兒孺子屢訪論
浪清不圖巨眼教驚煞角賞我天馬四中行西華重來愁萬帳難得春日府衣情深酣狂歌獨归去回首烟

湄無限情。（以上均竹葉山房集）

自述　二首之一

憶昔垂髫時，兒童共嬉戲。椆居自無猜，角逐有真意。卅錢買長槍，對舞擇隙地。牽犬以為馬，登壇各樹幟。我弱強者欺，我強弱者悸。放眼天地間，世事殊相類。安得曠懷人，勝負度外置。

題舜千小照

靜躁從來性不同，風塵奔走尚匆匆。羨君艷福兼清福，只在琴弦茗碗中。

一道經椆一角山，青衫相伴有紅顏。會看郄下新雛鳳，又要迴眸小髻鬟。

甲戌嘉平賀王左亭移居

辛勤十載覓棲居，未許頻年作繫匏。擇木又看鶯出谷，卜居渾似燕營巢。綢繆牖戶偏難定，料理圖書不忍拋。此後訪君深巷裏，柴門休厭我常敲。

購得蝸廬寄此身，番番點綴見精神。世無廣廈誰能庇，壁有新詩不覺貧。近市只貪常貰酒，傍橋恍喜可垂綸。北來我在山房住（時余館戴氏天竺山房），也与君家算結鄰。

湯治昭

字楙齋，歲貢生。品端學博，孝友性成。著《清嘯堂詩草》。

贈康瑞伯

兩萍蹤跡慣飄零，為過蘇堤冒雨來。愛爾胸中幾雲夢，慚余衣上有塵埃。前程榮落經賢劫，後起風騷此霸才。倚醉高談忘角露，累他鷗鳥盡疑猜。

詩中史筆畫中仙（分詠唐宋詩人得李白杜甫），開寶風流說兩賢。殿上眼空高力士，江南腸斷李龜年。浮雲蔽日愁難放，茅屋經秋事可憐。只有文章光燄在，錦城西去夜郎天。

鄴中

梓河春水綠沄沄，魏國遺踪信有云。今子才華容八斗，阿翁豪氣蓋三分。時來事創爭天祿，了去山河落暮雲。畢竟奸雄推此老，墓門猶署漢將軍。

芙蓉

秋水日盈盈，芙蓉香自清。朱顏不肯嫁，淨葉浣紗行。風雨憐孤影，荒寒多遠情。何時天上月，流照滿江城。

康發祥 字瑞伯，一字伯山

己卯五月四日壽王左亭同社五十即和其自壽原韻

記得漚盟結社初，高吟得句有誰如。忘年交或由前訂，促膝譚疑讀異書。市上伯倫常縱酒，山中宏景屢遷居。近聞五十華筵啟，擬挈壺觴共造廬。

古調休言知者稀，時聞倒屣款荊扉。項斯每逢人說，伯玉能知往日非。身後名輸及時酒，侏儒飽也小臣飢。生來骨似梅花傲，不因良朋為解衣。

攢眉誰識苦吟身，語帶粗豪亦率真。不受牢籠誠健者，略多酬應是勞人。殊能記事原通慧，詩繼充囊豈讀貧。石上蒼蒲生幾節，來朝佳釀更重巡。

煮字閒澆磊砢胸，烏衣子弟舊家風。二分月果看花外，五色絲穿注酒穠。左亭家藏艷尊，俞澄夫先生為作記。良友欲酹紅錦段，幾人能得碧紗籠。詩成聊作春台祝，郢匠門前亦拙工。

余舊藏日下舊聞一書，中缺兩卷，頗以為憾。今左亭先生近從市上購得，擧以見贈，作此奉酬

此身未踏長安土，四十年華心獨苦。此眼未看長安花，星星兩鬢傳霜華。峯頭見日不得到，天門央蕩徒咨嗟。秀水才人通籍早，千言下筆富文藻。詩話閒編靜志居，儒修用撰羣經攷。其餘撥更多說，零珠碎錦藏于笥。三輔黃圖兩都賦，舊聞特為遠人示。星主鄭桐及戶版，緯吏甚佈皆編次。我有此書作臥游，其中脫簡有五三。道經首卷擬用半水舫原稿入卷帙之卷。千門萬戶忽見阻，欲其胸達嗟無由。左亭山人

驅

今詩家二百青蚨市得。數幅鏡鶴竟我詩。開匣持贈無顏色。我感君誼何以報。作詩相贈復相笑。我括
君年已老蒼。君說我才亦清卲。我獨何為在塵寰。君亦何為襆耕鉏。時聞人道日下事。五侯七貴皆英姚。
我且讀書君飲酒。此身從來亦不朽。功名富貴各自有。寧人莫笑文離奧。君不見極目閩山有暮雲焉
周晚過徽前聞。何當太學臨車過。與爾摩挲石鼓文。時書共四十二卷分十三門以石鼓文終焉

李觀時

字雨村，歲貢生，從吳伊訓游，有八才子之目，縱情詩酒，工書法。

近律四首

秋雨一城濕青衫，雨曉寒罡風高樹蒼。好夢隔宵閑姓字，頻驚熱功名正貴難。低頭看鏡鬢叉
手背欄干。

人阻登高興，天留待用身。縱難情得失，未可遽歡嗔。拚飲三升墨，重沾十丈塵。君看飛渡者，前
度亦迷津。

自照秋燈影，依然鈍秀才。此中胡太熱，是境實相催。響遍吟蟲露。春花款蟄雷。村聲聊快意，滿
眼故人杯。

一第寧加我，家貧望早時。微嘶增馬齒，敢說妬蛾眉。科目須能稱，文章要合宜。江山勞對戰，報
捷未嫌遲。

常存恭

字安卿

二月三日同人分韻得春從何處來題中平聲七律四首

東皇久悯雪中人，歷盡冰霜劇苦辛。已困奇寒難驟暖，更從何處向來春。白蘋忽動江皋興，黃
鳥驚將物候新。應念袁安高臥足，杏花消息小樓頻。

圓

西溪積雪尚重重，鐵脚梅花瓚自濃。低水暗生今候睹，好山如睡昨猶逢。從頭欲覓來時路，識面都迷舊日容。試聽潮聲雷奮處，精詳一樣問年從。

南徐春水漲生波，奇峙人來旺若何。雨雨分題闈韻得，和風拂若戰聲多。梅花白雪前峯隱，桃葉狂雲隔岸拖。從此向榮添氣象，陽春一曲請同歌。

北郭曉晴幾日來，青衫白袷費疑猜。一鳩啼歇雨初足，雙燕入簾風忽開。似霧隱城迷遠近，如烟楊柳認樓台。敢誇一首春蔥賦，常人傳盛世才。

陳文田 字研香

崖生弟殤，有日矣。勉成二詩，聊以代哭。

病鶴飢鳴雨不堪，吹來霜信倍闌珊。君能解脫先登岸，我獨辛勤為蓋棺。訣別數言猶首肯，浮生一夢總心寒。天涯別有傷懷處，更把梅花幾度看。

獨夜昏燈照影孤，荒雞喔喔幾踟躕。殘杯有酒無人酌，冷局如棋已半輸。甚悲業豈能鍾厚福，微名何苦累殘軀。淑廬自在南山下，為問歸魂得到無。

賀王子勤廣業觀察重宴鹿鳴

萬丈光芒射斗樞，文昌星與老人俱。荔枝香好曾過嶺，蒪菜風高早返吴。喜見恩綸來北闕，飽餐秋色到西湖。君歡養長君秀村鈕吳，暑中奉特旨賜宴鹿聞。飛騰祇覺蓬萊遠，已許丹山報鳳雛。謂二令嗣谷奇孫倅。

記得王郎白袷輕，鴛鴦到此亦神傾。少年塵抹尋常事，老子風流無限情。豈有塔光能步蹴，從弩末張成名。珠湖明月重邀約，君曾襄館重宴鹿鳴，推高郵王式耘先生。又向吾鄉拜伏生。

王廣業 字子勤

齊 回

輓程小松

聞說歸帆出峽中。甑生米剩許先通。門前滿擬迎王粲。床下何堪拜德公。一面有緣哀鬢白。兩人無語夕陽紅。嶺行仍作重逢話。檢點詩筒又酒筒。

記醉君家舊酒罏。每過城闕趁街趨。壞牆繞屋圍千堞。枯樹欄椅臥一株。烏阜秋風悲北宋。草堂春雨隱西湖。長歌短詠渾如昨。此樂他年不信無。

烏語鵑魂各一天。人生聚散亦前緣。東西跡阻三千里。兄弟情牽五十年。雲路仰看君直上。歸鞭竟讓我居先。留中亦有言旋意。二老風流在眼前。

歸來三日病瀕危。來去分明撒手時。一月短緣拋病婦。十行遺囑泣孤兒。首邱得遂終為福。心願難完只自書。知多少單寒齋下淚。民之父母士之師。

張雲上

字仲逸，號苦癡子，原名雲慶，廩貢生。工文詞，詩宗溫李。著有坳堂諸集。

秀兒墓歌 并序

秀兒不著姓名，故良家女，家揚州。因亂徙吳陵，中途落匪人手，鬻入青樓。然賦性貞淑，罕與人接。適錢塘生亦生為浙中右族，一見甚洽，竊訂婚娶，約期一歲。生以游幕渡江去，追措金返，秀兒見逼于鴇，竟不屈死，且旬日矣。絕筆有可憐已作沾泥絮，不怨東風只自傷之句。生詢知，痛絕，攜酒前去，諸其墓而哭之。會清明日，吾邑陳學村蔚山拜墓歸，過諸途，生素與陳善，因略叙往事，悲不自勝。陳復轉述于余，為立小傳，且欲繪圖徵題詠，倩余作俑。余悼亡以及五年，輒無心作綺語，聞此欷歔久之。遂援筆作秀兒墓歌。墓在城東北伴孤臺堂下，短碣存焉。竊願同人為廣其傳，亦發潛闡幽之微意也。

燭

春燕雙飛春日暮，野塘碧水城東路。楊花白白草青青，知是玉人新葬處。玉人生小廣陵家，秀兒名字嬌如花。暮窩烏絲撫裏鮮，朝臨青鏡學盤鴉。蘭閨女伴邀相戲，妬煞花叢諸姊妹。不知艷福有誰銷，已及笄年猶未字。一朝江北起烽烟，斷梗飛蓬悵各天。倉安南來流寇信，蒲濤東下避兵船。倉皇星散遭多故，此身竟被青樓誤。輕身羞儕墮溷花，飄零恨作沾泥絮。杭州年少故翩翩，蓋是烏衣子弟賢。乍見紅顏便邂逅，偶陳素願更相憐。從此綢繆兩情密，妾嫁郎婚盟定日。蠟矢寧容白璧污，蛾眉須借黃金得。紅銷清尊理別筵，陽関聲斷倍淒然。郎行辛苦逾千里，妾守丁寧零只一年。朱門靜掩人蹤擋，不御鉛華椎髻縞。鸞兒館裏日初長，燕子樓中人易老。行雲行雨夢迢迢，慈水慈風莫復朝。沈鱗斷羽都無信，別鵠離鸞不自聊。苦恨挾邪翻覆手，甘言更嫁商人婦。文鴛打鴨怕分飛，綵鳳隨鴉嗟失偶。蘭缸無燄影三更，自起投繯畢此生。生絕烟花辭北里，死依松柏望西泠。世事無端多鑄錯，行人竟返東川幕。蓬山萬里失前游，萍水三生虛後約。低徊不語恨空房，缺月塵沈寶鏡光。當時悔作秋風客，此日重尋夜度娘。彩雲散盡風流歇，玉瘞香魂長訣絕。崔護傷心自過門，孫郎遺恨誰同穴。麥飯豚蹄美冷不溫，清明時節易黃昏。綠珠不見樓頭影，紫玉空招墓上魂。吾鄉陳子曾相識，細說淒涼歧路側。由來吾輩正鍾情，不是世人偏重色。罷酒歸桃午夜燈，傷離感逝涙難成。老我重生荀令歎，因君為作秀兒行。三尺荒碑一抔土，樹上婦歸啼正苦。伴孤臺畔立東風，落紅和涙吹成雨。

費文彪

字炳章，明經，著有鉄珊小草

過野田莊弔家比度先生

歷盡蠶叢別有天，峨嵋西望渺如烟。浮家漢水殘春艇，賣卜成都舊跛仙。高蹈肯隨鴻博試，名山解識寓公賢。我來欲訪遺民墓，蕭蕭清風過野田。

與

穀日過繆湘芷先生廢祠

湘花湘草棓前身不信頭陀此夙因江左名齊十五子楚南後拔一千人豪情賭酒空群輩妙手探花占好春太息餘園風雅盡荒祠重過淚霑巾

讀吳陋軒詩書後

閱盡滄桑鍛鍊精不求聞達重公卿能傳陶杜真衣鉢自得風騷古性情僻處海隅終歲掃孤吟盛世竟知名零珠斷璧珍希代把卷公前一告成（刻嘉祖夏退庵先生刻陋軒詩錄）

書鄧孝威先生詩後

填墨堂中宏搜羅詔旨特膺鴻博科大試京師人文藪尚書座上詞客多宴筵劇演息夫人不言不笑桃花春羣公賦詩方蝟縮先生下筆如有神千古艱難惟一死（原詩）不覺主人頰有泚罷席不歡可奈何如棒當頭雷貫耳君不見同時錢牧齋宏獎風流誰可儕可憐傾國傾城貌兩朝人物遭詆諆吁嗟乎尚書威望不足道一失足成千古詬合肥常熟還相望先生吾邑杜黃岡人之多言亦可畏嘻笑怒罵皆文章

海陵述古

海陵瀕海濱古屬廣陵郡秦漢六朝間斯文未啟運南唐改州治風會日以盛炎宋三百年查周兩著姓科第與人材史冊足徵信起家由嶽存阜考胡安定巍巍食兩廡至今光邑乘有明隨洪元興人文益蔚起卓卓儲柴墟學業光青史得謚曰文懿一代重稱美羔羊素絲風流被諸君子可以文昭後理學嗣未已心齋稱大儒天下仰宗旨最後一老遺陋軒詩教啓國初繆司寇久㗖才子名宦庵宮中丞亦擅著作聲同時相輝映兼有俞與陳極盛難為繼於今二百春俞氏宸翰樓繆氏清響園草堂春雨社遺蹟皆荊榛我亦生茲鄉悵望徒酸辛

引　覆　相

山林有傑作繁推鄧与黄蕭蕭桐影樓皷皷填墨堂曠代數逸才兩家相頡頏孝感本寓籍楚材
晉用良厳若敵陋軒此道归仙裳巍然杜來閣久傳壇坫閙羅塘我題戴笠像懷古心徬徨

題黄仙裳先生戴笠小像為遂生作

數典不忘祖舍公奚归眼前漁父笠心上戲夫簑雨路引新桐乳○公有桐引樓 悠然堂集 風高大布衣○悠然遺響
在○遂白雲飛○

訪德香閣故址感作

吾州德香閣向在西橋西結構傍河干垂楊雨路水湄閣外多梅花斜枝壓檐低名流每讌集觴詠
爭賦詩漁陽有佳句風流人欽遲至今百餘年樓閣無從窺朱欄一以朽紅萼空相思疇昔盛文雅殫
指傷興衰流水淒無語遠烟迷一畦斜暉映古木照見寒鴉棲

謁王心齋先生祠

心齋先生生海東千秋絶學一語中讀書不出孔與孟事物名理相貫通陽明怨創良知學遠求指授驚
頑慵西江一見道明敏析疑辨難妥肯窮官游京師返鄉里後學請啓如振聾子弟亦列名臣傳理
學初紹傳家風我謁公祠生敬仰安定之後復有公可知生才不域地克自振拔皆英雄

范公祠

憂先天下憂樂後天下樂二語千古人此心高樓若大任與布衣兵林表與礼樂餘恩及鄉井事事有條約
哉哉范公壇悠悠范公隄海深陽家利澤建祠祀西溪吾州有祠祀向來苦窪低近得鄉校議上告刺史知
棄彼比邱庵為公香火祠為民捍大患祀之礼則宜山高而水長千載有餘思

儲文懿公祠

卓卓諸榮墟挺生海陵鄧春秋捉兩元不以功名喜讀破萬卷書孳孳猶未已及至官兩京風度人難
擬侃侃建正言章奏載青史豈好諫諍名所陳皆國是經綸不世才文章餘事耳列之文苑傳公志
不在此我今謁公祠芳徽深仰止後起諸英賢何者堪繼美

登岳阜

斗大一城角，累土為高邛。湖水何湯湯，樹木何修修。歲久氣脈疎，直瞰天嵐光浮。然足游覽，眺望城四周。隔江羅遠山，拱揖西南陬。細昔岳忠武，孫軍屯江州。柴墟復退保，森然營壘稠。吾城未守鄉，士馬何曾留。威靈所至處，草木生清秋。矧在忠義士，道與先生侔。豈惟重手澤，石刻書法遒。我來拜遺像，擅然憂國憂。一朝鑄大錯，忠憤無時休。湖水何湯湯，樹木何修修。再拜呼岳爺，蒼天真悠悠。

再望靖海樓

傑閣臨東城，巋然鎮海宇。乘興此登眺（高）睹，懷古昔日梅花千萬樹。憑欄大好題詩處，法曹一去八百秋。高風回首猶堪溯，莫道種梅時代久。數十年前尚花藪，是誰補植百本梅，植自錢唐少府手。每到花時冷香稠，傾城士女來清游。花香鬢影入瑤席，冷吟人在樓上頭。迎來樓外復何有，不獨憑欄人易朽。滿目荒涼怨六朝，蒼蒼古木蕭蕭柳。我來平眺江南山，白雪書盡處飛鳥還。君不見斜陽影裏歸鴉噪，樹城市山林足此間。

趙瑜 字光奇，一字漁亭，歲貢生，著有晉磚室詩鈔

題夏退庵所得北宋姜君誌石

一片壙頭碣，埋藏八百年。天留名士得，散合此中傳。古誼追先達，高風感後賢。吾鄉誰作者，摹讀為欣然。

黃劼 字笛生，歲貢生，工詩

用少陵別贊公韵寄懷程師韜庵 晚家莊稿

浮雲終日行，江流去不息。人生無根蒂，飄蕩[illegible]從孫枝。吾師豈逃禪，西來慕佛國。靜得虛空天，古益毛髮色。木樨風未香，梅子雨已熟。要妙窮精微，大道無南北。劼也嬰世網，無甚要塞胸臆，情塵未根

寒飢寒四序迫日月自光明世界莽昏黑焉得天雨花出世奮勁翼願聞第一義心地掃荊榛入道倘未遲從茲願努力

賊退過梅花嶺 附刻錢珊小艸

前輩左〻山一見定千古前生文〻山再世殉坏土孫臣等敬仰遺像肅祠宇蕪城屢荊榛殘穴掘豺虎剔蘚看舊碑掃石坐遺礎緬昔誓師時軍心一泣鼓灑血上梅花丹心耿故主忠魂夜〻歸香冷出月午鉅典特褒忠宏推我聖祖

康山草堂

殘峯一角稱幽尋不聽琵琶幾倍深豈權宜廢氣節最難城市得山林才人放浪疑流下詞客飄零合陸沉欲覓酒欄丫髻影蒼苔如髮滿碑陰

庭前菊

白露發華滋黃金綴秋曉東籬寄亦佳南山望未了魏公晚節香陶令歸期早捲簾對瘦人交情淡彌好

赤壁

浪怒捲前朝怒未降酒邊風月落船窗都將折戟沉沙恨隨着東流入大江

蟂磯

望夫石畔水濺濺此去魂應化杜鵑一片江潮磯不得至今和淚入西川

萬水雲禾和費炳章作依韻酬之

三家旗鼓去來頻各自爭奇壁壘新席帽不離窮措大布衣終少偽通人老專詩律高常侍枉有清名賀季真欲驅嘽歸隊伍馬頭猶見甚囂塵

驅除

為

次和炳章見贈之作并柬葛水雲

幾許吟懷一縷烟。仙家縮地事茫然。心香我屬黄山谷。手筆君疑白樂天。書遠却隨新雁到。才微祗得故人憐。偶逢句漏求砂客。為報燒丹火未圓。

詠史分賦

競說奸瞞念故交。黄金不惜贖奴嬌。如何腹痛來前約。銅雀春深想二喬。

鉄珊小草多寄贈夜山之作孔懷雅誼良足移情點訂之餘輒改其字乙亥五月客窗坐雨剪燭屬稿殊草草也

池塘孤對夢何如。卷裏辭新詩半索居。小閣月明人去後。野航潮定雁來初。山中白木依為命。江上青峰勸著書。我亦鴒原思並影。一燈同坐夜窗虛。

和王子勤觀察重宴鹿鳴詩原韻

南偕星聚接文昌。草木淮南亦借光。公子手栽仍碧杜。舊家声望數青楊。閑常植柳靈和殿。艷說簪花勝葉城。自是嫦娥丹訣好。空中玉杵搗元霜。位望爭推范石湖。優誇仙令寧飛舄。大東山色杯嵩岱。直北奎垣嚮斗樞。人指福星宜富壽。官從卿月列公孤。更應領袖新班旨。翹首青雲識坦途。雲母屏風大大開。一封丹詔自天來。秋高棨戟門攀李。春滿氍毹綵戲萊。碑版文章搜嶽麓。杖輿仙境同天台。曾官衡湘比來方就琴村世兄昨東養蘭亭例有君家序。何必蓬瀛著作才。華野賓筵甲子周。兩兒裳衣仙曲譜畫條五朝學範归耆宿。三峽詞源集眾流。天下達尊先爵齒。月中嘉讌又鰲頭。扶輪我愧無才力。依舊高冠戴遠游。

王敬淵 字簡卿光緒丙子舉人

舟望

萬綠化烟霧。獨鳥投故林。好風吹颿裡。落日將天沉。客子心搖搖。前途不可極。牛背一牧童。高唱入村僻。

舟行見風車偕程大秀皐聯句

知者創物始有神。簡 神農耒耜常相因。曠土不耕幸無憾。秀 漢陰抱甕伊何人。風車之制判萬古。簡 人工天巧無比倫。不宜高原宜平隰。秀 四野天光下垂立。狂飈晝夜作虎勢。簡 耽耽逐逐無休息。秀 往復幾如相見潮。秀 呼吸還疑倒流峽。簡 左右盤旋蟻磨轉。簡 後先奔走馬灯急。四維立柱何堅牢。秀 八面牽繩互抽掣。拓地須留旗局大。簡 凌霄宛似帆檣密。輪軸相街交犬牙。秀 聯翩不住銜尾鴉。水聲汩汩野田足。簡 一夫百畝為生涯。呼嗟人力有時盡。秀 天公無時不民聽。下咲卑隰愚深。簡 歲歲桔槔空懸聲。造物以是能相償。秀 莫言苦樂情勢當。舟次行行復迴顧。簡 可憐我輩疏耕桑。秀

徐守信 少孤役於天慶觀能言吉凶禍福人因以神翁目之故年七十六居謚非原

絕句 宋詩紀事

汲汲光陰似水流。隨時得過便須休。兒孫自有兒孫福。莫與兒孫作馬牛。

高宗在藩邸獻詩

牡蠣灘頭一艇橫。夕陽西去待潮生。與君不負登臨約。同上金鰲背上行。

建炎庚戌高宗航海至牡蠣灘見金鰲山易衣登岸至福濟寺壁間見此詩方信神翁為異人

圓能 字西一字墨庵晚號香雨道人主先孝寺善詩畫著有香雨詩鈔

題靜安和上松鶴圖

歛跡烟霞養素真性靈蕭灑出風塵青苔白石山中路草履藤冠物外身雅質但偕松共操滄懷堪與鶴爲隣自從華嶽紛紛後世下而今有幾人

儲氏 嶕女嫁興化齊人成學詩載明詩綜

雨後

夭桃灼灼綺窗前春色繽紛帶紫烟昨夜雨聲來枕上惜花人醒不成眠

張蘭 字素香漢陽人泰州程某室著餘生閣詩略嘗程大京兆曾孫婦早寡矢志柏舟詩不輕示人子祥棟與吾兄結吟社課故余得讀其集落花四首不愧猿聲赤斷腸矣詳江都王柳村羣雅集中

落葉

西風吹石敲木葉漸辭柯爽氣千山出秋聲一雁過霜封烏棲樹舟下洞庭波偏遇桓司馬空城恨愈多

偶成

新涼如水拂簾鈎砧杵敲餘淚欲流三徑寒花開老圃四山黃葉下高樓雁啼霜後難成夢詩到秋來半寫愁沅芷湘蘭搖落盡照殘明月憶揚州 自注先夫子柩停平山下

憶梅

曾有寒梅手自栽偶聞玉笛起徘徊故園爭奈人千里淡月偏宜酒一杯竹外空留今夜夢枝頭猶記去年開樣期欲託孤山鶴日日巡檐定幾回

讀太白集

撫卷高歌四壁秋，天才誰與謫仙儔。疏狂只合一生醉，詩酒難消萬古愁。低首宣城思建起，承恩天寶話前由。憐臨江龍說騎鯨去，采石猶餘太白樓。

送春

子規啼盡四更時，雨細風斜最繫思。濁醪怕逢愁處飲，好花須約隔年期。三春心事流鶯老，一種離情落絮知。芳樽筵前餞行色，眼看漸綠滿芳池。

落花

飄風吹下最高枝，小劫華嚴佛界知。杜宇空啼紅樹裏，美人今到白頭時。五湖秋水沉西子，萬里悲笳弔蔡姬。從此青春消息盡，閉門題遍斷腸詩。

深深淺淺各成叢，春事闌珊錦幄空。夢繞故園芳繾綣，影搖孤館尚玲瓏。枝頭葉已生新綠，燈下歌還唱小紅。何事吹開復吹落，令人那不怨東風。

不管妝臺綠鬢非，吹殘玉樹暮烟飛。孤根留得無人問，薄命還悲結子稀。北院流鶯啼不穩，西園宿蝶夢無依。傷心多少憐花意，遮莫餘香點翠衣。

舞衣不復舊時鮮，飄泊山邊與水邊。香影飛殘垂柳岸，綠雲散盡夕陽天。無言一別成千古，屈指重逢第二年。多少傾城好顏色，那堪搖落付春烟。

哀而不傷，怨而不怒，可以傳矣。 曹日瑚評

十

鄧漢儀 見前

壬辰重九宮紫老偶至燕都辛亥言别同人為賦留行贈别之章率和識盛

當年官道此青旧盜賊如麻虎暗揮不意山河經百戰重來宮闕舊斜暉銅駝舊路牛羊識鐵戟雄關虎豹肥我欲相從燕市飲琵琶何用恨沾衣

數年以後休為燕市哀一時人物又雲台誰傳謁者關東道擬文園司馬才班筆業帷金掌盤承槎天漢玉門開長楊似此猶初荐驛路徵書定早催 留别

久向深山傲巖壑難堪京國對芳菲一時同籍皆華要萬里浮踪有是非河陵秋雲必子淚江連寒雨故人衣西湖莫遺荒松菊我擬還家共釣磯

年少相依竟白頭君今放廢我狂游侍家江鮑真堪喜 訪宗袁武承 入洛機雲好自謀獨沐暮寒戴門古霜落對窮愁東歸好把長鑱斸不見湘天歲暮秋 贈别

黃雲 見前

春初棹舟訪宗定九於東原村舍途中作

初陽麓江皋東原葉間倚煙墟千里外宛紡寂猶碧瓦流咿啞虛舟遊習習條風柔文鯉躍澄波百舌喧芳洲殘英覆梅坂新綠弥麥疇氣和物已適地偏情自幽彼美守卯園守道無外求安得結隣並南村以淹留 公氣味在陶謝之間

矣　令

讀書堂與諸生講禹貢

圍居新雨餘重風扇高帷碧綠條紛冉冉芳草何萋萋疏解夏后書友慶謚刊辞始冀而終雍高下功奚施乃粒在蒸民八載亦以疲成賦声教同告帝錫玄圭當其過門日中日常苦悲痛父殛羽山逞戲咏咏兒天地竟平成至孝安可追起家於司空戍祚卒総師南郊肅以禋子職庶無虧梯航遍九州勤儉仍祇台卓然萬世功蒼昊春山巍巍誰爲無父人把卷增涕洟

題義極大有關名教

雲山拜子游墓

中邦富文物句吴限要區言公北游學遂令習俗移皇皇吾道南孔丈有菜施施学得其新傳故里虞山眉我來拜邱壟瞻對儼在斯風氣籍南先澤與天壤齊如何值周季烈焰成素灰陰霾翳日層岑浮雲闲光暉致令學道人絃絶商歎稀豈無才城卑慈愛當告誰斯文遡淵源臨風增涕洟殘理敎遺題詠以增盛衰天心自有常道喪無遲疑

辞理相附故覺雅可誦

俞鐸

贈筆庵老年台歸里

一洗長安百斛塵掉頭歸去訪玄真故園松菊招明哲聽聖世林泉蘊隱淪受策柏臺發許退賜金疏廣未全貧微官自愧貪難助俯仰山中宰相尊

圍維墉

字樾澄，儀徵籍，居泰州，乾隆三十六年副貢生，十歲善屬文，長工詩古文辞，邃于經学，年七十任含山縣學訓導，著有春秋哀衣一小畫山房詩抄。

任劍潭太守自鎮安罷歸以詞箋見贈是日湖上小集賦此答之

指彈二十五春秋見了翻提未見愁老矣我仍操舊室瑟飄然君忽弄扁舟塔邊紅杏傳公子

次君館遺 湖上青驛是故庚留得風流坡老蹟粤山南畔海西頭

一聲拍板付歌兒贈我淒涼扇上詞白草黃河添老淚 原詞白草西征黃河南渡 青天碧海幾相思 原詞

萬里思君無夢處 青雲少年伊曾…… 片青天碧海蕩殘紅

衆衣魚未要循腰不見樽酒聊從入掌持誰斷橋重執手玉梅花放柳初絲

失題

幾年歌哭共騷壇一别流光電影看遷客久疏三雅琖故人還約五辛盤海天風雪圍爐暖江上驂眉照水寒手把新詩獨惆悵玉梅花下倚闌干 齋前有梅正開

仲鶴慶 見前

罷官歸里留别諸同人

三巴浪迹非吾事揮手仍歸東海東六載眼花鷹轉白五更腔血未消紅衣冠皮相何從恋泉石襟期自不同亟相祠邊長揖去八千里路一帆風

兩看戎衣並佩刀蛮烟瘴雨下衰牢將軍幸得歌三箭書記歸來有二毛薄命人皆憐放廢留角天或爰英豪古今幾个封侯相不用燈前看戰袍

買得郫筒酒一尊蕭蕭落落下江門敢言父老留碑泪未報諸君解網恩兩載煩冤看掃盡千秋氣骨幸猶存南天幾日風光好綠柳樓臺紅杏村

莫拏共載鹿門車故老驚看客到家藜杖竹冠閒歲月酒罏詩社舊生涯剪殘斷錦猶成疋秃後秋毫尚有花帶得巫山雲一段人歸去問繁華

題畫菊

春生不愛愛秋生昂葉垂枝各有情幾日清風明月裏好看爍爍簇金英

田寶臣 見前

寄王介臣

橋頭握手意殷殷，直到西城日已曛。往事回思真太戇，虛懷已愧不如君。似茲文誼才能古，尚許狂奴更論文。感激幡然憐久别，空教兩載憶停雲。

再寄高菴

如此良宵孰與同，期君來此語深衷。小馮君處賓筵盛，畫燭光中酒意融。城外櫂歌城裏柝，樹根明月樹頭風。清閒獨占吾何敢，特寫吟箋字一通。

再寄

晚過周橋冷氣吞，木棉裘敝已無温。風沙似箭狂吹面，户貸催人早出門。不辨疏林兼密樹，但看城市與山村。江湖壯士年三十，凋盡朱顏欲斷魂。

再寄

七字新詩韵太穿，一卮午酒竟酕醄。雞毛筆凍粗於棗，雁陣風高響似濤。白日穿雲都混混，黄沙拂面故騷騷。此時脚地能知否，頗有關山意氣豪。

再寄

半日書翻紙百層，不禁指爪縮如鷹。兒童燒栗圍糠火，婦子焚香點佛燈。風定滿天都是月，寒深滴水便成冰。江城萬户閑門早，只恐高眠出未能。

晚望

烟樹深深日又斜，恍淪境裏不須嗟。身宫注命原箕斗，家世無人教琵琶。落落何妨舒遠志，行行只合看餘霞。霞邊才望歸帆影，已向津頭泊淺沙。

三更

六時閒檢靜中身，不學游思亂擾神。十月天寒珍晚歲，三更睡足有陽春。夢無倫次醒堪笑，書到沉酣味愈醇。此際文心偏怒發，根無筆吐氣輪囷。

寄高庵

高庵視我定何如，屢約談詩詣草廬不遲不來先見訪。相離未久已嫌疏，浮生自分甘牛馬，此事終當賴巨虛。又過清明作閑話，話餘已是二更初。

再寄

萬籟宵深總不聞，華鐙貪寫衍波紋。滿街霜氣寒侵骨，一杵鐘聲散入雲。逐日心情添繾綣，誰家之弟此殷勤。祇因當日東坡老，四海相因只卯君。

偕登北城看月

宵深門戶不曾扃，同上高城望遠汀。寒柝打飛棲鳥宿，西風吹到酒人醒。萬家烟火雲連樹，一掩天光雁響鈴。想見篷牕當更好，滿帆明月正揚舲。

輓程文開軒 集蘇句

讀書想前輩，窮通同一塵。伊昔風雲會，世有鳳雲麟。挂也一生俱是德，八十三年如一晨。豈弟君子天所予，此理何須更向人。笠仕得江國，松花落衣巾。五柳山在銅陵公官地。傷心清潁尾，實無負吏民。野老蒼顏一笑溫，四方爭看擊鵬鶤。問禪不契前三語，公病以三月三日山致虔前在都門神藏告之，至此始悟也。回首蒼山多白雲。

康發祥 見前

輓程文開軒

去秋風木恨悤悤，謂先慈于去年七月棄養。清淚汍瀾又哭公。強健方游茶社裏，公病前一日尚于某茶社見之。凄京旋歎酒罏中。鷺花有地尋刁約，東坡某中有哭刁景純詩，二生景純年八十有四，今公齒德皆與景純相等。車杖無緣奉仲翁。仰天德星墜天末，哀哀江郭走鱗

見

鴻公病日，小村兄四里，後數日全嗣鶴於自舒難邊歸

人言梅福竟仙蹤，花下籃輿近日暌。曾向江関騰驥足，公昔官少府，歷任縣佐州倅，所至皆有惠政。盡教子弟作龍頭。

若干務亭先生丁卯殺解，全嗣

儒風純粹伊川學，暮雨飄零洛社秋。我向公門讚哀誄，生芻如此敢輕投。

稻庵六兄丈於丁酉殺解

常廷譽

字梭齋，一字藹齋，家貧，耽吟詠，中年病廢，日坐敗牆老屋中嘯詠不輟。子培

問杏

芳草江南綠半句，東風千里泣嘰。果煩御苑催花鼓，可有紅樓望雨人。牆角開成何許色，枝頭鬧到幾分春。牧童記取前村路，能比當年一樣新。

王輔

見前 左亭性至孝，直言賢行，學人多敬憚之。幼慧，博通典籍而不應選試，日以詩酒為樂，與同里諸子角勝騷壇，晚年好而愈篤。興化詩人徐鶴峯病歿，為營其葬，立石於墓以表之。其他行誼見重於時多類此。道光元年舉孝廉方正，力辭。著有雪蕉堂詩草、堯峯老屋經史紀餘、圖録所見記。見揚州續府志

菊影

蕭疏踈採不散山村，掩映籬人舊酒樽。滿徑夕陽扶冷韻，一籬明月寫秋魂。侵來烏帽瘦無力，點上白衣香有痕。未免蕭蕭尋不見，斜風細雨濕柴門。

秋蝶

生小癡狂直到今，穠華事業盡消沉。老猶傳粉情何浪，弱不勝衣冷自禁。紈扇相思空有恨，黃花消息尚關心。風信今番判夢入羅浮月一林。

沈復曾

字大復，少司馬良才曾孫，詩倜儻有奇氣

將西入秦同詞臣孝感賦

雉市商歌多疾駆風此激蕩地形趋碣石山勢拆河流雲氣隨征鳥春潮壞射牛東南銷王氣立馬向齊州

程紹昌 文伯歲貢生工書善飲。

姜君墓誌銘為田竹家賦

村農荷鋤晚種樹掘地得石何完堅有人著書一千卷此碣出世八百年文物興晦疇主宰碑版拂拭皆前緣
姜君自具書三體不遇邯鄲或不傳

分詠古賢

版築辛勤宰輔才夢中形似畫中猜從此絕代儒臣口提出千秋學字來 傅說

人說青齊管大夫功成佐霸啟雄圖多金亦是尋常事鮑叔交心世有無 管仲

夏蘭 見前

桃花

傾國傾城待品題特因喧寂別東西西園晚發東園蚤一樣桃花命不齊

程紹昌 見前

蘆芽

春風吹水水溫暾側著烏篷喚渡門滿地蔞蒿催曉市江頭來日賣河豚

高筠 紫嵐

喜曹良甫懋堅鄉捷

聽說登科喜欲狂里然奪命是文章鏗鏘金錢許金無色消雪纔知雪有香心逐久邀天意鑒頭銜

釃

更勤史書芸風塵多少相如渋不到青雲氣不揚

錦纈天街一路平春風努力上春也更憑老苑探花手痛洗槐廳納粟名吾輩豈緣金榜重君才端合玉堂清他年簪筆歸來日高踞騷壇再主盟

高銘 曇亭 再見

偕厓亭有懷漁洋先生

風前釀酒雨斜暉詞客攀條淚滿衣古厓亭荒遺址在初唐人逝雅音微長留屬和詩千首不見婆娑柳十圍落日湖天扣舷去四弦高唱記依稀

張雲上 一字蛻山 再見

落葉

小隱家園守故林詩人蕭檝入枯吟生將花柳驅除盡久仗風霜閱歷深尚有情比紅到杪不多時又綠成陰飄零莫漫傷遲暮守分聊安天地心

芒鞋踏遍滿林卯鳥懷亂穿有去留着意鍊成高格骨暫時爭出亂山頭病來似我差無瘦世上因君始覺秋記得戰風敲雨日不関零落使人愁

尋常榮瘁少人知飛遍乾坤秋未遲歷亂夜爐衰草際分明棲鳥夕陽枝空林月上無遮處平地風來有起時轉綠迴黃能幾日好花多少要扶持

又先生斷句五言次霜黄五更月風白一池冰 錐尖双子米盤冰二寸魚竹聲風徑水梅影月窗烟七言次寒月樽聲搖夢去荒江燈影照愁來瘦鶴拳毛和雪立凍鴉縮頸帶冰飛並皆佳句惜未見全篇附錄於此

受

黄蓀 蓀生一字蓀屯 又字儀表 原稿缺 再見

新柳 二章

淺碧疏黄淡欲無東風初試染工夫不經裁剪難成葉肯更吹噓未算枯有客重青歸漢苑幾時牽綠到皇都如何一聽新鶯囀便覺樓台入畫圖

絲絲嫩綠不勝稠碧玉妝成尚小家剩地風光鶯草中渡江春信有梅花薄拖蝶粉愁如染能畫蛾眉恨已芽莫把黄金浪抛擲濃陰須向薛門遮

又次小漁韻 二首之一

為誰含睇復含羞苦盼春歸上翠樓螺黛未經三入染蛾眉初領一分愁嫩晴臺榭添金縷纖月簾櫳挂玉鈎寄語東風休着力剪刀裁罷便飄流

白蓮花和友人作

千頃波頭望渺瀰美人遥隔影娟娟不應付與稱名士大好凌波作水仙小朵摘來涼露裏折枝香到立秋前洗心靜篆芬陀利白蓮花名見佛經了卻無情有恨天

畢竟湖光瀲灔殊宜水晶捲簾晚妝遲花開月白風清夜入夜香銷酒醒時絶代不須傍膏沐芳心無恨弄胭脂六郎老去舊情薄冰簟銀牀付阿誰

友人和詩至次韻報之

閒江一舸去多時羅襪凌波故故遲水佩雲裳仙子殿疏烟淡月女郎祠生憎翠羽啼殘粉莫向猩屏守折枝贏得冷香上詩句有人清夢夜搖池

詠藕

聰

生長泥中不受侵不逢超拔亦甘泥一腔冰雪聽明性七竅玲瓏宛轉心菱角已磨清節在蓮身再化

風根深葉花褪尽道西風香柳作絲〻尚冷吟

白秋海棠和韵

晚妝初罷縞衣凉，倦艷全消更斷腸。金屋無緣藏絕代，玉階有露濕餘芳。淚如可化終成粉，色且縱空猶是香。枯坐夢回西府夜，水晶簾外月如霜。

另章次韵

粉墻陰畔月娟〻，吹落瓊瑰淚滿天。夜不辭風露冷，點塵免了色香緣。朱顏洗盡人休妒，春睡看殘我尚顛。奏罷綠章紅燭撤，玉容雖好倩誰憐。

紫丁香和韵

一曲雲廻譜細尋，撲簾如雪綠藤陰。生成頭子玲瓏骨，結就瑤琚宛轉心。春到膽瓶花欲碎，香噙舌鎖淚絛斟。玉容好在仙先萎，空悲陳懸再感不禁。見陳女年白丁香賦序

蕊垣花了屢侵尋，多傍芭蕉掩綠陰。自是粉郎工結舌，巧隨盒子鑄同心。歲雜鎖嚙苞先吐，芷蕊香濃酒再斟。莫唱方回青玉案，雨中愁思最難禁。

白鳳仙花 社中名作如林，僕未獲爭先快覩，因乎沾仁兄書來索賦，漫作七律一章。珠玉在前，幸抄示一二，俾晨之雞敢矜鳳吹，恐顛倒天吳不值群仙一哂也。蕙而好我，恨以瓊瑤，僕當盥露清吟，當仙花供養。

女兒生性雪窗明，洗向瑤階綴素英。婢詠泥中塵不染，姊來月下天上月同行。若教染指成銀甲，便欲騎烟訪玉清。閒倚雲屏聽蕭吹，羽衣三疊下飛瓊。

游仙曲四章 步子儋仁弟偕吳君次蕭唱和原韻

也曾安泉煉丹砂，處〻仙都處〻家。鏡裏長眉描黛月，尊前滿口嚼紅霞。幾生慧業芙蓉主，一卷雲飛芍藥花。閒倚瓊樓看塵世，茫〻人海正無涯。

步虛環佩下瑽琤，叫斷天雞日未明。玉帝詞交姜白石，銀笙字搯董双成。懷中月子宵宵朗，袖裏星辰夜夜晴。畢竟蔡经擒得鬢，玉鞭何福領方平。

蓬萊水淺又揚塵，頃刻千年易感春。月怨松顛看换鶴，雲迷洞口不逢人。誰從莽蕩追風馭，莫向空虛走谷神。聽罷霓裳羽衣疊，曹唐一曲更翻新。

冰珮闌干玉砌臺，青禽欲喚故遲回。星隨月落臨無地，風爲神車隱若雷。胡蝶夢還身是幻，蠹魚餐盡字幾灰。吾曹别有修仙法，不喫霞含嚼雪梅。

成

病餘自遣

茶甌藥臼夢初圓，鎮日消磨半榻烟。伏枕細吟懷友句，閉門清養著書年。二毛不拔饞甘老，一肉難除不算禪。手把道經加小注，雖然游戲亦神仙。

黄梅

黄梅時節雨廉纖，燕子惱人不捲簾。一暖一寒衣厚薄，半生半熟果酸甜。好花釀就黄蜂蜜，舊曲翻成白鴿鹽。還爇瓣香消永晝，碧紗影裏看楞嚴。

徐恩榮

子霑，廩貢生，著小西湖釣徒詩稿

游仙四章

當年餘市化丹砂，西度無踪忽憶家。人去閑門猶紫氣，仙居樓閣半青霞。蟾蜍難免千年藥，麋鹿空銜一見花。風引飄迴問消息，蓬萊不信路無涯。

風吹仙樂下瑽琤，緱氏峯頭天未明。那有奴兒飛葉令，竟無八駿訪容城。巫陽路遠朝還暮，瑤島春深陰復晴。欲賦招魂長鳥似，更從何處倩方平。

仙都往事總成塵，小謫匆匆又幾春。驂鳳不攜秦弄玉，哀蟬空憶李夫人。涇陽消息歸無婦，洛浦相思拓有神。擬聽霓裳歌一曲，大羅天上歲華新。

野

笑

記曾月下步瑶臺底事青禽去不回玉貌空憐姑射雪車聲乾走阿香雷邯鄲枕上人無夢榾柮爐中孚有灰欲向長生求祕訣只除栽遍返魂梅

高爾庚 星仲

苦塞行

積雪被大畦塞風號北林邊城遠征者歲暮憂思深昔年戰交河殺氣天爲陰壘壘戰死骨中有夙同心餘生幸云免一掉不可任嗟我命如露胡爲久滯淫幽洞嘯群狖舊巢趋倦禽去去復奚悲卯中多鳴琴

縫裳婦

縫裳婦家南村鍼管線纏同一身不得高堂事姑舅飢驅捧脚城中走入城不作市廛婆十指辛勤只餬口吉日人家作嫁衣厠身幸免寒與飢裁縫細意更減迹豈料風雲天不測漫藏冶容皆前因邑人之哭行人得侵日長洶洶來健兒似作森羅鬼使詞以繩繫頸官衷去助成一部肉鼓吹嗟聞堂皇敲朴聲不聞嬌娃喙一置嗚呼老婦真可憐事至如此難言天前知老人嘆道左若婦也曾南面坐

十字碑

萬古碑銘祖延陵石書文言先聖筍愧色後人多荊棘生吳苑風雲護曲阿闔閭無一字東津幾摩挲

三高祠

三子不同道何爲共此祠惠袁原異迹吳趣漫相訾配食梁鴻廡迎神玉局詩高風何足繼今日是清時

投金瀨

涉嫌猶不避，況肯受人金。白水銘君賜，黃泉陋此心。當時吳已沼，今日瀨還深。渺矣哦詩尉，推褒貞女吟。

試劍石

湛盧飛入楚，此石獨長留。終古疑龍攫，從今伴鹿游。江山空戰伐，苔蘚幾春秋。欲問興亡事，無言對虎邱。

桃葉渡

桃葉復桃葉，行人唱未休。烏衣向南沒，淮水自東流。名士秋風扇，歌兒夜月舟。多情舊時柳，遮拂大航頭。

梅花嶺

閣部祠何處，梅花繞墓門。縞衣迷鶴影，翠羽罥鵑魂。香雪消千樹，春風隔九原。蜀岡東畔路，愁絕月黃昏。

海陵懷古 用杜工部秋興八首原字

邗上雄藩旅若林，崇墉外俯擊森森。庚倉自具曾孫稿，吳檔偏尋惡木陰。敢阻子胥從檢討，借留君側豈成心。最憐讓道軍中尉，猶是裝棉急暮砧。

孤憤也似玉鉤斜，太息陰謀出九華。灰字星星餘劫火，穴牆荷荷泐仙槎。淒涼國老同蓬鬢，嗚咽風箏等暮笳。遺恨千年消歇盡，春來無復野棠花。

金戈惜未挽斜暉，城守偏隅日式微。坐割十城兵借戟，險屯天塹冠難飛。軍謀自昔心誰諒，初宇於今意豈違。持擬棲霞原古寺，西湖一例薦牲肥。

隻身收拾敗殘旗，奔走徵兵亦可悲。海角風號臨晚節，傳頭月黑待明時。子規啼口青春遠，精衛呼羣白日馳。疑冢曼多增俛仰，佐古懷衣翻撥易哀思。

府 祀 饗

惟潭

羅墟策蹇訪名山，山在虛無縹緲間。道貌凌虛同坦率，耕犂戎守只柴關。金龍見後猶尊禮，丹井雲來孰駐顏。記載傳疑難質問，就中消息待仙班。

文會堂高署上頭，流風歇絕幾經秋。簿書倥偬誰能顧，詞賦牢騷只益愁。苑肯須知皆隱鳳，胡周亦豈等閒鷗。里居宦轍宜交勉，莫負區區斗大州。

螢旋飛亂曦天功，花草吳宮轉眼中。香火未念龍誰備，象巋蘡一代即遺風。頹危已昧揚鞭付，倡義播忘御酒紅。社業尋常關大義，願將歌鉞付詩翁。

東淘縱遠路迢迢，自有蒲荷潑浮波。徒步敢求千里道，孤吟擬借上林枝。良知諸論遺編在，松風殘晚不移人。傑豈為光邑乘，雲中天半大名垂。

劉法曾 心白

二十四橋月夜櫂歌

錦帆隄柳綠成塵，閃閃流螢認不真。一帶雕闌今朽盡，當年何況倚闌人。

指點秦淮舊板橋，隔江猶傍木蘭橈。阿儂只解揚州好，畢竟風流讓六朝。

秋菊春蘭各有情，麗華蕭后兩知名。雞臺夢覺荒唐甚，只有嫦娥記得清。

草木江南秋盡時，空山流水殘參差。樽前漫唱吹簫曲，我本三生杜牧之。

哀感頑艷神似漁洋

重修上真殿詩彙録

高爾庚

州治城北上真殿俗所稱天子廟是也土地不才荒廢已久歲乙酉僧如鍊師來主是觀苦田志募修不期年殿宇齋舍煥然一新乃安述其勤苦興復之由并索拙作以諗來者余嘉其志愧其誠而為詩曰

插草即建刹，慈氏非虛言。願力乃基址，層累何有焉。城北上真殿，問今幾百年。尋碑不可讀，遺迹了成雲烟。光緒甲申中，神君來海壖（註錢塘許少公餘偶訪古於此）。停車軒入門，盡榛莽阻足，不得前。樓觀亦傾圮，瓦礫亂飛鳶。怪彼出廟祝，鳥雀雙肩，觀顏再三拜。自稱餐霞侶，回頭還入房。襆被去不旋，盜賊易言去。修復難具完，鋪扃虛此庠。或有勞且賢，春風盪虛幌。秋雨墮穨垣，頹脫日以月。幽幽怪了侍，晨鐘聲錚錚，墓鼓聲淵淵。洁香火緣，或以望誠懇，或頗種福田。眾擎庶孤掌，一舉果有錢。四工中有樓，閣成於彈指間。為想經營者，心力已畢殫。辭言行遠路，詎能無險艱。彼岸有時到，翻為浩瀚了。有志了竟成，平地皆為山。感此念橫舍，支頤一長歎。

仇鈞 竹生 篛翁

為訪王喬鶴，淮南落木秋。丹房連水館，書壁枕城陬。吟侶三生契，飛仙十樓留。送難幽徑鑿，風月共夷猶。

昔日仙人宅，當年宰相家。道場遺勝跡，劫火換繁華。舊磴苔紋蝕，虛堂竹影斜。元冥當祀典，猶自鎮龍蛇。

喇　喜　大　容

再造從何易經營棟宇間樓觀江月迴松掃海雲來黄葉仙壇靜青松古殿迴樓真難得地親為剪蒿萊
古韻重舟護居然一洞天疏篁鳴細雨清磬奏寒烟境僻宜招隱詩成并記年吴陵添掌故尊酒重流連

袁衡 淡生

往返城隅見天滋古廟幾廢為瓦礫之場近年工匠雲集殿宇輪奂詢其由來則淡如鍊師發大願力之所成也吾邑地勢偏趋近北淮湖秋漲害稼為憂是廟也崇祀真武之仙靈鎮北方之生氣龜蛇效績其永有瘳乎勉為五言六章為丹房糊壁之用云耳

指點神仙宅人言宰相家門曾排列戟堤尚認殘汧結構新丹壯飄零舊白麻故廬渺何處應想邵平瓜
闡道逍遥客真成還還仙修羅形變相魔鬼下諸天敢礎棲鐘呂危檐坐偓佺有靈驚不得然故到芝田
鬱鬱蔥蔥占氣紫尹堯下車來瓷仗新硎手消磨積禍胎驅除一豺虎斂側幾樓台倘奏嘤亭曲人間亦可哀
此際論豪傑仙人王子喬三神疑擬到九伊不辭遥家世傳金作高台換土堆淮南多少客多為小山招
竟至吴今築居然還昔觀松風摇殿古花雨碧壇寒白石呼僮煮青霞留客餐始知無藥藥病只偷安
似仿龍鸞例馳箋索我詩上頭崔灝滿附尾謫仙遲頌禱吾能善精勤君獨知願言持此意方寸即瑶池

崔文鎔 冶良

殿角巍峨倚鳳城城中久數為虚聲餐霞客去宗風變飛鳥人來智月明十木幾番勞結構六篇書早四壁生輝
螢江門前汨汨淮流急不盡人間興廢情
丹房擬宅洞然開不是當年閬綠苔天上桃花紅雨遍月中仙樂紫雲迴亦知時變由神力丞竟究
坤未劫灰積土初居鄰咫尺佳時容易訪蓬萊

措

拙作附録

丹房布置摠天然，忘却滄桑有變遷。半壁圖書新點綴，一龕香火舊因緣。庭前古木喧啼鳥，門外清流泊釣船。寄語游人莫惆悵，桃花開落自年年。

偶從城市訪幽居，廟貌巍峨結構初。小築迴廊留月住，更移新竹補花疏。人憑題句傳陳迹，風送經聲作步虛。借問仙翁王子晉，緱山消息近何如。

洪寶興 玉侯

和韓近之秋懷詩十一首次原韻 有序

日月逝矣，深秋已深，蕭齋枯坐，九二搖神。時復荒榻幽燈，冷風凄雨，傾以濁酒，痛讀離騷，悽悽不似前聲，隱隱令人腸斷。對此茫茫，可堪愁凶。酒酣耳熱，則仰天狂嘯；月落燈昏，則酸吟凄楚。僕童歲早孤，北堂萱蔭，哀哀劬瘁之吟，楚楚饘餬之痛，勉以詩書，期之駿達，冀長能着衣，孫冠弄孫。柔翰鵬背之秋，風九萬，六月圖南；龍門之跳水三千，一單頓北。負我親恩，覥然人面，加以內祚衰微，親朋中絶，披離大之青襁，遭錢奴之白眼，同門庭於翟尉，乃見交情，數陣撥於陳雷，願長貧賤。哀王孫不能自食，未償漂母之恩；閒馮煖無以為家，忭悵孟嘗之德。觸緒工愁，百端莫竟。又況葵園興倚杜之悲，漆室有投杼之嘆。少年狂痛，哭年內人國策，繫心多望海陂之洶湧，霞余稱其浪。精衛有填海之誠，愚公動移山之想。試辦投班生之筆，無分封候，徒歡糜擅，覺花之事有懷護國於虜。功業未成，華年易逝，抗翩宗之詠懷，蕭瑟概想平生；杜少陵之秋興，蒼涼難忘家國。用托豪端，敢追縟韵，伸此鄙懷，質諸同志。

青青原上草，陽春舒蕤蕤。迴風動秋歲，莫亦云已。人生寄天地，倏忽如斯耳。京國上空堂，孤懷牽酒懶。攬鏡照鬢髮，蒼蒼渾不似。焉言上長安，文章安足恃。捷足策要津，窮途多覆軌。爲問鏡中人，君胡不自喜。

寂　　曹革

蹇蹇風塵大夫，蘭澤吟樵悴。落落杜陵翁，江湖傷滿地。憂思不可為，男兒當自恣。怒馬馳燕趙，表表黃衫男。叱咤叱亂霹靂，那識王侯貴。

驅車淮陰道，淮水何曼曼。落拓胯下夫，慷慨王孫飯。千金報知己，虛此男兒願。窮達會有期，加餐肅自勸。陽翟有大賈，腰纏累十萬。不念援手好，白眼嘲潜獻。囊裹斂夜有聲，熱血明恩怨。

涉江采芙蓉，秋水冰凌凌。抱策尾馹騰，驚附青雲。歸來束書塾，高文世所憎。丸丸驪頷珠，光彩生四稜。不逢碧眼胡，珊網漏於罾。秋蟲鳴得意，嚶嚶曰余能。

蕭蕭中庭樹，醒秋添秋聲。志士多苦心，遑遑怨夜永。東海有鯨長，西山有虎猛。縛虎繫長鯨，安所得修綆。功業不可為，貧賤乃天性。起步中庭月，閒愁拚歸寢。登高望大海，莽莽波天景。蜃象內氣尿，晶樓直矗岡。蛟螭紛騰涎，島嶼斷浮梗。伏波漫覽鐵，橫海空馳騁。吾欲排帝閽，頓首長纓請。吾無魯陽戈，何以揮日暗。吾無媧皇石，何以補天壞。秋天不復晨，奇鬼來伺瞰。宅我郡與州，氣化研一養。滚滚我泉與，刀貨弊輸賤濫。茫茫大海舟，喘喘不能暫。鮮波波朝來，未知所繫纜。蕩蕩王與侯，機利事校甚。講求貨殖傳，千頃復千酈。

昔年十四五，把卷臨窗軒。讀書集僚侶，望古遙追奔。杳杳秋日莫，空堂寂無言。翻翻白髮親，伴織雨燈前。著我身上衣，飽我盤中餐。奮飛期兒曹，屬志在簡編。忽忽不自覺，鵬程我矣。白髮瞻親顏，悲憒使心酸。赫赫春雷震，大澤起龍眠。致語慈親前，兒童正少年。

鬱鬱青衫淚，漫漫何時乾。故人從遠方，贈我青琅玕。道君且行役，仕路已圓。況復正年少，驅馬走長安。何為自苦甚，涕泗集汍瀾。夫我獨何為，辛苦嘗昔能。洛陽諸少年，白馬紫金鞍。

伏波正馬革，越石悲雞聲。行行適漢庭，痛哭直憂盛明。奮身擊南越，慷慨抒忠誠。關山萬里道，秋水何盈盈。六郡良家子，五道朔方兵。男兒抒壯志，麒麟閣炳動榮。左顧定莎車，右顧斬丁令。

東園桃李樹，灼灼春風好。秋風被飛霜，零落伊何早。盛衰各有時，富貴焉長保。杖策東臨清池，形容變枯槁。淵淵復淵淵，余懷消萎勿復道。

措　身

吴陵竹枝詞

竹枝詞即古樂府風土謡俗之詞也。其事俚，其詞文，其意婉而諷，庶有當於輶軒之采焉。爰取海陵土俗，仿樂府體，作為數章，以博觀者一噱。

看屏燈

吴陵燈節，觀宇設屏燈，圖古今勸懲事，士女宵游覽焉。

看屏燈，春城閙，人上火星橋，又约小郎廟。天街雲錦月華香，風鬟霧鬢宵成行。誰家年少争解事，一羣花簇笑聲長。青燈隱隱出丹屋，誰家醋大當書讀。

挑野菜

春原如畫，野草菜叢生，小兒女十四五執筥籃菜刀連袂往焉，亦一景也。俗云挑野菜。

挑野菜，二月時，酥泥滑滑巧鞋遲。鄰家小妹頻相約，筠籃遥向春風[illegible]。芳原青潤烟痕尾斜，陽影下人歸後。阿儂挑菜兒，阿娘開笑口，提籃汲水廚中起。西鄰歌舞烹牛祀，儂家斸出菜根香。

遥則欵

遥讀若徼去声，欵讀若旱平声，乃俗音之轉耳。擔夫挑重身躑躅不前，声就唱遥則欵云。

遥則欵，遥上欵，白頭老翁横擔欵。稻河一担出南関，博得青銅三十錢。歸來要供一家餐，大兒好賭博，二兒嗜洋藥，惟有老翁好勤苦，擔担街頭行郭索。遥則欵，遥上欵，欲坐欲息不能閑。吁嗟乎，行路難，上肩容易卸肩難。

末句唫而悄

打號子

農家夏月車水相与敲鑼唱田歌，名為打號子，俗有頂搭一號，爰打其號，踏清水救秈稻之謡。

打號子，車水乾，水乾車急彎腰酸。去年春雨足，兩脚閑如猿；今年足繭大如錢，水車嘔軋無時閒。老天意太忍，不降雨凡犁，衆人日把肩頭擺。阿兄道弟不須歎，著衣吃飯事皆難。不見城中紈袴兒，昔日偷閒今飢寒。粒粒盤中餐，滴滴為上汗。

布帛菽粟之言

釵

買花戴

五月間小兒街頭賣梔子花其聲云買花戴換花戴曲巷清晨夢回人憐其聲婉轉可聽

買花戴換花戴花人影銀屏內朝來晏起宿妝殘插花怎向鬢邊簪呼叔呼兒將錢買花去玉敧
斜插低雲鬟殘花那復好葉花不復道可知種花人養花常恐花神惱留歸來張根問花神
戴花惟是惜花人

泥酥瓜

吳陵瓜有二種熾者為泥脆者脆如酥俗曰泥瓜酥瓜

泥酥瓜筐中物切為几上冰不逐人間熱擲君二百青銅錢取瓜大嚼口流涎琉涎滿口問君道
炎逐熱徒煩惱清涼且作居士園瓜分一片冰心將君不見熱中客冰山勢盡持不得執手炙之空失
色行行上街頭何人識故侯

闆眉賣

一一一 闆讀邊眉讀說賣平聲南鄉力田者肩担荷鋤買人家灶下灰其聲云 亦土俗也

闆眉賣唤徘徊僕婦斯養食倚官唤荷鋤行入門來小撥草和泥不辨塵與埃青銅計較
去復回南箕翁舌倚牆隈一肩挑向城南堆吁嗟乎富貴如塵土黃金出草菜藏垢納汙乃為材
士之自潔何為哉君不見灶下灰

撒帳好

吳陵娶新婦者月既高彩轎才入門拜神迄鄰兒群至爭看新娘拍手稱一一一云

撒帳好撒帳好畫屏金屋人嬌小頭上何所有珠冠寶髻香雲繞足下何所有鸞鳥裙錦襪
弓鞋小良宵初放合歡花東風先發宜男草宜男草庭阿綠生男肥白長如瓠生女嬌好溫
如玉撒帳好欣欣兒群兒笑語出門去三星戶闔雲深處

感慨處深得風人之旨

題風雲雷雨廟後牆壁

欲向此中老〇飢驅萬里身〇竟爲浮海客〇誰識務龍人〇百尺元龍地〇三年食壽春〇一朝拋不去〇猿鳥漫嘲嗔〇

王廷琥 文伯

伍子胥簫

嗟我處中人日暮途窮吹簫聲何處來乞食吳中市君不見韓貧兒乞人食善解嘲猶學當年吳市簫

吳市簫江上潮〻声還似簫嗚咽千秋血食非簫乞

高漸離筑

蕭〻易水歌咄〻秦廷逼荊卿不復返始皇莫能擊悲哉高漸離此意徒戚〻他年漢祖歌大風將毋此筑歸沛宮筑兮筑兮時不同

禰正平鼓

禰正平作鼓吏禰正平非鼓吏裸吾清白身奮爾好雄氣當筵撾過声霹靂一篇抵過陳琳檄陳琳之檄愈頭風鼓吏之鼓操不容他年黄祖帳下刀我疑出自操意中（末句松段作無異阿瞞觀手操）

劉越石笳

嚴霜淒〻邊月黑城外重〻皆虜賊登城者誰劉越石劉越石用奇計笳有声賊流涕賊流涕思故鄉笳有聲功異常老婢吹笳散諸羌千年同調河間王

戴安道琴

安道何如人肯應王門召可惜同懷兄不與賡同調安道破琴時述乃欣然造吁嗟乎伯吹壎仲吹篪逵與述何參差聞琴〻不知

撾

逵

繆引年

漁洲「補前」

漁溪納姬詞

豆蔻花開并蒂時。小蠻今又再腰肢。雙雙看戲鴛鴦翼。不數風流王獻之。

何暇私問小茅名。搓玉團香好訂情。復恐紗窗人竊聽。擁衾低喚一声卿。

買得蛾眉是鳳因。前蘇十小後真真。拂箋持硯分擕手。屬意新婦第二。

酷愛雙棲艷艷花。鶯原未老燕猶嘉。階前多種宜男草。珠逬靈胎玉有芽。

王廣業

子勤

讀史四首

不見葡萄貢大宛西來消息隔河源風盤瀚海飢鷹擊日下平沙萬馬屯太白三秋騰殺
氣將軍六甲鑿凶門張騫去後班超老難信羌酋盡順孫
鬼難風吹西海頭新開都護府防秋天垂雨露消冰雪地闢洪荒紀魯周轉餉千夫疲汗
馬支机一石換牽牛鞭長策腹終非易此錯何堪鑄九州
閫外將軍是重臣若冰飲水竟無人十瓶海物藏瓜子萬里歸裝載苡仁墮指白僵一刀
上血肉懷紅飲帳中春尸居坐鎮終何啓衰草年年肉碧燐
溫室機旋仰和光飛芻輓粟策周詳梅林莫救曹軍渴木馬空悲蜀道長不雨宏羊逃鼎
鑊輸家式式拜賢良奈何作賦凌雲者一例貲郎侍建章

陳宮

狎客傳箋璧月過韓擒門外縱琱戈佛恩不許黄奴死啼鳥聲聲喚奈何

隋宮

天宝梳妝已換時珍珠一斛慰相思如何家近楓亭驛轉讓他人貢荔枝

乙酉夏六月望日校對完畢 曾月

海陵詩史

夏兆麐 撰

《海陵詩史》二卷，夏兆麐撰，據泰州圖書館藏民國清稿本《耐庵叢著》本影印。

夏兆麐有《岳墩小志》，已著録。

本書封面頁題『耐庵從著：第三集之四』。又題：『己卯年後學夏紹侯輯』。己卯爲民國二十八年（一九三九）。紹侯爲作者表字。此名爲『詩史』，實爲清代泰人詩歌總集。始於吴嘉紀、宫昌宗、鄧漢儀、張琴等，終於陳晋元、陳文田、吴會。内有不少反映泰州社會凋敝、災害頻仍、民不聊生的詩篇，如陳晋元《大水紀事》、陳文田《重賦歎》等，再如鄒熊《米貴歎》、《捕蝗行》、《大水行》、《鬻牛歎》、《逃荒行》、《遺孩歎》等，都真切地反映了當時勞苦大衆苦不堪言的生活困境。陳芾《海陵紀事詩》十二章，記戰後泰州的荒敗，其第一章《長短户》有序云：『兵荒後泰邑徵收錢糧，以長户完折色，以短户完倉收，此又正供中一變局也。』這些詩多寫民間實情，反映民間疾苦，對貧苦人民寄以同情，具有真實而深刻的内容，可以看到與吴嘉紀的傳統一脉相承。

（江慶柏）

海陵詩史 上

己卯年 耐庵从著 第三集之四

後學夏紹侯輯

吳嘉紀

義鸛行

山寺高塵市遥皚如兩鸛來為巢巢成子生翼憊神勞十日雨漲海水遠去覓食笑殺村豎攀曳上寺潛以鵝卯易其子卯破子出雌鸛待飼子出形殊雄鸛驚呼飛以色怒疑雌暗私他羽東西南北偏告同類去日瘦北風悲同類四面來瞋目屬啄且視且猜無端紛紛逼迫饑頃天窄地促可憐雌也潔如玉懷不得明義不受辱啄嘯巢中雛自掛山頭木雄見雌死轉嗔為啼同類無賴各返南北東西踽踽塵塵夜永孤棲栖遲到曙月落梧櫝同類復來聚僧厦率一雌鸛乃是新寡雄不巔去四野終身不雙以報泉下

臨場歌

雖曰窮竈户往歲折價何曾少逋胥役謂其逋也趣

官長沿場徵比春秋兩巡遍來竟成額例兵荒之餘

嗚呼誰憐此窮竈户

掾豺隸狼新例臨場十日東溝五日南梁趨役少避場吏大

怨騎馬入草鞭出竈户東家貰醪西家割彘殫力供給負都

公稅後樂前鉦鬼咤人驚少年大賈帑帛將迎帛高者止與笑月下來日相過歸比折慣笞撻未歇優人喧閣危笠次第賓客登筵堂上高會門前賣子鹽丁多言箠折牙齒

絕句

白頭竈户低草房六月煎鹽烈火傍走出門前炎日裏偷閑一刻是乘涼

風潮行

辛丑七月十六夜夜半颶風聲怒號天地震動萬物亂大海吹起三丈潮茆屋飛翻風捲去男婦哭泣無棲處潮頭驟到似山摧牽兒負女驚尋路四野沸騰耶有路雨灑月黑蛟龍怒避潮啜作波底泥范公堤上游魚度悲哉東海煮鹽人爾家家足苦辛頻年多雨鹽難煮寒食宿草中飢食土壯者流離棄故鄉灰場高滿池無鹵招餘初蒙官長恩稍有遺民歸舊灘海波怨促餘生去幾千萬人歸九原極目黯然烟火絕啾啾妖鳥叫黃昏

朝雨下

朝雨下田中水深沒禾稼饑禽聒聒啼桑柘暮下雨富兒漉酒聚儔侶酒厚只愁身醉死雨不休暑天天與富家秋檐溜淙淙涼四座座中輕薄已披裘雨益大貧家未夕關門臥前日昨日三日餓至今門外無人過

翁履冰行

老翁履冰手挈稚孫釜甑塵積貸粟前村村農穀富莫肯念故翁別倉慼踢踏歸路富人如虎顏色難千風壓河心骨重心酸翁泣語孫生無一可河伯應聲冰開入隨其子望見急遠來援欲引轉仆骨肉纏綿一門三世齊陷波裹飛鴈哀號無手救爾

淒風行 傷饑竈也

淒風細雨何連綿晝暗如夜飛濕烟幾千萬家東海邊六七十日無青天生計斷絕老人幸先就下泉孩提無濡長隨母眠阿母眠醒腹餓不得眠壯者起望西鄰乞食塵市不復來還迴望東鄰入口閉柴扉扉外青草春芹芋水響賤賤鬼泣連連官長愁然分俸糴穀更日夕勞苦藿富户各出糴穀金錢富户路踊聚議此户被户一斛兩斛商量捐

江邊行

江邊士卒何闐闐防敵用船不用馬督責有司伐大木符牒如雨朝暮下中使嚴威震舊京軍令還愁不奉行親黠猛將

二三十帥卒各向江南程江南誰家不種木到門先索酒與肉主人有兒賣不暇供給馬能饜其欲老松古柏運怨促精魂牛夜深山哭一一皆題上用字樹樹還令運出谷出谷到江途幾千將主騎馬巳先還家賞破盡費難足眾辛仍需常例錢道路悲號不住口槎杅亂集成山阜一朝身織滿沙汀只貴數多不貴精君不見揚州戰船六百隻輸盡民財乘不得寒潮寂寞葦花聞日暮灘頭渡歸客

鄰翁行

鄰翁告首出門去慟哭海作造船匠伴無故舊囊無錢此去前途欲誰傍閭道沿江防敵兵造船日夜聲丁丁工師困憊不得歇張燈把炬波濤明監使還嫌工弗速如霜刀背鞭皮肉肉爛賜飢死無數拋郎潮邊飽魚腹力役人稀大將嗔遠近嚴修及老身眼看同輩死亡盡衰羸焉有生歸長回望故鄉妻與子蕭蕭落木西風裏嬰下連朝方斷炊柴門寂寞無鄰里常憑微枝日圖存微枝誰知喪一門君不見船成蕩漾難舉步千檣萬櫂蘆灘任增金急募駕舟人有司又派江南賊

海潮嘆

颶風激潮潮怒來高如雲山聲似雷洶海人家數千里雞犬草木同時死南場屍漂北場路一半先隨落潮去產業蕩盡水烟深陰雨颯颯鬼號呼堤邊幾人魂作醒只愁徵課促殘生斂錢墮淚送總催代往運司陳此情總催醉飽入官舍身作難民泣階下述異告災誰見憐體肥反遭官長罵

碾傭歌

殘夜不寐聞傭者鞭牛碾稻咿嗚而歌陋叟為衍其義

月照地上霜人來碾稻輸官糧夜清剝啄聽不誤怨忽夢裏披衣裳碾軸轉轉欲見米米糠分別風車底吾儕勞苦不用愁驅走不寧更有牛大牛且休息小牛當努力不見蓬蒿深巷中主人昨暮炊無食曬場湖風度臂有雞衣常易布碾軸轉轉初見歡今日得食休論寒粗餉急主人三日不迎賓足無屢疇昔田禾豐稔時積得餘糧米市人爭羅風車底吾儕困憊敢不者委妻子精者奉主人不見隸催碾

鄰家僕婦行

主人妻沒啼赤子賤妾乳哺置懷裏妻沒主人產亦破草青門户雞犬餓夫子束裝擔兩頭喚妾昏夜適他州戀此襁褓未能去夫也怒罵去弗顧短簷黃雀雙雙飛對影難禁涕暗

揮牀上呱呱獨宿饑寒死泣不已牀下舖糜重料理妾無夫主有子敢怨

稅完

輸盡甕中麥稅完不受責肌膚保一朝腸腹苦三夕

東家行 壬寅六月揚州事

東家錢多高興發要婦無端當六月婦家愛女竟不辭楚練齊紈日夜治治成衣裳粧次第上着六層下着四綿綿纏纏直到老風俗舊例重綿襖一事違俗恐弗吉阿母不肯纖毫少女兜低頭泣無言擁入繡輿簫鼓喧眼見新人就火堀安能忍死到夫門夫家賓客促華屋爐燃松焰几燒燭到處骨肉皆鬼伯忍將餘生迫賓有生歡樂轉成悲始悔炎天作事非裹尸更不需繪帛送嫁衣為送死衣

割肉詩為新安汪孝婦作

枯魚不可遊貧室難久居仁賢罹禍患殘費到肌膚兒子遠負米父病欲寄書門外十萬賊殺人日不休病者症是腸中已絕五穀搶擾歎就援新婦起蹤躅白日弗照夜張燈在巖谷仰告鄰上天惋視臂上肉肉癒利刀下自糜作羹湯忍痛釜甑際天角東南明上堂先進湯上堂再進羹羹湯甫需卷翁曰胸懷閣不知病何往從此復唆啜果餌意所親美炙無蹤設鄰舍牆頭問行路山下說賊眾得聞之傳令整餉列毋驚孝婦里兵馬去趁蕈兵馬蹵蕈去鄉里人來看飽見為去聲孝婦佐翁晨暮餐醍醐光聚罌盛鼓味盈簞聞籠雞跖受筐得豚肩于于何紛紛來往林麓閭借問婦何處家住松明山山中多翁姥孝婦亦有人誰能顛沛時邊令翁病痊蘇耽井中水韓眾藥一丸汪家新婦肉同是仙人丹

姪女割股詩 有序

姪女名長仲兄嘉紳女也適魯氏居與兄鄰甲辰冬兄病女時孕四月蒼惶趨省仆地胎墮越十日兄病篤產婦入人家俗以為忌女至門不得入乃撫楣哭曰去父咫尺不得一見面耶悲號灑泣感動鄰里歸焚香竈神前封左股肉股下寘半枯觚貯血顧所握刀鈍恐家人知不敢礪劍久之肉乃離股然不甚痛其夕糜以餉兄食之病愈女劍處亦尋愈察觚中血無涓滴也人皆謂神明默佑云

產婦不入門恨殺舊風俗淚眼徙望望門楣分骨肉內是吾親肉割以作羹糜婦是愚婦人肅以奉神祇神降清風生糜香老親豫鈍刀全父子人來看空觚

糧船婦

秋風河上來吹我饑鍵夫雖有如花婦不及盤內餔日暮何諠諠河灣泊糧船船公坐上頭盼睞見紅顏遣人通般勤吾家衣食足若輩愁餉死試來同力作力作到一年償錢令汝歸力作到三年無錢令汝歸呼婦語與卿勉相從不從使餓死爾我長西東御匐起偕婦婦淚落如雨昨日閨中人今日舟中婢傳侶聞添丁饞酒遺捷歸河南驥船來河北驥船來船心中喜舉手數鬪酌自謂佳麗貿已是虞羅崔羅崔有雄匹婦則有夫誰知匹婦志千折不可移阿夫泣相持人且低眉力作到三年無錢婦共汝歸阿婦黙無聲人眠窗落月急邊鸖船公慨慷尋鬼伯抱石投邪溝波濤為不流行人揮涕看尸橫溝水頭

歸東淘答汪三韓過訪五首 限野外貧家遠五字為韻

郡邑難久居歸去東淘社行行故鄉近蓬蒿蔽原野時候當播穀膏雨霏霏下隴無荷鋤人路有催租馬白骨委塵埃盡是逋賦者皮肉飼饑鳶居室餘敗瓦哀哀鶬鵠啼汩汩溪流瀉我歸齒髮暮方歎生計寡鄉黨復遺患倚徙淚盈把徒隸持州帖鴈行柴門外族有逃役者署名呼我代我無半畝田征稅何絲派密綑及無辜無地可趨背兒女藏四鄰酒食緩羣吠用盡腐儒力未免公家逮落日望曠野颶風凄以大嗟哉越石父脫驂人安在修纏纏轆轤展轉與晨自我還家來中賜多苦辛鸝鳴海雨齋萬物歡陽春暮門避良時出門逢故人故人何翩翩交我不羞貧空手來入難悲憒幾雲巾不悟荊棘塲鵁矯見松笱叔牙情不易黃赴邪足珍十載雞黍約三春金藜過百憂對汝失一褻趨鄰賒停午茅簷下把盞睞庭柯杖羨甚楚枝君憐紫荊花花下憶而凡宿昔客吾家枝葉仍海甸墳荒異天涯主賓意何限恨恨到棲鴻餺壤斜陽多荷杖上修阪春風吹平蕪野緣油油遠是時檣勝引田閭一纜綣未敢問桑麻馬得遂棲遁行人亦已稀海天稍欲晚稚子報黍熟長吟望烟返

流民船

泗水漲入淮千里波滔天極目何所見但有流民船橫流相盪激蒿短不得前家人滿船中肢骨撐朽舷人生非木石飲食胡能捐嗚呼水中央日瞑風颯然

撥棹欲何之遠投烟火處歲儉竊盜多村村見船怒男人坐守船呼婦行乞去蔽體無完帬蔽身無敗絮嬌兒寘夫膝臨行復就乳生長田舍中那解逢人訴一米一低眉淚溼東西路鹽城有三人云是親父子洪濤没其廬適遠求居止饑寒世俗欺同伴氣都靡三人萬人中屹如山島峙長歎呼彼蒼攜手蹈海水志士逢溝壑將身會一死釜中生游魚井上有敗李我餓難出門聞之慨然起

寧四公詩有序

紀七世族祖寧四公諱汝寧兄弟四人公行二伯兄汝陽公洪武時為蔡權鹽法事應例充雲南烏撒衛軍六年歸寧公以弟代兄役赴衛至黃陵廟前遇風覆舟溺死

我聞洪武皇帝二十年中原子弟多戍邊開邊拓宇歲不歇故鄉那得歸耕田海樹烏棲溪月圓烏撒軍人萬里還盡室驚看如夢寐老覩喜極轉潸然骨肉歔欷重依依不知假期難久延訪舊比鄰方載洒催行里正已鞴驪妻子更牽衣雙親齊撫背頓足仰面向天哭高天噭日為昏晦就中一弟中心煩呼人寘兄起相代入門自裏頭出門自東帶軍令不用暫留戀彎弓插箭隨前隊驅馬渡吳山深日落無人行密林峭蹊馬蹄側枝上鶻鵠晴一聲慷慨征夫顏色苦開眼不見親弟兄行行歷楚疆七澤魚龍鄉波濤匈訇氣帶霧回頭數望耶與娘危檣敲柁在前去黃陵廟前風大狂風狂身楫覆壯士逢夭殤未把吳鉤舒國奮翻戍李樹代桃僵白骨從此日漂泊闔中延頸復何望君看東海箜篌引悽愴哀音千載長

范公堤行呈汪芾斯先生

范公勞苦築長堤洋洋潮汐不復西黃壤黑壤接廬舍南場北場多鳴雞運鹽搰搰車在野穫稻蒼蒼水秧畦老弱嬉遊日無擾風俗宛與成康齊遺愛千年東海湄只今強半是蒿萊此中啼號有赤子長者試與重提攜烟火七里曰東淘淘上儒生飢拾橡商歌無限不平意不嚮親朋嚮官長官長自巖室何如生魚釜中遊蕩蕩攜手海天秋正芈清風皎月長堤上閔貢口膓腹羞累令陳遵醴醹會盈盎腐儒廉吏俗情稀閒鷗漫笑人來往

堤上謠

汴泗河淮水合勢高行我下河千里滔滔牛鳴鶖嘯不見渡船側水如矢直到堤邊水聲斷肝腸登高望儂村喬木不見頂何處是柴門斷竹拾葦作巢居胡為乎生人為漁死人飼魚

堤上行二首

高低田没盡橫流始歸海壞堤石出何磊磊官長見田不見湖搖手不減今年租未崩河堤餘幾丈留與催租者草枯風瑟瑟往來走馬圻傷婦如花枝不粧首飾髻低垂達官大賈畫船近長跪欲告腸中饑舉頭不覺雙淚墮隔河望見露筋祠露筋烈女也

日落

日落穆家灣日落馬家灣兩灣地闢易為賊往往橫刀挾矢林莽間鐵烏下啄塚中骨浮雲不見江南山曾一經過喪我膺今日孤身仍往返何當復似萬曆時桑榆羇羇人烟遠

青萍港

青萍港樹翳翳野烟入河河水黑來船去船樹根繫人家門開鵝鴨歸酒店月出藤蘿細擭糊缸底釀鮮新網來鰣村無盜賊客有錢買君一醉高枕眠

海安鎮

古鎮樹修修長河流泯泯西顧吳陵大東來楚尾盡淮泗英雄起戰爭將軍開平公比地築孤城城土只今尚壘壘吁嗟人事一朝改來瓶去犢暮逡巡草色愁殺行路人

馮店

孤舟近馮店居人望不見颼颼風鳴店前桑我行滯此呼誰援雨下雪下天已暝來鵝去鴉不識面前櫂船頭後把舵遠水青來盜賊火饑寒誰能死勿變草野稍見戈爭荷爾輩縱然不殺人解去緼袍凍殺我

泰潼

泰潼水霧中屋上棲野鴨蘋花蓮葉扁里巷野鴨飛下爭唼喋有船田父皆為漁十口五口依菰蒲蒲多村少心腸亂網得大魚無米換亭午風順客船來烟生茅店人炊爨可憐冷落紅顏婦出年賣飯不賣酒

催麥村

催麥鳥也村多此鳥故名

村南催麥村北催麥思催得小麥長四尺晴日照地菜花香更晴十日麥亦黃姑饑食餓婦打手焦氏易林云口饑打手麥穗滿田不得嘗朝思暮饑時有數柳陰茅屋家人聚試見門外無田人髮禿足蠶獨行路

挽船行

疲困駕船人人船雙超超老姑起把舵新婦為緯夫尚存異
鄉息自憎薄命軀夏日懸中天灼死岸傍樹纏頭苦無巾裹
足猶有布數罷商人錢拭淚盼官長路路長緯繩短挽船不
敢緩

德政詩五首為泰州分司汪公賦芾斯先生

崖梅豈不清感人者芳馨黔首雖至愚懷德有同情荒荒瀕
海岸役役煎鹽珉終歲供國税鹵鄉變人形饑兒草中卧蟋
蜂共悲鳴倘不逢良牧何谿慰羣生撫字日已勞罷癃日已
寧祝良作甘澤遍野起歌聲
夫子昔高卧別業吳山下圖史娛勇凡吳越擅風雅冷然湖
山際襟抱各瀟瀧令礐倏以廣長嘯別松櫝伯子陂雲霄仲
氏膺民社蒼茫潮汐區何堪詘靜者鷗鷺迎清琴蕭葭隱班
馬煌煌湖建器光采及原野
風潮飄蕩後萬井恭荊椿黃草連遠天鳴雁愁殺人茲鄉寶
寒陋亟亟思陽春春風一朝至草木鬱然新嘘煦六年來慈
祥四海閭當代選循吏徵車正轔轔赤子涕連沔唯恐失其
親者老扶竹杖鄙生出山雲未暇贈劉寵方將借冠恂
驚鳥避叢棘鯉魚肥泉水仲舉稱高賢乃下徐孺子孺子不
仕君縈華草营視一榻何戀戀心寶感知巳往來古不廢干
謁余所恥軒車遇鶉衣攬挈若蘭芷野月臨冰雪田玉出泥
渾孤雲漫悠悠偃室重貧士
煩年禾不登流離滿海邊困餓傍槯章容易把戈鋋使君騎
馬來淚迸流民船賑飢日行野羅米時借錢或有强肆者辱
之以蒲鞭一誠消衆蠢散去如雲烟只今中十場里巷何晏
然牛車夜不歇雞鳴月在天民物各自適誰知官長賢

讀印人傳作歌贈周金谿先生

千餘年來尚楷書篆體唯憑印信傳秦章漢璽苦難遘時谷
聰見空拘牽一從近代有文何文三橋何雪漁朗如雲盡窮
青天鈍鐵在手代毛穎象牙棗木失其堅肥不喪真瘦不枯
龍搏鵠峙相糾纏慧心漸次趨簡便磊磊石愧採青田坑東
柔澤如可食燈光出土珊瑚鮮坑凍燈光凍皆石名海內繼
起日稍稍新安梁谿尤多賢金谿先生最嗜此高手到處與
往還錦纏帕覆隨出入宦遊載滿烟波船斯道彰明五十載
金谿賓為風氣先只今能事腹誰數老成强半歸重泉不悍
苦心訪遺蹟肯教絕技同寒烟生者死者為作傳印人一一精
在眼前異哉吾鄉黃濟叔蓬蒿中挺孤芳荃深心厚蓄流精
光意所欲到手已怨然諸家豈不各稱善濟叔兼之無愧馬
如阜濟叔里巨墓松楸護賴古公堂名文章星斗懸誰知黃
也身存日姓字不出鄉閭邊若非遭遇周夫子懷瑾握瑜祇
自憐

鶩來詞

六月蝗為災有鶩自東來立田中如老翁秃頭長頸驅蝗
蟲羣蟲赴海齊趯趯飛走不疾鶩啄食食既飽起高飛人來
爭獲救公饑稻名田公田姥呼鶩拜恩德爾比鳳凰大昨日
憔悴今日歡他家流亡我家在我願家長在舊村爾鶩老壽
多子孫子孫賴翔遍天下年年護我農夫稼

贈鮑節婦二首（鮑爾縈母）

南梁烏為巢樹上生爾雛樹下寡婦心愴然紡績日暮炊無
烟市來餅餌那足茹飼却嬌兒遺却女冰堅雪厚日難過眼
前黃口何時大
南梁烏烏老小烏來反哺巢高翅弱飛不起南梁孝子愛殺
爾山松青青谿水長母年六十身體康酒饌朝昏盈豆無阿
母舉匕淚如雨東林茶蓼西蕉枝今日甘芳昨日苦

東淘雜詠十首

范公隄

宋范文正公築

茫茫潮汐中矾矾沙隄起智勇敵洪濤胼胝生赤子西勝發
稻花東火煎海水海水有時枯公恩何日已

勉仁堂

王心齋先生精舍

先儒樂道處明月寒塘出門外地名月塘灣枯樹曉啼烏穎
垣春長棘余亦生此鄉水濱訪其室獨往意悠悠沙禽起銜
泌

竹園

紀四世祖顯卿公墓上竹也公仕元為提舉至正
間棄官歸隱新豐團鬣街恤鄰里人至今德之

抽笋思凌雲結根宵傍海野霜叢森森水月碧靄靄一從種
植來幾遇人代改蕭瑟天海間清風四百載

東寺磬

文銘和尚遺物

我來弔高僧古寺深蒿艾人間留一磬身後覺羣昧暉暉日
墜淵淅淅風生檐清音送出林適與幽人會

崇寧觀鐘

鐘鐵質相傳神冶所鑄鑄成冶人晨別去戒曰勿暮勿鳴也黄冠疑焉旋撞之冶人甫去二十里聞鐘歎曰聲止此矣

大器方遠聞去程未及半時俗昧神工徘徊鳴海岸臨流鳥雀靜將曙星辰爛磧磧壓中人一聲殘夢斷

白龍潭

即仇湖村舊傳有白龍育子於此至今梅雨時鱗爪每隱見雲際居人相顧喜曰白龍歸矣其年必稔

風起枯椿鳴遠村晝如暮神物久飛騰寒潭尚雲霧田荒男婦散水冷鷺鷥聚龍子不歸來豐年幾時遇

古石梁 場北

場北夕陽多石梁宜登陟行人戀景光去冰無休息閒泳魚逐羣倒生草蚕色樵牧暮還家相逢半相識

常家井 在常家竈

竈丁日食鹵澹味詫為異可歎清冷泉乃生斥鹵地旱天澤不枯夜月茶堪試淒涼蔓草中汲引誰達至

圜田 通倉樓西

烟火幾十家圜田三百畝野雪甘青菜春風脆新韭門閒時繫船市近易沽酒我無買地錢空羨荷鋤叟

影山 在新豐團澤中

決滸東海邊一丘何崃峭地僻名不章湖清影自照棲雲林樹低鷲月鸛鵰叫祇應垂釣翁繫艇來登眺

汪節婦詩

節婦姓張名啟汪汝萃妾萃死無子凡汝蓄以子揖嗣之婦與嫡王氏素不相能母家嫺姥以張少年勸之嫁且曰主翁立後異日縱昌大於汝無與也不應其母將強之婦大慟欲自殺母自是不復言年四十揖為諸生有聲稱觴盡一時名士婦召昔時嫺姥謂曰皆此諸君皆為妾來主翁有後於妾豈無與乎女不再適非為名也汝曹常謂我守此無名今日聊相正耳聞者莫不嘆息未幾病卒

停車下馬人云是郎君友登堂稱兕觥生長拜庶母庶母無兒女自誓為寡婦年齒今四十寡時年十九嫡既不相好親戚又相非內外苦逼迫嘔血摧肝脾不謂至今日磨滅未成灰今日大設晏親戚盡招來各各羨貞潔事事多光輝茹茶非為名孤雲亦有託從一志已遂入房舊疾作嘔血不留餘絕命歸丘墟

贈槐詞

南河有梁北河有梁怒潮之上成坦途漁樵在前後牛羊牛羊過橋上高丘丘下死人陳不收路旁不少惻隱心木匠去領方家金金頁懷中人不見槐櫝聚散匠人店海村寒食草始青東風輕緩飛新燕遊魂各抱髑髏喜方君更欲買蒿里

程節婦

節婦歙縣程岫母也岫父懋衡公甲申之變不食死婦事姑舅撫三幼子孝行義方鄉里推重丙辰秋年六十矣紀與岫友悉其家世因賦其尊人大節以俟世之採風者

谷為陵人世非鼎湖龍去不歸朧上禾孰程公腹悲㊀解公無名位如龔生公無門遲如蔣翁不顏立他人地上飽食令終㊁解朝不視餐夕不視餐室中新婦長跪前夫子有志兜女子衣何敢牽㊂解歌呼慨慷仰邪俯邪付之誰邪揮手就泉下笑謂室中婦汝稱未亡㊃解未亡人捧羹上堂但見堂上雙白頭不聞故入聲與音泣不以面淚滴中心㊄解未亡人抱杼下堂但見呱呱黃口不見故人容與顏車輪入懷轉

我肺肝⑥解肺肝毀勤菽水甘馨舅耄姑耋癃者起盲者更明⑦解縈燈照夜傳簡授編孟博士行將方將為世規矩寧知母也側搶勞苦三十三年⑧解鄉呼天霜飛五月魯陽暉戈空駐落日⑨解哀哀寡婦神鬼祜爾煢煢孤兒鄉鄰莫敢侮爾嗟哉母今日之生嗟哉公昨日之死⑩解

六月十一日水中作

驟雨催隄決奔雷向海驅虛空浮屋宇里巷愁嗑蛙聲夜與俱急難誰救汝稚子莫號呼產業眼看破詩書心最闌浪中千卷去架上愁思浮萍笑老顏水頭八十丈又報黑羊山

入江湖蛇齒時

幾時還碧芹親

歸舊居後洪水復至步屧不得出戶踊踏連旬九月十七日徐仁長沈亦季程雲家仰岐方菈中王于蕃攜酒饌來訪柴門邀同泛舟至梁梁夜深宿清暉堂限平生飛動意五字為韻

霜降漲復至瀰瀰與階平坐臥洪水間盡是鳧鷺情北風吹蒲葦日夜聞雨聲今日天忽高霽色新柴荊郊原見樵牧違樹午雞鳴何能救人烟一枝徐徐行

籬落舫纏遊氣寒白浪生饑犬走上牆狺狺吠水聲潮洞者誰子舟楫來相迎秋暉壓象柳罩國搖空青故舊滿眼前壺將勸我傾几然醉中流笑與浮鷗并攬衣望梁柴草間路微微夕陽入草根人各頁戴歸道途何紛紅嗟哉歲云飢耕牛賣巳盡烟火村舍稀去年此時節家家鷄戾肥蘆洲接稻田新鳫高下飛野水闊無根東連碧海湧明月對船來萬象波前動居然星漢遊左右雲渝渝微吟懷李郭攜手類朱孔酒盡夜更沽提攜一樽重囊宿清暉言笑今何堂白露多秋思叢叢桂樹下歎歎道人至方子傳片雲又向在遺蜕巳委地造化偏役我奔馳費殘屐飄飆一然自得意堂中寄入林烏雅啼海月欲西墜夜靜菊花開邈

送瑶兒

瑶兒余長子大年也丙辰孟冬病歿里中舊俗歿之三日家人隨親戚攜酒治饌設魂車焚祀里門外謂之餞程余欲往里老謂父不可以送子余徘徊門欄登高而望以老眼送之作送瑶兒詩

送瑶兒出門闌門外生死別行人駐足觀鬼馬在後仙憧在前胡僧偏袒搖掌導蒐鈴子聲鎔然鄰挈酤友炙膳汝黃口兩兒大者執梨栗乳媪穉負之里門瑶兒里門臨河湄中流無梁舟楫稀楚天西漏淮水東飛蛟鯨掀翻崩湍怒彭咸窟宅何可依瑶兒里右荒丘枯白楊枝上妖禽啼夜霜魚鹽死客子骸骼寄此鄉年年寒食無祭祀羈困之鬼難與相羊袖中柜粒汝母寘未許分作他人糧瑶兒惝怳馬之曠野悲風埃色飄蔚長牙闊口利爪敦背來往豺狼狒病後汝力微生前汝膽細彼何人者侊侊欲前寧不畏郊原四顧多險鄰魂兮杳渺不知還擊鼓吹簫促命駕靈輀彷彿雲烟間雲兒烟見老父將去仍緩緩老父眼睫血淚滿夜臺汝夢長人世吾日短落暉躑躅崦嵫巇送瑶兒心腸斷

江都池烈女詩

烈女姓池吳廷望妻也未嫁廷望從軍南征戰死其父吳某素稱里中無賴欲以女婚次子女之父凡悍之屬姨母語女且勸之嫁女不從自縊繩斷者三竟縊死吾友張琬為作傳命紀賦詩

旌旆搖野風戰馬顧羣嘶壯士志封侯不娶娉婷妻娉停方盛年桃花三月時三月轉盼盡征戰返無期無端夢沙揚血污泣遊魂覺來信已至夢寐竟成真招魂窺剪紙涕淚漂羅巾朝為未嫁女暮稱未亡人蝴蝶飛過牆栩栩尋春芳安得久敵蹰鬼伯隨姨孃姨孃是尊長出言何不莊令人亂匹酡人生豈牛羊烏棲城郭黑三星檐前明壁上懸一燈炤耀人嚴粧生小不知路死路行最能永從黃泉伴三結朱絲繩鄰舍聞此變日出走來看從未識女面今日見容顏一枝紅桃花霜雪色尤鮮問女首向飾夫家聘時簪聘時更何物玲瓏雙耳環女意何所嚮面南身裒徊巾帶微飄揚如上望夫臺問女住何處草屋女所居草屋有此女此女天下無鴛鴦不擇水泥滓產明珠商人爭殯壄酹酒多士夫酒酹起黃沙沙場鬼還家還家徒夜遊得妻不得俟始悲謾好勇生死滋繁憂傳戒後世人慎勿把戈矛

隄決詩

庚申七月十四日淘之西隄決俄頃門巷水深三尺欲渡無船欲徙室無居家人二十三口生立波濤中五日夜抱孫之暇作隄決詩十首成對落日擊水自

歌境迫聲悲不禁疊疊涕下

淚正之凡不中驚出走暮新泥有愁北浮生泥今水湖田
起則人之垂人猶波來年主土客飢風來蘋流日半倒桑
饔遊尚舟手聞公濤抱辛人雨徙寒寒草上積隨船接溪

中 如船援眼然 我苦 後室 氣屋 不人 大柳
數 此繫我看蹲 瞭飼 植就 早如 得去 海棲
升 緩樹來平屋 鷺孤 影高 桁浮 杖築 盡野
黍 急下 生梁 鶴孫 落崇 無萍 藝隄 說雞
竈 自憎 骨黃 天黃 清賠 衣蟋 登明 小洪
沉 傷我 肉犢 上口 波之 裳蟀 高日 船水
薪 有貧 安只 鳴命 戀蘺 瓶秋 看隨 直西
溼 所窮 在欲 嗷倚 老邊 無啾 水人 萬來
不 求不 哉走 嗷白 身菊 餐屋 長去 錢崩
可 低官 有上 歎頭 何數 空脊 東守 誰我
煮 顏借 凡牆 息存 須叢 腸鳴 舍隄 知隄
家 更伊 有家 汝餅 一蕭 瘦家 西颶 織村
僮 與昔 凡家 祖餌 處蕭 骨人 鄰風 短村
營 何漁 同登 非斷 同晚 當延 白霪 不稻
營 人父 祖艇 其絕 況芳 狂頸 決霖 能苗
欲 謀渡 凡向 曹巳 淪予 瀾望 決無 前今
奚 盡窮 居高 不雨 作所 何天 蝦休 一安
適 室士 崔岸 得日 花嗜 時曉 蟇息 浪在
毒 應行 嵬水 銜水 好常 有水 入土 打川
蛇 從路 咼烟 汝中 對捧 昭作 門溼 入飛

刺念劉爾黑去洪蜿
船生生最驚年濤蜒
尋囊希能戲夏間遍

我中岸 樹秋 阡
泯戲寄 項雨 陌
瀰巳我 無澤 高
瀰無羅 稅絕 歌
容米 無嘉 落
易貴 糧禾 日
用戲 官枯 憐
鋟結 長似 我
俗簪 務翁 顏
所項 吏媼 膠
鄙乞 胥髮 漆
違火 用今 故
俗炊 錢年 舊
更炊 求天 阻
有熟 開漏 河
程欲 徵夏 關
季餐 以日 安
子轉 災冷 知
雲跳 爲黃 我
家蹢 豐魚 在

題汪孝子子喻先生遺像

孝子遺棄榮名隱居煉丹峰下竭力養母四十年弗怠母老死孝子慟甚哭輒嘔血亦死令子于鼎文冶以行樂圖見示圖繪孝子松泉間面䕶草不違北堂蓋生前素志云

不以峯悲
可思昔哉
言攀罔孝

桂芳子
茹躅爾
芝今力
莫識爾
如舊血
樹容力
䕶儀竭
松若逢
蔭古哀
我賢血
葉情盡
泉則存
涵嬰骨
我兒骨
根言隨
根念老
葉北母
長堂皓
茂愁月
樂然青

尾

眠囿人雲鸛悲長家花月身畝南
堂榴中邊之摧夜袖聞照慶他舍
上滴寡雲老兒讀潤不厚時舍兒撫
姥泰婦銷者悚孝懷見陷暮倚飼遺
自山尤野雙視經堅根前急藉餹腹
體石堪曠紉舉機誰兒霜衣多餔孤
哀巳憐郤扁手杼知生 裳中北子
嗟穿今散導爲旁玉不 手舍舍行
嗟不日去雛母巳石見 中帷兒三
撫見又老飛拭知膏爺 布一襦首
孤遺來者飛涕身煎生 短母褆贈
寡腹日高在涕體腸者 刀牀褆夏
婦子今倦前淚蜀中死 尺上中節
不戢年歸一 父心者 凉索舍婦
可犛復巢飛 母自將 勞乳之母夏
爲稱來眠梢 呼明安 勞如兒沈世
男年禽出 母白賴 母餞孤氏長
兒木鳥林 問眼黯 子孩呱
地填銜再 父前然 在乳啼
下東勞飛 在赤少 深勤苓
公海乃飛 何子婦 夜哺蘗
目波如到 方看持 簷數生
晾欲此野 母漸入 前母共

菜其痛魂古草
莧奴貸悸汙舍
償喚鹽且巳不逋
錢竈買恫覺盈鹽
期戶仙今改丈錢
巳牙西予形乃逃
至爪人獨容在至
空虎錢何居鹵六
手不三辜人壤竈
我異月栖若中河
何腐五止鬼濛作
之儒倍與魅濛
鄉骨利汝衣黑
蘆筏傷同食擡
睜筏此 常飛
棄隨錢 不戶
寘俗鏈 充外
受年 往起
罵追 昔秋
詈呼 遇風
秋雜 汝何
清晉 曹能
發吏 心免

穢態北非澤雄知萍遮粒絕海庚蛙故窖異曠在披鹽人離日
雲醜風此侶雉汝中萆嶺糧水更躍里長類野霜衣貴遠羣徜
巾患凋時道喪萬釁秋如有東分牀水海鶩風露牢賈溯行故
履遠驀常遠徊倫惆原王地北飛前蕩留定又間盆踸迴坐園
驅人族愁不飛訖漸藕珍因徙何秋蕩往淚起賈貨甚呼無落
隨情蒼觸可羽根相平產播新當蘇亘哲旋葦子人索兒好洲
恨喜蛆羅追毛近窺生不穀沙似肥傾巳流乾爾煎鹽區懷洲
無念氣網入何下當海澤雨細萊無巷如眼葉何蟋不草長蘆
銜我先顏草陸愚其水鄉多草子金無比中颶人蟀索中謠花
悶初靡盼聊鷁鞋花濱何鹵綠織可靠老無賦使無錢叱思開
悶來橫心自孤不發花須氣稍春羅吾夫䕶海我字匪咤同新
杖時飛驚潛蹤同時葉地消稍隱米妻復草岸夜託勉債心鳴
自鹵力疑長倘錯野誰土露蕪翠病此誰何欲不愁更主道比
倚鄉何 人潮新意采沃白鹽鯢腸臥尢以下眠音東來阻時
聚微 易汝 何禾 禾池 辛痾 忘雨 遍去 不至
如仰 知文 清腰 苗紛 不終 我狠 野牽 可孤
蟻蹶 隨采 新鐮 熟紛 餞日 憂鳴 田船 偕鳴
帶鳴 鴻欲 蒿來 芳買 壯謝 土五 北買 風夕
聲不 苦奚 艾樵 香耕 年鋪 室更 斗鹵 末悲
到巳 無施 各人 炊犢 鮮糜 絕頭 低還 聞哀
盤時 力豈 自來 在煮 共甑 親哀 照中 檉我
餐衰 變無 得縛 釜海 林上 愛年 地夜 歌亦
遺物 蠢山 孰衆 子每 衰澤 雪近 我起 何始

氣臭行若飛俗呼曰鑱蝨區身藏木榻穢種散書帙齧人膏血飽何夜昏黑出拙哉一愁人於此來抱滕嗱嗑羨僮僕爬搔噌老兵何能久良音嗣渠海岸望朝日鬚公郝羽壹似靈均情性受芳馨蘺下蘭茝多常使醉人醒要我此聚會焚香掩斬檣香氣何氤氳夜深燈影青山泉流入渭一半流入逕分離雪幾日清濁倏異形伯子汪長玉對債主瓊花糞壤前壬樊縶雲鶴不得飛翩翮人小但爭利虎饑寧避賢丈人氣槩世乃不如一錢乾坤悲枳棘湖海夢衛衛荃惟予實同病相望徒相憐夫子孫豹人不可測置身袁惠間今日被華衮昨日把釣竿泊如塵壚內流水與高山驅車方北上餬口又南還帝王好詩賦妻子足饑寒奔走更誰鄉自歌行路難老人立樹下遲客來秋原原上雨初靈麥芽青到門笑謂牧牛豎好持沽酒樽酒未知濃否乃沽自遠村佐飲虀鹽味無拘山野言癘瞻及窮困愧我非王孫誰送一樽來河涯嗥瘦狗遙知舉案人嗟我乘桴久自抽頭上簪暫質店中酒憧抱入鹽烟鷺驚起荻藪銷憂味必醇寄遠帳何厚欲飲轉躊躇月痕在甕牖

送劉希岸歸呂四場 呂神仙四至此場故名

南梁南去可移情處處蘆洲有鴈聲半畝臥雲懷舊業一舟如月在歸程寒宵綠酒須盈戔鄰榜黃金任滿籯山驛梅花海岸雪令君詩思峭然清

何能更一降純陽風景倚倚呂四場天際白雲人盼望水邊玄鶴自翱翔呂四鶴梅仙種雨三鄰舍兼葭佳五百程途雨雪長去去酒餞安用數流霞早已熟仙鄉逸興應知中路噌紫狼碧漢樹層層偕僧松壑霽浮櫂乞火竹爐寒煮冰萬里潮聲江海合千尋石路杖藜登何當共宿翠微裏夜半開門看日升樹上烟霜鳴曉雞燈前機杼憶山妻如萍如梗有何事一載一同尋舊栖擁棹遠看村靄靄出門猶記草萋萋歡顏想見到家日竹徑茅簷黃口啼杪秋布岸生子

詩四首為隆阜戴節婦賦 婦汪氏戴勝徽之母

隆皋樹湛湛鹿車遊其中雙情共一娛所向多春風奈何時命衰黃爐沒爾雄沒者良已矣寧知生者惆朝為並栖驚暮作單飛鴻鴻飛金天寒人泣玉鏡圓遂甘堇荼味乃自桃李年

隆皋月遲遲入門復上堂悄然見公姥衰疾須扶將新婦起為子忍心稱未止虎嘯山頭風雞鳴樹上霜酸辛百年養黽勉二人喪鄉鄰爭歎羨舉動合禮儀事祝有如此不弱親生兒

隆皋雪深深夜闌寒寡婦餔糜活赤子維織勞纖手堅冰齊泰華母德共高厚兒今如古士踽踽米自負人皆笑兒迂母不謂兒醜百計存藐孤艱難力轉堪不慙嬰與杵嬰杵猶是男

隆皋泉泠泠霑濡遍遐邇于中有賢豪聲若江峯峙身自持門戶義乃及桑梓得穀即飯飢有錢頻救死宗族子憑藉周親墳偎嵋人今多緩急尋問魯朱家朱家是婦人鬒髮猶未華

李家孃 已下三首補詠舊題

乙酉夏兵陷郡城李氏婦被掠掠者百計求近不屈越七日夜聞其夫歿婦哀號撞壁顱碎腦出而死時掠者他出歸乃怒裂婦尸剖腹取心肝示人見者莫不驚悼咸稱李家孃云

城中山白死人骨城外水赤死人血殺人一百四十萬新城舊城內有幾人活一解妻方對鏡夫已墮首腥刀入翦紅顏隨走西家女東家婦如花李家孃亦落強梁手二解手牽拽語兇離茄吹團團日低歸擁曼睞蛾眉獨有李家孃不入穹廬栖三解豈無利刃斷人肌膚轉嗔為悅心念彼姝彼姝孔多容貌不如他四解豈是貪生夫子昨分散未知存與亡女伴何好髮澤衣香甘言來勸李家孃五解李家孃腸崩摧簪撻磨減珠玉成灰愁思結衣帶千結萬結解不開六解李家孃坐軍中夜深起望不見故夫子唯聞戰馬嘶悲風又見邗溝月清輝漾漾明心胸七解令下止殺殘人生塞外人來殊似鄉聲云我故夫子身沒亂刀兵慟仆厚地哀號蒼雲八解夫既歿妻復何求腦髓與壁心肺與讐不嫌剖腹截頭俾覲者毅餘若羊牛九解若羊若牛何人東家婦西家女來日撒營北去馳驅辛苦鴻鵠飛上天冤兔不離土鄉圖回憶李家孃明歛背上淚如雨十解

王解子夫婦

如皋王解子酷嗜酒里有義士妻某氏皋當遣戍縣官差役往送解子與馬歸悲惋終夜為為之罷飲其婦詢知顛　代義士妻解子許之送至戍所值鄉人以金贖義士妻還不知其為解子婦也姚潛為余言命余賦詩

張羅待黃鵠鴛鴦乃罹咎義士妻遣戍解子罷飲酒慘愴還家門色驚糟糠婦漿醞寄性命今何不入口問訊執壺前解子起搖手汝曹婦女流中懷豈堪語若欲知其繇汝且將壺去漿醞非刀劍能平不平事汝亟將壺去義士妻遣戍其婦毅然謂堂堂義士妻此去為奴婢羞辱儂念之面貌外不識

他人可代伊何人可代伊搔頭慍阿公公也無庸慍願代者是儂解子得閭之歡喜弟還墮汝曹儻如此我拜汝曹坐未明肩輿出曉至官犄裏鞲鞍遣戍人點名及解子鋃鐺繫馬上戈廷荷馬前意氣火伴中寧知路鞭險蕭森北林樹黯黜黃河烟蘆葦隱漁火宿鴈雙雙鳴回首睞鄉土夫婦欲何言月落別黃河日出見戍樓來日闢塞外永辭栽故夫高情生惻怛淚下如連珠無端故里客邂逅他鄉陌深悲義士妻遂解黃金贖仁義感道路見者欣相告誰知有匹偶天暗全骨肉西風吹歸騎東皋指茅屋解子婦言旋中士妻免辱團團臺上鏡皎皎奩中玉解子樂何如滿引栝中綠

吳氏

吳氏名伍安豐場人嫁曾高高父病篤閭里人有割肉療親疾者以其事語家人欲高效之也時高亦病婦乃慨然代高引刀割左肱肉刀利切骨血流十二晝夜死見者莫不悲之

女蘿施黃檗同烟復共雨枝葉有憑依命運獨罹苦一解婚姻遺良時鵲銜李花枝人擁新婦好媒姑有光輝二解厨下作羹炙堂上嬰禍灾西隣送媒去東隣迎醫來三解飲不宜湯液啜不甘糜粥鬼伯促人命鬼舅急人肉四解大人無弱女亦復無他男肺病肌肉約刲割男何堪五解夜起星長下刀先在低手明神蹺拜巳利鋒肱上走六解啾啾群鬼泣燈減風吹婦谿搖草木亂門外猪羊嘶七解宛身詎縱俗忍痛緣代夫寧惜涓涓血十二晝夜流八解得肉舅乃愉代夫婦遂死鳴咽家人哭何人能贖爾九解嫣黨競來看香名傳里中昔為女蘿絲今為蘭蕙叢十解

篆隸印章歌贈何龍若

幾十年間工篆隸布衣獨數黃雉皋書須毫楮黃不然以石為紙筆則刀白日照牖石飛几孤情卓犖思嘶嘈丞相中郎李斯蔡邕微妙意脫然出手心不勞户外車馬忽雲集是時頭顱已二毛厥初推重蹤櫟下迺獲聲價來蓬蒿父執相呼者何人南徐何郎今譽髦熟精其枝弗嘗試偶試便為時賢寢田產燕盡仍下惟門東無奈兒啼號新坑石名入塞賈衣購鈍鐵餉口行路操寧知賤貧趾逾踞市井輕薄身頗遭精製謾受不與錢旅甑壓壓烟難高行李水霜問北闕道途坎壇尋東淘俗方識客類寒鵠我獨愛君如駿鶩從來金臺會鑿賞此日上谷尤風騷況君少年善詞賦才藝俱足擁世豪詎之知音若櫟老吹笙擊筑傾松醪譫際落花向座飄歌童舞妓娛我曹輿酣起作猛虎步蘚下豺狗誰敢嗥

打鰣魚

打鰣魚供上用船頭密網猶未下官長已鞲驛馬送櫻桃入市笋味好今歲鰣魚偏不早觀者候忽顏色歡五鱗躍出江中瀾天邊舉乞久相遲冰填箬護付飛騎君不見金臺鉄甕路三千却限時長二十二打鰣魚暮不休前魚已去後魚稀搔白官人舊黑頭販夫何曾得偷買胥徒兩岸爭相待人馬銷殘日無算百計但求鮮味在民力誰知夜益窮驛亭燈火接重重山頭食藿杖藜叟愁看燕吳一蠋龍

望君來

思循良也

望君來荷鋤夫嗷嗷待哺同烏雛野寬毋違日欲哺不慰饑渴蒿與蒲誰念頻年水旱多饑無泰麥畝無嘉禾蛙鄉魃藪仍催科不有黃穆秦此赤子何望君來君未來溝塍里巷歌聲哀望君來愚竈户日蒸野草氣方暑小舍煎鹽火戩舉鹵水沸騰烟莽莽斯人身體亦猶人何異鷄鶩鬵中煮况復今年春夏雨弗息沙柔泥淡絕鹵汁坐思烈大輿烈日求受此若不可得不有杜詩誰與說胸臆望君來來何逢避遠見琴鶴人色怡望君來老儒存眼看十場愁心自捫胥徒但傲里閭稅子弟不道周孔言往時社學邪可見菜花草色海墟偏於中豈無商歌者織屨蘆中匿顏面不有文黨風俗何躁變馬聲蕭蕭車轉轉望君來君至止稱詩說禮自今始

程寡婦歌

明星墜為石高田流作海天地變遷有如此世人心志形容阿誰長不改形容長好伊維仙人心志不改伊維寡婦忠臣臣忠識大義臨難往往致其身婦人賠口澤膂十人九人賜肺愚節操曷谿自勵門户胡能獨扶君不見程寡婦乃是程涓妻夫死婦不死祇緣黃口兒女須提攜餔糜終朝爨烟冷刀尺半夜燈火低只今歲時不知凡幾換嬌女嫁人稱賢媛兒讀父書雙雙光光名譽遠八十歲舅為欒多方豆有甘肥壺有酒漿凜中菽粟桅上裳孫子在膝婢成行寡婦猶然茹茶檗躡冰霜吁嗟乎苦味寒感何日巳一門四世咸相倚上不學天星下堪慚海水寡婦寡婦吾乃程涓之友今日登寡婦之堂把殘作歌悲且喜寡婦頭白閨門中程涓目瞑泉壤裏

董嫗

客行班竹村有嫗田間哭野曠人跡稀嫗手牽黃犢犢口齕齕食草色莽莽綠哭聲一何悲牛羊為躑躅客行聊駐足近前問緣由心念主人思欲言淚還流主人韓秀才諱默家住蕪城裏城破兵屠戮夫妻先自死妻蕭氏縊死梁上夫溺死

井底所生兩男兒一死從嚴親（諱彥超）幼者（名魏）在母懷擎
舉託老身憶母將縊時復抱幼兒乳乳兒幾曾飽蒼惶分散
去門外積骸高昏暮何西東裏兒兒不啼共入死人中死人
蓋生人尸血模糊紅五日殺人了駱駝鳴蜀岡甸詞夜出郭
隴晴麥穗黃麥仁采餵兒火投村莊兒我各無恙田夫歎
且鶯今年麥穗黃明年麥黃兒黨稱郎君軀體如長父長
眉宇尤骯髒落筆善文詞穗來多盈友稍欲大門楣郎君今
安在書劍燕山陲燕山往里懷思斷肝腸語罷辭客去倚
牘向北望北路驢馬來千遙相呼郎君不捨我今日歸來
乎謬誤弗自知但怪無動鳥雀返墟落烟寒樹色暝客亦
掩耳歸嫗聲難再聽

短歌為豐溪吳節婦賦

雨雪零松柏青人倫變奇節見吁嗟吳氏母芳年形影孤忍
心稱未亡珍重腹中離離出腹聲呱呱一年二年乳與餔五
年十年詩與書二十三十稱眉須來年年且近四十編有貲
名門有車前以續吳嗣後以大吳宗子今多子懷愈舒上無
嘶皎日下不愧良人志堅於石心如荼始知昔日不輕棄此
軀不學人閻小文夫

梅女詩

芳蘭深谷中將開忽自落不向風光輝不受輕風輕薄於戲
淘上梅翁家阿女可並幽蘭花卓立衆卉見標格恥就人世
凡紛華不覺年過二十後命苦一朝喪阿母母歿悲母旋自
悲自悲許作蕩子婦蕩子儀顏亦有光豈料逝水為心腸似
倚少年隨伴出不商不賈不彊場飄零竟弗思鄉曲闈中年
紀二十六窗前一樹雙老烏夜夜鳥聲傍獨宿倏傳蕩子返
故里白髮紛亂阿父喜逝水誰知不戀源息息又束舊行李
阿父看畢入門悲泣語吾女將安之詎意房中一寸心久與
泉下路相期村北有女惷且醜是時嫁郎為新婦阿父聞之
心旁皇歸來女巳病在床門外阿叔問病至窈窈房櫳徐徐
出盈盈容貌冉冉儀玲玲雜珮莊莊意向叔塞默垂首低阿
叔相顧神慘悽怒言吾家女如此那堪去為蕩子妻女去歸
房涕自語從今不得依老父月不明風為寒潛起自經堅
閉戶其夕阿兄共一庭聞聲來救復醒氣嘎漸與阿兄語
何可令予勞此形阿嫂在旁如瀉慇歎咿食晨且夜解顏
接嫂若乎生嫂去寘食匡牀心知前路偷不吉暗數不食
到七日盈盤清水自沐軀鴉雲鬐還嬪漸櫛沐既罷日欲
嚦悉出箱籠衣與裙願留微鬢表衷悽女襟一一為區分獨
有明珠一百夥身前身後應物我維縊親伴雙朱鞋五十在
右五十左妝成形影宛若仙隨人驚悲哭滿前危坐奄然日
俄瞑阿父號呼尤可憐東隣家來營殯具西鄰皆為營葬去
去覓沙明水白閒安寘娉婷貞女墓墓中魂魄難再歸化作
皎皎孤雲飛

宮昌宗

野老哭

朝來憑眺晴川麓脉脉銷魂聞野哭掩袖堪憐垂老翁血濺
山河腥草木良田荒盡不得耕輸輓公家動千斛昨年沒入
兩男兒今朝又將女少鬻呼租之吏庚如風肌膚剝盡無完
肉逃生無計死無門衰年眼見罹溝瀆我閶此語心骨悲爾
盤脂膏厚我祿豈乏流民繪鄭圖任單言高罪莫贖暫勸老
翁休自苦且執犁鋤服黃犢殘喘或可緩須臾廟堂應致太
平福

水災

連年澤國隣魚鱉匏子應誰底績高極備懸知臣職曠省憂
無乃聖躬勞頻煩太府頒金液恩見窮簷沛玉膏日戴堯天
同繫壞私慚何以答分毫

鄧漢儀（孝威）

方白英蒙冤繫廣陵獄中三月二十二日燈下拈韻寄懷

之子才名重奇窮到纍囚今知尊獄吏柱媿嫚王侯阮籍難
言孜彌倚盡是譽家貿誰捄贖親老獨呷嘎豈嘆華亭鶴終
成楚國猴野狐翔永書壁罰嘯昏篝淚盡江淹筆心餘叔夜
愁梁王終未恤晏子擬何求知巳空憐借窮交幾俠游不堪
長縶足忍見苦囊頭詩以銀鐺瘦杯從肺石投羅浮難夢到
犴狴急更籌

鄧漢儀

甘烈女詩

孤雁號空陂，貞女守敝帷。伉儷既以定，生死無乖違。一解

孤雁未有匹，貞女未有室。比之于伉儷，耶得言膠漆。二解

媒氏既通辭，父母既心許。比身已屬人，周易重男女。三解

嗟哉甘家女，曾許冷家兒。雖許冷家兒，未為冷家妻。四解

何意訃音至，冷家兒瘟亡。父母悄無言，女痛摧肝腸。五解

三日絕饔飧，三日毀妝飾。一旦懸絲繩，四壁無顏色。六解

太守遽聞之，命篤造其廬。雙旌為黯淡，五馬為踟躕。七解

焚香拜靈櫬，鄰舍咸嗟吁。奈何小家女，辱我使君輿。八解

使君自蒞郡，秉禮而化民。風草有丕應，首及荊布人。九解

上書臺使者，冀邀天子恩。女名重青史，女行光里門。十解

張琴

射鯉謠

星將稀，當射鯉。官家稅白糧，不稅田中水。

張幼學

耕夫

隔隴見耕夫，耕田意自如。牛馴鞭尾懶，雨細土頭疎。昨夜風寒否，今秋稼有無。莫教官長怒，作意早完租。

今日作令之難，第一在催租。若征輸不及額，雖召父杜母，亦難免於罰。故敲朴追呼，良非得已。緩刑而多逋，譴責於朝廷；嚴刑而督責，誹怨於百姓。雖廉潔慈惠如詞臣，且無計免此，而況其他。

宿馮店

鞅掌竟何益，舟車乃半年。醉眠明月地，愁望白波天。時物驚如許，鶯花但赫然。晚村新草屋，夫婦笑燈前。

妙才快筆不過能直抒胸中妍所欲言已令人難歎為不可及

繆肇甲

登天目山是晉王冶飛昇處

形勝東南第一峯，登臨斜日探遺蹤。荒臺草軟疑馴鹿，古井雲封想護龍。脈接蜀岡流水合，氣連橫浦暮嵐重。昭明訪道乘船後，縹緲仙音更不逢。

繆沅

文安王孝子詩奉和座主安溪相國作

丁徭日繁重閭户多逃亡文安王氏子飄泊辭故鄉棄我舊井竈舍我舊耕桑甘心離匠耦各自東西翔

故緬不能歸涕泣淚如雨一燈何煢煢健婦搘門户生兒在襁祿日夜尚須乳

兒生未十期兒志如成人上堂見阿母兒有平生親兒生不知父兒不如鮮民阿母為兒言汝父久埃塵上天與入地欲見愁無因孝子聞母言舍淚聲酸辛

酸辛不能語獨立心踟躅奉母居道旁冀得達音書朝來撤勞薪為客具晨炊客有違行者孝子前致辭兒生自有父違在天一涯長跪進履襪為兒一尋之荏冉又十年消息斷路歧

團圞復團圞為兒授家室登堂見花燭吞聲哭不得兒生未識爺何以安枕席誓辭連理枝永違事行役再拜阿母旁泣血涴顏色

出門何所之惆惆別里門長號感行路天地為之昏日則望雲馳夜則戴星奔飛蓬冒天末何處尋本根

出門何所之竄身落山椒望見田橫島悲風何蕭蕭海水為不流鳴咽凝寒潮

行行大鑾旁僵臥荒祠外精誠動木石魂魄交冥昧開門揖老叟夢中與神會午食見指南莎羹未粗糲當歸乃隱語不聞附子瞻

迤灑入東南山澤形神枯黃沙蝕顏面瘡瘐生肌膚果然帶山下夢覺逢精廬佛香飄院落有客蒼鬢鬚詢知舊鄉里驚喜立坐隅尋聲猶識得精神相感孚父子抱持哭淚落千浮居

殷勤勸還鄉緇林戒行李入門見老妻毀顏已暮齒新婦潔盥餐為翁具甘旨至行格天地和氣泱鄉里高曾遺矩嫠子孫遍朱紫至今道旁人齊歌王孝子

劉節婦詩

金石有銷滅立志常貞堅可憐劉家婦鄉里稱豪賢劉翁嶔嵩人作宦珠湖邊劉郎溫飽士嬉游堂東偏陽春桃李花爛慢春風前以為免推折可保長芳年誰知時勢異羅網紛糾纏劉翁貶官去劉郎亦株連可憐劉家婦手歸無一年夫壻哭在途寡婦哭在堂可憐劉家婦掩淚出閨房急脫紫羅穤急卸時世妝下堂理刀尺上堂調羹湯躊躇不能寐鳴咽東方明叶謨郎切北風寒氣冽雪下白暟瞪堂上翁與姑相繼游泉臺新婦中夜起行坐愴中懷夫壻知何方道違難與皆低頭乞四鄰軟語慰僮僕相助送翁姑潛寐歸夜鑿叶呼酷切野田曠無路雪光蕩溟渤可憐劉家婦皮肉凍皴裂一手拊白雪一手掩白骨滿水東西流各自從清濁人生賢與愚所爭在好學可憐劉家婦生兒具頭角兒生父未見兒長公然落夕陽下野田羣兒共力較皆言劉家兒門户最哀弱毋淚來欺侮對面相東繃兒歸哭告母毋急為扶持呼兒告公事淚下如綆縻自從汝父出君家婦難為汝今不力學宜受羣兒欺送兒就外傅受書歸書帷顧兒熟孝經不顧工文詞秋蓬辭本根蕪亂無枝柯羈人患難後萬事皆蹉跎當年朱閣秀今日窶人家荊釵插蓬鬢憔悴難光華日刈田中禾夜續燈前麻幼兒不解事索飯聲呀呀阿尺門外來驚見生咨嗟咨嗟追往昔廿載星霜換作歌告同仇紙上血淚漫夫壻在天涯各各心腸斷

周虹

秋雨潰隄

隄潰秋來雨連綿幾月陰怒濤鳴釜底亂艇闖湖心村落無高岸人家剩短林淮南十萬户與水共浮沉

周虹起

古銀杏詩

出海陵之北郭曰新城其地有禪寺一區方十餘畝

爲古永寧律院今俗呼北天滋廟大聖殿前有古銀

杏一株老幹參天濃陰覆地每當風雨夕凜凜然作

怪龍怒吼聲一時當代名公宿士撫此輪囷咸曰此

孔明廟柏也噫吁嘻何其古與或曰開元初老僧所

植州乘未載不敢盡信但觀其虬枝偃伏礧砢離奇

必趙宋以前物也因作詩以補州乘之闕云

留時五植代龍陰鱗海滿陵樹饒森古怪物枝先疑對破此壁沈小吟憩可披襟寺去千

年鴨幹脚庭何

陳伯鷄

入室狼

果投狼其拜入狼食子欲問室腹暫野聊主狼悔相心取父來已安非安引何遲一我靜狼方前朝族暫入兇車食野無室童覆盡心事誠睹後攫非免何之車人族入故驚師肉翻荒但且古覆崖云狂來多浪舁婦多餉追耳女少爪逐狼睹引鋸主怙之狼牙毋服走人邪敝投且畢可歔之僵竟畜返以主到主向食母頭言壁飽再

俞霖澍

辛卯秋水六景偶成

水底撈珠嘆

終徒夏成教未瘓半秋滿粒初目遺結哀欲賓鴻爲時我重沈撈更生災稻泗悲謀邊也水托爾足數折流將離一不死拚救轉燃覺眉前河功魚省有有腹穗

河邊卧木嘆

真泛敝諦宅廬在久風却慇雨從爲久秋投飄水將摇悟火况冲逍炬復倒盧遥猶江也舍堪潮穰接殺海到潮輪填迴壑未盈許溝超多解就得木蒙浮莊家

鬼哭秋風嘆

同從鬼歸如哭盡得聲窮所聲得難夜餘同未生首闌亦有荒死杤情烟也水殘誰憐骨火肉助傷凄心酸無人涙魚此竟飢作寒攸由然來逝萬彼物鳥

牛啼夜月嘆

牛嘆也賣

圍戶居奇嘆

情空自鄭作憐重馬血籌同汗將遭受賣未煎劍滂熬任釜事捺底敗刀魂垂先戍怯首見欲説搔江索南我夢竟亦隨勞魚獨入有市老依農人

鴻誰粒澤與將滿指玉何三比如千似未居荒雨然年計自水安受國也全無銷形沉譴萬裕竈食烟須周通政不曾蝎聞泉須檢十點二稻魯梁囷

游民起事嘆

賢萑水司苻旱牧殍天保未災富工自須敢古歸死同補泰江窮救名河也法功皆日我下懾感謀無生窮有誼藉敦勝桑年梓豐籌當難時展賴豐有起

海陵詩史

程盛修

咏史樂府十二章

耐菴夏紹侯輯

斷罟匡

臣按：儆非時也。

魯宣公夏濫於泗淵里革斷其罟而諫公曰吾過而里革匡我是良罟也爲我得法使有司藏之師存侍曰藏罟不如置里革於側之不忘也

泗淵漁里革匡斷其罟悟君王君王罝言三歎息阜物防貪良史職有同藏之無忘規廷幾見罟如見革師存一言婉而風置革於側無面從不見朝聽忠言夕委棄留衣留檻皆虛偽前漢皇後宋帝

市價對

臣按：遏淫刑也。

齊晏嬰宅近市公曰子近市識貴賤乎於是景公繁於刑有粥踊者故對曰踊貴屨賤公爲是省於刑

臣近市識貴賤我后知不知胡不採誦諺臨淄十萬生齒多家家粥踊可奈何踊之價浮於屨不嗅咏誰歌舞仁人一言省於刑頓教億兆無詛聲修德更不誅祝史海岱千秋思晏子

辟戟諍

臣按：裁近倖也。

漢武帝置酒宣室使謁者引內賣珠兕董偃東方朔辟戟而前曰陛下方積思六經而偃以靡麗奢侈極耳目之欲宣室者先帝之正處也非法度之政不得入焉上曰善

東方生能直諫守法度黜靡曼何物賣珠兕敢容宣室宴辟戟陳詞意氣雄侃侃尚有先臣風不見申屠嘉坐丞相府執法猶能困鄧通

乘船戒

臣按：勸持重也。

漢元帝欲御樓船薛廣德頓首曰宜從橋上不悅張猛進曰臣聞主聖臣直乘船危從橋安聖主不乘危大夫言可聽帝曰曉人不當如是即乃從橋

從橋安乘船危千金之子坐不垂莫蹟於山蹟於坂衆步何必非險巇曉人言真可聽君不驕臣不佞霸陵西馳騁六飛諫草能教馬首迴

撤屏悟

臣按：防色荒也。

漢光武帝御座新施屏風畫列女帝數顧視之宋宏燕見正容言曰未見好德如好色者上即爲撤之

屏風新畫美人美人顏色傾國姿君王顧之情爲移情可移即可誤賢臣獻規君頓悟不見精勤納諫唐太宗不畫蛾眉書奏疏

侍宴規

臣按：抑華侈也。

唐諫議大夫蘇世長常侍宴披香殿酒酣謂唐主曰此殿暘帝之所爲即唐主曰卿諫似直而實多詐豈不知此殿朕之所爲乎對曰臣實不知但見華侈如傾宮鹿臺非與王之所爲耳唐主深然之

披香殿是隋是唐臣莫辦臣雖似詐其忠實忠不聞與主營離宮露臺百金儉德崇

從獵諷

臣按：止游畋也。

唐諫議大夫谷那律嘗從出獵在途遇雨太宗因問曰油衣若何得不漏對曰能以瓦爲之必不漏奚帝爲之罷獵

油衣則漏瓦不漏諫議微詞規乃后罷獵從茲慎馳驟禽荒垂戒古今同拒關不納贏馬供漢門候魏筆公

佳鷹表

臣按：杜徵求也。

唐太宗遣使至涼州都督李大亮有佳鷹使者諷使獻之大亮密表曰陛下久絕畋游而使者求鷹若陛下之意深乖昔吉如其自擅乃是使非其人上悅手詔褒美賜以荀悅漢紀

涼州鷹使者諷之獻王廷王者久不貴異物今日何與昔旨拂君無荒臣有表悉索徵求慎微小旅獒入貢載周書世間玩好無時無

宮體箴

臣按：黜浮靡也。

唐太宗常作宮體詩虞世南曰聖作雖工體非雅正臣恐此詩一傳天下風靡不敢奉詔帝曰朕試卿耳

宮體詩廟堂首倡瓊琚詞詞雖綺麗體不正天下靡然歌咏之朕試卿卿果諫同時尚有王師旦翠微宮須不入選

用筆喻

臣按：端心術也。

唐柳公權爲司封員外穆宗政暇常問公權筆如何則盡善對曰用筆在心心正則筆正上改容知其以筆諫也

用筆在心不在筆結密矜莊露神骨司封員外侍書來片言

足使君顏真卿心一萬幾操縱總心生落筆端人正士形平原太守

觀燈諫陳民瘼也

臣按：宋太宗以上元御乾元樓觀燈賜宴見京師繁盛諭近臣曰朕躬覽庶政萬事麤理每念上天之所致此繁盛呂蒙正避席曰乘輿所在士庶走集故繁盛如此臣嘗見都城外不數里飢寒者甚衆願陛下視近以及遠蒼生之福也

乾元樓矚神京樂熙壤慶太平太平有象張燈宴君樂民樂遍焉得綺羅筵前千萬燈照見九州蔀屋鶉鳩形須教

三司告慮盛滿也

臣按：宋真宗初即位陳恕久領三司常命條具中外錢穀恕久不進屢詔趣之恕對曰陛下富於春秋若知府庫充實恐生侈心是以不敢進也帝嘉之

領三司掌錢穀胡為不入君王目春秋鼎盛府庫餘豐亨豫大非良圖不見朝無先識李太初祥符中葉進天書

御史臣程盛修恭進

讀陋軒詩

誰從賓海識先生前惟大梁後新城其初病嗜有汪子拜邨鑄島無溢情先生詩格淡孤清大旨不外和且平生值亂離明社屋隄崩堰決陵谷傾辛苦墊隘不遑處而詈愿笑無時停杜老傷懷石壕吏漫叟觸目舂陵行無病而呻豈得已欲使採風動色戒油然悱惻蘇編民此皆鬱僻大手筆其他陶寫抒性靈殘山剩水思無極細柳新蒲情不勝苦調纏綿壘骨月浩歌沉痛呼友朋耳食紛紛說枯槁又言噍殺難為聽其人其詩兩清絕平心易氣吾服膺同時健者孫焦蘋慷慨激越多秦聲雖與先生各派別布衣頑鼓鏘錚鳴會須刪去讌酬應作獨標古樸留粹精以二人詩不朽聲希味淡鏗成懷此余五十年前舊稿也蹉跎歲月未及成編書此以誌吾

地震雍正八年八月二十九日

崩塌一聲地維折頃刻欹傾萬家室宣武門外橫街西雷霆作驚禍尤烈舉頭忽失數仍墻暫眼已透三重闤何須更說內外防門已洞開藩已撤轟轟席捲到貧家兜號妻啼情倉卒數椽本自不堅牢風雨漂搖非一日紛紛斷井復頹垣處處釘頭與木屑朝炊未熟火又然比戶延燒由曲哭南來流寓多友生依人借廡纔容膝此番恐嚇不尋常急往從之心膽裂巖墻之下幸平安亦有二三嗟蹩蹩雖非爛額或焦頭倉黃鎮自泥中出破涕為笑君無譁靜極而動何須說人生禍福難預知不躓於山躓於垤吾皇盛德天佑之細旃廣厦憂危切小臣怵惕聖躬勞玉宇瓊樓安且吉惻然一念到官民何以為家心杌隉大小同霑雨露溢閭閻得被脂膏溢有吉官給半倖民閭按戶間架給資一氣一覽皆聖恩無分鳩巧而雀拙天心感動地效靈蕩蕩平平瞻帝闕

許愛堂

夜聞寇警

夜半惺忪夢忽驚亂敲刁斗又齊兵齊集義兵皆以鳴鑼為號滿街大哉長槍影比舍兒啼婦哭聲倉卒不知行止好悽惶惟覺死生輕可憐盡室悲相向挑剔殘燈坐到明

城西晚眺是年大旱

黃葉飄飄撲客肩城西獨步轉情牽雲山黯淡迷遥朧閭巷蕭條起暮煙野戍人歸秋草外時城之西南皆紫營寒林鳥下夕陽邊年荒况復當時亂并入憑高倍惘然

舟過港口鎮

一鎮通南北長河扼要蹊人家多傍水秋漲欲平隄藻密游魚上林昏宿鳥棲文山詩句在吟望日沉西

小有天園地為徐神翁修真之所

小池如鑑注清流路轉苔痕一徑幽古柏自依仙地老白雲深鎖洞門秋火分文武丹曾熟劍化蛟龍鬼亦愁細問當年昇舉事茹芝却粒有方留

岳墩懷古

當年鎮撫德難忘為構崇祠祀鄂王名攝完顏山易撼表傳唾手日爭光懷忠未復偏安業洗恥誰迎北狩皇痛飲黃龍偏未遂中原強半付豺狼

游小香岩

閶道園新闢尋芳特地來小亭臨水構虛牖背花開徑曲穿修竹階平踏綠苔長廊碑碣在摹讀拂塵埃

舊為顧介石畫師之園

清水潭決舟行所見

河伯頻為虐傷心是此年稼禾成澤國村落少人烟飢鳥時鳴樹哀鴻正滿天流亡圖熟上無語淚潛然

晴海樓晚眺

樓自何年建禪門掩夕陽樹經雷火劈

庭有銀杏二株雷劈其枝

城抱海天荒鄰圃秋菘綠山廚野蔌香倚欄遙指點林葉變新黃

讀陋軒詩

一燈翳復明室靜人孤坐喜得陋軒詩安能置弗顧挑燈拭老眼未讀神先注披吟見性情若睹平生遇思遠極爬羅百讀應無斁輾轉忘夜深朔風吼庭樹所居名陋軒僻在東海隔窮年把一卷門巷生蒿蔓褐衣聊蔽體亭午始朝餔讀書有何用不免作逃迺依人所不屑世變幸全軀衣食偕可繼長吟仍故吾蘭生荊棘中窮巖挺松樹物不擇地生才若困人付沮茹斥鹵鄉鹹風散腥霧窟餘飛黑烟人共鬼神住迺知靈秀鍾不藉切磋助清才老隱淪何莫非人鑄秋水明蒹葭荒烟沈夕照愚夫寡婦情多入詩人料詩竟妙若何夜嶺閭猿嘯清空如話言真摯出心窮宜為採風者遺編貢廊廟千秋廣陵散於焉存古調

羅浮山

羅浮作鎮水如龍環結成村氣自雄著就十三篇尚在隱居當日亦從戎

化龍橋

小橋三尺臥如弓安得潛身不露蹤傳說百靈呵護意卻教蛛網網真龍

天目山

東走滄溟地脉收鐵棺丹井幾千秋鹿韋金璧都疑妄參遍山畦草滿邱

太子港

迢遞一水接羅塘當日昭明此泛航千載港名原不朽令人逸事說蕭梁

鳳凰墩

迎春橋水碧無痕鷗鷺為家去復存一路紙鳶風正好游人多上鳳凰墩

大神井

水母相傳納井中大神坐鎮梵王宮不圖借水將開井萬丈泉聲裂地空

東山寺

路出東門一里將東山山寺佛壇場阿誰暮鼓晨鐘外金鑄淮張祀偽王

七里橋

在姜堰東北七里土人云橋東龍頭石柱曾長石華為人收去

地隔羅塘七里賒石梁高峙水之涯不知仙草誰收去烟雨橋頭長石華

打魚灣

南關南去水彎環楊柳蒹葭掩映間好是漁歌聲四起夕陽斜照打魚灣

伴孤臺

伴孤臺畔草萋萋上冢家家麥飯攜寂寞日斜人跡少落花風颺紙錢低

西山白雲寺

浮圖高聳殿中間個裏禪機悟卻慳門外白雲深不掩鐘聲催日下西山

斗姥宮

相傳宋徐神翁修真之所

修真想只屋三間未必猿參鶴守關養就大丹尸解去誰知城市有仙山

鐘樓巷

鼓樓街轉又蒿萊剝蝕銅青混綠苔却怪流傳耆老語此鐘多說是飛來

陳金詔

泰墩謁岳忠武遺像

古隸蕭然沒莽榛天風吹上海朝腥全將暮氣收殘局例以功臣作罷人忍使兩宮埋絕塞難憑半壁抗強鄰東廊石碣森森立帅惋碑文刻孟津

辛丑感事

探丸妙手說非非連日清齋正禱祈不敢斥言欒郤裔我公牙爪有餘戚黎卯幼幻術本多端無限蒼生淚暗彈莫更浪談因果事恐他怒髮又衡冠檀弓記後河東集蛇虎紛紛若可親四野哀鴻膏血盡細侯不似向年貧甲第連雲複道通蕭曹仗有應聲蟲衣冠土木莊嚴甚不信人間說瞶聾

遺（遣）悶 辛丑

負郭翻為累征徭事更繁哀鴻方在野怒虎況當門李杜名空大蕭曹望最尊無田原足樂凄絕石壕村

後遺悶

下戶窮搜勢不支誰同鄭俠繪流離災如焚溺官難問擾到山林事可知燕雀處堂貧醉飽豺狼當道困公私脂膏已竭誅求道例外輸將恐後時

夏蘭

乙丑大水紀事

四月種巳布五月秧已栽禾苗勃然興農夫懷抱開西成轉瞬耳胡為降此災浩浩忽溺天水來不可止舟行出田上不由官河裏田上水何如一蒿不及底農家盤所有辛苦藝黍稷典質衣與棉又稱貸而益今朝放水來今朝民力竭村舍多草屋築土以為牆土難禁水激草不任風狂汪洋千百里屋覆民胥亡物過盛當殺民風況不醇所以一朝水溺死千萬人嗟嗟千萬人未必無良民

題袁嘯竹澤鴻吟三首之一

大雪嚴風水壓堤嗷嗷無地可依棲那知畫舫猶歌舞小部優伶醉似泥

鐵筆歌贈徐鶴峰觀

昭陽老翁六十六廿年芸社同徵逐胸羅四代秦漢文火齊木難三千斛百鍊鋼成繞指柔大笑龍寶唾虎僕案頭劃石

如劃沙石破天驚真牢哭吉光片羽世所珍得翁之石勝於
玉平生落落迂且顛光怪陸離駁世俗睥睨富貴如鴻毛破
帽殘衫絕邊幅

冶春詞

平生事業劇蕭條每到春來興自豪窗外梅花花上月百壺
春酒熟蒲萄
小白長紅一片明前因後果各三生梨花似泣桃花笑一樣
名花兩樣情
岳家山下小迴塘景自清幽地自荒坐惜流光不歸去好風
吹起杏花香

許秉銓

賢侯頌

海濱一州大如斗兩載災祲民疾首襄垣先生捧符來陽春
有腳隨車走公憂民如救焚荒政十二古法存師古不泥便
宜行太倉米不足慷慨捐損俸金哀鴻遍野欣再生公爲政
務覓大太阿獨持手不假鉏強植弱思纖威饑裏冰壺自傾
瀉欽水懸魚古所難廣平風骨能方篤公決讞慎且勤夙興
判禮及夜分筆疲一掃積壓清覆盆冤雪呼神明輿歌貫滿
山人耳山人獻詩歌樂只頌公豈爲感私恩感公福澤被桑
梓

魯嘉祥

荷花塘

上霸五下霸五高堰支流分十股下流之衝誰其當禦汉鎮
對荷花塘丁戊兩歲防未蜜橫流湧出蛟龍窟工料如山役
萬人數層黃土閘枯萩缺處纔完完處崩只道治水無善策
八春以來猶汪洋蕩爾吳陵成澤國秋成姑勿論有無眼前
栽揷巳難得下鄉原屬沮泇區況復養頭上疽如此灾祲
曷有極對水太息吾其魚

朱寶善

賣兒行

秋水瀰瀰田禾浪推囊無一粟腹苦飢四顧室中推有一兒牽兒向大屋送兒去死兒不知棄兒且急走免兒躑躅牽耶衣阿耶去主母來叱兒力作肱頻麈朝汲井灌哇暮採薪作炊十指凍裂成磨痍主母猶復謂兒嬉主母無怒怒由兒起兒應受撻笞主母有怒怒匪兒起兒亦受撻答主母有子將兒欺劍頤抉髮靡不為主母顧之色怡謂兒胡不聽之吁嗟兒亦肉與肌阿耶當日只為腹飢使兒早知兒亦甘心肉作麋兒今受苦無窮期昊天昊天何故秋水瀰瀰使耶田禾浪推

軍中謠

賊可殺兵孰懲民不畏賊乃畏兵民奮力兵脫身賊不畏兵乃畏民民易欺賊難敵兵不畏民乃畏賊嗚呼兵畏賊我民何日得棲息

米價

非關中歲詩情減
苦為來朝米價猜
官小自應能忍餓
交深未敢說通財
當階細雨簾櫳寂
向曉孤城觱篥哀
便使從軍難一飽
催糧疊見羽書來

感事絕句

三都口金沙等處劫案纍纍皆本地極苦之民為之其實不過數十人耳予按灘流雖險儻多設縴夫則上灘自易何不招此輩分布各灘俾作縴夫另設縴長以統之蓋此行有三便窮民得食劫案自少一便也客商所費無多而船無擁滯二便也劫案既少官亦不必另募壯勇三便也第迂生一已之見不知有當否願與有土地之責者共商之

募勇護行商
縻餉非善法
客船過灘來
向誰呼救劫

土瘠民斯窮
民窮盜益夥
豺狼蓄樊籬
操縱權在我

萬艄憑一纜
船重覺灘高
欲上不得上
天地困呼號

一船添十夫
一夫給數錢
得錢不惜力
船乃上青天

火輪船行

聖人神智包八荒四海海之外通舟航異物悉供天家用豈輿鬼國爭奇方昨從海岸觀夷場紅毛碧眼相扶將砸木冶金配水火究中機括難具詳功成力猛狂奔赴高駕不須風伯助旋轉變輪白浪開黑烟一黠斜飛去從此路輿銀河通自強遠計無終窮須知火灼膏易竭成敗全憑一柱銅鳴呼此事在人不在器得人而用器乃利君不見索朽蓬款萬艄舟昔年也費千金置

海陵竹枝詞

千重嶺嶠逼晴空
歸鳥難憑兩翼風
擬把夢華續前錄
空庭惆悵月朦朧

過江名士悉來投
亂後千帆向晚收
眼底煙花太寥落
淮南賴有小揚州

金陵未收復時運藩兩司均駐泰州繁華特甚一時有小揚州之稱

包苴暗遞客多能
掛戰方酣大獄與
風送楊花春去也
毘盧依舊一龕燈

同仁堂本毘盧庵舊地某州牧在泰時議事諸公咸聚於此後為人所控同仁堂拆去庵始復其舊

聯莊結社仗空門
五百雄兵夜研村
十三里汪螢火碧
不知中有幾冤魂

千三里汪廟僧道正倡霸祖之議雷營遺五百兵燬具廟僧亦就㦸

辟地無人解按歌
名花移植恨如何
冶遊誤盡諸年少
翻羨琵琶飯甑多

遲來有客惜年華
樓閣秋殘晚照斜
不見巷頭楊柳綠
淡煙疎雨四孃家

元四孃為北里之尤寓楊柳巷予去歲回里已不及見矣

嬉游城闕誰家郎
誤盡青春白日荒
不待秋來籠蟋蟀
踏青先到關雞場

地名

巷頭擔影賣新錫
插柳當門物候更
一片箏聲天外響
紙鳶風裏過清明

寒食人家欲禁煙
閒來東郭草芊芊
鳳皇墩上墳多少
半是窮簍熱紙錢

鳳皇墩在東門外相傳中有吉壞然葬者纍纍迄無得真穴者

風刮草河凍未銷
草河船上挂冰條
劇憐炊飯貧家婦
手捧紅茅帶雪燒

草船自場下來者悉聚積草河每遇天寒故昂其價

東街勝景湖前朝
巷內旗干直透霄
一帶河房喧若市
估帆撐過大東橋

冤魂慘慘哭西風
北極樓邊一劫終
墮此深坑何日出
生前何苦太英雄

英雄坑在覺正寺後秋審勾決者叢葬之所也

郎住上河愁水步
儂住下河愁水多
安得挖閒東西霸
與郎同住一條河

上河地高於下河故設東西兩壩以蓄水

西風不起水波平
打稻欣閭叱犢聲
夜半趕場人不痳
黃雲堆裏萬燈明

下河秋場碾稻最為大觀

侵晨小飲聚朋倚
綵雨清茶水一甌
不信紅羊經幾劫
查家還有舊妝樓

綠雨樓茶寮相傳為宋查丞相道第中梳妝樓故址

穉子編蘺叟荷錫
崇儒祠畔晚晴初
菜花滿地東風軟
醉然

遊人酒不如
高人知已本
辛苦咽西風
斗姥宮中畫
西城古石橋
公然一疏動
深夜作光芒
窗孫某處余
西城莫謂太
綠編小西湖
瓣香一娃禮
雨點是江南
東風城角柳
時節暮春橋
閑平曾此駐
飛上綠楊枝
女牆前代存
靜對夕陽天
雙柯數箭瘢
詞臣遯迹草
有上書陳給
江湖傳編兩
殘月總關情
柳打魚灣人

難逢謬賞何嘗氣誼同枉費栽花萬麻子年年
萬麻子種菊最佳
像描昇仙想見羽衣飄煙波何處金鼇背獨上
徐神翁遺像在斗姥宮
天閣有膽椒山節並彰血點班班滿遺笏也應
沈公良才疏劾嚴嵩廷杖時血濺笏上向藏於
幼時曾見之
荒蕪三五琳宮儼畫圖好是濃春新雨霽垂楊
神龕耿耿精忠婦孺語偶倚危欄聊騁望青山
絲搖隔岸人家弄玉簫一種銷魂忘不得暮春
暮春橋即今之豐利橋
雄師慨想新城對壘時夜半慣聞戈鐵響青燐
枯樹閱盡滄桑二百年今日箭廢無處見雙柯
鄧孝威徵君望海樓詩行人駐馬城頭過愁向
堂閭宮公紫元年老詩人亦放還鄧公孝感惟
諫遂聲吹出玉門闢陳雁羣給事有出塞吟
生行談笑軍中獨著聲昨向打魚灣裹過曉風
吳梅村祭酒為柳敬亭作楚兩生行載在本集

知音惟有櫟
火熱誚斯人
寓公獨數成
艇句更無人
春向為王漁
賜斷漁洋七
依稀見一枝
受此幽間屢
蘆花覽暮愁
客於此道光
蘆洲書屋
數間老屋傍
著意寫荒寒
絕妙丹青顧
揮毫畫九秋
歸於小香蛩
茲茲海上覓
花落墓門深
飛鴻渺渺隔
猶肯到窗前

園真野老孤標著海濱一卷清詞冰雪冷奈何
都客倡和當時鄧孝感與黃仙裳吟罷殘春孤
過野田莊費此度先生僑寓野田莊孤艇接殘
洋尚書所亟賞
字詩淮南剛是雪消時德香閣畔梅千樹清夢
讌游星軺去後賸空洲清秋盼斷南來雁風起
雁宿蘆洲為泰州八景之一孔東塘先生嘗讌
年閻吾師馬墨初先生於洲上搆屋數椽顏曰
蘆灘窗外瀟瀟雁影單此是徐熙真粉本霜毫
徐熙有寒蘆宿雁圖
虎頭寸練難向故居
畫家顧介石別墅在
生平畫九秋圖最妙
青琴康老詩存太古
竹枝詞作者六人今
江天吟罷新詩獨黯
搜小香蛩畔雙松樹曾見
光孝寺側介石殁後其地
音他日還家具雞酒耶堪
伯山先生已歸道山
然只有揚州二分月夜深

水災行

浹旬天漏苦不止挽倒銀河魚落市西北之水勢建瓴崩灘
急雨一齊駛會城城外地尺咫平裏馬能容積水無端到此
作盤旋近海翻令不入海西郊南郊沈釜底一宵突把街衢
洗小屋隨波大屋款人與魚鼉爭饑抵千萬億聲同一哭哭
聲半在波濤裏安得偏身是手人以手來援溺者起鳴呼溺
者長已矣飢者豈不死路隅設粥聊爾爾幾人得飽官倉米
君不見官倉之米米無多有人竊米將奈何歸養妻兒一家
飽那知城外成江河

後水災行

吾鄉三十有六湖巨浸排列如聯珠縱無陰罟拔山出常虞
白浪來吞屠秋風乘時健若虎横衝直突齊爭驅一綫長隄
那可恃雯時瓦裂民其魚閣垣地域雖近海高山自與平陂
殊螺江百里少停蓄豈必汪洋同具區蝦墓跳過崔兒浴韓
句順軌未見漂田廬去歲洪流出意外西郊南郊成清渠白
髮老人說說奇事四十年來眠所無光乙已後省城無此
水災今歲緣何又見此鳩巢未穩翔道鳥跛鼇靈鼉尋故宅
凶荒接隨良可吁九重宵盱切南嚴安忍再見流民圖吁嗟
乎上流水勢急下流泥復淤譬如飢者病患瘺口滿咽塞腸
仍枯胡不速啾賓門果通利盡將宿垢除吾曹無力盡溝洫
誰造木龍勤濬疏隄崩堰決憶鄉井旅舍何用千金壺

海水行

十月天寒浪不起斗柄三更插船尾海客夜深卻懶眠披衣
向我談海水不根海水包天流但恨海水能通舟有限黃金
付誰擲至今白浪令人愁當時海上起妖霧黑雲如墨朝連
暮天吳乘勢篙潮來屹立潮頭獨不擢大魚避殃無處飛小
魚隨波覺身檝深恐珠宮變荒嶠且從搖島呼靈妃靈妃居
處高無際俯首馬知塵世事徙教彩鳳為通詞安得妃長虹竟
吐氣袖中不少千明珠案上還有紅珊瑚可憐忽作泥沙用
緞客墮淚非無宰何人巨槎涉滿養擊水遙聞聽玻璃響
抽刀胡中戮鯨鯢說法偏難服龍象罡風不折扶桑日車
仍走海央金銀臺上仙人笑黃塵起滅幸尋常我聞斯語
皆空裂事往何須話疇昔即今寰海如鏡清真艇樓且看滄波
碧

兩騾歎

車聲轟怒雷鎮日疑鑿戰客有楞腹愁騾亦長途厭薄暮思
解鞍端奔急投店一騾仰而嘶一騾困若痞哀哉此兩騾何
時謝挽牽敢謂津梁疲暫辭筋骨願天閑彼何修首蓿飽充
嘶自詡鶴乘軒良由虎善變騾也獨何幸無分齊上選任重
以濟人馳驅常在念猶復受鞭箠求騁豈真饜芻此發浩歌
悲風疾於箭

聞光孝寺牡丹近為老僧斫去矣感而賦此 癸未

城西古刹西湖畔香雨香雨戒壇前樓額也飛空何灑然中
有戒壇階九級何人四壁揮雲烟妙相莊嚴竅滿月曹衣出
水紛劬連戒壇壁上繪有大士像極佳惜忘其名姓矣平時
禪爾少剎呀花開便見人爭先牡丹百本洛陽種嘉名紅樸
誇鮮妍我憶幼時立花側癡情頻想花同眠繼使僧離解客
意保無彌勒笑人顛近間老紈袖厭喧鬧歸咎於花心孔偏
忽學金剛努雙日慧劍斬斷根連蜷邪顧羣嗤殺風景青琴
被燈鶴遺煎始知奇才易忤俗益信艷質難延年法門永禁
萬花會誰復駐足雕欄邊一時富貴真夢耳不壞終讓舌根
蓮且莫傷今更懷古世間何事不堪憐

遊遯園有感 園在東鄉去白米鎮八九里為吾戚王

酴醾開後花事終雪帆通守別墅今已歸方子顏觀察
滿地嗟殘紅烏衣我乃昨夜扁舟東胸藏遯圃三十載到來
如飄蓮闈南莊苒巷口人非舊燕子飛去雕梁空惜我一官
鴻盛誇此圃近南鷗遊蹤往日主人最交好尺書慣付南飛
灣流水能相通來畝約我歸作花田農我亦有田圃之左一
來主莫待悵然獨往共欣篙楫便笑言預擬壺觴從奈何我
詰松花草留人意立悲填胸數竿尚認子獻竹百尺空攀摩
昏鴉為我啼悲風雖好倚欄安得賞心同急呼歸棹日西墮

白米鎮

一曲羅塘水翻鰷棹易過人煙成小市官柳蔭長河米價豐
年賤魚飧野艇多松楸拜先壟卜宅竟如何

黃村晚泊

樹杪歸羣鴉樹根甛雙槊此樹何槎枒撫柯契幽賞傳閒十
日前奔雷忽震盪三西一朝枝將無擒匿蟠烈熖入空心奇
災迅反掌老幹夫何辜繞樹失靈爽在日綠成陰大哉雨露
養奈何池魚殃天不恤其枉而我觀物變此心恆悒怏瞑色
壓蓬窗何時江月上

青陽老髯歌

吾鄉某納一姬甚有寵生二女矣已而有讒之者某怒扃諸別室十有一年里有無賴子悉姬之居處夜踰垣入久之負之出載以扁舟意欲出境乃免某遣累騎追獲控於官官重責無賴子而令姬別嫁青陽老髯邑中名士也憐姬之獲咎非其本意爰出重金鬻馬傾有里人來閣偶話其事予為姬幸因戲作此歌寄之老髯以博一笑

青陽老髯髯如戟掀髯愛按紅牙拍由來好事有前緣盍信
多才能重色一日閒行過縣門門前人指鞫私奔奇遇非同
李京兆佳人乃學卓文君堂皇高坐官伴怒縱爾嬌啼罪難
怨自道慙顏負主思但求俯首容儂訴儂家幼小燕城住吳
陵避亂家非故欲得腰纏跨鶴歸那知命薄隨鴉誤有客家
聲靄太即一斛珠從袖底投阿嬌自分藏金屋少婦何甘老
翠樓茗華二女成雙玉他日多男還預祝樂極悲來不可知
蛾眉生就遭謠詠從此重深院閉幽居無計回郎意垢襪
塵襟向婢啼殘羹冷炙憑遮錯認飛瓊善步虛涉春水
蒲不如地下鋪以薄板不半寸猶不慎郎傾跌有聲獸環
新翠隨苔長鳳履微紅藉扶獨守空床十一足辛苦究禽
冀填海突然夜半狂童也坤靈持扇待蹤載深藏複壁
中三更街析五更來與其顏為鰈何似終迹作匿蛩襁
負囊擔出重闔鐘怕暗鞋蹈地瓊搖歧身多斷港寒
蘆舟一葉一葉雪中截盧怎料棲沒幾時路戴花冠夫
絮帽沿河注現舟擬疑弓人墮追到聽獄婦看驚玉貌
堂上全銷赤棒羣精前施青天合浦明珠人不還新詞
不唱念家山阿誰肯攜華清水為卿薰沐洗愁顏老髯情重
賜尤熱傳家舊有畫眉筆錦幰迎歸喜莫支金錢拚捨豪能
奪朝朝暮暮芙蓉幔並纏同車何足算昨夜災星過眼飛深
聞樂事從頭換同憶鳳筱雞柵時卑棲空想合歡枝即今片
語憑公斷從此超生仗佛慈我已多年去鄉里耳聞佳話輒
心喜旅窗戲作老髯歌他日劉楨倘平視

六十自述 有序

近人自壽之篇喜為七言律體往往多浮詞少真味非複沓即率易甚不欲效顰也惟春在堂集中每以絕句自寫真摯無比予往來於心久矣今年冬馬齒六十家國滄桑精神枯樹等身著撰都無覆瓿之文蒿目河山儘有碎壺之痛曲園之文學聲華遭遇自

問殆一切無能為役尚何敢瑣瑣陳詞冀後之人作
年譜讀耶第以半生幻夢未忍付之雲過風飄灰飛
泡滅聊借詩以存之祇用自憐不求人和所謂傷心
人別有懷抱也時在甲寅十月
卯年亥月賦牀瘴彈指於今六十霜慚愧星家談八字羣陰
謬說格朝陽屋士謂予生命為六陰朝陽格其實金寒水冷
所以窮愁潦倒者生此差幸金清水秀稍有一知半解者亦
賴此
當時南北起兵戎捻有張任髮有洪避地全家寄鄉僻呱呱
啼笑雜村童避兵居城北上溪莊
阿翁粉署直燕都母氏提擔日與俱記得一燈懷抱裡夜闌
鬧卷指之無家大人供職農曹先母潘恭人親課
五齡上學苦牙聲六歲稍知鑑略鈔堪痛七齡萱樹隕嬰兒
失母業中抛深荷含飴大母憐書隨餐飯夜隨眠白楊先墓
今成拱回首慈恩泣涕漣謂先祖妣黃太恭人
黃巾青犢漸潛形莅苒韶光十一齡合璧聯珠新氣象夜隨
太父起觀星咸豐辛酉秋八月朔日月合璧五星聯珠自是
各路名城克復
丙夜溫經似呂蒙丁年嗜賦類揚雄雕龍家世雕蟲枝蠹食
蠹鑽故紙中重闌目盼采芹詩果踐橋門博士師一領青衿

遲五稔不曾親當綠衣披十四歲考取侑舞生先大父期望
甚殷追同治辛未入學大父已棄養不及見矣
近見板橋思乳母達闈班固憶先姑平生遭遇還相似著意
扶危更煦枯乳母周幼受扶侍姑母徐長被揄揚
多田足穀不如初剖豆分瓜漸析居從此一身憂患隨依人
橐筆曳征踞同治已已家分析
逢人定把項斯談叔度汪汪風雅耽詞賦蘭成蕭瑟甚因公
名譽滿江南黃漱蘭師視學江蘇愛予詞賦游揚恒不去口
自是聲名日起
一囊書劍客澄江柔史剛經位綺窗夢裏君山眉黛色白頭
縈繞未能降瑞安師調予肄業江陰南菁書院交游文酒之
樂一時稱盛
勛業巍峨節府開太冲傲骨也憐才依稀挾卷風簷日曾仰
衡雲一面來光緒壬午左文襄會考優貢副取第五
槐黃七度秣陵游遭際于鱗與弇州賞我金壘浮菊句盛筵
許赴鹿鳴秋戊子秋李若農王可莊兩師典試江南予以詩
被賞獲雋
辭香門下說南豐十八登瀛學士同惆帳荒莊將卅載藜氈
哀鶴愧羊公房師曾右與皖南循吏僂分校秋闌是科同門
得十八人
蒯雛來往逐征鑣哀樂長安景兩鏡花欒濃春龍爪寺風沙
殘雪虎坊橋李膺內直侍慈甯捧出香薰貝葉經教學先臣
天祿校至今衣袖有餘馨若農師直南書房孝欽后命校刊
佛經師以分屬諸門人法亦與其役

江淹袁粲結同僑夏統汪倫亦俊流齊向春中江上去邀人
昔昔醉朱樓謂江建霞袁淡生夏虎臣汪作舟諸同年
西子名湖在古杭千秋隄柳白蘇香也曾料理清游事酒滿
羅褉詩滿囊已丑客杭城
淮王雞犬競升仙獨我蹉跎滯日邊應是潘楊無宿分蓬山
望見又風旋已丑甲午兩膺春闈房薦為伯寅尚書蓉浦副
憲所駁放
漸覺班班鬢有痕忍看瀛海沸波翻可憐落魄揚州客伊鬱
類年擬罪言期日日俄之役時余在揚州
呂黎知我勝中牙篇什才呈便嘆嗟今日山穎兼斗落綠楊
城角弔梅花韓叔起師主講梅花書院相知最深
劉尹迂拘程尉苛偏于賤予最情多胡公院裏名猶在關帝
祠前石不磨劉德甫州牧試胡公書院屢拔予前列程雨亭
都轉屬予作關帝廟碑
蘭推玉折魯諸生嬌嬌戈徐蔓草盈稍喜陸郎才福好漢廷
聲慣動公卿戈人哲徐步洲陸貴陵皆弟子賁甘下第不堪
吞刀吐火國妖興糜欄京津衍亂緬此後劉
重應計車徵自戊戌後不復赴春宦
贊化祠中三載淹仙憧佛鼓境清嚴當時贏得邦人譽桃李
門生秀孝兼典郡城贊化宮義學三載張丁二生郡縣試各
第一張旋秋捷
五十三年歲不居倦游暫欲計歸與兩株濯濯靈和柳張緒
王恭最起予仲堪慕徐兩生絕慧
橫流花樣日翻新停廢科名罷出身半世嘔肝成底事溫岐

真悔作詞人遙領東淘都講衙不曾真菌挂征帆蟹鄉蝦市
今番補飽飫蓉塘海味鹹丙午丁未間為海安鳳山校長
趨庭燈味湖兒年望斷泥金進士箋虛負才名麓祿養鮮民
長恨抱終天光緒壬寅先君見背
朱絃兩度斷瑤琴取次編成錦瑟吟潘令秋風新病起故衣
殘樂總酸心初要鄧氏復繼要汪均殁
嗷嗷女小並兒纖瑣瑣壐薪及米鹽聊返家園領鄉校小西
湖畔偶蹤潛戊申巳酉任泰城中學盐督兼教育會長
三徑資慳莫戀陶生來薄命合薪勞纔依岳埠安家食又向
刋江聽客濤寅戌春中校事罷仍赴揚
璽耗倉皇須兩宮委袁何處覓元公黨人在外親藩內水火
訌爭國運終隆裕橋山逐落暉端康續命主宮闈悲涼國破
家亡後兩字虛名擁太妃舊時黃浦舊青樓二十年前我舊
游舊識佳人零落盡重來北里當西州全子後均客滬上
避地盜巡集眾仙滬南倏見起烽烟龍華一路桃花血子驤
相看也惘然謂癸丑二次革命之舉
已嘆生兒不象賢況闈豚犬天壑滿填西河不學東門學嬾續
傷心賦一篇謂長次兩兒天殁
舊學凋殘故國人墟華顛青簡苦相於前生莫是秋螢化垂死
餘光尚炤書近任中華書局編輯事務
曾讀吾宗自敍來後賫容甫亦堪哀描成前哲壺盧樣留作
他年墓志材古人如劉孝標近人如汪容甫俱有自序之作

王孝芸以書抵余客次賦此酬之

憶識君纔總角年蒼茫歲月屢推遷仲華渺渺游三島節敬齋逖元度沈沈入九泉許肯仙桂南遺我兩身稱後死看人幾輩著先鞭東風忽漫吹書至急寫巴詞答蜀殘北望長安馬不行那緣旅費那緣兵謀生計拙遑憂國濟世才疏懶逐名況值及門新感逝戈子葵北人哲可堪遠道更孤征遥憐紅藥豐台路韋負汪倫送我情客歲都門別汪竹溪比部時琛訂重來之約其意甚殷一琴一劍一襟塵廿四橋頭再種因揚柳低何亡國樹木藺怊悵護紗人浮生是客還為客失路逢春不算春子敬青氈良有味儒冠敢怨誤吾身澄波千頃浩汪汪回首師門叔度黃前少司馬漱蘭夫子記受陶甄曾最溼藉傳衣缽倍難忘當筵不舞衞慵鶴東脯粗陳笑瘦羊今日戴彭俱老大此身無分報安昌孝芸亦曾受知漱師滬江東去浙西頭也復清游共冶游至竟烟波懷白舫巳丑秋客杭州覽西冷名勝於今雨夢落朱樓蘇墳馮墓詩俱有灼淚濤殘贈未休持傲老成令後進阿儂身世故風流狂心豪興總凋殘尚有些些意未闌盛世差堪容擊柝衰親未免盼彈冠如斯寂寂韲鹽老太覺荒荒醬瓿寒癡顧無多天倘遂五湖深處一儒官自將晚景豫安排未必能然略遣懷兒命學醫供老病婦教逃佛伴清齋補求切要書盈架添種蕭疏竹半階月夕花晨杯在手一杯便可葬形骸大都哀有樂全無謝傅中年語尚証以我憂來自排遣歡君貧裏且歡娛休攻廷尉三長史速辨商瞿五丈夫孝芸四十無兒碩果晨星當愛惜相期各各白髭鬚

袁滄生自都返里箋來通問馳詩先答十首

一封書對暮霞開有客初從帝里來雲物粗安將母意風塵偏困出羣才久樓日下應增戀似說人間盡可哀酸雨昏鐙孤館夕為君展讀憂排徊五陵千騎王驄肥親見朝天去若飛豈謂出山終小草可憐醫國只當歸諸公兗兗謀誠善萬事茫茫恐漸非猶羨新亭舊時淚秋風吹上晉臣衣自我追維致寇端沙蟲冤氣黑雲漫發兵垂白良非顏折敵倉黃本大難閣外況無方虎寄朝中儘有李牛彈湘淮父老何人在好向西州哭謝安猶喜吾宗志國錐升鄉未肯橐涼州不甘鐵鑄將成錯竟疑金完已缺甌板屋唱喧番女口賓刀光閔虜臣頭忠奸形迹憑誰辨蝎語蝿讒迄未休耶那南轉海波西不夜城頭策馬歸叔度丰裁從昔把次公聲價豈今低時危到處驚風鶴道定隨緣踏雪泥轉恐北窗今日夢天楓瀛水雜征鞏時黃錫朋葆年令山東萊陽淡生訪之

莽莽蠻烟瘴樹邊刺船何處訪成連風平官海無波浪雨足公田有歲年長恨鱗鴻稀北道近閭犬雞盡南天此鄉如許珠孃福陸貴新來又著鞭時成述周絜挈眷之粵東陸春江師新簡高康道劉昆善舞官旋失我山吳札榮歸子又殂隸仙大抵世緣等蕉鹿本來宦味遜蒓鱸戰爭擾擾猶天地出處區區況我徒解事癡兒推夏統虎臣彈琴看鬢耐征涂百廿人偕赴鹿筵武功詩冠晚唐篇宮袍遲染神君柳官燭間燒幕府蓮近郭波光搖雀舫舊鄉山色夢龍眠獨憐蕭瑟珠簾路幸負淮南節度賢時姚叔節同年客揚州運幕孤山山下夢華身曾與逋仙證夙因寶瑟生塵原寂寞細車流影尚手神渡迎桃葉知何日門掩枇杷又幾春零落墜歡存此豸天台腸斷再來人天路崎嶇那可行飄搖身世兩無情百年故紙何時出一局殘棋未易贏解脫除非仙離俗牢騷翻獻客談兵西風獵獵儂歸矣萬丈愁城就予傾

哭王可莊仁堪師

飛來靈耗自吳中五馮翩翩返帝宮齡壽末登官政歲師年甫四十餘姓名虛注術屛風今夏制府卓薦詔搜侯王王殿傾心素士女金閭淚眼紅真見蛇年厄賢者時癸巳年百从花頭上幾人終洪文卿少司馬陳冠生翰撰皆殿試第一人今次第謝世堂堂通德八閣家累葉簪纓甲第華共仰世臣喬木師先世曾官至布政定知宰相屬梅花洞簫作謐驚恩遽鄰笛聞音想嘆嗟料得同懷西掖客也應聆訊淚如麻師弟旭東莊仁東在京供職中翰金鰲頃上盛名馳玉竦橋邊傫直時師直上書房有年宮省詩篇艷元九都門書法寶義之師書法紙貴一時三年太守移雙郡初守潤州繼調吳門四海門生禮一師師屢司文柄凡一為督學四典秋試兔率道遥餘憾少獨憐蒼赤不勝悲桐林已分尾焦痕晚遇中郎荷拔掄謬賞蛟龍有奇氣法戊子闈藝師云有奇氣轉慚羊鶴負深思長安絲竹堂前宴巳丑庚寅入都蒙師兩招觀劇京口旌旗水上村秋初爪洲謁師行次回首門牆成夢寐景差何處賦招魂

遥哭黃瑞安體芳師

飛來噩耗自南天木壞山頹意愴然知巳名場從此絕李仲約王可莊曾右輿黃松泉諸師相繼殂逝偉人史冊故應傳朝端帝羨蘇壞子林下羣推阮籍賢詁嗣仲殁學士從子叔鏞太史皆有俊才宗澤渡河陸家祭料當易簣尚纏綿忠義根天性偶談及時事懷慨太息森然三樹起甌東獨向蓬池研繪紅師世儒昆季三人成進士惟師入翰林天子屢將才子目詞臣早有大臣風騷儷之才並時無兩在詞館時數上封事論文似鑒全無障姝惡如雖總為公一種愛憐噓植感闔吳秦魯萬音同人屢拱稱秋感試

六官杜牧本知兵一疏胡銓最得名師由江蘇還朝擢少司
馬旋因劾合肥相被議鐫級爛額焦頭今日事批鱗逕耳古
人情納言臺省褒狂直歸老溪山荷寵榮補官通政兩權副
憲予告返里想見護持優禮渥朝廷原自識真卿
飯生國士荷殊恩欽食栽培雅意存督學吾鄉於法有國士
知叔南菁書院首調肄業一跌已經悔蠹技乙酉選拔法未
獲預再傳仍許傍龍門可莊夫子出師門下庭前祥鶴私衷
愧下第長安兩次趨謁拳拳訓誨致足感也江上鰣魚任事
論以恨鰣魚多骨賦最受知惆悵酬知向何處時艱身賤倍
銷魂

哭袁澹生同年衖二十首

越中靈耗遠飛來天地無情哀此才驚極一身渾似木感深
萬念頓成灰最憐與我同風調肯信斯人赴夜臺半世交知
幾重夢沈思任事總堪哀已亥九月十六日病二十三日歿
十月初三日得電音時余正返泰城
憶否風檐乍識荊迂辛短李竟齊名雕蟲我愧橋詞碎揮塵
君偏說史精同向大賢門下出爭鈔小紙洛中盈翟公庭巷
深談處握手論交記得清黃潄蘭王益吾兩師督學吾鄉時
淡生以史論余以賦累試高等浪得時名因論交於翟筠卿
丈處
秋風拂拂動蘋茫水調高歌唱大江艷事喧傳桃葉渡餘香
歸帶木蘭艘掛躬巳踏槐花七附尾叨榮桂樹雙明日真長

共臨汝等閒譽滿梓桑邦茂子秋蘭同徒時余赴舉已七次矣
從此雲龍迹倍裯欽醪投泰喻綢繆路才石里居嫌遠別不
三句扎互酬各貢性情淯世故每參仙佛證儒修粲花談論
桃花紙俗蠹庸蟫不敢鎊淡生初居海安鎮去泰水程百餘里
水汎螺舟陸控驄計車來往幾番同驚沙萃萃金臺北駭浪
泓泓碧海東鐙火久衢游眺月滄溟三鳥臥聽風悲愉情事
分明在十載渾如一夕中
亦有間情續賦篇江城花月浩無邊獨誇娟潤雙鬟秀同閱
楞嚴十種禪酒氣歌塵人似玉釵聲鬢影夢如烟祇今箱篋
羅襟角賸淚遺香認往年紀申江事
魚龍曼衍百千揚走徧銅街南北坊忘却春愁旅京國有人
風貌妒安陽櫻桃引客彎彎巷箏笛留仙曲曲虜豔絕景和
堂裏事邀朋爛醉看丁香紀都門事
無奈軒車苦太遲故交多作出林枝金門迢遞無消息鋏硯
磨鑽有歲時公奮孤軍鳴鼓進僕甘三北掩禎馳昔為蛩駆
今勞燕分手茫茫蹤跡離甲午淡生留京余以資盡南歸
扶桑旭日掩妖霞兵敗狐駘萬女髮邊塞生降閭衛律朝廷
前席待長沙求賢詔下西京切荐士書陳北海華攬巒澄清
知有意里門光采見登車乙未中東役詔中外荐賢廖仲山
侍郎以淡生舉有才兼文武學貫中西之語
朝覲龍顏謁至尊夕飛鳧鴛下天門醜夷事小民生重儒吏
心慈國脈存兩浙盡頭思似諸萬山深處縣疑村旁人悅惜

卑悽旨元結陽城詎所論初謂入都必大用及引見僅授知
縣又選浙江景窗膺訣在萬山中人意枉具觥望而淡生夷然
此時仙令東行裝此日劉邕正苦瘡枉叩雙扉通數語誰知
一面即千霜書來未改貧交舊訃至俄闡國士亡五十六言
相餞句轉憐風義太悽涼丙申冬赴浙適余瘸瘡枉存數語
贈以二絕而別到官後兩次書來通訊
悽間僕從與朋儕草草衙齋欽病骸楚壁竟無天可問豐城
豈是地能埋毋妻子共輪流哭學識才偏命運乖悔不白頭
鄰舍結冷吟間話掩扉柴
少達多窮信匪虛才人何竟不趄齬官因求近翻成遠家竟
無田剩有書短壽誰猜三國瑾癡情真累六朝輿君猶如此
儂安望焚硯燒琴結習除初選粵之聞平因告近選今職又
家本中賁近更耗費殆盡
昏鐙寒雨撲疏寮入夢何嘗見一宵無路更逢柯古使有書
難寄秣陵遙傷心知巳人間絕屆指芳朋地下饒子細思量
倍惆悵是君有幸我無聊近年鄧稚庵李極仙相次殂謝淡
生所眷之吳孃林韻梅並所納姪亦近
想見離輩就一官雄豪心性慘難歡樂羊積謗叢三篋洗馬
清愁涮百端妝閣曉無蛾可畫山城夜有虎來看建安疾疫
休相怪暗裏摧傷肺輿肝未攜眷之景窗任閩浙間夏秋大疫
旅櫬蕭蕭歸骨遲素車白馬待奔馳羊碑清淚山民灑鴻雪
殘痕海月知新家誓澆三步酒舊交賸有一囊詩官間見說
幽蘭愛香影靈旗可尚隨景窗蘭種佳衙內羅列盆花甚夥

逐漸凋零同歲生輩春紫陌若為情何圖冠晃南州客也復
聯翩東岱行亂世多才天亦忌中年學道竟無成須裁六合
傷心賦作記修文亦要卿戊子同榜殂謝將半江建霞學使
亦今冬下世
浮生浪說百年身眠眼清游迹已陳無限黃爐供感舊剎耶
碧海見生塵同眠尚憶闇雞夜非福翻憐得馬人六尺遺孤
三寸稿他時終不任沉淪淡生著述有飆蓬錄子二人
滿限悠悠劇可憐蛇神蛉志兩無緣故人強牛成新鬼來日
將何遺暮年擬把餘生交濁酒還思摯誼續幽泉祇愁鸞馭
難尋覓不佳三清定四禪用曹蜍李志及牛鬼蛇神事
平生愛我撚吟毫長慶裏江妾見褒索句情深滄海夢寄詞
響答廣陵濤依然月吐千山秀不見風流一代豪今日驢鳴
和淚寫撫棺聊復當三號淡生有仿四更山吐月詩五首

袁淡生

一冬行

一冬無雨閒癡龍潛陽不出春融融咎徵殃異在恆煥況有赤氣如長虹日出日沒相倚伏每逐旦暮隨西東兜童婦女爭相看驚蛇掣電光熊熊銀河鰌精月匿彩長庚無語當寒空登臺雲物竟安奏漢廷忌諱憐諸公向歎京董說各異五行有傳誰能窮燒城赤舌太亢語載酒擬欲尋揚雄五聞漢家五星出東方見象乃主羌氐王方今島夷爭鵰張此星胡不垂光芒樓船橫海波洋洋元戎十月已啟行海南珍怪羅千商交趾屬國連越裳寸天尺地漢土疆玉帶未可賣權場伏波威名振八荒行見銅柱摩天長朝暾炎炎升扶桑氛祲掃蕩隨風翔雨洗金甲聲硠硠滂沱爲國來倉箱

訪海安古城

斷垣來訪景龍前野水潺潺落照天紅樹青林參畫意蒼葭白露起炊烟稱兵劉濞空藏粟讓國楊吳不記年欲話滄桑問麋晙回頭海上月初圓

白米鎮作

去家無百里行役又殘年歲歉市逾寂風狂舟不前暮雲荒樹外寒色夕陽邊三老衝冰甚長途亦可憐年歉賦如故添增保甲錢樹旗臨野渡吹角入寒烟天遠闇難叫民窮盜亦憐空教貴公子置酒擊芳鮮

仲鶴慶

海上謠

海天荒海雲黃煮海作鹽白於霜鹽成大賈汎舟去嗷嗷窮竈餘空場夜來猛雨急如注並此空場不知處食無麥飯衣無衿來朝長吏催鹽賦鹽賦嚴鹽利普鹽賈樂鹽竈苦

運糧行

將軍夜下催糧箭鄉城奔走如飛電掌握龍泉十萬兵一日無糧必中變地饒不慮糧有無蠶叢鳥道苦長途車不出行船無水火牌但索運糧夫丁男久已從戎去家家誰與當門户老弱齊行尚不數可憐婦女亦充數吁嗟爾婦來何方衣裳敝垢髮焦黃鞠躬聳肩不能進尺趨寸步形羸疲婦言家在銀江口十里青溪半村柳記得太平無事時妝罷鄰姬鬬花酒去年六月飛戰雲兵書十二催從軍妾夫仗劍出門出從此蛾眉洗翠紋今年大帥兵機失戰士沙場十無一妾夫僥倖得生還徧體創痍血猶滴運糧又到無次丁短衣妾願代夫行身雖跋涉千山險夫得平安妾命輕勞君俯首相憐惜妾本甘心無怨色君不見夫困戰殉婦饑死處處陰風鬼燈黑

俞堉

張烈婦顧氏詩

正氣鍾巾幗大義明閭里哀哉張烈婦慷慨殉志死我出城東門孤墳屹然峙途人相問答顛末略可紀芳徽易沉埋歲月東流水用作烈婦詩永以畐桑梓

烈婦不知書生長在茅檐禮法自務持跬步凛疑嫌鉛華何所需春風冷香奩機梭鳴寒宵工素亦工縑豈惟容貌端允矣四德兼

十九賦桃夭嫁為細民妻蕭條四壁立一室鼓樓西夫復嗜間游酒食益昏迷煢煢妾與姑忍鹹守空閨妾餓何足言姑年臻眉黎典盡嫁衣裳鬻盡斂與笄委心敦婦道黽勉共鹽齋何敢怨媒妁賦命本不齋

嚴霜欺貞松烈風撼孤竹禍患來無端深巷鬼夜哭淡泊婦所甘勤勞婦所服何圖輕薄兒日向東牆逐華佩襆瓊瑤新衣試綺穀揚揚去復來風流故矜鬻蘆簾隔孟光目挑空蹤蠲貪夫溺於財不得死不休狡童溺於色不得疾不瘳鑽窺望巳絕金帛運新謀殷勤結乃夫意氣重山丘朝攜遊花田暮邀醉酒樓生計諸有無解囊欣相賙芳餌飼遊魚何以避垂鍚烈婦燭幾先幽閨愈欽約當今重利交勢醆相熏灼蕭蕭貧賤居責報殊無着萍水驟委心人心不可度夫也胡不良冥

然付一喙感茲增欷歔顧影淚潛落萬物祇此心心死復何述人生恃康恥恥喪復奚詰悲哉薄倖夫甘墮奸人術惡姑同搆謀宛轉誘蕩佚婦閭失精魂股戰肌膺慄泣血陳大節矢志皎白日倉卒夫辭屆嗒然揮手出慘慘雲中月昏昏案上燈啣啣階下蟲纍纍壁上繩夫復搆謀歸高生盛氣憑裂背申舊說勢震屋梁崩三問婦不答毒手拄柔膺長繩已逆曳鉅結拴層層唯諾叔呼吸直以死相陵苟非絕特操鮮不屆志承幽蘭生空谷無言自芬芳皎皎烈婦名鄉曲久稱揚宵來詬詐聲入耳何悽傷明發覘其室婦屍儼在牀道路盡感泣奔想邑侯堂檢屍檜二光執法嚴秋霜勘鞫得情實一死何足償題旌符定制思綍昭煌煌墓阡峙高碣里門表崇坊草木舍生氣日月爭精光拜手薦溪毛千秋俎豆香

羅克俊

鷟牛歎

垂首驅牛行相逢長太息頻年罹水災田廬盡漂沒率族逃四方逆荒就口食飯牛嗟無糧謀生苦無術鬻牛以資生急售甘賤值牛衙鬻牧恩屠身不敢惜人念耕耘功引手不忍釋倘獲水落歸春疇藉何力剜肉而醫瘡自痛非良策我見函問之不覺聲鳴邑徒塵饑溺憂辛幸免爨理責

防水行

河渠執事當水立萬夫如蟻畚鍤集桃花水汎三月張十丈金湯勢不敵下游郡邑東作興大年小來俱未登低窪偏災已入告請蠲請卹憂填膺霖淫泱月更不止崇堂生衣木生耳只疑上洚下泛會一期將為小小閭闢一叔爾達人此際猶夷然小民情迫思安全恐鄰或以我為壑大隄聚守夜不眠嗟嗟西南苦戰爭東南幸承平西南防兵勝防水何為予使我東南防水如防兵天道人事難聽决盱衡惟有心怦怦

韓一鳴

范隄觀海

到此難為水纔知天外天發源在何處縱目竟無邊日出鯨波湧烟消蜃市懸大隄隄畔路惆悵弔前賢

楊筠

鷟婦吟

傷心處處石壕村咫尺分開骨肉恩道左有人含淚說去年此日正新婚

常增

河兵謠

安瀾有柱河兵如虎狂瀾莫禦河兵如鼠一解修隄築堰年
年忙下河往往多流亡大吏小吏心皇皇河兵日夜守河梁
㊁解東家健兒長七尺募作河兵去供役秋來塘決多答責
㊂解猾者得錢身軀肥拙者束手常苦飢有事一樣聽指揮
㊃解河水落河兵樂河水來河兵災河兵之災時有財流民
一去何時回㊄解東南海道塞已久淮黃汎漲經年有實力
能收治水功辛勤 即即迴瀾手如釜低田億萬畝性命全
在河兵手日賞河兵一斗酒㊅解

海陵詩史

康發祥編

詩話

耐菴夏紹侯輯

海珊閱明史詠張士誠云「操舟運鹽張九四白駒亭場樹賊
幟萬戶告身拒不受棟射三失承天寺吳趨踞坐拓土寬遂
與元絕稱天完諸將偃蹇載樂器樗蒲蹴踟軍中歡一瞰飛
空碎城堞耳瞶風謠黃蔡葉錦衣銀鎧十條龍萬里橋邊喪
舟幟鳴呼以身死國真英雄江東不降宋錢俶西河不歸漢
賚融妻劉亦挾丈夫氣齊雲樓火通天紅具於士誠固不以
成敗論也泰州東門外東山寺舊有士誠塑像余亦有士誠
詩云平江城裹齊雲樓姬妾同焚樓上頭泰州城外東山寺
遺像來瞻張九四九四九四出身有如朱全忠偷安更比王
士充吳中富鹿欲自保卅蛙獨守隗囂宮一朝天日不相助
數爾生前徒劊據袍上蜘蛛結網來龕中雕鼠銜鬚去此地
西風蔡葉黃英雄休說白駒場怪渠淮泗真人起何不遣作
扶餘王余之持諭則末為不平允也

詩以翻案見者非好辯難第各抒所見自覺辨才無礙朱飯
石書荊卿傳云「天未亡秦空死士卿如入漢定封侯」紫陽書
盜成宛獄易水悲號咽不流下雨帆亦云疑生孱主心難剖
魄號強秦死亦豪結云獨憐網目宛書盜成敗英雄定貶褒
可謂不謀而合吳季子挂劍人皆稱其久要不忘余詩有云
龍泉挂樹起蒼烟信義多稱季子賢只恐故人終怍汝不將
寶劍贈生前」閱余詩得無以為刻覈乎

楚楨成清芬集十卷敬述祖德具有體例其遠祖德齊憲有
海陵懷古詩最為典核詩云周室王綱缺晉定霸業衰句吳
通江淮拓地東南陲夫椒棲越甲艾陵敗齊師徵會令中原
諸侯皆南驗茲地古發揚衛軌此羈麋端木東錦來太宰喜
文辭舍藩釋衛君霸業成黃池皇天獻周德姬氏太陵遷霸
吳與滅吳倡禍寶鄭姬巫臣報私憤子胥空傷悲茫茫三千
年時代多遷移吳沼既巳平越宮亦巳隨日暮步荒原弔古
懷夏思自注春秋哀十二年秋公會衛侯宋皇瑗于鄭杜注
發陽也廣陵海陵縣東南有發謠亭按高江村春秋地名攷
今如皐縣亦海陵地縣南十里有會盟原相傳為吳楚會盟
處今立發橋疑即其地修州志者於建置未載此條敍此以
竢後之采擇者

陶九成輟耕錄載劉節婦泰州坂掄人元至正年隨父渡江
居吳門適張士誠部將曹某方轂月夫陣亡劉閻不避凶險求
得其屍歸葬欲以身殉父不許既而權貴人閻其美且貿強
委禽焉劉誓死不貳遂削髮為比邱尼按新舊州志俱不載
此事余作詩補之曰劉節婦泰州人居坂掄客吳門許字曹
家子老父時主婚婚甫越月夫戰死婦求夫屍淚不止屍積
如山呼不起隻身走入衆屍裏衆屍之血模糊紅十指撥屍
摧春慈魏魏索索來鬼雄嚮見如獲異寶同婦得屍負夫走
瘞屍坏土南山後婦淚如泉祭時有淚落祭筵作盂酒彼何

心强委禽嫠門不受纖塵侵懷清築臺妾意深使君浪擲秋胡金稽首大士前皈依大士側節婦之節邑乘遺幸有大士能保得

余宅傍有鐘樓一區樓圮鐘立青紅班駁惜無欵識可攷州乘云洪武四年知州史遇建其東有鼓樓亦云洪武初知州張遇林建又云南唐主移讓皇於泰州為永甯宮築子城以樓牆為宮門闕按此數事當以後說為近理蓋州署無建鐘鼓樓之例一也鐘鼓二樓當同時並舉建鼓樓於前復建鐘樓於後二樓經二人之手相距數年亦覺難通二也將以為鎮壓怪異而設泰州地本平行並無高山大川雜林惡木以及猛獸毒蟲害人之物亦何鎮壓之有三也且洪武年間距今畧近南唐距今差遣其鐘色古質較似非勝朝之物四也挨之形勢州治為永甯宮鐘鼓二樓東西並峙方位不柰五也余髻年隨家君卜宅於鐘傍便知摩掌愛玩於常高庵移家古士鄉余詩有吾家門巷原相似一物差多是古鐘蓋謂此也余又有五言詩三十韻並錄之詩云托跡爭高阜鐘居屋右廂結鄰君巳久賦物我何妨放據圖經失叢殘志乘荒言將出東野鑄本自南唐開國稱昇保昇元保大移宮處讓皇陸書昇元二年改潤州州治為丹陽宮無居泰州事馬書六年遷讓皇子孫於海陵鄉永甯宮山河雖播越棖桶自輝煌時有千人監旋遭百口殃州治東南又有小兜缘相傳南唐主用宋齊邛諜無男女少長皆殺之飛樓摧瓦礫遺說感滄桑淚擬銅僊滴盟疑鐵券忘世徒摟寶鼎沙已蝕沈槍瓴甌埋旋幹風霜隨堵牆藤花垂纂篡桑蔭覆蒼蒼鐘旁舊有紫藤一桑一空洞如盂覆剛中得坎方雷同原有處日月本難詳陋巷精闊英闕虛哀謦欬藏頻年同雖伏百斛想龍驟不作鼉鳴岸居然鳳在岡土花繡欒餓日影射青黃坐記千夫憊昇應萬手僵嘉慶四年里中好事者欲穿之神廟眾力莫舉事中轂戴碑羞顛贔攘臂笑蝗螂爾眾誠何濟神丁下取將根深通地脉力出鬪雷硍嘉慶六年夏夜雷大振古桑怨斷而鐘無恙僻可容狐兔奇非役鬼伥有形看隱現餘響發宮商鄰人言有物憑馬夜有鼓吹發於其中余弗略弗聞也鐘鐙誰能聽飛騰似未遑五音陬蔥藁九耳貢嚴廊幾輩鳴東序何人達上摩巨莛空搏拊邇日尚菰蔣甘受兒童辱兒童每跨鐘紐上時為里閉光我來常下拜百感竟茫茫

吾鄉鄧孝威漢儀舍人詩余集前已選入但慎墨堂集版片無存今借得鈔本復錄其渾成和雅之篇以見前輩噉名洵非偶爾胡安定廢祠云老樹勢盤鬱人傳舊講堂兵戈一橫厲祠字盡荒涼蟋蟀鳴頹瓦亂甑竄短牆怪來仙佛地金碧甚輝煌送向遠佗游延令云復載長千葉來經邗上霜江雲依容子溪月到漁郎舊話才分燭新愁又敘裝文通多別賦贈子去游梁與丁漢公話別北上云汝向平原去高車逐鳥烟黃沙秋雨後白雪故人邊三輔新防懷諸侯舊播遷胸中語故事應與畫山川寄王近翁云泰淮旅舍一樽同別後音書斷馬融冀北喜傳三策異江南開遍萬花紅暫辭金埒沙塵外爛醉銀箏夜月中待訪春城索新句垂垂楊柳正東風

秦郵留別云長湖細雨逐歸舲垂柳垂楊滿路青酒旆遙隨香稻散漁燈楢照夜珠醒蔽黃舊事甯搖落秦漢遺蹤漸杳冥何日花絲重攬勝匏餐鰕菜慰飄零黃仙裳自漸中歸時納新姬詩云鴛鴦湖曲載燈還別夢遙連橘柚山忽報狼烽連海色遂令魚子斷江爾扁舟風喜吹張翰垂柳篙知喚小蠻莫怪近來書札少畫眉雙筆未曾間春日同張詞臣丁漢公陸元升翁岱詹妓郁生小集賦送漢公元升之雲間云野館晴開芍藥風共憐春色鷓鴣通三年有夢杯如昨永夕聽歌月不同擬泛季鷹江上宅還遲蘇小夜深蓬何須黃月煩傳信我自扁舟問阿蒙濛濃歸舟云青春茅廧逐山流細雨孤帆漾客愁聽徹猿聲江吏潤祇疑天上是韶州韶陽寓感云整冠亭畔草蔓蔓一曲南薰落照迷腸斷九疑山似黛鵰鵠飛入竹閒啼別趙五絃云梁園深夜促開莛洒醒來朝問玉鞭莫怪青移易憔悴蔡州今在亂雲邊黃天濤姬人陸羽嬉工詩蚤殁賦慰云年來㑛帳極東風暫倚高樓瀉碧筍休敢疏簾還遠望朝雲墳在落花中此例詩甚多為梓里搜羅散佚不惜多載不得謂一班識全豹一滴知大海也

州治東南望海樓側有大樹二於道光初年樹腹忽自生火焚燒兩晝夜後熄後枝葉復亭亭若車蓋國初州人鄧孝威有重建望海樓詩云海郡東偏鬱大觀書櫓朱拱碧雲端正宜番舶漁檣入不盡蠻風蚤雨寒誰使河潢紛戰鬪遂教樓觀條摧殘行人驅馬城頭過愁向雙柯數箭瘢結句謂雙樹經元兵燹之後人情形如繪今距孝威咏詩時又二百年矣樹猶如此人何以堪歲在甲辰余登望海樓詩亦云只合憑欄望窗樵幸未扃叔餘樓更峻燒後樹偏靈西地烟浮白隔江山送青孫盧今不見天外可揚舲

吾邑王氏昆季數世競爽前著名者有相益相說相呂後又有孫驊孫馭孫驂孫駿孫驃孫驤諸君相益字懋虞愚拔貢生仕至福州海防同知從封琉球歸里終養相說字懋弼天啟壬戌進士任袁州推官崇楨朝擢御史未半年疏四十五上俱被溫旨出按山右以單騎定叛卒升湖廣參政又為江西督糧參政轉餉無匱左良玉恣肆委曲開諭左兵稍戢後家居十餘年終祀鄉賢相呂字望之子國朝順治三年舉于鄉任睢甯教諭叛弁攻城公然大礮擊賊賊研之握卯死子孫驊救父亦為賊研既絕復甦事閒贈國子助教崇祀鄉賢孫驊字阜馬父忠子孝有足稱者孫馭字凡馬號率軒順治庚子舉人任北流縣知縣孫驂字參馬號受軒康熙已酉舉人任宜黃縣知縣孫駿字雲孫號素菴康熙辛酉舉人任鹽城教諭孫驃字季超以孝行閒孫驤字白舫庠生以詩人終孫驃長子晉原字子任號雪樵中雍正癸卯省元王氏節孝科名各極其盛王氏別墅在州治東南萬壽宮後萬壽宮昔名天慶觀即徐神翁修真之地明王理卿給諫舊墅在馬焉受軒大令亦讀書於其中今宅久圮有松一株尚存河側亭亭若車蓋余髻髻日見之五十餘年未改舊容予作詩云松存緣屋圮矗立河之濱其下無他木如居少四鄰許多衰旺感題盡住來人自我童時見相看六十春

王季超嘗攜鋤劚涉徑得古石鼎於土中卒時命子晉原奉鼎文廟即今二丁日升香者是也

吾邑繆靜軒永聰文學有拾瀋集八巷詩學李昌谷而多哀怨之章南唐永甯宮古鐘歌云夕陽古巷秋風起大鐘臥埋荒草裹豐山嵩崒霜倒飛灑泣吳陵鐘久死無端簏業撞淵淵楊家威令洪聲傳欲驚海水作保障羈糜反受他人憐葛藞刈畫周主喜永安往劫隨飄烟乃知攘奪多餘痛禪關此日高連棟互懺鐘魚女比邛可曾驚醒英雄夢君不見永樂巨鐘鑄華嚴亦復繡銅苔花沾比詩咏邑中鐘樓之臥鐘早定為南唐時物益可為余前言之左劵矣

吾邑鐘鼓二樓余前言之畫矣近日鼓樓風雨剝蝕之處內甎露出上有字可認鑄州前城甎四字陽文正書書頻端好按南唐昇元二年以海陵為泰州六年遷讓皇子孫於永甯宮嚴兵防護絕不通人宮門外為築子城以環之江陵志餘云子城內城也則城甎即指子城之甎如謂二樓建於明洪武年聞與子城無涉則甎字當曰樓甎不當曰城甎矣以此為南唐左證確有可據邑乘又有南唐小兒塚謂在州治東南以意推之當在鼓樓子城之左右通鑑考異云讓皇生子及五歲有中使至拜官賜服即日卒也愚按葬地當在近地蓋宮門旣有人防衛不得遠葬可知也讓皇曾有詩云凡弟四人三百口不堪同生細思量咸謂此詩屬李後主作宋齊丘晚年一子死逾月猶哭李家明作大紙鳶署其上云一倜孩兒拋不得讓皇百口合何如夢溪筆談作老樂工江表志作李廷堯固機有不同昔齊丘為烈祖畫策水亭密議爐灰畫字以鬼蜮之奸諜助鷗鷚之利吻卒之天道恢恢施報不爽瀕纖之日亦曰吾昔獻諜幽讓皇之族於泰州宜其及此此亦天號其魄而使之自白也特小兒塌今不能確指在何許牽連書之以皞博洽者

事者謂冠南宮日署其邱句云希奇姓字傳天下冠晃文章極力扶植得不傾陷風雅蔚起斯文攸賴馬後之譚文懿逸何教行之日執政欲加擯斥文懿以文章復古為國家元氣畧不同窆合與啟攢亦小異而比賓有可記者蓋文懿因李木理四方來觀詫為神異顧華王為作靈徵記按此二說詳備左則梅株天嬌梢着數花右如左而樹枝差短其文深入繪畫文具畫家皺染之法前則奇石枯松旁出二篠塋葉戚後三年歸柩海陵攢於墓舍丁丑將葬啟視棺上生黝墨成章流形者有然朱竹蛇詩話云文懿卒於南都在正德癸酉梅花竹石若圖繪趙叔鳴顧東橋為記其事亦平生不盡文太史庭間州世說云文懿葬後數十年夫人窆合棺四圍皆薄詞章蘭一傳去聲傳文苑且為柴墟感嘅長宮子元偉鏐往事悲朝露翁仲無言曬夕陽吏部贊聲留疏草大臣勳業豐碑踏也作詩云古木蕭惨石徑荒驅車時過墓門旁留都山雨石馬嘗騎吏部蕢之句也近又廛過墓側見古木撐雲道各騎一石馬背劉譚詩文余寄少泉詩故有芒鞍曾踏鍾吾州治西北九里溝儲文懿巏墓在馬余囊輿田少泉訪墓

壓兩京又署邸大門云秋榜仍為春榜首會元即是狀元郎朝臣忌而抑置之夫文懿嶽嶽懷方鋒鋒抗疏豈掟南宮日署門而輒為此俚語耶此不待智者而能明其必無是也

偶閱阮太傅廣陵詩事我州有徐孝子劄心醫毋一事余幼時曾閻之而未詳今作詩以叙其巔未云夜漏沈母病深神語要得天馬心天馬之心安可得孝子邪惜囊中金藥店遍求無此藥孝子回家慘不樂藥缶烟銷礙風作牀上呻吟聲息薄孝子禱神百叩首馬心忽悟已身有巳身屬馬馬有心取心於馬一反手鳴乎心可劄身巳死孝子死孝孝子死神曰天不死孝子大聲呼曰起起起此身如在烟霧裏蜂窠四周創合矣康熙年閻事有此逮乾隆初猶見爾此事自宜壽青史孝子誰徐萬侯何許人善操舟何方人家泰州泰州東門之內學宮側至今人訪孝子宅附訪徐孝子宅記云余昨閱廣陵詩事云孝子宅在學宮之左徐步至南街心默禱云余賓不知在學宮何許顏所至處其樹木或松柏當門其烏或烏當門必是也時由宋王俊乂狀亢坊折而東適見一土牆阮內屋詹上立一白頸烏余竢立諦視烏下詹作迓余狀余又禱云孝子宅在是耶果爾則烏當開口叫禱未終烏引吭長鳴三余驚異竊喜向東行百步半晌旋至原所前烏在復益一烏立詹際又長鳴數聲飛去余過西鄰蔣君問昔年有孝子居此地者君知之乎蔣云昔聞諸王父言有徐孝子劄心醫母事其言與詩事所載賓小異而大同問其居郎在東鄰今烏所立之地是也並言孝子以操舟為業某憲康得

其事欲為之請旌格於例未果孝子無他才能唯市木呼匠氏作一巨舟贈之孝子賴以溫飽養其母以天年終余聞蔣言不知詹際之烏孝子之靈歟抑鬼神之驅使與余不得而知其故姑以不文之文異祀畧記之於此以唉後之柔訪者葉雨樓閱余記詩與記亦感激作詩有云其事雖近愚其心亦良苦出自尋常人大義足千古又云孝子之宅在何許松柏蕭森迷處所當門指點來神鴉猶怪神鴉弗能語吁嗟神鴉不語詩人語孝子之孝天所與天與孝子以詩傳接趣神鴉向空舉

吾州東門外鳳凰墩廟烈婦墓墓有短碑碑久踣地丁應耆使人復植立之余讀碑記作詩以紀其烈云顧烈婦正氣鍾火中蓮霜後松祖凜膳陳御驄父中函幼貧窮贅楊氏嗣顏翁婦氏廟維父從鐵石性桃李容張世英其所天比匪人睸少年齒梁內衣華鮮過張宅情流連婦性靈覘巳知姑不良巧致詞婦弗從抵死辭母子怒誣婦侮朝詈罵暮捶楚烈婦悲力難拄厥投纓復飲涵母子性實豺虎殺機起勒以組昏昏燈統統鼓黯黯雲凄淒雨掌摑血斂分股乾隆朝十六春十月五夜嚮晨烈婦死里人瞋莅窀官誅凶人鼓樓旁樹貞珉鳳皇原高墳金子伊為撰文我作詩薦白蘋人有言江之神乾隆甲子年里人某秋賦泊舟於江滸夢入水神廟廟神暈翟秉珪坐堂皇召某曰我顧烈婦也上帝命我治水於此爾歸可告里人以勵節孝余詩結句指此

吾邑鐘鼓二樓余斷具為南唐時造集中言之屢屢今里人築牆屋取土地中獲鐵盎一古鏡一觀之其為南唐時物無疑余賦二詩以紀之古鐵盎云吁嗟乎古盎乃是將軍遺不知將軍者為誰土花斑駁地中出形製偉岸光陸離脊廣頂銳腹中空去聲鑛鐵雙合圜成規腹中可受二升許其高九尺還有奇銳頭定為善戰將廣額亦是非常兜我聞泰州作重鎮兵起唯在南唐時顯德二年為周隘旋看底定來宋師前此兵戈不遽息荊罕儒諸仁視防禦獸角支漸矛炊劍畫甲胄蠖盎良苦悲或化蟲沙或猿鶴原野血肉成膏橐盎無欸誌作攷核將軍姓名何由知吾身生幸承平日妖星掃盡豈尤旗隔巷時來觀古物含飴鼓腹同游嬉吁嗟乎古盎古盎今日出底為得非要索詩人詩我詩雖成實獸靡聊將盂酒以酹之新詩在手酒瘞地古盎纖晦無窮期古銅鏡詩云古盛一歌歌未竟友人請我歌古鏡厚三四分徑五寸土蝕無光月生暈鏡背何所有有字在其陰大篆疑蜀徐鼎臣小篆似書徐楚金但恨殘缺不可讀令人展轉皆盲瘖其旁何所有更有依僮舞長衣纏綷當風舉手中不待持千泪椽椽神物搖心魂寂寂空堂嘔風雨吁嗟乎雨往風來一鏡中妃丁鼓鑄洪鑪紅英雄五代竟何處尺贖區區百鍊銅吾邑之東某村農人鑿田得數金條上有字曰南唐金條寬有二指長四五寸或是賞軍士物此事余得之韓上舍東膠所說東膠蓋目見之也

施元之注蘇詩此書開雕於泰州余於詩話續集言之矣猶恐其久而湮也乃題蘇詩施注後云長江大河東坡辭曾和微風細雨淵明詩名公筆妙無不可五十卷著英俊思昔賢時代適相近勤加注釋非阿私注者誰施元之何年代嘉泰時傳君漢稱善謄寫刻在淮東倉曹司倉曹官廨爾時在泰邑今無屋宇猶有基至今蘇集編宇宙求之此事人罕知我光邑棄為表暴殘在後起安敢爵元之編年適妥善龜齡分體人共嗤後來職缺誰補綴邵髯甚賴商邵貲讀詩兼讀元之注知人論世心神馳此日安得景泰本開函酒酹千瓊卮按傳君漢儒名稱向在元之幕中為元之謄寫蘇集鋟版此事南城曾某詩語亦言及之

吾鄉王子石舊名柱今更名桐見余詩話之輯作詩見贈有人多附驥揚眉早我媿登龍點額遲之句余用來韻贈其計偕入都亦有終軍才署驚人早鄧禹功名笑客遲之句越日子石袖稿見貽嶽嶽懷方英英露爽洵未易才也集中有義士行一篇為戴儀廷作詩重義行故首登之詩云義士戴君孰表其微義士有友死無所歸上有老父下有孤兒寡妻泣血莫知所為義士曰於我殯附身附棺者吾獨任之二為具衣冠皴以巨棺不取具值友父何顏竟取其值友寒家甚寒故減具值待兒長乃還是謂行其心之所安三死者已矣生者誰顧顧友之父危如朝露顧友之兒呱呱待哺義士謂友父孤兒善保護兒能讀書請就外傳有不足者量力而助三嗟嗟義士人笑其愚憎之多口皆賤丈夫吾謂此舉古有今無今能行此聖人之徒如義士者乃可將伯呼議義士者請為絕交書四他如入都別弟句云亂日偷安難畫策平時作福要隨緣別內子云翁姑要當爺孃看妯娌嘗如姊妹情皆真摯有味稿中有同人集晚香亭雨夜聯句致韓孟體用四豪全韻得一千二百字波瀾壯潤才氣縱橫惜集隘不及備登

余作泰州麴烈女詩云麴烈女生逢華父徐五贅麴室冒姓麴中年卒女長成一十七桃李容松柏質善持躬守白璧無賴子姊之匹婿曹先行狡猶母女依侍盥櫛人問字曹阻尼曹言挑女心怵闖女饔之闖然逼女手纖拒之力拂曹怒勢不測女告母母周直哭訴鄰理不得告諸姊姊無術女計窮無癒匿身赴河甘及溺巨觸來臂折一臂可折身不失身可溺志不汩究雖沈天癒惜天既惜尸浮出何處泰孀側嘉慶朝此事實乙卯年六月日前有賦此事者序事微瑣余追書之

吾州州志藝文有沈龍翔周公鋪詩並序序云出南門沿運河折而東十五里為唐灣兩岸空瀏無人跡為崔荷藪舟車久成畏途如皋令周公鼎鑑攝州篆三月即捐俸建屋四十間募民夾河居行人侍以無恐今呼為周公鋪詩曰曉發茱萸灣晚宿周公鋪鋪上有居人不是當年路又云三月海陵官千載周公鋪立功貴及時何用終年任又云西有召伯埭東有范公堤中有周公鋪芳名千古齊龍翔州人餘著有發幽等錄

邵伯苗澍余素不相識來泰收養難婦設嫗棲所兼養童男跡其家貲本中下之戶周用已空之而行不倦余作詩美之曰苗先生邵伯人邵伯往來衡誰克如具仁家世本寒畯心性殊樸凡事急人難所作能率真狂狂寇敝江下居民走駪駪婦女冒霜露童豈走風塵君憐蜘沒沒腳俗謂婦女難于步趣如盤之沒腊君傷魚觸綸設作嫗棲所畀以庇晨昏收養及嬰孩得以叨饔飧一朝兩粥飯籌備留與薪行之日已久投者來如雲分局到泰邑借地鉚荒榛席逢廣搭蓋竹木連朝勤一日之用費動需錢廿緡有時苦不支代募過人門見人必下拜意疾言和溫如飢在一家如饉在一身人都重具義與之無囍屯多與固色喜少與亦不嗔長跪更頓首替人感厥恩多裘吟白傅廣厦思杜君善心在先哲先生成等倫吾思素封家何不恤鄉鄰粟肉任紅腐安肯豪釐分又有避難者挈眷來作賓上薈已示罰何無悛心存服飾尚五絲有饌羅八珍斂鈿婦頭炫賠粉香閨勻瘦詞與驕態敢人皆耄惛以之比先生品地殊天淵叮先生本布衣若不知巳貧此若作朝臣燮理必懇慰此若為諫官圖繪必上陳此若遇國難毀家必然瀕此若與單政慷慨必捨困奄然草野士難得如仁麟鄭莊昔置驛長厚人交欣賓碩常匿友任俠人孔云古人重一節足使薄夫敦先生用五官竭覺無遂巡耳目勤視聽兼勞口舌脣並世有此子道誼豈不尊愧余無佽助募疏代撰文顧天鑿在茲保護休嘉臻繩繩無匱之陳陳

多相因所期獨行傳太史應
我作五言詩敬之如神明神
知聞我思苗先生心已無間言

己卯年

海陵詩史 下

後學夏紹侯輯

海陵詩史

耐菴夏

新樂府

趙瑜

頌德政六章

爲州牧張公東甫作也公諱之杲浙江錢塘諸生有德政卒於官

平糶厰

歲荒議災賑兵荒議平糶貴值兩賤售荒政此最妙是役民捐一萬石官捐五百石未施民一萬先散官五百官惟實政不惟名胥役感化廉且貞興我役澤門哲始輸粟終閉糴猶之與人出納吝善舉無端受攻擊

攆錢役

朝送錢大橋鎮暮送錢宜陵鎮白酒黃牛犒兩處傳聞殺賊紛無數為我西南守門戶載輸爾載將伯助將伯之呼何敢辭飲食醉飽咸嗟咨江都縣事泰州知不分盻賊良有司

懲飛謠

鄭人相驚伯有至狂走如飛身插翅夫攜老妻母挈子河干更擲身中指南關喧北關閩誰倡亂戕子船役捕送官官切嵩鞭槌不死扼項死喉刻三人同棄市口不撿身不免刑亂國用重典

穿耳箭

游府全喜出城去不顧居民遷徙忙無措東家黑漆箱西家青布囊背約手提挈覺覺官道旁前後圍饑鷹左右伺貪狼勢將膏吾叉富貴樂未央猛覺吆喝來官府劍戟森嚴勢威武賊睛眼眼視無睹捕虎居然如捕鼠眠之崖崖殊可情尤而役之叉甚馬伸國法臂飛月按軍法耳貫鐵一坊安四境肅家項香戶戶祝

黑頭來

紅頭不來來黑頭日光炯炯無全牛刀矛森列劍戟利簇擁官船抵吾州錢江廣東人彼官此行胡為哉乃令下五州縣百姓輸貴財貴財孰與性命重為我速備刀鋸來州主不懌佯日佁百姓闖言咸悲哀衆情壹義旗出短叉疾長矛哭一刺左股傷再刺右肱折弟子輿戶長子逃雨岸礮聲轟欲裂吁嗟乎作倘好手段對鏡好頭顱蓑街忽懸首萬姓齊歡呼妖書倡亂理合誅雷公雷公來其蘇雷名以誠保衛裏下河營紮仙女廟

韃州同此一主土喫飯彼噉麵二十九人同歌店先鄉團後義勇二十九人同土龍火炎昆岡混王石人聲鼎沸戶山積董事面長一尺州主韃存一隻州主號叫聲斯卒不能救外役背負而田存韃一隻高橋鬼哭聲啾啾青燐閃鑠紅骷髏

殺人橋

紀亂萌六章

火輪船

江壽民江都人業字館創設立貞保赤接嬰暫栖所等處贍養貧人又開集英義學頗愜衆望癸丑春粵匪東竄金陵鎮江相繼失守壽民信奸人謀告謂重賂可免官民倚賴之相戒勿遷從城遂陷先是道光二十二年嘆夷犯順船抵郡城受壽民賄而去禍基之伏有由來矣

火輪船葷禍胎夷人愛吾珤守信不復回行險僥倖何能再聚而殲旃無足怪列國假道殃自取墮入奸謀奈何許滿城灰燼孰使然天奪之魄夫誰憐

麵王三

三切麵為業忽其友鮑剌子誘入賊營賊予珤令歸偵探珤露鄭報義局獲之刑訊得實稟解正法

麵王三爾何人爾見偽王黃風帽偽弁紅紮巾賺爾以珠玉咽爾以金銀命爾里田里查勇數開富紳爾應如響信如神載珤而歸驚里鄰里鄰見珤動疑忌立糾義勇捜奸細朝送一信暮闈門長繩縛賊如縛脉銅錢熾炭背格痕髮而藝之一一如前言官無術能救爾營有刀能殺爾麵王三爾何人爾果終身切麵無殺理何來攝魄勾魂鮑剌子

僧道正

城東南隅聚衆抗租集十三里汪僧道正主其事曹某者實左右之事覺請兵大營立殺數人以徇首從先後伏誅

奸民乘亂齊抗租大兵入境按名誅髑髏滿地膏血塗咄哉戎首闖亂逋官命捕役為我蹤蹟獲僧道正罪人斯得僧遇

捕役勢囂集啜其泣矣何嗟及惟時羽翼有曹生如夔一足
跂著名小車轄轄載入城埌瑠鎖索齊解營駢戮梟示公案
了田荒廟毀行人少十三里汪無青草

查官船

通州牧金剌史小莊咸過境船泊施家灣義勇譁為奸細胠篋一空賴鄉團陳玉林負金入州署得免運司但公雲湖明倫船泊上河先後數日禍相埒

查官船船言是官不是賊誣我官人罪莫測衆言是賊不是
官搜查專責吾民圍刀光電閃艙門啟周走而呼賊至矣鷹
鸛逐雀蝻捕蟬搏得官人大歡喜欲掀揉不能揉紳耆咸東
手鶯地來鍾建大刀負而走金銀望氣心不良舸艦迷津貨
烏有箧中何珍玩木難雛珊瑚詞中何服飾綾錦囊貂狐風
聲鶴喉恣怪誣盃引蛇影終糢糊噫吁嘻城廂義局資保衛
添一章程溢一弊

鳴銅鉦

大營游擊街薛成良綽號老小乾兒某挾吾邑小釁讒搆倡亂為報復之舉泰邑聞警遷徙一空

仙女廟鳴銅鉦三江弟凡隨我行我行直入泰州城天助我
民不助逆怨熊馬首向鄧伯邵伯王捴兵(萬清)扣馬抵死爭
篤舟送入湖心去浩渺烟波不知處傳聞李帥(世忠)卒斬之
不得其死理固宜

清江浦

浦勇有名無賓賊倉猝入境四面火發時帥府方演劇也高寶紛紛遷徙泰邑驚惶

高牙大纛宴官府爛漫華燈照歌舞猛聽漁陽動鼙鼓火光
四射清江浦清江無城守不得退保淮垣為上策淮城縈閉
袁浦空江南從此無河工當憂而樂造物忌我同官莫演
戲

憫死節九章

八哀篇

范氏湖東集五烈吟三哀詩皆記癸丑殉揚州之難者陳吉符兆生自老母下十一人先縊後自焚死巫瑩章文煥縱火父子相抱死程王材兆棟命其子出城全家自縊死俞中之立堂率妻女四人同縊死任漢卿雲臺賦絕命詞挈子投井死此五烈也羅茗鄉士琳王西御僧保楊季子亮皆不食死此三哀也已上皆予舊識不忍無詩彙而誌之曰八哀篇

須顧戟張目眦裂有萬卷書無寸鐵死法不同同節烈金護
委折玉樹傷水火尺組推肝腸采薇采薇終首陽惟古聖王
重學校我朝卒收養士效秀才居然以死報

紅橋難

江都紅橋鍾小亭淮孝廉官內閣中書在籍團練殺賊立功忽追剿遇伏死之奏聞命建專祠世襲職

時清思服官世亂思劾力上馮擊賊下馬檄姑翦滅此而朝
食與其株守紅橋不如深入賊巢從吾行者皆英豪伏兵哭
起呼殺妖心肝劉刳皮骨抛想見驂鸞跨鶴靈旗飄家國天
下佛一死君乃讀書真種子姓名彪炳垂青史吁嗟乎談何
容易垂青史

張小虎

兩淮候補知事張翊國虎頭先生子自號小虎家傳黎花槍法有譜行世初揚州聞警請先誅江壽民以堅守禦之計撓於衆論不果失陷後兩次登北門城孤軍無援不及收復乃從僧邸攻高唐復連鎮所向有功凱撤後復來江南時巡撫吉駐師京口用為先鋒忽撫軍以親軍出哨為賊所乘因

自殺小虎聞信帥百騎突圍入獲其尸裹以大旗將出圍矣賊在高處用千里鏡遙窺命發火槍環攻小虎與從騎皆沒於陣

殺江壽民是上策入北門城是下策兩者不得行為失策老師糜餉遷延役壯士撫膺長太息張小虎虎頭兒手握黎花槍一枝南船北馬苦奔馳為知己用身忘疲一朝免胄入敵師鎮江之戰卒死之張小虎虎頭兒街談巷議婦孺知

世太守

太守世焜滿州生員咸豐六年春大營兵潰賊由南水關入城公率親軍百餘人接仗綠營先遁委賊於公賊遂擁公見偽王吳如孝吳知其賢欲官之公抗聲不屈甘就及即命移置京口邏守之至五月守稍懈公投繯死復鎮城之日廉得其尸露頂赤足身著珠羔袍面目如生當歛厝於城內舊考棚前公一妾一養女無子初聞公陷賊知公必死乃以衣冠招魂匶歛妾與女已扶櫬回旗矣郡人既請建專祠復卜地梅花嶺側將奉公骸骨以安宅穸焉

城門大開官員走歸然獨存世太守太守曰吾死矣夫冠服在身印懸肘一解賊慕賢守名下令務獲生蜂屯蟻聚趣駕行卑太守去入賊營二解偽王降陷遇以殊禮謂汝好官慎勿死仕我太平國富貴不止此三解饋醽醪不飲遺饟稟不食太守曰吾死矣夫吾何如人從汝賊四解招招舟子送之鎮江天風浩浩水決決金焦兩點浮空蒼忠魂縹緲恣歸翔臣從此逝游仙鄉五解慷慨成仁易從容就義難揚州祠世太守真州祠文文山六解

六合陷

溫紹原字伯平以鹽知事任六合事登陴固守五年如一日卒以餉盡援絕城陷身殉天下聞而哀之遺書江南大營謂紹原死不瞑目云

臣身一死不辱國臣罪萬死不瞑目五年血戰守孤城皇天后土矜愚誠臣視性命鴻毛輕與城存亡哀吾民不通一諜江南營不假一旅江北兵羅雀掘鼠書寄蠟南八男兒箭射墻搔首問天天不答張睢陽溫六合

統帥溺

總統張國樑攻金陵挖長濠困賊行且下矣忽計臣嫉功掣其肘勤餉不給師潰公率親軍二千餘人退保丹陽賊追逼戰不利遂策馬投丹陽河中以殁

首山一呼變端激清人一歌統帥溺生能為萬人敵死能為厲鬼擊龍蟠虎踞石城雄旦暮聞耳收奇功前途倒戈奈何許業敗垂成淚如雨是時帷幄誰運籌幸逃顯戮歸山邱丹陽橋水咽不流天陰雨溼神鬼愁

袁將軍

將軍名貴舊隸楊忠武公遇春麾下以趫勇聞咸豐元年周文忠公天爵剿辦粵匪調赴軍營有功陞署泰州游擊時州境晏然公恥素食乃自請於上官願投營效力後聞追賊入山為賊所乘遂戰殁三日後於山巔得其尸徧體鱗傷事聞命照副將軍陣亡例賜卹

男兒恨無兩翼凌空能高飛喜有雙脚蹋地能遠走生當圖形麒麟閣死則馬革裹尸期速朽弓箭在腰弦在手安能騎五花馬披三品衣晏處海賓如木偶蟣蝨縱臣效忠蓋疆吏奏闕上俞允爵鹽米區歷諸艱就烟瘴地控百蠻沿途易水聲潺潺此行於理無生還吁嗟袁將軍生而習武不習文卓然大節能超羣讀聖賢書學何事偷生視息何足云吁嗟袁將軍

巡檢兒

賊犯潛山縣巡檢馮焯之子名福基十四歲聞警匿母他所身為賊獲日懷利刃伺隙殺賊不果至湖北黃梅竊市毒藥置羹中斃十七人已亦仰藥

死皖撫李中丞續宜以童年智烈請卹壬戌秋仲見邸鈔

束髮知讀書未能通六藝讀書知求名未及博一第忠孝大節非細事不圖得之巡檢兒巡檢兒年十四（一解）兒父有守土責帶兵迎敵兒母在室死生爭頃刻倉皇四顧覓母逃匿母逃匿兒陷賊（二解）晶瑩匕首貼肉藏朝窺猛虎夜瞷貪狼誓將殺汝偕汝亡蒼蒼者天吾爺孃（三解）殺賊一值均殺賊二獲利連驍十七賊兒力竭矣輩賊偵知烏能已生亦無為何如仰藥死（四解）卓卓起家進士煌煌擢任封圻偉岸七尺軀皓首而龐眉百歲光陰能幾時縱談往事徒嗟咨獨不見巡檢兒（五解）

張烈婦

儀徵張雲葆妻諸生金序東女戊午八月賊犯儀境從其夫避地甘邑西山事急令其夫速走以存宗祀當入道旁俞氏宗祠與同邑曹炳文室人俱死焉壁上留題云自古有死人誰不然全我清白含笑九泉屬鬼殺賊猶生之年

避儀邑賊西山高西山賊來何處逃人生百歲終一死甯為泰山毋鴻毛夫存宗祀延婦殁節義著夫也約同去迴顧祠宇荒涼絕命處德必有鄰曹夫人級帶縫裳前行勿血淚浪浪粉壁書萬卷精華四言句烈婦四言句忠臣正氣歌須眉巾幗無殊科金石可爛名不磨

感時事五章

行鈔票

堅剛可久莫如銀輭熟易股莫如紙以紙換銀鈔票始唐飛錢宋會子金源交鈔寶鈔本此周官質劑良法陳不取便國取便民民銀日少紙日多設法轉輸且柰何

當百錢

當百錢重約一兩五徑約二寸圜一當百兮十當千杖端可挂腰可纏京師初感外省漸流傳淮右開鹽設鼓鞴孔方積聚充官廨江西鹽客弄狡獪載向場亘騙船快亟付垣商為分派一文不值吁可怪好作歸資當銅賣

行路難

今日設一卡明日置一關江湖客子行路難今日委一員明日簽董市肆居民咸震恐局呼捐户爾來前公私正雜皆需錢如某偷漏某夾帶什伯倍蓰罰無赦吁嗟乎大營保衛裏下河腹裘接濟奚足多第問大營寶得能幾何

小龍船

撥金伐鼓城濠邊旌旗五色排戰船造船防賊賊烏有孤負健兒好身手青絲盤髮五七舫罰華茁樸腰紅巾摩項受戒具佛性所難除賭惟貪嗔餞鷹偷眠光碌碌猛虎磨牙欲逐逐夜游俠邪朝攤錢居民驚避恐不速健兒手何不乘宗慤風何不擊祖生艦生不能建樓檣功死不能裹鴟夷革千金一鄉少年時株守吾鄉又何益前日紅旗報李副帥（世忠）官軍到天長收復六合降江北肅清喜相告昨日羽書來曾大帥舟師開軸艦千里敵空下頭隊先收雨花臺嗟爾小龍船終古城濠邊飽食忽游戲日費官府錢官取於民官不苦只有吾民望安堵

築土城

築土城何崔嵬袤廣七八里睥睨參差堆荒塚變溝渠枕藉紛枯骸枯骸爾勿戚生者方銜哀措据事畚挶口鼻飛黃埃亢旱苦圻裂霪雨傾頹朝被縣符迫暮聞鼛鼓催高田麥待割低田秧未栽役夫重太息官吏于于來于于來重喪哀築土城何崔嵬

詠邑事六章

南山竹

新志書黎棗恥長門百黃金魏收一穢史因不失親亦可宗一國三公誰適從刊謬欲罄南山竹登覆居然好筆墨再數十年淆黑白采訪何人早設局

淘河鳥

有鳥有鳥工淘河市河淤塞年月多淘閘淤塞波瀰瀰滿城血脈皆融和淘河鳥引吭鳴玉帶河多坎坑形家者言苦無術事能便民為上策

饑雀行

饑雀紛飛向城外倉無粒米奚足怪守城第一資餱糧何不買米填空倉兵劫不死水旱死倉門峩峩存故址嗟爾雀饑能高飛嗟我民飢安適歸

頓頓粥

五風十雨歲大熟發也何幸頓頓粥少而記名老入堂（清節拘於額例者有掛號數十年不得進堂者依然槁餓心悲傷

曰錢月搞諸無著寡鴟孤鸞坐相索客從何來短而髯一聲獅吼搏鬣鬣風毛雨血鳥獸散明日堂中開午飯

兒哺糜

兒失母呱呱嗁善堂收兒撫養之兒初來此嗁何為昨者有兒方哺糜乳嫗濫竽久無乳我躬不閱皇恤汝兒失母呱呱嗁餓鴟絶咔聾慘棲誰司厥事如充耳須知彼亦猶人子君不見堂前義塚如蜂窠南唐小兒無此多

埋活人

世事計義則妨利普濟焉得人人濟破絮蒙頭寒砭肌粗糲安能飽我飢飢寒交迫災疫作十數病夫一鍋藥死者藁葬生與俱死而後葬毋乃迂

兒念母

為洪筠卿作也筠卿名範甯波人寄居杭州咸豐庚申二月城陷母周太夫人及其二女殉焉追容徵詩顏曰北堂永慕圖

兒念母無已時兒事母如生時生時酷愛二孫女相從地下長含飴兒對母像不敢哭母聞兒哭中心悲音容在壁桮棬在室天風飀飀白雲悠悠

河之水

弔鞠烈女也女有殊色姊夫曹先同居涎誘不從投水死予童年親見其事懼久而泯没也追憶為詩入吾集中以俟采風者

荏苒女貞樹乃傍惡木陰翦伐苦無力誰與亮我心嫌疑介瓜李熟計不如死雞鳴霜滿天對鏡永別爾誰與亮我心清白河之水回頭白髮親含悲只在此

馬公來

美州牧馬公也公名鴻翔字仭千山東舉人署事八十日旋丁內艱去士民思之

公之來兮自天降康公之去兮民不能忘權泰州篆八十日崔蒲斂跡刀筆藏嫉惡如讎愛民如子世上好官那有此公來又去胡為哉公毋死矣哭之哀是時士民怪歎婦孺愕哈相與咄咄書空喃喃私語願吾公節哀尚望吾公再來

燬分券

美兄弟相愛也衣莊侯氏同祖兄弟四人分析有年矣忽伯仲不戒於火蕩然無存叔季迎養兩兄邀親族燬分券願以己產公之兄泣辭弟力請得復合焉趙子高其誼紀之以詩夫一堂秦越同室戈矛人情類然固無足怪然如侯氏兄弟獨非人情乎於虖可以風矣

焦頭爛額具兄切已剝膚具弟行道且心惻何況我同氣兄曰天之陁我我獨于罹弟曰豈伊異人兄弟匪佗墮甑不必再顧遺弓豈可復尋請自今娶族而處雖吾家聽子而行老夫闇此言欲哭督先吞吾兄病死永安鎮親侍湯藥吾未能儒服儒冠數十載使我抱愧侯氏之弟昆如我輩不足論不如我輩尤難言

水災行

三霸閘湖水來兵災未已加水災嗟爾湖水何為哉是年秋收告大熟滿篝滿車得飽足側身西望沈洪波居民不哭難民哭難民家烏有茫茫鋌而走揭州師老無捷音進退維谷空悲吟往閭漕帥建策喜上疏請決洪湖水淹賊庶幾抹吾民帝曰咈哉吾民死此議罷自三月初苟延生命數月耳凉風蔽籔吹湖田兒啼女哭廚無烟悔不巡用漕帥策早化魚鼈今陶然

料姑孃行

海陵城甬圍義勇王家橋勇屬女董雌化為雄闢志萌陰疑於陽戰機動畫鼓冬冬孃子軍牙旂獵獵夫人城居然吳宮演陣法不讓譙國專威名聲能作獅吼丈夫辟易走力能當能逸男兒心膽裂闉門有訓儂不更但知北馬利坤貞金屋可藏儂不欲但顧小戎歌板屋花紅獎勵蹻公堂太君出犒羅酒獎履聲橐橐神飛揚君不見料姑孃

鰣魚港

鰣魚港水清且連炤人須髮光瞎然舟人在來供客便把彼注茲不費錢瓦鑪活火新楺煎旂槍潑乳珍珠圓枯腸灑潤心花研風生兩脈仙乎仙推篷遙望水天海氣明滅寒雲邊漉沙赘波西溪連過此以往皆貪泉衆濁獨清何其偏將毋下有驪龍眠我闤東邑縣令飛符傳以符調水恆需船渣滓盡汰塵穢蠲怪底入境斂犧聲常大令文進淄溷能艸誰開先口角流沫蓋有年安得長結清淨緣浮家泛宅茲港前終古高歌衡泌篇

大旱行

丙辰夏月作

五里一盂茶十里一勺水再向前途咽泥滓夸父入日道渴死河心坼裂沙土揚舟掉不通車輦忙行人鬚髮集飛蝗心焦汗涸萁舌張黃金白鏹換米穀甑釜塵生一路哭旱晚得雨種蕎麥秋來更喫胡蘿蔔

過白米鎮書所見

漁船作屋依橋梁門前老婦餓且僵三日一餐無人色小兒啼哭牽衣裳婦語我兒勿啼哭前村人家施大麥筍籃付汝拾枯柴汝耶歸來為煮粥

旱荒歎

年饑乏穀工噉懸入箸庚庚如理纖鄰家驢磨日夜喧婦子倚為養命原故人饋我五斗米衣冠拜賜閭家喜不信米貴有如此蘊隆蟲蟲勢炎赫汗無來源不成滴耿恭拜井事渺茫渴欲得飲惟泥漿客言尼菴蓄天水二百青銅兩銚子不信水貴有如此魚蝦散子作飛蝗雞豚強半充口饘肉食不思思茹素病蔬貽地多傷蟲村婆采覓得馬齒十文壹觔雜泥滓不信菜貴有如此

祈雨行

壬戌夏五旱魃虐萬頃新秧勢焦灼二升糙米市百錢官長嘅然念民瘼為民請命神弗許禁屠三日天不雨禁及魚蝦旱復然當空火繖如熱煎雖善無徵民弗信我用我法求心應楊枝灑露竹葉攢肩輿請出王靈官神目森豎大威力金鞭直指龍欝蟠每坊畫龍於粉壁名曰一條龍畫龍龍不飛問神神不答初求掀神髯再求批神頰名曰洗臉舁神入水水不濡謾罵更遣桑林巫名曰數家衝嗚鉦直向禱雨處數十靈官一時聚此爭彼讓互低昂笑殺三周華不注儺雖古禮近於戲官長見之惡無禮我語官長姑勿禁愚誠庶幾達天聽

得雨謠

殷雷忽動雲絡索烈日埋藏雨勢作登高一望歡喜生為指烏龍西北角老農入城身著蓑道途問答口縣河某處雨少某處多淮求節次傾滂沱下河地瀰秧敵肥雨足先收隨犁歸上河地高苦乾燥雨餘補散黃花稻城中雨少沒菜喫原田每每盡龜坼非覓無菁價值昂累予老作思魚客穀不熟曰饑菜不熟曰饉無菜饉可耐無穀饑難忍紛蘩食指無多求但祝嘉禾秀重頻

蝗

蝝蝗蔽天勢如雨禹爪磨牙猛如虎蘊隆蟲蟲助桀虐一朝皆見商羊舞薄濯聊蘇火燒痕蝗螯痕如火燒傾盆盡殄蠢斯羽大江南北淮兵災慘見中原橫猰貐下五州縣幸生存民命苟延侍倉廛奪食馬馬能飽汝饑忍使餘生遭毒蠹能生能殺天為政聚族而蠶非小補秋水滿河蝦必多留供老饕良不善

安生行

乙丑三月初五夜盜劫州署從蕩花洲入上房大聲索主人時內丁安泰已就寢聞警裸體持械出格鬬良久一盜乘間刺安洞脅死主人得免盜聞人聲亦驚散越日首犯蔡陛等三人同就擒訊知因圖練撤防備豫新弛致有此舉微安生大勢難言矣夫僕為主死忠也食焉不避其難義也忠義兩盡不能無詩為作安生行紀其事焉曰生予詞也州牧于聽濤刺史名松亭旂人以孝廉居官有政聲

冤血不滅萇宏碧大德不掩董狐筆忠孝節義無貳心知愚貴賤同一律君不見劇盜紛紛劫州署安生慷慨獨救主曾閻制梃可撻兵不道空拳難射虎羣從甘為縮鯿項鯿癡奴慘作拖腸鉏斬衣三躍仰天號帷蓋餘恩來世補安生乎差爾目不涉經史胸不識甲兵身不被朱紫名不及齒揩紳沈淪僕隸就斷養乃能倉卒捐其身郵典寬大不及汝金石可壽難留名大材小用良可惜志士仁人長太息海陵士萇宏碧老夫詩董狐筆

五言律

聞捷四首

一騎軍書過權傳報捷真望恩迎北闕受福筵西鄰辛酉十二月二十二日復六合二十五日復天長伏莽銷無迹天兵助有神初間傾涕淚道左未歸人犄角臨天壍東南勢必爭孤軍入燕壘一鼓下齊城韓范勛名著孫吳秋計成會當乘勝算飛渡掃攙搶橫海樓船下鯨鯢指顧收時曾帥已收安慶淮南嚴管鑰江北扼咽喉藉血蹈輸苦漕帥吳奏撤籌餉局聊抒宵旰憂壯哉班定遠投筆竟封侯旋轉乾坤日龍飛正改元受降昭大德瀝血祭忠魂士作同袍氣軍懷挾纘恩承平期復睹舞蹈酌儔尊

官軍收九洑洲

鮑超丁泗濱喻俊明劉連捷諸大師率水師會剿克之癸亥五月十三日事見邱鈔

江路通南北傳聞喜欲狂奇功收汗馬惡曜掃貪狼亂賊皆寒膽圍城已絶糧（聞省城收復在邇）憑誰製鐃吹六月美匡王

七言律

避兵楊家塢

盡室東行得地偏海風吹雨入吟邊閒中愛讀桃源記醉後長歌彈劍篇兒女相期共今夕鬚眉無那逼殘年遙憐好友都零落天末停雲思渺然（遲程弢庵陳叔度不至）

弔浙江殉難諸子

儀徵程鎮北堡以出守肇慶浙撫奏留防堵其妻舅丹徒夏雲生問元以縣尉需次兩浙時儀徵王句生翼鳳澂游學政張公之幕皆寓省城庚申城陷三君約聚處一室投繯以殉雲生新娶蘇州某氏女未彌月婦亦殉夫尤可哀已歙縣吳幼蓮希齡江都王少雲金詔買棺葬之錢湖門外方豪士文景從浙同里為予述顛末甚悉弔之以詩

官海浮沈累此身窮途聚首劇酸辛千秋氣節三君子四海交情兩故人始信奇才終壽世應憐老我為沾巾天留後死徵文獻事實端推野史真

海陵詩史

陳訏

耐菴夏紹侯輯

閩賊踞大小孤山並陷金陵

小醜跳梁踞大孤我兵先已走蕪湖本緣人享承平久無惑軍難甲胄趨萬馬騰聲悲鼓角諸君依樣笑葫蘆陸機如識生能保何致西游誚棄繻夜幕貔貅虎豹蹲儘闇刁斗肅軍門天容慘淡煙成障王氣消磨春不溫為有旌旗輝蟻墨並無談笑淨蜂屯何當一旅來飛將奪得崑崙報至尊崑崙狄青宣撫廣西時事

兵荒來

兵荒來我朝軍聲威如雷長駈直向粵西去炮響震地蓮花開不意事致乃公敗髮逆飛上黃金臺一帆直下長江七千里沿途人民罹兵燹老者死去壯者散女背強負手提孩江頭戰血隨潮長尸橫山野無人埋況復逆賊肆荒譏求殊求王按輩材畫晝夜焚掠不或熄每遇賊過村俱灰到處成郭無完土我兵向賊不一同有云此州獨見全尋得桃源離禍胎吁嗟乎抑知此間當道有豺虎嗜人勝於殺人之渠魁兵荒來揚州烟花真屬階是誰聞門指盜賊善人不善禍之媒賊踞江甯揚郡江壽民素有善人之目金斃至省牆賊約過揚無擾揚人遷徙者復返既而賊至大肆虜掠故受害尤烈揚州去我僅百里昏盞人家得不搬徙吾奉吾母儆屆下河鄉里凡留健僕同家住滿目哀鴻悲道路吾鄉城北與城南住來不過人兩三近聞賊已揚州去六合天長蜂屯蟻聚又聞賊兵下姑蘇化鶴仙歸走狗屠

火村行

官兵來威如雷羣蟻方騰欲蠢動可憐一炬村已灰去年爾民忠報國到處義旗張五色今年爾民愚亡身未為賊驅自作賊推原禍始緣租苛竟以鎗基為干戈西村道旁伏父老東村負固猶鳴鑼官兵之猛猛如虎劈空火箭飛成雨眼見茅龍吹作塵村墟一片成焦土死者擱額生者逃就縛但聽哀哀號縛民易視匹雛縛割雞焉用揮牛刀吁嗟乎江頭羣盜尚如毛何日殲渠焚其巢

逃荒嘆

江離何漢漢河衍何田田自從西水決飄蕩驚無邊富家築圍各避水貧者鬻牛去鄉裏憶自年年出泥門江南活計同妻子何今洪水淊天來沿路人家聲哀哀村村竟作逃荒走糠米一肩米一斗到處割草草根盡道旁畦菜葉為命有人說來求生活不識谿田牛競奪繫桑繼作簞食遺黜敎具食岐路歧只恐餓氣頓生踐猱升未戒木不支頃說官示出街市押送流民歸故里吁嗟乎押送流民歸故里髮逆洶洶尚蠹起

水災感賦

未遇干戈道福林不期水叔動哀吟浮家艇過怒濤險轉餉
車思膏澤深馬上王郎謂王軍門步青是處帶兵高寶湖西
以攩捻路誇白面榻邊鄭俠見丹心大波何事遭宵吼我向
荷墻試一尋
賦罷年荒懶出游流亡滿目倍多愁人來當路逢財虎鬼返
秋瑩哭臘髏莊蛺蝶驚原是夢郭蝦墓用此何求擬闇渤海
官聲好賣劍休風易買牛

小香蛊

喬都轉防宋茶鹽使者徐正卿事
築於兵亂時吳觀察蓬芬書額
新築香蛊小有天鴛鴦正好此中眠海東鹽愛金初洗水上
鶴流波不圓多少蒼生看引領裝潢壕像近何年堯夫自是
昇平世豈必山林始作仙

過天目山

坏土天留剩丈高我剛借問暫停橈有人近說無遺跡況此
避觀過小橋鹿女身歸仙世界腥風浪鼓海門潮何時再作
東游計壺酒忠魂弔宋朝宋文信國因阿骨打之亂由海安
之天目有孤臣家萬里天目鑒孤忠之句

聞江甯奏捷喜賦

建業烽烟十載蘇元戎辛苦足麟圖大軍壓境徵兆發小醜
跳梁共無驅水火髮膚關痛瘡江山事蹟肅規模更間甲子
聞新榜是歲冬曾師奏請先開甲子一科一片聲歡免胄趨
功業西陵建樹高經綸況可嬈伊阜靈鍾衡嶽戎車頌六月
奏捷兵洗湘出爲血刀殲賊義民歸奏犢師由侍郎在籍團
續隨帶湘軍鄉戰剿賊招魂殤鬼認旌旌近傳敵壘青燐影
猶向江頭度怒濤

海陵紀事詩

十二章仿程大京兆樂府體
州志謂昭陽鄭大令板橋誤
兵荒後泰邑徵收錢糧以長戶完折色

長短戶

以短戶完倉收比又正供中一變局也
勢東高西下由城迎春橋而東南爲上
上下河泰邑地河千萬戶官示出長短判吾閭古昔有河由
城而西北爲下土又閭率土皆王臣豈獨此州例分苦殷攤
普天之下皆王完青蚨飛五五天痩倒敗不修凡前完倉儲
紅粟四壁空廟數定例完錢五千五百五十二文在武鳳米
糟糧今每石核削木呼朝莫民生圖圖誰歌舞吁嘻長廟爲
廟完不見斬竿宋王荊公保甲一法兵荒後踵而行之短戶

十家更

流弊滋甚余目靚情形作比以陳民瞋
十家更保甲戚蚩蚩犬守夜羅鳴旗高撐二更長官忽城上
城上一呼萬民望萬民望官歸帳新法令皆虛誑連宵燈火
悲膏血典守自肥民瘦骨我后冲齡知不知均輸民病王安
石事見州志

武香保案

志武香保李文彬之乳名也近閭文教仕
路中有悍然於家庭者因作此以殉非孝
海安鄉小打戶業煮鹽日養父忽逢海水來赴父走海淦海
淦潮滋范陧賓風湧淹死無限人不見陸秀夫忠宋帝禺清
民孝湖李文彬

周公鋪

按志周公鋪卯今墻灣鎮後莊捻髮亂後盜賊
鑑起令之官吏能有一如周公之肅靜閭闔者
乎周公名鼎鑑以
如皐令編州篆
召伯埭范公陧千載功名誰與齊我州十五里外崔荷藪萃
坱無人多嶮巇周公來俸建屋募民屆便水陸至今東馳少
畏途行路難說周公鋪

咸豐年髮逆踞揚吾鄉民心成城晝夜巡緝不

義民團

費官款尤奇者稅務橋口有名鴉姑者娘娘年四
十餘膽敢言侃每義民出帥師自先傾者
聲勢昔所謂女子而解戎兵者書此以贈
義民起萬眾旗槍出鄰里民雖非兵心自城不見橋頭鴉姑
娘縱橫宛然無鹽能言爭
兵荒後倉紅粟收易爲青蚨後於正供外復加

積穀捐

忙每兩伍拾文漕每石壹百文斯謂代收積穀以
備歲歉近鄰縣已撤吾顧後之蒞斯土
土者庶無借詞于鼠耗之一厲也幸甚

海陵紅不流天庭鳳漕外忽多民取民情欲訴向誰語堂月
分明今昔同奈何虎猛尤風縱余佛死亡是公

思馬愛

馬似千刺史鳳翔蒞泰八十日民情
愛戴吾鄉趙明經漁亭亦有詩紀之
乳呼父母父母教育均有方寬猛相濟賢且良賢且良
藏何須泣怨誓城隍不見賢勞政美餘棠蔭泰堂召杜
難邑廟祀城隍神道設教於陽官無與也近有爲

泣隍誓

官而不能鄉民隱者令雨相咒於城隍仍不能
辨作吏者
當如是耶
詛咒來鬼門關忽人敢闢城隍失色驚座上問何鄙都聲哀
哀人有言神大笑是誰能嬈中年操曾恭佳話誦億兆

清水潭

同治丙寅年河決清水潭下河被災七州縣災
民轉徙江南者不計其數牧斯土者仍復莫夜
可
追呼
慨也
清水潭丙寅七月日初三大王風起雨師作河神一嘯天瓢
翻淮以南揚以北萬頃橫波舟掛木噫呼小民身驚魚誰來
中流抒奏書

鴉片烟

自鴉片烟流毒中國吸之者謂可療饑因呼之
曰黑米飯吾州總計每日穀食不及黑米之多
小民耗費
如此哀哉

王者日不貴異物況此流毒在神骨世間瑞品無時無鷺栗
何如靈芝得土名人頭大小分祟祇因之愚忘形鳥孛文忠
不復生謂林文忠公戒烟方

張小虎
揚城之復張之功最多錢江之殺亦張力也吾
邑咸豐三年紅巾距揚窺泰若非州牧張東甫
苦心為民力剿土匪而
小虎亦不得施其功也
步將營張小虎三月十九勇忽
聲萬馬奔不見義旗四面環如
貫一手直刺千鯨鯤火光人

曾大帥
曾帥諱國蕃捻髮
階此州刺史張東甫
郎在籍團練力劉
曾大帥郭汾陽先聲奪賊踪藏畏之曰曾鬍子由侍郎
能撐住倘遂此生長駈十萬平紅巾收復大江南北
迓太平有象雖天數閣誰一木
夷心庶幾山河大地沽思深

辛未春壽州牧桂穆堂六十時余將入都即以誌別
忝列扶風絳帳前幾如桃李笑爭妍文章差許聯知已樽酒
頻交悟夙緣曾附鷗蹤盟驥子悔同牛鐸混虞絃春風有底
來虛室應是催吟路二千
無端寀牘苦形勞先生每有未得館選勞形寀牘之嫌虎渡
魚懸守自操大部詩書歸法律先生由刑曹紬粟直州出任
武進海廳及今泰州窮檐租賦鬪蕭曹明生月仰泰堂滿清
絕風閭海國高多少歡顏分鶴俸先生捐康課孝康堂令彙
收文巻分給膏火亦逢雨化亦春膏

六載吳陵說好官上游青眼屢相看數年地瘠無蝨害百里
才難展驥觀劍戟已經農器鑄江淮不入水田寬吾鄉每苦
水究自先生來任斯土江淮未有壅注下河之患此州何辛
星瞻福琴鶴依依得所安
六十年華甲子周璦林冀我早遨頭心齋坐自清於水官舍
僧如冷到秋作賦屢驚同馬筆歸思難返季鷹舟遍來共愛
甘棠美消息春光草滿洲

過清江浦買車進京
春風無羨送長征廿四番輕廿四程由泰州至京水陸計二
千四百餘里未必桃源真隔世相期驅鳥狎同盟極天峻嶺
千嚴陡曲峒峙一路棧道平坦能已遥見泰岱山闕高捧雲
天之狀撼地危灘萬壑鳴何日駒昂謝轅下馬蹄花衲到西
清

庚辰春正酬州牧劉德甫汝賢餞行浮香亭見贈
敢作登龍想浮生寄海濱向疏車馬客忽現宰官身梅萼有
古意松心無俗塵茶餘相望望同是讀書人
有底人情重書生亦謁官青萍殊長價白屋凡凝寒解語知
非易登天事大鄞輿前津可弱是年恭遇大挑州伯乃已經
者席閭曾一請覽只恐水迷漫
在在闘民膜雷鶯雨亦多春臺皆樂土秋水不揚波州伯以
數年官倅分置典息留九千縉吾鄉斜豐港以衛民田夢吉

魚占兆風清虎渡河康明殊快我好共聽絃歌
佳序雲飛棟余為趙子鳴明經請跋愛日清談叙言瑶光一
筆書州伯修蒼聖祠魁星樓均出雅支餘款傾談到驚座賣
賦愧相如余以筆札呈政並蒙厚贈愛屋推烏日蕪城慘綠
餘好風知凍解草亦仗吹嘘

火輪船歌
火輪開火輪歇不借天工借人力週圍機巧暗地通側閭鬼
語時啣啣昔日欽乃曲猶知澳靄聲近閒叩啞聲殊難忘我
情昨我船中來拾級如登歌風臺昨我船頭居望洋如騎金
蠹魚一自開輪輪如駛昏曉六時八百里抵勝帆憎助馬當
浪花如斗波洋洋眼界四拓洲無極日光搖波薄無色黑氣
吹烟烟如龍離奇天矯天半空飛鳥驚烟不敢下旁絕山光
惟腥風腥風鼓海海欲立倏忽烟火人家出十萬樓臺隱約
閒潮頭迎面飛奔來古來宗慾乘長風安得如此破浪驚人
雄我來打起船頭鼓天水響雜聲琴鬘鬘同人高唱遏行雲
艙中忽現娘子軍我來悄視不敢前但覽語小喝喝聞自言
家本燕臺居去冬風沙驚飛輿今歲又歷風波險苦我匏葉
悲深淺人鬼翻頭未打破致令老大紅埃墮誓葬江魚之腹
中不向青山頭上看日紅誓共杜鷗之魂哭不向綠水旁邊
求夜宿今既與君輪船座如船之行行有舵並顧偕君輪船
歸如輪輪轉無相違吁嗟乎噫嘻君不見人生懽樂貴及時
盧姬嫁暹季女斯飢又不見人生得意須盡歡莫負金樽對
月圓悲風為我添心酸

過上海
中華開夷場上海城外均外夷洋房人呼曰夷場別有一天
地人語雜此中敢日非吾利無如塵綱生相思花骨刺昨我
登假山山在城隍廟中中有方塘曲水屋字甚都土人云即
明嚴東樓近海舊宅晴雲漾空翠一鴛浴芳塘走鹿石欄寄
健步上危梯覽望極快意下窺黃浦江江波細如織中橫鐵
甲船布置倍神異烟火萬人家電線自來去送出管絃聲女
閭三百試小東門一帶洋樓接連不斷今則大半青樓楊柳
綠陰深杏花烘滿肆航英商行門外即屬夷街中則木叢
雜外則綠柳成行大馬路起至五馬路車馬雜沓鋪花鱗次
其閭茶酒肆山珍海英茶則杏仁湯則蓮子皆游樓飢餐
之所至燈光照耀如畫姑舉一以誌其罨車馬面如雲
香影吉寺芙蓉玉盌錯蓮子金杯醉吉祥寺在城人旁有
小溝流茶亭足供游路眺覽懋息而擊轂肩摩衣香人影
別有一風味皆俄英人工極巧所致風景美帝京逍遥詩
不類執鞭誰從吾大半黃金餌

貧婦詞
官莫催租官莫催租吾夫三年身去吳田頭及早完官賦官
莫催租一解官莫催租官莫催租頻年約指都夙爐西風冷

徵合歡禱官莫催租三解官莫催租官莫催租吾夫為國尚
征途昨宵說有歸來書身上無有完肌膚借用古詩語官莫
催租三解官莫催租官莫催租室中黃口尚呱呱吾願棄兜
為君爨下奴官莫催租四解官莫催租官莫催租塵生斂釜
薪無厨堂前翁死猶存姑尚恩一博姑歡娛官莫催租五解
官莫催租官莫催租田中草是宅無麥兼無禾惟期辟纏償
所逋無擾我門鬧官莫催租六解官莫催租官莫催租吾夫
蕭闢吾身吳年荒時難吾何圖吾惟捐吾軀謝吾夫不知長
官可以日夜免追呼官莫催租七解官莫催租官莫催租今
天膏澤滿山河誰云恩斬帝王都灾黎難拯吾官莫催租八
解官莫催租官莫催吾畏咸如虎顧將賣兜錢顧早充官
賦官莫催租九解官莫催租官莫催租吾賣吾命薄怎及官
家婦綺羅着體輿飛途嗚嗚嗚吾身脂血盡吾何致此吾何
辜官莫催租十解

董孝子祠

漢有傭於富家者名永生平孝親一日父故
歸里路遇少女生井側女立謂永曰吾將隨
汝歸代操井臼永曰吾一傭工人且父死無葬費安
望汝婦女曰不然吾善織吾將助汝貲以葬親俟親
服滿婚配未晚也永再三辭女乃隨永歸至瘞親後
女隨至富家代織綴疋百倍傭費復歸至井側女曰
我本天仙織女天憐汝孝飭我下界永未畢白雲四
合女遂不見後井即名之曰纖絲井今東臺地吾鄉
因其孝為立祠祀二像者
近均歸人春秋二祭祠祀

春草暉留日天心女女仙祭人循例至孝子至今傳樹古寒
鵠叫若荒飃蜀穿我來重補葺余與董城守過此見神像杇
剝屋地塵積田口君亦後也盡重新之董諾因與余均為捐
修二像煥然令守此香火碑記話當年神座側有前明謝御
史碑記事見州誌

和陸州牧春江郵寄補賦田任江寗去泰州詩十絶元韻

吳陵曾許梔清風去日應看轉再中新正余將北上州牧有
四任江寗之信東都賦云轉西日於再中賦意本願復昔日
之盛作者因有此說吾鄉同人於公近亦有此泥禱之語悔
我春來同候雁公車揖別亦息息
本擬揮留繫魯陽況多詩句誦班香州牧在泰清慎同人感
德擬攀留上請緣碇於資格未果新正廿日餞於臨湖禪院
中州牧述岳阜途中口占並平昔詩聯其音調高古令人吟
誦不倦如何危代瓜期及住矣蕭蕭柳數行州牧任江寗權
篆泰州由丁亥秋至已丑春未及二載上游因其勤慎辦事
認真且今歲秋闌兼資佐理故仍令田江寗任所
南旋疑說夢模栩好讀催耕舊繪圖道光朝山東李知泰州
時有繪催耕圖幅舊儲臨湖禪院中州牧將行過此山僧展
幅呈覷同人因謂公之德績尚不止此最是離傷今夕酒一
杯一淚共臨湖臨湖即岳阜下禪院旁即小西湖是日飲此

談及州事不覺淚下
風援為災避未忘望洋百感動滄桑是歲有市僧勾通外國
人贈買民屆民心不悅州牧遵議事息百姓均戴德焉何期
明月圖如許照徹窮檐仰泰堂泰堂本海陵蒞事之堂宋州
牧陳漫翁境乃額其堂曰泰堂每至月出光射至屏吾鄉八
景之一曰泰堂明月
淮流順軌喜深深漫說風雲接地陰躍鱗河西接江淮東流
至洋日久淤塞余等因陸公來各願出館穀挑濬請於州牧
州牧亦捐俸田照會余與石廣文小泉梁徐廣文子占恩榮
廬菘亭通判福保同與是役後三人皆以鄉闌未果余勞怨
獨承幸張學師董城守亦各捐俸挑濬深通以引淮水入洋
形家言地脉活動可許科甲之盛今科禮闌同試者十有七
人一無獲售噫風水之說即謂應驗亦未必若是之速耳○
愧煞帆廻蓬島遠渴狂難慰冀予心今春同考官廣西劉海
臣先生丙子翰林謂余文筆近古模非於墨卷中求生活者
詩亦穩鍊潘總裁亦謂文有發揮均極佳之語後復另註額
溢遺之可惜六字此孫山之恨所由不免也嗟手磨蝎未脫
命宮不能上副期望其門人昭陽咸齋徐君亦然奈何
論論橋頭語倍親州牧照會修理橋梁在在住觀除溫言慰
藉外崇論閣議似勝讀十年書矣梅花未敢笑檐巡州牧感
賦詩有瀹臺原未到公堂之句余等亦以邑宰室非奔競風
即衝緣君兩意昀合誠非他人所及知者去秋記約同觀水
客秋九月河橋關洋工竣開壩放水水入中市河則清者不
清水入洋池即濁者亦清談談問問復謂余曰我胸中涇渭

自分又曰可為知已用寗為不知者棄斯言金石迄今猶耿
耿焉清濁分流匪異人
滌洄一帶水迴迴隱映星河影蕩搖今中市河玉帶河及東
城河水皆環繞洋池餘雖零星未復然已非四十年前淤塞
景象其清波浩蕩遙映斗牛非州牧至泰愛養民生惡能有
此生生不已之觀而民得成用之乎四首霧豬題乍試豐年
吏不封係去冬三四九中雪澤稀少州牧蘼戒祈雪後以蘇
詩祈雪霧豬泉句于小課命題不三日則澤下尺矣民心歡
悅皆謂州牧真誠所致
燈宵下問話從頭前歲黃水溢鄭將有東注之信州牧問余
曰設黃水至雖判斜豐港恐不足恃後張廉訪至開道接海
以防瀰漫之勢州牧辛勤隄港港即斜豐港隄即范公隄綿
亘近三百里督大修築先勞無倦人皆曰此良有司也秋水
闢河好放舟客歲季秋修理告竣關河水滿相約登舟由北
而南由南而北面面深通固足以便民食用而利市中亦樂
有三倍云笑我千言空浪筆款啟古鄭宿黃流去春黃水宿
鄭道路傳聞東下余有分鄭引黃先行入江以衛下河節署
呈請採擇後州牧以黃仍返西北稟言遂寢
政績詩才各有資不同鏤畫效冰脂自憐遙邇私圭梟豈獨
山陽去後思州牧山陽卸篆後百姓皆焚香餞送吾民見州
牧去泰填街塞道不問紳者男婦老幼則各淚送吾適京游
未與焉近友人嚼購磚石以勤去思公復信止益今人欽仰
無盡
準備

王喬再履鳧好官聲已重當途都門同人言及州牧之

循良並有詢及於余者余曾答曰清慎勤愛民如子而已吾
鄉果有生生福應沐重恩到海隅

壬辰穀日東欽錢閣學樨庵於宅閣學袖示辛卯科奉
旨代辦江南本省鄉試監臨詩四章因步元字

詞垣臺省幾經秋閣學由道光己酉後供職西清累遷御史
少堂洗馬翰林計今已卅餘載以事堂聞話舊游丙戌朝考
閣學住敬事堂為查察大臣昨敬詩贈余讀一過始悉內院
名且萬選才應同倚馬三年日豈見全牛滿城桃李旌當代
華國文人文冠此州說是梓桑緣再續埽題石壁合重周原
詩註中有新安程中丞辛卯前科監臨並今合肥相國詩句
意闈道南闈慎守防山河兩界感兵荒兵荒二字見甌北集國
初吳野人亦常用之咸豐三年後賊踞金陵十載幸南闈得
免於變曾文正收復善後首先奏請於本年冬月先開甲子
一科閣學詩亦有感慨浩赦之意奉天特駐觀碑馬去秋閣
學由安徽學院任奉詔代辦南闈監臨立雪將牽換字羊試
院歐蘇新管綸衙官屆宋舊排場重闈一例風清甚抵議高
臺露浥香禮闈會試後尚書奉旨代勞使臣設宴禮部堂上
名露臺宴閣學曾以同考與座拜賜
笑談今日一樽同春在先生杖履中借用歐蘇二語兼緣前
日東邀歡飲適立春後三日顧我笙歌慚宴鹿驚人劍氣久
藏虹珊瑚網更推宗伯夙夜詩還詠自公多少相思雲樹潤
問誰禹玉預堂東王禹玉進士出歐陽門下後同知貢舉吾
鄉達尊近惟閣學一人
洛下文原重士衡成都卜又訪君平閣學素精六壬是日與
程石洲太守談論甚翳故園松菊差怡座幾輩甸戎浪得名
宿學幽燕徵老將星輕湖海濟行程閣學屢奉主試凡浙黔
滇粵皆昔所歷者講筵轉聯尚書詔日影花磚頌履聲

過古士鄉

舊宅遷移久常高庵先生昔日讀書之所宅門有董香光手
書古士鄉三字迄今尚存惟磚字剝落圍垣朽壞宅邊竹樓
惜亦不可復見閒來試叩關蓬蒿通一邏瓦屋賭三閭地僻
花無主梁空燕不還飄搖風雨裏猶對岳家山古士鄉三字
面西泰山今岳阜

海珊延秋六集招飲三峯草堂玫堂為余四世祖西圃
公手創迄今近六百年
三傳至太僕蘭臺公退居因頴其名曰日涉園並著
有日涉園錄事載州志若余叔祖翰林雁羣殿撰泗
源諫垣牧庵竹嶼皆出其中子孫繁衍後歸高麓庵
太守廣陵詩事謂張其天其所培植未免詠以傳詠
咸豐辛亥後主斯園者高墨園大令作宦直省儀徵
吳觀察蓬芬居之吳去後高中丞鶴齋居之近高亦
無守堂閣凌替剖賃如三家村落余昨以集飲其中
感豪華於昔日悲摧落於今茲因作長歌兼贈在會

諸友用申感嘆
百歲人仙不可作四世祖壽至百有四歲明祖特賜冠帶百
歲人仙遍額萬文光芒易邱鑿六百年中十七傳悔我未消
胸庶惡吁嗟王子招我游會集同人詩延秋廣文延秋會自
辛老而下分列第七是日適箸於此秋風動溫來虛室侍女
簪花拈並頭簪花忽地感蕭索靠我登臨苦力弱相將攜手
出堂坳尋幽攀險花神閣花神笑我好聽覽長嘯天風動悲
慘物換星移少主人廣陵事誤新詩鑿阮文達廣陵詩事中
嵌日涉園為張天其事太僕風流不可追日涉錄已今無辭
園中草木嗟蕭疏孤松帶瘦猶蟠池廿年花落無人埽高氏
昆仲官游京師直隸等處園遂荒落三峯記仿香山老三峯
園者以圖中有三石荀尖削可愛至吳觀察賃居於此因額
之曰三峯草堂兵荒時喬中丞任此其中修竹娟娟清風習
習石床坐臥樓閣巔然夏至則樹木陰森冬日則窗檣影映
過紅欄高下中疑無去路乃柳暗花明而月樹雲扁以另有
一番住趣及登台一望東迎筆韻女墻外之海氣翻鵬西接
泰山岳阜後之湖光掩映南龕江流之湧此聽淮水之滙台
上則星光萬點台下則流水一灣旁有石洞中跨石橋洞有
兩門可通出入內有石礎石桌可恣慨息又有夾巷約通數
十里闌之前人云至今尚有漆燈然皆非余所親見不裁以
聽說憑也中丞因圖中景物大有可蘭仿香山遺意集九老
人於其中詩酒聯吟繪三峯九老圖以紀其勝近則非復昔
日之觀矣詩曰彼黍離離彼稷之苗又曰心之憂矣局維其
已今日之游能無悲乎枯樹賦云樹猶如此我何以堪近剩
雙峯高插雲近年峯石西缺其一石洞仙靈殊草草洞名仙
人洞縱看園竹多青青爭奈龍孫嗤亭亭玻璃窗碎白紙破
燕摧巢梁蝠冀腥玲龍四壁村三家碑磚苔剝皴披麻雲廊
月樹搖風雨藥欄梅鬧堆塵沙舉頭畫棟蠹走蝕低頭枯井
綆莫汲亂樹風鳴晚噪鴉龍巢竟逸飛鳩翩鳩聲終異飛
鳴影息如何與鳥爭有鬼狎揄不之瞷陰火潛然狐精成人
謂此我先人之敝盧我不禁過故址而歉嘘別我歉嘘難為
用大丈夫應居廣居君不見當年王謝好門閭遷徙他人感
覆車天道抑知有寒暑底事慨生白髮餘

欽州牧王秀三端啟歸賦

我是江湖一散人如何相追苦吟身葫蘆又欲翻依樣陸州
收挑濤市河照會僕董其事已歷六載近苦淤塾王州牧復
興是役謂桑梓情深難于卸責等語桑梓偏多未了因嘉穢
軒成烏有事泰堂西偏花廳本名浮香亭條宋陳垓知泰州
時所題遍額兵荒時許緣仲道身茲任時因易浮香亭額名
嘉穢軒程悅甫遭道修理衙署此額又不知去處張偉堂兆
鹿復額之曰碧梧翠竹語殊通同及張去任其家人復竊而
隻之浮香亭況烏爭春數來翰墨場無幾也着衣冠索笑巡
官本風來兩袖清窮檐月更仰堂明張冠李下知難整陸海
江頭聽有聲謂前州牧陸刑政情多消武健簞壺民且效師
迎昨宵忽動望洋嘆草色傷心一道橫
頻年高閣悵尊經可護蒲蘆莫乞靈版策蕭條誰式負雨風

狂驟帰擅腥絃歌聲早慱效康讓牛刀新聽發於研烟户盜賊踪將絶海溟我忝所居節屋歌闢兆歲豐有人語欲笑齊東長隄早驗湯池固塚句還驚水乳融秋草慘憐天末綠春花寒入海陵紅他年白馬如從事江左賢才望屬公（見晉書王祥事）

海陵詩史

康發祥　　耐菴夏紹侯輯

客歲江都范雨村制科至泰，適天長崇桐林學博亦至，因與王子勤觀察、吳讓之茂才暨吳陶伯孝廉蓮芬觀察共集三峰園，畫師丁某為余七人繪三峰七老圖，裝潢成卷，圖歸子勤，余作詩記之二首

雲鵬設色畫圖開鷗鷺從傍莫謾猜傷亂已成今面目消閒幸有好池臺天涯幾輩晨星落海上三州舊雨來通日相逢作何狀半應懽喜半悲哀七人鬢髮已全蒼我忝星居第二光陶伯年最長七十四余次之年七十三諸君遞推之天意我留吾輩在風懷不凝老夫狂江淮有客誇詩卷砂磔何緣蝕劍錯此事後賢如說着蘭亭初本好收藏

余賦春陰詩未終，有人以松林庵古松歌見囑，余曩作五律一首，而拙輯詩話載舊雨之佳篇甚夥，幾於難著筆矣，勉强歌之，不能佳也

春陰之詩作未終友人招我歌古松古松生在茆菴裏紅紫紛紛謝桃李盤盤困困善旋轉偃蹇僵卧頭不起有人辨曰是柏樹呼之曰松毋乃誤二三百言記古壁要為茆庵作掌故我謂此松不自見兵發風霜姮不變是松是柏不自知呼馮吁牛聽人便友人遨我更作歌從來詩句何其多我為此松贅一語才拙其如松靈何欲為松張皇松巴不顧成棟標欲為松數息松亦不作於邑色我時作歌在松陰不狀松貌求松心歌成箕蹠松龕下自有千巖萬臺音

作古松歌，夜夢一偉丈夫來揖余，睜盻曰：「客何為者？」偉丈夫曰：「君不識我耶？我宗姓，君之鄰也。君作古松歌，而竟遺我耶？」奈何余既寤，怪甚，既而思之，曰宗，鐘也；曰鄰，亦鐘也。不欲拂其請，時鐘身畢露於瓦礫間，似有去志，故作歌以挽留之，鐘當不我卻矣

古鐘古鐘托身榛莽間與我結鄰六十有餘年昔時我父卜居此我方髻齓心性頑恆與羣兒跨鐘紐如騎竹馬加以鞭彼時鐘高尺有咫攖身直上常攀援近來地塌鐘身聳欒銑畢露色斑斕或是鐘有靈欲向他方騫鏗訇鞺鞳應律呂自

當清廟明堂懸昨夜鐘靈入我夢明明向我求詩篇我有詩篇君底用況我筆禿詩弗奸回思好名誰不爾或欲垂久因我傳朝來徑住鐘下看青紅分外容顏解龍文百斛古未有終日摩掌心不厭勸鐘幸勿舍我去使我想望空雲烟百年有待我未盡留君仍與我周旋作詩應邀鐘見許我與鐘兮非偶然

白鎰歎

某家牀足夜墳起竈禾四溢照窗几熒熒白鎰蛛網裹倒身百叩糟糠喜收拾筐箱及盆賞謹藝香花虔供養是物何緣至蓬華纍纍多謝天之珉夫謀呼匠營大屋根桷輝煌求巨木半生偪仄笑卑棲從此軒極能悅日妻曰是謀姑舍旃不如先買南山田飢寒忽爾變溫飽庶幾不受鄉人憐喜歡三日食饜飫長夜漫漫忽睡去夜夢白蛇破窗出起覩汪汪不知處咄哉造物何見咍如此佳事翻為災由妄生幼是其理府庫之財非其財君不見一下老儒衣露肘四知金來拒不受白蛇狡獪術何有老抱窗經永不走

葑門行為長洲宋子亭翔鳳先生作

先生官湖南縣令告歸後居葑門內年剛八十耄猶著書前年寄書猶諄諄垂問記秉鐸吾州日曾蒙誨言吳門亂日先生正衣冠縊於寢室予聞而哀之乃作葑門行以哭之

揚政說經多鏗鏗誰其繼者宋先生武進莊氏有替人先生乃是莊氏甥一時經學皆通明吳陵秉鐸羅俊英前列生徒後萬笙風流不凝羞經經紅袖侍書如子京香影錄成遊燕城廣平梅花人同膚後官楚南奸允平摘嫁發覆眾目喤秋風忽起純鱸情吳中歸去能躬耕帶經而鈿居葑門葑門人皆欽儀型黃巾不禮鄭康成黃巢不重司空名蜂屯蟻聚戕官兵先生毅然氣節爭乃出耿耿之心精絕不游疑稍變更秩陵守節湯雨生皇朝賜謚光榮先生接踵垂正聲八秩年與湯同庚兩翁闇望為國令我聞之心胃驚大節能完名非輕人惜遲死裀患攖謂遲獨全其貞向為經生傳儒林今乃死節尤崢嶸千秋萬世留貞名與湯合傳藏史家招魂翦紙招公魂無生展轉思公靈其恍惚來空庭姑蘇夜夢杖履迎楓橋左右多淒清執手掩面血泪并鵑啼鶴唳由至誠門生筆禿豪不停捉筆權作葑門行

趙孝廉沅芷閨中蓮室陳氏貞節詩

趙孝廉昭陽人要蓮室姓陳陳父揚州司官闔女歸孝廉能安貧不數年間孝廉死女去揚州陳門既入揚州路立貞堂中住廣色謝桃李甍面絕修婷成豐癸丑歲賊來紛如霧揚州人出城奔逃若飛鴛或謂婦去諸婦曰妾何去妾為趙家人趙遠不及顧妾已立貞堂中住除却堂中安容移一步諸君且急去妾顧守其故言罷歸空房朱絲高懸標引頸投綴不待商去尋孝廉之魂游比印回憶揚州盛豺虎揖盜聞門是誰主樓臺宅院多處所瞬息姻灰長榛萃叶只有趙婦方寸心留得堂中一片土此事距今已數春道途梗塞艱傳聞今日趙文伯儀來向我云云我聞其說感心辦為趙婦作貞節詩孝廉文才名當時此婦此節名過之我詩安得有讐詞詩成訴與孝廉知趙孝廉知不知

將軍殺賊事作樂府一章名曰真將軍

真將軍不輕敵數月不動疑養賊一旦賊來如鬼蜮將軍几出貝瞻識三面兜勒自西東四面翦滅無南北中央積尸高於山血如江河流潺潺京觀不碍三日築附坎不惜千尺攢千萬之賊盡豪慕附賊不同降賊寬歸營搞賞椎牛飲軍聲遠震歡孰稱軍功定三箭徒勇之夫不知變始怪將軍不輕出蓄怨少息為此戰十數年來命輕壯哉此戰功垂成西山犯真將軍在歸揚州城

昨在州廨見英武之將闖入與當事者微話即去知其為領兵官過境者來日聞領兵經過秋毫無犯問闔安堵官熊姓未審何名因作領兵官詩以紀事

領兵官身姓熊州廨臧見來匆匆數言即退如疾風兵過南關不登岸兵船五百駭向東連日過兵似虎猛登岸滋擾人驚悚民與兵較官怒嗔兵虐民窮官懵懂兵過不覺天地昏南北居民皆閉門閉門不敢出聲息猶恐剝啄驚神魂今來熊將軍兵符手中持過境秋毫無所私昨日兵來人不覺今日兵去人不知安得人人如將軍弔伐為此節制師惜我未問公名字此心感激無已時抽毫聊作領兵詩

旅鶴訪鶴篇 小序

有遠人籠二鶴來泰州喪其一存其一豢養於城西斗姥宮園中主人因事遠去余訪之見其垂翅跛足若有去國離鄉之感而絕不發音不可無詩以會其意故作旅鶴二篇

仙禽一展翮大可雲霄沖在野時鍛羽亦與凡禽同人事判禁悴天道區汚隆崇高使乘軒卑不歸樊籠守身湟不緇閱世項已紅何來兩仙騎婆娑人海叢嗟嗟弱一個零丁遺厥躬主人道院置羈棲為寓公林亭非不佳崑閬傷道窮飲啄非不好得失同雞蟲鄉思雖間作嘿爾當西風豈為媚人舞垂翅多蘇毿回看在梁鶩毛羽何其豐旅鶴

苗先生

來古木閶啼烏

金眉生

廉訪

眼訪

柳敬亭故里

余作詩備言之

讀施注蘇詩為題其後

寓居馬溝成詩十首

鄭公妖星宵
響弓刀逋客身
搶不譁臣牀設
水得魚鄀家春
雜疑猜無地隔臨
當鼓鞾無心看
貴不貲萑苻來
饋門生溫語千
遠來人勛業非
語啁啾闤越南

詠鄭女貞女詩

邵伯隷苗氏兩世封股詩

苗先生

心無已遺無之間陳言陳我多作相五國言來詩日敬獨之行如傳神太明史應知聞我思

長江大河東坡詞曾和微風疏雨淵明詩名公筆妙無不可四十二卷英後思昔賢時代適相近勤加注釋非阿私注者誰施元之何年代嘉奉時傳漢儒稱善騰寫刻在淮東倉曹司倉曹官署爾時在泰邑今無屋字猶有基至今蘇集過宇宙求之此事人罕知我光邑衰為我在後起安啟篇元之編年賓妥善龜齡分體殊堪喉後有殘缺為補綴邵鬢甚賴商邱貲讀詩並讀元之注知人論世心神馳此日安得嘉泰本開函酒酹千瓊厄

舟車歎為兵亂移家者作也

水乘舟陸乘車水陸當年皆坦途坦途而今忽一變川原咫尺風波見雇舟一里錢千緡雇車一里五百文雇者倉皇靖減價車夫舟子如弗聞乘人於險事甚狡如數相償孰差少洋洋意態爾何心大肉肥魚今夕飽

娘子軍為女勇料平字讀小作也

泰州圍義勇獨有娘子軍渠為老寡婦有眾多如雲一聲吆喝人皆驚鎗刀旗幟來紛紛不騎桃花馬不着石榴裙粗頭亂服剽敢真超羣鬮鬮送錢作賞斧膏油火爆部署多辛勤絶不乾沒錢一文娘子名料小仗義罕其倫我詩曷足同書勳庶幾滿城鬚眉男子皆知聞

光孝寺黄楊

樹壽不知紀僧舍能逃禪適來憩其下最愛形蜿蜒舊聞此厄聞浩刼同神仙五載兩被厄厥運何迍遭我今厄五載難苦時相連準此與爾較已過十五年江淮盛射虎村郭棲鷹鶴紛紛怨搖落不惜溝蹙填何似爾長生巫受風日斫臃腫復拳曲乃得全其天天風一鼓盪琴筑聲遥傳美爾枝斡樛骨節敲銅堅此外有大樹顛踏隨風煙壽夭各有因請賦黃楊篇

岳墩詩

水遠山遥地勢平將軍誰道此屯兵偏安人恨朝廷小野戰公原將畧精閔爍靈旗當檻出激昂神馬破空行忠魂或恐究難洗每愛西湖水獨清

捉船行

船夫醉飽方酣眠夜半驀闖來捉船船夫視船為性命言梗末肯輕槳揖封條一紙旗一面銀鑼鐵鑣伊頃懸鎖扭呵喝官中去一路竟作豬羊牽抗拒軍令罪不測傾囊乞免錢廿千五日前頭居人遷十里五里索萬錢熊頭捏住爾作態差之一毫篙不拈洋洋得意且沽酒肥魚大肉方陶然不知天道多回旋黄雀在後螳螂前船夫船夫爾勿怨爭聲萬事有定皆由天爾理舊業河之邊飢寒差免終殘年

析薪歎

析薪以斧斧須磨斧磨無柄柰薪何析薪用斧亦用力年老力衰薪不得林木森森白石槃衰年無力賴伙伴伙伴有力留自用安肯舊身助老漢鳴手山南亦有薪山北亦有薪樵蘇無日不風塵而今古道斜陽裏胥斧時來話苦辛

竈夫行

四民執業無時無業苦無如燒鹽夫燒鹽夫來供役執爨經年自食力下有焦頭爛頷之烈火上有流金爍石之赤日黑煤飛兮面日換赤熛焆兮鬚眉絶有時雨淋海波溢千竈萬竈火齊歐排空巨浪來自東陽候震怒天吳雄竈鼉衝突魚眼紅薪烝亭竈蕩煞空操作無地疇計工五日十日不得食義倉粟腐鼠雀窮竈夫私祝向天公不願生在豪家巨族裏錦衣璀璨玉食豐繡簾珠押宮室崖只願論工授食藜藿充海波不溢鹾利同生生世世常為竈夫終

四月四日記事

問年書甲子邑老縣名絳流星大如月氛雩數截降趁趕驚奔走衢逵挾如巷勇夫心亦怯智者性同惷足跻不着地頭翻互舂撞安得太陰弓殪此嶺頭虹罰天罰等輕重萏害顧得淬懸想湯雪沃不比曾鄒開鮹波水涉鉋戳角城衝轄尺恐泉路人幽寞猶憧憧何處來飛仙猝下雲中幢欲取湖面莛絆任楊幺艟風謠聽未真駭駭萬日替朦朧烟霧交眾情問不靚人勢劇喧洶無此瀧頭漴屏氣不復息汗下艦虛胖何時安農業沃壞獲豐樓下聞不涸源流水比淙淙彼時我

放鴨舴艋手持戟

韓將軍光愈寶刀歌

光愈泰州人中康熙乙丑科武進士廷試第三人及第官至叅將梟勇善戰多立戰功有寶刀二今歸陳氏恚瘧者多以此魘勝之余與人往觀為作寶刀歌

匣中留此數尺鐵上有血光團成結寬於兩指薄如葉斬蛟屠龍不得折韓將軍擁蓋世雄提刀上馬揮長虹兩條練影飛當空空中霹靂鏖雷公殺人如草雙眸紅吼秋腳即啼沙蟲一日殺賊九十九殺心未快不釋手剝虎潛藏鱷魅走撤刀下飲郎刚酒咄咄逼人事可怪將軍蚤死刀空在不作平津化去身鸕鶴膏溢芙蓉外頭毛直豎目肯出藏刀之人向我說每當陰雨天昏黑刀上人頭時出沒吁嗟手從來神物貴有主多少恩讐須託汝將軍之後待誰人把鼻沉吟幾回舞

松林庵古柏

高不出檐際虬龍蜿蜒形枝無三寸直根帶六朝青皮盡刀同削濤喧鬼怕聽老僧强解事指點讀碑銘

吳陵清明辭

新詞高唱出東門望見斜陽冢外村多少兒童齊拍手風箏吹隨鳳皇壩官河之外又西河一帶垂楊垂柳拖柑酒攜來鶯不聽爭施金架教鷴哥荒年頻過感年華日暮登城望眼賒怪殺長官烟未禁斷烟偏有兩三家

憎巫引 并序

夏秋之交里閈惡少醵錢作會曰盂蘭會又設巫覡祈禳曰平安會時於市廛隙地歸然築臺處巫覡其上香火雲蒸鼓聲雨集夜以申旦不少息焉其迎神送神之曲類皆卑靡媟嬻之辭而環聽於臺下者莫不聳肩跂足抵掌黜頭唧噥嘆息噫嘻愚矣或謂周官所建若翟氏柞氏薙氏壺涿氏一草一木一蟲一鳥莫不各去其非類以祓濯不祥而春官之司巫又其著焉者也吾儒以為理之所無欲一切罷去之豈不臨哉不知望衍共匰之義非即誨淫惑衆之徒從而附會其說解不為設淫祠而助之攻矣清夜不眠喧聲聒耳作詩以憎當亦採風者所不禁也

舉袂成唯揮汗雨臺上神巫競歌舞歌聲不息舞不休觀者如堵香烟㩅無病而呻賽可恥以鬼濟鬼鬼不止鬼嗜血食巫滋擾大内肥魚供一飽爾衆若遇臓孫辰焚之未免害其仁爾遇西門豹況之誰復傷其暴不如放之使出境或沈或焚亦已甚吾言何以持兩端必如是焉民平安

舊僕蔡元詩

風雨連朝身未出有客敲門餽土物土物攜來前致辭口稱舊主難忘德客來面目認不真客言舊主今何人土物慇懃竟誰餽到來一一非無因客言郎君不識我我役君家十一春主人待我厚誰復如其仁我昔操身去旅食江湖濱江湖轉瞬歷卅載時時不忘去聲主人恩今我操舟海陵過城郭如故人物新郎君長成過三十記得少縛我臂游東隣主人時年已八十想當健飯饒精神我說父已故二載登堂揮淚波漣淪制淚聽客語客語何其温再問客名姓自呼名姓曰蔡元蔡元蔡元爾言不忘主人德我聞爾言長太息今之士大夫非不食人食境過而情遷反眼不相識尤其甚焉者對面作盜賊先君有德誠感人汝能知感洵難得蔡元說罷復我辭水萍風絮將安之試問後來會後會無年時人情安得如蔡元令人風雨常相思

湯節母詩

湯節母江都人夫也不祿命不長節婦事姑如事親姑有弱子方齒齡長之養之為畢姻姻方畢遇何酷慟哉二豈子忽傷爾小叔毋傷孤鸞娣寡鵠一變千鈞有遺腹兒生斷竹乃續竹兒既無嚴父母亦無孤兒以姪作兒母作父為毋為父為嚴師折葼畫荻無間時燈影機聲出牆外比境有人親見之親見之運最苦黃蘗生春天亦與兒也成立孫成行煌煌緯楔森哀語請看揚州郭外田路人嘖嘖都稱許君不見湯家婦曹家女

東山寺展偽吳王張士誠像

遺像猶思返故鄉舊傳此像在吳門夜託夢吳人欲歸故鄉因趁糧艘載歸吳陵鬚眉如此尚堂堂青蔥草樹環祠宇不似西風萊葉黃粉黛依然列主嬪旁塑女像數人齊雲樓上綺羅身如何不塑潘元紹忠義從教失此人

海安鎮

市岸多楊柳沿途長綠蕪汪洋東海近寂寞古城無舊有土城今圯水宿鄰魚肆風懷問酒罏卬須思我友東道每招呼

宅旁有古鐘一相傳為南唐時物沉埋於荒榛零瓦之間不鳴不躍其將以此終乎感而賦之得三百字

托跡爭高阜鐘居屋右廂結鞠君已久賦物我何妨放据圖經失叢殘志棄荒言將出東野鑄本自南唐開國獮昇保昇元保大移宮處讓皇陸書昇元二年改潤州讓治為丹陽宮無遷居海陵事馬書六年遷皇子孫于海陵號永盜宮山河雖播越桑楠自揮煌時有千人藍旋遭百口殃飛樓摧瓦礫遺跡感滄桑涙擬銅仙滴盟疑鏤券忘世徒搜寶鼎沙已蝕沉槍領甌埋于鐔風霜墮堵墻藤花垂纂纂桑蔭被蒼蒼傍有女桑一株紫藤一樹空洞如盂覆剛中得坎方雷回原有象日月本難詳陋巷精英閟虛衷警欻藏頻年同雉伏百斛想龍驤不作鼉鳴岸居然鳳在岡土花繡欒銑日影射青黃坐記千夫僊舁應萬手僵某年里中好事者欲舁之某神祠内衆力莫舉其事中轂戴碑蓋鼎鳳攘臂笑螳螂爾衆誠何濟神丁下取將根深通地脉力出鬪雷砥嘉慶六年夏夜雷大振古桑忽斷而鐘無恙僻可容爪兇奇非役鬼依有形看隱現餘聾發宮商肅人言夜有鬼物憑之亦或有鼓吹發于其中余皆弗睹弗聞也鏜鎝誰能聽飛騰似未遑五音敵奠

簾九乳貢巖廊幾輩鳴東序何人達上庠巨筵空搏拊邇日尚菰蒔甘受兒童忤（兒童每跨鐘細占時為里閒光我來嘗下拜）百感竟茫茫

王左亭以舊藏女史冒宮貼梅冊子囑題宮為海陵宮氏女于歸雉水冒氏夫死守節多年能詩善畫貼梅其絕技也

吾鄉誰數丹青手曾說黃湄女史才何似殘梅收拾起頓教生面又重開

謾道丹青女子能幾人節操凜寒冰趙家媳婦元人派前事休提管道昇（詩有以管趙比冒宮者故及之）

紀水災詩七首

車邏壩

道光十一年太歲在辛卯湖河水漲渾欲倒兵力已疲民力保六月十九日忽決馬棚灣高與寶秦下州縣田疇多在波濤閭波濤沟湧斗然瀉下游一帶傾民舍員弁恐未傷禾稼來朝又放車邏壩

居民奇歎

車邏壩水從西來千村萬落生悲哀長官出示要平糶囷戶轉覺心顏開細民安知指圍義直以居奇為至計上天降災非無意豈為汝輩生財地棍子飯糧兒粥貧家乏食妻孥哭賣兒鬻女供口腹一時剮却心頭肉彼賣彼賣心無厭（平聲）居奇不解窮人憐石穀定要錢四千長官出示真徒然

鬻牛歎

老農鬻牛織牛走農純牛如丐牽狗丐狗牺能共性命農牛不復相持守朝進北門出南門耽耽列肆屠沽存鼓刀作勢說牛瘠老農閭之聲暗吞如此肥牛賤酬值牛主惜牛惜不得今朝牽向街坊走明日已為鼎俎物吁嗟乎洪湖水至傷道左生死相依兩不可老農賣牛向牛說爾怨洪湖莫怨我

饑民盦

饑民盦來延延一心甘受黔敖憐蒙袂輯履雜笞至填街咽巷恣臥眠爾盦爾盦身獨前掉臂直至官倚邊饑民手本胡亂遮鄉買桃源與宿遷剌史坐堂皇給與錢百千今日纔從南闢去明日北鬫依舊來回旋饑民盦言便便怪爾所餐本糠衆體何豐澤顏何妍饑民叢中一窺同爾盦爾盦真安便前具火食帳後隨流娼船爾驅饑民作牛馬饑民効力當爾先饑民盦怨難墳心如豺虎不可言吾思爾願胡不然不願官不願仙惟願歲歲皆荒年

大風行

諸君且勿喧聽我歌大風大風起自七月廿八日自早達夜聲隆隆河伯招手河當中河魚日股樸糊紅民人猶覺宵睡濃一落千丈苦無踪屋宇捲去如飛蓬到處恨少堅垣墉敲鉦乞命起四野其如遠近皆噴聲或有奔逃上樹者樹拔仍入蛟龍宮負郭之地來一櫃櫃中死閉三孩童此其所見所閭者未閭未見之慘尤無窮或云此是奢俊報不知奢俊之槊到處將無同所報在此不在彼吾欲以此排蒼穹吁嗟手吾欲以此排蒼穹

賑廠開

賑廠開饑民來饑民久饑無氣力一時傾跌盈塵埃廠中頌錢一百四飯食去錢一十二一錢便化百錢用嘆爾饑民幹甚事胥吏當門猛如虎饑民饑民心獨苦饑民來日填滿鑿胥吏今胥買歌舞

搶鹽行

揚子江頭聲震天侉匪來上饑民船饑民船上復何有有鹽能鬻青銅錢小民何敢載鹽出時為田禾畫漂沒船艋之船尋一隻直以此鹽作衣食我閭國課東南鏡偷爬私販懸明條饑民藉此免溝壑見者何忍罰之同私梟侉匪侉匪爾在江頭何不樂大內肥魚供吞嚼匪巨艦裝鹽有萬千此復何為饑民虐君不見饑民被劫跪不起侉匪傲岸殊不禮勞有小兒頓足哭哭聲直上青雲裏此情此景殊動心見之不顧非人情路人僉云侉匪之鋒不可犯坐視且有京口兵吁嗟呼書生濟世苦無具斯時敢言不敢怒勸爾侉匪大肉肥魚省一節且放饑民渡江去

東山寺再展偽吳王張士誠像

平江城裹齊雲樓姬妾同焚樓上頭泰州城外東山寺遺像來瞻張九四九四九四出身有如朱全忠偷安更比王世充吳中庶富欲自保井蛙獨守隗囂宮一朝天日不相助（夭日照公不照我張謂明太祖語也嘆爾生前徒割據袍上蚨蛛結網來龕中雖留街鬚去此地西風菜葉黃英雄休說白蝸塲怪渠淮泗真人起何不遠作扶餘王

胡公書院中有古銀杏一株舊傳為安定生先生手植輪囷盤曲尤工遠勢予每游樹下不覺此心肅然因作古銀杏歌

先生蓋曾以經綸手暇日種此輪囷姿七八百年見此樹童童車蓋遮崇祠清影翁翳垂廿敵黃葉蕭索飛千枝上蟠高天下厚地龍筝鬼攫神操持笙簧閭作聽天半渾如五律吹參差先生樂章昔敢訂宮高調叶吹輕風城中豈無不材木搓枋幸不亓斧施腕腫拳曲蔽牛質離坐卻立紛難支亦有桃李近依附容儀齋肅北面師此非錢鏐樹衣錦將軍之號棨一時亦非樓桑作羽篠紛紛具下嬉羣兒我適高山作仰止裴衷瞻顧生遐思為問泰山之孫（孫公明復）徂徠石（石公介）

可能種植皆如斯

王孝子詩

孝子名餘堂

江都有孝子本籍婺源縣良王在攻金百鍊孺慕之誠終不
變孝子博親憧戲試庭前絲孝子侍親疾中夜衣不解一朝
躃踊泣風木孝子血向松椒灑前事方終後事始父叔母嬸
共生死不似斷鳥為鶴續猶子承桃義如此父兮母兮奉甘
旨中外同聲說孝子悲哉父在覆哭泣聲啜啜西鄰何事火
不成讀讀出出風煙痾孝子倉皇計安出以身障棺同山邱
淚殊揮作牛空雨雨傾煙溼炎獻收孝子精誠格天帝蜚廉
殀融見之皆回頭吁嗟手孝子之孝無弗至上蒼獨以奇災
試人生大節只此是輕財仗義乃餘事我思孝子誰頓顧置
身時復儕上庠作歌不惜言之詳顧陳當事為表揚君不見
王餘堂

讀桃花扇傳奇書柳敬亭事

老作諸侯座上賓少年亡命走風塵魯連東海收奇策皐羽
西臺哭故人歲月久歸羊馬劫談諧不怕虎狼嗔如何讓語
王貽上酒市茶坊例此身全貽上云聽其說書與市井無異
余不以為然

葛港樹

葛港有大樹枝葉何離披三十年前記過此適從舟中望見
之見之此心不能忘去聲每當風雨常相思今吾又過此訪
爾如昔時高柯十丈八天際輪閨礫柯無附枝有如偉丈夫
編具高王頤勁裝古服出趁敵前邊矗立天王旗又如佛菩
蘸座下御子騎鬘雲缺處法輪轉歲旋瓔絡迴身垂有時靜
寂息萬籟有時雜杳來輕颶萬葉動遲眾音作琴瑟蕭管笙
箕芭具外亦自有林莽俛視眾樹如嬰兒根株不止蔽牛大
臃臃拳曲誰能嵒槎柯折處倒亂垂乳晶瑩炫目性膏脂荒
濱野渡獨有此巖廊清廟疇如斯我本支離人繞樹時長咨
吭墨伸紙勢難過還汝三十年前詩我詩只合與樹聽問之
葛港葛港之人皆不知

蕪湖鐵畫歌

誰將鑽鐵作畫本奇巧獨有蕪湖人九州之鐵不鑄錯居然
觸手能成春毯康好鍛不足數河陽作畫非其倫吾聞古人
運筆比鐵勁未圖屈缺如筆純百鍊之鋼柔繞指造作豈獨
能屈伸是畫是厭技微至惟妙惟肖形適真或作花卉綻或
作山石鈸或作湘藹垂雨葉或作楚竹欹霜筠或見耕牛歌
識識或看征馬跑佻侊或有帆檣林裹時出沒或指樓閣天
際森嶙峋具尤妙焉者楊柳受風慣作態為偏東面垂絲縉
洒帘出屋亦飄湯為招過客沾清醇懸之高堂之雪壁畫圖
一一皆精神我見斯畫怨生感凡有絕技皆足珍火筋舊傳
武風子沙壺亦重時大賓江湖風過識名姓不愁埋沒隨烟

塵何似腐儒作文字高冠岌岌昂藏身東塗西抹事剽竊辭
華略比容顏新鐵工鐵工爾從何處得此技世人未必能
攷覃朱君碧山或似爾尋源自見仙槎銀

海陵詩史

耐菴夏紹侯輯

鄒熊

邱烈女詩

邱女及笄張子聘之邱女未嫁張子病危山耗忽至女心傷
悲　女矢不字請終吾志父曰汝年少自苦殊非計女曰夫
一而已何能二　斂珥除矣衣衫素矣奔夫之喪不返顧矣
所天所天靈前諱矣姑舅見之駭然驚此女來兮難為情
舅曰食吾粟姑曰居吾屋去胡不速百計相迫烏知實比不
砧之良玉　山潤結氷春不融金城捍敵壑難攻詭言汝父
病曷歸省而翁驅車出門行刎刎　歸視父父康強姑若舅
何譸張女曰憶吁嘻余識彼衷腸謂余不嵩就死不嵩死不祥
死如歸兮顧償井剪利兮比鉤芸從容就義兮爭日月光
烈哉邱女性傷哉邱女心事難不畏勢迫不生數十暑寒
後安知大節不沈淪吾筆諸詩吾告吾鄉人

吳陵台春辭

風細塵清一經遙兩三鷺侶挂詩飄瓢小西湖在雲谿外不
為尋春不過橋
鳳尾橋東選佛場老僧鎮日灌花忙折花為客簪雙鬢粉蝶
相隨過野航
西訪螺園戶未扃葉古軒別墅草堂春滿柳條青我來最愛
鶯聲好笑向山家索酒聽
紅杏花梢拂酒帘打魚灣口晚風恬酒人清嘯漁人唱溪月
如銀出鏡奩

謁王心齋先生祠

兩字良知學千秋章布身縱談皆浩氣載道得斯人手握乾
坤大先生有三三文在手心傳子弟醇我非私淑者到此瓣
香陳

渡海行送州伯袁介夫先生之淡水任

風颶颶水湍湍怒濤飛雪海大寒留公不得別公難片帆遙
挂層雲端公乃吳陵良刺史面如寒使心如水災禍迭歲保
無虞蝻蝗出境虎狼徙父老須德　朝廷閭擢之淡水揚清
軍淡水小醜滅竊據臺灣郡縣生妖氛元戎提兵探賊穴七
日萑苻盡殄方空城日落無人烟大海波翻流戰血使君至
清風生瘴霧開駭浪平水府百神來呵護蛟龍遙辟金鉦聲
荒涼一片塗膏地公臨恤恵良非易招止先集亂離民復田
重理耕桑事顧公撫字勿辭勞為活蒼生補元氣

十三月孤兒行為繆君義洲作

孤兒有父有父早殤孤兒有母母痛夫亡夫止血淚傾濁濁
失志從夫地下　夫死無子生不如歿夫有遺孤死不如活
顧此懷中呱呱兒甫十三月　見兒如見夫吞聲飲泣哺其
鄒兒病母憂兒讀母績二十五載心血延此孤　孤兒見頭
角母曰父冠冠汝孤兒身昂藏母曰父衣衣汝為兒着父衣
冠母淚如雨　憂傾危兮一木支歷艱苦兮雨鬢絲孤兒孤
兒兮何以報之念釋不忘兮是十三月時

米貴嘆

災祲滿數郡一州豐難支商賈居奇贏載舟無停時腴田粟
未刈指粟先酬貲貲重富民喜糶貴貧民悲二升百錢易八
口半啼饑風雨不出戶東鄰又鬻炊豐年尚如此歎歲安可
為況復虞飛蝗兼閭高堰危愁飢飢復愁溺東手徒戲欷顧
蝗無食禾風平浪不頹遺此田中粟老幼無仳離不作哀鴻
嗚溫飽娛清時

捕蝗行

噫蝗為災爾害我禾爾遺我饑爾動我婦子以悲哀　大蝗
訛訛而蔽天小蝗振振而禍延一化為百十化為千爾生胡
太速七日爪牙全翼薄不得奮羣寄食于垂熟之田長官心
憂率屬而前　驅車腦轂策馬沒足累累盈尺氣腥以毒攻
以赤壁火毋乃傷未盡之餘粟掘地成阱長平之阬不為酷
埋蝗一阱留穀一斛　埋不勝埋東以蒲囊百錢易蒲囊一
束投冰括囊無齊紛紛祈穰乃求援於八蜡之神奏巫曲而
侑械殺　招放鴨船其集如雲鼓翼於田百千為羣列甘興
霸之鴟陣李涼國之鶴單既飽其腹還銘以殄賊之勳　嗟
彼民顛連晝不食夜不眠捕此而集彼長官范然曰孰若蝗
不入境之為賢

檔子行

華莚開檔子來朱繩辮髮金縷鞋長袍窄袖吳綾裁琵琶輕
撥腕如王宛轉當筵歌一曲曲中眉語目傳情燭光照面佯
羞縮朱門子弟易消魂袖底金錢席上拋買笑買嗔復買醉
紅牙綠酒娛春宵門内偎紅倚翠門外大排闥至酒停
歌歇無人聲處堂燕雀逢鷹鶩一波平一波生峽雨巫雲夢
未成頃刻家綠一笑傾囊空再與嬌娃見趙李襆糊記不清

大水行

嗚呼噫嘻昭闢霸開急湍趨下如奔雷岸界之而破裂垣觸
之而排臨下遊之民何辜而羅此災天色慘淡雲氣黑暴雨
助威水勢急氣腥以毒龍嘘吸木黍汨沒魚蝦得萬井一齊
空平原成大澤奔流入海海不容潮長十丈當其衝欲浅不
得浅橫行千里中北風勁而駭浪南西風疾而驚濤東東南
地高水勢平繩牀懸卧蛇伴人西北地卑老弱死高樹攀援
少壯生破塚浮棺亂屍集新鬼舊鬼相閭鳴鬼鳴啾啾人寂
寂對此那得不酸辛七日水退飢莫能興竈有濕薪斧無粟
千家萬家同一哭

鬻牛歎

牽牽牛入城牛價賤市儈乘急遲機變數緡能充錢日饑撒手如何不留戀割肉而醫瘡誠非心所願得錢出門去顧牛淚如霰

逃荒行

負老攜幼紛然逃散家破釜一肩挑沿途丐乞鳴嗷嗷道逢相識心惻然餘爾一頓粥遺爾千銅錢問爾去何之歸何年鳴手此行流離生死不知在何地歸不歸姑勿計

遺孩嘆

千錢賣一女吞聲撤女去百錢賣一男男賤無人顧命危骨肉輕棄兒滿道路朝啼覓爺娘夜啼怯霜露三日不得食屍積人行處

大雪行

天降奇災怒未已嚴臘餘威春復起十日北風三日雪玉龍遊戲蒼生死淮隄潰裂民流離依城附郭結棚棲三尺雪深行路斷饑寒臥倒棚中啼棚民近接居民屋恤鄰分得半盂粥為言明日雪不晴竈冷無烟同一哭

桃花雨

苦歲荒心傍徨桃花雨其來哀哀枵腹呼穹蒼雨一滴粟一粒天將為爾舒蹈踏麥有秋稻有收與爾桃花雨為爾潤田時爾爾命其須臾留雨林濤心悽其望者喜饑者啼一日無一粥三月之後奚暇卜桃花雨來依舊哭

鮑公來

乙丑丙寅淮揚大水鹺商捐賑以濟災黎新安鮑君席芬至泰精心厰政靡所不周且格外施仁有加無巳全活甚眾作此以誌

洪湖波頹昭關壩開澤鴻四野鳴哀哀鳴哀哀鮑公來倡義惟公捧符而東發鹽倉粟十萬鍾用施德惠無窮一郡七邑設厰五泰之南厰公所主公良苦公如辭苦事無補厰地自營度籌式自栽酌米較合與句粥嘗厚與薄百事親其勞安所容膝削結屋蔽雨何軒軒設車導水何漣漣活人以丸殮屍以棺瘞骨以田君不見刺船結棚滿城下萬口嘔嘔呼鮑爺者母攜其女父負子赴鮑家厰如歸市六月粥開十月止鮑公之心猶未巳工代賑市河濬種菜遍野食無禁活爾過新年聽爾歸耕信三月還鄉四月栽秧五月六月早稻黃上游又決荷花塘一甫安復危不遑寧居安得鮑公再至民其蘇鮑公至矣羣情慰矣設厰如故法逾備矣賑竣復續麥亦飽腹載芋百車乃惠之餘設長生位尸祝千門誦佛如來婦孺懷恩公乃不敢居其名曰我后之德與大吏之仁

菜饉嘆

嗟嗟種菜恤十日奇冷菜凍僵嗟嗟賣菜傭菜不值錢窮一冬醃菜菜枯無汁煮菜菜苦以齊啟葉斷梗米半升一家老幼分杯羹杯羹不療飢兒女咽啞啼不須啼我見禾泰洎沒之鄉倍慘慘草根食盡食樹皮

江之水

事另有傳

江之水滔滔流郎去不迴顧妾與大婦留與郎別十日賣妾商人舟妾不辱為郎死妾死所江之水江水清妾心洗伊何人救妾起救妾起送妾還為善不卒鴛妾新安新安義士肅然敬嘅然嘆曰勿溢死居吾母室吾渡長江尋汝夫蹤跡鳴手千里歧途何處覓歸無日死有期江之水送妾屍生死願依郎郎心知不知

賢侯公頌

為宋檻泉先生作

豐年為政政易數亟年為政政難圖飢溺相仍官倉虛哀鴻遍野公下車公之年齒七十餘精神矍鑠清且廳官衙省屬百口俱無敢昏夜通苞苴流民錯雜城中居無敢騷樓為莅苻決巘如神奸邪祛強者折服弱者愉得情亦復孫其愚慎刑珍重民肌膚填街塞巷青天呼召父杜母非虛譽公尤惻然悲窮閭曰萬民命爭須吏賑飢那復辭艱劬人謂公苦公裕如官賑甫竣富民輸胸有成算積弊除蠹胥猾吏無侵漁番為心育供馳驅畏威懷德羣情孚城市肅然安以舒我亦部民伏提扶得守門戶解驚虞凶年不與豐年殊匪公之德其誰與

苦寒行

同季廉夫張老董作

雪後北風十日寒惡層冰地結堅難鑿尋梅踏展偶出郭兩耳欲墮面疑削掉頭忽歸行略違宛似投林飛凍雀獰颶逐人透簾模斗室不春羊裘薄瓶中濁酒聊復酌更覓薰籠撐兩腳閉門枯坐參彈若如此官骸皺籠絡昔處熱場殊不弱一逢奇冷成瓠落消寒覓句思每鑄戶外忽來雙白鶴張子清奇季矍鑠儒行不以寒覓獲阻冰那復嘆蕭索攜賣篆圖催拙作老董畫賣篆圖索題作豬肉頌恣大嚼時廉夫戲作乞肉詩似此冬心欣有托毋為蟄蟲貽笑噱無如客去復不樂縮蝟僵蠶屈尺蠖

于孝婦詩

匪不惜軀姑之命爭須臾匪不知痛身為輕姑為重格天回生于孝婦之精誠阿舅止阿夫哀毀而神傷阿姑憾憾在牀百藥不效孝婦傍徨夜捉刀向天號臂上裂刀上血釜中羹孝婦心進羹于姑孝婦色怡姑飲婦羹姑病忽離病忽離姑不知既乃知其實母子撫背而泣婦曰事無難祇行吾心之所安天鑿其衷報以名賢元宗純孝繼風君不

見孝婦之子秋渚公

虎倀行

士有才辯同蘇張氣不可遏長激昂胡乃鬱鬱遊窮鄉窮鄉之官如虎隸如倀當路伺人爪牙張避之不及克其腸夜見一舟焚焚光雨客高談聲狼狼官隸排闔乎若狂誣以蒲博捷其囊士氣縦横烏能降厲詞叱官官目瞠老羞成怒肆披猖集役捕士纽後房申憲文辭牛面强大吏黙揣心不良姑交黠之俾雨傷虎逃倀滅士顏唐重理青衫顛毛蒼吁嗟乎才人可以吐氣名歸旁勿與闢津下吏爭短長

不雨嘆

不雨無禾有雨妨河禾枯村農失食雨漲河工失職失職非所虞長官仁愛憂蠹胥君不見村農望雨心如煎蠹胥横索河夫錢

河夫來

河夫來自徐與淮形則鳩鵠力虎豺是民是盗貴疑猜 河夫去河夫不去工竣河夫集如故衆目眈眈視道路 河夫大張虎豺口過客閭風驚而走君不見計吏蹊上刀光凉獻出滿載金錢為路糧 河夫去去此而集彼遍視四野禾枯

死禾枯死入城市

田貞女二十初度詩

貞女出清門父訓媚經史失怙依姑舅歸來猶稚齒若翁先賢裔世守詩兼禮室無詠辞聲闈有詩文墨一朝道蘊來斂為落郎喜仲子字落賓衿聲未及朗唱和無停晷每詠終童詩脱口商音起羊城鵬烏哀癉雨秋蘭萎泣血不成聲自慟運何否壹志守其貞折叙以自失若翁為立嗣綿此一綫祀課讀毋兼師承歡婦代予倘非有定力笄年邪能此二十自壽詩聊伸苦志耳屬和在通家紀賓陳非侈鬱鬱秋竹竿深深古井水卓然千秋名實自今兹始

獵人行

猛虎自在行白日攫人食犬羊不知避毒矢彎弓一試犬羊死吁嗟乎犬羊之生胡不辰不遇猛虎遇獵人獵人操毒矢見虎身手僵入市怒震怒射殺犬與羊

入公廨

朝入公廨行暮入公廨行與乃公盟歡若弟兄有時下簾耳語不知何所營 乃公云云唯諾而已曲躬垂手不敢仰視見平頤奴子如尊長禮百事順承以博公喜 乃公一怒鬚髮張曰吾為猛虎汝為鬼倀汝為吾攫食未克充吾腸書符攝魄逞威相迫 出公廨拊膺長喟友人慰之曰如乃公尊一辱何害移時仍將虎冠戴鄰人恐懼依舊望風而拜

九尾狐

西山有虎伺人於谷避之不及乃充虎腹 將軍震怒攘臂而驅曰鏟可復曰害可除 南山有虎冠而力猛相助為虐將軍心恐 將軍入廟禱於山神木偶無語其貌獰獰 妖狐憑之其尾則九鍊出神通為虎戎首 虎狐濟惡將軍勢危棄甲曳兵喪氣而歸

市河歎

市河水外河注水闢下水之路一城血脉流行處常則悠然同篙船變不紛然爭鑿泉市河通塞難自主水闢中立操其權欲求通去先去塞吾見水闢長太息昔誰鳩工司具職闢腳在水淺且危敗磚數層枯木支枯木支手齊束環告長官為籌畫君不見城外水大低田沉城內一勺貴如金

烈女某氏與姊同居姊夫不良女怒自投於河詩以紀之

孀婦有二女長贅某氏子次者將及笄性淑而容美某氏子無賴醮署供役使以財炫于家百態逞諂詭媒灼議女婚陽歡實陰止得聘爭門第得人爭叙拜某有竊據心女識淫奔恥某醉調以言女泣告母姊姊乃嗤其愚毋聞置不理女怒氣填胸自期以必死女素勤操作晨炊必早起某值女于庭力抱疾如駛呼號竟無益某面破十指女憤敵扉出急馳至河涘四顧無人行傾身入中沚一片皎潔心此日明於水屍立猊如生餘怒猶未已衣袂萬線縫接連無表裏可知烈女心防維久若此觀者敬且憐公憤動州里吾乃筆諸詩紀事存片紙時嘉慶已卯六月二日耳

晴海樓古松

地聳紓天樹根蟠晴海樓此材真樸老與佛共春秋雲氣城隅覆濤聲殿角流蒼鬚能好客不厭鶴來游

恭誌州侯王菊泉先生德政兼以送別

為政重儒術詩書流澤長用情不任氣安情析與楊息爭在董勸某弟兄構訟多年公以大義示之某亦感化輔弱祛豪强某孤兒田價為某生所據公得其情當堂痛懲合邑無不獮怏雷霆亦雨露苛政悉除將空山碁虎豹四境無蝻蝗天以憂豐年報滋剌史良所以蒲濤閭鼓舞歌平康蠹魚能蔑古蠹人能蔽明去之倘不速肘賑擘叢生好民探意旨平地風濤驚公以知人哲坐照無遺情險健先所持時訟事鈎串左右生事俗名搭檯公至肅然內外一廓清端士佐蓮幕何憂化不成乃知雍和治良田蒸鑑精

朝為民生計暮為民性虞民生復民性精氣周郊衢朗若鏡懸空澄然冰在壺虛堂折一獄衆口青天呼愛戴出天懷旋復憐穀劬撫字心日勞春初達歲除問公公不知處之乃裕如

自持鮮定力耶復知樹人蠱感繼寅緣大雅將沉淪公乃中有主拔彙求其真所取士某某皆邑中佳士却餽懸生魚采蘭披嚴榛兼之開講院肆習歸陶臻獎以勵其志惠以潤其身多士氣騰達寒亦化為春

濫交公所鄙私謁士所羞山居鮮公事一制敢輕投自愧非澹臺而際言子游安舒托宇下閉戶勤雕搜時選刻海陵詩彙並增刻聲玉山齋拙集閭風生感激筆諸詩以酬惟彼蚩蚩泯用意倍綢繆孩提念父毋常顧使君留

天心至仁愛甘雨無偏私海甸沐膏澤江城待培滋正樂春風和忽見春雲移去去不可留蒼生長繫思峻宇祝生位合邑奉公長生位於晴海樓誦佛圍車旗公去滿城焚香吁佛萬民遮道豈不期再至公輔旋見推但願卿月光分照海之湄

海陵詩史

耐菴夏紹侯輯

葉兆蘭

大水紀事

嘉慶乙丑夏匝月雨不止洪澤湖倒流激怒淮黃水高堰三版危蠲開萬馬驗下游七州縣項刻入釜底見水不見人茫茫數百里

吾邑西北鄉低窪當其衝夜半天吳降陸地遊蛟龍萬盧一齊坍峯入橫流中禾稼姑勿論性命如沙蟲全家東長緶同時沉蛟宮若非魚腹大纍纍屍難容浩劫到枯骨墓開棺飄蓬日落人煙稀陰懨天濛濛新鬼與故鬼相對嗁悲風

淮水退一寸海水長一尺三日釣潮雨東北風不息上司羽書馳道路流民集防水復防慼滿城無人色穀價如水長升米鐵四十弱者栘腹嘆強者擴而食米市數十坊一鬮無餘粒長官費且能胃有救荒策平價而捕奸法與情兩得

飛牘報水災上達大吏聽委員乘艦來鳴鉦索供應手板三日投飢冊未一問草草閱數村勘災事巳竣不見鴻雁飛哀哀湍四境水來生死交水去飢寒并誰繪流圖肯為民請命冉陽吳艘土古之任俠流上書截米船設處存耕牛手無尺寸柄民廈關綑繆一時風氣感義倉開揚州郵隣穀萬擔是役如泛舟按戶給合勻百日鼓腹游我亦有心士空操杞人憂

薪貴嘆

歲荒薪價騰論斤不論束百錢買十斤十斤不盈匊客從瓜洲來江柴壓艫舳民力稍稍舒官廚索轉迫又聞荷花塘大工草不足販豎頓居奇斷炊一路哭

乞兒行

六街閉戶風雲雪急傴僂乞兒簷下立稚子跣足妻蓬頭三日一餐命呼吸誰知原是舊王孫卅年富貴如浮雲還將在事逢人說父老驚心不忍聞為言家世本齊魯父擁雙旌守茲土堂堂刺史生死權一時苛政猛於虎催科那惜民力殫逢迎能結大吏歡居然報最考上上從比官如磐石安上干天怒災禝應飢寒交逼蒼生病救荒不繪流亾圖養奸偏活崔苻命夜半飛來霹靂符全家催上廣析車聲伎雲散道路死覆巢完卵遺比孤孤兜生染膏梁習咋日鳴鐘今乞食一飯竝無漂母憐短蕭空下吳門泣舊時牙爪曾受思相逢不顱如路人要知刺史既負國若輩負心何足論吁嗟乎惡蛇猛獸食人肉遺害不如貪吏毒請聽蓮花一曲歌償爾當年一路哭

李將軍長庚海洋擊賊歌

普陀山前戰鼓急將軍大破弓刀賊窮追直入漁山洋萬礮齊開海水赤賊乘大船勝堅城舵樓十丈旌旗明將軍夜定

掌中計一炬火燒赤壁兵四鎮受令如山重水犀甲伏三千衆篳策一聲陣脚開戈船百道圍無縫別有一軍如生龍返篷倒走擊下風賊船尾大掉不及宴時背腹齊受攻小校暗故連珠矢絳憤紛紛墜水死渠惡雖逃釜底魚潰師已墮舟中指將軍眼底無羣鼠誓縛長蛟蕩水府浴血轉戰氣如雷身着六劍無痛楚同安船小賊船高以高覘下逸侍勞將軍兩臂如着翅飛身殺賊血滿刀黃盤洋外風風起白鷄師迥賊遁矣將軍此戰十年無日走大洋八千里提書飛上甘泉宮詔還孔琴珊瑚紅指日凌煙入圖畫飛將軍酣海澄公

賑厰歌

十歲九熟一荒闔城乃無百日糧死填溝壑生背鄉有司撫郵拘成章有錢不能接青黃有賑更延時日長誰拯萬命離火湯慨然義舉倡醵商郵鄰大開揚州倉紛紛移粟汎舟航北山光孝兩地忙肉厰在光孝寺外厰在北山寺內厰外厰城爲疆萬席蓋柵生陰涼縱橫亂竹編蜂房長官條示何惶煌黃旃大書賑流亾羣蟻奔逐趨兩廂持籌抱斛職事詳鳴鉦唱數沙夜量城中二鼓夜沫央城外飢民心惶惶挈老負捐舉國狂鳩形鵠面羸且𠃵蟻蝨纍纍無完裳呵氣成雨汗流粥地獄變相天無光餓鬼來赴水陸場礙聲震地旃飛揚厰門大開官登堂萬足爭道如怒蝗前人顛撲後排牆踐踏迅於馬脫轡就中衰病兼跛盲終夜缺食鳴飢腸一躅那得無殘傷九十九屍橫道旁米錢在手十指僵塵土滿面口猶張家人伏地號爺娘乞得一棺埋北邙凶年民命真尋常三合粟與兩孔方吁嗟乎凶年民命真尋常

謁吳野人先生墓

草澤求賢日先生獨閉門出山名士賤易世布衣尊碑碣荒原臥詩文劫火存東淘抔土在落日一招魂

徐孝子詩

孝子興化縣人名萬侯操舟養母母病刲肝代藥母愈孝子亦無恙事載郡志

蕞爾昭陽城下有滄浪水水深清且漣乃生徐孝子孝子不識字操舟古渡口日收渡河錢歸以養老母母病兒刲肝作羹奉母榻母命十載延兒劊三日合純孝世所稀乃出十室邑其事可以風其愚不可及

荷花塘

東南大患高堰工西水直奔五壩沖荷花塘決波濤洪吾州正當下游衝四遭荒潦多哀鴻戊歲水勢尤洶洶迅流來往秋俎冬議堵議修徒彌縫柴薪千里輸艟艨百錢斗土集沙蟲縛埽亂投橫流中水强埽弱如飄蓬七十丈口九泥封宣房塞與漏厄同水衝費盡銅山銅金錢億萬填蛟宮告成爭叙安瀾功

午日送赤眼謠

高堂午日懸靈符當門潑水爭祓除主人作文送赤眼方言何必辨有無嗟爾既無白眼之巽相又非碧眼之風胡何為乎障人以紅紗使青白者為糉糊今日酣爾以蒲酒贈爾以青蚨爾其速行無蹺踏

鬻裘歎

相公勢敗方伯死銅山坐擁紈袴子籍簿不摟賜祭田官宅大開鬻衣市吳綾蜀錦半凋殘朝衫一領換一餐翠雲零落黑貂敝多少市兒令眼看鬻裘終日持裘泣自言裘價千金值集服偏徵州縣錢花樣新摹內府織先人親手自珍藏賓筍曾熏百和香幾時門外張羅罽此日爐邊賞鸛鸛我亦好奇尋舊物買裘自向空箱揭夜半箱中閻哭聲始知上有究民血吁嗟乎匹夫懷璧罪及身腰剩之膏無久屯何如粗布黃棉襖保得兒孫數代溫

春酒為說西陲正罷兵桑麻無恙長官清草茅不識鈞天奏聊借弦歌潤太平

上州伯宋檻泉汯夫子

荒年百廢待修時特把蒼生付有司四野流亾親筆繪六曾利弊下車知希文賑藉興工代公瀉市河以工代賬長孺倉開破格支怪底輿情無厥足望公翻海得公遷專城職守重千鈞飲水尤儆晚節紈暮疫絕無投剌客崔苻巳有賣刀人農桑業廢籌招集兒女家拋代拊循公捐俸收育流亾幼稚更使士林增感激一時小草盡逢春執法雖嚴却慎刑每將雨露繼雷霆五官並用才原大萬牘親披筆不停所料事皆如雪亮無私心可對天青滿城父老譚新政都作龍圖故事聽姓名久巳御屏留牧特晉銀黃唱八驕路避旌旗真剌史職兼鹽鐵古諸侯時兼轄泰嚬醢政千家歌頌碑爭建一部循良傳獨修草野焚香無別嚴福星常照海東頭

送方文濤思承州牧限官清民安四字

下車政巳頌清官頃刻風同黍谷寒擇六曹權不貸網開一面法原寬洗除痼弊如毛髓灼見民情到肺肝漢代龔黃今再見循良聲價重台端龍圖一笑比河清風骨呼嶙却近情輸俸力全婺婦節赦建清節堂還金手賜義民旌邑有還遺金者立坊表之化行草野飛蝗避德感雀苻買犢耕種得甘棠千百樹濃陰遮遍鳳

凰城杯水何曾一欽民萬家尸祝奉如神不通客刺官聲重慶典朝衣宦況貧入幕鄉枝皆宿學分衙屈宋是詩人（謂贊府黃虛谷更將雨露培桃李三載親扶大雅輪正慶豐盈海甸安忽驚行旆動江干蜚言已藉投閒解直道原知事上難能軾共攀爭借冠龍門雖峻許瞻韓小詩權當奧人誦獻上梅花閣下看

岳墩秋眺

風吹落葉下城頭廢壘還來認舊游萬里黃龍空弔古一聲白雁又驚秋山連圖蔣當窗列水接江淮繞郭流莫問小西湖上景夕陽冷照荻蘆洲

吳陵冶春詞

早春城郭雨瀟瀟卅里龍溪漸長潮幾日不來寒食近綠楊遮斷趙公橋鶯飛草長畫初長蠻榼家家上塚忙記得鳳凰墩畔路紙鳶風裏菜花香

烟雨城南鎖塔尖千家新綠正齊簷近村小景都如畫一樹桃花一酒帘圖蔣山迎岳皋青小西湖水碧泠泠年年白社人脩禊賭取新詞唱阮亭

海陵詩史

顏駉

耐菴夏紹侯輯

湖決荷花塘

窗外又微雨孤雲時去留怒潮江倒灌暴漲海橫流兵燹仍斯封淮揚繫此州宣防須早築莫笑杞人憂豈有民無食而能士裏糧將軍催轉漕長吏勒輸將幕府藏金穴兵容爛寶裝顧留征戍粟且與販窮鄉

湖決清水潭

東南兵革廿年止澤國衆生欠一死不死以兵死以歲赫赫皇天怒未已三春滲淡少晴天夏初水已高於田醫得眼瘡且劍肉堤防不惜抛金錢皇皇盼到秋將成野老色喜天公驚急符一夜下河伯懸流五日田疇平田疇雖平罰不足一雨甫晴雲又屬滿盤既取未刈禾漏網還揮已登穀君不見千村萬落如浮漚高樹出沒棲烏愁又不見流民紛紛渡江去提兒挈女牽耕牛鳴呼流民流民爾莫去忍待明年水東注有田無農誰納賦長官更比皇天怒

耕牛嘆

長官有禁宰耕牛耕牛色喜耕夫愁一家溝壑恐不免三冬芻牧誰為求此時倘得千百緡大閒牧廠儲芟薪秋典春贖約半價便可活物兼活民吁嗟此事今無人兒童牽向屠門走耕夫迤邐尾其後借問兒童爾牛至何許兒童逡巡不能語惟見耕牛長跪不起淚如雨

溱湖竹枝詞

外湖鹽船銜尾過裏河客船停泊多好是月明風靜夜讀書聲裏雜漁歌

會船賽會各爭先湖面平飛浪拍天瞥眼衆中先失喜兒家夫婿在頭船

烏盜不賣老窰荒春雨年年野草長郎住窰南儂住北幾時燒瓦作鴛鴦

洪湖決後怕東風抵住西來水不東莫上水雲樓上望人家半在水雲中

弔秀琴

自青駝寺而北客舍題壁詩無不道晏城歌妓秀琴者同行李文星垣亦豔稱之並述其乙丑春與無為張孝廉芊香相約事未至晏城數里許車夫忽指道旁一塚謂余曰此秀琴墓也蓋先月餘死矣余為愴然車中口占並呈李君

化口渡 豆坊 化口 土人云爾 南北音異 不知是此字否

度不兮求作客昨賊化
衆來來救牛獨宿至口
生渡何(四)吼生所何渡
同船時解(三)二許渡
登巳口客語解解去不
彼復不既諸有此此得也
岸回語渡同客時里數
隈渡兮矣人有軀十十
船船心衆公客命五乘
中巳然心箏好誰手車
之回疑悲宜身獨指船
人兵但矣少手輕東兩
聲船聞盈後挾此此隻
如開河盈賜鞭時烟前
雷兵水一河超利莽橫
曰船鳴水有次害莽大
吾渡嘶生兵攔誰云河
生船嘶死船渡不是後
矣更(五)歧吾口明固有
哉次解矣將辟此安賊
危惟兵兵為易時屯(一)
乎看船船汝衆義即解
殆看來來往人不吾問

豆坊屯

無隈始煙火豆
趁然呼火如坊
超五問趨雷屯
客丈客而奔但
出夫何叩誰空
門與處之復村
門客來門進村
復半此下食中
鎖餅時鎖哀十
賊祭官扣王户
來一軍門孫九
猶壺安大停閉
可投在呼車門
兵餞哉呼四一
殺不邪不望户
我受得開官不
嗔不僕道閉
客逢夫左惟
迂兵軟望嫗
但捉語見存
令差前一客
急開告庵賜
去門哀有飢

知龔杜
難黃牧
久塞從
善亂來
後源是
方帶罪
當憤言
仰佩郎
至斗模
尊來卅
有字
自更
白誰
衣論
蒼自
狗多
變李
無郭
痕諳
游戎
魂律
假終
息要

德州兵阻迂道故城途中雜述

今狼萬貞屯日西集草叢
何心騎無兵落征無木關
似且呼謂月孤 虛舊畫
上未風若色城 擊知閉
將休擁箇哀半 兵名少
應海急書一面 勢時人
須上流生宿開 長李行
點樓渡是行會 蛇爵九
筆台河將人黃 有帥達
籌通旋才頭車 必自天
市報 欲馬 爭江衢
船失 雪似 笑智扼
河滄 十雲 我移一
中州 年來 歸師城
檣鞭 壯戍 心捻燕
檣長 士樓 空賊趙
運馬 骨嚴 似駐旌
糧腹 生鼓 水師旗
舟嗟 苔風 東德新
津無 眼聲 南州變
門及 前惡 有單色
守肉 僕野 路鋒江
備飽 僕幕 却高淮

之罷絮重錦別匆曲吳佳江
未行果來戕忽無紅娘人南
曾雨原慘公三報佛樣埋游
識題如化車年赴居錦玉子
面壁夢蘅又郎春然琵琶處悲
也猶大華上返明識能佳長
相留葉草長淮水李翻入路
思死粗豆安南嬉郎趙北唱
濡後枝蔻道妾且綠女產罷
毫名不蘅滿去作珠音名驪
和倚算燕擬燕湖未有秀駒
洒門春空橋求州許客琴歌
將羞可憐蘋鳳約歸多青薤
詩脫儕神罔有送金情樓露
寫生一枇蘇意客谷如一青
焚前片杷小調旋此來入山
與苦高門昔琴成際王青園
泉我唐巷別譜白纏殿春繞
台亦土更狂歸傅綿勤深晏
知三從無吟雁行殊屢靚城
不生此人豆無春有顧妝南
知杜陽萍蔻綠風情紅能道
牧台因梢寄小匆兒學是

自荏平入山抵泰安復歸故道去賊差遠矣憶來時過

處收羽地身生爾採丈
處遺輕方且北何藥夫
名骸生實竄人人隨不
賺貞還事滄荷孝寵學 此
人州始當州擔子公投 始
甚王覺時路盡忠奈筆 聞
於孝千悃瞰南臣何傭 賊
利庫金帼火向無隨身 警
世春重貞宵南一蝶入 追
上軺君如驚客是稱虎 感
書二不夢孔驅憶學穴 往
生月聞痛馬車我子成 事
尤中吾定湖偏來冑奇 不
可由鄉而車北時險功 能
哀豫王今霜征經乘便 無
入君更夜賊此危合 言
都磊思走行城不保
遇落痛河如驛知身
賊才死西鬼吏止作
死至去務不告邛明
不今何皆知我狹哲
知無殊所處烟叱鹿
死處一過轉塵馭門

頭俱返哉
爭可又兮
渡憐解解
船人吁此
八生嗟時
解萬乎望
事弱日
須者日
由後巳將
天强晚
當者此
時先時
擾無問
擾先客
真無客
徒後巳
然俱遠
君得此
不全時
見無探
化强賊
口無賊
渡弱先

海陵詩史

耐庵夏紹侯輯

陳燮

燈市謠

星河灑灑今向夕月光淡薄無顏色九衢車馬鬧如雲高爇銅槃一千尺南油西漆競繁華索館紅樓十萬家翡翠簾通天一線琉璃墻陽路三义三义路夾星壇旋燒空火樹歸鴉亂人面全因月面更坐香却遣衣香換衣香月面夜如何是處紅兜婉轉歌麵部已聞翻折柳醉綁仍聽舞迴波迴波折柳繁聲濡陸海壺天入良夜酒爐疊鼓促高花粉袂啼粧圍去馬別有雕闌十二層瓊鉤珠笛擁金繪寶糖柜妝翻新樣烏臙飴錫得未曾丁冬銀箭霜初咽翠媼重重歡未歌滿堂羅綺不知寒八尺燈肇豈愁竭寂寂寥寥白板扉看盤蝎蜥落蚜蛾青熒四壁梅花影句勒春魂入夢飛

梁溪詩冢

無錫顧晴沙觀察選其鄉人歷代詩梓之曰梁溪溪詩鈔文學賈崧請以剩稾函瘞錫山之麓為詩冢乞詩紀其事

安𡑞竹書數十車楚昭逸禮紛蟲沙簡編科斗出藏瘞秦灰巳死容搜爬雅材大小本口授不頓兆域緘萌芽更千百載肄吟諷枝分派別無津涯時從暗室訂真贗有似白日談幽遐梁溪詩老足古意排纂諸家發奇闞餘豪特狗浪仙請卜葬龍山護精氣人生歲月渾如寄故紙飄零等聞棄阿藝空嗟霹靂文劉蜕原無屆伸臂多君得此無盡燈照渠萬古埋憂地慧泉我昔嘗過之流鴿九曲多文辭烟雲聚散甜亭裏欲弔蘇子空衙悲崇封復此開荒茸詩思無端怨孤瞀前人不作繼者難辦證紛紜失輕重君不見漢儒解經誤謬多符節上言呂毋冢

陳晉元

大水紀事

乙丑閏六月洪湖溢為災浹旬苦淫雨四野積陰霾狂颩西北起洪水天上來風狂雨益猛洪水吼奔雷六邑四百里倏忽無津涯混茫一大海雪浪千萬堆哀號震霄壞羣動雜轟歷衢茅任顛什能艋乘危積生命等蟲沙人與魚鼉僻飢飆啼滿樹修蛇盤歙艣六畜紛游屍萬塚蕩枯骸終宵鬼哭聲夜半神燈煤夜多燈光往來出没神燈光不定鬼哭聲彌哀遊子預此劫浮家妻挐陪存云判一息夜坐驚魂猜昏曉度莫辨陰陽位亦乖神馬御風行尻輪遊九垓見天不見地虛白一氣晐豈以滌腸積豈以甦涸離安得藏龍缽咒歸無涓埃不則用強駑射之使倒迴既無悝流法又之築塘財王尊三日立東手殊可咍怨如大夢覺胸境頓一閒生靈數十萬巨没草荄一人一家計區區量不恢旋又發遐想平生許軼才破浪乘長風海上蠶區萊題詩驚蛟宮搦管撼瑶臺鹽險軏惶感何作濟川材此蓬既鎮定此身識力該從容謀舟楫冀作玉闞回更生紀乙丑甲子重新排

大雪途中作

臘月臘日雪越五日未歇城市三尺深四野行人絕遊子晨驅車東門冒寒出出門雪更霏如掌復如席光搖眩眼花泥凍滑輪鐵一聲不可留人車共傾跌豈知落坎穽一跌人車没僕夫起跟蹌欲退退不得余亦彳丁行莫敢復憑軾非惟戒乘車翻助扶車力東西路竟謪昏曉度難別三人一車外不再見塵跡疑當羽化成遍踏瓊瑶窟凸者逾玉峰窪者探銀穴柔則擎絮棉堅則擊轍石怨馬臨危橋尻輪御魂魄履同東郭穿衣比山人潔瑟縮戰甚牙枯僵透肌骨有洒不溫中有淚不占聽破涕問天公一戲何太劇果丟惘衆飢金井垂麪屑豈使膝六降欲罷將軍獵幾家宴煖寒幾人卧岑寂學陶人烹茶仿蘇詩體物剡溪棹莫前灞岸蹇難策獨我雪中人折生事行役自卯行至酉計里纔三十郵程百里餘鄰躅者三日即此三日中已歷百千劫到家家人驚聲似容忽易苦寒中胼胼偶示維摩疾傳言道途中昨多凍死客閶之駭復安此身巳俸脫

車中謠

車獨輪客獨行車趨車趨如駛疾高踞車巔非坐非立立則顛莫扶坐則嚮無膺嚮無膺舍車而徒其行次旦此往彼來車絡繹中途彼此交相易交易何物曰惟是客騎驢豈覓驢失馬復得馬摩掌髀肉及兩踝忍痛不禁伏車下車下蹤蹌車人徬徨道阻且長度其夕陽夕陽没矣車人歇矣客神疲而立竭矣苟可當車步必安寄語馮驪鈇漫

彈

同沈芳園俞仲子訪天目山遺址和仲子詩

愛山喜山居耽遊愜遊侶居山不獨遊偕侶興益鼓俞子作賦才登高動傾吐摩厓未泐勳暫屈巖谷處浮家來羅塘吾幸得舊雨作客同話愁倡和叶予汝今年絳帳移高齋傍山墅自署天日樵取義固具所名山久荒落得君風雅主朝爽供吟眺夕霽待摹撫予亦瓣烟霞比君愧接武招邀共一登聯叚戒獨踴緣厓陟層巔攀躋詎辭苦縱覽目四周歷壓指堪數烟火紛市壓帆檣集客估橋敵臥寒流溪迴抱孤嶼歸鴉遶烟村斜陽入花塢一幅蕭照圖妙手景難補樓閣圯何年榛莽騰茲土枯井陘舟砂荒臺悵鹿女仙人不可招山靈寂無語我試戲取譽為君陳觀纏有如美人姿丰韻本天子亂頭粗服中自不揄媚嫵冒昔此勝境晴嵐衆爭覩天日晴嵐吳陵八景之二地運多變遷衰敗乃如許紛紛塵蓋間過問有誰與吾儕山水緣例不禁貪取揭來恣寘搜慷慨賦懷古君詩題上頭深情托毫楮續貌我無詞得不負此舉一嘯復一詠筆墨競歌舞勝遊紀序時申年月在午

田貞姑詞

姑字采蘋予女甥也幼字仲雲江先生子蓉賓先生就官東粵挈姑隨任無何蓉賓未婚而殞姑矢志不移先生嘉其志欲全其貞為姑立嗣並作貞姑傳徵詩四方

田氏女蚤喪父依阿母零丁苦十四于歸入仲宅公子蓉賓未成室翁宦南方盡族行鳳處鸞栖共待吉郎蓉賓妾采蘋蓉薄命蘋浮生薄命欲死浮生輕郎解兄弟舅姑老郎死不如妾死好不能替死即替生一身秉之子婦道父事舅毋事姑問安視膳無日無妾願以此終仲祀將何如翁悲女心慰女志負以螟蛉式穀似作毋曾無作婦時女兒竟任男兒事今逢二十設悅期阿翁千里遙傚詩吾哀女甥節堪憫含悲為作貞姑詞貞姑貞姑吾語爾古來節義堪屈指陶嬰黃鵠歌衛女柏身矢倚柱獨獨傷心覆被甘截耳況爾今無奪志人且將誘掖成斯美但願志同金石堅他年節孝垂青史

登天目山觀水放歌 丙戌八月

噫吁嚱洪水之災喻千年胡為至今猶尚在人間當時民未得平土習慣巢窟成自古後來耕穫利久享一旦自有之無倍覺情可憐吾鄉甌田惟下下承淮瀕海水所舍築隄捍障自宋賢千里澤國成沃野近世河流失故道上海汎濫下游潦頻年瓠子歌秋風坐使飢黎無麥稻歲之丙月之申陽九小劫逢茲長冰夷滅弛支祈瞋滔天直下無涯津民田民宅胥沈淪四野哀鴻慘目傷心沉復酸風苦雨助虐來兼旬城市水深斷行路羅塘鎮亦賦沮泖平時對宇堪望衡今日無舟不得渡立脚信宜爭地步居下自為君子惡僑居有客笑破涕一榻以外無乾地曲突滿蛙甑滿蟻溼薪何止珍如桂急欲放眼舒愁懷打漿直至北山隈登山四顧驚浩淼雪浪萬頃琉璃推誰云海上三山可望不可到此身何異凌蓬萊飄颻羽化欲遺世俯視珠光貝氣混瀁蒸瑤臺仙乎仙乎安在哉恨不袂挹浮邱肩拍洪厓抑隨御風列子泠然超塵埃又無煙流法濟川才拯飢援溺忘其災徒學韓蘇潮海弄筆墨召令天吳蝄象紛然來我作歌聊嗚哀山之靈兮其無咍

陳文田

重賦嘆

太歲在寅月在子海氛蕩盡天下治海陵一州如斗大寇鋒不及幸無事居者未忍棄先疇行者來歸強負至悴如旅燕哀如鴻賴我剌史能撫字剌史有示榜通儲其日剛倉其日閉爾民輸將毋或誤錢十之六米十四天庾正供豈敢違征榷安能遺尺地所嗟納米又納錢折價恐非天子意千艘轉粟達京師不見轉錢命漕使此錢至竟入何所吏與剌史均其利刀筆小吏翳誰氏榷詐百出善會計剌吏倚如左右手得忘居然工作勞倉中百事頭指揮虎感狐假肆無忌大戶受害害猶可浪撫金錢不為異小戶進米斗石餘一粒一珠良不易在家計數數已足入倉計數數未備補瘡何處更剜肉驚我妻子與老桴吁嗟乎歲在辛卯苦大水斗米五百價昂熾入錢七千作一石數不及倍民已匱今年米價斗二百窮人粗足供疏食奈何折價浮于前使我編咸負大累吁嗟乎在年徵稅利在官今年分肥榷在吏豺狼當道虎生翼官吏一心聯指臂長官多收一斛米窮民多傾一斛淚千家萬家同一淚無天可問地可避長官活我又殺我不死於兵死於稅我書其日告天下七千八百五十二

血淚行為昭陽趙節婦作

英皇一去四千載脩竹班班照南海當時淚血至今留萬古清風動真宰趙家有婦賢且良衿鞶卻盡千明瑞清才自是闍房秀大雅原非時世妝鉛刀屢試庸非福解渴方多求不足扶持夫婿意何如為早剜心頭肉十截牛衣淚不乾息息便上望夫山將雛曲聽原少獨藕絲長理亦難當廚況復樵蘇絕昏鐙一室歎雪洗面誰知淚點多可憐黙點皆心血保身清白無等倫烈女矢節如忠臣賈生涕淚待中血千秋繼美今何人母儀長此敦雍穆往事同頭尚鞶戲傷春不似子規聲垂老終如女貞木棹模縈名得已遲陔南馨瀦有人知直從蕭尾甘同後纔是蓮心苦盡時淚痕在地如紅雨一片趙家乾淨土異時叢竹影茫茫湘水湘雲迷處所

墜塔辭 弔彭孝女

懷盛彭君爵麒牧景州女奉母柯宜人以從母殁殯於開福寺女以母殁之百日臨殯所禮塔陛具巔墜而下跌生長逝時同治十二年正月

阿育王寶塔八萬有四千一塔破去飛墮滄瀛邊中有孝女魂雲氣長同旋梅檀出素手再拜龕鐙前步虛躡絕頂散花悟夙緣塵界泐梯栗努力窮黃泉練裙蛺蝶動寶玦珊瑚捐女兮體投地母兮靈在天罡風拓虛霏雌霓馳連蹺迸裂山鬼膽驚倒天龍禪土花暈碧血千載晶光圓塔鈴獨自語奇蹟誰為傳若邯鄲子禮能補曹娥篇儻過閒福寺絕妙碑文鵝

吳會聽楊將軍說金川縛賊事

將軍名連浩成都人以金川軍功授泰州營遊擊

將軍醉臥古戰場夜夜鐵遂吹青羌銑歌親製十二章使筆如徒梨花鎗麾下建兜身手殭血洗刀箭衣裹創橫磨十萬百鍊鋼不斫死賊擒生降不驅雛虜驅賢王驅之不異驅犬羊且驅且縛縛且扛有時縛賊裂帶裳有時縛賊割馬纏䵷兩手足弓反張白木梃子貫中央一貫五賊旨邦當五腹貼地五首昂五肩五背相衝撞四卒對羿行踉將騰越涓壑超山岡凱歌拉雛多新腔將軍斷後神飛揚軍門大囊閒兩行兩囊散卒來扶將歸來十賊九欲僵解縛擲地關錕鐺人各一賊藍車箱將軍笑脫軍前裝帳下犒士羅洒漿酒中血瀝生黃鼙歌鳴不辨伊與涼男兜到此真昂藏不爾野雀飢空倉祇今重說聲猿猿意氣磊落排天闔觀者聽者如堵牆論功策勲不可量撫髯一笑歸故鄉家有八百成都桑

咄咄歌

四座且勿喧聽我歌咄咄去洪湖水泛濫在八月其時禾稼登幸不被漂沒今年五月終駭浪忽衝突佐以西風來勢復興也勃瓜蔓一夜長竹箭萬流發所到無堅隄河伯太鵠撅錯疑海水飛無復息壞竊滾滾東向注吾郡乃其窟釜底眾所豁地窋水及凸豈惟杭稻田頃刻付濵渤并令血肉軀狼籍飽魚鼈千村萬落閭重復經降割江湖已滿地何處求苟活浮家苦無舟毀室且作筏一路啼飢聲滿眼泣別血咫尺不相顧一雯成永訣棺欂道上橫雞犬樹頭歇鼉黿亦何心闍闔坐棖粢頹閶洪流中神燈現寥次煋榆輝三更倏忽驚一嘗北郭外憂見水上燈影往來好事者駕小舟逐之倏不見分明天眼閒不救地維絕木石誰能漂雲漢誰敢扶哀哉鴻雁嗷誰實作之孽死者在泥塗生者苦播越有田不能耕有土不可齡三日一粃糠十步九楚蹙生為澤國人性命輕一葉踏踏災有哀介繪圖有鄭俠我欲起兩公排雲叫天闕

後咄咄歌

一歌歌聲長再歌歌聲促前波波未平後波波又續不見丙寅年乃復遭百六客冬水潦降大工議版築一卷河渠書千秋金鑑錄去年冬制府河帥重修河渠志恩綸天上至詔免海陵粟水衝頒禁錢神倉發積穀家出慕容貲路設黔赦粥薩商紳土客捐設粥廒完卯護覆巢吹律移黍谷賴茲殘喘延不爾轉溝瀆今春稍稍歸料理破茅屋土蝕無一鮑瓦盆無半蔽仰視桑梅閒泥痕尚漉燕子幾時來先我梁上宿出門見牛宮泣涕想黃瀆黃瀆已質錢已質不可贖入城投豪家乞貸苦不足聊復益以田署券飽其欲未醫眼前創先剜心頭肉捐能備所需豈暇計口腹破囊擔籽種跣胯騎穀餘到家語妻子今冬有吉蓄且耕舊畬急播新種秧四野桔棹聲一夜響輾輾三月桃花水冒出新秧綠五月黃雀風吹得新秧熟幾日隨犁歸早稻名欣欣炊白玉須洞一聲來萬戶哭誰為司命人不鑒前車覆高吟瓠子篇急伐淇園竹

怪風行

怪風西來何蓬蓬大地欲與風俱東黃塵突起屋瓦震昆陽之戰將毋同豐隆作勢欲西掠力不能敵乃復卻山樓颯來生寒威六月披裘尚嫌薄須更驟雨傾湧沱劈開天口成懸河客子驚恒眩頭目錯疑四壁皆偏頗杜陵老屋不足惜慎勿盡偃田中禾夜深輾轉不得寐傾耳猶然聽繁沸四更向盡荒雞號空外彷彿無屐吹開戶出視見斜月玉露無聲青天高

書呂瑤峰事 并序

豫章呂瑤峰奇士也予遇之郡城酒樓酣嬉淋漓一見傾倒高吟絕無青眼來憐我再有黃金也贈人之句別後聞其客吳門又客金陵丙寅冬客自省垣來言有西江呂生病死逆旅中兩僕竊金以逃無殯殮

者所善秦淮妓阿春出纏頭貲厝之粧樓之側一時為詩歌以紀其事者甚夥予聞之曰此必吾瑶峯也為累欷者竟日亦成此律以當輓歌云爾

誰保鬚眉七尺身多君殘夢妥香塵青山荷鍤成千古紅粉粉憐才見幾人絕調聲聲廣陵散（瑶峯善琴）吟魂夜夜大江濱寄言走馬章臺客好把黃金鑄阿春

芸香詩鈔

（清）鄒熊 輯

《芸香詩鈔》十二卷，清鄒熊輯，據南京圖書館藏清同治十三年刻本影印。

鄒熊有《海陵詩彙》，已著録。

泰州板橋之西、鹵河之東有僧舍，曰芸香社。地偏屋古，人迹罕至。自乾隆五十七年（一七九二）春泰州宫國苞、夏震、葉兆蘭等人憩遊其地，結芸香詩社，遂爲泰州城北著名詩壇。清儲樹人《海陵竹枝詞》曾寫葉兆蘭道：『手操牛耳主騷壇，社結芸香集大觀。重過西河尋故址，草堂何處暮煙寒？』自注：『西河草堂，葉古軒先生之别墅也。先生與宫霜橋、羅夏園諸老輩結芸香社，日夕倡和於其中，著有《芸香社詩集》。』即指此集。嘉慶元年（一七九六）重九日，葉兆蘭集客作茱萸會，鄒熊始入社。於是月必數課，課必數詩。邑中同課者不下數十人，並有外地遠客、僑寓詩人參與，詩社甚盛。鄒熊、葉兆蘭因收集諸作，編爲此集。輯過客之詩爲《停雲集》二卷，輯亡友之詩爲《先露集》二卷，朝夕相晤而唱和者概編入《今雨集》四卷。附以葉兆蘭《西河草堂初集》上下兩卷，鄒熊《群玉館初集》二卷。共得十二卷，統名之曰《芸香詩鈔》。

（江慶柏）

序

板橋之西閘河之東有僧舍焉曰芸香社地偏屋古塵跡罕到自壬子春宮霜橋前峯隱吾楙惠夏春舟葉古軒諸吟人憩游其地芸香社遂為城北詩壇余竊慕之而未與也

丙辰重九古軒集眾作茱萸會始招余赴之故余之入社為最遲於是月必數課課必數詩邑中同課者不下數十人此外則停橈遠來僑寓風人或聚或散往來不絕並有雲楙神交篇章郵寄贈答於千百里外者

亦云盛矣不意轉瞬間老死夭折者與人牛馬四方者與人遠歸故里去而不返者又幾人雲散風流驟及於此可勝慨與前年古軒病謂余曰故友凋殘詩稾散佚吾與子俱老大恐不足以恃當輯而存之余諾其語而

以感焉去年余亦病每憶古軒語輒惴惴有襄隕憂之意差健歸自婁江古軒亦從焦山返里爰搜羅芸香諸稿共得古今體詩若干首亟較定付梓以遂亡友多倩雲先霞有集朝夕抱晤而唱和者梁編入今

兩集中古軒与余又各以詩附集末
共得十有二卷統名芸香詩鈔正不
忘初地之意耳二十年鷗侶鷺儔
於斯一聚蓄舊雨之精華備未
者之蒐擇倘吉光可采鴻介常
留俾其人其詩不致与草木同腐
是則余兩人之厚望亦芸香社之大
幸也夫
嘉慶己巳秋吳陵耳山鄒熊識於
犀玉山館并書

芸香詩鈔目次

停雲集卷一

芸香詩鈔卷一　停雲集

吳陵　葉兆蘭右軒
鄒　熊耳山　選

王元琨字魯石浙江錢塘人諸生

魯石浙中宿學古朴無時習久客江淮間白首歸里行李蕭然篋中惟詩稿百卷而已

癸丑春仲將歸武林留别吳陵同學諸子

怕向津亭折柳枝一絲一縷繫相思清明節近春方好湖海人豪醉豈辭白髮久知難諱老青山未免笑歸遲此行倘不愁孤寂篋滿琳琅萬首詩

方　桂字葯堂安徽桐城人貢生

葯堂先生爲南堂徵君裔孫才豐遇嗇悲憤之氣溢于楮墨

廣陵感舊　四之一

韶華自昔妒蛾眉又是歌終燭滅時客裏琴尊傷韻友天涯萍絮失心知青衫落魄誰還惜紅袖憐才事亦奇粉蝶香詞留小照蕭郎寧獨爲情癡

黃文暘字秋平甘泉人貢生著掃垢山房集

送朱立堂返琴溪

世事不稱意飄然返故山何須尋赤鯉自解駐朱顏坐月詩同命眠雲夢亦閒懷人看舊稿一一手親删

寄壽內子淨因

影逐形依四十年弟兄師友樂相兼閨中風雅傳詩畫命裏（真樸）辛勤累米鹽老眼未堪成錦字夜燈常憶對蘆簾冬餘歸計吾能決東海持籌爲爾添

徐　觀字鶴峯興化人

四十

未敢言强仕蕭然韋布身乾坤容我拙骨肉有誰親野店荒雞夜秋風匹馬塵淚遊知計左閉戶守長貧

送周曙峯歸里

十載飄零感謀生事事難與君同作客先我上歸鞍風緊離歌咽天昏別酒寒臨歧無一語各指髩

毛看（含情不盡）

落葉

西風太無情，吹落萬樹葉。辭柯當歸根，縧何舞不歇。

崔起球字吟香，東臺人

赤壁懷古

斷岸懸崖野草生，周郎曾此破曹兵。千年鏖戰空陳迹，一世英雄有敗名。落日光含飛炬熖，大江水帶潰軍聲。遊人誰是鬚蘸老，壬戌秋冬兩賦成。

吳　渙號待軒，甘泉籍泰州人

懷袁嘯竹

孤懷不成寐，久別憶袁安。歲歎居鄉少，囊空結客難。澤鴻聲嚦嚦，海國水漫漫。無限踟躕意，臨風望羽翰。

蛾眉怨

勿怪郎意疎，自歎妾年老。昔日鏡中花，今時路旁草。

汪　炳字蔚伯，號蓮碧，江都人，歲貢生

寒雨

送秋纔幾日，踈雨夜凄清。爲爾多寒意，使人生遠（高凌）情。空階驚落葉，蕭寺對孤檠。莫話巴山道，瀟瀟正遠征。

訪朱老匏先生墓

墓碣塡橋事不經，百年難保痛潛靈。招魂梅剩前村白，埋骨山知何處青。酒客詞人名寂寂，寒蛩衰草雨冥冥。還將昔日孤墳淚（孤墳痛哭無家客，先生哭潘雪帆句），灑向荒原代醱醨。

寄懷李二少白

楚水燕山總昔塵，鶯花三月賦嬉春。眼高於項窺霄漢，筆大如椽泣鬼神。奪席眞成今李白，踏歌還是舊汪倫。吟壇漫惜經年別，儘有新詩慰故人。

團維堅字鴈山，儀徵人，諸生

花朝雨中集浣香軒分韻

壓屋濃雲墨不如輕寒亭館最蕭疎聊拚花事三分減䋏數春光一半虛詩興漸豪中酒後茶烟忽散捲簾初料應添得門前漲流水平橋賣鱖魚

秋日同人再集雲溪精舍

一聲鐘響出林間同訪支公再叩關月色淡將化爲水秋光瘦不過於山蘆花點我愁中鬢楓葉如人醉後顔記得前宵共酩酊燈窗吟到夜深還

江　澧字佩蘭江都人諸生

題吳丈梅槎蹴泉圖

山靜日長成太古混茫重鑿淪靈府花泉流出苔厂清捲雪濆珠逗秋雨泠泠亂攪松風寒泾疑龍門八節灘紅塵十丈飛不到此中祗有幽人看溜穿澀礀漱鳴玉導之一折復一曲人工既至天巧生導流但施鴉嘴劚源頭活潑多所欣流者不滯清濁分委輸會見江海大文瀾化作垂天雲

楊花

山店吹香早吳姬壓酒新每牽離別恨慣送可憐春作雪驚陳夢爲萍認後身東風最多事飄泊劇愁人

課花閣坐雨同朱丈立堂法辛侶張石農琴川儲玉琴汪劍潭嚴雪舟分得庚韵

蒲葵扇小葛衫輕涼意都從雨意生悄夢乍醒孤館暗疏簾初下一燈清潤添琴韵皆成響濃壓花

梢時有聲坐到金爐香燼後半圭月上轉分明

李　琪字少白湖南華容人貢生

性疎才博蹤迹所至士大夫爭先覩之詩有六朝癖奮筆迅書放浪自喜作字亦然

葉古軒以酒籌百枚見遺作歌代束即用贈鄒耳山原韻

我本上京主酒吏紫瓊闕下終日醉祗因醉飲天一斝偷騎玉龍降塵世世間三萬六千日日尋底年光四十二飄風吹上崑崙巔琳瑯酒樹清香流更

馭雲軺入東海苧袍醉倒蓬山秋時與鴻濛薊門去市寒得酒如封侯酩酊夜過酒泉郡郭宏冢上哀猨啾此行吳陵幾千里紅竿青髩多老死（許泉韓椰謂本村）對花呼酒須盡歡鑿火飈塵惜俄晷海上故人葉顛仙糟邱沉湎年復年君應酒星落天上麴蘗到口長河懸相逢不肯話離别脱帽當階坐涼月玳瑁筵列浮羅春迤屋紅梅正花發東隣風起酒香時狩籌貽我青竹枝但使開顔日長醉千金

枝豆復何辭夜歸蕭寺伴殘炧手把壺觴清淮瀉嘯歌舉酒勸長星醉夢和衣卧花下（弃放淋漓）

壬戌春日偕古軒夏園耳山曙峰左亭過王松樵村居小酌

久景媚澄碧行行遵澤梁去路莽繆野敷卉猶寒蒼村麗吹浮靄羣鷄鳴頹墻稚子四五輩遲予深椰堂虚堂靜繁響邃院生微涼主人能好客開筵羅酒漿舉酒共情話風定寒炧光靈境足幽愜曲木無中傷鑿坏豈不智抱甕亦道臧願言買山隱懷彼瀟與湘攬衣出延戶詠歸循遠塘寒擢漾修頫月上林鳥翔

登霄漢樓

廿載鬱懷抱來從霄漢遊八烟開六皖風雨入三秋遠嶂城中出寒潮樹杪流江南有塵障不到謝公樓

用袁嘯竹韻留別李麐侯

春風與流水千里送人歸地迥雲難託天空鳥倦飛雪霜衰髩短山海故交稀他日如相訪嚴陵有釣磯（起句矯健）

別趙平山

春風匹馬走三韓淮海東來暫駐鞍萬里親朋勞夢寐百年身世歷艱難田横島外歸雲遠趙勝尊前夜月寒我已衰顔君正少河橋此別路漫漫

遊衡山

鳥道入高雲篮輿御風上到山不見人竹樹暗泉
響

馬起安字恭壽號巽圃祁門籍江都人

雪後東李玉樵

披帷延曙色霽雪在園林不見梅花發相思空此
心故人三徑闊清晝一窗深坐久微陽下松枝噪
凍禽

煬帝墓

錦帆十幅輕天下歌吹聲中起刼塵汴水已傾滄
海日宮花猶笑廣陵春何須蛙怒憐亡國至竟雞
鳴悞佞臣三十六書應宛在風雷呵叱詎堪論

邗溝懷古

形勢東南迴玉壘繁華西北占金閶春風一片魚
鹽地明月千秋歌舞場望裏雲山青藹藹意中溝
水去湯湯欲知代謝皆陳跡弔古城韓漫考量

登郡城南樓同李玉樵作

形勢東南據上游濤聲終古滿危樓人當登眺難
成賦地近齊梁易感秋落日倒懸滄海色歸雲平
擁大江流風蒲岍柳真無賴虛隔青山夢潤州

李文英字華白號玉樵江都人

聞汪蘋芝將來邗上先有武昌之行

黃海經年別芳音問雪鴻故人浮漢水楊柳欲春
風霜月南樓曉旌旗赤壁空茱萸灣畔路何日繫
孤篷

過小玲瓏山館弔馬半查徵君

不爲三徵起薰心李杜壇詞人聯袂至
天子借書看畫舫移梅古黃金濟士寒高風應不
朽今日愛才難 樸老真切

新秋登郡城南樓

莽莽高城百尺樓天風不斷海雲秋江光西走連
三楚山勢南來控五州作賦參軍誰弔古觀濤枚
叔獨含愁憑欄指點煙帆過一抹河流掌上收

王豫字柳村諸生丹徒人

柳村居金焦之間得江山清氣其才亦清矯拔俗論詩力追正始奉沈文慤爲圭臬久操選政蒐輯甚富王述庵司寇阮芸臺中丞極推重之著有種竹軒詩文各集行世

秋夕晚靜軒聽琴

松風日夕來散作碧天雨流入瑶琴聲泠泠見太古一絃一寸心曲高心自苦之子坐桐陰振衣一再鼓孤鴻忽不飛秋雲生縷縷

送石遠梅

日落遥天明輕舟繫沙渚離愁千萬端執手無一語所幸三日遊勝作經年聚朗抱忘形骸空霄送吹雨故人如黄鵠雙翮飄然舉海門正暮潮吳山渺何許歸路盼江雲是我思君緒

焦山逢顧炭庵

昔別既凄凄今見殊惻惻江柳復蕭蕭君行尙未息共持一尊酒笑言戀晷刻歡場不易逢離緒苦相逼倏如出岫雲風吹各南北大江正東流白日忽西匿徒倚漢時松萬古此顏色

送炭庵

我心無餘戀獨此離别情故鄉僅數子今春皆遠行地山赴書制府之聘鶴山之邵埭惟君殊豪邁與我同生平高歌訪戴公日暮山鬼驚君倘一朝去黄鶴空復鳴清琴爲君張濁酒爲君傾贈君芙蓉花坐君翡翠屏君日明晨吾去矣此心渺渺長江水

由望湖臺下甜龍頭石放歌同徐雪廬

白雲一片湖中來振衣直上望湖臺望湖臺踞天平上遠公遺址何崔嵬俯窺石鏡鬚眉冷倒見七十二峰影足底如聞波濤生一石化龍盤絕頂須臾一石化一龍萬龍夭矯排長空一龍下吸太湖水我欲騎之呼不起飄然直下龍門開龍門在夢下白雲魂忽墜靈泉裏徐子家在湖之東青空一線古防風指點烟嵐明滅處吳江幾夜凋霜楓天涯握手真難得轉眼風塵又南北囊中縱乏買山錢與君

飽看湖山色身無靈骨餐丹砂林屋之洞神仙家不然共訪天隨子雨箬烟簑上釣槎

同石遠梅宿寶蓮庵懷徐雪廬金手山

萬竹響寒雨江聲變早秋故人今夕至翻動別離愁鴛水誰同棹燕雲獨倚樓嗟余久寥落海上伴沙鷗

老當

題方雨村粤游詩後

恠底思奇絕曾騎蝴蝶來山中仙子夢一笑古梅開瓊島朝吹笛珠江夜洗杯梁陳風格在一代擅清才

起筆飄然

讀遠梅秋懷諸作即以柬之

一鞭來往薊門關城抱邊雲萬疊山絕塞談詩憐故友中宵對月解愁顏酒溫甲帳聽狐泣血濺瑚弓帶虎還不是隻身行萬里那能奇句重人間

雄邁

登最高峯和通州李渙衫

天風倒捲白雲來鎮日松聲下界迴萬里波濤江樹盡六朝城郭曉烟開高人棲托原遺世名士飄零始悔才遥羨故人滄海上扁舟咫尺近蓬萊

吳鍾瑾字玉山號秋吟江都人

秋吟縱酒工詩落落寡合晚年客死吳門遺囑以所著澹懷書屋吟草寄汪蔚伯已夏蔚伯以其稿轉寄囑附梓之憫其才且悲其遇也

雨後喜友人過飲

忽枉高軒過松窓正晚晴曠懷忘世味老病見交情淡月空庭滿微風古樹淸平生幾讙聚莫惜酒頻傾

午日喜蔚伯遠道過訪率賦

尚許一相見天心厚可知放閒身外事各誦橐中詩竹影客亭午榴花紅及時佳辰此良會不飲復何爲

贈宮霜橋

握手慰遲暮殷殷契宿心雌雄雷煥劍山水伯牙

琴鷗靜無忤夢松高有遠音浮沉置身外且縱酒
邊吟

古意

浮萍逐水原無根百尺游絲難繫春不愛桃花愛
桃實可憐顏色不如人

閒坐

疎懶情懷與俗違小窗閒坐送春歸微風不動桐
陰厚時見幽禽帶子飛

尤　蔭字貢夫號水村儀徵人

水村先生工詩善畫早歲名動公卿遊半天下有出塞吟諸集簡齋太史爲之序

古北口

忽作囊弓客闚山得壯遊長城初飲馬大幕正椎
牛雲溼天含雨風高夜入秋行行重回首佳氣滿
神州

張攀揚字夢奎號蛩卿江都人諸生

雨後夜坐

雨霽萬籟靜空軒卧寂寞披衣起徘徊幽情忽不
樂明月生疎林清光耿簾幕美人天一方相思杳
難託渺渺獨愁予春風吹杜若

南塘秋泛

暝色南塘路秋光冷釣槎殘荷支斷港衰柳聚寒
鴉漁舍臨流近炊烟過雨斜詩情兼畫意占斷晚
來霞

瘦鍊

遊靈谷寺

攜筇搜勝境路曲不知長泉水淡塵味松風生晝
涼千秋碑碣斷一徑草花香興盡揖僧去空山餘
夕陽

月夜偕宮秀機袁嘯竹李楓崖登燕子磯

岧嶤直上最高層帶月尋幽挈伴登寺閉初停中
夜磬人豪不挂一枝藤茫茫岷水迷寒霧落落漁
航散遠燈自笑此身輕似葉却留青眼得山僧

舟次鸚鵡洲

暮泊鷗武洲客思滿懷抱極目遠萋萋何處無芳
草

金德溥字淵亭號綺樹六合縣人諸生

春郊即事

極目暮春天郊原景物妍梨花三月雨楊柳一溪
烟鳥語青山外人家綠水前尋幽歸路晚好覓醉
鄉眠

晚步

秋盡孤村外閒行思渺然枯荷能碎雨衰柳不藏
烟我欲尋漁父長歌上釣船可堪天已暮凝望幾
流連

袁承福字嘯竹東臺人諸生

東海袁氏以詩世其家各流多依之嘯竹尤稱傑出故簡齋太史有袁氏多才之歎

海潮行

日落雲黃海鳥飛翔竄戶心皇皇　颶風夜急飛
走沙石雨細星星鬼泣嚶嚶　潮來如山雨傾如
盆負老携幼上辟潮墩恨天無梯不能升　禾草
萎廬舍圮居人逃鷄犬死　鹽數不足竈長泣昨
日衙前告四十明日長官又考核

聞洪湖復溢感而有作

又見洪濤怒方知河伯尊民逃今日命水驗去年
痕城郭危三版禾苗損萬村淒淒風雨合白晝是
黃昏

秋至吾先瘦高堂有老親典衣搜篋盡乞米作書

頻閉戶非關懶年荒不笑貧天涯誰鮑叔懷刺又
干人

庚申九月將之睢寧留別同人

青銅笑我鬢成絲搔首還吟錫操詞一第未能干
分得十年翻悔讀書遲貧饞對石求丹術老向尋
釵卜嫁期不是此中心太熱倚閭無以慰萱慈
閉門未許卧烟蘿歸思離情兩奈何細雨征帆辭
白下西風落葉渡黃河短衣射虎悲前事彈鋏思

魚又放歌從此故人各天末馬頭回首暮雲多

情辭暢達

冶山兄移居城東重九前一日過訪賦贈四

之一

士龍老屋任原難鄉里歸來作客看瀕死幸能圓骨肉再生轉不慮饑寒回頭野外蛟龍遠託足城隅鷄犬安明日茱萸同插帽勸兄痛飲更加餐

沉痛

題吳野人先生像 圖中與程雲家先生范堤並立

芸香詩鈔 卷一 停雲集 十九

詩名走天下破屋老斥鹵良友耦畫圖遺卷殘蠹腐余雖生也晚瓣香欣快睹端拱立如山巍然道貌古兵戈水旱年而目半愁苦高隱晉陶潛悲歌唐杜甫賤不拜督郵貧不依嚴武兼葭秋水間布衣以終處再拜仰清風東淘足千古

李梅姑詩

梅姑吳陵大埨邨賣漿家女年十九夜煮漿隣翁乞火父母疑之女無以自明遂投河死時乙丑秋七月事㲄士孫子紀以詩余爲之和

白玉出石金出沙女兒出自賣漿家賣漿人家夜燒火女兒力困腰肢痺乞火人來女不知乞火人去母心疑阿耶詈女施鞭扑女兒夢醒心驚愕此心貞白何由明耶前請死耶心平東隣西隣門盡閉愁雲慘澹曉月墜啾啾唧唧來妻風鬼伯招手河當中清流三尺瀉寒玉祇聞河聲不聞哭耶嬢

芸香詩鈔 卷一 停雲集 二十

懊惱隣人嗟女兒顏色嬌如花可憐鴛鴦不匹鴨可憐鸞鳳不棲雅有客聞之爲紀事字字珍珠滴清淚他年彤史采風書女兒姓李名梅姑

聞鴈

八月鴈門開今朝塞鴈來一聲天外至滿耳畢中哀歲歎之何處燈殘罷舉杯起看秋月白爲爾獨徘徊

過耿村坐溪聲閣悼孫劍丈姊丈

草堂依舊枕溪濱聽到雞聲一愴神映雪讀書曾
共我登山長嘯更無人浮漚遊水思前事落葉秋
風感此身坐久山陽鄰笛起淚零如雨下沾巾

樊正能字問齋號秀峯江西新建人職監生

僦居蕭寺即景偶成

南北飄零慣借枝無端蕭寺又棲遲山窗花鳥為
聲色客館琴書是友師放眼最宜新雨後捫心常
在曉鐘時天涯到處容歌嘯不任閒愁上鬢絲

季爾慶字兼夫泰興人諸生著齋思堂集

明湖曲

濟南湖水穿城曲傍水人家結茅屋青湖白葦占
湖多荷葉荷花開未足五月六月客齊來登樓買
醉旗幰開鷁華山色濃於染不及彈箏舉酒祈秦
姬趙女眉修整同是天涯傷斷梗鯉魚風起各孤
飛那復鴛鴦宿交頸

初寒即事

峭寒侵病骨終日坐閒亭客去書重帙囊空酒暫
停江湖雙鬢白風雨一燈青黃葉忽齊下淒清不
可聽

由冷泉亭過雲林寺至旋光

一徑入寒碧窮幽到極巔撥雲開古洞接竹引流
泉海色窗中動山光足底連北高峯不遠誰解學
飛仙

吳山秋眺

微茫影裡見蛟門不辨烟雲海氣昏白馬渡江開
半壁黃龍息戰嘆中原潮聲猶帶前朝恨草色偏
消蕩子魂底事登臨生感慨興亡自古總難論

芸臺先生招飲湖心亭和子白韻 四之一

葛衣露坐覺生凉風透秋痕淡淡香手擘西湖雲
葉葉遮他三十六鴛鴦

黃寶鑾字小平江都人

鳳凰臺 十臺詩之一

江上層臺映夕陽山光隱隱水茫茫堪憐僧緯愁鸚鵡空說元嘉兆鳳凰一代仙才悲寂寞四家學館太凄凉我來獨立添惆悵飛鳥征帆極目望

方　本字　號立堂儀徵人乾隆癸卯舉人

送宮霜橋歸里

白日去如駛迅疾不稍駐人生百年閒馳逐半道路道路多風塵顏色漸非故不惜顏色凋所恨風塵誤嗟哉計已非况乃歲云暮歲暮將何之眷言歸故里囊中無黄金何以慰妻子男兒志四方四方竟如此古人惜寸金盧擲奚爲爾寄語遠游人遠游良可已

西來庵晚眺

清淨乃如許登臨不忍歸遲紆人跡少林密鳥聲微老樹欺霜力寒溪戀夕暉遠公良可晤相與証禪機

宿采石山寺

古原日云夕行李憩禪關但覺月相近不知身在山鷄豚千舍晚鐘鼓一僧閒安得謝塵事誅茅向此間

過界嶺

嶺分兩省峙天門重鎮巍巍廟貌尊南控荆襄吞九郡東開河洛障中原雪峯似玉晴猶積石路成槽水有痕此去漢陽三百里途中仍歷幾朝昏

空房和劍潭韻

五湖何處覓扁舟鎮日空房冷似秋三載又看羞下玉一燈空自照吳鉤偶凭短几書騰醮輒憶長干汗漫游檢點床頭金已盡戀人惟有敝羊裘秋風瑟瑟響雲廊秋意蕭蕭入蘚房花影忽移知晝短酒懷易醒覺宵長夢隨星月行千里愁共琴書疊一床安得空山無罣礙頓令萬事總消忘

程　度字龍翔號玉尺歙縣人諸生

清秋

淸秋氣凉爽白髮日離披病起常看鏡家貧獨望
兒人情易冷暖吾道更艱危欲買西湖權遷延未
有期

鶯脰湖

鶯脰湖中水接天畫眉橋外柳如烟悲秋病客貪
高臥暮雨瀟瀟懶泊船

潘修壽字芥亭甘泉人

秋孃曲

錦江如雲春渺渺美人一生鏡中老何事長秋買
落花柘魂入地成幽草冰蟾夜永沉殘壁空院無
人問瑤瑟香陌年年柳絮飛傷春獨下樊川泣

木蘭詞

阿翁頭已白毿毿小女從征只十三未識當年軍
帖上如何塡寫莫丁男

周長泰字寶階號綺村通州人副貢生

秦淮喜晤耳山

不信流光速回頭十八年故人重問姓香火記前
緣囊槖詩千卷笙歌月一船江樓共憑眺高詠錦
秋天

莫愁湖

錦秋重過莫愁湖湖上烟光見而初十五年前舊
遊客汀洲鷗鷺識儂無

蕭炳字永著號晴巖江都人

曉泛

曉烟淡遠山秋雲化湖水泛泛一舟輕摇入荷花
裏

金山雨中聞笛

江湖初上没危灘烟雨迷離暗石欄料得漁人收
網去一聲風笛水雲寒

張官保字少連儀徵人武生

章華臺

昔日章華事已非蒼茫林木暮烟飛一臺何至闕

成敗歌舞時多受諫稀

西園

遊樂西園友愛深四方名士盡傾心一從代漢爲天子子建翻多哀怨吟

凌　霄字芝泉江寧人貢生

有感

一斗男兒淚千金國士恩重過大梁道不見信陵門古木饑烏集歧途落照昏茫茫塵海外誰識舊王孫

豪宕有氣

芸香詩鈔　卷一　停雲集　七

送春齋軍門出關四之一

荒荒落日浩無垠萬里河山百戰身怪石闢開皆試劍大風陡起欲飛人行當嶺嶠平猶險見慣熊羆猛亦馴今古幾多勳業在斷碑仔細撥荊榛

舟中夜雨感

草草風塵誤半生江干襆被又遄征亂山回首憂無數寒雨到船鐘幾聲賤賣文章拋骨肉羞懷名刺謁公卿壯心銷盡劉琨嬾卧聽荒鷄唱五更

李　育字棣生江都人

送殿二芷衫之靖江

挂颿君忽去直指海東頭舊雨一朝别孤山落葉秋家貧爲客早道遠故人愁却喜連床好元龍意氣投

廢圃

廢圃仍留跡苔痕不計年當時曾有主此日半成田流水清如昔秋風瘦可憐我來閒眺望愁對夕陽天

芸香詩鈔　卷一　停雲集　七

芸香詩鈔目次

停雲集卷二

芸香詩鈔卷二　停雲集

吳陵　葉兆蘭古軒　選
鄒　熊耳山

江藩字子屏號鎮堂甘泉人監生

登齊雲山

危梯高百級曲折逕通幽人與鳥爭路僧邀雲住樓山收千里翠石放泉溪流空際聞鐘磬聲從何處求　字字警鍊

三楚

三楚傳消息連天草色空傷心歌碩鼠極目送歸鴻楊柳誰家月笙簫別院風兩川估客斷米價問江東

寓樓

東風料峭覺衣单樓閣清虛夢未殘病裏拚教花事去愁來肯放酒杯寬畫圖勸客看山色書卷留人忍夜寒去歲家書今歲達老親爲我定加餐

季耀南字雲崖丹徒人監生

送李旭齋

孤懷久不適送爾況逢秋握手幾回醉論心相向愁晚風江上笛殘月水邊樓歸棹鴛湖去還應憶舊游

聽吳山人士伯彈琹

寒月澄幽樹空山流暗泉此時有高士華髮弄朱絃正聲原太古遠韻繞霜天令我情無限如逢海上仙 絪氣空律

邗上得袁蘇亭書即送之歸滇西

雲邊晴雪壓江關東閣梅開照客顏夢裏牂牁鄉國遠天涯朋輩酒樽慳十年宦蹟心原淡匹馬風塵鬓已斑此日江南舊時路更無芳草送君還

陌上

紫陌尋春趁晚霞無端金鈿墜香車與郎生長不相識只隔桃花三兩家 輕倩

陳宗選字書農江都人諸生

燕子磯

燕子何年落危磯俯碧汀風留今日棹吟上野雲亭秋氣生衣袂江光入杳冥茫茫終古事逝水幾曾停 清利

遊攝山

四圍森翠幛一徑鬱秋陰但見雲烟秀不知山谷深古碑捫蘚讀奇石揖僧尋幽趣探無盡低徊日暮心

隱仙庵訪朴山道士不值

秋山蓊竹木庵入絲雲藏一徑轉深處瀟樓吹古香仙人不可見塵夢已俱忘坐久歸途寂林陰淡夕陽

喜晤濮師元

二十六年別相逢乃在茲未遑言境況先各看鬚眉舊事渾如夢歡情轉忽悲秦淮秋月好無那近

歸期

初春雜咏

梅花幾樹映芳塘恰好無風又夕陽我愛咏花閒立久滿身都是白雲香

孫　鴻號南莊浙江湖州人諸生

聽秋水上人彈琴

地避紅塵遠泠泠愜素心高人無世味太古此遺音半榻松風繞一庭花雨深衆山皆響處時有鶴來臨

鄭廷梧字心農儀徵人諸生

春日湖上

紅裙畫舫艷陽天楊柳灣邊古渡前小舸輕柔三尺浪閒鷗飛破一溪烟仙家與到宜吹笛妓館春深且撥絃直待宵分燈火上琉璃萬頃碧波懸

江　濤字雪門江都人諸生

梨花　四之二

寧王笛韵杳難尋懊惱情懷直到今一剪嫩雲同夢意半簾疎雨閉門心香分笑靨生成淺春入啼痕別樣深祗有清芬關不住被風吹上粉墻陰

端凝態度本天然開近清明便可憐撩眼尚嫌烟淡薄回頭曾結佛因緣巳拚元圃春如海肯信新豐酒值錢妬煞天桃羞艷李勝他宫女貌三千

過友人新居

好風吹我出城隅幾度尋詩問卜居禮儁自知筋骨懶地偏翻覺友朋疎囊中舊貯驚人句案上新裁乞米書獨有關心春社燕相依猶爲認遺廬

爐香茗椀迹雙清小住居然見性情儘有文章供几席從無名字到公卿幽花繞砌隨高下老樹當門抵送迎雛鳳早欣頭角露破開來聽讀書聲

許之翰字春卿甘泉人諸生

雜詩

明珠耿夜光清歌動華屋桂梁繞聲音蘭室紛綺

穀焚膏失昏晝把珓忘寒與當筵盡春人聞笑不聞哭有心非靈犀無心非槁木曠懷思古昔所重絕塵俗豈伊一顧難甘此千金辱誰爲師涓琴泠泠奏桑濮（無淺語）

題蘭生畫蘭圖（蘭生姓梅東淘人袁大癯竹詩侍史也工畫蘭）

古來奇物莫如筆鬼斧神工總難敵松烟一染妙趣生但有聰明都寫出蘭生生長東海濱學畫一載能絕倫最難家世梅宗派且喜依栖竹主人生

芸香詩鈔　卷二　停雲集　六

梅之間居竹下畫蘭豈有不肖者蘭名竟藉竹名傳如此遭逢劇風雅紛紛索畫瘦西湖裂素裁牋日不虛我欲蘭生畫蘭暇拈毫還學幾行書

典牛歌（乙丑夏淮揚大水耕牛悉歸屠市太守張古愚先生行典牛法全活甚多）

君不見年年布穀鳴陽春農夫恃牛甚於人又不見一日牽牛入闤闠屠兒視牛直如菜淮揚大水無地耕牛與農夫轉叅殲我知殺牛之心農本無勢難兼顧唯饑驅兒啼婦哭救不得此時芻牧豈求乎無芻無牧已如此牛饑亦死殺亦死農夫向牛泣且言鬻汝聊堪活妻子揚州太守賢且仁輿情直達勞吳筠（謂吳北海徵君）太守乃爲畫奇策固農之本救農貧一時典牛令下滿都邑咸頌推恩靡不及爾牛觳觫固可免溝壑兼能轉呼吸典牛豈徒牛得生今年且卜來年耕不然沉災已足痛轉眼石田難爲情典牛錢自捐俸出太守清貧盡人識古來仁政那有此求以羊易已難得吁嗟乎仁人

芸香詩鈔　卷二　停雲集　七

之心百憂集人心直奪造化力他日江城春草生一笛吹來樂何極（妙結）

焦山曉望

閒倚一支筇松寮立曉風烟齊江樹白日抱海雲紅帆影孤鴻外濤聲萬馬中塵心慚未濯不敢揖焦公

南湖春泛

宿雨泛濃碧新晴生野烟樹篩橋影碎槳擊浪花

圓暎意浮沙鳥春聲散紙鳶故人曾此別南望一
妻然

沈經源字望九號琴川吳縣人

將之江州留別吳陵友人

生計蕭條歲月徂薜蘿門巷賦閒居濟人老尚勤
修藥教子貧猶不賣書海上鷺鷗盟散後江干桃
李手栽初茫茫烟樹迢迢水從此相思託鯉魚

張攀緒字柳塘江都人

夜雨

孤館苦岑寂況多風雨聲漸看燈影暗不覺客心
驚往事千回憶懷人百感生那堪衾似水酒醒倍
關情

陶 漁字少石儀徵人諸生

漂母祠

淮上無名母居然長者風窮途憐國士冷眼識英
雄不望千金報寧居一飯功笑他推食者恩誼未

全終

隋宮懷古

一代風流主千秋作賦才柳皆親手種河為後人
開玉樹歌纔歇瓊花刼又來傷心湖上月夜夜照
雞臺

黃 金字無假號小秋甘泉人著棃紅館筆譚
何莫編詩集黃氏家乘柳下隨筆行世

遊翠屏洲贈王柳村

城市積繁慮苦之超世情素心獲所慰即以託生
平入城謝車馬遇君肝胆傾竹西共觴酌歌詠趨
正聲厭俗歸雙峯驅車從君行佳境必逸侶始得
成勝名樹杪見遠山寒綠凝窗楹預擬桃花時來
茲定鷗盟

送汪大劍潭之粵西

秋老蓼花灘一帆江上寒知音今遠別古調向誰
彈耕久思逢歲名成勝拜官蠻烟兼瘴雨珍重好

加餐

題張桂巖先生賜寧山水卷子

好山染翠水拖藍，燕子來時正浴蠶。畫裏有詩詩有畫，一帆春雨過江南。

許祥齡，字蔬庵，甘泉人，諸生。

三善政詩

白將軍雲上總戎揚州，訓練士卒，有禮讓風，其善政便於民者有三，爰作是詩。

緝盜行

城頭月初上，將軍早出帳。城頭月已殘，將軍未解鞍。五更風割貂裘裂，馬滑霜蹄踏殘雪。黑地誰驚犬吠聲，寒光出匣刀飛血。歸去營門日色高，路人太息將軍勞。四境偷兒桎梏死，萬家高枕安床第。若非閫外有將軍，安得梁上無君子。

積薪嘆

廣陵地狹無樵蘇，炊爨盡仗江南蘆。採涉江河百餘里，載須舟楫擔須夫。雨淊三日連江黑，濕葦一束千錢值。東坡詩：破竈燒濕葦。廚中有栗突無烟，富家燃蠟貧寒食。連檣忽抵城東門，薪堵如山價不論。昔何騰貴今何賤，昨夜將軍發羽箭。

救火謠

火炎上，將軍望。火就燥，將軍到。千家一啼哭，將軍飛上屋。烟似狼烽聲破竹，將軍滅火如滅燭。將軍未履禦火珠，何其赴火爭前驅。將軍未服火澣布，何其蹈火猶平路。祝融祝融誰能平，白將軍水精生。

筆健詞雄，三章一律。

越相范公祠

英雄烈烈破吳歸，不待弓藏早見機。塵罷西施餘孽斬，弔殘文種故人稀。黃金鑄像終難託，烏喙忘恩未足依。畢竟湖千祠宇在，勝他春殿鷓鴣飛。

許之禎，字芳楣，甘泉人，諸生。

秋日曉泛

極目一天秋，淩晨鼓檝游。露濃花澤雨，風勁樹低

頭蘭槳鷺沙鳥銅鉦出畫樓此時鏡湖裡落落幾扁舟

陳實孫字師竹如皋人

遊湄庵用石野堂韻八首之二

凉風吹曉霽爽氣淨秋心打槳清波上招人碧樹陰花溪言共泛蓮社許同尋好向支公座泠泠聽素琹

四圍山擁抱十畝竹迴遮古殿藏林麓平橋約浪花江深秋暑散人靜夕陽斜幽興此時足何須八月槎

畢鍔字殿芬號子廉安徽歙縣人貢生

戊辰仲春揚州旅次送葉古軒歸吳陵余亦有吳門之遊即席賦此

風吹花開復吹散羈懷正逐花零亂舊雨忽隨今雨來三日雨銷春一半古軒家本住黃山（歙縣籍）僑寓茱萸灣復灣手握驪珠求海上汪㳂秘笈付商顏門才正可夌王謝耳埶登場思舞蕨有時壯志慕朱張無淚窮途揮阮籍池上仍歆倒接䍦歌聲驚煞郢中兒可能不遇高軒過已是親承一字師我自窮愁愁不埽拚將歲月催人老作客頻年絕送迎共君數語相傾倒聞道今朝與短棹我行討日渡金焦海陵紅粟應如故好聽吳門乞食簫

任大樟字香崖興化人諸生

安定祠銀杏歌

吳陵安定祠遺蹟崇南宋我登先生堂仰止欽道統虛簷蠨蛸垂荒礎蟻穴封下堂四瞻顧苔蘚綠階縫幽香起蘭榛蒼碧凉菱葑舉首視銀杏葉壓秋聲重古柯屈復盤疎枝錯以綜霜皴剝瘤瘦雨濕裂瘇瘢小鳥栖其間飛鳴載無恐下有讀書人倚根時吟諷緬維先生教鄙懷私自訟㪽理翊濂閩談經宗豫雍千秋教法垂明體以致用當年讀書處嘉樹手親種獨憾衣帶隔未獲頻過從今來

聽遺嶶沐手薦蔬供閬寂道心生葱鬱遊日縱閃閃微日光靄靄晴烟擁玆樹暨玆祠芳馨足賡頌

周　煦字仲和號谿峰淮安山陽人監生

雨後登海陵城樓

城頭散暮陰雨霽快登臨淮海十年跡高樓萬里心晚鐘催野寺饑鳥下荒林不盡蒼茫意悠然發短吟

秋意

一片清秋意疎疎爽氣生纔看桐葉落便覺葛衣輕涼月照顏色浮雲悲世情熱中消未盡愁聽亂蟬鳴

贈王柳村

白髮雙親健青年羣季賢米薪無價問闠闠有詩傳柳抱藏書屋門迎種稻田此間真樂境何必羨神仙

戊辰九月將歸淮上留別吳陵諸同好

橐筆吳陵市交游徧雋英十年文酒會一夕別離情地僻黄花瘦天空旅鴈鳴無才報知己碌碌感生平

離舟猶未發把酒復長吟書劍行裝薄魚龍澤國深（淮揚頻遭水患）停雲懷舊雨掉首遂初心珍重前期在毋須淚染襟

秋懷

天高白日氣蕭森撲面西風冷不禁我有故人客

千里授衣時節最關心

程　濂字蕅船安徽歙縣人

桐江舟次

漸覺離家遠灘聲送客船一流清見底萬嶂綠藏天未解風波險偏多山水緣釣臺何處訪遥指暮雲邊

咏古

士為知己死成敗何足計所惜秦舞陽不及高漸

離叶

一擊雖無成魄已懾秦始嗟哉六國亡報仇只孺
子

吳陵春遊詞

桃花紅間柳千條寒食春城雨漸消一帶市河環
寺碧泥人風景是西橋

小西湖水碧潺潺多少樓臺落照間西北荒凉難
入目（吳陵疊遭水患）游人不上岳家山

周 庠字西答東臺人諸生

飲馬詞

一馬生海隅駿骨稜稜起亦自秉星精致用胡太
否秋風括括秋原蕪苜蓿不肥拳毛枯腸渴羞從
圉兒呼圉兒餋馬復識馬梳鬃剪鬣放原野飽以
長河萬里流一洗塵焰甦瀟灑嗚乎君意亦何艮
朝朝飲馬馬轉傷黃金臺畔路修阻何以報之淚
如雨

西溪即事

買得鱸魚上野航笛聲吹動水風凉平湖雨過秋
如畫紅蓼幾枝明夕陽

顧麟瑞號芝彩興化人辛酉拔貢

渡江

天入大江搖江潮接海潮潮聲走吳楚天影濕金
焦到岸方驚險開帆未覺遥鼉鼉成窟宅盤踞向
人驕（勁氣盤折）

病起雜詩十之一

水鄉節物最宜秋食味經營那便休碎剪蔬雲烹
鴨脚細傾荷露煮鷄頭嘉魚一部舍人誇清酒三
升司馬裘門外苦痕稀轍跡且呼小醉破閒愁

張鳳翼字立山東臺人監生

和友登泰山作

不到峯巒頂焉知體勢尊鬼神朝帝闕星斗落天
門一水圍衣帶千山列子孫仙壇雲氣起疑有玉

書存

洪伯濤字春鋤安徽歙縣人監生

猨聲

嗷嗷竟何事夜長秋已深楚山一淸嘯巫峽徧哀音抱樹不堪聽斷腸仍復吟輕舟客東下相送盈霑襟

莫愁湖櫂歌

一片明湖古莫愁虛涵天影澹涵秋淸波也解憐傾國流到湖中便不流

石城西畔小西湖風月無窮衆妙俱傳說中山愚子弟從來只解課魚租

荆山粤字餐雲甘泉人諸生

鑿險縋幽奇如昌谷恃才忤俗狂勝正平後卒以此夭折士林惜之

贈友

憑誰滿肚問時宜日日金杯滿不辭江上別離千樹柳馬前風景十分詩人才寂寞誰堪數天意蒼

茫未可知且做狂歌留一醉不訪笑煞郢中兒

十里

十里桃花夾路開春風引我過仙臺相逢馬上回頭笑昨日靑州買醉來

潘純鈺字雅堂號印川甘泉人乾隆辛丑進士官刑部主事

玉井梅查兩先生同檇亭伯厓見過懷圖作

送春詩

起○健

前日花開對君酌今日君來花已落與君坐鬬花盛衰眼底春光在寥廓小園濕雨初放晴曉風寒戀春衫輕綠陰如帳草如帶犂黃子規相應鳴飛紅滿徑雲遮樹一片春從雨中去春歸未必要人憐人自憐春春自暮送春何處烟淒其留春正復酒盈卮酒卮屬君君莫辭來朝空唱憶春詞

語○淺○意○深

題趙松雪八駿圖

王孫畫馬自逼眞曹韓以來無與倫胸中只足萬

飛玉山立此時八駿相追奔穆王聞之欲西獵上
天下淵騰八龍嵑而歸兮蓬萊宮房精耿耿元氣
出乃在尺幅丹青中越影超光竟何處風騣落紙
生雲霧有如元愷曠代才千古精靈共延佇意匠
慘澹思何深披圖如見作者心吁嗟權奇卓犖有
如此誰謂孫陽去後無賞音

謁史閣部祠二之一

王師東下一戎衣萬國壺漿奉德威此事豈能爭
筆舌當時誰更典樞機江頭大將星初落院裡諸
臣宴未歸宰木千秋應北向魂兮終傍鳥湖飛

戚宗海字誾仙東臺藉江夏人監生

柳枝辭

細雨斜風燕子天絲絲縷縷小樓前如何一樣三
春柳生到揚州便可憐

方仕倓字月查號靜也儀徵諸生

讀文信國正氣歌二首之一

峯傳文筆礙千尋讀竟遺編淚滿襟一代文章亡
國恨三年風雨小樓心直將正氣還天地留得孤
忠證古今南望崖山何處是愁雲如墨海門深

汪 坤字元圭號玉屏江都監生著吟香閣集

小秦淮春曉曲

流蘇帳暖春愁重未醒鴛鴦花底夢忽地流鶯喚
曉粧門前已纜芙蓉艭個人扶起青蛾斂尙怪春

宵不肯長打槳復打槳郎今欲何往露草綴新啼
烟絲媚餘想囑郎莫向西家住西家樓高天易曙

餘音娟娟

除夜同張老薑鏐飲秦氏玉照軒

止妒屠蘇對客傾草堂燈火勸開甕人逢此夜開
難得酒爲吾曹出有名屈指又看增一歲快心何
飲不三更松枝香細紅爐暖共守春風坐到明

頷聯語妙

張　鏐字子貞號老薑江都人

月夜坐蜀岡石亭

月光壓山氣山低月彌大瀉地如水流樹影忽穿破我心爲之淨塵滓不能沉石亭聳蒼翠遊者每經過誰能萬籟寂猶向此中坐夜靜稀聲聞山空應欻啞河漢漸已斜客倦亦思卧何處鐘磬聲山僧起晨課

李將軍射虎行

雕弓在臂馬脱皁將軍夜獵南山道烈風捲地山有聲疑是於菟伏深草將軍見虎不見石一箭横穿電飛疾此時雪壓林木摧箭風到處深草開虎蹲不動箭没羽將軍見石不見虎嗚呼快意人誰同封侯未必皆英雄

糶米謡

揚州太守清且廉胥吏不敢横索錢揚州之田告水潦太守愛民作平糶市中米價貴厰中米價賤爾民糴米須速來遲則米色如塵埃昨日米厰開今日米厰閉日日糴米民不來

初夏偶成

圜居罕人蹟新竹已成林薄日熏花氣濃雲斂樹陰愁難消妄想貧欲改初心且喜頭顱上霜華尚未侵

下萬松嶺至雙峰雲棧

梅花香不斷人影下春烟嵐氣林陰合湖光樹杪連過橋謀野酌倚石聽風泉欲結雲霞侶何如此地偏

宿焦山松寥閣

把火投僧寺青山罷夜遊水明殘月影人卧大江秋竹露和烟滴松雲入夢流潮來山欲動猶認宿扁舟

過汪碧峰墓

細路穿寒日孤墳弔薛蘿人間寡妻在泉下故交

多短夢餘詩草殘生負釣簑過君猶昨日惆悵渺
山河 語摯

題南園水亭

老樹歛寒影荒池帶古波我浮烟舫至秋入水亭
多花鳴歸樵牧風衣想芰荷可憐舊時鳥無賴向
人歌

中秋對山樓雅集

木犀香裏夜淒清遠近絃歌漸有聲僂對好山看

不厭客非佳節醉無名酒邊燈火如春暖月下簾
櫳似水生欲與姮娥共遊賞乘風何處上瑶京

雪中寄方丈子雲

硯席相違歲又增草堂人倘聚吟燈春來積雪寒
如此病裏羊裘典未曾暇日方書休易試老年調
攝最難能神仙導引醫家葯不及真空是上乘

贈黄丈秋平

馬稍弓刀總絶倫白頭天强作詩人閉門歌哭元
無那舌老文章但寫真已分舌華消紫皎都將心
血化陽春松雲一卧紅顔改自署頭銜是逸民

朱實發字樹泉號飯石廩生六合縣人

登紗帽峰

鐘磬聲中出上方千盤石磴曉蒼蒼漸於天近星
辰大時有仙來草木香明月在山如在水秋蟲愁
熱不愁京今宵準向雲蘿宿燈火蒲團借一床

淮城晚望

黄流滚滚下吴頭有客凴欄一望收海氣作雲吞
大漠風聲捲水上層樓地連豐沛兒童健霜落河
梁草木秋回首故園西指去青山一髮是雄州

客館偶感

一燈孤館動高歌百感蒼凉散薜蘿何謝之間成
佛少申韓以後殺人多青天不老團圞月弱水難
沿上下波綠鬢漸凋秋又晚茫茫那覓魯陽戈

西總

枚犖宅畔久淹留想到西牕桂樹秋兒肯讀書貧亦好婦能將母客無憂神仙度世三生事文字依人萬古愁竟欲從風學沖舉浮雲西北有高樓

梁氏寓齋夜坐有感

連宵小住庾公樓燈火青熒獨客愁水氣到牕天忽白蟲聲在樹夢俱秋鴟頭兒女春都嫁猿臂將軍老不侯一曲玉簫吹入破東來明月正如鈎

客牕夜坐

六尺匡床一短檠强扶羸病任江城愁深夢亦崎嶇境客久詩多慷慨聲瘦到梅花天太忍冷如秋水夜無情西風幾日芭蕉雨吹上寒牕暗不明

顧階升字晉齋興化人諸生

過小醉上人禪院

老僧偏好事闢地學園丁解種數株樹新添一院青有時親灌水竟日不看經爲指空閒處來春結草亭 四十字如一句

汪傳模字楷如號香岑六合縣人諸生

秋柳

一望迷離動客愁白門衰柳滿江頭支殘夕照南朝寺咽斷寒蟬舊院樓古道招揺山氣逼長隄點綴暮鴉稠千條萬縷纏綿意送盡江南幾度秋

汪佳俊字傑士號碧峰江都人

秦王缶

王擊缶請不已王不擊缶趙所恥君辱臣當死十步之内王何恃瑟聲止缶聲起藺相如誠勇士君不見毛遂一言定楚縱碌碌因人安足齒

杜巖字魯望號若洲六合縣人諸生

登燕子磯望江

山樹影飄蕭秋聲動碧寥偶攜新蠟屐同看大江潮風集帆千片烟開練一條由來天塹險不渡亦魂銷

于泗字邦彦號秋渚東臺人

竹癡山人畫竹歌贈繆牧人

山人畫竹竹逼真。筆所到處烟青青。一竿兩竿纔著紙。風來便覺有竹聲。我家小樓東。舊栽竹幾叢。願倩山人筆。畫我聽秋風。秋風連夜來簌簌。日畫一幅恐不足。淇泉水染瀟湘雲。山人大笑指掌綠。君不見如椽畫竹徐湘浦。長牋寄我丈有五。齋壁尙嫌遮未完。鉄處留待山人補。山人山人爾莫辭。拂紙須當興到時。我來只索山人竹。不問山人癡不癡。

喜水繪園復歸冒氏

勘破滄桑夢。園亭刼外存。百年消客淚。一席妥詩魂。南國烟花古。東林姓字尊。自然鄉不改。仍作鄭公論。

芸香詩鈔目次

芸香詩鈔卷三

吳陵　葉兆蘭右軒
鄒　熊耳山　選

羅　桂字碧山號笠隱晲號金粟山人

碧山先生西江名裔遁蹟林泉與邑中鄧孝威黃仙裳諸前輩結文酒社足不入城市者三十餘年當時以申吳兩隱君子比之詩品超潔著有自娛集愛維堂北遊草等稿其姪孫克俠藏之以待梓

過天寧寺

邗江尋古寺城北入天寧捨宅人何在傳燈地有靈鐘沉萬戶月僧老一函經却笑攢眉客逃禪偶獨醒

九日碧雲山房同施千里許介眉張雙橋曾庵上人作

秋雲隨處碧靜坐勝游行古木鴉千點遥空鴈一聲籬花元亮酒竈芋懶殘羨不待詩投契匡廬舊有盟

夢山陰黃儀遁師

移封思酒國醉死得姑蘇衰草迷孤墓新碑誌宿儒傳詩名不朽感遇淚同枯遠道游魂至依然與玉壺

周　虹字虹起號天橋

天橋先生工詩善射父為廣南參將天橋隨任海上有一箭雙珠事詳載州志身歿無後稿將散逸姜桐軒先生錄其數章囑附刻集中

陽朔道上

南越還南去風光覺黯然長途傷倦羽故國渺疎烟四面獞猺地千山猿鳥天計時秋已盡桃綻滿堯田

江東門訪舊

舊遊多白下訪舊繞江行沙軟留人蹟山空聚葉聲雙榆公子第百里帝王城相與同懷古秋風無限情

秋雨潰隄

隄潰秋來雨連綿幾月陰怒濤鳴釜底亂艇鬪湖心村落無高岸人家剩短林淮南十萬戶與水共浮沉 奇警 情景可駭

揚州晚泊

日落楚山遠秋殘暮氣清白花沽好酒紅樹望高城短短天涯棹茫茫客子情二更燈火裏何處玉簫聲 小杜風流

與鄭孝威寒窓小集賦贈

破帽高歌去早秋重來堅凍合長溝詩人易惹千年謗才子誰封萬戶侯此日解裘同買醉何時作賦共登樓五陵笑煞諸紈袴被裹黃綢不出頭

廣州夜泊 時由海南返家大人署

仙羊勝蹟已全消飄泊空驚檥短橈萬里獨看瓊海月二更初起穗城潮烟凝野巷秋炊薯燈滿山郵夜剝蕉行路却難思故國天邊如聽玉人簫

憶嶺南風景

六年車轍遍天南五嶺高低漸欲諳山寺路隨雲斷續土人語共燕呢喃窓推蕉下聽秋雨書枕樓頭看暮嵐夢裏至今猶戀戀七星岩上酒初酣

人日登開化寺大悲樓

巍然高閣壓吳陵袖拂慈雲此共登瀕海天光全在水渡江山色半歸僧靈辰鴈解排人字初地花先綴佛燈極目浮螺氷欲泮東風吹徧白莪莪

落花六首之一

辭柯逐影日匆匆搊謝何須怨曉風自是情多人易老豈因春去色皆空蕭疎江浦千家外骯髒山塘七里中可笑補巢雙燕子年年天末拾殘紅

仲 素字芍坡號[redacted]諸生

登烟雨樓

輕舠一葉轉廻塘水殿秋高七月凉樹底人家見城影日邊樓閣浸波光紅衣欲墮芙蓉老翠角初翻菱芰香立徧西風不歸去玉蘭花下說南唐

題羅笠隱秋江垂釣圖

細雨濕長綸，一棹秋江冷。獨坐看浮沉，西風吹鬢影。

村望

烏英花放菱葉肥，遊魚跳波溪鳥飛。日晚人家唱稼穡，水牛叟得稻船歸。

翟宣字日三，號應齋，乾隆戊午武舉

秋雨庵和同年袁簡齋

西風吹雨脚，著屐出城南。去繞溪邊路，來尋竹裏庵。語深入有幾，秋老序當三。消息黄花好，疎籬仔細看。

秋夜放舟

帶月乘濤與，扁舟水一灣。秋來天以外，聲在樹之間。鴈叫風初緊，濤驚心自閒。蕭蕭蘆荻岸，夜泊不知還。

送於一川歸里

馬上誰吟行路難，一吟一字一淒酸。孤村夜雨山魈泣，絶塞秋風戍鼓寒。歸去有弓還射虎，擇來無樹可棲鸞。與君醉倒江頭酒，醒後離顔不忍看。

仲鶴慶字品崇，號松颺，乾隆壬申解元，甲戌進士，知大邑縣，署邛州

大司成吳穀人松嵐先生傳云：傳書之暇不廢謳吟，歸田後詩益富，三子二女，一門風雅。

客中別李二齋

適從何所來，倉卒與子遇。歡言意未盡，旋復別子去。三年斷音耗，道路不可據。十日共聯床，如雲暫依樹。我去君且留，各各勉長路。君家有老親，為言爾如故。

披襟趁晚凉，送我達遠郊。執手兩無言，意索風蕭蕭。夕陽澹晴岫，殘霞映繁條。旗色亦已暮，舟子若相招。慷慨一揮去，回首路已遥。人生暫相見，不如常相拋。極纏綿往復之致

九日同人集雨香庵二之一

斜日下荒城開軒得遣情亂鴉迴暮色落葉散秋聲地僻心俱靜天空眼共明風塵復何意白笑誤平生

登北固山次趙滌齋韻

崇岡繚繞北城隈踏遍雲根坐碧苔吳楚帆檣穿樹去金焦山色上衣來六朝舊恨人何處二月新晴花自開同對東風一豪飲江天倒影入深杯

登崇明城

十丈雄關奠水隈關城重疊水瀠洄龍風夜拂牙旗動魚鑰朝鳴鐵鎖開百堵女牆春草綠一聲箠策暮潮來太平閒煞籌邊客桃柳桑麻處處栽

得西坨書却寄　四之二

覆函坐到夜將分半是思君半慮君三徑如無舊松菊還來江上看秋雲　古誼肫然溢於言外

李廷蔚字蔚岑號霞山乾隆巳酉武舉

客感

四方男子志旅舍轉爲家斷岸呼漁艇霜林集暮鴉關河鄉信杳風雨客情賒不禁頭顱白孤踪未有涯

獨坐

獨坐沉陰候開窗寫寂寥報秋在桐葉聽雨有芭蕉世態看雲變名心對酒消詩成無賴甚寧計髮蕭蕭

弔徐希鄴先生

數仞門牆未易窺兒曹何幸得追隨一經秘授三更火廿載論交七字詩人去空懸高士榻魂歸猶傍讀書帷思君倍切臨終囑泣指雙英好護持

雪夜送董竹枝歸邗江

雪夜送君愁酒盡凶年過我笑囊空相看一樣蕭疎致不在塵囂世態中

吳伊訓字步尹號莘農歲貢生

莘農夫子文壇耆宿學粹品醇詩辭特其緒餘耳遺集散軼僅從敝簏中蒐得數作存之

老將

何年便卨閫白髮未投鞭泣血鬬門表驚魂瘴海蔫宵人讒善飯天子壯籌邊兒女手難托終期馬革還

老儒

投筆復何日平生誤此冠風雲舊時夢粗糲百年餐鐵硯尤堪拭青氈不記寒晚成徒慰藉其奈鬢毛殘

朱　樹字儕尹號春江歲貢生

秋日周健庵招飲

不必歌長鋏居然食有魚夕陽新雨後籬落晚花初與酒神俱聳開襟病忽除主人情特重歸秩故徐徐

宮爲坊字言可號荔圃乾隆甲午舉人國子監學正

同坦庵弟至净慈寺訪寔蔭上人

古寺隔雲深中有高僧住一徑冷蒼烟鐘聲入遥樹不知城市囂但與詩人遇趺坐晚山青我亦忘遲暮

過嚴子陵釣臺

炎漢成終古先生有釣臺雲山千里潤風雨一帆來灘湧濤聲急霜摧鴈叫哀伊人不可見回望幾徘徊

喜晤莊舍人復旦

昔别真如夢相逢一洒然雲泥判此日風雪記當年我困羞甞窟君行始着鞭揚州分手處依舊水潺湲

放鶴亭

處士今何在空留放鶴亭烟波如此濶一眺萬山青落葉飛無定梅花夢未醒我來爲惆悵無語對林坰

落墨高老

喜晤潤州何明府南英

欣逢何遜在揚州凫舄蹁躚幾日留齋館潤分新
賜俸雲山夢繞舊登樓書攤玉案生華髪官擁銅
章也白頭一別十年今乍見扶筇還上木蘭舟

得陳澧塘書作寄

空江渺渺尺書來濩落誰憐曠世才官是鄭虔偏
愛酒貧過杜甫獨登臺故園千里心如結長鋏三
聲首重迴山水豫章誇絕勝春遊幾度笑顔開

酬家應乾弟舟中見懷之作

出匣光芒曜太阿雙旌重向武陵過麟符報最棠
恩早凫舄看山得句多贈我珠璣到吟榻懷人雲
樹滿行窩宦遊未肯忘鷗鷺如此風流奈遠何

宮協華字芍田號晚香乾隆庚子舉人

赤岸登文昌閣

山僧蓮宇外傑閣倚斜陽海濶西風迴林深落葉
荒烟光浮木末天影入青蒼不盡懷鄉意長歌付
慨慷

玉山臺看月

鄉園一望客愁濃雲樹蒼茫隔幾重百轉烟嵐開
殿閣數聲鐘鼓靜魚龍空江人渡吹長笛古寺僧
歸踏亂峯此夜畫圖都省識玉山臺上月溶溶

宮國苞字[illegible]號霜橋監生

世胄清才坎坷不遇晚年遍遊壇坫身負盛名詩如仙樂春雲不媿紅椒嫡派著有半紅樓北遊草諸集

冬日過王平圃先生石書軒

冷逕稀來客高軒抱曲廊石情生水墨詩骨鍊冰
霜到眼無新艷論交發古香百城看坐擁靣靣設
吟床

春夜書懷

照室紅燈暗盈頭白髪新老生顛倒夢春遠寂寥
人門酒心猶壯看花迹已陳衰年驚節序孤負此
良辰

寫老境沉摯

僧舍避暑

倦遊來佛舍小徑竹風清夢向衰年破秋從極熱生淺溪雙鷺立高樹一蟬鳴煮茗逢僧話蕭然萬念平

送胡丈西垞東遊

淚落不關春春江又送人窮來惡離別老去怯風塵舊國青山遠他鄉白髮新孤帆從此發珍重百年身

東海旅次寄懷秀璣八弟客京邸

花前分手記春殘令月珠林帳獨看千里關河孤夢遠九門風雪一燈寒年衰荒海謀生拙米貴長安作客難兩地相思各天末尺書珍重勸加餐

送梁松垞歸里

酒醒虛堂燭影孤秋風一夕起江湖十年涕淚知多少半爲窮交送别枯 淒絕

放舟東溪訪了凡上人

乘月泛東溪溪環水重疊不識老僧廬烟鐘在林樾

韓 𩸞字似鯉號訥庵拔貢生

寄懷俞棠村

憶昔漁莊園詩酒達昏曙臨流沁清脾枕石空俗慮轉眼千里游蕭寂梅谿署相别春方來相思春已去階前紅藥華隄上白楊絮求友聲嚶鳴摶風翼軒翥遥想三鱣堂早收得士譽江花吐新妍謝樓佇高據獨寻耿耿心悠然向誰語

寫懷和田輪長

一榻翛然午夢清園林入夏變禽聲放懷自闊三千界守口如扃十丈城怪底蛛絲能結網憐他魚目本無睛此生只合常酣醉酒肆花關隱姓名

俞 堉字容萬號蘅皋乾隆乙酉舉人選舒城教諭

張烈婦顧氏詩

正氣鍾巾幗大義明閭里哀哉張烈婦慷慨殉志

死我出城東門孤墳屹然峙途人相問答顛末畧
可紀芳敘易沉埋歲月東流水用作烈婦詩永以
勗桑梓

烈婦不知書生長在茅檐禮法自矜持跬步稟疑
嫌鉛華何所需春風冷香奩機梭鳴寒宵工素亦
工纖豈惟容貌端允矣四德兼

十九賦桃夭嫁爲細民妻蕭條四壁立一室鼓樓
西夫復嗜閒遊酒食盈昏迷煢煢妾與姑忍餓守

空閨妾餓何足言姑年臻眉梨典盡嫁衣裳鬻盡
釵與笄委心教婦道黽勉共鹽齏何敢怨嫉妒賦
命本不齊

嚴霜欺貞松烈風撼孤竹禍患來無端深巷鬼夜
哭淡泊婦所甘勤勞婦所服何圖輕薄兒日向東
墻逐華佩譙瓊瑤新衣試綺縠揚揚去復來風流
故矜鬻蘆簾隔孟光自挑空躑躅

貪夫溺於財不得死不休狡童溺於色不得疾不
瘳鑽窺望已絕金帛運新謀殷勤結乃夫意氣重
山邱朝携遊花田暮邀醉酒樓生計諮有無解囊
欣相賙芳餌飼遊魚何以避垂鉤

烈婦燭幾先幽閨愈斂約當今重利交勢餤相熏
灼蕭蕭貧賤居責報殊無着萍水驟委心人心不
可度夫也胡不良寘然付一噱感玆增欷歔顧影
淚潛落

萬物祗此心心死復何逑人生恃廉恥恥喪復奚

詰悲哉薄倖夫甘墮奸人術惡姑同搆謀宛轉誘
蕩佚婦聞失精魂股戰肌膚慄泣血陳大節矢志
皎白日倉卒夫辭屈嗒然揮手出

慘慘雲中月昏昏案上燈唧唧堦下蟲纍纍壁上
繩夫復搆謀歸高坐盛氣盡裂眥申舊說勢震屋
梁崩三問婦不答毒手狂柔膺長繩已逆曳鉅結
拴層層唯諾叔呼吸直以死相陵苟非絕特操鮮
不屈志承

幽蘭生空谷無言自芬芳皎皎烈婦名鄉曲久稱揚宵來訴詳聲入耳何悽傷明發覘其室婦屍儼在兆道路盡感泣奔愬邑侯堂檢屍擒二兇㧞法嚴秋霜勘鞫得情實一死安足償題旌符定制恩綍昭煌煌墓阡峙高碣里門表崇坊草木含生氣日月爭精光行客薦溪毛千秋俎豆香誰言死可悲神遊白雲鄉　人與詩俱堪不朽

吳　陵字又徐號椒堂

椒堂貧而豪詩才捷如風檣脫口成什篋中不存片稿後老死僧舍同人殮之

馬劍池朱冠林繆晴嵐同集齋中小酌分賦

閉門如深山萬慮摒幽獨好風吹片雲欻闖來不速一笑典敝裘酒漿羅百斛四座發狂吟咳唾走珠玉豪氣不可干上下雲龍逐我先赴醉鄉客去我就宿花影照滿身寒月上修竹

答友

丈夫重氣節那便受人憐窮到無錐地耕還有硯

田以詩爲性命藉酒學神仙此外鴻毛事榮枯總淡然　一氣卷舒

過十二家兄別業

別館開三逕閒過續古歡鳥眠庭樹靜人語夜燈殘世事秋雲薄交情蜀道難坐深羣籟寂江月滿天寒　幽景

春日郊行即事

雨霽人心快春風引杖藜野花沿路笑水鳥逐人啼村近炊烟密城高落日低歸途淸興發買醉畫橋西

送王魯石返武林

二月闔河春正饒片帆高掛水迢迢行裝半載新詩卷歸與仍攜舊酒瓢垂柳綠迎揚子渡長波暖接浙江潮臨岐獨有心千里直送行人到六橋

初夏社集期西林上人不至

滿庭新綠繞迴廊三五聯吟晝正長蝉眼泉翻茶

竈火蝦鬚簾隔佛爐香雲蹤何處留支遁蓮社空
教惱太常望斷幾重烟樹外西山一角已斜陽

對酒

乾坤雙鬢禿江海一身孤事事皆捐棄關心只酒
壺

采蓮詞

采花采葉總尋常采到蓮房暗斷腸只說人生離
別苦如何蓮亦有空房

芸香詩鈔　卷三　先露集　十九

俞　圻字越千號讓林副貢生

清才碩望與令兄蘅皋先生齊名時論有惠
連之目

秋夜登金山絕頂

長江八月江水清萬山倒影涵空明白雲淡岩秋
天平人烟遠隔瓜洲青振衣直上夌呼嘯一聲長
嘯天冥冥錚鏦陵谷金石鳴水怪夜出洪濤腥寥
寥夜半江無聲回首海門秋月深　大氣盤旋

客懷

西風落葉氣蕭森水驛維舟對遠岑夢裏關河雙
槳月天涯書劍五更心浮雲有恨連鄉國野鳥無
情倘好音最是旅懷禁不得寒砧迢遞出疎林

朱慕渠字希載號郇洲貢生

清門弱裔失路才人故落筆輙含悲憤每於
酒闌燭炧時讀其遺稿不覺泫然泣下

癸丑元旦京邸大雪謝鐵厓餽酒

春風一夜春光洩吹放梨花萬樹潔天上瓊樓玉
宇高光明不許纖塵涅九門大道塡欲平疲騾蹇

芸香詩鈔　卷三　先露集　二十

車車欲折北風刮面輿人僵束手引鞭十指裂車
中坐擁紫貂裘不覺雪寒怯雪熱我是長安卧雪
人袁安門外人蹤絕何處吹來餺飥香屠蘇濃釀
味清冽一吸能回頃刻春人生有酒即佳節醉後
吻燥思煮茶自起下階掃殘雪

九日黑窰廠登高同源鐵厓作

一醉酬佳節登臨強自寬山光西望合海氣北來
寒往事悲歡集依人去住難鞠花頭上插忘却鬢

毛殘

京邸春日齋居感賦

長安十載賦閒居又觸鄉情二月初不可告人惟客況最難下筆是家書鷦鷯自分卑栖慣蝴蝶空驚好夢虛日暮鳳城南望處海雲江樹渺愁予

繆承煦字方升號靜軒附貢生

戢術軒觀牛首松歌

墨雲怒出山骨裂揷天巉巕森雙峯懸厓老樹瞰奇鬼濤聲夜走聲澒濛扶笻陟磴一諦瞩乃是牛

首百尺之虬松桐軒好松具奇癖文殊洞前坐磐石半空清響迴天風怒吼蒼龍盪精魄客囊不惜青銅錢買取一枝幽翠滴歸來移置斗盎中小拂龍髯森似戟摩挲古榦老苔厚猶帶嵐光照巾幘山齋昨夜風雨來夢攀天闕高崔嵬彷彿含身岩畔怪石鎼萬松謖謖聒耳如奔雷

周允安字鎮邦號晴溪

答汪巽宫先生

河橋分手後明月落空梁小閣吟肩瘦春燈別夢京開樽思舊雨把劍拂秋霜珍重魚書意悠悠江水長

王志遥字伊人

潤州

大江鎖鑰自南朝百戰風雲氣未消曉色烟開京口樹霜天月上海門潮三吳地險闗河壯六代陵（壯、潤）

荒草木凋過眼興衰何處問沙邊携酒話漁樵

朱 學字謹堂號愚山諸生

冬日溪上懷胡丈西垞

老向天涯去存亡竟不聞荒村惟見水落日獨思君得句題紅葉含情對白雲可能無恙否重到一論文 竟體朴摯

送陳文軒表叔之官粵西

作尉甬州去離亭悵別容江流分萬派嶺樹隔千

重日落蠻烟合雲生瘴雨濃不辭滄海僻爲覓紫
泥封

萬里辭家後三年報政餘遊經雲夢澤食供武昌
魚海市朝常見鮫人晝共居若逢回鴈處須寄一
封書

宮　麟字視芸號繡機諸生

呈王逖庵師 四之一

道德衣冠壓兩京雍容燕食足清名網羅百代搜

前史甄育羣材掖後生江左雲烟重蘸筆淮南人
事舊鬬情時時珍重山公意尺素曾叨一字榮

黄佐九字遥徵號西圃乾隆甲午舉人

丙申重九後二日登高感賦

頻年逢旱暵樂事轉咨嗟酒薄人難醉園荒菊未
花有詩圖故侶無策壯生涯試與村墟望炊烟復
幾家

齋中對菊 四首之一

小園數畝足盤桓秀色秋來大可餐徑不須三惟
在曲柳還種五未全殘月穿籬落人孤坐燈映簾
櫳酒半闌最是蕭疎憐瘦影欲教移上紙屏看

潘必達字德孚號東圃諸生

遣懷

莫向歸途說坎坷天於物我竟如何春風不爲寒
門少夜月偏從陋室多萬里雄心人漸老一腔生
意鳥能歌隨時舊雨成新約遠水平橋次第過

韓　鶴字皐白諸生

謝與權彈琴

入席神先定泠泠十指間音能希太古心已脫塵
寰斜日虛亭掩晴空獨鳥還謝君揮未已坐我在
深山

韓文杰字卓夫諸生

題畫

千里巴陵咫尺間烟鬟裊裊水潺潺何時鼓棹秋

風裏月照蒲衣一夜還

韓文焯字質人諸生

題徐硯畊畫梅

江橋春曉寒初破野寺雲輕月乍還誰似先生閒筆墨小牕烟篆寫孤山

芸香詩鈔目次

先露集卷四

芸香詩鈔卷四

吳陵 葉兆蘭古軒
鄭 燾耳山 選

繆祖培字[redacted]號晴嵐乾隆戊戌會元

晴嵐先生夙工詩古文詞清才上第惜未授職而歿士林惜之

玉關行

驚沙撲面衰草死塞鴈一聲天似水雲荒日落玉關西傷心譜入琵琶裏曲未終時雙淚零淚滴紅

冰僵玉指霜寒雪重馬不行四野悲風殘角起

月夜獨坐

獨坐不成寐秋高夜氣清晚花涼度影落葉靜聞聲何處領真趣悠然見此情舉杯送新鴈好月上前楹

孫廷颺字虎山號[redacted]諸生

答周種蕉十首之二

豈學墻東隱終憐硯北居累多生計拙貧極故人疎入世羞談劍逃名悔著書輸君能食力手自把犁鉏

頗識幽居好編籬護草堂入簾蕉影綠隔水稻花香此境君初遂何時我共嘗挑燈話農圃那復羨南陽

上隨園夫子 四之二

蕭騷鶴髮老江濱舊是西清侍從臣解組竟拋三浙路買山權作六朝人中原壇坫誰同調海內靈

光賸此身今日南都近山斗朱霞天半仰丰神

含香曾讀小倉詩萬軸琳瑯過眼時名到驚人何況早生當並世不嫌遲都將經濟歸風雅儘爲雲山作主持聞道隨園開百畝願從三徑與追隨

劉 芳字香甫歲貢生

安定學舍題袁嘯竹詩後

丹鉛日靡靡臨毫忽然止恍然有所思茫然翻故紙故紙多故人故人如逝水少者日以壯推袁在

吾里翩然方舟來衰翁爲倒屣作合有奇緣荒院同眠起示我一囊詩屬我分臧否我方憂採薪霍然頭有泚手口共披唫伐毛兼洗髓同思平生交得不曾有此淘北與淘南風人可屈指昔有陋軒翁今有嘯竹子

韓敬之字治也號廉泉乾隆丙午舉人官上元縣教諭

送儲玉琴適漢陽

那堪客裏送行舟直到西南漢水頭千里故人還遠別一天凉雨又新秋無邊蘆絮侵霜鬢不禁雲山湧暮愁君去試看彭蠡濶有無鴻鴈起汀洲

病後偶成

燈暗香消被襆寒荒雞喔喔夜漫漫書遥每憶離家易病劇方知作客難百種秋聲聽欲遍一樓滿月望將殘故鄉此際思羈旅應料豪情酒未闌

九日

百年有幾重陽日每到重陽不在家破寂慣斟孤館酒多情空憶故園花萬山落葉催人老一片哀鴻逐日斜俯仰茫茫寒水濶晚烟迢遞數歸鴉

韓一鳴字柳村諸生

范隄觀海

到此難爲水纔知天外天發源在何處縱目竟無邊日出鯨波湧烟消蜃市懸大隄隄畔路惆悵弔前賢 起筆有力

登木末樓同俞朴人宫竹軒作

絕壁危樓峙捫蘿有路通羣峯開地勢萬木吼天風形勝南徐控旌旗北府空大江嗚咽水猶似弔英雄

將有遠行留別諸同好

故山不可住此別奈愁何岐路英雄淚浮名瑣碌歌蒹葭秋水濶鴻鴈異鄉多去去重回首蕭然兩鬢皤

寄懷白下金二瑂帆

客思經秋苦遝添別恨深闗河孤館夢風雨一燈心淚落尊中酒聲銷爨下琴人生似溝水各自感浮沉

嚴灘懷古

羊裘着去豈無因捉徑由來是富春七里烟波耶遁跡一生心事托垂綸客星枉自占漁父天子何曾忘故人若使堂廉誠盛德何妨朋友亦君臣

趙論新警

賀筠原移居

卜居無地正茫茫却羨君先搆草堂驟客最宜聯白社美人端合住西方閒來種茉門常閉老尙臨池學不荒茗椀爐香都位置一枰消受午風凉

懷黃淡溪

苏檐十載對門居來往曾無一日踈握塵譚深入靜後坐花吟到月來初羊腸遍歷身纔定鴻爪重尋跡已虛別後生涯如念我清貧典盡舊琴書

雨中同楊竹庵再過且住軒小集分得春字

踈雨蕭蕭洒麴塵元亭又見草成茵來如燕子重尋社開過桃花不是春嗜酒半生痂有癖縱譚一夕語驚人不知此會成佳話道路爭傳折角巾

暮春送別

離亭一别即天涯雲碧山青正憶家只有楊花飛不散紛紛如雪裹征車

常廷鍔字諍士號檢齋

檢齋貧而耽吟不事生產中年痪廢日坐敗墻老屋中嘯咏弗輟子繼香亦犹有父風

黃葉

黃葉下紛紛西風作暮陰衰遲應有恨揺落本無心鴈到霜偏早蟬鳴秋已深江皋人別後斜日淌疎林

落落大方

客中登高

旅思愁無着秋懷强自寛酒須今日醉花當故園看日落笳聲壯江空鴈影寒悲風起天末吹我客

衣單

秋柳

冶葉倡條事已非，臨風無力尙依依。少年空使黃金盡，此日能邀青眼稀。終古隋堤傷逝水，一聲羌笛怨斜暉。飄零莫問靈和事，只有寒鴉作陣飛。

四十

四十韶光似水流，安貧已分復何求。懶從舊雨邀青眼，漸有新霜上黑頭。兒女未婚身卧病，弟兄分

爨毋貽憂。從今事事無爭競，一任人呼作馬牛。

黃金臺

臺上黃金盡，惟餘百尺臺。燕昭不復作，惆悵我空來。

高朓

許　浩字本泉，監生

荆軻

笑睨無秦帝，圖窮色不驚。術由生㧞誤，名以報恩成。慷慨衝冠氣，悲凉擊筑聲。如何魯句踐，事往獨

相輕。

燕城

淮東第一是維揚，覽勝來登古蜀岡。羅綺六宮隋大業，文章千古宋歐陽。艷稱傍華司花女，高築平山載酒堂。帝子才人兩春夢，竹西烟月自茫茫。

讀椒堂遺集有感

猿鶴空山痛失羣，重拋殘淚讀遺文。生前心血搜應盡，紙上吟魂喚莫聞。那有黃金能鑄骨，斷無青

眼不憐君。蕭蕭宿草西郊路，三尺殘碑伯道墳。

俞國華字蔚村

贈李少白

疎狂猶似昔，風骨本天生。匣秘千金劍，詩堅五字城。青山羈客夢，紅豆暮年情。少白新納姬人 聞道楚氛靖，鄉園足釣耕。

析

酒醒燈光暗，疎更聽轉淒。雨沉孤驛外，夜靜六街

西人擁寒衾數辠隨曉角低驚心傷往事何況更
聞鷄

西郊

短隄曲曲近西郊偶爲尋秋傍鹿拋山色遠從疎樹出水光低與暮雲交一帘酒市人探菊半角殘陽鳥認巢遊興漸慵詩興起草堂門在月中敲

夏日過王松樵郊居

卜築山村稱隱居桑陰麥浪景偏餘乳鳩喚雨千

聲急新水當門四月初蠶豆香時留客飯藥苗長處教兒鋤知君不減高吟癖曲巷多停問字車

遊焦山

過江咫尺即蓬瀛冉冉仙雲襯足生地有樓臺空際現詩無烟火佛前呈竹梧陰密通幽處鷹鸛秋饑作怒聲羨煞括囊栖隱客高風長占此山清

冬夜病中有感兼柬友人

壯志蹉跎負此身聞鷄夢裏覺酸辛崤寒風力能

冰酒深夜爐灰不煖人藥倘可醫非是病袍多相贈豈爲貧掉頭悟得三生幻舊雨箴規豈厭頻

咏史

江東已識無卿比閫內如何失此賢太息桓温空跋扈竟將人傑讓苻堅

豆花

蔓牽屋角蔭蒼苔千點花從雨後開絡緯一聲京

似水秋風先上短墻來 鬆秀

田　琳字林玉號鶴舫諸生

清癯玉立善病工愁詩多商音讀之如聞三峽哀猿其有才無命之徵與

擬古

中懷何耿耿夷猶春江曲杜若滿芳洲欣欣隨意綠將以遺所思采之不盈掬嗟我佳公子涓涓隔烟水期君君不來落日暮山紫

題葉古軒待價圖

男兒立身自千古功名會當赤手取等閒三十不

得志滿腹牢騷向誰吐我欲買君劍買劍不能舞我欲買君琴買琴不能鼓買君之書不能讀買君之鶴不能畜不如向君買君才問君索珠幾千斛

繆竹癡畫竹歌

竹癡畫竹胷無竹走筆一隨興所觸興來信手寫數枝颯颯空堂起寒緑有時畫以密爲疎尺幅之中千萬株有時復以疎爲密徑丈之中只數筆疎密密疎無定譜揮毫直欲空千古雨驟風馳筆正

酣斯時自亦難爲主鶴舫齋中得一幢氣骨神韵皆天成凉秋高張雪色壁疑有中宵風雨聲

夜坐

雨洗碧空淨烟光帶露流誰家弄長笛吹起故鄉愁花影半簾月蟲聲滿院秋消除塵慮盡此境最清幽

老將

壯心猶未已部曲幾人存久醒封侯夢難忘報主恩據鞍雄顧盼擐甲數瘢痕定遠殊堪笑徒思入玉門

漫興

清健八旬母嬌痴五歲兒承歡妻作弟課讀父兼師地僻春來早窓虛月過遲閒門無剥啄心跡水雲知

白下寓齋友人留飲

衝泥來訪舊柴門長板橋頭柳半髡雨後虹如才子氣月中花似美人魂（地爲舊院遺址）重談往事經三載

共趁新凉淺一尊沉醉只愁歸路晚鷲峰鐘鼓報黄昏

答同社諸子書

雙魚遥寄五雲箋情愫聊憑七字傳詩境漸如淮橘化風懷猶作海棠顛久拋舊雨連今雨纔到中年羡少年爲訂清秋重把晤鵲湖來放米家船

送友

無計留君竟別君相思從此悵離羣惱人最是風
兼水勾引浮萍合又分

客中情好正依依又理征帆掛夕暉身似落花留
不住與春來亦共春歸

隨園詠淮陰侯有英雄第一開心事撒手千
金報德時之句予偶有感爲反其意作此

君重五錢臣一飯英雄原自不孤恩世間第一傷
心事報德人來拜墓門

新雨初霽池上納涼

夕陽返照雨初收漠漠烟光滿院流忽有清風生
兩腋再遲三日是新秋

懷葉古軒

錦帶吳鉤結客場十年妓館又僧房而今金盡無
顏色歸臥西河舊草堂

韓光棨字曉邨監生

白溝送客歸江南

昨日渡河來今日渡河去天寒雨雪多明日復何
處北風吹我心共入江南路

古質蒼涼

送協堂弟歸里兼寄葉古軒常檢齋

去年大醉花正香今年花開客復狂一尊送汝就
長道涕淚那不揮千行蹉跎歲月嗟已久孤負西
河共攜手渡河風便早還鄉寄聲爲問相思否

廢圃

數畝荒涼地城隅一帶偏春風吹不到秋月自孤
圓鳥鼠尋陳跡蓬蒿起暮烟何人來牧馬衰草尙
芊芊

答同社書

故人書到勸加餐去住其如事百端有母別當垂
老日無衣行况晚秋寒空囊作客神先沮長路依
人鋏怕彈到底壯心消不得一鞭風雪上征鞍

題春江獨釣圖

生計分明傍客槎山光無際水無涯絲楊不礙垂

半處斜出一枝紅杏花

楊尊三字方田號達軒監生

過天津

風俗魚鹽美遊踪幾度過路通京國近岸泊海艘多夜市喧絃管春城闠綺羅古稱東北地雄壯此闗河

王　瓚字在中號蓉裳監生

秋雲和于亦川韻

奇峯何處斂片片不成陰各有炎凉境原無厚薄心隨風纔出岫觸石又爲霖變態知難測悠悠自古今

漫興

東城古屋野人家門對青旗僻巷斜市隅魚鹽塵不到客來風雪酒頻賒圍碁常耐三更冷種菜渾忘兩鬢華差喜阿咸纔弄筆居然學我寫梅花（謂左亭姪）

楊尊夔字竹庵號漁亭監生

秋山

一片極天淨蕭然三兩重苔痕和石冷雲意失春濃落葉空林路西風古寺鐘楚天新到鴈飛過夕陽峯

秋夜

凉風在高樹萬葉鳴空庭夜月半窗白秋燈一榻青浮生悲老大往事感飄零何處弄長笛淒清不可聽

上巳前一日同人集雲谿精舍

東風生蠟屐天氣近初三流水殘花徑空山破草庵春須如命惜詩可當禪參話久斜陽盡吟燈冷石龕　筆瘦神寒

題聽秋圖

秋從何處來聲從何處響深夜立空庭月在梧桐上

吳增祿字錫蕃號燮堂諸生

十二欄杆月正明青衫飄泊不勝情芳魂已逐春雲散無復新詞按玉箏

吳履厚字載堂

客邸病劇

困貧纔作客客比在家貧凍餒交攻日艱危百折身棺衾朋輩累骨肉夢中人遺稿知誰託空餘淚染巾

春暮

名花開盡晚晴初種菜西園自荷鋤春有光陰如過客人非貧賤肯閒居少年風趣三分減回首雲程一半虛莫向通天臺上問此身原是不材樗

李碧園字八愚

贈蔣三爽亭

徑已蓬蒿滿君偏誦讀勤耕耘三寸舌機杼一家文心痛鵑啼血（君患咯血之病）年荒鴈失羣可憐潘岳鬢四十雪紛紛

婁堂弱冠負文名屢薦不售中年托詩酒以遣興性豪縱飲卒以此致疾殞身悲夫

偶成

未醉我謀醉既醉我無事咍哉荷鍤人乃爲身後計

縱達乃爾

雨中登高

佳節恐虛度登臨强自寬滿城迷宿雨雙屐破朝寒覓句空搔首逢人漫整冠濛濛烟樹裏誰把菊花看

秋日懷夏圍耳山紅舫客秦淮四之一

秋風楊柳拂青谿秋水空明夕照低料得酒樓燈欲上一船人語過橋西

感舊

翡翠衾寒酒醒時消魂滋味有誰知雨中花片風中絮愁煞當年杜牧之

一簾花影燕窺人盡日無言小病身中酒傷春兼惜別羅衣驗取淚痕新

陳　銘字禺鑄號柳門諸生

讀項王本紀

崛起大江東，烏騅怒嘯風。三年成霸業，一炬燬秦宮。失計鴻溝割，悲歌虎帳空。生還羞故土，此語亦英雄。

遣興

長日靜方覺，閒身起較遲。庭花收宿露，籠鳥誦新詩。有酒不妨飲，無人有所思。小窗清課畢，坐到月來時。

渡江

莽莽風烟接素秋，茫茫身世一浮漚。千層雲氣朐前湓，萬派濤聲脚底流。隱約樓臺連鐵甕，悲京鴻鴈滿瓜洲。却憐江上頻來客，難免青山笑白頭。

對月

雪淨月孤明，悄寒照帷幕。衣邊露氣京，滿地桐花落。

翟倫犀字然明號蘭谷諸生

重陽後一日真州喜晤涇縣族弟鏡堂

踪跡無端滯白沙，飄蓬骨肉總天涯。後來聚散知何處，話到艱辛各憶家。節過蕭晨嘗菊酒，居憐潭水問桃花。（鏡堂任桃花潭）相逢爭忍輕相別，紅樹江村日正斜。

萬　棨字莭林嘉慶丁卯舉人

晤李白樓

邗江一別渺愁予，千里來尋仲蔚居。又借湖山供跌蕩，相看鬢髮總蕭踈。我如柳晃名原薄，君有元龍氣未除。手把金樽教莫放，酒痕連日上襟裾。

石門途次口占

越山遥在馬前青，馬上征鞭未許停。忽見流亡滿道左，此身不敢怨飄零。

王純　字松樵

秋日偕周曙峯招賢橋晚眺並訪葉古軒

日色澹高秋秋風散客愁僧歸黃葉寺鳥下白蘋洲北郭千家暝西河一水流草堂知不遠訪菊暫勾留

宮　瀚字絲香諸生

贈梁希古

飄泊常爲客垂青得幾人感君肝膽熱愛我性情真豪氣絲難繡清言座有春相逢一樽酒同洗十年塵

葉飲蘭字楚佩號秋谷諸生

秋谷才高性傲刎常受業于舅氏侍鷺川太史每以敎詩論文不相下宜其終不遇也

瑞石山看雲歌

燭龍墮地化爲石亘古不壞瑪瑙色（又名瑪瑙山）玲瓏洞壑相鉤連百千萬道雲出沒我携一條攀雲藤看雲直入雲巢穴身在雲中不見雲但覺濛濛衣上濕有時張口不及防雲氣與人共呼吸觸手一片兆羅綿散作空花捉不得隨風吹送到半空樓閣虛無勾頭刻我欲上從丁仙遊俯視塵寰大海白日炫心搖不自持生平奇觀至此極歸來特作看雲歌冉冉一縷猶繞筆夜深忽夢白衣人招騎蒼狗看日出　筆勢縱横

徐州道中

逆旅如荒寺停車百感增雨穿三面壁人卧一床（冷境難堪）氷山鬼夜窺戶秋蟲寒近鐙此間爭戰地廢壘擬凭登

葉夢蘭字小畹號猗谷

移家西河

移家新結溪西鄰老屋三椽灑掃新萩水最甘因養父弟兄相得勝依人（謂家古軒）草堂論酒無虛夕芸社題詩步後塵更喜秋來添韵事不教孤負菊花辰（與余古軒同有種菊之癖）

富春舟中即事

青山無數畫眉啼江草江花夾岸齊細雨瀟瀟人

被酒一枝柔櫓過塘西　得元人遺韵

儲霆銳字時敏

時敏爲柴墟先生裔孫，九歲能詩，咏麥旗有錯認村中沽酒家之句，未弱冠通經史，善屬文，以攻苦致疾夭折，其尊人鳳銜明經詩遺稿囑附梓之

桃源圖

路入桃花裏，居人別有天。桑麻疑太古，雞犬亦神仙。不與興亡劫，焉知漢魏年。再來峯壑變，流水滿前川。

吟盡江南烟雨春

零烟碎雨半晴陰，夢醒江南仔細吟。金粉猶存春事杳，鶯花無恙客愁深。空濛山色裁詩境，瀲灩波光感賦心。踏遍石頭城下路，樓臺罨畫晝沉沉。

黄之燡字浴光號淡溪

九日同人西岡登眺

九日無花辜好節，尋秋有伴一憑高。酒因歲歉沽來薄，詩爲愁多興不豪。到眼風塵迷古道，關心桂玉笑吾曹。支笻徙倚郊原外，晼晚斜陽感鬢毛。

黄藺友字起南號馨田諸生

送洪小泉歸皖上　四之二

河梁折柳向春風，別後相思自不同。無限江南好山色，憑君收入錦囊中。

黄成煐字俊民號卓峯

梅花詩三十首之二

彎環蒼勁隱疏籬，春色尋來路委蛇。消息還須容我訪，好香莫付水雲持。

鄒茂堅字嘉穎

茂堅性靈情摯，未冠儼若成人，竟以哀毀夭折，惜哉。篋中僅得是篇，讀之心痛，故梓存之

夜讀吟

去年夜讀時，娘問寒與饑。今年夜讀時，饑寒娘不知。酸風滿窗燈閃無光，讀不成聲掩卷呼娘。撫娘棺淚如泉，欲啼不敢啼，啼時摧爺心肝。

芸香詩鈔目次

今雨集卷五

芸香詩鈔　卷五　一

芸香詩鈔卷五

吳陵　葉兆蘭古軒
　　　鄒　熊耳山　選

宮增祜字篤周號潔溪副貢生官東流縣教諭

先生早從方樸山王已山兩太史遊學醇品粹老厯宦途歸掌壇坫士林奉爲山斗焉

辭家

街鼓靜無聲荒雞叫深院起促游子裝行李秣簡便山妻前致詞中途調攝善太息我命乖風霜筋骨鍊關河徃來頻回首淚如線忍淚别嚴親晨昏汝無倦母氏繐帳前芳藻一杯奠饑寒好爲之毋使遠人戀揮手訣

帝京閒歲郎相見　語出玉性

呈黃岡萬侍御　年茂南泉

偉人閒世生山川役阻隔夙夜切景行苦乏鄭莊驛歲昨來吉州先生司講席懷刺謁清光所聞過於昔羲經蔚彙涵奥義誰與闡圖說發其蘊神解

芸香詩鈔　卷五　今雨集　一

後天易證以洪範書疑是補天石百世聖人起淵源應一脈餘事逮藝文古勁銘經液抗疏肅朝儀矯矯青銅栢掛冠浩然歸笑傲烟波宅桃李澹春風樗材荷噓植承命滋愧顏敢勿自鞭策別來曾幾時陌頭春草碧天際望迴帆果敢希三益

題秋江坐月圖

秋氣苦泬寥秋水何浩蕩伊人性殊俗扁舟任俯仰蘆荻澹江皐飛鴻天際響明月皓以潔深心發妙想嗟予不得志跋涉何擾攘悵望圖中人超然脫塵鞅

梅竹杖歌丹徒張曾石帆囑賦

石帆子今詩伯孤潔之性躭與隤白髮飄蕭拄杖遐彷彿東坡先生笠屐之標格新詩曠逸源謫仙長歌短謳相齊肩手摩青筇互往復告予來自西山巔體堅色凈信無匹片片梅花若萌茁粤稽嘉名非溢美斬根削節文而質憶爾蒼梧之野九疑

之側日月照臨霜露雕飾汀洲澧浦兮蕩磨芙蓉薜荔兮環翊既韻勝而格高復中空而外直項自盧洪江上來適與石帆孤潔之性兩相得規圓久受削靈壽亦被污杖兮杖兮爾何幸得與詩人作奚奴和靖之鶴日與俱子猷之癖無時無夜半推敲繞菰蘆惟爾周旋差不孤閒掛百錢買糢糊與酣一吸酒百壺帶月歸來仗爾扶兩兩結爲烟霞徒杖兮杖兮爾何幸數百年後桃竹梅竹名并驅

爭是植根八十四山上文貍赤豹相喧呼林滴畫致

舟過大溜鎮

萬山壁立千仞高疊嶂重巒虎豹豪蒙寮古樹不可識下有洶湧不測之波濤巨石崚嶒意態雄徘徊列戟亘其中衆流如駛建瓴下雷電交作聲摩空上有戈公祠堂宇嶤修葺行者焚瓣香靈爽拯危急榜人股慄傴僂前五體投地爭合十山巔埋棹百丈牽解衣磅礴水中立贔屭呼號天吳驚孤

舟欹側帆檣濕蠶叢鳥道曲而達跳珠盤渦屏呼吸舟石衝舂舟有聲兒伯乘間伺梗澁容子心魂久蕩搖默禱如見真靈集力盡灘過水平鋪舟子披衣弄柔櫓水石盤互僅二里夌晨上灘日亭午

鄒耳山暨同人選芸香社詩集𡽪徵拙作先此報謝

耳山與我皆重聽於陵許𧊒憐同病朐羅萬卷文藻富瑶席奇珍坐待聘前年秋賦逢超擢旋以微

瑕惜破甑選樓特建吟壇幟俗工蟬噪那敢競高齋十友庚徐輩叅稽考訂互糾証在昔詩觀推大成孝威愼墨謝酬應少後京兆雙橋公二鴻兩湘闢荒徑迄今歷有年所矣復見名僧闡大乘皈生幸少師宗工敦盤縞紵忝後勁登臨弔古望眼開廣搜秘册罕遺賸誰知鎩羽依海澨如彼翻飛落深穽白髮鬅鬙今九十靜諷梵筴扶鐘磬寵命下降徵蕪詞披閱舊稿莫能定雨窻繕寫下里音離合是非先就政去者去之存者存否恐杜撰並飣飣切勿憐我龍鍾老欣附驥尾厖蹭蹬

過陋軒先生遺址

徃哲乘雲去行人式此廬卽今蕭瑟意想見浣花居風雨長吟夜親朋乞米書榮名身後事當日混樵漁

吳　楓字冷江

過漁莊園舊址

名園遺址水雲鄉斷港殘橋繫野航春雨人耕栽藥圃秋風客散賜書堂百年興廢空喬木一部笙歌送夕陽徃事不堪重掉首凄清漁笛在滄浪

繆承鈞字增緒號善夫貢生

丁卯小除夕蛾術軒十四集分玉字韻

老僊一謫三千年元氣直包人海凡掉頭散盡千黃金咳唾吟成雙白玉抱書樓敵猗頓富蛾子軒穿珠九曲艮宴例做小除夕舊雨飄零新雨續衣

邊香氣送蘭簹笛裏梂花勸醽醁主人旗鼓建松陵佳客雲龍張大纛如何星紀十四週彈指修蚍成轉燭華年不再壯志消朱顏那得虹丹浴存者蕭條宦者薄客者凄清逝者促獨有文字森光芒萬古江河同一矚雅輪不墜端藉君扶颺無恙兼及僕

歸與四之一

歸與踪跡等弃星幾見雲歸客向停一夜秋心紅樹雨十年鄉夢絲莎飃香罏依舊隨荀令蕭帽分明戀管寧莫向前塵歎憔悴古人書劍亦飄零

春杪登康山

對山山閣抱城隈留得詩人舊草萊異代尙憐瑫禍烈好風誰送狀元來鉤輈小鳥深春語跌宕名花過雨開三百餘年餘韵在琵琶嗚咽水聲哀

欲老

升天成佛願齊刪一晌驚心兩鬢斑不分年光如

逝水强携卮酒對春山紅簾映日新扶杖碧玉臨風舊珮環聞道淮南丹竈近可能大藥駐朱顏

別燕子磯

天截重江險瀾迴一水灣老漁欲終古燕子自青山記我維舟日秋風落照閒舊游似相識爭忍不躋攀

雜咏

爇盡名香味不甜當時悔別閬峰尖方春謾采蓬蓬水入夜頻謌昔昔鹽劈上雙釵雙鏤玉懷中一字一訓縑到頭依舊成煩惱補塔投壺兩恨兼

感懷 寄意 微泐

憂患餘生淚幾吞夢中猶自憶驚魂待歸已是沙場將請解青袍看劍痕

陳　燮字理堂戊午科舉人現官邳州學正

謁儲柴墟先生祠

吾思柴墟公異才本天授便便孝先腹書味非飣
餖射策掇巍科下筆海山走養望官南都蔚然松
色茂中朝及嘉隆昌言纍屢搆疏薦四諍臣忠肝
鐵石蹴至今諫草傳鬱爲儒林首餘技及篇翰不
落七子後惜哉用未竟銓衡職空守荒祠遺搆存
殘碑卧苔甃夕陽下城闉海風肅圭竇典型去巳
遥鐘鼓知誰抑歸來讀公文篇部九天奏

謁王心齋先生祠

餘姚昔講學高見卓不羣空山萬籟寂妙契由天
眞良知獨提倡兩字張吾軍大業炳南紀浩氣凌
紫氛先生起布衣守道衆所親聞風盍興起拾級
趍龍門長揖文成公論辨超常倫退就弟子列甘
與草澤淪力行久逾積坐忘理則存同遊二三子
閎弗尋厥根始信吾儒貴不借軒冕尊荒祠數百
載海滏無替人退哉學樂歌讀之獲未聞

秋日同俞樸人繆善夫李南阿程稚亭過洛

沂亭奉懷韓次山先生

孤亭出寒涘敗葉圍元關穿籬度畧彴倚檻聞琤
潺凄迷失舊雨邈邈輪華班及玆秋氣悲每憶春
風閒涿梁官獨冷淮水波漩濛牽船作學舍醺酒
臨荒山知莊昔有惠苦孔今誰顔高情緬埏埴別
夢仍追攀黃鵠一再舉合并寧當慳　漢魏駘息

元夕後一日同黃仲則登天橋樓待月作

春風吹人人欲偎春月照人人可憐昨宵月出我

醉眠今宵待月爭月先城南尺五韋杜天驚沙自
起吹寒烟天橋橫貫入馳道忽開空曠無迴旋酒
樓之高高百尺登樓四顧心茫然冰輪欲上不肯
上清光一線相連綿但見遠火出林際疏星錯落
明遥天舉杯呼月月在手月驚我顛我却走脫貂
付與酒家娘醉引荆卿作死友座中山谷今文雄
風流却似阮嗣宗途窮偶爾痛哭返牽意獨駕誰
與同狂言霏霏落玉府高歌颯颯來天風排雲直

上叫閶闔欲令眞宰迴洪濛嗟予抱病風塵下客裹艮宵亦聊且對君長嘯忽復悲欲起古人問來者素娥悄悄無一言照予淸淚如鉛瀉

射虎行

斐旻射虎妙無匹一日得虎三十一欻然怒馬叢薄中衆虎屛息一虎出虎小而猛據地吼將軍墮弓辟易走回頭却顧封便君風號日冷起愁雲北平父老笑相語君乃射彪不射虎

潘沙隄寄和雜詩仍疊前韻奉懷四首之一

天末雙魚到開箋獨倚闌龍蛇隨筆落肝膽照人寒遼海三秋老長城五字難多情千畝竹一一報平安

懷王雪圃同俞樸人宮竹軒韓柳村李南阿作

楝花風起思茫茫話到分襟感不忘鏡水無由歸賀監雪圃會稽人吹臺空自弔梁王愁中歲月消杯酒客裡山川對夕陽知否同心二三子懷人慵理舊詩囊

題張船山太史雜感詩後

王師四載出褒斜羣盜猶然恃井蛙天下奇才誰八陣格調似明七子古來烽火畏三巴關山馬骨連雲棧風雪樓船走浪花廿首新詩疏痛哭祇今惟有賈長沙

潘世求字作人號沙隄戊申科舉人和州學正

淮陰齋中題友人白描牡丹圖

曾記東華春欲暮看花車馬紛紛度愧我緣慳第一香牡丹時候淮陰任正倚闌干惜落紅且喜故人來尺素披圖驀見窈窕姿輕若籠烟淡籠霧伊誰龍眠點銀毫繪取天香成別趣富貴偏傳澹泊神等閒那許臙脂汚好將本色筆端留不博時人眼底顧魏紫姚黃爾自春此間幸免蝶蜂妒

旅寺送王雪圃往河南

對榻乍逢君分袂何太遽花落一江春鳥啼孤寺

曙淋漓斫地歌太息登車去此去過夷門爲訪侯生處

中秋夜寓村寺口占

疎雨一番過蕭然坐上方乾坤眞逆旅烟水亦家鄉月色原非色天香別有香禪機今夕悟塵夢喜俱忘

閒居詠懷適陳澧塘見過

豈有懷中玉空慚頭上冠詩書終日對風雨一牕寒壯覺聰明減貧知世路難元龍欣過我剪燭話更闌

蒼勁

下第後館潞河齋中即景感懷

游仙一夢付京風覺後塵灰刼未空耳聽驊騮鳴道上身如鸚鵡寄樊中百年槐蔭天餘緑三尺榴花爾自紅何日故園容笑傲村居翻欲羡冬烘

懷林簡生即步贈行原韻

回首春風百感生六年觴詠隔江城別時無計留軺坐歸後依然仗筆耕流水高山知己意芳蘭秀竹故人情公曾畫蘭竹見贈聞君杖國開筵好愧未霞觴入座傾

儲元燮字琴臺

悼內

提汲槐堂五十年一朝永訣劇淒然布荆不嫌儒池影風雪常炊過午烟老未含飴悲命薄病猶和淚囑兒賢爲君草草營齋奠蓋篋慚無賣賦錢

題桃源圖

隔斷紅塵洞水清山青雲白路分明相逢一笑留雞黍却怪仙家也世情

迷津重訪已茫然流水桃花一棹旋五百年來人跡少始知漁父亦神仙

陸　涵字篠樓諸生

述懷

彈指勞生半百過塵沙空藉緑磚磨關心歲月因

仍老到眼雲烟變幻多讀媿等身時鍵戸吟成髭
口漫高歌婦無求去能偕隱只合蓬蒿懶卻窩
牛馬歡呼小市譁一枝久已託桑麻客非問字誰
携酒僧爲談禪却閂茶天末鴈鴻資水國風前杞
菊艷霜花年來贏得維摩病料是刀圭絡鬓華
西園飛蓋憶當年爾度朋簪盍七賢問山椒歷善夫琢山樸人南阿竹軒戰壘秋高星落落歌臺春盡草芊芊雖欲
立曾無地管或開窺別有天莫漫臨淵更欣羨有

人早着祖生鞭
年年踪跡付萍蓬彭蠡瓢零又海東歸去阮孚雙
屐懶答來殷浩一函空夕陽倚杖思田舍前渡投
竿有釣翁我已無聞兒長大超宗可許繼宗風

宮煥勳字竹軒諸生

懷人詩十之二

嗜酒愛醇醴蒔蘭求素心一朝二美具對之開胸
襟陳以青玉案配之綠綺琴不惟名物貴氣味熏
人深孤窓破岑寂芳辰恣哦吟何當臨風望迢迢
思不禁 李南阿亨衢

雅望陳太邱一官江之涘鱣堂春風生欣榮看桃
李平生氣最華揮金如揮水縱酒放狂歌姬人快
指使取道會言歸匆匆一面耳江水深復深何處
采芳芷 陳澧堂燮

李亨衢字雲客號南阿歲貢生

美人風箏 四首選二

珊珊環珮是耶非妙手妝成出繡幃箋製桃花原
蜀女骨斑竹本湘妃團圝月好裁歌扇縹緲雲
郗作舞衣直上九天留不住墻頭只見影依微
偶爾麥虛縞袂溫居然舒錦比天孫夢回粉蝶千
年化吐盡春蠶一線存豈必飄零真薄命漫因游
戲亦銷魂歸來金屋還藏否風雨綢繆倩主恩

仲振奎字雲淵監生

雲淵為松嵐先生長君懷才抱潔學有淵源
詩格在韋柳間其嶠勁處則過之

題黃右谷畫竹贈葉右軒

古軒瀟灑而勁直，平生好竹復好客。詩人墨士欵關來，爭寫琳琅張素壁。空庭夜雨天淇澳，座中習習生清風。卜居新在篔簹谷，醉眠夢到瀟湘宮。蒼龍銜銜素鸞叫，燭光起舞宵明笑。馮夸鼓急江潮生，十二烟鬟青窅裊。騎雲更走竹王祠，碧鮮玉潤多秋思。豈無青要度琴曾，坐使丹鳳吹參差。鄧林嶰谷皆游徧，夢回四壁開生面。雨葉烟梢十畝秋，兩三知己相留戀。古軒自謂如其人，不如其面如其神。人生萬事總虛幻，不可一日無此君。

曉起觀荷花

一片相思月，雙溪菡萏天。露華濺夜重，花氣五更圓。流水碧如此，疎枝紅可憐。官齋同徙倚，香繞茗甌前。

水仙花

瑶釵新拾得，欲以贈同心。萬里寒雲外，一江春水深。相思不通語，此恨恐難任。寂寞憐交甫，空成漢女吟。（落落大方）

夢中詩

支枕不成眠，相思爲誰苦。寒燈耿虛房，一夜梅花雨。

袁振華字仲山諸生

東臺姜玉橋邀集餖香軒看梅

白石於今有後身，詩情酒態總超倫。堂非玉照香偏韻，曲訪紅羅調簇新。聚散五湖鷗伴侶，橫斜滿地月精神。遙知梅嶺春如海，此會休忘海上春。（將嘯竹弟將之邗上）

客中留別朱琴軒

情重難爲別，杯深漫放歌。君才勝十倍，我鬢已雙皤。風雨周旋久，星霜感慨多。春華須努力，老眼爲摩挲。

栝樹

零落鶯看起暮愁霜林還憶舊時游寒鴉飛到無聲處畫出斜陽一段秋

仲振履字雲江戊辰進士官廣東恩平縣知縣

與葉古軒鄒耳山話舊

三十年交老弟兄回頭今昔總關情泰山已絕終身仰(謂官荔圃吳華農兩夫子)洹水空傷舊日盟(柳門爽亭礱浦弟俱逝楓崖與雲客丹上)愧我風塵書十上羡君詩酒蹟雙清宵深共剪西窗燭意味如前白髮生

芸香詩鈔　卷五　今雨集　十

羊城旅次贈王雲程賈一樓劉霽巖三同年

記同走馬曲江隈瞬息雲泥亦怪哉笑我木天無福到與君花地有緣來五人出守惟江令(同年到粵者五惟嵐霞得官)八口啼饑愧李悝到底輸儂占風雅僑居獨近越王臺

己巳早春試筆

珠江風味異他鄉放我消閒取次嘗天本無寒爭覺暖日原不短那知長(粵中日出入皆以卯酉)吱嗻籠鳥當

檐語馡馥盆花繞座香打點授經官舍裏依然南面百城王

題程禹山南歸集

遊興亦已倦征人胡不歸風霜十年飽骨肉一門饑零落匣中劍闌珊身上衣應知憔悴伴舍淚下鳴機

鍾爾敬字竹樣

春草寄宮霜橋先生

芸香詩鈔　卷五　今雨集　九

東風連夕釀輕陰吹醒茸茸寸草心別後新愁增悵望夢中好句欲重尋春隨細馬千盤遠綠與春波一樣深眼底穠華都不染任他花柳放成林

芸香詩鈔目次

今雨集卷六

芸香詩鈔卷六

吳陵　葉兆蘭古軒
鄒　熊耳山　選

俞　至字樸人副貢生

佳人

佳人起徘徊瑶瑟矜獨擅俗耳悅箏琶專房失寵薦蘭茝委穢墟遜彼桃李蹊縑素異工拙良人詎一眄門前有逝波弦上無同調自分妾命薄豈繫恩愛倦秋風亦多情未敢怨團扇　微婉

庚午冬移居白沙宮硯耘過訪舊廬寄詩一章賦此以答

富貴致身苦不早故鄉生長他鄉老淮南一去雞犬無更於何處趣凡鳥美人相訪携素琴一彈再彈傷我心雪棹猶曳剡溪曲桃花悵望仙源深我時被褐歷江汜如橘踰淮將變枳雙鯉殷勤尺素傳九天珠玉落懷裏把詩一讀酒一杯酒中影落

山崔巍山靜常依白雲渚酒酣不見黃金臺天地茫茫皆逆旅可恨關山隔儔侶床頭明月起徘徊滿地相思共誰語

歲暮客浦水雙杏堂二之一

出門行不遠別業過橋尋一徑接溪響數家連竹陰茶烟薰畫壁人語雜幽禽坐久忘塵俗悠然見此心　詩中有畫

早梅

縷轉東風第一程梅花消息問江城烟中雙寺夜鐘動雪後一溪春水生似畏峭寒猶隱約如尋殘夢忽分明試鐙院落人相望幾點窗前瘦影橫

秦淮竹枝詞六之一

凉蓬船小載笙歌人在玻璃鏡裏過一陣雨絲菱葉亂家家門外鴨兒多

吳　會字曉嵐甲子舉人

出門

男兒學干謁仗劍事奔走僕夫行製裝舉酒別親友堂上拜雙親見父不見母欲哭更吞聲徘徊膝前久門內戒家人晨昏託新婦弱女甫四齡依依戀懷袖誰云四方志至此不回首　直樸

秋江詞

芙蓉花秋江水美人期不來明月空千里千里木蘭橈山長水更遙遙情渺渺知何處芙蓉花落秋江暮

題李楓崖琴臨秋水彈明月圖

博羅老仙控赤鯉倒倦流霞挾焦尾天吳夜窟妖蟇饑三十六洞秋光冠洪崖笑拍太白肩晶槃倒洛玻璃天鴛鷺不飛颶不作請收萬籟歸冰絃君不見鐵龍道人擫鐵篴轟雷怒裂琅玕石又不見黑奴絃索花奴鼓夜攪蓬山老蛟舞生綃半幅顏秋雲吳絲蜀桐飛珠塵白鸞尾埽銀濤歇再整鳴瑞貼寒月

海門觀日出歌

天門訣蕩開鴻濛天鷄大叫扶桑東曦馭欲上不肯上先遣海上形雲紅紅雲忽被海風捲海上萬里澄青銅天光海氣相摩盪無端又遣潮頭障一落才看千丈强一輪早躍三山上上有三足金烏奔下有百道驚蛇翻赤鐵出谷不再入火龍吐燄那復吞此時上界欲卓午此時下界同初昏晴烟一綫走碧落萬戸千門動魚鑰回首金焦兩點青

一聲吹起城頭角　精彩奪目

聽楊將軍説金川縛賊事

將軍名連浩成都人以金川軍功授泰州營游擊

將軍醉臥古戰場夜夜鐵蹤吹青羌鐃歌親製十二章使筆如使槊花槍麾下健兒身手彊血洗刀劍衣裹創橫磨十萬百鍊鋼不斫死賊驅生降不驅俘虜驅賢王驅之不異驅犬羊且驅且縛縛且扛有時縛賊裂帶裳有時縛賊割馬繮縶兩手足弓反張白木梃子貫中央一貫五賊皆郎當五髏貼地五首昂五肩五背相衝撞四卒對舁行踉蹡騰越澗壑超山岡凱歌亂雜呻吟腔將軍斷後神飛揚軍門大纛開兩行兩翼散卒來扶將歸來十賊九欲僵觧縛擲地闘銀鐺人各一賊監車箱將軍笑脫軍前裴帳下犒士羅酒漿酒中血瀝生黃麞歌鳴不辨伊與凉男兒到此眞昂藏不爾野雀饑空倉祗今說賊聲琅琅意氣磊落排天閶觀者

聽者如堵墻論功策勳不可量掀髯一笑歸故鄉家有八百成都桑

恩張兩總戎歸自臺灣軍營

落日大旗紅刀環唱北風鯨鯢收海上韓范在軍中甲洗銀河潤文飛露布雄一聲鐃吹響天外兩歸鴻

山寺

不負尋幽約來爲初地遊山靈如識我花裡喚登

樓晴瀧諸天雨凉生六月秋高吟誰屬和空外起樵謳

宿暨陽城外潮音庵

幽磬一聲響驚濤千疊消誰能清客夢我已宿僧寮夜色連朝色江潮接海潮舊遊何處覓山水意迢迢

京口送陳雲士入蜀

欲餞無家别征車且暫停他鄉兒女淚落日短長亭路入千盤細山銜一髮青斷腸今夜曲莫唱雨淋鈴

同繆靜軒陳理堂集知竹軒看玉蘭分賦

晴暉爭放習家池皎皎凌空見一枝鋪雪乍疑銀海眩倚風直笑玉山欹賦成木筆書難就人在蘭舟望未知恰稱芳尊開爛熳聯吟剛及討春時

香雨樓

琳宫珠雨散青蒼盡護優曇入衆香四座祥輪迷

海氣一龕寶月炫湖光天開迦葉三花界雲淨維摩十笏房競美講堂邀上客春風簪筆埽詞場

石城橋

石城橋外晚風微徙倚平林送落暉記得去年曾泊處繫船楊柳又添肥

湯治昭字懋齋諸生

永寧泉

客身如浮雲吹落鍾山巔道旁一泓水疑是蛟龍淵大瓢與小杓汲者盈萬千縛亭甃白石活火飄茶烟揭來事茗戰一飲腸胃湔諸天散花雨高岡橫其前瞻望博士祠悲來不能言松枝作麈尾敗壁留詩篇斜陽照歸路蕭散仙乎仙 起結妙

靈谷寺

芒鞋破塊圠山色相招要松風萬壑來掊擊聲蕭蕭掘衣石徑滑拂面巖花飄入寺寂無人紺殿殊蕭條誌公不可作浮圖凌層霄滔滔八德水清美

繁珠跳初地茭瓣香梵音聆海潮晴曦射叢薄天宇清寥寥老僧檢經藏悠然謝塵囂

江村

雨過林塘淨江村事事幽幾行新綠樹無數夕陽樓雛燕能來往閒雲自去留斷橋垂柳下兩兩繫漁舟

寄呈法梧門先生四之一

逝矣倉山叟先生砦總持安排三寸管裁剪一朝詩河岳英靈聚聲華朝野知官衙清似水時復撚吟髭

袁江旅次

潮落烏啼月一林相逢淮上共題襟人聯白社俱名士詩近黄河有北音客路自然輕聚散名場容易感升沉數行寫向黄泥壁留取重來擁鼻吟

贈姜丈桐軒

日日籃輿繞薜蘿盡除豪氣養天和幸連野老逢迎熟消受名山供養多勝事屏風任圖寫遺編篋衍待蒐羅功名兩字浮雲淡不作南山叩角歌

贈葉古軒

湖海元龍迥不羣此才差足張吾軍須眉純化幽并氣旗鼓閒收翰墨勛早歲科名同逝水中年哀樂等浮雲輞川吟社招裴廸來聽清談浣俗氛

西河壇坫主齊盟許任螺圖客亦清苦爲風騷留正泒不緣標榜博時名爲龍我願偕東野射虎誰能起北平有酒盈尊詩萬首狂吟痛飲足浮生

文姬

絕代紅顏絕塞行哀笳彈作斷腸聲美人國士同淪落尙有生降李少卿

包湖

湖水清泠碧四圍幽人破曉放船歸數聲漁笛不知處野鴨一雙相背飛

朱成粱字廉泉諸生

歌風臺懷古

大風四海共飛揚，臺上高歌氣慨慷。佐命英雄存有幾，貧交父老獨難忘。普天已莫非王土，此地猶傳是故鄉。豐沛至今遺跡在，楚猴秦鹿兩茫茫。

尤應龍字豐五監生

野航

瓜皮小艇最輕便，一葉飛來急似弦。四五里搖秋水岸，兩三人泛夕陽天。每橫古渡晉鬲外，慣繫垂楊罯竹邊。我欲烟波尋釣侶，捕魚放鴨度年年。

潘 濤字曲江諸生

登金山

一柱鎮龍湫，盤空結蜃樓。金鼇雲外現，白日水中浮。墖影隨帆轉，江聲抱寺流。來朝登北固，烟樹指揚州。

陳師慶字煉堂壬子舉人

淮陰客邸冬夜雜感

謾說皋比講席尊，孤齋風雪冷吟魂。難除積習蝇鑽帋，未必甘心蝨處褌。榻擁絮衾人不寐，爐消芋火酒誰温。仲宣客況知多少，數盡殘更淚萬痕。

滔滔逝水感年華，何肉周妻累轉加。縮項鯿肥難入饌，長腰米貴未能賒。田原是石荒三載，屋小如船任一家。苦爲饑驅滯淮海，冷吟爛醉作生涯。

朱 澧字蘭波

春漲

春雨添新漲，粼粼畫不如。那堪前日渡，不是别離初。嬌柳碧掩岸，落花香滿渠。故人從此去，珍重寄雙魚。

瓢庵即事

精舍如瓢大，門迎水一涯。晚船僧問渡，隣圃客移花。風定鐘聲出，雲平鴈字斜。忽聞歌欵乃，漁浦隔蒹葭。

送韓曉村之大梁

三疊驪歌酒正闌愁將衰栁折江干誰憐老大依
人苦同此飄零作客難嵩岳千盤雲樹迥黃河六
月雨風寒吟鞭迥指江南路多少青山馬上看

黃　鐘字東序號冬嶼諸生

廣陵懷古　四選一

繁華猶說舊江都大業行宮入畫圖底事開河勞
士女誰憐對鏡感頭顱秪今蘼苑螢千點依舊長
堤栁萬株試問玉勾斜畔路有人耕出玉釵無

宮　庭字彤九號晝舫乙卯舉人

乙丑下第南歸留別朱鄦洲姑丈

孤負豐臺幾度春征袍重拂十年塵青山有約難
留我白首無家慣送人入市自慚非駿馬按圖聞
說得麒麐多情只有蘆溝月今夜還來照短輪

夏　瑄字雲嶠諸生

夏日山行

深亦不知山遠亦不知路火輪灼石焦十步怯五
步仰視天無雲陰翳不少護招涼仄徑斜松杉相
錯亙下有幽泉鳴掬飲等甘露絕頂欲攀躋夾脊
汗如雨一事問山靈高寒在何處

衣冠墓

專閫曾登大將壇（悲壯）空留坏土葬衣冠江山分得孤
臣局氣數偷將老淚彈書寄一家同死易兵譁四
鎮獨支難至今嗚咽南朝恨流盡邗溝水不乾

王壽朋字心蘭諸生

蛩

啾啾復唧唧一聽一淒然亂草荒蕪路涼風細雨
天苦吟催夜短衰氣感秋先悵觸平生事殘燈照
獨眠

玉鈎斜

三千殿脚委泥沙堤栁依依想翠華無數香魂招
不起春風吹落野棠花

亂鴉聲裏吊繁華坏土常埋大業花記得雷塘春

二月春雲蘸碧波買舟剛趁曉風和楊花作雪桃花雨人在清溪畫裏過

繆維鑽字在東號蓮溪諸生

夜泊青山

舟宿蘆花岸新蟾入夜清推篷借漁火欹枕聽潮聲暝色四山靜江光千里明南飛有烏鵲應識此時情

徐　寶號古蒲諸生

題杏林春燕圖

江南二月杏花紅燕子尋芳碎錦叢剪得一枝歸上院滿城桃李讓春風

仲振猷字雲浦戊辰舉人

相思曲

相思結子紅離離美人種入春烟裏子成還作相思樹知子相思自恨起相思不老人易老愁抱春雲泣芳草

雨後有人耕出玉琵琶

陳晋元字少方諸生

登歌風臺

叱馬過豐沛高登漢帝臺飛揚雲氣合蒼莽泗流洄衣錦真人去藏弓猛士哀四方誰善守屈指計雄才

餘閒

動中思小靜病後得餘閒細擘名香爇重搜舊稿删推窗驚鳥散欹枕看雲還不覺殘陽下翛然又掩關

储步雲字湘舫諸生

晚步

晚步郊垌外閒游緩緩歸鐘鳴羣鳥息月出衆星稀乘興不知遠清光時滿衣臨淵非有羡偶上釣魚磯

清溪春泛

偶成

繞屋濃陰蓋四圍杜鵑空喚不如歸此身恰似曾巢燕一口香泥一次飛

王壽康字竹衫監生

金陵曉發

僕夫催上馬磔磔又晨征落月下鐘阜殘鷄鳴石城轡絲難指路馱鐸只聞聲去去東方白朝暾隔樹明

榆錢

榆莢紛紛落幾株也將名字作錢呼東風布散纔公道陋巷朱門一樣鋪

楊　筠字篠樓諸生

懷田鶴舫

遠向溱湖借一枝逢迎是處有相知最難作客能將毋却賴依人好課兒寄到新詩多擬古傳來餘事又工醫結廬近得希夷子（謂陳曉麓丈）樽酒應多夜話時

觸婦吟

傷心處處石壕村咫尺分開骨肉恩道左有人含淚說去年此日正新婚

熊化麟字六橋

老將

姓字標銅柱威聲鎮玉門馬閒髀有肉劍古血無痕戰績分偏校陰符授子孫燕姬猶在側白髮勸

金樽

周聯奎字潔山

贈張柳塘

久從春柳識丰神握手依依誼倍親骨本不凡真將種（柳塘先人曾爲提鎮）才生有用豈詩人一家鳳泊鸞飄感十載鞭絲帽影塵酒後忽驚狂態出爲予說劍尚津津

新鶯

宛轉春聲到耳邊殷勤與起柳三眠分明十五盈盈女一串歌喉學未圓

花梢風暖細調笙百囀今幾第一聲記得去年柑酒路午橋烟柳正清明

朱鳳藻字瑞廷號廉江

柳枝詞

春愁黯黯上眉痕惆悵東風過白門烟雨南朝多少寺有流鶯處總消魂

一枝相贈抵黃金共說情同濁水深只恐柔條能繫馬短長繫不到人心

唐承緒字纘亭

江上夜泊

沉沉夜氣肅江天藏被清寒破客眠雨外柝聲連岸驛烟中人語待潮船飄萍蹤跡愁前路逝水光陰失少年酒醒獨推篷背望荻花楓葉正無邊

宮沂號芹塘

海上

帆懸舟一葉曉發海天東萬竈炊烟白千家旭日紅濤聲疑挾雨蜃氣欲浮空何處聞鷄唱蒼茫島嶼中

吳林蘭字畹芳諸生

綺園觀牡丹

天將全力做芳菲如此名花見亦稀艷絕翻愁金屋少粧成不礙玉環肥雲蒸海國春無價露染宮

袍夜未晞我欲醉眠瑤島月夢隨蝴蝶抱香歸

柳枝

一剪風來便可憐幾番搖曳幾纏綿為誰小試宮腰瘦舞過春三二月天

一層烟浪一層青五里長堤十里亭惆悵曉風殘月後更無人唱雨淋鈴

曳雨牽雲鎮斷魂依然和淚識眉痕青羌鐵笛關山怨又送春風度玉門

小樓紅雨夕陽天陌上閒愁又一年知爾多情憐
爾瘦李樊南與杜樊川

鄒　煥字亮時諸生

西城獨步

閒從野徑拂烟蘿策杖湖山畫裏過古阜林陰藏
石磴平橋花氣接春波齋鐘樓閣忙雲少菂宇桑
麻化日多味此風光成錮癖冶遊心性總消磨

謝儒偉字玉孚監生

土城

彈丸何事借堅城識得當時此備兵海甸全銷烽
火氣人家半作管弦聲關門吏放三更鑰村郭農
勤二月耕今日風光迴殊昔承平不用念開平消安

土城爲明初常開平築

訪友人即贈

風景蕭疏水竹居閒將心事付禽魚高情愛我多
歡笑習氣如君盡掃除一塢白雲尋藥後滿庭紅
雨折花初頻來叩戶無他事特展雲藍爲乞書

寄懷李湘嵐

相逢一語古揚州十四年來意氣投近說將軍耽
作畫天涯談笑薄封侯

煮茗

庭外頻看鶴避烟石鐺松火潄新泉書聲歇處茶
聲響人在春風穀雨天

彭壽山字石夫嘉慶丁卯科舉人

蘇山秋望

山雨暮方霽分明知釀秋雲凉度溪散泉響入空
流紅葉陰無盡斜陽澹不收一戀兼衆妙清卧復
何求

芸香詩鈔目次

芸香詩鈔卷七

吴陵　葉兆蘭古軒　選
鄒熊耳山

姜鳳喈字冑儀號桐軒諸生

燕燕謡

燕燕來燕燕來東家畫梁無纖埃雙來雙去穿繡戶啣泥不惜汚粧臺搆得新巢爲育子采花掠魚忙不止乳毛初脱各遠颺大抵生兒類如此詩人觸境增嘆吁終朝鹿鹿何爲乎僥汝白頷封侯相不及人家屋上烏　言之慨然

炙硯歌

今歲苦寒真欲絶觱發風高兼栗烈腹稿詩成索筆書古硯氷紋凹處裂呼童爇炭滿熏籠一枝班管膠如漆須臾墨瀋光飛揚元氣淋漓着紙熱那知火炎石欲泐熇爆一聲崩硯缺幾敗乃事笑竪儒由來氷炭難合爐綦逵急切須緩圖

消寒會分得夜宴曲

千林隕籜梅含笑高會金張毗光燿朶慁迤邐燃犿餼却寒簾外風尖峭氄毻翠叠揚韓娥囘跰低唱新學歌蒲桃酒進金叵羅貂狐座滿年少多朱舄明璫佩楚楚醉眼模糊忘賓主虬壺漏盡銀箭珊當空月冷霜天午

鴈

天掃秋陰淨江涵樹影開因知烟水與不爲稻粱

來落日迴戈地西風戲馬臺寘寘向寥廓鷗鷺莫相猜

格高

晚眺

餘霞明遠水閃閃入溪流落日江湖興登場穲稏秋閒欄歸乳鴨乘策下烏牛獨立柴扉久暝烟昏渡頭

酬俞樸人繆霜泉陳秋槎見懷之作

閒門絡繹走郵筒尺素雙魚西復東塵事漸拋烟水外春光却負別離中交如蘭臭三人合牋寫桃花一色工行樂及時殊未晚不須細數幾番風

朱景泗字冠林

以淹博馳騁名場終坎壈不遇晚年著作極富惜任其散軼故所選甚畧

送吳黼臣歸湖州

悠悠春草生寸寸愁腸結嗟我同心人悵然從此別世路多坎坷天風吹髩雪

平山堂瞻六一先生遺像

日暮遊蜀岡松濤起峻阪斜照上叢祠山光澹以遠載拜欽鬚眉高風留近輓經濟出文章寻懷殊縫綣江月漸茫茫鐘聲催客返

過清寧道院贈皆春鍊士

曲徑攀蘿入花宮絕頂開亂松鳴古澗落日下荒臺山氣連雲動江聲帶雨來欣逢萍水合掃石坐蒼苔

鍊句似唐人

讀晉史

西伐南征奏凱歌牟車便爾望恩多君臣正學唐
虞禪兄弟偏操吳越戈但見廟堂揮玉麈已知荆
棘没銅駝張賓王猛才如用或免新亭喚奈何

遊白雲寺

鷲嶺盤空一磴斜白雲精舍帶晴霞幽期客至春
鉏藥鄰屋烟生午焙茶山鳥啼殘紅杜宇僧樓開
遍碧桃花徑塵此處飛難入却恐方壺未足誇

夏日過西河草堂即席賦贈古軒妹丈

黄鳥聲中緑樹濃幽居不厭日過從識途我已慙
疲馬論士君能辯假龍千里客囊留故劍十年塵
夢破殘鐘（時余從京即返里古軒亦自真州歸）掃愁拚醉梨花釀一
洗平生塊壘胷

側帽風前髩未華軒軒人似赤城霞著書屢換龍
鬚筆語舊同消鳳爪茶可惜黄金皆鑄錯誰憐白
璧本無瑕秦淮風景燕山月孤負秋來幾度花

古意

饑驅向夏友問我來何爲坐久寂無語秋風吹鬓
絲

夏　震（字東起號春舟監生）

秋夜柬周晴溪

不寐空彈鋏雄心感白頭雨收半庭月蟲響一堦
秋可奈平生事并教今夜愁伊人夢何處應在浪
西樓

秋日邗上晤葉古軒表弟

我問悲秋客胡爲澤畔行懷才同一哭痛飲竟三
更羞澀黄金盡饑驅白髮生壯心經百折詩思益
縱横

花朝雨中同人浣香軒小集

最喜聯吟舊草堂夜來新漲滿池塘一春晴好無
三日百歲懽歌得幾場上客偏多湖海别（謂魯石霜橋暨古軒表弟）佳辰其奈雨風長須教此會還珍重難得花
時共舉觴（情韵獨佳）

送王曾石返武陵

掉首江雲去去遲，桃花初放柳垂絲。暮潮到郭傷春後，細雨沾衣送客時。尺幅未能傳別恨（時繪春江送別圖），雙魚還許寄相思。歸裝恐被山妻笑，檢點空囊幾卷詩。

新夏集項香書屋懷方立堂汪劍潭

朱櫻緑豆年年會，小雨疎燈夜夜愁。往事難平將去水，離心易感未來秋。夢中芳草八千里，江上瓊簫月一樓。借問蕪城詞賦客，清樽還憶舊吟儔。

贈王荔塘

一從北郭班荊後，幾度春風感歲華。詞客漫填金縷曲，吟人多任玉鉤斜。曾無好境甘於蔗，剩有詩情艷似花。寂寞鷗盟邗水上，年年芳草隔天涯。

荔塘將有遠行寄詩留別奉和原韻

問君何事嶺南遊，見說聊爲八口謀。萬里雲山空有夢，五更風雨獨驚秋。不愁前路無青眼，其奈依人已白頭。從此相思渺天末，數聲征鴈下西樓。

春日思家

春風吹羅幕，春夢全無着。幾日不歸來，山花開更落。

同費東池傍花村探秋

去年花裏逢君處，石徑行來我舊諳。未免被他籬菊笑，年年秋在客中探。

翟　鏞字豐山監生

餞秋

紅樹添行色，黃花憶舊游。那堪今夜酒，又送一年秋。老鴈苦催客，新寒早戀裘。無人獨搔首，桐葉下西樓（老當）。

六月一日夜坐即事

六月一日秋氣生，颯颯細雨來初更。微雲度河忽無影，凉風入樹時有聲。三點五點蕉葉響，一箇兩箇螢火明。虛堂岑寂客不寐，酒闌燈炧難爲情。

韓栁村哀詞

凶年頻過費支持，事事艱辛我獨知。上學記從青鬓日，忘年交到白頭時。生憐羅隱功名薄，死惜方干際遇遲。此後梅花風雪夜，豈宜重唱澹園詩。

芸味山房看牡丹即席分韻

山館春濃日未曛，壓欄花氣晝氤氲。樓臺湧起三弓地，蓬嶠飛來五色雲。傾國色宜絲障護，染衣香擬御爐薰。背風移燭耽幽賞，可當瓊瑜舞夜分。

許秉銓字右衡號箕原

楊花吟

青青陌上楊花開，漫天飛。天涯游蕩子，春歸人未歸。楊花如雪沾我衣，蕩子甘心違庭幃。

賢侯頌

海濱一州大如斗，兩載災祲民疾首。裹垣先生捧符來，陽春有脚隨車走。公憂民如救焚，荒政十二古法存。師古不泥便宜行，太倉米不足，慷慨損俸金。哀鴻遍野欣再生，公爲政務寛大。太阿獨持手不假，鋤强植弱恩繼威。鏡裏冰壺自傾瀉，飲水悉魚古所難。廣平風骨能方駕，公決讞慎且勤。夙興判牘及夜分，筆底一掃積塵清。覆盆冤雪呼神明，輿歌貫滿山人耳。山人獻詩歌樂只，頌公豈爲感私恩，感公福澤被桑梓。

春江

浩淼春江水，揚舲趁好風。草凝遥岸碧，帆没夕陽紅。波暖魚龍活，時清舟楫通。北歸數行鴈，明滅亂流中。

過項王廟

三年覇業竟無成，占得江千屋數楹。破廡尚圖千里馬（大方家數），短筵誰薦一杯羹。鬚眉不減英雄氣，風雨如聞叱咤聲。笑煞東歸狂杜默，敢將大畧比浮名。

卜築西邨有成題壁

水雲深處剪茆茨，草草經營費搆思。十畝種秫供

釀酒四圍泥壁待題詩故人風雨來能早老我疎慵起較遲但得安閒常任此不妨貧過太平時

中年

駒隙光陰過眼更半生樗散愧埋名詩緇（真境）舊稿删輕薄友締新交近老成飲酒漸非當日量看花不減少年情可堪一事增衰揕兩鬓霜華鏡裏明

畫樓

畫樓咫尺粉薔東面面珠簾壓綺櫳一點癡情隨

蝶幻十分幽怨托琴通雲來楚岫終慳雨舟入仙源竟阻風記得前宵凝立處海棠花外月如弓

謁桓王廟

靈宇巍巍壓建康英雄當日憶桓王江東手掀三分業年少身經百戰場陣上獅兒驚孟德滕前豚子笑劉郎黃初若得公猶在降表焉能到許昌

古意

郎自理秦箏妾自調吳瑟絃聲雖不同一樣心淒惻

題畫

秋風起林薄夕陽在高嶺老屋閒無人軒窗眠塔影

初夏郊居即事

午風吹麥浪成紋較雨量晴日又曛行過柳堤身入畫一枝筇杖一溪雲　八畫

無題

裏湖湖裏荷花香外湖湖外郎船忙留郎住船看花去明日西風荷葉黃

李　宸字楓崖諸生

送韓曉村再遊大梁

一別十年久歸來意更親入門看鬢髩剪燭說風塵結客黃金盡聯吟白社新緣何留不得又作遠遊人

去去後何處梁園此再過晴雲開鐵嶺夜雨下黃

河屠狗英雄盡閭鷄涕淚多平生豪俠氣客路半
消磨

答友

一別三年久他鄉入夢頻寸心攢旅思八口繫勞
身愧我相看老知君不久貧前途尚努力莫作倦
遊人

過勝因寺

遠公舊相識邀我過禪房鳥語與行客鐘聲催夕
陽一溪新漲緑滿地野花香領畧清閒趣無從着
熱腸

清境

月夜同人登燕子磯

名山屈曲枕金陵此日同攀最上層十丈奇峰盤
古樹一江秋水散魚燈疎狂只許容吾輩閒曠居 好句天成
然讓老僧徙倚莫嫌歸路晚等閒高處得先登

謝登甲字冠羣號鶴莎監生

何處堪消夏

何處堪消夏青溪小栁分簾拖湘水影人夢藕花
雲微雨欄邊過疎蟬栁外聞晚凉新浴後倚扇簇
紅羣

初夏小集遲西林上人不至

揀花風暖逗衣羅看竹人從舊社過春事已闌紅
雨盡名山偏隔白雲多掃苔石淨焚香坐擊鉢詩
成倩鳥歌孤負山厨櫻笋會座中吟煞老維摩

龍溪口占

緑楊陰裏雨初晴紅蓼花邊月正明隔岸櫓聲燈
影過兩三船在畫中行

羅克俠字靜安號夏園諸生

黃金臺

六國事紛爭燕昭志復古築臺禮英才黃金漫相
與得士邁縱横頗爲仁義語惜哉鶩荒誕中道慕
冲舉大業罔克終賢才散如雨我來登此臺問名
弗心許未聞古泰交其迹同貨取始進况已非成

功安可覩凫弔發長嘆慨焉歌杕杜 正論

楊花吟

不見楊花開但見楊花落為花惜飄零為萍嘆飄泊飄零復漂泊春風總斷魂翻思不如葉葉落歸故根

鬻牛歎

垂首驅牛行相逢長太息頻年罹水灾田廬盡漂沒率族逃四方避荒就口食飯牛嗟無糧謀生苦無術鬻牛以資生急售甘賤值牛銜芻牧恩屠身不敢惜人念耕耘功引手不忍釋倘獲木落歸春疇藉何力剜肉而醫瘡自慟非良策我見亟問之不覺聲嗚邑徒壓饑溺憂幸免爕理責

防水行

河渠執事當水立萬夫如蟻舂鍤集桃花水汛三月張十丈金隄勢不敵下游郡邑東作興大牟小來俱未登低窪偏灾已入告請蠲請卹憂填膺霖潦浹月更不止崇堂生衣木生耳只疑上浮下泛會一期將為小小闔闢一刼爾達人此際猶夷然小民情廹思安全恐隣或以我為壑大隄聚守夜不眠嗟嗟西南苦戰爭東南幸承平西南防兵勝防水何為乎使我東南防水如防兵天道人事難臆決盱衡惟有心怦怦

李將軍海上擊賊歌

起勢緊健

黑雲壓海海水立霹靂聲訇電光赤艨艟破浪乘長風閩海將軍誓滅賊將軍如虎氣如龍出入重洋躡賊蹤聞說神目世無比獨能炯炯驚濤烈焰迷濛中遥見賊舟拔淀起併力抗威月一死大舟峩峩難仰攻將軍飛上輕於矢兩手乘勢挾賊槍一心禽賊思禽王擬開萬弩神鞭疾一鞭到處賊首傷將軍翻身復飛落萬疊潮頭高立脚賈勇再接賊竟逃戰士百倍氣踴躍雨時偏將擊副舟生禽數百藏其酋浪裏救回新褰胥火中提出焦骼

艭從來海寇滅難盡因風來去勢無定以戰爲守遠驅除孔陽我武戒輕進君不見寄奴無力制盧循梅林成功須婦人戚公毛帥俱不作域外誰復標奇勳祇今屈指第一提閩海惟有飛將軍

周孝侯讀書臺

尋行數墨經博士定遠遇之笑不止奇才弥弛不知古子明視之若無覩乃知讀書貴有用人不惧書書益重不見陽羡周孝侯雄武忠義無與儔少

時爲暴里中苦一語感悟即改修入山殺虎水屠蛟勇敢精進眞人豪王今折節讀書處層臺終古名俱高吁嗟乎猛虎不食人蛟能翻覺勝麒麐長蛟不爲害是奇亦可長鱗介爲兒正厥終厥生鄙士皆下風嗚呼何不改行正厥終

登歌風臺

萬乘還鄉日高歌樂此臺丈夫竟如是猛士亦堪哀井邑留湯沐風雲入酒杯我非狂阮籍望古獨徘徊　大筆淋漓

五人墓

抗法名難免成仁志可傷逆謀寒此舉魏閹謀爲逆崔呈秀十字箴案止之日不見去年吳門事乎公義激同鄉三學衣冠愧千秋市井香廞祠今改葬忠介益幽光

讀甌北集

袁蔣云亡後靈光尙此君弓衣旋萬里壇坫得三分閱歷增奇險搜羅炫見聞由來長揖者拜泣共

殷殷

丙申省試莫愁湖雅集

打槳出西州名湖得莫愁晩荷當檻落秋水入階流時湖瀝風雅徵同調江山引勝遊盛筵知不易扶醉復登樓

樓覽一湖槩憑欄縱目孤波光悅魚鳥秋色澹菰蒲落魄新詞客淸狂舊酒徒悠悠懷古意豈獨爲名姝

蘇屬國

飾毛零落髮蒼蒼迴首丁年淚滿裳窮海帛書秋
繫鴈寒氈雪窖夜呼羊祇聞裂土褒劉敬空使圖
形殿霍光猶幸不同洪待制幾歸沙漠又炎荒

百子山樵故居

鷄鳴埭下路迢遥遺跡頻煩問野樵五夜芭苴尊
假父一家詞曲殿南朝紅牙獨按懷空詠（堂名詠懷爲其顧曲處）
鐵案全翻氣益驕但惜清流爲已甚激成鉤

黨禍難消（有此筆力方許論古）

白下

撥盡琵琶酒不勝留都遺事說頻仍汪黃有計爭
迎立管葛無人失中興内殿烏絲呈燕子中宵象
板按春燈風流占斷規模陋愁對鍾山憶孝陵

讀元遺山集

火起幽蘭國運艱（音流簡外）亡金文獻有遺山行歌慷慨餐
芝外老淚悲京實槧間一代中聲開王大百年孤

憤報完顏殘編讀罷杯頻酹海上游魂招不還

汪蓮碧話少白近事

落魄江淮二十年一家迴首隔風烟重來罷唱寒
爐句此去長留寶劍篇張祿易名纔見貴陸機游
洛已交傳花前細述遭逢事結納清塵亦偶然

絡緯

一片秋聲屬遠空蕭蕭絡緯曳西風響驚織手三
繅外怨入迴文百轉中豈有經綸遺草澤漫勞機

杼出昆蟲清吟我自慚才短軋軋如抽恐未工

按劍圖

淮陰逢惡少胯下一俛首原彼含忍時未不屑屠
狗

讀史記

彖說紛馳大道中聖賢距闢總難窮六經若在飛
灰外秦帝寧云不有功
捭闔縱橫法術徒何嘗一箇是真儒可憐身試坑

中者半是浮名半是迂

釜鑠室中常慽嫂杯分俎上漫呼翁一羮如此關心甚開國君王大度雄

爲劉爲吕令堪譏安吕安劉說本非倘使北軍皆若袒不知太尉竟何歸

紀宜堂字琴舫監生

題春江送別圖

山色蒼茫暮靄深河橋分袂酒頻斟十年東閣看

花客一夜西湖放鶴心座上春風曾倒屣囊中秋水尚携琴逢人莫唱輪袍曲古調而今絶賞音

白荷花

出水清姿玉琢成風欹翠蓋見盈盈香從太液池邊冷月在鴛鴦夢裏明㬠洛人調宮粉潔凌波襪剪素羅輕臨流莫訝無顔色曾與沙鷗訂舊盟

費履堅字焱夫諸生

題孫詠齋楚吟集後

海上詩名重風塵把劍游雲吞三峽水猿嘯萬山秋弱弟埋青草高堂感白頭披吟一垂涕悵望楚天愁

立秋病中

小榻書堆枕疎簾月上鈎五更驚短漏一病入清秋露氣逼霜冷蛩聲當戶幽壯心殊未已曉起獨登樓

湖州作

烟雲如畫水天浮路入平湖第一州繞郭波明都見底沿堤桑短半平頭秀分越嶺吳山色清合苕溪雪水流蒲市紅菱三尺鯉此鄉風味最宜秋

海村即事

蕭蕭襆被此停車茅舍相連四五家一夜海風吹東雨曉來蒲地結鹽花

斜日荒凉第幾村家家煮海避潮墩三椽竈屋初停火牛拽鹽車直到門

婁江舟次

水抱江城十里遥臨江水閣夜吹簫通波門外停船客半等來潮半落潮

芸香詩鈔目次

今雨集卷八

芸香詩鈔卷八

吳陵　葉兆蘭古軒
　　　鄒　熊耳山　選

夏　蘭字小畹號紅舫諸生

夏日山行

辟暑向山中微凉頗清適日午人不知曲磴濃陰碧欲將嶺上雲持贈熱中客

千金歌

天下紛紛逐秦鹿時未雄飛且雌伏關中相國能知人築壇一日三薰沐興劉滅項歸淮陰印如斗大輕千金記得微時有漂母千金來酬一飯恩一飯恩安足論母有語哀王孫哀王孫母語錯母視信何輕薄古之黠婁長太息有人不食嗟來食

昭陽婦

昭陽婦夫醫酒兒啼饑婦出走將雛覓食老鴉鳴老鴉成陣千里行終風吹人淚如雨刀環無日刀痕苦一片斜陽照鼙鼓竟使明珠還合浦昭陽婦艱以貞古井水寒且清　節短音長

朱虛侯

泒屬天潢位列侯生來將種足強劉私恩雖感如兒畜大事何曾與婦謀逃酒人難容竟去耕田歌不畏招尤只因議立親昆弟鬱鬱常懷社稷憂

新息侯

大志髫年即慨慷先平隴右後炎方人中龍早知文叔井底蛙曾笑子陽南海有珠騰謗讟雲臺無地畫椒房讒言銅柱勳名盛薏苡誰來奠一觴

孔北海

北海徒傳譽望隆未能施展濟時功危劉權已歸曹氏薦禰書猶上漢宮座有清樽知客滿家無完卵漢巢空可憐慷慨脂京兆獨記交情哭大中

平山堂懷古

萬民無訟一方寧點綴城西闢野坰淮北水連岡

下碧江南山向檻前青官栽楊梛朱旗拂妓採荷
花畫舫停第五名泉最香冽爲公更築醉翁亭

焚香

寶鴨氤氳百和清爵金堂上晚粧成灰憐玉手纖
纖撥雲向珠簾冉冉生暖觸衣襟何澹宕暗攙人
氣不分明劇憐對月深深拜一縷烟含一縷情

無題

記得珠簾掛綺疏別來消息近何如地名桃葉思

前渡花認枇杷訪舊居悄任綠波三尺槳寄通紅
鯉一封書烏絲細疊無多囑好景平山四月初
迴廊曲檻會娉婷侍女傳言隔幔聽蕉葉有心多
展轉楊花無力易飄零同心自可盟初日低首終
難屈小星聞道使君原有婦不勝惆悵倚雲屏

論古小樂府六首

文武材兼擅咸寧一代稱誰知左部帥更甚楙機
能
周處兵方敗王戎酒正酣自從掾三語天下尙清
談
八日洛陽北曾無荻水供他年金屑酒依舊在金
墉
吳越困勞役急宜解倒懸右軍懷遠慮曾上會稽
箋
王猛秦丞相張賓趙右侯江東門第盛只是重淸
流
回首華亭鶴悲哉不復聞蓴鱸歸去客江上笑機
雲

讀史詩

倉皇無計殺江充從此田郎列上公終是君王憐
骨肉夢中那有白頭翁
百萬兵雖一炬燒焦頭爛額尙逋逃孫郎只要荊
州地不肯思量大討曹
不知决策守關津誰是當時帷幄臣迢遞陰平七

百里青天白日竟無人
家庭操作同辛苦酖酒先嘗淚滿衣純孝只傳王
大保誰知悌弟古來稀
同泰君臣正捨身河南兵已破城闉不圖更有龍
光殿佛老原來不救人
年少曾衝百戰圍燕梁處處凜兵威如何泣下沾
襟日不似前驅負弩歸
笑來功過只平分亦悞戎機亦立勳臨没也應貽

後悔曲家旗幟岳家軍

踏春詞

白袷翩翩稱體輕金鞍寶馬出春城天台儘有遊
人悞莫向桃花多處行

王　輔字左亭監生

雪後周𥌓峯許筠圃李竹齋過訪

冷境罕轍跡踏雪來青鞵入門索酒槳高詠聯虛
齋寒梅一枝破四座春風皆嗟彼熱中子鹿鹿天
之涯何如枌榆樂素心晨夕偕既醉復命酌明月
初當階　淡永

過盧蕙圃郁居即事

烟鬟羅浮青水抱范隄綠幽居阻漁梁書聲出茅
屋暇日攜琴來款關驚不速酌我軟腳酒開軒豁
心目飛鳥倦高雲閒花媚幽谷物態隨機宜予懷
澹無欲醉卧長松下凊風聽謖謖

贈張老蕫

客從刊上來遺我詩一紙幽妍老樹花澹定古井
水不意繁華區著此冰雪士挑鐙百回讀寤寐輒
心喜孤松何兀兀莬絲亦蕤蕤引蔓恨不長何時
遂依倚風雪歲云暮伊人忽來止言笑敦古歡幽
討情弗已慰我十年思天意厚如此無那水上萍
風吹倏他徙悵怏摧心肝相思復奚似

聞鴈

酒醒鐙殘後嘹嘹聽鴈聲未消中澤歎疑有不平

鳴地迥霜初重天高月正明關山千里客此際若爲情　大方

答雪齋上人見懷之作

長物詩千首生涯酒百杯草堂聽雨坐蓮社寄書來一別鶯三載重逢得幾回木蘭花發日（雪齋時掛錫邗上）應謁講經臺

和羅夏園移居

古屋冬郎宅（宅係韓曉村舊居）荒凉費掃除別開新戶牖

安頓舊圖書飼鶴儲糧足移花趁雨餘不須慮岑寂佳士對門居（與周曙峯對居）

新燕

（起○筆○新○警）乍到如生客重來當故鄉主人尚無恙茅屋又何妨別緒憑誰訴閒身底事忙一枝棲便好不必羡雕梁

種菜

抱甕携鋤取次忙秋菘春韭及時芳貧家風味原清澹老去英雄善退藏學圃未能聊復爾閉門無事且相將東陵瓜與南山豆各占千秋地一方

邗上寓樓題壁

一別蕪城十五春看花重問舊遊津青山不入繁華境紅粉猶憐老大身柳擁官隄全草木詩留僧壁久籠塵可堪明月樓頭客醉倚東風冷笑人

桃花庵即事

湖山佳處聳吟肩好與支公結淨緣（謂甘亭上人）流水

東西皆畫意大江南北一詩禪樓頭細雨黃梅熟門外清風白鷺眠只恐俗塵消未盡夕陽簫鼓棹歸船

書桃花扇傳奇後

殘山剩水雨瀟瀟三百年來一夢消亂世文章空復社處堂燕雀笑南朝春燈半夜傳新曲野哭中元賦大招石馬銅駝無限感只留遺史話漁樵

常繼香招飲即席賦贈

雪後開樽折柬忙故人有子繼芸香門多父執交須慎詩本家傳業不荒立脚好當寒士境出頭原讓少年場謀生切莫辭艱苦菽水先供兩世孀

讀小倉山房詩集

今古才人筆幾枝（酷似隨園）公然一手得兼持性靈尤冠三家首風氣能令四海移陸地神仙當代重中原名士外吏知瓣香久奉思同社謂宮霜橋先生曾荷先生說項斯

暮春登雨花臺

選勝高吟選佛場秣陵春盡石臺荒草圍梁帝經壇碧花散雲公法座香遊子多愁雙鬢短青山無恙六朝忙登臨漫作興亡感釃酒淋漓送夕陽

病中作

卧病新揩折脚床閉門高枕送端陽平時交薄今纔見夢裏詩成醒易忘隣笛過墻偏觸恨瓶花隔座不聞香偶然盥櫛憑欄坐蒲酒盈卮未敢嘗

秋柳用王阮亭先生原韻 四首選一

曾拂壚邊換酒衣長條踠地事全非黃金莫贖韶華轉青眼重逢古道稀六代樓臺斜月冷五侯門第亂鴉飛可知賦命多憔悴能綰西風願已違

新柳

濯濯清姿楚楚腰不勝情緒正無聊一聲笛裏春猶淺二月樓頭雨乍銷對此風流原可愛別來消息又今朝揚州城郭金閶路緑到紅欄第幾橋

魯嘉祥字雲卿號楓橋監生

荷花塘

上壩五下壩五高堰支流分十股下流之衝誰其當樊汊鎮對荷花塘丁戊兩歲防未容橫流湧出蛟龍窟工料如山役萬人數層黃土閘柘荻缺處纔完完處崩只道治水無善策入春以來猶汪洋蕞爾吳陵成澤國秋成姑勿論有無眼前栽插已難得下鄉原屬沮洳區兒復養成頭上疽如此災

祲曷有極對水太息吾其魚

富春江

萬峰桐廬道紆迴繞富春雲山開畫意今古一高人此水清無比高臺迴絕塵客星如斗大常照大江濱

新燕

南國遙遙別東風得得來情難忘故舊身不傍樓臺小壘容栖息春衣待剪裁主人延望久爲爾草堂開

無錫道中

紅藕花間客夢回聲聲柔櫓曉潮催泉從陸羽茶經品山自倪迂畫本來鴨艇橫斜停野渡浮屠縹緲揷香臺渠谿絕似山陰道六扇蓬窻面面開

春日書懷

風花泥絮各浮沉對此茫茫百感侵漸覺嘗完唯

此○中○消○瞎○多○少○豪○傑

世味最難看破是名心匣中空有思魚鋏市上寧無買駿金過眼青春留不得遣愁還仗酒杯深

春草

平原無際望芊芊繡出江南二月天九陌綠拖雙屐雨一痕青帶六朝烟漸消古道王孫怨好藉東風蛺蝶眠多少踏春人試馬軟茵扶過大橋邊

初夏即事

綠陰門巷楝花殘睡起終朝怕倚欄長日如年無箇事隣翁對奕隔窻看

俞國鑑字澄夫嘉慶庚申科舉人

咏古襍樂府

先人功高督八州今乃束帶見督郵叩門乞食亦可喜何必區區五斗米衡山歸來甲子書醉鄉却在羲皇初

冊金輪設銅匭鏡殿開明堂毀女主昌歷二紀晉陽局設美人計禍水相沿亦天意君不見鸚鵡翼折不得飛宮中又唱桑條韋

前有六賊後汪黄朝廷那復相李綱登聞鼓撃聲嘷嘷悲哉一死偕毆陽諸生舉幡伏闕下漢唐有人乃獲赦　遒練透闢

新安道中看山作歌

晴沙粼粼石齒齒水入桐江清見底朝携鐵笛坐船頭不害無風七十里瀧口已挹千重山山光却在冥濛間狂奴故態亦何有只愛飽看烟中鬟一峯未斷一峯出晴雲俄隨雨雲濕雨來頻助瀬聲喧雲起全遮峯頂没雲圍峰合疑水窮扁舟影落澄潭中豁然一綫劃崖際石門洞壑還相通上灘曲折波迴繞却羨來船下灘好惱人不是峽猿啼峉樹聲聲畫眉鳥鳥聲未歇天黄昏斷霞魚尾明前村秋晴處處山田潤潮落家家水碓喧幽花歴亂層厓放狂笑能令衆山響奇秀由來甲海東新安爭似浮天上明發天都最上頭芒鞋竹杖宜清秋回頭却望從來處笑指烟波一葉舟

雙成曲

風風雨雨春愁足斷腸花史無人續有客横塘買棹歸尋前倩譜雙成曲雙成舊任本瑶京曾抱雲和海上行一絃輕撥干天譴吹墮罡風百二層生成弱質深閨裏家傍吳山隣越水小小才華擬姓蘇娟娟風貌同名李春色三分魚口橋爭教人見不魂銷桃花才向門前笑柳葉新從鏡裏描虛陪瓜子開粧閣肯引少年開縱博縱說纏頭十萬多妾心覷比秋雲薄忽逢交甫訂心期笑解明珠不自持樸誠最是多情者不比尋常薄倖兒低幃泣向檀郎訴年來苦被風塵誤郎意如憐解語花妾心甘作同心樹從此朝朝暮暮餘枇杷花底閉門居蜨蜂謝盡遊蹤少箏管拋殘曲調疎東君早與花爲主莫使空房淚如雨話到深情急切時怪郎宛轉偏無語油壁何曾巷口來柔腸百結費疑猜拔釵倩遞青鸞信贈佩親煩鴆鳥媒傳來消息堪

驚愕盡道烏禰今負約已遣香車迎別人箇儂莫更生戢擱郎有深心妾早知敢將謡諑妬娥眉小星莫道淼三五二十三朞總不辭花枝終不成連理飄泊餘生竟如此腸斷芙蓉不見蓮麗娘今日爲情死玉泣珠啼劇愴神癡心能感路旁人若非贈得回生草已逐驚波委逝塵重泉再起人還在只恐卷中顔色改萬一靈修感妾心且留一綫殘魂待我向燈前怨鄭虔情鍾何事更拘牽縱然身

作經風絮那有泥汙出水蓮藕絲未斷梨雲冷燕子樓中褪紅粉我聽琵琶已淚流君親斷送如何忍絮果蘭因悵蹇修倡條冶葉迴生愁何當小改氤氳簿移取鴛鴦宿並頭

題鄭湛若抱琴遺像

紙上鬓眉尙激昂抱琹心事本非狂離騷哀怨沉湘浦銅柱勛名紀瘴鄉亡命人皆惜張儉絶交書早類嵇康莫從洗硯池邊過浩浩天風海水凉

翁維圻字篠山

書壯悔堂集後

翩翩濁世佳公子留得卮言一卷新結社居然推領袖著書應自悔風塵晚來出處疑輕舉亂後文章易感人品應若從才調定夷門原不遜方陳

螺園題壁

窓軒一帶俯溪流詩境新開景色幽待月不妨常席地看山何必斷登樓移來修竹能驅暑聽慣芭

蕉不覺秋更藉虎頭三寸管爲君滿壁畫滄洲

歲暮

駸駸歲月又將闌陋巷孤吟感百端半世無成容我拙一年多事是冬殘質衣未置消寒酒賣字先儲奉母餐窮達久知由福命匣中長鋏不輕彈

瓶中落梅

折得南枝費剪裁春風何事苦相催早知金屋仍飄蕩只在空山雪裏開

朱慶莱字薾樹

得家大人京邸書

天上家書到開緘淚滿巾加餐知父健癡讀慮兒貧骨月悲岐路功名悮遠人何當隨北鴈飛傍白頭親

鄒元基字杏邨戊辰舉人

大雨行

天低日黑怒雲生狂風撼樹羣鴉驚冰條擊地碎

玉鳴陡然一注天河傾雹挈長空雷奮地山鬼遁跡妖狐避疑是神龍互戰各張威白羽大箭紛紛至不然水府百神上朝天海氣直與天相連鮫人遥向空中泣亂拋萬斛珍珠圓滂沱大降朝復夕萬木烟昏萬山濕平地頃刻生風波溪水忽添四五尺城市寂寂行人稀我亦長吟晝掩扉東隣嗟屋漏薄衾苴濕兒女啼西隣嘆薪濕竈冷無烟晨斷炊居民惆悵農民喜桔槔不事田苗肥若旱之歲欲雨不得雨雲勢空來終無補今年一雨溝澮盈不須問雨惟課晴但願陰雲散且速一輪紅日照林麓 淋漓

贈天臺隱者

地僻囂塵遠幽栖別有天呼爲狂道士擬是小神仙采葯不知處栽桃那計年石牀容我借同抱白雲眠

莫愁湖

檻外無人盪小舟芰荷香裏泛輕鷗清波隔斷秦淮水不許胭脂混莫愁

勝朝湯沐古池臺歌舞勛名兩不灰到底英雄讓兒女梁間海燕爲誰來

常　增字益之號繼香

自述

人心如田圃不闢將自蕪世事如蔓草不治將難除賤子守遺訓以書爲菑畬有人哀我貧勸我入

岐途譬之不學圃而使徃種蔬

紅舫移居

深巷別楊柳（舊居楊柳巷）紅橋近杏花室無多點綴人帶舊烟霞地僻生新草城高聽暮鴉市河何日濬打槳到君家

梅花和燕湖葦葯仙前輩原韻

前身曾許嫁逋仙生與西湖又結緣寂寞空山三里雪淒清殘月一溪烟詩成更索茅檐笑夢醒還（句瘦而艷）

黍紙帳禪占得十分春最早幾曾賞識未開先

阿那環

拓跋雲中徙蜿蜒數百里山下牧馬鳴城上笳聲起

許汝弼字賛亭

新蝶

艷陽三月嫩晴天橋蠹新成粉翅妍南國春風如有約西園芳草隔經年酒酣張綽偏疑幻夢醒莊周忽證仙一縷香魂能再返與花重結後來緣

新鶯

二月隋堤正嫩晴金衣公子御風輕鶯兒柳色渾難辨何處飛來第一聲

沈鑣字聯錦號柳橋

邗上僧舍與唐竹坪夜話即送歸眞州

明月滿庭戸照我顏色寒美人抱瑶琴欲彈嬌不彈結念在幽潔賞音艮獨難與子涉江去搴裳同

采蘭

送友人歸金陵

畫舫銀燈映碧紗東風吹送片颿斜桃花細雨春江水一路看山直到家

李覲時字號雨村諸生

晚步

夕暝山光欽行吟到寺門崖崩廬老木烟暗失前村古墓熊羆竄寒風鳥雀喧不須鐘磬響歸路欲

黃昏 雨村才調富有古風高于近體惜篇幅太長不及備登

留贈朱範川二之一

春風小艇載圖書東道浮家幸托居徐孺久承懸榻待周郎眞覺飲醇如代擣藥竈深秋後坐對山窗永日餘三百六旬賓主共論交那更說情疎

武在文字右軒

登焦山

爲訪焦仙蹟登臨得巨觀攀蘿穿絕巘拾級上危

欄路轉峯巒合潮迴天地寬片帆歸去晚詩思滿江干

圓 能字牧庵號西林泰州光孝寺僧

送賓林歸里

秋風瑟瑟動行裝相送歸帆下楚陽出郭四圍蘆荻遠到城十里芰荷香孤村野水添新漲細雨青燈入晚凉客裏閒情俱莫問好憑詩思寄滄浪

慶 延字沛野泰州芝山舍僧

焦山伊樓夜坐

地迥諸天靜宵深六月寒江雲歸草閣山月墮蒲團塵夢消除易詩禪證印難此時誰領畧露氣滿幽蘭

渡江

瓜步潮迴浪捲沙過江風健一帆斜遙知細雨青山外開遍汀洲杜若花

真 實字雪齋焦山僧

江上聞雁

山暝夕陽盡尋幽倚石樓忽聞新雁至如報故園秋積雨催黃葉懷人欲白頭多情今夜月分照幾家愁

芸香詩鈔西河草堂初集

參訂同社姓氏

羅夏園

鄒耳山

夏紅舫

康瑞伯

王左亭

踏鴻

芸香詩鈔卷九

吳陵葉兆蘭古軒氏著

擬結客少年場行

馬前金籠頭。腰下珊瑚鉤。相逢在道路。先問恩與仇。朝射羽林獵。暮爲俠邪遊。倚劍崆峒巔。採藥崑崙邱。萬事鴻毛輕。一笑凌九州。青史多英雄。纍纍高塚浮。男兒但快意。何必爭封侯。朝露况易晞。浮雲安所求。請覆三百杯。一消遲暮憂。

重修黃鶴樓題壁

危欄敞接漢皐秋。到此真成跨鶴遊。詩對古人難下筆。身無仙骨敢登樓。往來雲氣當簷落。遠近江聲入座流。携得一枝弁鐵笛。爲君吹破古今愁。

氣象嶔崟 興酬落筆 瑞伯

秋砧

西風敲動萬家愁。月轉星河響未休。費盡紅閨兒女力。寒衣寄到是深秋。

玉臂如冰冷不禁梧桐樹下淚沾襟願將一片長安月來照寒閨此夜心

約友人邗上看牡丹

檢點詩囊共酒囊好從湖上買春光節過上巳天初暖花出揚州土亦香勝地諒無風雨妬遊心早比蝶蜂忙影園東道虛前席請賦姚家一朵黃 暖○麗○紅拂

相梁刺梁歌

爪牙呵殿屯風雲道路爭避大將軍湖海術士冷

眼相尸居餘氣何足云將軍面詰不敢對詭言隆準大富貴神器方窺反掌間殺機早伏蕭墻內後堂夜半鬼啾啾金針一寸抵吳鉤紅線未盜床前盒趙娥已得仇人頭吁嗟乎美人之勇相士智兒女英雄亦快事却咲扶風不識人失身枉倚冰山勢 辣夏圍

墨筆牡丹

怪底徐熙設色華特將墨瀋寫名葩只愁筆帶寒酸氣不稱春風富貴花

潑墨紛披一兩枝幅間無處着燕支莫教冠蓋人輕看顏色都嫌不入時 於題畫詩亦寫寄托所謂神遊題外者 耳山

長樂老

眼見河山四姓更著書猶自紀恩榮晚年官藉癡頑貴亂世人看氣節輕顧命應慚承業死論功差勝褚淵生兒園莫笑無經濟數語能消耶律兵 識力筆力俱臻絕頂 紅拂

贈朱野雲

廿年橐筆滯京都千里單車返故廬骨肉情凋成碩果公卿交滿倘窮途一官夢阻游仙枕三絕名傳祭硯圖差幸故人何水部正開東閣待林逋

重訪椒堂墓

一片劉伶土三年酒不澆斷碑迷宿草遺塚問村樵車過傷前約詩成當大招那堪聞杜宇同此恨難消 真處可爲墮淚 瑞伯

歸鴈

紫塞辭家久青春作伴歸稻粱無可戀兄弟好相依雪爪時留跡虞羅早見機笑他無賴燕只傍熱場飛

跡脫有意蘊藉

吳陵冶春詞

早春城郭雨瀟瀟卅里龍溪漸長潮幾日不來寒食近緑楊遮斷趙公橋

鶯飛草長畫初長蠻榼家家上塚忙記得鳳凰墩畔路紙鳶風裏菜花香

烟雨城南鎖墖尖千家新綠正齊檐近村小景都如畫一樹桃花一酒帘

圖蔣山迎岳阜青小西湖水碧泠泠年年白社人修禊賭耳新詞唱阮亭

禰正平作鼓吏歌

丞相張燈大宴客兩行甲士橫刀立有酒無樂客不歡堂上大呼鼓吏入鼓吏原是清白身裸衣打鼓旁無人當筵痛數滔天罪撾登闐叩九閽罵聲愈高鼓愈急滿座瞶聾無人色壯哉漁陽三叏聲抵過陳琳一道檄丞相殺人如蝨蝨何惜區區一鼓吏後來黃祖帳下刀焉知不出阿瞞意吁嗟乎士可殺不可辱德祖枉作權門僕主簿何如鼓吏榮雙桴巳奪奸雄魄莫以嫚罵尤狂生狂生之狂神鬼驚至今鸚鵡洲邊水猶作淵淵金石聲

唾壺敲碎 玉山

白鴈

皓首西風客路長叉分陣影下瀟湘一聲秋到花如雪八月邊寒夜有霜垂老尚餘鷗鷺侶舊遊重過水雲鄉玉關別後音書杳淚滿征衣感鬢倉

掃雪

一夜雪滿山呼童掃作路恐有幽人來不知梅花處

秋聲

絕無風雨夜空外響颼颼知爾來何處教人倍作愁半生孤客耳萬事五更頭豈獨傷搖落區區草木秋　高絕　丹山

蘇屬國

窮廬落日下羣羊十九年才返故鄉海上節和鬢禿雪中還比蕨薇香雁書貴恨驚沓使麟閣褒忠感漢王別有交情傳五字秋風吹淚滿河梁

謝東山

芸香詩鈔　卷九　六

江左風流雅擅名一身重望繫蒼生棋枰早定河山局子弟能驅草木兵曠世夷吾眞不忝中年絲竹若爲情新亭名士知多少宣武來時不敢迎

、題坐觀垂釣圖

年來變訪鷺鷗盟偶過濠梁俗慮清結網半生空設想求魚一事久忘情閒中境覺風波少局外人看得失輕此際會心誰領略讓君冷眼太分明　志和音雅　紉舫

春雨

誤盡春光燕未知濃雲如墨雨如絲落花一路香成海新水三篙綠上池城郭無烟寒食近秋千有約美人遲小樓十二簾齊下愁倚東風中酒時

秋風

落木蕭蕭下樹柯秋風颯颯奈愁何傳來霜信寒于水吹散雲情薄似羅邊海文章頻慟哭茂陵心事足悲歌惟應鷙鳥毛豐滿顧盼塵颷得意多

芸香詩鈔　卷九　西河草堂初集上　七

花朝日雨中集浣香軒

小徑苔分屐齒痕隔簾寒透客衣輕果然春作羣芳主何不天留一日晴風信冷從幡下影閒愁亂逐雨中生更憐香草鞦韆地辜負兒家撲蝶情

題春江送別圖爲王魯石返浙

曉風初起浪花飛　偶儷　紉舫　江上垂楊挂夕暉四五頁帆衝雨去一千里路看山歸仲宣鬢髩塵中老景畧功名夢裡非知憶蓴鱸鄉味好春波不畫鱖魚肥

龍溪采菱曲

小港斜通杜若洲菱花開過葉青青瓜皮艇子三篙水撑破西風一道萍

采菱采過畫塘東處處菱歌趁晚風濕透湘裙三五幅鬟邊爭插水花紅

秦淮雜咏

青溪九曲碧粼粼圍住長橋一段春只有烟脂流不盡水邊曾住六朝人

小閣玻璃嵌蔚藍曉粧人倚水窓南畫眉不用蓐新樣恰好鍾山對鏡函

水閣凉生酒客肩憑欄人正看燈船多情丁字簾前月夜半猶來照管弦

春社詞

杏花壓屋桑陰籠村祠新穀迎社公帋爲袍笏錫作馬丹雘畫壁無塵封家家醵錢作高會萬香在手春雲濃甆盆注酒味清冽杯盤錯襍雞豚豐父老長跪祝神聰男婦雜拜歡兒童占罷雞骨各竦踊金銀火化靈旗風銅弦錚錚鼓啞啞盲詞巫曲歌神功神降神歸仗巫力雲旂風馬虛無中日暮盡觀逐隊散枌榆燈影星星紅歸途一幅昇平景處處逢人扶醉翁

吳門重晤少白

淮海一爲別風塵兩鬢絲重逢岐路客又值落花時酒醉要離塚簫吹短簿祠飄零無限恨寧獨是

鄉思

爲予言近况不覺淚沾襟旅病催寒起交窮飽閱蹤高堂有老母羅扇鬭鄉書早晚抽帆去空山守敝廬

直摯耳山

新息侯

馬革雄心老未忘據鞍猶自氣飛揚廉頗幸免三遺矢定遠生還百戰場銅柱功難驕帝堺雲臺像不畫板分明珠薏苡免讒謗風雨城西泣白楊

平川楚凱歌

三省經年羽檄馳天兵小醜煽滇池軍機萬里闚宵旰出塞猶勞六月師

單中韓范奪先聲掃淨烽烟道路平十萬貔貅爭洗甲巴江漢水一齊清

日月重開戰伐餘瘡痍民力未全舒金錢特賜流亡遍又免東南一歲租

挂弓勳已勒燕然鐃吹高歌白鷺篇竊媿封侯無骨相看人圖畫上凌烟

弔吳桐山

黃金致手散飛塵半買笙歌半瀹賓春日無聊真孝子讀書便是大通人盛名獨享空時輩奇福能消有限身藉問向平何所累未遊五岳竟抽身

名士交游俠士風論人不在六經中半生乕背愁難下一曲霓裳聽未終往事難言惟涕淚收塲畢好幾英雄此身莫道無關繫日後需才定憶公

憐才之意傳世之詩 紅舫

冶春詞

半篙春漲簇魚鱗畫舫笙歌日日新兩面水窗都不閉一齊爭看浣紗人

隣家姊妹約尋花睡起勻眉掠鬢鴉病酒未消粧未整匆匆扶上碧油車 爾時風景可憶

讀小倉山房遺稿

少年金馬老漁樵五斗功名恥折腰山水緣能隨處結神仙福已及身過文章聲譽空三島裙屐風流占六朝愁絕清涼山下路酒旗歌板雨瀟瀟

登歌風臺

亭長爲天子功成仗劍啣斬蛇思故里飛鳥惜人才父老一杯酒河山百尺臺只今歌嘯處落日大風來 豪放

趙千里雪漁畫卷

滿帋北風起偏舟七里灘氷圍孤艇合雲壓一蓑

與鷗鷺忘機立江山冷眼看茫茫蘆荻外許我畫漁竿

妙高臺坐月

大江如白晝萬籟洗塵囂水冷魚龍靜天空風露高雨峰浮匹練一塔卧寒濤此地銀河近還思駕六鰲

沉雄 夏閒

高漸離筑

燕市悲歌志未伸一時孤憤擊强秦無成縱使如

七首畢竟重泉報故人

雷海青琵琶

換羽移宮淚萬行梨園一擊繫綱常花奴羯鼓寧王笛不及琵琶殉上皇

謝皐羽銕如意

西山薇蕨短歌哀野哭招魂奠酒來拍遍孤墳敲遍恨淒風楚雨滿西臺

柳敬亭鼓板

一聲拍板縱雄談三擊漁洋酒半酣敲出興亡無限淚逢人猶說左寧南

弔常檢齋

天地如蜉蝣人生無百年所慮身後名寂寞無人傳解一檢齋少貧而孤從母讀書兒讀母績聞啼烏一燈熒熒破屋隅解二飢寒交廹母命廢讀書生不習吏事咿唔天而哭解三揮霍成性不善理財聲色狗馬爲禍胎黃金盡病魔來解四一病六年手足拘

攣就醫吳門醫云保身君歸忘醫語乃溘然歸土解五去年弟夭今年君亡兩世三孀啾啾唧唧哭一（此境難堪 耳山）堂解六遺六尺兒能讀父詩慮兒血氣未定與叔相依爲命解七緬我生平交那得如斯人君死不顧我我哭君不聞誦君之詩招君魂魂歸來兮梨花陰解八

周公瑾

江左人才管樂儔少年儒將擅風流三分未定黃

龍鼎一炬先焚赤壁舟貧賤交難忘子敬英雄死恨借荆州偏安豈是平生志莫怪同時忌武侯

新漲

春潮三尺鴨頭新細雨桃花失舊津一夜綠波平到岸家家忙煞浣紗人

老將

黃雲塞上射雕還博得封侯鬢已斑斗印爭誇班定遠錦衣生入玉門關九邊血濺鬪刀瘢百戰功成放馬歸只有壯心消不得逢人猶自問天山

芸香詩鈔　卷九　西河草堂初集上　十四

李楓崖香囊記題詞

三寸香囊萬恨纏痴情爭與石同堅問誰錯注鴛央簿生死都慳一笑緣

月魄花魂幻影空子規夜夜哭春風情根許種三生石願把黃金鑄阿紅

新詞重譜玉瓏玲豪竹哀絲帶淚聽夜半愁魂浮欲起一燈如豆逼人青　幽冷刻畫　瑞伯

歌風臺

逐鹿功成返故鄉舊時亭長作君王風雲快吐英雄氣牛酒歡迎父老觴割後鴻溝無兎磯歸來豐邑有金湯此時應動藏弓悔惆悵何人守四方

花旛

避得輕狂廿四風惜花心事護花功果然處處扶持遍不應人間有落紅

哭吳椒堂

一棺蕭寺太荒凉寒食山僧麦飯香三五故人知已淚勝他兒女哭成行　古道照顏色　瑞伯

芸香詩鈔　卷九　西河草堂初集上　十五

芸香詩鈔卷十

吳陵葉兆蘭古軒著

李將軍海洋擊賊歌

普陀山前戰鼓急將軍大破弓刀賊窮追直入漁山洋萬礮齊開海水赤賊乘大船勝堅城舵樓十丈旌旗明將軍夜定掌中計一炬大燒赤壁兵四鎮受令如山重水犀甲伏不敢動箠箠三聲陣脚開戈船百道圍無縫別有一軍如生龍返蓬倒走擊下風賊船尾大掉不及霎時背腹齊受攻小校暗放連珠矢鋒鏑紛紛墮水死渠惡雖逃釜底魚潰師已墮舟中指將軍眼底無羣鼠誓縛長蛟蕩水府浴血轉戰氣如雷身着六槍無痛楚同安船小賊勢高以高視下逸待勞將軍兩臂不著翅仰攻空折橫磨刀黃盤洋外颶風起白鷁師廻賊遁矣將軍此戰十年無日走大洋八千里捷書飛上甘泉宮詔還孔翠珊瑚紅指日凌烟添一座飛

將軍配海澄公　運用實事吐氣若虹玉山

新鶯

一聲春破綠楊枝喚醒東風滿四郊柑酒約從今日訂歌場金趂少年抛遷喬纔遂飛騰願求友毋忘故舊交不比如簧鸚鵡舌十分巧處要人教

澤鴻吟題辭

水患頻年降鞠凶下游千里作蛟宮蟲沙性命膏腴產都在天吳刼數中

荒政頻勞大吏心勘災查賑日親臨河工立法能如此不費虞衡百萬金

傷心豈獨是流離溝壑生填更慘悽白骨如麻無葬處亂燐飛過范公堤　沉痛語

東海袁安鬓已絲憂天更比杞人癡流亡圖繪無人上只唱沿門乞米詞

白荷花

仙家樓閣傍秋江圍住玻璃両両窻雲鏡照來人

第一。温泉扶出玉無雙。素羅初試凌波襪。雪腕輕移隔岸艘。笑煞吳娃脂粉氣。濃粧相對也心降。

清涼世界好停艘。澈底波澄照影雙。玉井峰頭秋漠漠。藐姑祠外水淙淙。野風不動雲連岸。香露無聲月墮江。一片幽情誰領略。有人深夜倚蓬窗。 色相俱寂 璿伯

亭亭真色妙無雙。羞把紅衣鬪楚茳。潔到十分塵不染。澹無一語暑能降。圖成洛女冰爲照。夢醒羲皇雪滿窗。洗盡鉛華消盡俗。不嫌遲暮老秋江。

六月新涼散楚江。香風吹動浪淙淙。看經冷眼人多少。剩有同心鷺一雙。空色已從清淨悟。爇中都爲水雲降。忘機我亦甘幽汶。擬買西湖舊釣艘。

友人過草堂觀桃花即事

去年君過訪。種樹與簷齊。今日重攜酒。春風花滿溪。亂紅吹雨散。新綠暗鶯啼。記取武陵境。漁舟勿自迷。 神似襄陽 左亭

秋塞

戰後陣雲平。沙寒草不生。一雕盤雨上。萬馬逆風行。戍險邊笳急。山空獵火明。夜來尋虎跡。已過受降城。 唐音 丑山

真州謁文丞相祠

江上停舟拜古祠。想公倉卒渡江時。小朝已入田横島。大義猶與蜀相師。千里求援無一旅。三年忍死爲孤兒。只今逝水相嗚咽。似恨錢塘潮汛遲。 比例精確 紅螺

秦淮水榭觀演桃花扇傳奇

十三樓上可憐宵。一曲新聲譜玉簫。人面桃花思北里。春燈燕子送南朝。將才不爲中興出。士氣都從黨禍銷。留得風流公案在。臏金零粉滿江潮。 切中當日

邗上晤李沁春孝廉

南北飄零見面稀。海雲江樹每依依。相逢一笑鬢蒼矣。君未封侯我布衣。 美人遲暮 綠漪

馬嵬坡

華清賜浴水猶溫。凝碧池頭識馬恩。若果小人知

有女不應孤負洗兒恩

漁陽鼙鼓動邊塵夜半宮車萬里巡老將生降妃子死當時同是受恩人

新秋

天高萬籟寂秋氣逼人清風月都宜曉江山漸有情炎威空外掃涼意靜中生觸我平生事蕭蕭落葉聲

悼亡僕

相隨如骨肉爲我掌詩文不幸中年死因思在日勤兩行蕭頫淚三尺郭駝墳琴劍誰爲伴虛齋喚莫聞

移梅

出山何必怨遷移兩處寒酸性總宜易地水雲都是主通家猿鶴莫相疑可能著手春長在只有隨身月不離從此又添松竹伴消寒早訂賦詩期

龍江舟中作

擊楫下中流平生此快遊張颿奔馬疾吹遂老龍愁紅樹迷江驛青山逐舵樓計程無半日已是石城頭 潤大 耳山

送王荔村之潤州舟中口占

送君歸鐵甕我向石頭城同此大江水何堪分道行勞生各有事一別若爲情記取邗溝上重尋鷗鷺盟 清遠 夏園

秣陵城北口號

北城重到是深秋紅樹青山認舊遊落葉滿街人跡少疲驢騎過唱經樓 風調酷似漁洋 瑞伯

題紅拂遇虬髯圖

美人夜半辭金屋萍水書生成眷屬旅雞喔喔催晨粧七尺春雲委地綠客從何來殊突然酣睡乃在卧榻前猪䩌鹿劍貌獰惡神威灼灼驚嬋娟粧罷從容前致意一語頓成骨肉契奩金百萬佐軍貲出關早定風雲計從此天涯分道行茫茫廿載

疏音塵鼓龍入海虎生翼有志男兒事各成吁嗟乎越公交臂藥師失亂髯太原無人識輸與紅顏執拂兒收盡英雄大眼力

題夏紅舫藏鋒圖

三尺吳鈎澈膽清暫將龍氣隱豐城少年聲價千金重草野英雄百鍊成胸有鑪錘知素養身無恩怨莫空鳴會當出匣冲霄去談笑封侯在此行

鏞錄夏圖

和夏紅舫春柳四首

依舊長條踠地生千絲萬縷織難成春遮蘇小門前路人指揚州畫裡城（畫意濃）南國新添眉黛様東風輕試剪刀聲秋千墻角欄杆外別有纏綿一段情

朝朝臨水悟前因傳出娉婷絕妙神那有風情能似爾縱無離別也愁人碧拖寒食千門雨紅襯桃花一路塵愛煞江南二三月家家樓閣總藏春

綠漸成陰絮漸飛依依猶自弄晴暉唱殘曉月歸羌管扶上春風門舞衣嬌態似迎公子馬客懷都散酒家旗天涯何處無攀折雨露偏濃是帝畿

抽盡相思是此絲含情脉脉若相招怕看春去慵開眼為愛風多易折腰長袖可憐終日舞（擬芳華以目貺瑞伯）好金須趁少年錦十圍手種西河樹獨聽黃鸝慰寂寥

歸樵

白雲黃葉壓肩挑歸路應無十里遙細雨斧聲停谷口夕陽人影下山腰巖花壓亂簪雙鬢邨酒零

星換一瓢剩得枯松剛半束自吹芋火帶霜燒

秋蝶

趁風飛不過雕墻冷抱芙蓉葉上霜撲板漸消雙翅粉舞衣猶剩一分香巳知曉夢皆成幻到底春情未肯忘兒女莫將紈扇拍憐他不是舊時狂

春日喜晴分韻

夕陽紅忽上花梢滿耳春聲喚伯勞掃逕客來扶屐少看山人愛捲簾高秋千新試東風院村酒重

携舊雨曾莫道落花飛絮盡碧紗窓外種櫻桃

候鴈

湘雲不斷楚山青人立西風百尺亭吩咐蘆花留月住安排今夜待秋聽書傳紫塞程先訃燈剪紅閨杼正停切莫誤投繒繳裡相期仍在舊沙汀

右臂痛

中年衰信早右臂痛難支書劍拋孤掌風霜驗病肱螳威當路減猿射立功遲剩有貪杯興權教左

手持

春晴

東風能着色畫出蔚藍天山水碧無際鶯花嫣可憐香塵散滿路白日長如年我亦動幽興典衣償酒錢

送秋

怕折凋零柳一枝悲秋人已鬢如絲空江細雨愁（感物增思圖）中路紅樹青山去後思寒到綈袍成一哭恩餘統

扇没多時劇憐白下開花草落盡方知賞識遲

乞兒行

六街閉戶風雪急傴僂乞兒簷下立稚子跣足妻蓬頭三日一餐無人色誰知原是舊王孫卅年富貴如浮雲還將往事逢人說父老驚心不忍聞為言家世本齊郤父擁雙旌守茲土堂堂刺史生死權一時苛政猛于虎催科那惜民力殫逢迎能結大吏歡居然報最考上上（頓挫聳）從此官如磐石安上干

天怒災祲併虎不渡河蝗入境救荒未繪流亡圖餐奸偏活萑苻命夜半飛來霹靂符全家僅上廣柳車聲仗雲散道路死覆巢完卵遺此孤孤兒生長膏粱窟昨日鳴鐘今乞食一飯無漂母憐知篇空下吳門泣舊時鷹犬曾受恩相逢不顧如路人要知刺史既負國若輩負心何足論吁嗟乎惡蛇猛獸食人肉遺害不如酷吏毒請聽蓮花一曲歌償爾當年一路哭（淋漓痛快傷目怵心作者欲為當時設炯鑑故事之）

所必至者不妨道盡也瓶若

題畫

亂雲排蕩石嵯峨，忙裡征帆次第過。知否蘆花安穩處，有人冷眼看風波。

茫茫烟水指迷津，閒處安排畫裡身。若許桃源分片席，與君同作卸帆人。

甲子春杪病肺甚劇就醫曲塘徐君方桐一藥即愈賦此誌謝兼賀其復居清平港舊宅

芸香詩鈔　卷十　西河草堂初集下　十一

欲訪桃源處士蹤，特煩漁父作先容。因李楓厓得交方桐　見君今日窺全豹，悔我當時好假龍。名士交心融水乳，美人親手贈芙蓉。一杯秫酒眞丹藥，消盡平生塊壘胷。

宅

拔宅逃名竟十年，買山仍用賣山錢。移來竹可栽三畝，讀過書剛載一船。家有韓康爲子弟，人稱柳秘是神仙。寄詩權當門牆贄，要乞長生籙字篇。

聞俞讓林先生捷音喜賦

秋風百戰若磨鐵，先生計踏鄉闈十八次　曠典今才賜捷音。得第較榮千叟宴，先生年已七十有五　讀書不負一生心。生花未禿囊中管，焦尾重搜爨下琴。屈指龍門雷雨上，宮花應許白頭簪。

白桃花

天臺流水悟前因，劉阮歸來老大身。枉與神仙爲眷屬，駐顏方不授凡人。脫套

芸香詩鈔　卷十　西河草堂初集下　十二

望遠曲

經歲無書寄鴈翎，歸程空說短長亭。夕陽西下行人少，昨夜燈花又不靈。靈妙紅舫

古意

三載不爲客，忽傳郎歸信。小姑勸畫眉，含情理粧鏡。清曲可咏耳山

咏古

王者自不死，非關劍術疎。不然博浪椎，何以中副

車

秋塞

蒼茫暝色下臨洮匝地西風草木號萬甲宿沙行帳冷一旗落日粉臺高角中舊調思鄉國馬上新霜滿鬢毛聞說玉關寒最早有人和淚寄征袍

調高平

畫樓

畫樓深鎖碧簾櫳記得尋春有路通來去悄行花

影外悲歡交併漏聲中重探玉洞遊難逼怕聽霓裳奏易終風景依然今昔異銀河隔斷一墻紅

細意熨貼　紅勘

藝菊

記得分苗抱甕時不教小圃葉參差栽培須趁無花日莫待秋風始護持

芟草

手把西園亂草删鴉鉏終日未能閒掃除一片花間路好讓山家鶴往還

贈壘

聞說郎書妙入神勞他纖手送龍賓叮嚀好與金同惜莫寫鴛箋更贈人

質釵

悄拔金釵付侍兒質來樽酒佐談詩願教稽阮常爲客荆布清貧妾不辭

古寺

荒凉金碧舊招提一路蕭蕭亂草迷破殿晝陰山鬼躍靈旗風動野狐啼塵封芋竈無殘火雲鎖鐘樓有斷梯花謝木蘭人事改碧紗誰問昔留題

絡緯

寒螿宮井露如珠軋軋蟲吟繞碧梧繅起萬家思婦恨織成一夜聽秋圖聲廻砧院風初斷怨入機牕月正孤只恐春蚕翻笑爾辛勤留得寸絲無

中秋後一夕月

河漢微雲淡欲傾，一分清減夜沉沉。天因太滿無
餘力，人（悟語亭）到重看有倦心。離恨漸從今夕起，秋尤已
較昨宵深。南樓珍重尊前賞，過此團圞不易尋。

遠樹

菡襄城南路，森森野色花。冷圍雙寺碧，秋指一山
黄。歸鳥烟中沒，人家葉底藏。疎林遮不斷，樓閣露
斜陽。

旅懷

十載征塵混馬蹄，天涯誰借一枝棲。窮途骨肉蕭
郎僕（英雄奈何奈亭），冷眼功名季子妻。鄉信久疎頻望鴈，中年多
感怕聞雞。客囊莫笑清如水，三尺吳鈎日日攜。

題謝鶴莎新居

買得桃源半畝餘，携來仙眷鶴同居。黃金未鑄藏
嬌屋，白髮先迎奉母輿。安頓梅花須點石，埽除門
巷好停車。烏衣甲第知多少，文酒風流總不如。

贈李東來

客囊如水鬓如絲，湖海風流說項斯。碧血燈前三
尺劍，青山馬上十年詩。貧猶作客家難問，老不封
侯命可知。我有美人遲暮恨，與君分淚讀騷詞。

濟南懷古

燕兵席捲戰雲屯，百里孤城一旅存。懸板已驚諸
父膽，書牌敢負太皇恩。鼎湯死不朝南面，管鑰生
猶拒北門。清水東流空帶恨，月明何處弔忠魂。

新夏浣香軒同社雅集

雅會聯櫻筍，茶烟篆午風。日長花影外，春盡鳥聲
中。掃徑憐新綠，題詩愛落紅。山窗吟散後，明月滿
簾櫳。

元人佳句在亭

芸香詩鈔摹王山館初集

參訂同社姓氏

朱冠林先生

葉古軒先生

羅夏圃先生

夏紅舫先生

王左亭先生

芸香詩鈔卷十一

吳陵鄒　熊耳山氏著

題桃源圖

桃花掩映水東西。鼓棹漁郎歸路迷。別有一天成世界。隔林仙犬隔山雞。主人迎賓賢且豪。客從何來驚相遭。醉客以酒止客宿。流水無聲山月高。起脫　左亭

上世衣冠禮教尊。敦龐猶見古風存。此間應未遭

秦劫。藏得詩書授子孫。仙境何曾與世殊。田園樂守自愉愉。商君也覺苛征誅。不取深山一斛粗。

春雷

殷殷一聲動。當春走怒雷。奮原從地出。響忽訝天開。電掣驚龍戰。雲奔帶雨來。山川舒鬱氣。鼓盪亦奇哉。

夏日江館

竹樹陰森裏逕幽徑一條樓開天近水夢醒雨喧潮到眼雲山淨忘機鷗鷺逕倚欄發長嘯心已脫塵囂

題李太白采石泛舟圖

江明如晝酒星高江流有聲酒人豪采石江頭夜放舟天門月冷風蕭蕭朝奏清平天子褒暮結江湖鷗鷺交仙才何地不逍遥江光山色供遊遨昂首欲爭山岧嶤低頭欲吸江波濤此時江月挂層

霄奔流碎湧玻璃摇開尊對月酒如潮胸中塊壘一杯澆踈狂那復生牢騷高吟聲徹江之坳名流勝境不常遭不醉何以娛清宵須臾酒客醉酕醄牛渚風吹宮錦袍 寫出豪放氣概 冠林

月下登金山

江光如練月如烟山影玲瓏塔影圓鏡裏樓臺京口夜浪中星斗海門天上方燈暗禪關寂遠浦舟横估客眠黄鶴不來坡老去詩塲酒壘憶當年

五弟存之赴溧水廣文任作此以贈

莫看蕭然冷署輕 朝廷禮數重師生一官雖小還風雅大吏無苛免送迎俸有餘貲書可買士如勤課筆能耕棲枝要作淩雲想大器從來待晚成

邱烈女詩

邱女及笄張子聘之邱女未嫁張子病危內耗忽至女心傷悲 女矢不字請終吾志父曰汝年少自苦殊非計女曰夫一而已何能二 釵珥除矣

衣衫素矣奔夫之喪不返顧矣所天所天靈前譆矣姑舅見之駭然驚此女來兮難爲情 舅曰食吾粟姑曰居吾屋去胡不速百計相廹鳥知實此不玷之艮玉 山澗結氷春不融金城捍敵堅難攻詭言汝父病曷歸省而翁驅車出門行匆匆歸視父父康彊姑若舅何譸張女曰噫吁嘻余識彼衷腸謂余不遄死不遄死不祥死如歸兮素願憤弁剪利兮比鈎芒從容就義兮爭日月光 烈

哉卯女性傷哉卯女心事難不畏勢廹不生數十暑寒役安知大節不沉淪吾筆諸詩吾告吾鄉人

以詩代傳是有關風教文字 墨圈

望遠曲

晚風下黃葉秋鴈橫江湄有客萬山外萬山空夕暉草衰白連戍道阻寒無衣寄語問征人秋深歸不歸 似賈長江 紅舫

書徐文長傳後

天子曾褒大府推如何顛倒辱塵埃性甘狀賊非關數氣到和平始是才阮籍牢騷狂態出禰衡謾罵禍機開世間儘有容身地骯髒如君亦可哀

西河草堂看菊

柴門晝掩靜無譁秋雨疎籬滿徑花肯借黃金作顏色山人爭說不繁華

秋夜

勁氣直達古藪

一鴈叫雲秋已深一蛩入戶吟復吟高樓風緊逼燈焰滿地月來流梧陰錦瑟頻調怯短衣匡牀久倚鷲薄衾磓杵千家人萬里紅閨紫塞同蕭森

曉行

斜月墮征鞍嚴關柝已殘馬蹄驚地滑人面逼霜寒隱隱聞鐘早匆匆續夢難何時辭跋涉高枕日三竿

舟中夜雨

風緊雨聲急瀟瀟滿客舟潮喧孤枕夜夢醒一篷

秋樹容滴繁響江寒生旅愁榜人不肯歇相與嘆羈留

題采芝圖

竹杖芒鞋老未閒一籃香裹白雲還采芝不為神仙計末路英雄合在山

角聲

一角霜天曉嗚嗚古戍鳴山荒吹落月邊警肅秋城老將迎寒立征人破夢行淒清聽不得何日罷

談兵。五字堅城吉軒

偶成

我不善飲酒頗羨彭澤令我不解聲歌頗羨周公瑾交游多酒豪索酒殊不吝時聞天籟鳴怡然側耳聽人醉倩我扶人歌悅我性以茲活潑機爲我破孤介相與娛長宵不知霜滿鬢

盆樹亦復佳呈材苦不廣籠鳥亦能言而絕凌霄想縛束與牢籠物情遭骯髒我有千年樹百尺高

可仰古榦出離奇繁陰生莽蒼異鳥時復鳴破曉發清響耳暫爲之明氣忽爲之爽時有幽人來怡然成心賞

三月不出戶知交日以疎衆口嘖有言謂非僧而衲余對曰否否晉接無時無近儒談理道程朱不爲迂亦與顯貴交舉夔造吾廬談兵服孫吳論文揖韓蘇不速而自至朝遊夕與俱神智爲余益俗塵爲余驅友人聞之笑此子癖在書

秋杪登北山寺後樓

北郭千年寺高寒百尺樓潮迎詩思活山爲酒人秋古木出危堞孤鴻下遠洲東南更寥廓大海暮烟浮

弔宮霜橋先生

淮海羣推齒德尊文壇虛席待君論身如旅鴈辭家慣寫生妙手吉軒人比春風到處溫夢裏簪花悲白髮客中聽雨怯黃昏不愁東道無知己老病頻加易斷魂

可憐身歿尙書生酷似隨園老手萬卷塵封抵百城遺稿只交詩弟子誄辭不藉貴公卿風流文酒悲陳迹寂寞園林感舊盟飯顆縱留坏土在秋風蔓草不勝情

讀吳椒堂遺集有感

故人永別痛離羣剪燭攤書淚雨紛疏食畢生無慍色布衣歿世有傳文畫圖醉荷劉伶鍤辭世前月以荷鍤圖索題宿草秋荒伯道墳只有兩三鷗鷺侶黃壚重過倍思君

雨中修禊有懷羅夏園客邗上

草堂陰雨絲成苔勝日羣鷗得得來新水漸生詩思活幽蘭遲待故人開虹橋裙屐春無限杜牧烟花夢未回明月二分今夕少流觴應負掌中杯

蚊

夏日之熱如酷吏爾非牙爪何猖狂夏日之威如猛虎爾能揶揄豈鬼佷宵行暗渡太陰險橫矛挾矢殊肆強羣小夜聚列成陣貫耳鳴雷聲琅琅露

處受荼毒下帷汗似漿更有惡賓入幕潛登床擊之不中攻以火前鋒稍挫後陣張乃知驅除流寇無長策蔓延成勢安可當夜深偶爾一交睫萬弩齊赴黑甜鄉書田不生禾與黍胡爲漫天匝地來飛蝗不知何事更觸甘寧怒放出神鴉千萬錢嘴比錐芒吁嗟乎逞威肆虐須臾耳乘除之理殊彰彰秋風一到吹爾散那能四序炎炎皆熱場

典會淅 漓古軒

葉古軒自吳門歸購藏園詩集見貽作此以謝

寒士出門苔囊中無厚貲況復滯金閶歸遲數旬期行李無長物風霜滿鬢絲我方慰勞頓君乃有餽貽殷勤啟書篋贈我藏園詩一字抵一珠勝錫十朋龜拜手謝君賜嘉惠安敢辭

我饑贈我粟我寒贈我帛我無饑與寒帛粟非我欲我欲君所知贈詩勖我讀遺我千黃金不如腹

笥足君施而我受取與兩不俗

顏魯公一筆書 夏園

足不履蓬瀛安覩神仙貌身不臨滄海安聞羣龍嘯展卷驚神光劍鋒出寶鞘酌酒邀我吟剪燭探其妙知君服藏園並非阿所好取玆橫絕才開我屯蒙竅良友而兼師此情何以報

秦淮雜詠四之一

一幅青帘拂酒樓輕舟遥認板橋頭當壚紅袖消魂地細柳斜風又暮秋

瓦官寺

曲逕逼蕭寺，披荆一叩關。地蟠千尺樹，樓對六朝山。市遠僧俱雅，人稀佛更閒。我來懷李白，鳴鳳幾時還。

聞鴈

野店一燈暗，寒衾短夢驚。離家數千里，征鴈兩三聲。江上悲秋侶，天涯失路情。欲歸歸未得，竟夜感哀鳴。一氣呵成，大家手筆。鼒

白下秋感

九度風簷興已殘，龍門況又隔重灘。求名敢詡探囊易，束手才知拾芥難。已愧從戎先棄甲，漫勞換骨替燒丹。恥將咄咄書空態，留與傍人冷眼看。

慢把如椽筆炫奇，等閒已過少年時。自慚對鏡鬢如戟，再說簪花鬢已絲。半世窮經知久誤，中途學劍恐非宜。回頭早作歸湖計，三尺漁竿一釣師。

江樓歌嘯見精神，對客何須感屈伸。莫笑竟爲門外漢，已先推醒夢中人。求仙徐福終成幻，傅粉何郎反失眞。始信畏途難再到，殷勤早爲指迷津。

空林落木響蕭蕭，猶訪遺蹤問六朝。游倦也防山欲笑，人歸又怕月無聊。時存之弟同在旅次。盧家樓上閒憑檻，丁字簾前坐聽簫。一尺江鱸長夜飲，勝他辛苦燭三條。灑脫。鼒

題崔吟香和袁簡齋太史落花詩册

苦把零香賸粉描，袁安吟罷又崔鑣。仙人謫降辭

人老，各向春風感寂寥。

廿載名場白髮新，飄零我亦墮風塵。可能更借珊瑚筆，再爲殘紅細寫眞。

喜晤李少白

轉瞬三年別，京華幾去留。家貧難作客，遊倦況逢秋。道路誰青眼，功名感白頭。吟壇重聚首，剪燭話離愁。

不少風塵感，相看太瘦生。此身無長物，江左有清

名閱歷空今古饑寒錬性情酒闌看短鋏猶作不平鳴 錬句森

淮陰周曙峯來遊客館二載今卜居始成喜賦

數口飄零客路寒托身有地夢初安江湖旅燕營巢苦風雨饑烏擇木難古屋繞聯新草樹寓公合任舊詩壇宅係同社詩本泉舊居繞門曲水沿隄柳都入雲林畫裏看 曙峯善畫工詩

子昂畫馬圖

畫馬畫皮如畫女悅世但憑顔色取畫馬畫骨如畫山崢嶸特立天地間想見松雪畫馬日馬不空羣不下筆圖成自賞應自憐龍種相看心黯然馬兮馬兮骨本重等閒遂爲人引韁雕鞍玉轡有何榮鞭策者誰言之慟吁嗟乎代馬思燕草猶懷故土悲當年若解馳驅非何不畫向空山食蕨薇 正喩夾寫竟體沉著痛快無一懈筆 森 古軒

和羅夏園移居

一徑西河外羅舍任廿年居仍茅作舍坐亦草爲氈待客學陶佩同炊愛謝連那期重卜宅又奉板輿遷

遷喬無一里過市即新居鄰叟助移樹家僮忙荷書門依深巷柳圃種野人蔬滿甕梅花釀承歡入歲除

身緣貧少累性以定常安要作千秋想先從一室看書多留教子母老不求官鳥鳥情能遂蝸居境亦寛 眞摯 森

寄洪春鋤

鷄壇風雨憶前盟千里關河十載情閉戶我懸留客榻戀君滯出山旌萍蹤再合嗟遲暮鷺侶重尋異死生聞說家貧猶好客黃金散盡剩詩名

元旦

今日不爲樂梅花竊笑之留客對花飮寒香生酒

卮酒酣發長嘯疏狂興欲飛醉卧梅花下春風吹滿衣醒復問明日言歡無已時何必兒女態瑣瑣看鬢眉

渡海行送州伯袁介夫先生赴淡水

風颶颶水湍湍怒濤飛雪海天寒留公不得送公難片帆遥挂層雲端公乃吳陵良刺史面如寒鐵心如水災祲迭蒇保無虞蝻蝗出境虎狼徙父老頌德 朝廷聞擢之淡水攝清軍淡水小醜方竊

據臺灣郡縣生妖氛元戎提兵探賊穴七日崔苻盡殄滅空城日落無人烟大海波翻流戰血使君至清風生瘴霧開駭浪平水府百神來阿護蛟龍遁避金鉦聲荒凉一片塗膏地公臨恤患良非易招亡先集亂離民復田重理耕桑事願公撫字勿辭勞爲活蒼生補元氣

題袁冶山照

天高木落晚風寒景自蕭疏境自寬萬卷書圖名士坐一籬花供酒人看山空猿鶴相尋易市遠塵囂欲到鄰若肯畫圖容着我來張旗鼓當詩壇

祈年辭

羝乍酒漿旨且甘俚辭巫曲村氓語曲祈神聽酒祈飲神歆人樂同一酣

東村爇香如斗大西村挑燈似星多祝天時晴復時雨晴好刈麥雨植禾 古節 冠林

石首魚歌

四月五月打魚忙石首魚來江水黃黃金爲鱗玉爲骨堆冰積雪江船凉爭鮮入市夜馳走朝來已入老饕手紫筍白蒜相新鮮佐以莧羹侑蒲酒酒人鼓腹樂陶陶漁人出没江之坳食魚那問打魚苦樂者自樂勞者勞

懷友詩

一囊吟草一船書白髮蕭蕭返故廬十載西湖音問絶詩壇酒壘近如何 紹興王魯石元珉

卅載風塵淮與江，依然兀傲氣難降。長遊不作無家嘆，痛飲高吟坐佛窗。興化徐鶴峯觀

蕪城停棹訪汪倫，才識廬山面目眞。俠士風裁才子氣，掀髯談笑見精神。江都汪蔚伯炳

江光山色壯吟懷，月旦聲華孰與儕。臺省公卿湖海士，各攜詩草謁蕭齋。丹徒王柳村豫

文章魏晉字龍蛇，橐筆長遊故國賒。張祿不緣更姓賤，才名久已重京華。華容李少白琪

吳越名區數往回，山川跋涉出奇才。畫中詩與詩中畫，妙境都從閱歷來。山陽周牖峯煦

詩侶傳眞見一班，置余圖畫尙朱顏。而今對鏡鬚如戟，烟水茫茫人未還。東臺張立山鳳翼

客常滿座酒盈樽，江左名流半在門。金盡不嫌知已少，有人尙識趙平原。東臺袁𠸄竹承福

珠比勻圓客比甜，風流儒雅兩能兼。心苗別有奇花發，古艷幽香在筆尖。東臺周西苓庠

不礙狂名似阮嵇，黃金到手賤如泥。重交爲痛荆卿死，能哺雛烏免夜啼。興化顧芝衫麟瑞

賣賦長安事已非，迂踈況與世相違。胸羅萬卷無人諒，贏得新霜滿鬢歸。朱冠林景泗

芸社招攜日日過，年來何事老巖阿。應愁阿敬書名掩，謂嗣君紅舫舊癖全消不愛鵝。夏春舟震

論詩一字必求安，脫稿人爭擱筆看。消夏忽貪棋一局，淹留飛斝不登壇。翟豐山鏞

菜根香與墨花香，絕少逢迎媚世方。不獲一禽終守範，馳驅今日見王良。許雲原秉銓

辭源勃勃湧如潮，鍊字諧聲宮羽調。寄語吹生王子晉，清時待爾奏簫韶。李楓崖宸

境自蕭條品自高，著書廿載老青袍。索居我亦悲秋客，脫帽相看感二毛。袁冶山振華

拈毫得句鬼神泣，說劍當秋風雨生。淮海十年深閱歷，詩才心境兩和平。葉古軒兆蘭

詩派由君力主持，浮華掃盡出新奇。律嚴似秉春秋筆，去取何曾亂一絲。羅夏圃克俠

一時同輩孰如君，文字丰儀兩不羣。翻怪憐才蕉玉局（謂上海蕉愛堂明府），不教鵬鶚入風雲。費焱夫履堅

人如鶴瘦性尤靈，口似河懸舌不停。夜半談詩兼說鬼，滿窗風雨一燈青。田鶴舫琳

頻年卜宅已三遷，不礙家貧屋似船。案上有書樽有酒，醉吟無日不神仙。王左亭輔

仙骨珊珊錦繡心，少年聲價抵兼金。如何一病鬢眉改，未到秋來霜已侵。葉芩洲鹿鳴

十載歌樓與酒樓，囊中金盡不知愁。歸來遍種籬邊菊，占盡春風又占秋。俞蔚村國華

麯生麯生安可交，揮之不去如投膠。有才慎勿醉鄉死，劉伶之鍤君且拋。吳燮堂增祿

胸有靈機筆有鋒，長排險韻捷能工。自從一賦紅綾餅，多少詩人拜下風。夏紅舫蘭

欲撼堅城儘力攻，香殘燭燼興偏濃。三年磨劍成功去，便奪燕支第一峰。朱廉泉成梁

奇姿欲比干霄竹，迅筆渾如大海帆。萬里雲程須努力，君才終不老青衫。曾楓橋嘉祥

若翁七字久沉酣（謂檢齋同社），入社扶笻帶病談。留得瓣香需爾續，要將詩味當禪參。常繼香增

家貧歲歉一身孤，八口憑依正待餔。終日謀生終夜讀，書生艱苦似君無。翁小山維圻

風雨寒窗五夜燈，吾家小阮一枯僧。青氈久當蒲團坐，證到禪中最上乘。家杏村元基

無一懷人套語　古軒

工於言情　紅舫

一鬢白

忽忽不自覺，尚以遠大期。覽鏡一鬢白，動予遲暮悲。鬢乃不任咎，變遷謂有時。青蒼隨氣化，盛衰非所知。子自不努力，老大空見譏。予乃爽然失，笑撫無一辭。

姬人不解事殷勤勸芟除我乃笑謝之卿非儒而迂今日芸其莠明又芟可誅蔓延難全芟束手徒嘻吁況我久如執于思一鬚奴縱使無二毛不復美且都

謂有藥回天能轉白爲皁購藥試塗之儼然同枯楊夢覺生悔心天機發清曉半世守吾眞面目無虛矯爲爾易素操貽羞良不少修容而自汙毋寧常皎皎

我友見顏色勸我少苦吟精神日以耗霜雪日以侵傳世能有幾胡爲勞其心無如見獵喜技癢難爲情拼得鬚全白以償詩債清便爲没字碑未必定長生

春山

春在隔江峯飛來翠幾重不寒難見骨肯笑若爲容雨洗暮雲濕烟浮曉黛濃岩棲吾有約幽夢一聲鐘

補過詩

穹蒼忌巧詐雕刻速殘朽妄舉徒心勞虛言空顏厚未博目前歡而貽終身垢如車鑒其轍如瓶守其口矩步復規言奉以銘座右

秋塞

驚沙黃葉捲風飈消盡烽烟尙建旄盤馬地生邊草瘦臂鷹人立將臺高戍樓落月寒吹角甲帳飛霜夜枕刀思婦倍憐行役苦玉關萬里寄征袍

秋日遣興

繞屋蕭蕭落葉聲一回風雨一心驚酒於深夜防沉湎詩過中年減性情灌溉思同野老呼唔久愧說儒生逢人盡訝鬢眉改剩有看山眼尙明

讀小倉山房詩集

奪取香山筆一枝編成百卷性情詩能移風氣空前輩早有聲華動外夷四序獨推春可愛百川誰比海無涯瓣香我愧靈犀少堂奧深深未許窺

芸香詩鈔卷十二

吳陵鄒　熊耳山氏著

漸來

漸來心境畧和平兀坐書齋百慮清幽鳥一聲天近午落花幾片雨初晴能閒便享庸人福藏拙非邀處士名茗椀生香書在手世間何處有愁城

詩境亦和平　夏圖

奇才嘆

人生富貴何足數知己一言盟肺腑奇才兩字豈尋常況復褒稱是天語長公奇氣天所生言關治忽無濫陳洛陽少年共千古六一居士齊盛名五策三言天子識恨無寶劍清君側變法商君議正新直言白傅官終謫女中堯舜辨賢奸遷徙孤忠亟召還爲言神廟知卿久每誦卿文掩卷嘆奇才留佐嗣皇帝便民議草三司弊此際感恩憂世心交縈爲瀉潺湲淚吁嗟乎宣仁實愛才天意奪之

寶劍篇

寶劍寶劍截鴻斷犀投閒陋室毋乃數奇上之不遇名將識登城一揮能破敵下之不逢俠士收慨然一諾斬讎頭淮陰市上人輕薄羮將凢鐵視干莫神物恥教屠狗汙藏鋒斂鍔依侏儒寶劍一何古侏儒不能舞寶劍時復鳴侏儒暗自驚爲言雷煥不生時不利劍乎劍乎莫吐豐城氣

顧芝衫收荆養雲遺孤爲壻並恤其家感賦

死後交情乃見眞慨然一諾結朱陳禮因抱痛無嫌畧心爲存孤不計貧皓首斷炊先饋粟髫齡問字得傳薪眼前何地無巢獨高誼誰能步後塵

速停確實忌才黨禍依然復愛才歸第賜金蓮忌才一官終玉局 起緊峭結整飭中權中肯冠森

冬杪同人集西河草堂有懷李少白客東洵

踏雪迎寒颸河干没屐齒酌酒敦古歡高詠梅花裏所思謫仙人衝寒昔至止飄然一扁舟妻孥雜圖史落拓東亭遊天涯覓薪米音問隔經年耿耿情難已何日春風來吹綠西河水

春烟

遠迤芳草近迤花淺碧深紅一例遮輕不勝風原易散濃如着水便無涯嫩寒山霽嵐凝濕薄暮江昏柳正斜夜月朦朧林闇淡遥看隱約幾人家 句有遠神古軼

懐張立山

一廬遥結海雲邊聲價倪迂又米顛索畫笑辭開府聘脱衣時質酒家錢鴻飛中澤愁無那魚逆重瀾信杳然 頻歲水災久踈音問 阿堵傳神曾貌我青矑綠鬢憶當年

春日村居即事

草芽初長柳初勻綠徑青溪處處新剪韭邀賓來北郭編籬種樹學東鄰作歌近俚山妻笑結伴無猜野叟親鎮日桑陰坐垂釣桃源境裏一閒身

秋夜

凉露滴梧葉宵風鳴鐵馬月光流夜寒一庭水清瀉幽蛩助我吟淒然入牀下吟罷兩岑寂伏枕寐可假一棒寺樓鐘曉霜明萬瓦 幽況澄思奪

過俞蔚村書屋看菊有感

破籬冷雨舊書堂曾結詩場與酒場入徑難留高士跡有花猶對故人香靈根豈盆中年壽晩節空存兩世孀再訪羅舍魂欲斷那堪今日又重陽

米貴嘆

災祲滿數郡一州豐難支啇賈居奇贏載舟無停時腴田粟未刈指粟先酬貴貴重富民喜粟貴貧民悲二升百錢易八口半啼饑風雨不出戶東鄰

又斷炊豐年尚如此歉歲安可爲况復虞飛蝗兼聞高堰危愁饑復愁溺束手徒歔欷願蝗無食禾風平浪不頹遺此田中粟老幼無仳離不作哀鴻鳴溫飽娛清時（言之可危 古軒）

捕蝗行

噫蝗爲災爾害我禾爾遺我饑爾動我婦子以悲哀 大蝗詵詵而蔽天小蝗振振而禍延一化爲百十化爲千爾生胡太速七日爪牙全翼薄不得

耆葦寄食於番熟之田長官心憂率屬而前 驅車陷轂策馬没足累累盈尺氣腥以毒攻以赤壁火毋乃傷未盡之餘粟掘地成阱長平之阬不爲酷埋蝗一阱留穀一斛 埋不勝埋束以蒲囊（每石錢百易蒲包一東投水） 括囊無濟紛紛祈禳乃求援於八蜡之神奏巫曲而侑椒漿 招放鴨船其集如雲鼓翼於田百千爲羣列甘典霸之鴉陣驅李京國之鶴軍既飽其腹還銘以殄賊之勳 嗟彼民顛連晝不食夜不眠捕此而集彼長官茫然曰孰若蝗不入境之爲賢

雉

雉身多文彩胡不深林藏乃自炫其華鼓翼鳴高岡南山有饑鷹翮健爪牙强一啄飲汝血再啄食汝腸豈不惜毛羽而爲同類傷所以江上鷗烟水終茫茫

讀史

孔孟道既微幻怪爭馳驅祖龍廢百家火中多僞書所阬儒盧生安見皆醇儒曲學一清擯後世鮮歧途獨笑愚黔首其心先自愚（翻論有特識 紅舫）

賈誼以年少遂爲當路輕其言不獲用强藩禍終生張季起貲郎十年亡知名厥後作廷尉論法稱持平用才求濟耳奚必定老成更以資格限毋乃屈賢英（慨當以慷 既古軒）

論才先器識文章安足數我薄禰正平輕身近豺

虎阿瞞尙不容何况彼黃祖所託已非人謾罵亦何補庸流輕去就眞才愼出處所以隆中人蕭然歌梁父

得第求立名名亦未必久貪緣復奚爲倖進空顏厚一曲鬱輪袍遂舍千載垢何如下第人劉蕡已不朽

賢如王文正昏夜受明珠剛如寇萊公附會呈天書功名心未已乃忽改厥初君子占定力得失爭須臾

江陵佐中主時政賴起衰任重無旁貸嚴氣成矜持威焰衆所忌交口摘其疵一朝失砥柱綱紀隳悟然論人貴持平功大而罪微日盛滿則是日事擅則非（可謂江陵知己　蓉圃）

贈朱野雲

橐筆長遊滯　帝都廿年霜雪滿頭顱遍交入洛諸名士平揖當朝上大夫何日彈冠同貢禹徒聞讀畫讀倪迂歸來笑解輕裝看篋底惟餘祭硯圖（祭硯圖野雲小照）（交遍公卿歸仍貧賤一嘆　蓉圃）

大水行

嗚呼噫嘻昭關壖開急湍趨下如奔雷岸界之而破裂垣觸之而排摧下遊之民何辜而罹此災天色慘淡雲氣黑暴雨助威水勢急氣腥以毒龍噓吸禾黍汨沒魚蝦得萬井一齊空平原成大澤奔流入海海不容潮長十丈當其衝欲洩不得洩橫

行千里中北風勁而駭浪南西風疾而驚濤東東南地高水不深驚蛇入床蝦蟆登西北地卑老弱死高樹攀援少壯生破塚浮棺亂屍集新鬼故鬼相聞鳴鬼鳴啾啾人寂寂對此那得不酸辛七日水退饑莫能興竈有濕薪釜無粟千家萬家同一哭（音調蒼凉　蓉圃）

鬻牛嘆

牽牛入城牛價賤牙儈乘急逞機變數緡能充幾

日饑撒手如何不留戀割肉而醫瘡誠非心所願
得錢出門去顧牛淚如霰

逃荒行

負老携幼紛紛然逃敗絮破釜一肩挑沿途丐食鳴
嗷嗷道逢相識心惻然食爾一頓粥遺爾千銅錢
問爾去何之歸何年嗚呼此行流離生死不知在
何地歸不歸姑勿論 淋漓盡致 古軒

遺孩嘆

千錢賣一女吞聲撇女去百錢賣一男男賤無人
顧命危骨肉輕棄兒滿道路朝啼覔爺孃夜啼怯
霜露三日不得食屍積人行處 沉痛 紅舫

大雪行

天降奇災怒未已嚴臘餘威春復起十日北風三
日雪玉龍遊戲蒼生死淮隄潰裂民流離依城附
郭結棚棲三尺雪深行路斷饑寒卧倒棚中啼棚
民近接居民屋恤憐分得半盂粥爲言明日雪不

晴竈冷無烟同一哭

桃花雨

苦歲荒心傍徨桃花雨其來哀哀枵腹呼穹蒼雨
一滴粟一粒天將爲爾舒蹐跼麥有秋稻有收與
爾桃花雨爲爾潤田疇願爾命其須臾留爾淋漓
心悽其望者喜饑者啼一日無一粥三月之後奚
暇卜桃花雨來依舊哭

鮑公來

乙丑丙寅淮揚水災鹺商捐賑以濟災黎
新安鮑君席芬至泰至廠精心厥政靡所
不周且格外施仁有加無已全活者甚衆
作此誌感

洪湖波頹昭關壩開澤鴻四野鳴哀哀鳴哀哀鮑
公來 倡義惟公捧符而東發鹽倉粟十萬鍾用
施德惠無窮 一郡七邑設廠五泰之南廠公所
主公艮若公如辭苦事無補 廠地自營度籌式

自裁酌米較合與勺粥嘗厚與薄百事親其勞安所容股削　結屋蔽雨何軒軒設車導水何漣漣活人以允殘屍以棺瘞骨以田君不見刺船結棚滿城下萬口嘔啞呼鮑爺者　母攜其女父負子赴鮑家廠如歸市六月廠開十月止鮑公之心猶未已　工代賑市河濬種萊徧野食無禁活爾過新年聽爾歸耕信　二月還鄉三月栽秧四月五月早稻黃上遊又決荷花塘　甫安復危不遑寧

居安得鮑公再至民其蘇　鮑公至矣羣情慰矣設廠如故法逾備矣賑竣復續麥亦飽腹載芋百車乃惠之餘（無○徽○不○到○古軒）　設長生位尸祝千門誦佛如來婦孺懷恩公乃不敢居其名曰我　后之德與大吏之仁

周匝明晰篇法句法字法無不駸駸入古冠棣

梅花

精神雅與月相宜霜雪頻侵總不知冷境幾曾談骨相俗情原只愛丰姿世無何遜開嫌早身過林逋嫁未遲春到莫貪金屋貯也須珍重出山時

送王柳村歸翠屏洲

轉瞬鬚眉改能經幾送春不勝遲暮感况是別離人遠涉徵遺史歸耕奉老親名山容韋布原不礙長貧

元日

歲改樂如故先從爾室中開樽集少長拜母學兒童鬢自添新白梅仍吐舊紅看花須及早第一爲

春風

習靜

習靜宜扃戶圖安合退居蕭齋塵不到清夢雨之（堯○韵○古軒）餘身賤常依母心閒學著書敢言遺世立生性本來疎

哭女姪

汝生胡太慧汝慧非汝福汝慧胡太早早喪亦汝獨汝父生汝遲實汝當男育我亦無雛烏得汝爭

撫鞠啼笑我心慟疾痛我眉蹙五歲識之無書聲出錦幄十齡解刺繡靈心花滿幅長成嫻女箴全家稱汝淑擇壻配王郎唱隨情日篤能博姑嫜歡兼與妯娌睦靜好無遺憾百年相與㠯不解造物心何事奪汝速前年萌禍胎臨蓐勢危迫百計得同生靈方遺汝服今年又復然噩夢先期觸十月胎橫生三日幾於腹死生呼吸間神仙手亦束泣求活命聲慘淡暗燈燭臨絕呼阿爺合眼呼阿叔奈無續命丹拯汝出鬼箓嗟我年未衰齒脫顛毛禿伯道本多愁況逢汝罹毒爲汝一招魂詩成不忍讀與汝汝不膺撫汝哀哀哭（語摯情真聲淚俱下 嘉）

述病

四肢忽然痛呻吟不絕口動疑天地翻靜如土木偶夢不知死生醒不辨卯酉尊拳不能揮李陽驚掣肘兩膝直如矢飛廉罷善走有所惡於左旋乃及其右既非涇如腰亦非肘生柳胡爲作隱痛內

傷不膚受豈我欽文心自屈雕龍手失足懼貽羞戴高不履厚抑我掉臂游遂罹折臂疚踏山矜濶步山靈以杖叩自危復自悲淚珠湧如溜志强形氣羸虛生疾可醜有醫言中寒開單柴葛首有醫發長嘆斯人乃枯朽雲上俞子來按脈日否否風濕走筋骨濕動風前誘祛風類祛塵除濕類除莠攻內藉虎牛（用虎骨牛膝等藥）神兵非矯揉攻外更靈奇毒蝎亦功狗（用全蝎配藥煎水以浴）內安斯外寧奚云難復舊三日痛不作手足爲吾有五日能屈伸十日愈八九移足步外庭舉手擎杯酒感激俞子心活子來恐後藥投二鬼逃病退羣醫恒無此金蘭交未必形骸久乃知求良藥必先得良友

自艾

吾母八十一愛兒如髫齡兒忽四肢痛兒痛母驚聞兒痛痛在骨母痛痛在心兒痛忍片時母心須臾寧兒痛一聲作母心憂如焚日坐撫兒泣夜寐

呼兒醒一醒不復寐問兒無時停天明仰天祝痛
願與兒分兒聞阿娘語五內刀錐坐伏枕謝阿娘
涕淚流縱橫幸天哀母老俾藥有奇靈一服兒痛
止轉憂爲歡欣此後宜自檢保身即事親儻摧母
心肝鳥可以爲人 語語從肺腑中流出

趺坐

終日趺坐默無語心不喜佛長參禪蟬在樹鳴蛛
結網同消永晝如小年

芸香詩鈔　卷十二　羣玉山館初集　十四

但覺

但覺形骸瘦幸無手足傷勢頹資健婦病退慰高
堂食漸三餐飽行誇數武強出門期十日扶杖入
詩場

病中簡葉古軒

淹忽中年病裏過虛生相與感蹉跎我原蒲柳驚
秋早君有鋒芒受折多芸社久荒愁稿散 芸社刊集以病
停止棘闈再到笑頭顱來春兄弟如身健買棹西湖
一放歌

病中聞仲雲江提禮闈後以縣令用作此代
簡

鷄窗卅載共清寒君捷南宮我病安商壁竟登千
佛選種花好與萬人看從來惠政由經術要替蒼
生望宰官一語使君須愼重守箴容易用才難 贈人以言

贈繆友堂燮縣尉

芸香詩鈔　卷十二　羣玉山館初集　十三

不肯懷才老圖南別有程身權居下吏心已屬蒼
生幕府推誠待崔苻望氣驚莫輕黃綬賤
天子亦知名 以軍功引見保陞

喜聞杏村姪省試捷音

同此一林竹干霄汝出頭家聲能不墜吾道復何
憂煉汞仙人鼎登瀛海客舟前程須努力莫作等
閒遊 僕老夏圃

贈古軒梅樹戲作

搆室爲蒨書地窄占梅境兩愛不能兼揮淚掘之盡棄擲殊可惜得朋持以贈吾友古軒子愛梅識梅性梅性宜臨水池館西河近梅性宜得片地敞夜如鏡梅性清不俗主人饒逸韻酌酒對花吟春比故園勝寄語浮羅仙不須愁孤另

菜儘嘆

嗟嗟種菜忙十日奇冷菜凍僵嗟嗟賣菜傭菜不値錢窮一冬醃菜菜枯無汁煮菜菜苦以瘠敗菜

斷梗米半升一家老幼分杯羹杯羹不療饑兒女啞啞啼不須啼我見禾黍汨没之鄉倍慘悽草根食盡食樹皮

新辭古節 夏圖

春風

到來無地不生新湖上波紋陌上塵裁剪萬花齊出色吹噓小草亦逢春深情善引歸梁燕有力難醒中酒人平地無端被撞舉飄搖愧是紙鳶身

春草

頻年踪踪寄江干着破青袍與末關仙島托根黄荚貴野風吹徑薜蘿寒有花敢與羣芳伍採藥偏逢另眼看生在泥塗蒙不棄自憐孱質受恩難

薦而未售托風草以寄意筆情微婉 夏圖

歸鴈

江上水初碧江邊草漸肥風尤如此奶旅鴈忽思歸陣陣銜烟起匆匆出塞飛前途逢燕子應笑與時違

瓜步阻風

一棹停瓜步江風阻客程雲疑連塹起潮欲挾山行大澤蛟龍氣嚴關鼓角聲迢迢烟樹外燈火潤州城

唐音 紅舫

丹陽又阻風

清曉發丹陽揚帆過城曲又値打頭風妬我舟行速驟雨喧江潮旅寒逼春服擁衾晝掩窗攤書風悶燭但聞急湍流聲與舟抵觸遊子行多阻長年

勢愈延縴舟高岸巔力頺嘆踢促上雨淋厥身污泥没其足一日行十里一行步一縮日夕呼長年艤舟前村宿萬事無逆行逆行終非福

上巳舟中

三月三日客離家風風雨雨天之涯故園今日倍岑寂閒煞一庭幽蘭花 天籟自鳴高軒

抵燕州舟中即事

千里征途正寂寥金閶城外一停橈春從款乃聲

中盡愁在湖山畫裏消燈火通衢喧夜市關津曲水接江潮所嗟遊子匆匆去孤負鄰舟約聽簫

赴婁江謁孫恭堵 玨 夫子至則已下世矣愴然有作

風雨孤舟旅况艱江城復訝斗山寒受知不以樗材棄請謁徒搴總帳看一路口碑生有傳六年花縣死無棺白頭老弟髫齡子歸莖期遙掩淚嘆

登天平山

看山不喜平茲山太奇特層巒一徑通參天萬笏直數盤及山腰迎面挿怪石忽訝石罅中藏梯三百級蝗附半壁懸蛇穿一綫窄出險始騰身乾坤驚另闢心喜奥全探足防高易失陡聞清磬鳴仰面見禪室努力登山巔老僧出迎揖精廬無一塵飛瀑白雲色雲根落泉香松際裊烟碧問僧此佳境子何修能得老僧笑不言烹茶但飲客 奇境 佳境

題丁霽嵐聽秋圖

秋色清且虛秋氣蕭以疎西南有聲來天際天風直落幽人居幽人昂藏七尺軀生平意氣凌天衢出世豪情朱郭與入山瀟洒烟霞徒忽聞天籟相

喝于敲金戛玉驚塵區儼如萬馬空中驅更疑駭浪奔江湖丈人得之除虛拘酒人得之袪糊模君乃四顧心愉愉天高月白纖塵無優游泉石非征途不須感慨思鱸魚眼前景物堪清娛不須遲暮悲桑榆穹蒼氣化有乘除草木因之成榮枯歐陽

之言信不誣如此秋聲何憾乎君將此意付倪迂圖成我爲君躊躇君旁不畫傾城姝長夜何人伴著書

龍江夜發

長空涵淨碧一望水天連明月故隨客（名句入畫 古齋）遠山欲化烟江光清若此秋興浩無邊倚棹發長嘯夜深猶未眠

江之水事另有小傳未載

江之水滔滔流即去不回顧妾與大婦留與郎別十日買妾商人舟　妾不辱爲郎死妾死所江之水江水清妾心洗伊何人救妾起　救妾起送妾還爲善不卒鬻妾新安新安義士肅然敬慨然嘆曰勿遑死居吾母室吾渡長江尋汝夫蹤跡嗚乎千里歧途何處覓　歸無日死有期江之水送妾屍生死願依郎郎心知不知（表揚節義辭簡意該 古齋）

宮節溪先生感舊吟題辭

回首名場跡已陳平泉池館老閒身吟懷應動晨星感百歲如公有幾人

鴻篇三復齒生香史筆詩才兩擅長洛下公卿巖下士千秋終藉魯靈光

賢侯頌爲宋檻泉先生作

豐年爲政政易敷凶年爲政政難圖饑溺相仍官倉虛哀鴻遍野公下車公乃江左一名儒不以法律爲詩書公之年齒七十餘精神矍鑠清且癯官

銜眷屬百口俱無敢昏夜通苞苴流民錯雜城中居無敢騷擾爲萑苻決獄如神奸邪祛强者折服弱者愉得情亦復矜其愚慎刑珍重民肌膚塡街塞巷青天呼召父杜母非虛譽公尤惻然悲窮閻曰萬民命爭須臾賑饑那復辭艱劬人謂公苦公裕如官賑甫竣富民輸朐有成算積獎除蠹胥猾吏無侵漁翻爲心膂供馳驅畏威懷德羣情孚城市肅然安以舒我亦部民仗提扶得守門戶鮮驚

虞卤年不與豐年殊匪公之德其誰與爲公作頌
詞非諛寸心亦日明區區

讀李忠毅伯傳

揮旄東下出艟艨十載驚濤烈燄中與賊勢難容
兩立及身恨未奏全功礮飛閩海排鴛陣星落漁
山哭颶風留得偏裨殲首逆圖麟第一定推公

寒苦行同季廉夫張老薑作

雪後北風十日惡地結層冰堅難鑿尋梅踏屐偶

出郭兩耳欲墮面疑削掉頭忽歸行略違宛似投
林飛凍雀獰颷逐人透簾幙斗室不春年裘薄瓶
中濁酒聊復酌更覓薰籠撐兩脚閉門枯坐叅禪
若如此官骸被籠絡昔處熱場殊不弱一逢奇冷
成瓠落消寒覓句思每錯戶外忽來雙白鶴張子
清奇季矍鑠儒行不以寒隕穫阻氷那復嘆蕭索
携賣篆圖催描作（老薑畫賣篆圖索題）作猪肉頌恣大嚼（廉夫時夫戲作乙内詩）似此冬心欣有托毋爲蟄蟲貽笑噱無如

客去復不樂縮蝟僵蠶屈蚇蠖（瘦勁似昌黎　冠林）

題黃小秋翠屏訪友圖

漠漠春雲合迢迢春水流故人在江浦有約看山
遊鼓棹入烟樹叩門驚野鷗主賓殊不俗同詠竹
間樓（水到渠成　李）

冷香吟社詩選

（清）余文海 輯

《冷香吟社詩選》不分卷，清余文海輯，據泰州圖書館藏一九一九年姜堰石印本影印。

余文海，字仰蘇，江蘇泰縣人，原籍安徽婺源。好古詩文。

光緒末年科舉考試停止後，士人之具才情者如秋蟬之噤聲，寒蟲之絶響，於是乃結詩社，以吟詠發抒自己的才情。冷香吟社即民國初年泰縣詩人所結之詩社。據本書卷首『冷香吟社同人姓氏表』所列，參加者有余文海、宫秉璋、陳壽章、戈講藝、尤晋孫、王炳森、桂承澤、唐棣、劉榮甲、姜桂森、俞焕然、黄述先、吕鶴程、趙蕃、李疇、錢斧、丁憲祖、馬祥熙，各有簡要傳略。所詠有與泰州人文地理有關者，如《遊姜堰天目山》、《姜堰四景分詠》等。

（江慶柏）

海陵劉心白先生評定

冷香吟社詩選初集

笑子題耑

民國己未年春三月
姜堰文明書社石印

冷香吟社詩選叙

人生天地間莫不有情其秀者又莫不有才顧其性情不能無所寓而發其才若深不能無所託而流科舉停罷士之具才情者如秋蟬之噤聲寒蛩之絕響噫閑矣閑積有年所其間京華都邑之英彥馳騖聲利樹黨派雖復大号人且別有事存殆不憂才情之無所表見然吾儕左之地函絕之鄉孤蔭英多之材之伏處斯土者其才情廢得而渫露時也之河姜堰西距泰城數十里固所謂僻左而函絕者也清初故多詩人三百年來餘風未沫迄今嗜學多文才情兼勝者流無以發舒適一切寄之於詩嘗倡命儔結為冷香吟社叙詩業於　盧先生茲亭既又請而見質於余余受而誦之見其瓶花得葉時以清芬嗟詠長吟間與古會每當雨夕煙晨未嘗不為之吾賞也歲月不居編輯積擇其尤雅課付剞劂昔者湖汀丁晚香之年栗里清吟而接千古遺山值亡金而於野亭函築而亦以詩鳴諸子自未遽及古人要為才情所寓之致一耳余羸老矣不敢自謂為有才人然亦詩界中之有情也爰樂得而為之叙時在己未春初劉法曾心白氏

冷香吟社詩選　叙　姜堰文明書社石印

冷香吟社詩選序

梅都講之言曰詩窮而後工夫窮之一境有君子焉有小人焉繩樞甕牖短褐蔽身奔走終朝饘粥不給此小人之窮也道與時違遇合多忤飯食飲水環堵蕭然此君子之窮也嗟夫時危世變四維不張固有躬膺干城之寄手握大將之符捲兵甲於胸中飽軍儲於腹内高牙大纛顧盼自雄莫不坐擁厚貲動逾千百萬顧此而外目之所接耳之所聞幾盈天地間皆窮人吾不知其為君子為小人其窮則一也然則李杜韓蘇當接迹於

世矣而又不少概見何哉今之學子叛先王之道不讀詩書日所誦習者里巷委瑣之言妄自矜誇者歐美皮毛之技滔滔不返若決江河汲字之碑行將遍立於學校間矣而猶望其揚風扢雅是何異入鮑魚之肆欲覓芝蘭之馨遊夜叉之國欲求西子之美烏可得哉已未歲余司榷姜堰喜其川原清曠風俗純樸其邦之人士亦樂與周旋有劉子麓孫李子衍鉉者時相過從鑪薰茗椀輒復論詩且出冷香吟社詩選屬為之序夫花之香者惟梅獨冷梅花高格舉世同傾則壇坫之彬雅從可知已集中穠淡清奇各體皆備二子所作亦清新可誦憂時感事尤慨乎其言二子之詩誠工矣其遇固未嘗不窮然觀二子英髦未可以測其至吾願二子之於詩工則益工窮不終窮一洗詩人潦倒邑欝之氣九原可作都講當與然其言之不中則吾人之愉快為何如耶

已未季夏貴州鎮遠芝耘譚啟瑞

冷香吟社同人姓氏表

余文海　字仰蘇別署詩逸又號漁村逸叟原籍安徽婺源寄居泰縣姜堰

宮秉璋　字照軒別署詩拙江蘇泰縣

陳壽章　字步蟾原名聯桂別署詩隱世居泰縣姜堰

戈講藝　字晴圃一字琴譜別署詩癯世居泰縣遷姜堰

尤晉孫　別署詩慵江蘇泰縣

王炳森　字樹人一字素紉別署詩芸世居泰縣姜堰

桂承澤　字雨人別署詩愚又號太真子江蘇丹徒寄居姜堰

唐　棣　字詠華號嘯春別署詩髯江蘇丹徒寄居姜堰

劉榮甲　原名祖培字麓孫別署詩野亦號自修居士古香室主劉園主人世居泰城遷姜堰

姜桂森　字桿亭別署詩饕亦號太顛子江蘇泰縣

俞煥然　字藻臣別署詩顛世居泰縣姜堰

黃述先　字仲明別署詩頑世居泰縣姜堰

呂鶴程　字海雲一字蓉孫別署詩癖原籍江蘇丹陽寄居泰縣曲塘

趙　蕃　字晉侯原名錫康一字幼蘭號笑予又號倚樓詩齋別署詩懋世居泰縣姜堰

李　疇　字衍疇原名壽田字甸之號贅孫外號退省別署詩魔原籍丹徒寄居姜堰

錢　斧　字雪樵原名松林字月樵號血倫又號問津主人別署詩呆世居泰縣姜堰

丁憲祖　字紹斌號一癡別署詩癡泰縣姜堰

馬祥熙　字鴻章原字幼丹又號拈花一笑軒主人別署詩瘋原籍丹徒寄居姜堰

冷香吟社詩選初集

目録

紆徐入妙

寫景逼真可作遊記讀

撫今思昔能無慨然

冷香吟社詩選初集

海陵劉心白先生評定

五言古詩

遊姜堰天目山　余文海

秋日苦岑寂索居書厭讀信步出門去欲就重陽菊南尋杜來閣遺址全傾覆東過景山園商場已新築悵悵欲何之迤邐羅塘北聿有琪華山靈光巍然獨登臨訪遺蹟雙井在山腹臺觀廢已久空見御花鹿仙翁去不還老樹千年禿傴衣躡其巔遠景都在目一水環抱山

有如衣帶束估舶入市來風帆繞山足唱晚多漁舟夜傍西巖宿分流過小橋緣溪行路曲橋邊舊蘭若隱約無多屋何來鼛鼓聲音與鐘磬續寺門列營戍大旗飄一幅離離禾黍中往來贖樵牧世事感滄桑欲效窮途哭臨去更徘徊暮煙起林麓

遊姜堰天目山　陳壽章

羅塘三水鄉靈秀於茲伏鎮北一高山凌雲勢矗矗下有兩井存因此名天目臺高樹其巔當年曾走鹿今向此山遊不見幽人躅四顧白雲間往來衹樵牧秋色帶

意境欲秀

起調入古

切定感舊氣韻深穩

琢句幽秀

晴嵐蒼蒼古林木錢池環其南柱水北來曲魚小白於銀波廻清灿玉北望一小舟乘風歸去速山麓少人行橋西幾茅屋汲水兩三僧採薪入幽谷山色何青葱水光何淨綠塵世幾滄桑依舊浮大陸多難歎萬方此實為幸福我欲傍山居聊以避塵俗

過黃氏荒園感舊　戈講藝

西下琪華嶺趨途無百步悲哉黃氏園零落剩煙樹憶昔全盛時池館足佳趣花木春四時疑在桃源住主人好詩酒賓朋集如鶩奄忽十餘載荆榛塞當路臺榭遍

傾頹陂池類沮洳白晝庭宇間紛紛走狐兎叩關無僮僕主人渺何處聞作道山遊家庭復多故遂令名勝境蕪穢成墟墓若非高明家瞰室遺鬼妬憂是興與衰物理有定數亘古皋如斯否泰互來去感此發悲吟舊遊忍迴泝

過黃氏荒園感舊　尤晉孫

我昔攬名勝艤舸游羅塘迤北有園林主人氏曰黃登堂叙姻婭歎然羅酒漿園林小結構花好四時芳泉引迤邐水山迎天目蒼東南梅嶺秀西北蓮池香未許俗

塵染天綠陰幽篁游麗珍重別別後幾炎涼重來訪故址居然樵牧場壁苔蝕蝌蚪階草臥牛羊寒鴉棲古樹飢鼠穴頹墻我來披榛莽四顧認蒼茫悲秋風雨逼過眼雲煙忙目覩興與廢始信有滄桑慨然發長嘯回首意徬徨牧童不解事短笛尚悠揚

餘音嫋嫋

過黃氏荒園感舊　　趙　蕃

起筆蒼莽

行行復行行路出羅塘北夕陽流水間彷彿露林屋涉水度前溪且園近在目有亭有池塘黃公所手築憶昔全盛時庭軒遍花木小住且為佳主人寄芳躅來往半詩人車馬日喧逐今日我重來園荒長首蓿繁花慘不紅芳草萋以綠松墻雜榛荆杜閣半傾覆昔日壁題詩模糊不可讀回首感人琴往者不可復令我起長歎棋殘悲冷局哀樂無幾時盛衰若轉軸圓明敵摧燒頤和衆游矚莽莽塵世間滄海倏大陸我悲有誰知我歌有誰續颯颯鳴松楸蕭蕭響梧竹徙倚賦歸來殘照下林麓園空閒無人蒼烟棲鳥宿

推類言之　感喟愴深

古趣盎然

讀文信國正氣歌有感　　戈講藝

抗懷希孔孟曰成仁取義臨難不苟免義盡復仁至燕

獄留一歌浩然塞天地雖曰賫恨終未竟回天志大宋三百年得此復何愧為底滄阿子聞風仍憒憒每當易姓交無復平旦氣或為褚淵生全軀保富貴或則託採薇節浩避清議寧復知人間尚有羞恥事我欲籍公歌舉以諷當世感此發悲吟臨風一灑淚

義正詞嚴　萬書汗草　兩美括盡

讀庾子山哀江南賦有感　　戈講藝

遭時苦不辰畢世老羈旅歷仕魏與周家國渺何許離離禾黍悲抑鬱向誰語舊目望江南涕淚下如雨臺城傷劫灰建康愴故主為抒平生懷一賦寄悲苦何圖千載後世變愈紛阻南北强分途兵禍起荆楚擾擾數年間彼此競華膴置君如奕棋難與商出處多少傷心人身世類開府敢為勞者歌舉以諷傖父

援古慨今　情詞悲壯

風調殊佳　接筆雄健　寫議偉識横絶太空　結筆奇峭

冷香吟社詩選初集

海陵劉心白先生評定

七言古詩

郭子儀七夕拜雙星歌　余文海

銀漢耿耿清無波，織女黄姑初渡河。天街卧看不成寐，走筆起吟雙星歌。雙星歌，咏郭汾陽軼事，相傳著盛唐。富貴壽考人罕匹，上有星象垂穹蒼。秋風萬里度沙漠，郭公從征在戎幕。良宵七夕過銀州，彎弓不射填橋鵲。仰天四顧正徘徊，光耀五色天門開。輧車繡幄自空降，

鸞翔鳳翥僊人來。此時驚喜出望外，一片精誠向空拜。乞巧何如乞福靈，稱心而償亦大快。吁嗟乎！郭公之福錫自天，拜見雙星皆偶然。君不見緱氏山頭王子喬，身騎白鶴何翩翩。又不見天厨夜宴西王母，當年漢武求神仙。世人慾壑不可填，争將瓜果陳庭前。所持甚狹願甚奢，此心貪得誠無厭。我進雙星一杯酒，小説荒唐亦何有。世上今無郭令公，但飲此酒毋開口。

郭子儀七夕拜雙星歌　戈講藝

秋空耿耿秋夜凉，烏鵲填橋霄漢旁。兒女庭前羅酒漿，

似初唐人手筆　波瀾突起筆致不平　通篇用柏梁体音調鏗鏘　清空絶俗

錢樓乞巧遥相望，爭及唐家異姓王。親聞仙語膺嘉祥，在昔邊宇冠披猖。從征沙塞親戎行，師次銀州夜未央。仰見祥雲生天潢，輧車繡幰乘風翔。雙星冉冉降九閶，下馬拜祝傾中藏。願乞上天篤其慶，富且貴兮壽而臧。心香一瓣流芬芳，斯須吉語宣琅琅。真言六字增榮光，未幾節度領朔方。内平安史外戎羌，兩京收復迎上皇。再造唐室奠宇疆，果然勳業銘旂常。位尊尚父冠廟堂，子孫逢吉身康彊。若非忠誠感昊蒼，福蔭焉能如願償。吁嗟乎！君不見元宗妄冀壽延長，空中神語多誕荒。集

仙臺私誓忙，再世豔福終渺茫。一君一臣互評量，遭遇殊難相頡頏。一則禍兆生椒房，綿綿長恨增慘傷。一則自天獲降康，大年遐福冠聖唐。他日榮封錫汾陽，兒孫蹌濟笏滿牀。新舊兩史姓名香，無怪雙星語吉羊。

郭子儀七夕拜雙星歌　趙蕃

銀漢無聲秋滿天，今夕何夕人未眠。仙立閒階盼斜月，渺渺雙星何處邊。仰天四顧心傍徨，夜如何其夜未央。佳會佳期溯往事，令人企慕郭汾陽。當其高唱從軍樂，戎車夜半回沙漠。星河影裏度銀州，恍見鸞輧天上落。

仙樂風飄仙人來，好語如珠聞隱約。此夕褰衣拜鵲橋，他時姓氏標麟閣。一朝佳讖錫難老，既云富貴亦壽考。遂令奇逢羨令公，忽將往事談天寶。遥憶明皇當此際，撫景傷情狂雪涕。長生殿裏長相思，鈿合金釵向誰寄。同是君臣遇不同，同此七夕悲歡異。或云天心分薄厚，我聞斯語嗤荒謬。自尋歡喜自尋悲，一已之權非天有。噫吁嘻人世悲歡等逝波，及時行樂休蹉跎。瓜果筵前一樽酒，醉後淋漓發浩歌。唐家宫闕今何處，郭氏勳名終黄土。須知天上勝人間，耿耿雙星自千古。

沈瀾老成　議論精確

結得遒勁

起勢超脱

郭子儀七夕拜雙星歌　馬祥熙

富貴壽考不可兼，而有之尤其難。吁嗟郭公亦人傑，大漠從軍心似鐵。一朝將令之銀州，銀漢渺渺金風流。鵲橋倒挂接塵世，繡幄軿車降女牛。郭公拜罷言素志，富貴壽考欲兼備。仙人有眼識英雄，博得天孫含笑賜。唐代去今千餘年，光陰過眼如雲烟。郭公勳業載史冊，即兹遺事尚爭傳。世人藉此為口實，七夕爭師郭公術。終宵拭目望天門，不見天門有仙出。我謂富貴壽考非可餼，豈有牛女肯輕畀。必能雄略秉忠誠，他年不誤國家事。我今自忖無其才，每逢七夕倒新醅。但論人事盡未盡，遑問天門開不開。

亦莊亦諧

以唐起以宋收篇法完密中間鋪叙史事歷落不平感慨時局激昂有致傑作也

讀五代史書感　余文海

唐末藩鎮威權強，人人跋扈爭飛揚。尾大不掉身且僵，僅留正朔存中央。轉入五代尤披猖，首先篡奪稱朱梁。朱温作賊先從黄，後遭子禍身旋亡。後世昏亂無紀綱，虎將爭傳王鐵槍。鴉兒偏遇沙陀王，莊宗負矢還廟堂。壯哉撻伐天威張，何期末造多淫荒。大權旁落優伶行，九鼎遷移入埒鄉。豪傑繼起石敬瑭，横磨十萬飛劍光。乃甘契丹如虎狼，尊之若父甘為郎。幽薊十六州相望，棄如敝屣真荒唐。漢周二代略不詳，紹劉拜孔徒趨蹌。龍門史筆傳歐陽，牙籤玉軸皆縹緗。感時讀史心孔傷，方今時局多紛攘。以今視昔誠相當，横流四決波瀾狂。征誅揖讓均非常，南北黨派爭開疆。兵連禍結時延長，頻年烽火驚川湘。要求餉糈人恐慌，外債剜肉先補瘡。宫府易主如劇場，衣冠文武儕優倡。五代八姓誰可方，僅與郭威相頡頏。五代劫運悲紅羊，民生今日尤遭殃。安得陳摶大笑墜驢旁，真人一出天下康。

慷慨直書

讀五代史書感　劉榮甲

茫茫卷冊流千載擾攘羣雄今何在歷朝瞬息一興亡僥倖成功尤傀儡偏安割據實自欺正統相傳終有待放懷五代十三君釀成亂局徒紛紜梁王甘心冒不韙互相殘殺寂無聞興復唐室雖有後變生倉卒起囂氛更兼外兵來叵測中原自擾虎狼軍光復漢周成虛望民生未定復糾紛史傳新舊勢各異五十三年人心悴滄桑大地感陸沉衣冠文物多兒戲吁嗟乎國家易姓書皆是過渡英雄奮然起分茅裂土總稱王神器妄干

冷香吟社詩選　七古　九　姜堰文明書社石印

心不死天亶聰明豈等閑勞勞誰是真天子後朝鼎革變愈奇藉口共和傾自期南北爭衡成禍兆綱常淪滅問誰知亂極思治今猶昔欲卜天心叩轉移

慨然有匪風下泉之思

讀庾子山哀江南賦有感　李疇

一起魄力沈雄

年荒世難喧鼙鼓南北爭衡嘆今古家國關心沒奈何悵望江南淚如雨淚如雨沒奈何哀音託詞藻梓里別情多庾公之賦心無恔可憐族本江南望他鄉榮顯翻惆悵蕭梁社稷付荒烟當年奉使慚無狀哀故君哀故鄉仰天搔首心徬徨離騷有恨悲屈子此身無翼難飛

通篇撫時感事有衛洗馬百端交集之概

揚作賦寄哀神鬼泣我今讀之猶怏悒君不見夷齊殉國歌采薇立德首陽甘絕粒又不見百里流離卻相秦也能不朽功名立立言千古亦傳人庾公之哀宜可截噫吁嘻長白山頭王氣迷頤和園外行人悲武夫較獵馳驟馬捷足爭先逐鹿麋我家江南亦衝要公哀江南我同調長江滾滾走驚濤一賦餘音終古弔

讀文信國正氣歌有感　李疇

詞亦激昂慷慨

兩間暮氣肅愚得兩間戾氣干戈逼肅愚誤國干戈橫搔首長天日西昃百代興亡氣數中孤忠遺恨悲秋風

冷香吟社詩選　七古　十　姜堰文明書社石印

正氣凜然歌一闋千秋史乘仰文公間關戎馬終何用取義成仁聊自訟等閑性命鴻毛輕保存名節耶山重拚將熱血灑幽燕正氣常如虹亘天六氣交侵公不死贏得英名播大千大千無定局滄桑變相續戾氣紛四野暮氣嗟薄俗吁嗟地維天柱今何如正氣歌傳讀者無太息故宮非故主御悲弔古心模糊救主殉身張世傑負主蹈海陸君烈氣節何堪憶宋朝況乃文公尤卓絕我讀文公正氣歌文公正氣彌山河歷代孤忠會相見淋漓慷慨顏無酡

直抒胸臆，用韻如自己出，故是佳構

擬杜少陵憶昔一首 用原韻　王炳森

憶昔海禁大開日，夷酋乘機入堂室。佔我土地辱我民，漸次洞悉我虛實。未幾湘南起義軍，禪詔乃自清宮出。二三豪傑應運興，迭為中華彌闕失。無何南北互爭權，彼此感情失膠漆。釀出兵爭竊主座，議戰議和不一律。所幸警告來友邦，不忍我民再流血。昔雖陵我今諒我，幸免紛紛鼠鬬穴。況復歐戰已告終，環球俱倡和平說。我料誤國諸武人，應亦悔禍保祿秩。倘竟怙惡礙邦交，終當助我去疢疾。

神似青蓮

山橋漁唱　戈講藝

舉世紛紛謀利祿，恒舞酣歌日相逐。那知宦海多風波，頃刻掀騰難駐足。爭及山橋一老漁，風波慣歷無拘束。得魚換酒暮歸休，扁舟盪向琪華麓。舉杯邀月發長吟，美酒一杯歌一曲。須臾變作招隱辭，語重心長砭塵俗。似從人海覓知音，聲聲叫破烟波綠。世人爭利復爭名，身類轅駒常局促。何如勇退當急流，幡然變計謀歸宿。富春山畔漢漁翁，惟此山橋嗣幽躅。

且園禊飲　戈講藝

王韋遺響

羅塘鎮北一坏土，化作岡巒鎮琳宇。雙泉突出山之坳，天目嘉名亘今古。中有幽人托採樵，斧聲丁丁出林隝。朝而往兮暮而歸，日與山靈作賓主。鹿女臺前發浩歌，俯唱遥吟鄙華膴。有時迸作金石聲，梵王宮中和鈴語。泠泠一曲生長風，滿山黃葉下如雨。我聞君歌心怦然，也思買得採山斧。與君同作山中人，行歌互答謝簪組。

瓣香長慶，又唱蒼涼

過黃氏荒園感舊　宮秉璋

土木丹青創造年，繼承端賴後人賢。故宮禾黍悲何極，勝地難常自古然。羅塘富昔推黃氏，園林構造超城市。南窗寄傲膝能安，松墻一帶尤清麗。中有蓮池聚錦鱗，小橋跨水清無滓。桂花嶺峻梅嶺高，我曾遊眺偕多士。迄今相隔廿年餘，名園再過已為墟。羣芳歇盡荒榛滿，扶節佇望長欷歔。石崇金谷無遺址，世殊時異應如此。黃氏園猶未百年，如何一旦生荆杞。碎瓦傾欹細雨中，頹垣零落斜陽裏。不堪回首憶前遊，昔日亭臺都已矣。我今憑弔暫徘徊，門閉秋風叩不開。舊地重經休問主，烟荒三徑剩莓苔。

采菱曲　宮秉璋

從有正味齊眺化得來

紆徐入勝

餘音嫋嫋

扁舟前度循江曲海采蓮花盈一掬而今秋水極澄清
共共菱角凝波綠一池舊業幸繁昌莖長未許鳧鷗浴
漁婦晨妝鏡照花漁翁轉棹歌常續紅菱未老紫菱香
雲影波光映夕陽絲可牽情郎永記刺雖傷手妾能防
願郎勿誤烟波路舟輕似葉須洄溯郎搖蘭槳妾持筐
盈盈采向溪深處紅嬌翠婉最多情臨流常使儂欣慕
枝生連理契儂心停橈願傍鴛鴦渡

采菱曲　戈講藝

蘋花渚外秋風起秋思茫茫墮烟水隔花不見采蓮人

無復風情增旖旎忽聞清唱遏行雲一聲聲在蓮塘裏
扁舟一葉逐波來翠袖紅裙燦如綺不采蓮花只采菱
大家先把菱絲理菱絲入手易牽情須防菱角傷郎指
玉腕高搴倚畫橈替郎采采郎心喜為郎高唱采菱歌
細說紅菱風味美須臾返棹夕陽中餘音嫋嫋猶盈耳
歸途切莫語喁喁鴛鴦睡穩郎知否

采菱曲　尤晉孫

兒家門對鴛鴦浦欲采蓮花還采藕年年儂是采蓮人
怪問蓮心朝太苦門前轉眼又西風十里香菱紅復紅

似古樂府子夜諸曲等歌筆意

起調入古

信手拈來都成妙諦

一往深情

剝取紅菱甘且旨味與蓮心迥不同薄命莫如儂朝朝
暮暮風菱甘與蓮苦俱在儂心中兒家不是輕狂性私
心許與菱花鏡願教妾命甘如菱勿使蓮心同妾命

采菱曲　劉榮甲

七月菱塘八月秋一家一個采菱舟纖纖玉人手盪槳
向中流鴛鴦侶互唱酬芙蓉渚蘆荻洲鮮菱角滿船頭
郎能適口妾笑盈眸東鄰西舍妙齡女采得青菱總不
愁

采菱曲　趙蕃

阿儂家住菱塘北一泓秋水綠溪曲歌罷采蓮歌采菱
曼聲唱破烟波綠儂持筐郎打槳一葉扁舟穿荻港清
波渺渺金風流歌喉一串珠玉響菱葉何團團菱花似
鏡寒莫照儂顏色願照郎心肝菱角尖尖菱實甜拈來
含笑向郎言願為菱實適儂口莫為菱角刺儂手紅菱
味美紫菱香幾番采采已盈筐歸舟人影帶斜陽囑郎
緩緩莫匆忙休教驚起睡鴛鴦怕他飛去不成雙

采菱曲　馬祥熙

池塘雙槳浴綠波吳江女兒採菱歌夕陽倒浸菱塘碧

纖纖素手影婆娑，去年采菱菱角紅，今年采菱菱角綠。去年今年兩不同，風前依舊顏如玉。採菱采菱菱角尖，斜菱斜菱菱實甜。金雀鴉鬟濕秋水，笑指菱花算鏡奩。戲牽菱葉清逾骨，流光返照青絲髮，千里迢迢一色秋。歸來人影隨明月。

妙緒紛披

懊儂歌　　尢晉孫

世界英雄一郎貉，古今兒女情絲縛。是誰鑄鐵聚九州，宇宙鑄成多少錯。吞齊塊壘酒澆胸，醉酣拔劍氣如虹。激昂慷慨聊復爾，缺陷誰彌造化功。貫生猶作窮途哭，悲歌怕聽漸離筑。落魄青衫鬢已霜，墜樓紅粉顏如玉。君不見，愛國青年熱血流，風潮東亞又西歐。笑他鷸蚌爭何劇，知否漁郎在上頭。殷浩書空何咄咄，學將王粲且登樓。勸君更盡樽中酒，高唱懊儂歌莫愁。

伊鬱悲憤感志以憂時

冷香吟社詩選初集

海陵劉心白先生評定

五言律詩

古鏡　　宮秉璋

何日江心鑄，虛堂一鏡懸。質經風火鍊，樣似月輪圓。仁壽曾鐫字，斕斑不計年。積塵頻拂拭，光彩尚瑩然。

雅切

古鏡　　戈講藝

乞得媧皇石，磨礲爛似銀。背粘苔暈藏，紐蝕土花新。銘篆參斯籀，興亡閱漢秦。應同天上月，遍照古今人。

光體清穆

古鏡　　王炳森

閱盡妍媸態，曾經照古人。苔花怖蝕土，藻鑑尚如神。仁壽名何愧，摩挲復見新。破飛天上去，應是月前身。

倜儻不群

古鏡　　馬祥熙

皎潔渾如月，曾經照古人。大都悲白首，無復返青春。又墜園中影，重看象外身。秦宮清見膽，拂拭悵前因。

不拘繩尺自在流行

古琴　　戈講藝

一闋南薰後，銷沈不計年。賞音元鶴少，絕調晏龍傳。斷作梅紋裂，徽餘鮮暈圓。千秋渺知己，誰與上冰絃。

超佳

超妙

古琴　王炳森

山月依然在，松風亂響難。陰眠同鶴壽，紋斷訝龍蟠。幸未經遺破，誰來繼舜彈。包犧遺製在，萬古作奇觀。

得古字意

古琴　劉榮甲

悟到羲皇世，翛然太古琴。廣陵成絕調，焦尾少知音。松石三生契，宮商一片心。薰風沉寂久，何處作龍吟。

天機流暢　作者深得此中甘苦

古琴　馬祥熙

三尺撫瑤琴，泠泠古意深。絕無鍾子聽，來對蜀僧吟。在昔曾揮手，而今孰賞音。寄懷千載上，俯仰淚沾襟。

清穩

古琴　丁憲祖

一自郭公去，松聲萬壑寒。螺徽終古寂，雁柱祇今殘。賸有冰紋裂，驚同石鼓看。桐君猶似昔，絕調問誰彈。

奇創

天目樵歌　趙蕃

高唱登天目，樵人獨採幽。來尋雙井迹，驚破一山秋。調古猿能和，臺空鹿不遊。歌殘斜照裏，紅葉滿肩頭。

超妙

且園禊飲　趙蕃

且住為佳耳，名園舊姓黃。流觴追曲水，勝地占羅塘。舊雨兼今雨，詩狂雜酒狂。花飛人影散，歸路馬蹄香。

渾雅

竹院吟風　劉園四景之一　劉榮甲

何處動清謳，風生竹院幽。有君能免俗，凡我總消愁。晉代羣賢會，人間五月秋。天涯閑散客，居此足夷由。

俊逸

竹院吟風　李疇

彷彿淇園盛，吟朋愛古莊。與人同不俗，為我發清商。韻戛千竿玉，秋分一味凉。此中消夏好，唱和兩疏狂。

頗得主文譎諫之遺

蟋蟀聲　尤晉孫

秋雨又秋風，寒蛩戰未終。關心知勝負，得意決雌雄。游子還鄉夢，將軍奏凱功。寄聲爭競者，同是可憐蟲。

十字渾成　別饒神韻

絡緯聲　劉榮甲

競說蟲催織，秋來絡緯聲。紗窗良夜景，金井雅人情。有感皆棉薄，微生若紙輕。勞勞無限意，最是婦心驚。

冷香吟社詩選初集

海陵劉心白先生評定

七言律詩

梅花杖　余文海

得不脫不粘之妙

梅花古幹杖形同春在林家步履中踏雪伴人尋嶺北
御風扶我過橋東先生藜閣青涵玉境訪羅浮碧倚筇
沽酒有錢閑掛着出門先問趙師雄

梅花杖　陳壽章

神在箇中

杖號梅花勝碧筇猶存庾嶺昔時容扶尋儔侶因思鶴
修到今生欲化龍小步全憑春在握清遊恰合雪留蹤
愛他素有冰霜節助我遨游意甚濃

梅花杖　趙　蕃

詩亦清新

緩步尋詩到水濱梅花為杖更清新幾生脩得孤山伴
隻手攀回大地春扶我微軀宜踏雪笑他傲骨亦依人
天然生就清癯樣除却林逋肯孰親

梅花杖　馬祥熙

超超妙悟

暮年何物最堪娛賴有寒梅足慰吾骨傲祇宜高士伴
醉游權當美人扶祇愁渡水形全化轉喜空山影不孤
自笑身非林處士也聯芳侶到清癯

梅花几　余文海

情韻殊佳

淨几明窗次第排梅花春色滿蕭齋書成小楷饒清興
吟到孤山寄遠懷隱臥好尋香夢去閒凭且把俗塵揩
老妻林下風情在紙帳蘆簾願與偕

梅花几　趙　蕃

神味淵永

淨几雕成玉骨峻暗香時共篆烟凝芸窗竹屋三更月
紙帳銅瓶一點燈和靖吟餘宜隱臥壽陽妝罷且閒凭
安排祇合高人室踏雪歸來好曲肱

梅花硯　余文海

用典入化自見心思

誰將風雪寫詩情硯未磨穿鐵鑄成酣墨宜呈林處士
寒香近襲楮先生可憐瘦玉隨蟾化幸有良田為鶴營
寄語楊妃休更捧樓東幽恨未能平

梅花硯　唐　棣

縕藉風流

古硯渾如璞玉鐫一枝香雪近池邊潤花不用旁添水
養鶴何須別買田處士品高聯璧友德人福厚結仙緣
樂斯文玩無塵俗想是林逋製昔年

梅花箋　余文海

清新俊逸

蜀箋裁就寫冰蠶，窗外梅花訊早探。半幅香痕留硯北，一枝春色寄江南。生憎燕子能亡國，不羨桃花落滿潭。為問成都薛書史，可曾佳製染雲藍。

雙管齊下

梅花箋　唐棣

誰製名箋迥異常，癯仙小影獨流芳。冰魂自與澄心合，竹膜新分點額妝。贈友春從雲外寄，抄詩畫在句中藏。最欣弄筆情酣候，疑有梅香助墨香。

結雋

梅花箋　呂鶴程

冰蠶燕子昔人遺，爭似梅花硯畔宜。香透行間書亦馥，

春生筆底意猶奇。幾枝蒼老鋪盈紙，五出芬芳合有詩。漫道薛孃佳製好，林家新樣有誰知。

雄才卓識

張翰思鱸　戈講藝

預料齊藩運祚終，此行原不為秋風。五湖遯跡逃塵網，千里歸心遂釣篷。鄉味清腴超宦味，洛中安穩遜吳中。及身幸免池魚禍，爭及先生識量洪。

句法流利

張翰思鱸　陳壽章

歸思茫茫觸萬重，一蓑烟雨夢吳淞。豈真鄉味遙堪戀，祇為名心素不濃。徑尺銀鱗增渴念，半江紅樹伴行蹤。

比例真切

知機猶是辭彭澤，借說縈懷到菊松。

張翰思鱸　王炳森

不因饞吻憶吳中，願賦歸來作釣翁。千里遊踪沉宦海，四腮鄉思動秋風。扁舟他日遙追范，彈鋏當年悔效馮。貪餌齊王終失敗，步兵卓識冠江東。

雅近唐賢

張翰思鱸　劉榮甲

翛然世味任浮沉，情動秋風一往深。千里萍蹤游宦夢，半江樹色望鄉心。書傳南國歸偏切，旅食東曹悔不禁。來日大難求適志，鱸魚正美溯從今。

曾文正云詩文以音韻為本讀此篇益信

張翰思鱸

颯颯西風動旅愁，東曹薄宦等浮漚。四腮早繫吳天夢，一棹難羈洛水舟。紅樹半江遊子淚，黃花滿徑故園秋。笑他名士多於鯽，爭及先生智慮周。

清雋

張翰思鱸　李疇

吳江歸思近如何，正是西風掠鬢過。一掾飽嘗遊宦味，寸心遙逐去來波。蒼茫紅樹縈鄉夢，撥剌銀鱗記棹歌。惆悵此身羈洛下，解人輸與釣徒多。

張翰思鱸　馬祥熙

紅樹青山入夢難，江南景物路漫漫。偶因風起思鱸膾，欲向江頭把釣竿。借着本爲歸隱計，辭官應作遂初看。蒲帆輕逐東流水，勇退何人似急湍。

一氣呵成，格律蒼老，比擬詩格，守唐人矩度，不以對仗工拙論也。

王猛捫蝨　戈講藝

祇掌頻將世事論，篤教賊膽落桓温。高談侃侃空餘子，羣醜卑卑陋處褌。滿目瘡痍悲上洛，一身痛癢繫中原。他時知遇偕魚水，誓死難忘正朔尊。

不脫不粘，恰如題妙。

王猛捫蝨　桂承澤

不念阿房戀魏軀，使君談笑座生風。英雄志在安天下，

小醜身先入掌中。噓手居然能去害，闢衣誰敢再稱雄。他時一樣除民賊，物我關懷痛癢同。

大雅不羣

王猛捫蝨　王炳森

紛紜小醜鬭方酣，破絮中原亂特甚。國手頻施操勝算，兒頭蕩雜付雄談。蒼生痛癢關懷切，蠢類搔除竭力擔。指顧處褌皆瑣瑣，噬膚未許到江南。

雄渾稱題

王猛捫蝨　劉榮甲

清貧被褐首如蓬，蟣蝨騷然氣自雄。幾輩蟲沙悲將士，半生蠖屈傲王公。解衣總作驅除策，揮手何須沐浴功。

沈着

聽說魚羊憂刼運，任他小醜處褌中。

祖逖聞雞　戈講藝

長安時局近如何，爭不聞聲斫地歌。擾擾羌胡馳鐵騎，瀟瀟風雨泣銅駝。連宵喚醒離人夢，待旦期揮上將戈。太息雄飛纔幾日，雍邱血淚灑滂沱。

首尾融貫，格調悲涼。

祖逖聞雞　陳壽章

舊友重逢抵足眠，雞聲忽送到窗前。驚回好夢風生幕，起舞寒宵月在天。擊楫何嘗嫌自負，着鞭豈肯讓人先。枕戈待定中原局，指日雄飛志並堅。

瘦硬似黃山谷

祖逖聞雞　李疇

落拓雄才孰品題，動心又聽遠村雞。三更寂寞悲雌伏，一夢沉酣破蝶迷。霜劍試將燈下舞，惡聲休向耳邊啼。先鞭未着傷遲暮，介距遑憐塒誤栖。

新穎

讀文信國正氣歌有感　劉榮甲

祇忠無奈亂如麻，不朽英名著國家。震世文章韓吏部，憂時涕淚賈長沙。肝腸欲絕言言痛，鼎鑊如飴字字華。爲有丹心昭千古，不妨聲伎說豪奢。

真情至性，抒寫大方。

讀庾子山哀江南賦有感　劉榮甲

弄音哀怨 低徊不盡

迢遞烽烟白下門，南歸無日滯羈魂。故鄉終比他鄉好，新主雖忘舊主恩。落落河山悲鼎革，庸庸利祿悵生存。六朝金粉飄零甚，三百年來王氣昏。

聞歐洲各國戰事告終中國南北和議將成喜而有作 用杜少陵聞官軍收河南河北原韻　余文海

一氣奔舒 格律蒼老

幾載干戈勞戰伐，一朝玉帛會冠裳。中原兵革將銷氣，海外波瀾更挽狂。好趁休明歸上國，不須提險走他鄉。喜音傳到茅檐下，憐我葵忱亦向陽。

前題　尤晉孫

句調蒼老 有浣花意境

驚聞大陸潮流定，喜極翻教淚滿裳。東亞和平邀幸福，西歐烽火靖猖狂。漫論龍虎風雲局，且守魚鹽安樂鄉。中外帝王同一夢，故宮衰草弔斜陽。

起勢雄直

前題　李疇

多事方知無事好，一朝甲胄變冠裳。南鱸北豸皆回味，澳雨歐風不再狂。錦繡河山還祖國，承平日月到家鄉。掃愁佳釀需三斗，樂此乾坤醉汝陽。

押韻新穎

前題　馬祥熙

槍林彈雨悲歐亞，血滿征衣淚滿裳。今日繞欣都解決，數年何處不猖狂。行歌童叟含生趣，罷戰英雄返故鄉。但願昇平從此始，湖山風景醉斜陽。

格律清蒼 風調圓穩

養鶴　戈講藝

又是高人放鶴天，縞衣丰致獨翩翩。縱君遊偏孤山路，愧我貧無二頃田。懶向宦途隨趙抃，願分廚料到逋仙。生平自具昂藏概，便入雞群亦矯然。

倜儻不群

養鶴　王炳森

養源端在性中天，應把乘軒俗愛捐。梅畔雪寒知樂守，松陰雲護任安眠。相看另眼真如子，得放閑身不愧仙。九轉功成丹頂現，孤山習靜幾千年。

觀魚　王炳森

自在觀餘大放光，躍淵潛渚仍行藏。春生鳩杖臨流水，影聚虹橋趁夕陽。棠邑遠遊嗤魯隱，濠梁真樂悟蒙莊。漁人若解游空意，莫使機心密網張。

栖燕　余文海

銜罷香泥已倦飛，捲簾人去燕初歸。欝金堂上春光好，玳瑁梁間絮語微。甫定新巢閒息影，還依舊主靜忘機。呢喃莫問烏衣巷，王謝門庭隕夕暉。

情詞雙美

棲燕　陳壽章

惟有多情雙燕子相安未肯暫相違尋逢舊主行蹤定
營就新巢悵力微懶啄庭花依翠幙怕經社雨濕烏衣
雕樑何幸同棲止較勝長途旅雁飛

直起清老

啼鶯　余文海

流鶯百囀韻偏嬌啼徹園林柳萬條春日共攜名士酒
曉風爭學美人簫聲聲驚破紅閨夢語語思遷上苑喬
更有詩腸煩鼓吹友生應向比鄰邀

流麗清新

啼鶯　劉榮甲

春風滿院綠楊煙睍睆黃鶯向耳邊斗酒輕攜芳草地
錫簫遠答杏花天璇閨喚破遼西夢金縷歌翻樂府篇
一曲間關思往事故人消息憶年年

清詞麗句

啼鶯　趙　蕃

臨風何處唱陽春出谷流鶯百囀新聲雜錫簫穿柳陌
客攜斗酒坐花茵歌成金縷堤邊曲喚醒香閨夢裏人
解識交交求友意好從喬木結芳鄰

饒有風韵
後半尤佳

諸葛菜　劉榮甲

勳名一代出師中手澤何期菜亦同丕相恩施春四野
軍人旨蓄地三弓盤辛合佐青梅酒甲坼應沾羽扇風
昔日閑門閑種植君臣妙用兩無窮

雙關穩成
弓韵尤渾雅

諸葛菜　趙　蕃

千秋忠蓋推諸葛蔬菜名彰為附公飢色應無虞隴上
歛根先自在隆中祇因儲蓄饒糧計同是調和鼎鼐功
淡泊自甘滋味永至今人尚仰高風

筆姿清雅

諸葛菜　李　疇

遺愛何如召伯棠采來葑菲憶南陽好同種菜閒門閉
較勝尋梅止渴望風味一生存淡泊烟蔬百代繼芬芳

佳句

滿襟清淚田間灑不是英雄不許嘗

惜用杜老詩意

落花　俞煥然

最繁華是暮春花轉瞬飄零客路賒白點苔痕看若雪
紅飛樹杪望疑霞芳塵有夢皆成蝶香鬢無緣再壓鴉
滿徑平鋪留未掃閑庭小住話桑麻

清麗

落花　桂承澤

悟徹塵寰色即空好花和雨撲簾櫳西施夢醒愁誰白
南國香銷慘不紅有恨祇餘枝上月無情最是夜來風
癡心欲覓還魂術杜宇聲休到耳中

佳句

飛絮　　戈講藝

飛過長堤又短堤，粉痕糝遍畫橋西。影搖芳樹迷鶯眼，香逐遊絲罥馬蹄。顧藉萍蹤重證果，肯隨花片誤沾泥。一年一度飄零後，賸有濃陰拂岸低。

寄託不凡

飛絮　　趙蕃

離情難情柳絲牽，飛絮飄零又一年。黯淡烟痕芳草路，迷離春夢夕陽天。隨風弱質身無主，咏雪清才句欲仙。莫再沾泥留色相，他時萍水結因緣。

清綺似元人咏物詩

六月菊　　陳壽章

天使黃花今獨厚，任他六月放東籬。先秋何事開偏早，晚節雖香恨太遲。附熱豈真甘降格，爭妍姑且效趨時。祇愁割肉歸來客，未解盈頭插幾枝。

淡雅似查初白

白鳳仙　　劉榮甲

亭亭玉立映蒼苔，傲得春風雪白開。不惜鳳毛籬下寄，恰疑仙子月中來。影分香國全無彩，種自丹山別有胎。雖伏塵寰甘久謫，養成素志在蓬萊。

分拈題字妙有寄託

姜堰四景分詠　　陳壽章

夕陽影裡謳歌起，天目山樵行且擔。一曲新腔穿野徑，

半肩秋色帶晴嵐。負薪吟向錢池北，得路歸從杜水南。嫋嫋餘音何處接，橋西鐘韻出茅庵。天目樵歌

秀色可餐

綠楊橋畔網初收，把酒開懷唱未休。流水半灣斜靠石，秋風一曲送行舟。隔溪常走啣花鹿，鼓枻旋驚拍浪鷗。信是漁家有真樂，身居物外復何求。山橋漁唱

賓朋同向且園行，上巳良辰天氣清。地接山橋聯袂過，觴流曲水促詩成。累從梓里開佳會，如在蘭亭敘盛情。贏得年年詩酒樂，高風快與晉賢爭。且園禊飲

雅韻欲流

三橋迤邐跨長虹，蘭若淩虛得勢雄。象教千秋祖東岱，龍吟一柝度西風。芳隣近和書聲朗，丈室遙傳梵唄工。快我卜居殊密邇，常聞響徹五更中。岱嶽鐘聲

姜堰四景分咏　　劉榮甲

巋然岱嶽著羅塘，隱隱清鐘帶夕陽。殷杳千重驚古夢，蒲牢百八聽鏗鏘。客船夜到人聲雜，僧課晨興梵語揚。彷彿姑蘇城外過，寒山寺畔意徬徨。岱嶽鐘聲

神味悠然

園林觴詠艷陽天，且樂風流奏管絃。車馬樹陰相歷落，衣裳花影兩蹁躚。窗臨曲水堂都靜，室有嘉賓主亦賢。佳話儘傳佳會杳，蘭亭同憶永和年。且園

音節清蒼

姜堰四景分詠　桂承澤

晚烟驚破木蕭蕭鹿女臺空夢醒僊浦徑海無雙井塞
無邊風月一肩挑負薪翁子情堪樂棲隱神仙跡已遙
曲罷蒼茫人不見穿雲想已過山橋　天目樵歌

晚唐佳句

竹馬　余文海

細馬居然用竹編兒童逐隊也爭先齊攀綠柳穿金勒
笑折青蒲當玉鞭飛向街前騎長吏騎來林下訪高賢
郊原馳騁逢初夏分得新秧一例牽

鐵馬　劉榮甲

第二句提得起以下合寫入妙

依檐有馬騁丁東血汗曾經鍛鍊功落落爭馳如哭陣
錚錚得意慣嘶風臨窗戛擊何言志鎮日奔騰總在空
鑄錯此身終索駁知音雖衆莫稱雄

鐵馬　丁憲祖

是何物也響丁東維繫無端訴碧翁有客枕戈方待旦
感他鑄錯亦悲風嘶酸繡幕珠簾外彷彿刀光劍影中
豈獨沙場征戰苦簷前戶戶此聲同

意佳

秋水　余文海

一水盈盈接太清無邊秋景箇中生天光蕩漾殘霞斷

音節清蒼

夜色空明白露橫涼入楚江涵雁影愁添巴峽聽猿聲
扁舟欲訪伊人宅紅樹青山好放行

洗盡俗塵

秋水　戈講藝

荻花楓葉大堤邊曲島微茫浪拍天萬里澄江涵雁影
一溪寒月警鷗眠波平蟹舍涼生火夢入鱸鄉淡若煙
極目蒼蒼葭渚外懷人情緒獨纏綿

遥字得神

秋水　趙蕃

黃葉蕭蕭點碧流水光遙出一天秋虛涵霞影紅於染

情景兩得

冷浸蘆花白滿洲兩岸斜陽人喚渡半江涼月客停舟

狂吟我却輸坡老赤壁何妨賦再遊

秋水　李疇

無塵浩渺瀉清秋萬頃波光匹練浮港荻蕭疏寒警雁
江楓寥落冷侵鷗虛涵倒影山千點明借懸空月一鉤

結有新意且饒有餘不盡之致

讀罷南華憑眺處暮煙殘照兩悠悠

秋柳　余文海

折柳聲中動客愁可憐柔弱不禁秋飄零暮雨長堤口

景象荒涼不堪回首

搖落西風古渡頭幾樹棲鴉驚晚景連營繫馬記前游
封侯若遂閨中願春色凝眸再上樓

秋柳　　戈講藝

新霜催減柳條青，淒絕長亭又短亭。無復鶯聲啼暮雨，祇餘鴉點散零星。晚風蕭瑟橋三板，落月荒寒水一汀。待到隋隄春有信，纖腰依舊舞娉婷。

流利

秋柳　　王炳森

入秋羌笛那堪聽，銷盡黃金誤妙齡。張緒當年人易老，桓溫垂暮地重經。西風瘦馬官橋路，寒雨啼鴉古驛亭。爭似先生名不朽，自甘冷落隱門庭。

伊鬱善感

秋柳　　姜桂森

秋色蕭條一望中，詩魂欲斷白門東。陌頭殘照鴉飛影，樓外西風雁唳空。慘聽淒涼羌塞笛，忍看搖落漢時宮。問渠何日垂青眼，祇在春回臘氣終。

近日邊塞不靖故國全非作者得無有感於中乎

秋柳　　趙蕃

曾舞春風綠滿村，而今腰瘦怯黃昏。傷心遲暮無青眼，寫怨斜陽冷白門。一路蟬聲殘黛影，幾行鴉點淡烟痕。繁華夢醒隋隄晚，不唱驪歌也斷魂。

善寫題魂

劉園四景分詠　　宮秉璋

聽雨何須在小樓，草堂勝境足勾留。閒階苔洗塵都淨，曲沼荷喧響未休。屐滑泥融三徑路，簷低涼帶二分秋。南陽今有茅廬否，名士高風憶武侯。草堂聽雨

小院新添數畝陰，園通竹最闢虛心。雲歸曲徑搖鸞影，風詠幽篁起鳳音。佳士清芬流齒頰，此君涼韻透胸襟。論功侯合封瀟洒，有客常眠綠綺琴。竹院吟風

夕陽斜照竹籬根，園外桑麻即是村。野老攜鋤巡草岸，牧童橫笛傍柴門。歌非扣角音偏遠，吹本無腔調自翻。一帶藩垣新種菊，重陽花放好開樽。籬邊牧笛

小園新闢剪蒿萊，近水柴門竟日開。窗捲簾波朝雨霽，

舟懸帆影夕陽來。屋臨危渚清流抱，人駕鷗鄉畫舫回。隔岸綠楊低護處，石磯疑是釣魚臺。窗外晴帆

竟体清穩

劉園四景分詠　　戈講藝

草堂連日雨瀟瀟，似為詩人破寂寥。補漏那須牽薜荔，隔籬新喜種芭蕉。幽窗蝶夢驚殘夜，野店雞聲憶昨宵。曾記小樓傾耳處，杏花消息報春朝。草堂聽雨

雅切

分得臨溪屋數椽，大多帆影過窗前。恰當花底湘簾捲，疑是林梢酒旆懸。卻卻沙禽鳴畫檻，喃喃檣燕趁歸船。孤雲有意如相伴，同泛遙村落日邊。窗外晴帆

駿活

清空如話

雪美人　　戈講藝

何物紅兒敢效顰，雪兒風格本無倫。漫憑戲玉天公手，搏作離魂倩女身。孤嶼寒梅許同夢，謝庭飛絮証前因。生平未解溫存意，獨抱冰心冷向人。

鄙人昔有句云煎茶風味荒寒甚，鄉入溫柔路不宜，即此意也

鏤冰作佩玉為裳，一曲陽春易斷腸。祇合散花伴天女，那容熨體近荀郎。明知色相終成幻，不信溫柔別有鄉。為底東風偏肆虐，腰圍瘦減到娟娘。

雪美人　　趙蕃

散花天女是前身，小謫瑤臺證淨因。淡到無言甘守素，

生來有恨怕逢春。玉為顏色冰為質，霜鍊肌膚月鍊神。偶閱塵緣心已冷，問名羞嫁熱中人。

風流自賞

雪美人　　李疇

豔於桃李冷於霜，合嫁吳兒木石腸。自是飛瓊無俗骨，好偕弄玉鬬新妝。立殘林下三更月，借到梅花一段香。素質天成甘寂寞，華清未許試蘭湯。

閒庭玉立向黃昏，詠絮煎茶證夙根。得月傳神嬌有韻，與卿相對淡無言。愛憐絕少溫柔伴，清白羞承雨露恩。多幸春風吹未到，不隨流水暗銷魂。

兩詩娟秀，丰神楚楚

恰好用古世兩美人作比

雪美人　　丁憲祖

漫向人間證夙緣，為卿無限意纏綿。白頭偕去文君媚，素面朝天虢國妍。不信曇花纔一現，何當皓月也相憐。玲瓏樓閣分明在，共說飛瓊是謫仙。

簡老

蒼秀

四詩筆致蒼老古趣盎然

冷香吟社詩選初集

海陵劉心白先生評定

五言絶句

讀文信國正氣歌有感　錢斧

死生何足論，千古血猶熱。耿耿天地間，一輪燕市月。

讀庾子山哀江南賦有感　錢斧

家國兩重愁，併作傷心賦。魂夢戀江南，願隨江水去。

天目樵歌 雉塘四景　趙蕃

何處唱樵歌，聲來自天目。清響出林梢，驚起臺前鹿。

冷香吟社詩選　五絶　三十八　姜堰文明書社石印

山橋漁唱　趙蕃

乘興訪山橋，歌聲斷復起。漁舟何處尋，茫茫隔烟水。

且園禊飲　趙蕃

流觴向且園，騷人來復去。瞬息成古今，感慨蘭亭序。

岱嶽鐘聲　趙蕃

枕畔聞疎鐘，關心知岱嶽。杳杳出禪林，一聲和月落。

草堂聽雨 劉園四景　趙蕃

淅淅疎蕉鳴，瀟瀟窗竹動。茅檐瀑布聲，驚破幽人夢。

竹院吟風　趙蕃

四詩頗得唐人遺範

後二絶佳

胎息輞川 清峭拔俗

君本竹林賢，寄身塵俗外。颯颯清風來，悠然發天籟。

牕外晴帆　趙蕃

帆影亂斜陽，衝波風勢惡。片片白雲飛，疑向牕前落。

籬邊牧笛　趙蕃

吹出太平歌，笛聲時嫋嫋。洗我名利心，籬下願終老。

窗外晴帆　桂承澤

碧水明虛牖，孤帆落遠溪。載將殘照影，飛渡板橋西。

籬邊牧笛　桂承澤

人影夕陽天，騎牛逸似仙。蒼茫一聲笛，驚破隔籬烟。

冷香吟社詩選　五絶　三十九　姜堰文明書社石印

冬日晚望　戈講藝

暝色遍遥村，長空鳥飛絶。流水小橋西，一竿人釣雪。

天際凍雲裂，朔風增凜烈。蒼蒼暮色中，殘陽自明滅。

杳杳暮鐘沈，淡淡寒山遠。指點白雲間，一僧歸去晚。

寂寂山村外，寒蘆水一陂。晚來晴雪壓，露出酒家旗。

暮靄幕林梢，寒山景寂寥。祇餘新月影，一路伴歸樵。

拄杖倚荆扉，村居過客稀。是誰風雪裡，驢背載詩歸。

雪意寫空濛，寒生一笛風。牧童驅犢返，漸入暝烟中。

冬日晚望

詩境幽遠具体畢盡

隔岸兩三家臨水數椽屋點綴蘆眠籬花寒賸餘馥
雁影渡陂塘塘清深見底新月更玲瓏一鉤寒浸水
暝煙深隱人但聞柔櫓響欸乃破煙來知是歸漁槳

冬日晚望　陳壽章

頗饒画意

雞犬寂無聲寒雲暮天半釀雪罨濃陰忽爾風吹散
渺渺夕陽間衝寒山態瘦雲逐野僧歸爭先若恐後
歸路杳無人瑟瑟風吹北野渡一舟橫氷封行不得
樹杪淡斜暉蒼煙鎖四圍幾人牽獵馬得意帶禽歸
蒼蒼白髮翁手攜魚一尾冒雪向前村匆匆沽綠蟻

冬日晚望　王炳森

逸趣横生

雪霽暮江天蘆花撲暝煙汀洲寒雁下驚醒釣人眠
歌響振林木樵歸石徑遙亂山斜日裡紅葉一肩挑

冬日晚望　劉榮甲

饒有逸氣　情景宛然

餘暉帶餘寒暝色最高樹蕭寺聽鳴鐘僧閒歸亦暮
昏黃犬吠多風緊人行少獨有竹林深紛紛投宿鳥
北風池上水野渡自橫舟燈火誰家早生涯舊酒樓
牛羊下牧童蕭瑟蘆花岸殘日正啣山寒鴉飛不斷
暝色正蒼然飛鳥歸何處別有探梅人谿橋自來去

冬日晚望　黃述先

四首筆意遒練

明月東升白夕陽西墜紅暮鴉歸樹宿葉盡不遮風
木落望無邊晴光放暮天月寒淡漁火風定上炊煙
酒家深雪裡燈影望迢迢一任風吹去青旗凍不飄
四野寒雲合人家盡掩扉健兒馳獵馬踏雪帶禽歸

冬日晚望　呂鶴程

氣韻生動

放眼江城外蒼茫欲雪天山空餘瘦日地僻鎖寒煙
寂寞他鄉景登樓旅思生江天排雁字寫盡別離情

冬日晚望　趙蕃

寄意遥深　清警

殘照下西山暮煙罨林麓四野朔風寒鴉飛何處宿
積雪明空山孤舟橫古渡寒雲凍不流低壓溪頭樹

冬日晚望

神似襄陽

北風卷白雲飛向山頭歇夕照薄餘光影向林端沒

冷香吟社詩選

劉心白先生評定

七言絶句

荷花生日祝詞　戈講藝

萬花深處燭高燒，祝嘏人來繫畫橈。除卻詩家誰記得，池蓮初度是今朝。（渾華靜倩）

荷花生日祝詞　劉榮甲

水亭面面綺筵開，親向湖天獻祝來。忽地一花呈一佛，大多壽相現蓮臺。（現前指點）

清風吹送芰荷香，壽宇宏開十里塘。共祝長春君子福，羞他富貴說花王。（二詩亦古　清華）

柳條披拂拜臨池，正是仙姿誕降時。鷺序鷗班齊晉謁，年年嘉會此佳期。

荷花生日祝詞　桂承澤

蛚笛蟬琴鼓吹中，朱顏遥映夕陽紅。無端兩岸纖腰折，楊柳青青拜下風。（清新）

荷花生日祝詞　趙蕃

介壽稱觴正及時，荷池今日作瑤池。我來祝嘏無長物，剩有生花筆一枝。（流利）

花滿芳池酒滿杯，清涼世界綺筵開。容裳荇帶飄揚處，疑是羣仙祝嘏來。（興會淋漓）

莫坐塵海莫生天，願作優曇十丈蓮。甘露栽培塵不染，香花常結佛因緣。（妙果淨因）

開時不屑爭春色，畢竟清流異濁流。一自濂溪愛君子，此花獨得壽千秋。（清姿高格）

六月菊　王炳森

蓮花香裏菊花妍，何幸同開盛暑天。隱逸雅聯君子伴，

陶周交愛兩欣然。（議論而出以含蓄具饒韞以流之致）

六月飛霜千古少，無端寄傲為誰開。宦途熱鬧心先淡，早向東籬賦去來。

六月菊　呂鶴程

錯認重陽冒雨開，誰知天貺節過纔。淵明解組歸何早，不待秋風賦去來。

荷花映日滿池香，僭見東籬菊綻黃。傲骨不因炎熱換，莫愁六月偶飛霜。（兩首清空如話宋人中雅近姜白石）

白鳳仙　王炳森

跨鳳仙人縞袂披含煙和月上瓊枝指端不與猩紅染
閑煞香閨好女兒
饒有風致

讀庚子山哀江南賦有感　余文海

故國河山已變遷鄉關迢遞路三千愁心應逐江潮去
春夢難忘射策年
神韵獨絕

飄零金粉六朝更同室稱兵恨未平今日又生南北感
也應愁煞庾蘭成
梁室之亡由于兄弟同室操戈與今日時局相彷彿

讀文信國正氣歌有感　余文海

悲歌一曲賣魚灣海上旌旗去不還三載羈囚心未死
長留正氣在人間

讀文信國正氣歌有感　王炳森

一死原知姓氏香文山身繫宋存亡當時可笑王炎午
不識先生氣至剛
詩有氣骨

錢石忠肝付劫灰萬言書上亦堪哀他年取義成仁去
早自臨軒射策來
探原立論

再生明季矢孤忠閣部揚州又史公吟到嶺梅有生氣
我曾拜墓仰英風

秋螳　尤晉孫

翩翩終日醉芳叢回首三春色相空夢入繁華醒也未
一年花事又西風
饒有神韵

秋螳　丁憲祖

曾向滕王畫裡描一天秋雨粉全消幽情似戀陶家菊
歲晚籬間伴寂寥
清逸

寒蟬　余文海

趨炎上附最高枝得意飛鳴自炫奇今日殘陽疎柳岸
原來也有噤聲時
婉而多風

寒蟬　尤晉孫

笑君附熱慣趨時世界炎涼轉瞬知平也猶虞霜露冷
誰教飛上最高枝
調笑不淺

寒蟬　黃述先

玉露金風百感生偏將結舌作無聲自憐不是悲秋客
一任啾啾蟋蟀鳴
意新

寒蟬　呂鶴程

幾度蟬琴樹杪彈金風蕭瑟又秋殘曲高爲恨知音少
改調無如老更難
寄慨遥深

寒蟬　趙蕃

卬蘧伯玉卷懷之意

前番曾作不平鳴，轉瞬炎涼閱世情。莫笑秋深寒結舌，非時最好是無聲。

婉摯

寒蟬　丁憲祖

天寒結舌竟如何，萬柳雙槐一夢過。閱盡炎涼心緒冷，響沉原不為風多。

言中有物

歸燕　劉榮甲

春日來歸秋又歸，一生踪跡半生違。居然南北為家易，不許人間有是非。（時國家南北爭橫未定）

亦有感慨

歸燕　呂鶴程

掠遍征途日日忙，春風彈指又秋光。想因無處追王謝，只合高飛返故鄉。

纏綿溫厚

歸燕　趙蕃

棲處雕梁穩託身，無端作客向風塵。春來記取紅絲約，莫負多情舊主人。

寄意深微

來鴻　戈講藝

萬里平沙雁路開，北征何事又南回。想因燕薊風塵惡，為向瀟湘避地來。

來鴻　尤晉孫

冷香吟社詩選　七絕　姜堰文明書社石印

好句如仙

歲歲來賓歲歲同，中原誰是主人翁。歡迎只有江南草，秋色如花特地紅。

嶄新意緒

來鴻　劉榮甲

雁字排空映水流，傳來霜信一天秋。賢王顧盼當年樂，此日邊聲百種愁。（時邊疆不靖）

凄切

來鴻　趙蕃

蕭條煙雨楚江頭，惆悵西風客倚樓。正是悲秋無遣處，那堪又報一聲秋。

遺貌取神

白菊　余文海

不愛繁華傲性存，霜中月下鍊吟魂。對花愈覺人情淡，簾捲西風瘦倚門。

大雅不羣

白菊　戈講藝

秋芳畢竟勝春芳，皎皎丰姿淡淡妝。分得兩間清淑氣，一庭風露一籬霜。

用意新穎

白衣送酒稱陶家，濃帶霜華淡月華。秋晚春初兩仙骨，不甘高潔讓梅花。

隱秀乃爾

採得秋花伴酒樽，一窗涼月繪芳魂。那知淡到無言處，寫入晶屏不見痕。

冷香吟社詩選　七絕　四十七　姜堰文明書社石印

白菊　尤晉孫

阿堵傳神

滿地梨雲不是春，擬將霜雪助精神。東籬若到花深處，望眼應迷送酒人。

花樣新新

淵明醉眼認依稀，疑是秋來雪已飛。莫道黃花消瘦甚，風流也學玉環肥。

白菊　陳壽章

雅有唐音

品高羞去占繁華，甘作人間冷淡花。不識何年遺此種，陶家清白似楊家。

白菊　黃述先

歸來三徑未全荒，點綴秋容淡淡妝。我愛此花空色相，半含涼月半含霜。

頗有巧思

不修妝飾閒如何，亞鬭嬋娟有素娥。知己倘陪彭澤飲，玉顏相映醉顏酡。

白菊　丁憲祖

別有感慨

零落西風滿地愁，一年容易又三秋。欲知陶令歸來晚，但看花開也白頭。

岱嶽鐘聲　丁憲祖

姑蘇城外漫相猜，閒泊扁舟曲水隈。夜正闌時人半醒，一聲遙自寺中來。

冷香吟社詩選　七絕　四八　姜堰文明書社石印

秋水　錢斧

饒有唐音

兩三星火認漁家，碧水潺潺一帶斜。秋在滿天風露裏，半江涼月浸蘆花。

竹院吟風　趙蕃

筆情隽妙

清涼世界絕塵埃，吟社先從竹院開。萬籟翛然無俗韻，好風爲我送詩來。

窗外晴帆　趙蕃

詩中有畫

晴窗遙映水迢迢，帆影波光亂動搖。一幅江天好圖畫，夕陽滿載過西橋。

竹院吟風　錢斧

秀骨珊珊

幽篁萬个綠無邊，中有騷人骨是仙。滿院清風助詩興，曼聲吟破竹林烟。

窗外晴帆　錢斧

漁洋雲上

幾行帆影亂中流，來往匆匆苦未休。冷眼笑他名利客，有人倚檻數行舟。

盆菊　宮秉瑋

瓦盆供養小窗前，此菊生機亦暢然。莫道淵明三徑好，

冷香吟社詩選　七絕　四九　姜堰文明書社石印

有自天成

託根從不羨籬邊

盆菊　王炳森

饒思議

免教籬下寄霜根，小隱休將器小論。贏得持螯圍坐賞，席間瓦缶雜金樽。

盆菊　尤晉孫

妙語解頤

醉眼模糊認未真，蓬門秋日訝生春。堂前燦爛誇堆垛，富有黄金合療貧。

盆菊　陳壽章

休嫌根淺着花遲，小斗官哥養最宜。勺水拳山依傍好，勝他風雨滿東籬。

冷香吟社詩選　七絶　卒　姜堰文明書社石印

盆菊　劉榮甲

見大

安排調護應時開，秋菊盈盆具化裁。有限根基無限意，羣生端賴是栽培。

盆菊　黄述先

詞見雙清

秋心渺渺有誰知，植品清高秖自持。瓦缶託根休笑淺，一生免得寄人籬。

盆菊　吕鶴程

氣吅成

託根三徑憶陶家，終是依人度歲華。今日移來盆盎裏，

秋窗獨放自由花

瓶菊　宫秉瑋

雅切

一枝香挿膽瓶中，水淺猶資長養功。燈影夜摇花影瘦，隔窗寒不畏西風。

瓶菊　陳壽章

黄花且向案頭移，休問籬邊寄傲時。多少風霜言不得，秋心秖許玉壺知。

瓶菊　尤晉孫

渾成

一樣生機水土分，膽瓶秋色占清芬。東籬未許閒中老，供養書窗我伴君。

冷香吟社詩選　七絶　卒一　姜堰文明書社石印

瓶菊　劉榮甲

不粘不脱

清高愛伴此閒身，供養瓶中色相真。几上半姿燈下影，不沾泥處也精神。

瓶菊　吕鶴程

清切

膽瓶風景勝東籬，寂寂秋窗弄影時。占得吟壇方寸地，那須陶令訂心知。

寄生菊　余文海

秋風秋雨姤吟魂，身世飄零罔託根。幸有高人陶處士，

寄他籬下勝朱門

寄託遥深 身分却合

寄生菊　宮秉璋

勢難自立竟如何，根附喬松比蔦蘿。借力資生君莫笑，世人依賴性恒多。

諷世之言

寄生菊　尤晉孫

花好原憑雨露恩，翻因接續保生存。別栽僞體非同種，一樣黄花兩樣根。

超脱

折枝菊　劉榮甲

天然傲骨放秋風，寄託何堪變化工。生計依人終草草，

感慨遥深

折枝菊　尤晉孫

竟教壽客付飄蓬，秋容老圃逞風流。村女如花不解愁，笑插鬢邊斜更好，清高也上美人頭。

寄懷遥致

折枝菊　陳壽章

一枝冷艷最清腴，淡淡丰姿較勝吾。莫笑無根難耐久，須知花好要人扶。

意佳

折枝菊　劉榮甲

一枝堪折一枝香，采菊東籬引興長。生怕捲簾人瘦損，

幽妍且與助新妝。

別饒意味

折枝菊　呂鶴程

東籬涸跡幾經秋，月地霜天孰與儔。何幸折來名士手，更教插上老人頭。

楚楚有致

消寒詞　尤晉孫

清閑身世閉門居，除却吟哦一事無。連日不知風雪厲，梅花冷抱卧林逋。

自然清麗

酒盞詩瓢與茗鑪，閉門冬日愛村居。兒童也解占時令，繪得消寒九九圖。

冬來無計可消愁，贋有青蚨在杖頭。平地雪花三尺厚，衝寒猶醉酒家樓。

新磐

消寒詞　宮秉璋

圖繪消寒筆一枝，小窗風静雪晴時。清香細嚼梅花瓣，沁入詩脾釀好詩。

明人詩云：到處尋春不見春，芒鞋踏遍萬山雲。歸來笑拈梅花嗅，春到枝頭已十分。此作意境相同

消寒詞　戈講藝

漫天風雪苦相招，招我尋梅過野橋。我有瓶梅供賞，不須辛苦踏瓊瑶。

消寒詞　陳壽章

幽秀　消夏常携一局棋。隆冬何事更相宜。尋梅踏遍山橋雪。
寒興梅花兩不知。

消寒詞　劉榮甲

詞意俱新　豈畏風霜懶着鞭。非時正好息吾肩。閑門自得幽閑趣。
挿到梅花便過年。

消寒詞　呂鶴程

全澆磊塊證心胷。冷暖場隨一笑逢。醃得嘉蔬諆旨蓄。
世情偏是淡中濃。

饒有風韻　横斜梅影到書窗。月淡霜濃夜吠尨。沽得青州盈碧甕。

紅爐細煮對銀釭。

消寒詞　馬祥熙

逸情幽韻　霜清古木噪寒鴉。月色溶溶透絳紗。自有冰心能耐冷。
小窗和雪嚼梅花。

版權所有

民國八年六月出版

每部兩冊 定價大洋肆角

著作者　冷香吟社
批評者　劉心白
校閱者　譚芝耘
宮憑自
印刷者　文明書社（姜堰東大街）
總發行所　文明書社
分發行所　外埠各大書坊

同人會課詩選

（清）鄒鋆　輯

《同人會課詩選》不分卷，清鄒鋆輯，據泰州圖書館藏清光緒稿本影印。

鄒鋆，改名自厚，字美鏐，號矮山，江蘇泰州人。熊任孫。道光三年（一八二三）歲貢生。葉兆蘭門人。善詩。

鄒鋆曾爲芸香社掌社，繼續會課。本書又名《續芸香詩鈔》，輯録李宸、謝登甲、徐寶、羅堯倓、紀世儀、夏蘭、陳師慶、王輔、彭壽山、康發祥、常增等人詩作。卷首有乙酉年（道光五年，一八二五）、丙戌年（六年）、丁亥年（七年）『條規』。『乙酉年條規』記道，社中葉兆蘭（？——一八二六）、羅克倓同主詩壇。鄒鋆司會。凡一切紙墨筆硯及送題請客雜費，均由鄒鋆獨任，不用公賬。每月三次遥課。逢七出題，逢八作詩，逢九繳卷。然後送交相關人員批改。『條規』還指出，現在同社只十餘人，因此要求社中人員能夠介紹相契親友入社。『丙戌年條規』對上一年所訂的條規有一些調整。如遥課時間由原來的每月三次，改爲每月一次。同時規定每月一次面課。這一條規又謂，每月除應派面課一次外，同社有高興者，每逢佳節良辰，或午後無事，三五小集，作一二場詩，晚間暢飲，未爲不可。這一條也是上一年條規中没有的。揆其本義，大約在製造氣氛，避免因人數不多、場面過於冷清的局面。『丁亥年條規』指出，自乙酉年復社以來，已經三年。每年立有條規。這一年的條規特别强調了社中的紀律，指出：『社所以較藝也。與課諸君務須努力從事。如但奉行故事，或去來無定，或來之而草率完卷，徒藉此爲飲食徵逐之所，則有負結社之苦心爾。』這年條規對『面課』也有了改動，將面課分爲公私兩種。所訂條規對研究民間的集社活動極有參考價值。

（江慶柏）

會課詩鈔

會課詩鈔

乙酉年條規

一社中古軒夫子暨夏園先生同主詩壇吟舫壽芝監場紀周騰錄美鏐司會凡一切紙墨筆硯及送題請客即有小費均美鏐獨任不開公帳仍以芝山舍爲社需也作地主其縻費與地主無干

一每月三次遥課逢七日出題逢八日作詩逢九日繳卷送至吟舫壽芝處二人轉交紹周以逢十日爲限謄畢交美鏐美鏐檢點畢送至主壇處各司其職毋得有違如違罰錢五百文存芝山舍以貼面課時費

一遥課有不得便者須逢七日宜早遣价至美鏐處關照或寫一帖與美鏐免其送題有補課者必先期說明續後送至主壇處不得以一卷而耽擱諸卷也

一面課不無所費同社境況不一使較及錙銖其舉必不能恒我等後輩原爲叨前輩之教並互相砥礪故復興斯社非沽名也非嬉戲也嗣後面課不必限期或逢佳節良辰或平日無事或二三人合爲主人或三四人合爲主人有力者或獨爲主人均可其地亦不必定在芝山舍飲食宜儉但恒毋替也

一一月約面課一次預日公商擇期舉行至於午節中秋年節我等在弟子之列者分别等次各出分儀僎兩位主壇先生似亦不可少也

一面課中飯兩葷兩素晚間一葷一素四碟不必定用庖人也

一分儀三等上分四百文次分三二百文末分一百八十文各宜從直

一閲過之卷無論遥課面課諸公傳觀後仍歸司會者收藏以免失落以便稽查

一現在同社只十餘人日後諸君各有相契親友願與課者不妨延之入社況同人日多斯社日盛未始不可繼芸香社極盛之後也若拘定人數或此疆彼界轉非結社之初心矣

司芸香社鄒𨐈美鏐氏識

丙戌年條規

一社中夏園左亭兩先生主壇裁去監場者謄錄即於同社中每場掣籤着一人謄寫此人免報名錢如有閒暇自可作詩凡一切紙墨筆硯及送題請客不無小費均美鏐獨任其社課之地若在芝山含水西園等處則糜費與地主無干

一每月一次遥課一次面課面課日期以初九十日至十六七日爲限主課者自行選擇有月光可照則年尊與地遠者大爲便當遥課日期或在上旬或在下旬逢三日出題逢四日作詩逢五日繳卷或自己謄寫或互相謄寫交美鏐處檢點畢送至主壇處

芸香社

一遥課不得作者須逢三日前寫一帖至美鏐處關照免其送題有補課者必先期說明續後送至主壇處自不得以一卷兩軌擱諸卷也

一面課夏園左亭學夫三先生不作主人首課美鏐獨爲主人其餘十二人每逢一課三人合爲主人即於首課日鬮定舉行先後註明簿內如敢故違即邀同社齊集此人處罰其獨課一次

一面課中飯兩葷兩素晚間一葷一素四碟不必定用庖人也此係古軒夫子舊定之例蓋飲食豐盛其舉必不能恆

一每月除應派面課一次外同社有高興者每逢佳節良辰或午後無事三五人小集作一二場詩晚間斗飲未爲不可即有獨爲東道主者亦可總不必較及錙銖也

一無論遥課面課有三課不到者邀同社齊集此人處小酌如有一人不至者罰與之同

一閱過之卷無論遥課面課同社傳觀後仍歸司會者收藏以免失落以便稽查

一耳山叔祖所刻芸香詩鈔行世已久其間相隔多年積珠累玉文采之不勝采矣幸夏園左亭兩先生康健美鏐擬於來春有續芸香詩鈔之刻先露停雲二卷同社相助搜羅自不必說今雨一集宜趁此無事時各將以前佳作自行檢點另本鈔存美鏐處至於刻詩章程來春有小啟呈政

芸香社

一現在同社只十餘人諸君各有相契者不妨延之入社蓋人日多斯社日盛未始不可繼芸香社極盛之後也

掌社鄭鎣美鏐氏訂

丁亥年條規

一社自乙酉年復興迄今三載每年立有條規其循例者無庸議及尚有未盡妥悉之處茲復增訂數條開列於後不得有違違者公議重罰

一社所以較藝也與課諸君務須努力從事日異月新何患不壓倒元白若但奉行故事或去來無定或來之而草率完卷徒藉此為飲食徵逐之所則有負結社之苦心爾

一作者有一日之短長閱者有各人之好尚必分甲乙乃知瑕瑜必知瑕瑜乃深砥礪各卷校定勝者宜精益求精負者更宜虛心受益若或肆口妄言強作解人反恐貽笑大方同社諸君諒不至此

芸香社

一每月遥課一次面課一次遥課照舊舉行面課分公私兩種公課每逢佳節良辰合新舊同社各出分儀集芝山舍會課私課舊同社中如載之蘭仙笠仙玉昉又璋漢槎濟臣軼羣選樓九人鬮定先後逢課聽隨主人擇地擇期務須五日前開單訂約

一公課分儀二等上分壹伯捌拾文次分壹伯貳拾文到課者雖有上午下午之別錢數派定不能從減每課酌分儀之多寡為飲食之豐儉庶無虧墊之虞而社舉自然恆久

一公課日期上巳重陽兩日沛師例舉惜字會同社自必全到香儀聽人各出是兩日即作公課兩次其餘如人日上元花朝清明午日荷花生日七夕中元中秋古重陽爐節月當頭醉司命等日各依派定分儀外攜報名錢早晨齊集設有無故而三課不到者顯係無心入社嗣後不復再邀

一同社年齒不齊每年中必有一二位正誕從今議定凡屆誕辰同社各出分儀五日前擇地公祝亦作公課一次庶幾蘭臭之情益徵篤厚

一私課係舊同社各邀相契者聽便擇地不拘一席兩席不拘一頓兩頓悉聽主人主人亦准出題閱卷非公課比也其序次先後雖係鬮定倘或高興自不必拘守限期蓋較及錙銖殊傷風雅矣

芸香社

一無論公私課末場報名錢除賞份外餘錢送社長亦人情之所宜然也

一現擬重訂芸香詩鈔今兩一集同社居多諸君倘或去來無定則詩卷必有遺漏將來選刻恐難備載諒之

一遥課定於左亭先生閱遥課之題即於面課日預出分交同社卷成各送掌社處期以下課為限過期不錄

一同社應試者多無論選課面課出題宜多擬場屋中題庶於應試者有益

芸香社主人鄭鋆美鏐氏重訂

芸香社

李宸 楓崖　謝登甲 鶴莎　徐寶 古薌
羅克俠 静安 夏園　紀世義 宜堂 琴舫　夏蘭 紅舫
陳師慶 煉堂 鶴樵　王輔 左亭　紀世寬 裕堂 吟舫
陳晉元 少方　翁維圻 曉山　熊 六橋
彭壽山 石亭　葉鹿鳴 宵國　魯嘉祥 楓橋 魁仙
謝登仕 學夫　張瑞五 花田　宋象賢 紹周
陳濂 春潊　鄧封 梅尉　宮榮 石夫
康發祥 瑞伯　常增 繼香 高庵　鄭元良 古椿

芸香社

李慶華 小白 子仙　潘世煐 粹玉　戈宗儒 鴻軒
顧允厚 載之　戈金銘 敬篋 蘭仙　戈崇豫 笠仙
王鳳翔 西庚 紫庭　邱天培 芷江　錢鐸 振路 木生
鄒念基（改名[illegible]） 庶徵 晉軒　徐樹基（改名鴻） 玉昉　趙琳 又璋
潘世庚 樂山　鄒元貞 幹夫 新哉　鄒鋆 美鏐 婁山
楊文波 平庵　莫維霖 潤亭 濟臣　王鄭熙 竹坨
景光錫 漢槎 春卿　陳奉綸 敬庵 振亭　李駿 應圖
嚴之本 立堂　張蔭南 琴樵 梅卿　姜文炳 午泉
趙鳳鳴 瑞周　徐鴻基 肇初　李驥 軼羣

俞 漣 曲江　蕭瑞生 芍亭選樓　嚴之澍 夏亭
王 寶 曉山　李斌臣 桂才　趙 瑜 光奇漁亭
李兆鸞 鳴鑣有臺　王克生　劉天榮 春墅
陳桂馨 馨山　朱榮祺 壽芝　羅福曜 杞堂冶亭
方外
雪 齋 名真霄　雪 幢　慶 延 沛也
眞 詳 茹葦　履 祥 雪笠　秋 水
淨 然

錢塘王元琨 魯石　桐城方 桂 葯堂　興化徐 觀 鶴峯
江都汪 炳 蔚伯蓮碧　儀徵團維堅 雁山　華容李 琪 少白
東臺袁永福 嘯竹　江都陳宗選 書農　儀徵陶 瑋 少石
甘泉許祥齡 疏庵　山陽周 照 仲和曙峯　歙縣程 濂 蕅船
東臺周 庠 西苓　東臺張鳳翼 立山　歙縣洪伯濤 春舫
甘泉荊山島 養雲　徽州葉樹乾 補泉　徽州于士奇 秋槎
蘇州李 受 松風　泰興舒 峻 一峯　胡抱素
東臺袁先忠 蘭生

同人會課詩選

芸香社主人鄒瑩芙鈔

閏七夕 十一九七律 集同社句

鵲橋今復渡牽牛，好景還逢七夕秋。爲感多情天亦閏，莫驚幽夢巧重求。經年離別知無奈，隔月相思訴未休。良夜難教空放過，也須對月酒盈甌。

前夕咸欣拜女牛，金梭今又弄高秋。天因會少重加閏，客爲離多倍感愁。乞巧世誰仍設果，曝衣人可更登樓。最憐此際長生殿，私語還將密誓酬。

賦得偃伯靈臺 得文字五言八韻 鄒瑩 芸香社

南面臨朝喜，西師告捷聞。功成應偃武，凱奏在修文。
順治定由歸化，和非僅
治軍。
康衛拋劍戟，
熙日掃煙氛。肅肅
雍治堂堂
正云
乾行占
國運。
隆禮報臣勲，經始歌
嘉德登茲仰，
慶雲靈臺知。
道洽
光被頌
堯君。

擬唐人御溝新柳 得溝字五言八韻 芸香社

何處無楊柳，葱蘢是御溝。水環蓬島曲，風試剪刀柔。春色窺鸞掖，煙絲裊鳳樓。腰支三尺瘦，眉樣六宮偷。金縷衣初賜，銅根輦待遊。東皇邀顧盼，南國讓風流。分潤波濤近，承恩雨露稠。成陰多少樹，不識別離愁。

拜岳忠武遺像 一東七律 集同社句

南渡江山半壁空，將軍遺像尚英雄。金牌不是追師返，鐵騎應能逐寇窮。聲振兩河思大勇，冤成三字泣精忠。丹青百代留生氣，神目猶然望兩宮。

古劍　集同社句

三尺吳鈎百鍊鋼，塵埋昔蝕斂光芒。出身已重千金價，用世曾經百戰場。彈有馮驩空太息，識無雷煥合終藏。不如飛到延津去，化作神龍入渺茫。

古劍　葉古軒　擬作

淬於秋水利於霜，聲價爭誇百鍊鋼。入地化為金虎氣，衝天散作斗牛光。千年不滅惟冤血，四海難逢是俠腸。莫道塵埋無用處，匣中猶自露鋒芒。

賦得青草池塘處處蛙　得塘字五言八韻　鄒念基

羣蛙何處鬧，疊不斷池塘。閣閣聲相應，青青草正芳。色齊高岸上，音亂遠汀傍。靜聽更三點，爭喧水一方。烟荒依藻綠，雨足噪梅黃。那有官私辨，惟聞鼓吹忙。夜深消寂寞，夢醒話蒼涼。莫道鳴無賴，朝朝咲稻粱。

芸香社

浮雲　葉古軒　擬作

纔看出岫便乘風，也自扶搖上碧空。能作奇峰雖有勢，不成霖雨竟無功。世情翻覆驚心後，富貴升沈轉眼中。憂旱莫從西北望，等閒聚散太匆匆。

賦得好雨知時節　得秋字五言八韻　集同社句

喜得知時雨，田家卜有秋。油然雲乍布，倏爾澤當流。似玉翻銀瓦，如金滴翠疇。後先期不爽，上下尺相侔。解慰羣生望，能蘇百穀憂。空濛占躍蚪，消息問鳴鳩。新漲添村外，甘霖足陌頭。熟梅天氣好，差免米珠愁。

新秋　謝登仕

梅雨已經旬，秋分處處勻。根苗資長養，灌溉歷艱辛。植備薰風力，科含大地春。江南皆沃土，萬畝盡懷新。予家田半百，遙在水雲濱。地勢翻愁下，農翁倍覺忙。功毋期助長，立自見分行。秀實如循序，西成願可償。

芸香社

賦得同聲相應　得聲字五言八韻　謝登仕

利見昭乾象，從同理最明。探懷期共應，作覯已先聲。朝野賡歌日，君民唱和情。一言纔口出，萬里早心傾。令肅春雷震，風高木鐸鳴。都俞皆感化，然諾豈紛更。雅頌垂裳聽，鐘韶建極行。綸音孚薄海，歡慶八方平。

謁諸葛武侯祠　葉古軒　基代改念

丞相勳猷竹帛垂，一身漢祚繫安危。開疆難定三分局，討賊猶興六出師。西蜀偏安原有數，南陽歸臥竟無時。錦官城外

參天柏萬古青蒼護舊祠
謁諸葛武侯祠　集同社句
檜柏森森繞漢祠良臣千古足追思先幾已識偏安局大義
猶興薄伐師半世機謀人莫測一生謹慎主能知大星不向
原前落後主雖庸豈遽危
採蓮曲七絶十首録一　謝登仕
采采歸來香滿船齒牙嚼雪快輕圓分甘先向蕭齋贈好聽
高人說愛蓮
賦得竹深留客處得留字五言八韻　鄭鎣
何可居無竹深林每愛遊主人真不俗佳客記曾留滿地雲
鋪密當空月照幽却將千个綠併作一庭秋此境渾忘熱良
辰好結儔琴尊聯舊社風雨集名流勝賞詩中聖高吟丈八
溝徘徊難別去半响繫扁舟
何處堪消夏五律四首限寒刪豪肴韻　鄭鎣
何處堪消夏水西容膝安池擎荷蓋翠徑覆竹陰寒猿鶴亦
忘熱瓜茶聊自歡攑雲樓外景相賞倚欄杆
何處堪消夏招朋集社間樽開孔北海弈對謝東山謝學夫前輩善
奕那有熱塵到都將俗慮刪素心人一箇局外似僧閒謂紀吟訪

芸香社

何處堪消夏西河蕩小舫撥絃名妓唱停槳釣竿操日落波
生彩風來松起濤忽然豪興發長嘯一聲高
何處堪消夏螺園戶欲敲古軒夫子園名投詩先問字載酒更攜肴
未路英雄嬾吾儕道義交此中容小集如借一枝巢
前題　李斌臣
何處堪消夏焦山可便安江侵松院冷壁破竹房寒猿鶴僧
同古瓜茶客盡歡石牀清睡足好景樂盤桓
何處堪消夏虹園傍水坳竹陰三徑覆碁子一枰敲擊節風
生座開門月在郊披襟吟好句歸去未能拋
何處堪消夏
何處堪消夏江深六月寒翻波炎日浸映水火雲殘閒放孤
舟棹時投一釣竿閒閒川上立也覺葛衣單
何處堪消夏遙遙萬里山寒猶餘雪迹暑不到煙鬟勢以高
而遠身緣境自閒四圍青欲滴人在翠微間
何處堪消夏千章木正高槐陰兼柳蔭竹韻雜松濤穿徑神
逍暇尋幽興倍豪有時沽美酒醉起咏風騷
何處堪消夏幽軒面遠郊捲簾邀月飲倚竹聽風敲趣寄琴
聲永書餘午夢拋況當新雨後涼意逼堂坳

芸香社

古硯銘　鄒　鋆

此女媧氏之鍊餘石琢之磨之品端方而質潤澤爾世世萬子孫寶此田田無惡歲兇旃兇旃

前題　王　輔

拜即墨侯結元香守虛其中滌其垢故曰涅而不淄靜則壽媧皇鍊餘落誰手文房千古此不朽

前題　謝登仕

此硯製何代金鐵漫同堅聚墨凹處磨難穿田間耕耘有惡歲此中豈稔自年年

芸香社

賦得荷衣得輕字五言六韻　集同社句

漫作無衣感秋荷製已成色分湘渚艷錦濯碧波清玉露三銖浥香風兩袖生別無花樣在但覺體裁輕薜荔紉同巧芙蓉集共精紆青拖紫客誰識屈平情

秋螢　陳　濂

暑未全消露未零也依牆角也依庭眼前衰草都陳迹案上殘書喜再經閲歷炎威光帶赤遭逢風雨色餘青儂今爾作紗囊貯午夜紛來萬點星

觀弈七絕二首限寒刪韻　鄒　鋆

賓賓座座布置安儼然對敵起爭端此中成敗曾親試黑白分明冷眼看

車馬紛紛幾往還觀從壁上自蕭閒歎他慘淡經營意有用精神博奕間

觀釣七絕二首限青蒸韻存一首　鄒　鋆

無風波處小舟停山意安閒水色青箬笠竿消永晝有人閒立綠楊汀

觀釣　戈金銘

世外逍遥到處經相看垂釣小舟停臨淵不作求魚想趣味閒閒寄蓼汀

芸香社

欲訪濠梁到未能半生結網亦何曾無關得失風波少莫羨當年嚴子陵

賦得秋山如粧得山字五言六韻　鄒　鋆

頓覺煙嵐襯秋來淡淡山秀成眞面目粧就好容顏楓葉塗脂膩霜華點鬢斑蛾眉深淺處螺黛有無間疎雨添膏沐斜陽悶珮環湖光明似鏡照見影幽閒

賦得以蟲鳴秋得鳴字五言八韻　鄒　鋆

蟲亦無心物秋因藉以鳴誰爲天籟主竟使衆音生唧唧疑

相和啾啾似不平憑伊吟杜苦傳出氣之清細雨斜風侵紫
紘急管情驚心逢冷語入耳總商聲凉意三更重燈光四壁
明離人與思婦幾度夢難成

題博望侯乘槎犯斗圖　謝登仕

耿耿星河淡淡煙乘槎人去擬飛仙波平銀漢疑無岸路接
瓊樓別有天俯視已超塵世外凌虛直到斗牛前秋風我訪
支機石大海茫茫路渺然

題博望侯乘槎犯斗圖　戈金銘

銀漢河源一水連靈槎客泛勝游仙三秋浪湧初離海八月
芸香社
風高直上天雲外境從牛女問懷中石向古今傳回頭欲記
來時路細數歸程闊萬千

賦得芙蓉露下落得秋字五言八韻　集同社句

最愛芙蓉好花開正及秋緣何經白露忽見付東流美錦層
層濕明珠顆顆投妥非因蝶舞墮豈為風飀醉容今朝醒佳
人竟夕愁搴芳來木末采艷涉江頭沉溢千枝滴胭脂一抹
收霜天重到日不復錦城游

賦得芙蓉露下落得秋字五言八韻　集同社句

芙蓉爭放足花滿一江秋忽訝紅苞落剛逢白露流深宵凉
正逼初日媚全休錦已層層謝珠方暗暗投自無聲入聽可
有色仍留粉濕蟬思飲香疎蝶嬾偷月添青女恨粧卸美人
愁轉瞬霜消息飄零憶桂州

秋蝶　鄒念基

滕王圖内舊馳名幾日飄零剩此生栩栩春心猶欲活紛紛
花事漸無情飛來小院身初倦宿向殘枝夢亦清擬過南園
香細採枯荷瘦菊總堪驚

秋蝶　葉古軒擬作

西園風景記分明曾逐紅裙隊裏行一自分飛無好夢幾經
芸香社
飄泊是餘生那堪粉褪香銷日尚有憐花惜草情疊後舞衣
難再著此身已似蛻蟬輕

秋蝶燕　葉古軒擬作

雙飛曾記報佳音轉眼炎凉感不禁千里依人成冷面一春
作客有歸心紅樓塵鎖名花老烏巷風多落葉深知否高門
常易主重來休把舊巢尋

岳墩秋眺

宋土蕭條一壘留同人閒眺正清秋山南講院黃花放阜北
軍營大纛修隱隱潮聲繞郭起茫茫山色隔江收眼前風景

頻看盡。不數城東鎮海樓。　葉古軒擬作

老鶴

曾把凌霄萬里心，流光屈指去駸駸。幾經珠樹花開謝，三見蓬來水淺深。絕俗不爭雞鶩食，驚人時作鳳鸞吟。西山放後離塵網，靜養丹砂只到今。

次作　葉古軒擬作

自墮罡風返故林，重經洗伐到而今。不餐煙火無衰色，但說雲霄有倦心。蹤跡漸疏成獨立，性靈未滅尚高吟。年來只把梅花守，忘卻山中歲月深。

芸香社

岳墩秋眺　葉古軒擬作

風吹落葉下城頭，廢壘還來認舊遊。萬里黃龍空弔古，一聲白雁又驚秋。山連圖蔣當窗列，水接江淮繞廓流。莫問小西湖上景，夕陽冷照荻蘆洲。

新夏水西園小集　鄒鎣

此地曾偕客送春，重來別有一番新。榴花吐萼荷擎蓋，又見催詩到故人。

短笻扶過畫橋西，載酒相隨有小奚。無限攬雲樓外景，徘徊只是夕陽低。

新夏水西園小集　鄒念基

小集名園到暮昏，詩成金谷酒盈樽。醉來乘興山頭望，遙見僧歸月下門。園後有念佛庵

賦得新月如鉤 得如字五言八韻　鄒鎣

描摹新月樣，何物竟能如。弓勢彎原肖，鉤形譬不虛。掛簾容入燕，照水誤驚魚。稚子針敲就，吳剛斧削餘。梯雲真取得，錦帶好相於。天外微痕露，空中乙字書。依稀元兔影，逼窄廣寒居。更有誰堪喻，蛾眉入畫初。

賦得新月如鉤 得如字五言八韻　李斌臣

芸香社

斜掛天河外，黃昏月上初。纖纖三日後，曲曲一鉤如。弓勢描難似，眉痕譬尚虛。但看微映水，定亦誤驚魚。只覺菱花缺，何曾桂影舒。半規勞斧削，乙字望空書。豈落湘簾上，堪懸錦帶餘。待逢三五夜，皎皎遍庭除。

賦得新月如鉤 得如字五言六韻　集同社句

畫出西南月，昏黃掛碧虛。滿猶金鏡未，新已玉鉤如。雲箔纏消後，風簾欲上初。有時斜浸水，常覺誤驚魚。藏倩仙人戲，彎憑力士鋤。六鼇何日釣，願備廣寒居。

新霜　戈金銘

澄空乍見雁來賓背帶霜華幾點新萬丸痕添秋景色五更寒助月精神籬邊黃菊經初冷岸上丹楓染未勻最是衰年看不得蕭蕭兩鬢漸如銀

秋日養閒齋小集 五律二首 限删佳韻　　葉古軒 擬作

昔年高會地久不叩柴關舊雨重聯社歸雲又出山詩將花比瘦人與鶴俱閒老興居然健幾忘兩鬢斑

新月漸當階開樽各暢懷飛籌分酒令數典代詩牌交誼忘年訂歡場計日排重陽佳節近看菊過蕭齋

訪菊　　王輔

芸香社

次第看花興劇狂只今尢恐負秋光不辭風雨來三徑似隔蒹葭各一方人過中年思晚節天留佳色待重陽柴桑處士如相許願就東籬共舉觴

訪菊　　謝登仕

九月黃花獨傲霜芒鞋踏遍訪寒香不辭冒雨侵晨出總為尋秋竟日忙何處竹籬開幾簇誰家樽酒對重陽從知隱逸交非易未許相逢在熱場

秋日養閒齋小集　　謝登仕

雅結金蘭會秋齋集養閒騷壇仍舊雨僻地即名山海上鷗重聚雲中鶴又還謂左亭舊同社重入新社吟詩兼鬥酒不覺月初彎

愧我才樗櫟同人竟許儕冠裳無俗客文酒暢幽懷談久風生麈秋深葉滿階門牆如不棄日日到蕭齋

前題　　謝登仕 代同社作

秋集養閒齋同人志總諧新盟交共訂舊雨喜重偕謂左亭舊同社地涉林泉趣詩從甲乙排忽聞生子報謂美鍔生子故無績亦開懷

戲之

座有騷壇主古軒社長蕭蕭鬢欲斑品如孟東野才似白香山勸學情逾厚衡鋒意自閒只愁新課藝小草不禁删

芸香社

前題 存一首　　戈金銘

欣然豪興動竟日不知還古軒夫子舊雨真同契新詩總待删天空秋氣爽室靜客心閒繼此重相約高山信可攀

訪菊　　徐樹基

不近繁華不畏霜秋花情是此花長羅含隱後人難見彭澤歸來徑未荒風雨何時邀客醉園林幾輩隔籬望佳辰指日重陽近採得寒英插鬢傍

秋日養閒齋小集　　徐樹基

深齋何靜寂終日掩柴關借地人非俗同儕性本閒風聲來

竹裏葉落自桐間小飲添豪興林梢月一彎
草堂親炙後此日集間齋酒壘能豪飲詩壇幸與儕茶煙消
俗慮賓主自同懷共約他時聚來遊菊徑佳

前題　陳濂

掃榻下蕭齋賓筵士盡佳爭誇人似鶴謂古軒老伯共飲酒如淮
門捷紛拈句談心各吐懷指南誰得路羨煞此同儕
我因塵事繫此日莫能閒是日緣事未與未入春風座難隨玉筍班
雲函空疊至連接二束見招絳帳失追攀布免先生罰吟詩當百鍰

寒月　謝登仕

沉沉碧宇月清涼五夜寒深漏正長色相疑添平地水精神
借助滿天霜無人庭際鴉聲噪何處樓頭笛韻揚最是關山
看不得怎禁對影在他鄉

寒月　鄒鋆

夜色相看似水涼月明小步過前塘當頭景只嫌無酒徹骨
寒真欲透裳雁影相思千里信梅花更助十分光遙知牀上
人初醒老眼翻疑滿地霜

寒月　王輔

朔氣森嚴夜色蒼星河一角閃金鋩冰瀨那受纖微影雪地

九争皎潔光除却高明皆熱燄絕無世界不清涼秦關漢塞
思當日照徹連營萬馬霜

賦得聲在樹間得聲字五言八韻　鄒鋆

月朗星稀夜無聲忽有聲問從何處起却自樹間生瑟瑟風
吹動蕭蕭木落輕秋林非復昔天籟自然鳴已覺松濤亂還
聞笛韻清寒蟬隨葉下烏鵲繞枝驚童子無心聽歐公入耳
明宵深多感觸幾度夢難成

重九日紀吟舫邀同社集香雨樓遲葉丈古軒不至五律九
豪　王輔

未可虛佳節相期作近遊蕭梁留古寺雲物盪層樓好續龍
山會同吟鹿苑秋那堪西北望人阻白蘋洲
病起西河叟孤懷遠我曹健應扶拄杖老或嬾題糕斜日下
庭樹寒風吹鬢毛黃花明日少須早醉雙螯

前題存一首　謝登仕

蕭寺重陽日良朋約共遊聯吟聊應節縱目又登樓淡遠煙
中樹蒼茫郭外秋故人渺何處夕影下庭楸

瓶菊　王輔

翦取秋華插膽瓶免遭霜露感飄零託根恥寄籬邊晴宇、口、

香生座右鉛雅比鑄金供處士淡甘飲水條修齡要看清瘦
離奇影銀燭光摇雪色屏

前題　謝登仕

採從荒徑插甕瓶此後風霜永不經差免半身籬下老何嫌
九日案頭馨悲秋客對花同瘦送酒人來眼尚青晚節難逢
金屋貯幾番披折已彫零

前題　徐樹基

采采黃花香滿庭安排此日插銀瓶芳姿不寄籬邊老傲骨
偏宜席上馨淡淡寒香生酒盞層層瘦影上燈屏羅含隱後
成知己合與幽人對碧櫺

芸香社

秋柳四首用王漁洋原韻　羅克俠

是題庚申歲芸香社課十八卷遺佚無存當時諸同人志意壯盛雖步蕭疎之韻實無摇落之悲越今廿餘年逝者過半存者俱衰老無聊非復從前情緒即題抒意感慨係之

觸目清秋欲斷魂幾行衰柳尚遮門舞腰瘦損風無賴別淚
抛殘露有痕落葉蟬衰消夏館夕陽鴉亂隔溪村蒼茫野色
蕭條氣舊恨新愁孰與論

昨夜金飈昨夜霜隋家隄曲謝公塘寒聲聽斷衣千杵秋色
看成穀萬箱憔悴儘教充隱逸風流那復動君王羣英記否
繁華日曾為扶持碎錦坊

垂老誰談綠染衣芙蓉人鏡已全非光陰彈指聲何疾離別
傷心事漸稀求友更無鶯共語將雛惟賸燕來飛冶春他日
追芳躅壇坫東南興莫違

沐雨摇風業可憐平生未惹上林煙漸將罷舞空垂手悔不
防寒早脱綿應侯芙蓉矜得意論交松柏願忘年相逢莫笑
無顏色留助吟懷大道邊

芸香社

附論一則

漁洋秋柳原唱風調音節之外義蘊淺滑字句平庸重疊地名堆砌人事求諸空靈高脱一派殊為不足春夏秋三時相連累用春事止用一二虚字調弄便拍到秋字其中隔著夏字不必拘論但只算引到秋猶八股之起股非中股正面也用春事處亦甚多雖順逆反正不同而終嫌犯複可怪者耳食之徒妄為註解曲意附會其牽强則可笑鶻突則無味不過附私所好耳否則怵其盛名耳宜為歸愚所删隨園所不論也嗟乎士人之生不託庇門閥及德

俾科第而又不知推昭氣類者烏能施於當時後世如此哉吾故為漁洋深幸之也。工部秋興八首亦非全璧誤以為俱佳則不知選擇者也自古若此者甚多不獨秋柳篇而已

詠雁七律四首不限韻　羅克俊

渺渺天涯又早寒茫茫消息滯江干音傳燕子秋風路語寄蘆花夜月灘五十水絃愁契闊八千煙驛報平安羈人錦字勞懷望西北高樓遍倚欄　一雁信

野鶩家雞漫比倫煙霏露結儼通神摹成鳥跡文多變畫破鴻荒體欲眞秋影開奩標一一江光拖練寫人人何如筆展凌雲氣垂作天章翰墨新　二雁字

芸香社

為鸛為鵞兩翼張驚寒排出陣堂堂霜嚴江渚先成列風警邊笳不亂行一字縱橫蛇鳥變三才分合地天藏孔懷兄弟同心侶羨爾能知禦侮方　三雁陣

無端錦瑟調初成到耳遙傳塞上聲千里寒暄賓主誼一行呼應弟兄情況況夜色風微起皎皎秋空月倍明況是江南稻粱足好安眠食作和鳴　四雁聲

卅武題擬作與秋柳之寫懷不同故不用哀怨字意且結句皆抬高一層以合應制之體

秋草　古改　謝登仕

原上離離翠已消王孫歸路劇蕭條紅餘獵火初盤馬黃接邊雲正射鵰南浦人遙風颯颯西堂夢冷雨瀟瀟最憐一帶銅駝外景色荒涼弔六朝

秋荷　謝登仕

秋信摧殘到晚荷香銷粉墜奈愁何荒煙低罩蘇臺岸細雨寒生太液波翠蓋鴛鴦餘有幾畫船兒女散無多敗蘆殘荻空蕭瑟腸斷吳孃白紵歌

芸香社

秋柳　古改　謝登仕

折盡腰支舞未休一聲羌笛使人愁寒鴉亂噪隋堤晚瘦馬長嘶灞岸秋帽影鞭絲傷久別酒旗歌板感前游豈宜重問金城路宣武於今已白頭

秋桐　古改　謝登仕

四月濃陰瞥眼空也隨蒲柳改青葱原知修潔難偕俗轉為孤高易受風焦尾幾曾摟爨下棄材只合老山中早彫莫便傷遲暮金井銀牀一例同

道光乙酉上巳日芝山含雅集郎事分韻五古

一春僅九旬佳辰約四五節序一朝并上巳兼穀雨東風作　葉古軒
微陰濕雲壓禪宇悄寒勒名花鼠姑香未吐禊事久不修賴
有後賢補初地尋芝山咫尺魚鹽浦精藍聳崇樓登眺恣仰
俛西湖龍埂波南對鳳城堵行樂幸及時次第招吟侶一衲
如遠公蓮社東道主特地酒禁開無遮會重舉列座多少年
詩龍與酒虎中有兩白頭健步藤不拄儼然掌院僧說偈揮
松麈問難遇辯才（蕭選樓　趙漁亭）枯腸搜轉苦羣唱協宮商孤調變
徵羽日暮設廣筵觴政開旗鼓老子興復豪醉學醯雞舞所

芸香社

悵遲暮催斜日已過午人生幾輛屐樂事每多阻復約待晴
暄歡場排日數蝴蝶會重聯一水西河滸

前題　羅克佽

平生壯盛時同氣相延聚春秋佳日多風雅迭賓主酬吟暮
復朝歡場難悉數倏忽三十年俛仰成今古及茲暮春初節
候當穀雨羣賢又蘭亭慧遠仍蓮宇依然少長偕老懷為忭
舞諸子英妙才愛結煙霞伍興會各淋漓推敲共甘苦翦燭
更流觴不覺夜過午恍憶當年往事如重睹豈特永今朝
前期旁記取

道光乙酉上巳日芝山舍雅集即事分韻七律十一九　釋慶延

勝事西園隔幾秋芝山今又集名流柳拖翠黛千條軟鶯囀
歌喉一串柔流水多緣山寺曲飛觴還為酒人留芳辰未忍
輕拋卻只愛酣吟忘白頭

觀奕　李馪

小數原推奕休言不足觀枰中機暗悟局外意同歡勝敗誠
何涉經營若更難爛柯圖可繪日日共盤桓

前題　李斌臣

芸香社

一局棋方布如登大敵壇隔身操勝算冷眼論爭端陣在枰
中列兵從壁上觀此心無得失勝敗自相安

捕蝗辭

日至逢時麥皆熟高田插秧雨未足彌月不雨桔槔忙炎日
又將魚卵暴泥中魚子化為蝗羽翼欲成勢欲張幾日趯趯
更遺種食根食葉為災殃村民由是驚且怖昆蟲實亦民之
蠹妙計出自農丈人趁此初生先用捕捕之捕之術若何四
野雖為張網羅東壤西疇尋隙地設為坑坎勢偏頗從茲毆
逐入汙下殺之以火燒平野且焚且瘞燎於原死者衆兮生

者寡自昔化爲蛺蝶飛自昔化作魚蝦肥旋生旋滅不爲害救民眞念感神威方今幸有循良吏使民盡力存至意獻功堂上賜泉刀小民轉害翻成利

登大觀樓望江南諸山　釋慶延

危樓百尺出塵寰鎮日登臨俗慮刪萬馬奔騰潮湧月千螺爭秀日啣山南徐北固蒼茫外西蜀東吳感慨間漫道興亡今古事聯吟酣醉不知還

前題　芸香社

瓜步維舟一扣關登樓縱望隔江山風消雲影排空外濤送嵐光到座間但見金陵峰不斷那分鐵甕岫連環千株遠樹濃猶密日蔭行人往復還

江南何處辨諸山總在高樓極目間一帶青添春雨色半腰紅逼夕陽殷登臨到此疑仙近瞻仰何時許我攀身未得遊看已飽塵寰誰若此身閒

柳陰垂釣以何處堪消夏作起句　李駿

何處堪消夏前堤綠柳陰臨流神落落垂釣意沉沉不必漁舟盪偏欣樹蔭深此中多靜趣邈爾滌塵襟

夏日田家　李驥

田家作苦最可憐田南田北不容逸既來播種又揷秧暑氣炎炎方夏日夏日晴來禾漸長農夫耨之未敢荒若非甘雨滂沱降村村又見桔槔忙雖然千疇水已沃萬民敢自閒手足胼胝父老對斜陽柳陌桑陰相繼續行來盡是田家人不辨東鄰與西鄰行行蒻笠能遮日兩岸分開綠水匀綠水溪邊野人家柴門臨水稻開花西成屈指無多日秋穫一聲笑語譁秋來樂境原自有樂得豐穰遍隴畝嬉嬉擾擾集賓朋烹羊炰羔還獻酒

孝廉船送同人省試　謝登仕

乘風破浪說年年此日帆開得意天用世才華眞利涉同舟英俊擬登仙中流容寫泥金帖夾道花迎上水船轉眼春風須努力長安走馬快爭先

秋江玩月　謝登仕

雲淨天如洗江清容放舟潮平剛入夜月好況於秋萬里河空濶孤帆任去留若通銀漢路擬作廣寒遊

孝廉船送同人省試　徐樹基

同人一一快登船雙槳中流七月天修到前身都是佛登來此日莫非仙繫情附鳳攀龍去得意乘風破浪旋最羨還丹

年未晚雲霄捷足又聯翩

秋江玩月　徐樹基

一望江天迴團團月色秋攬之珠沒水掛處鏡當頭皎潔聯銀漢光明射斗牛長空飛白露爽氣上輕舟

雨中訪菊　戈金銘

重陽節近雨濛濛何處黃花放幾叢好倩笻扶尋徑畔不辭屐滑到籬東秋光覓向繁華外契友交從冷淡中頭上插歸來笑我瘦相同

芸香社

老妓　顧允厚

碧玉瓜期久莫論風流回首劇消魂蛾眉殘黛憑誰畫鴛枕餘香只自溫夢裏有時歌子夜醉中無復憶王孫琵琶莫整江干曲豈獨青衫濕淚痕

前題　謝登仕

風流往事不須論老大徒傷淚欲吞螺髻挽從時下樣蛾眉掃憶舊年恩已知色衰全無艷尚望香憐半掩門車馬而今零落盡夢回雲雨總驚魂

前題　戈金銘

贅眼韶華去不存歡場閱盡復何論憐香翻悔從前事流水都成已往思院裏笙歌悲晚景樓中風雨泣黃昏光陰趁此能消受獨抱琵琶對酒樽

梁夫人歌　趙琳

金兵十萬江中扼索戰書飛如矢急庸知宋軍有夫人一時血染刀環濕宋軍之數只八千八千屯住焦山巔韓王但恐兵心怯夫人擊鼓聲闐闐鼓聲愈急兵愈銳兵雖不多兵得勢山下戰船山上人截斷烏珠不敢濟即此須知善用兵將軍不及婦人精設心怎比王長舌執鼓猶過稱正平吁嗟乎他年湖上騎驢背謝絕紛紜超俗吏回憶軍中桴鼓聲此時應灑英雄淚

芸香社

千華臺登高　顧允厚

題糕舊事好重聯佳興登臨直到巔落帽山風憑嘯傲滿階花雨悟因緣幾番結社思前約一路尋秋趁少年難得支公也同調對拈黃菊聳吟肩

前題　趙琳

每逢佳節事頻牽此日登臨學老禪聽法不參空濶相置身高如到翠微巔花沾香雨開三徑人感秋風又一年指日泥金飛報捷名經選佛已盈千

碧雲丈室前古松　謝登仕

濃雲覆屋徑糢糊，此是蒲涛第一株。仙佛同修年不計，氷霜盡歷色猶腴。已知終古依開士，轉幸從前未大夫。手植何人無處問，蕭然梅竹伴身孤。

前題　戈金銘

清幽禪室過蓮壺，拔秀松成第一株。香雨布將龍勢矯，慈雲護得鶴形孤。凡身已脫為羅漢，善果能修勝大夫。百尺參天真太古，蓋他萬木歷榮枯。

前題　趙琳

芸香社

禪門久已託根株，豈屑頭銜號大夫。年老不妨形屈曲，身清何事問榮枯。碧雲依護龍鱗迴，皓月當空鶴唳孤。愛爾支公勤點綴，此君添傍歲寒圖。

觀建威將軍秋閱

西風拂拂颭旌竿，萬騎無聲甲士安。號令未申山不動，中軍獻與陣圖看。

珠礮聲中振鐵衣，分成隊伍合成圍。人爭北地腰身健，馬飽西風苜蓿肥。

太平羽獵重秋防，営况尤宜戎武揚。傳出整齊嚴肅字，一聲金鼓卸戎裝。

燕安時果効忠勤，兒戲真羞灞上軍。萬片銀牌千綵段，將官功與部兵分。

前題

秋風大將獨登壇，古獮從來典不刊。細柳營前軍令肅，有人翎頂跨雕鞍。

元戎令下士揚威，數萬熊羆聽指揮。礮響連珠歸步伐，錦袍玉帶合成圍。

前題　芸香社

戎裝濟濟效忠勤，此日非同灞上軍。雖有整齊羣士勇，承平何處奏奇勳。

過俞蔚村舊居有感　顧允厚

落拓吾秋客，扶節一叩門。祇餘花滿徑，未負酒盈樽。題壁詩留迹，堆書榻尚存。暹生三十載，難作故人論。

久老芸香社，清才迴不羣。短歌撐傲骨，長嘯撚吟鬚。子舍書成僻，萱堂淚欲枯。海陵詩稾散，殘稿再誰摹。

臺城行　謝登仕

官家廿作同泰主，生而有之亦不武。黃金佈地佛無靈，那識臺城一片土。侯景身居大行臺。反復叛奴何足數。君王無端託干城。寵以帝姬假符琥。受恩深處忽干戈。十萬雄兵俱跋扈。青宮勢急作紙鳶。賽過軍中飛檄羽。城外荒荒無一援。朱异而外誰其伍。君不見臙支井。姑蘇臺。天子親身作俘虜。又不見執長梃。衣青衣。他人顏色不敢忤。畢竟梁武是可人。咫尺天威攝狼虎。我來憑弔雞鳴山。舊址荒臺猶可睹。禾黍無多柳尚青。一帶斜陽啼杜宇。

河之水悼鞠烈女也　謝登仕

河之水清且沚。妾愛身。金玉似。李下冠。瓜田履。難自明。不如死。露筋姑。女貞子。載乘誌。兖女史。

芸香社

前題　戈金銘

河之水清且旨。人生節操當如此。嗟彼女子其直如矢。夫也不良。將焉用彼。生何為乎。死而已矣。想其臨河而數曰。辭吾母。別吾姊。解珠履。脫簪珥。隨河水而上下兮。以雪吾恥。

俞曲江齋中看菊即事　李　駿

故人招我寫吟箋。愧我無才讓客先。遺興最宜高士近。愛花須得好詩傳。餐英味淡思前事。把酒情豪憶舊年。瘦影橫窗香滿座。知君風雅繼前賢。

醉鄉辭柬王左亭　趙　琳

纔得詩壇戰罷時。又從酒國仰師資。酒魔欲與詩魔敵。戲作劉伶荷鍤辭。

王績由來老醉鄉。酒狂不願作詩狂。

成時酒便香。

松林庵古檜

松林僧舍近城隈。中有森森古檜材。此日枝憑開士伐。從前香發會元來。濃陰半畝圍三尺。黛色千年歸一堆。愧煞行人門外漢。有誰封植與栽培。

芸香社

前題

古檜蒲濤種自仙。今朝叩訪竹林禪。如虬幹老應同佛。壓屋枝低不上天。開士滋培逢此日。會元靈秀助當年。及肩墻外窺難見。曲折形從百代傳。

前題

禪林古檜葉層層。閱歷春秋記不勝。老幹到今成庇蔭。高枝每歲必加增。當時誰種千年樹。與木同居幾代僧。似此化龍知有日。雲從卧處欲飛騰。

賣餳詞庚支七絕二首集成句　陳奉綸

縹紗疑聞子晉笙，雨絲煙柳欲清明。一肩喚出青山外，添得
黄鸝四五聲。
紫陌紅塵拂面時，藍輿三日好風吹。春來一種消魂曲，卻是
紅簫絕妙詞。

題蘭亭修禊圖　　鄧　封

蘭亭往事紀騷壇，逸少風流畫裏看。佛老清談當世尚，彭殤
修短一心安。茂林修竹流觴樂，小雨輕煙上巳寒。恍與永和
人物聚，披圖且自共盤桓。
騁懷遊目此身寬，今昔何殊作一觀。人閱古今流水逝，亭留
憑弔夕陽殘。風高兩晉知誰繼，墨妙千年已不刊。且喜羣賢
少長集，追蹤往哲振詩壇。

芸香社

老儒　　羅克俊

齒位尊鄉老，文林重宿儒。明經淹歲月，稽古積工夫。不免嗟
遲暮，何妨笑拙迂。及身傳著作，後學秉規模。几杖精神健，詩
書氣味腴。春官好桃李，羨說半生徒。翻去衰颯一路

老將　　羅克俊

雪嶺遺傳檄，天山久掛弓。壯猷宣閫外，勝算握師中。勳爵兼
文武，恩綸被始終。通侯多後輩，部曲幾元戎。首列丹青像，威

欽叟鑠翁，太平幸無事；靜鎮不言功。不主廢員說

秋蟬　一先五律　　王　輔

殘月長亭外，斜陽疏樹巔。此心猶覺熱，古調久無絃。舌在何
容結，居高未許遷。美人羞對鏡，元鬢感當年。

題背面美人圖　　鄒　鋆

我解畫師意，從來選色難。省他議論口，背面與人看。

曝背　十三元五律　　景光錫

古樹掛朝暾，白頭翁倚門。骨何愁鐵冷，身抵著裘溫。大有盎
然意，而無寒色存。黄棉誠足愛，願獻自山村。

自此以後美錄五言六八韻另錄專本，同人五言六八韻
亦另錄專本，夏園左亭先生古今體詩各錄專本，美錄古今
體亦錄專本。此外或題有為考古學及府州試可出者，皆
彙錄一本，名曰詩古備題。

芸香社

觀燈行　寒蒸庚七絕三首　　謝登仕

六街三市盡騰歡，一路遊人快大觀。萬燭齊輝通夜樂，太平
風景近長安。
南北東西百樣燈，歡聲終夜欲飛騰。魚龍花卉渾難辨，看到
聯珠第幾層。

燈光照處月逾明疑似天開不夜城豈是元宵游冶事年年此日願雙清

前題　李斌臣

爛熳花燈簇錦團天街散步任瞻觀壽如山阜人如海萬國昇平畫作歡

前題　張蔭南

早知丹詔下雲端紫禁遥聞降玉鑾不使金吾催夜漏絲燈齊祝萬年歡

四海清平萬壽徵久聞朝野頌岡陵星橋火樹銀花合更結鼇山十二層

芸香社

不愛朝陰愛晚晴月明如畫踏燈行玉樓歌舞尋常事譜入簫韶雜鳳笙

前題　趙琳

承平已久萬民安聖壽猶欣歲月寬玉旨頒行纔一到滿城燈火爛銀盤

六街三市盡張燈門提爭奇各逞能聖壽無疆普天慶玻璃錦綵掛層層

前題　成金銘

呼萬祝華里閭歡戶戶懸燈夜不闌萬盞鼇山真燦爛人間都作錦城看

滿街雲蔚又霞蒸五色棚皆結綵繒如此良宵如此景看來絕勝上元燈

金吾不禁任遊行火樹銀花最有情正是普天同慶賀無疆稱頌入歡聲

前題　李駿

小春節候放華燈爲祝長春紫氣騰萬姓滿街傳盛事相看處處頌岡陵

芸香社

書鐙　魚　五律　集同社句

日短功難補挑鐙獨對書三更心血耗十載夜窗虛知味情彌永生花夢不如笑他遊秉燭應亦愛三餘

送李松風返邗上　冬寒　七絕　李試臣

南浦傷心淚未乾只留畫竹座中看明春擬買邗江棹來訪先生李杜壇

前題　顧允厚

昨自詩壇吟老馬龐眉尚喜未扶節梅花縱是香如許卻讓寒山雪裏松

纔從塞上卸征鞍又放輕舠返古邗前輩風流真可憶卻留幾筆畫中蘭

前題　戈金銘

芝山僧舍喜相逢兩鬢新霜改舊容未久盤桓又打槳滿船詩畫紀行蹤

前題　謝登仕

半生萍水正相逢渲唱驪歌歸思濃此去揚州知己少筆尖且作白雲封

寒風凜凜逼征鞍此日蕭條行路難翻羨腰無十萬貫隨身筆墨甚便安

芸香社

前題　張蔭南

未曾分袂強成歡回首臨歧握別難目送孤帆天際去空教悵望白雲端

前題　趙琳

連日揚州夢未闌君偏先我發征鞍休慚十萬腰纏少贏得梅花嶺上看

金橘　侵五律　集同社句

摘盡枇杷後纍纍綴滿林鍊憑三伏火鑄就一盆金色向中央奪香從麗水尋莫言同土價个个欲熏心

當頭月不見　灰七律　謝登仕

欄邊佇月久徘徊一片濃雲鬱不開圓影難從身外得清光奚自頂間來聽殘玉漏罔三鼓酌徧同人第幾杯好景直須明歲看深宵孤負笛聲催

前題　鄒念基

三五月明都著意當頭時到愈徘徊那知雲氣空中蔽不見蟾光頂上來人惜前生無對待天教半夜費疑猜詩成得意更殘候影暗何妨共舉杯

前題　趙琳

芸香社

今宵待月久徘徊一片寒雲捲不開顧我莫窺身外影舉頭空負掌中杯既無夜色光堪賞便有梅花意亦灰只待明年逢此夕同人相約早時來

過水西園弔繆友堂　元七律　謝登仕

歸裝纔得水西園幾載流連赴塞門半榻琴書誰是主一林風雨欲招魂寒雲樓迥秋先到跨鶴人歸月已昏從此湖山愁地廢好將點染囑諸昆

前題　戈金銘

菜就西園日已昏蕭然長逝蹟空存滿林秋色憑風月細雨
空山弔鶴猿草木含悲猶念主親朋作賦為招魂創時辛苦
荒時易補葺綢繆望後昆

前題　集同社句

寂寞空園晝掩門主人已杳復何論樓臺可有三生約松菊
依然一徑存黯黯夕陽衰草色淒淒明月老梅魂十年種樹
原非計鴻爪空餘雪裏痕

芝山舍消寒雅集即事 寒七律　謝登仕

芝山精舍作詩壇舊雨新知盡日歡恰好梅花來點染何妨

芸香社

仙佛共盤桓琴碁樂事能消晝文酒風流不覺寒怪底東郊
高臥者偏辭雅會學袁安 謂蘭仙

前題　蕭瑞生

幸得知交聚歲寒一朝蓮社永盤桓醇醪助暖杯須盡凍筆
呵吟墨未乾松柏最欣前輩勁芝蘭復結少年歡佛前香火
僧添久聽到雲房午漏殘

前題　李斌臣

芝山脩禊記盤桓 上巳集此 今又同消歲暮寒弔客有緣來佛地 是日同祭古軒曾氏
謫仙何幸降詩壇 謂楓崖先生 追隨不畏嚴涼逼談笑
如忘夕照殘試問邗江開士樂梅花嶺上或閒看 謂甯客郡城也

前題　趙琳

芝山僧舍舊騷壇有約同消九九寒咸集自然分少長吟詩
直欲步蘇韓座添老將神猶健室有梅花味更酸可惜西河
長卧者不如上巳共盤桓

老僕 元七律　李驥

誰云童僕無常主莫道奚奴不戀恩顧影已看驚白髮愛才
那忍去高門幾經世系傳興替每念家風說簡繁忠義當年
推李善孤兒奉養事堪論

芸香社

老僕 元七律　李駿

愛才不去常依主雖老還來感舊恩歲久已經垂白髮身孱
猶得侯朱門纔知此力難從役爲說長鬚早自覺祇有家庭
興廢事監奴曾記說淵源

題待渡圖 徵五律　蕭瑞生

村落隔溪水溪長人阻歸茫茫喚舟子緩緩立斜暉幾處危
橋斷多時吟杖依但看煙樹暮倦鳥向林飛

歸雅 徵五律　集同社句

門外有秋氣滿天鴉亂飛聲還戀同伴影欲暗斜暉不倦亦

知返。有枝原可依。夜來棲止定。月出衆星稀。

初秋憶小秦淮舊遊　蕭瑞生

舊日虹橋橋畔遊。箇中情致足勾留。別來風景雖無恙。到底關心明月樓。

樓裏時傳金縷曲。樓前曾喚賣花人。祇今未覺揚州夢。勝是樊川落魄身。

前題　徐樹基

杜牧揚州夢有因。十年一覺老紅塵。可憐秋柳消魂早。不必煙花三月春。

芸香社

蓮舟好泊小秦淮。粉黛人爭絕世佳。不羨六朝樓十二。金陵也與廣陵儕。

寄懷謝學夫　佳　七律　張蔭南

無端風雨滴空階。渺渺伊人更繫懷。添我相思縈寤寐。羨君生計善安排。東山得意詩千卷。南浦無情水一涯。何日樽前重聚首。春風座上掣詩牌。

前題　徐樹基

別君兩月若天涯。異地詩情想更佳。數載殷勤樽酒共。一窗風雨古人偕。修頌尺素酬知己。憶到萱堂慰素懷。屈指榴花開笑日。歸來聯韻養閒齋。

端陽後一日同社雅集分韻　鹽　徐樹基

辟邪香尚裊層檐。久爲鑪薰未捲簾。昨日龍舟標競奪。今時蕉紙韻分拈。人逢舊雨情尤重。節過天中興又添。果使筆能栽五色。定傳好夢續江淹。

前題　冬　謝登仕

節過天中舊雨逢。拈題分韻各從容。三閭弔罷詩重續。五月樽空興尚濃。無復奪標舟競渡。仍思益智粽羅胸。醉餘狂態君休笑。戲舞菖蒲劍氣衝。

芸香社

前題　咸　張蔭南

客逢佳節促歸帆。幸會同儕盛至誠。留飲尚餚菖葉酒。有人猶試石榴衫。座中分韻拈斑管。案上鋪箋啟玉函。欲慰離情須聚首。小窗敘別話諵諵。

檢古軒先生遺稿付梓　謝登仕

展誦遺篇月已沉。先生邈矣此詩存。虛心細檢行間字。付梓聊安地下魂。一代才華歸白傳。千秋聲價重隨園。搜羅剩稿鐫成冊。流轉邗江啟後昆。

讀古軒先生遺稿書後　宮　檠

先生舊作篋中存。正檢遺編月已昏。今日幸逢高士座。何時得附此公門。西河有句傳佳集。白社題詩染淚痕。一代聲名推紙上。虛心聊以慰靈魂。

丙戌七夕水西園小集　集同社句

七夕尋幽到水西。名園徑掃客初齊。浮青幾尺波添漲。老綠千重樹覆隄。天上今宵橋已駕。人間此日韻分題。匆匆聚會無瓜果。爐火烹茶喚小奚。

中秋夜無月　陳桂馨

團圞三五夜。好景遽模糊。座上客常滿。天邊月竟無。明空稱分外。玩卻限方隅。雲霧誰能掃。蘇公小調歟。

前題　李驥

明月年年朗。何堪此夕無。墨雲堆一徑。桂影暗三株。酒興頻教減。詩情頓覺殊。雨收蟾魄見。依舊樂歡愉。

前題　謝登仕

此夜氣模糊。中秋月竟無。已知詩思減。倍覺客懷孤。術士心徒切。佳人立以須。忽然雲翳散。皎皎照街衢。

前題　張蔭南

準擬今宵月。招呼到玉壺。豈知真色相。都為影模糊。燈火分光小。蟬娟識面無。佳期且莫負。搔首望雲衢。

丙戌中秋雨中小集懷又瑋客吳門　陳桂馨

天光如晦集僧房。佳節剛逢興趣長。舊雨遲來知有約。好風吹到致偏狂。彼蒼欲秘光明藏。斑管堪賡唱和章。悵望吳門空白練。倚樓應早在沙棠。（懷趙止末一點亦有此格）

前題　李驥

先生何故滯風霜。孤負佳辰未舉觴。料想長江無月色。可堪滿路送秋光。雖逢佳士爭前步。卻憶伊人水一方。細雨瀟瀟歸及早。詩文佇望擅名場。（做懷趙處多亦一作法）

約泰皐賞桂　佳五律　蕭瑞生

莫孤秋日景。且約少年儕。地據小山勝。香知叢桂佳。不辭登舊壘。好是著芒鞋。酒盞攜將去。簪花一暢懷。

前題　顧允厚

久雨今才霽。秋光日益佳。游山須有約。折桂豈忘懷。酒愛憑高飲。蹤難與俗偕。天香共嵐影。指點讓吾儕。

流民圖　七真七絕二首　謝登仕

水決隄防注下游。荒村家室幾存留。可憐道路倉皇景。一半農人一半牛。

芸香社

前題

菽粟瓜壺總未收。橫波巨浪不勝愁。僅存破屋猶飄蕩。一路餘生竟入舟。

流離都是避荒人。或負棉衣或負薪。子女悲號不忍聽。願求賢令濟斯民。

前題

百般愁苦卻難陳。作畫圖中象最真。姑為生靈籌活計。這番蠲賑賴仁人。

古重陽送學夫之東亭　趙琳

自別河梁後。驪歌最怕聽。如何古佳節。君又感飄萍。秋水來如許。孤帆去不停。人生幾聚散。雙鬢總星星。

芸香社

前題　魯嘉祥

分手逢佳節。驪歌不忍聽。饑驅常作客。風便又揚舲。秋水連天白。蒲帆十幅青。臨岐無一語。各指鬢毛星。

韻籌陽七絕　魯嘉祥

絕勝紅牙記曲場。分題配韻叶宮商。年來頓覺詩情減。任爾拈時擊鉢忙。

前題　鄭念基

同人社已訂芸香。今日題詩又異常。音怕雷同分上下。聯吟各自叶宮商。

賀顧戟維馨之書室落成

經營斗室告成初。几淨窗明處士廬。卻得二難稱競爽。不辭百費構幽居。亭前並植千年樹。架上深藏萬卷書。刻畫玲瓏工點綴。胸中邱壑有誰如。

前題

廉讓之間隔市氛。新添蓬館住機雲。衙奇邱壑才人筆。名世文章大匠斤。天影蔚藍籠樹色。地衣蒼翠繡苔紋。養和軒久虛觴詠。壇坫於茲張一軍。

芸香社

前題

構得幽居可避囂。欄迴廊曲徑迢遙。曾因聽雨留詩客。更為消寒聚酒豪。花木經營有邱壑。琴書領略占風騷。主人不減長康致。吟出巴渝愧我曹。

丙戌仲冬羅浮丈室同人雅集即事分韻　元七律

訪到誌公飛錫處。蕭蕭紅蔣白蘋村。泥深斷岸幾無路。風蕩寒流直打門。一徑禪房生別趣。千年老樹鬱靈根。座中酒戒

知難破可許維摩擁一尊

前題 先七律　李慶華

開到梅花境即仙煙波以外訪詩禪人來香雨繽紛地詩唱松風浩蕩天半點塵難精舍入一卷山得好名傳吾儕何日能離俗空結夫公未了緣

前題 支七律　釋眞祥

飄然一葦欲何之鳳尾橋頭謁我師不是山僧初掛錫卯逢騷客共談詩羅浮夢入梅花冷海藏珠留弟子持余有浮圖增筆韻分題好度日遲遲

芸香社

題秋江送別圖 九七律　釋慶延

山愛斜陽水愛秋何能消得旅中愁白蘆紅蓼鳴征雁遠渚清波聚野鷗欲唱驪歌驚棹轉難禁別淚趁潮流多情最是江頭月半照歸鞍半客舟

前題　蕭瑞生

判關寫畫別離愁楓葉蘆花瑟瑟秋極浦去來千里雁西風聚散一江鷗無多楊柳情難折不聽琵琶淚亦流賴得長途有明月清光爲我送行舟 三四注在此非實賦雁鷗

前題　趙瑜

畫出河梁一段愁別離已苦況逢秋手攀楊柳作黃色人與荻蘆俱白頭一陣寒風天北雁半輪殘月海西樓我生亦是多情者對此難留下水舟

九日憶香雨樓登高舊遊 先七律　趙瑜

莫禁悲秋思悄然名山一聚又經年可堪島瘦郊寒者每值花香酒熟天十里城邊陳屐印千華臺上舊吟箋我才不是籠紗客頗結禪門筆墨緣 是日集芝山舍

蝴蝶夢辭　趙瑜

不勝輕薄與顚狂栩栩蘧蘧樂境長昨夜偶然作蝴蝶可憐我亦是蒙莊

身到如飛未解憂雲香膩粉尙勾留神仙但願騎鯨去省得花前作浪遊

芸香社

羅浮丈室前古樹 虔　謝登仕

全消嫵媚格懸殊此是羅浮第一株仙佛同修年不計氷霜盡歷色猶腴蒼蒼骨幹成高淡落落風神入畫圖香火緣深根自固一生培植賴伊蒲

前題 侵　李兆鸞

喬木參天自古今東風苦逼綠成陰常將代謝隨人事不管

榮枯即佛心。巢鶴林空枝累莫。畫龍壁斷影蕭森。歲寒爲問梅花伴。幾見羅浮水淺深。

前題 寒　趙瑜

老木槎枒傍戒壇。枯藤纏繞極蹣跚。幾經初地氷霜劫。常覺諸天風雨寒。千古精神皈正果。一爐香火護旃檀。我來信步摩娑久。雅鵲爭巢夕照殘。

前題 冬　鄭元良

聽盡蒲牢百八鐘。託根先已異凡庸。嚴霜飽歷枝彌健。法雨憑經葉轉濃。雲鎖梢頭巢老鶴。風過殿角起吟龍。寄生草木知何限。始信無量佛有容。

芸香社

丁亥閏端陽芝山舍消夏第一集 文　陳奉綸

十二辰蘇仔細分。納涼亭子待燒芸。氷瓜削水彈飛雨。火繖張空捲薄雲。地僻久宜吟興暢。心清自有妙香聞。早知銅鉢聲敲處。安石榴花照眼薰。

前題 陽　李兆鸞

天中我未共蒲觴。此日重登選佛場。置就時原無外鑠。到來人合號清涼。榴花有意遲遲放。藕節符期一一長。幾度輕羅衣畔嗅。猶餘前度艾蘭香。

前題

塵海無情百慮牽。揺毫初喜滿巴牋。光陰多與天中節。詞客偏逃文字禪。同人社集香篆縈空花影直。新蜩吟透柳陰圓。琳琅金響風微動。須向竹林深處眠。

平西域凱歌 庚齊元仄四七絕　陳奉綸

殺賊邊關勢縱橫。妖星落盡奏承平。
天朝十萬貔貅士。總作風雲得意聲。

紅旗照耀日光迷。一路平沙觀馬蹄。報道將軍功第一。賀蘭山下獨平西。

芸香社

銀河洗甲動歸旛。經畧書成露布喧。獨笑被擒張格爾。
王師那許作降旛。

戰罷邊城地盡恢。高高明月照輪臺。六軍齊頌
皇王福。遥自狼牙嶺上來。

七夕雨霽 刪　李慶華

不教冷落舊歡顔。天意人情總一般。宿雨方愁佳會阻。晴雲又向大羅還。銀河月照霞裳麗。碧落風吹玉珮珊。誰謂女牛重離別。年年都見淚潸潸。不比雜用故事者

前題 文　李兆鸞

隔宵愁殺姮娥。如鳥鵲橋成雨怕闌。天亦多情開錦繡。詩爭
乞巧織機文。濯來桂窟三分月。洗出銀河五色雲。我羨右軍
才調好。（謂玉竹坨新入社）七襄佳句定超羣。

前題歌　王南金

侵晨風雨一番過。暫見虹銷天氣和。擒鼻禪應懸草舍。蛾眉
月漸吐銀河。蟲飛螢火光猶溼。花摘牽牛淚尚多。不果陳時
庭畔望。陰雲洗淨巧雲拖。

約友人水西園看菊不果　李慶華

豈緣風雨誤清遊。徧負柴桑一徑秋。好友未來花減色。高情
空送酒盈甌。滿籬明月遲何久。擲地黃金爛不收。碌碌塵容
忙底事。空山猿鶴替人愁。

芸香社

前題　王南金

遙傳寸簡約羣鷗。菊賞西園策杖遊。風雨有緣非阻客。雲霞
無信卻孤秋。詩吟三徑情難寄。酒送千樽願莫酬。此夕樊川
增寂寞。黃花猶夢插盈頭。

前題　履祥

故人短札約郊游。孤負名園展齒投。詩酒有情難速客。水雲
無意亦辭秋。非因風雨傷遲暮。豈為孤高失鷺鷗。若得陶潛
眞隱趣。不開花處也勾留。

前題　鄭元良

原思踐約水西遊。兩次都因俗冗休。三徑想遭風雨暗。一籬
應為折攀愁。主人情厚徒惆悵。我輩緣慳失唱酬。明日已交
冬月朔。悔教孤負一年秋。（題原平淺難有出色之句淨便是佳作）

謝友人送梅

愛梅君有癖與我意相親。銅洗分移贈。空山忽見春。水雲增
意趣。松竹助精神。以此當清供。常如對故人。

前題

不須逢驛使。親贈一枝春。斗室來高士。冰心感故人。論交甘
冷淡。相賞見精神。報惠添詩興。花前得句新。

芸香社

庚寅花朝同人筆顆文室雅集即事分韻　王鳳翔

不辭風雨故人來。到此全教俗慮開。何幸名藍聯雅社。最難
佳日集清才。酒從野店花間覓。詩倩山僧鉢下催。七字吟成
慚腐拙。曲廊迴處幾徘徊。

前題　慶延

南山結社仿東林。特啟禪關一徑深。乘興到來宜令日。忘機
相對喜高吟。雨隨暮鼓聲中落。詩在春梅笑處尋。帶水銜泥

拖屐返好春扶醉唱淋淋謂左亭

前題　朱殿選

南山丈室本清和節届花朝趣更多滿徑松風消俗韻半天筆興助詩魔三生緣又來今雨一字師應笑此波結社果能無酒禁從教醉舞樂婆娑

前題　戈金銘

最好良辰莫放閒詩牌招我到禪關聯吟共寫羣芳祝結社重將舊雨攀儒出儒林真佛子地隣泮水是名山吾家湯餅今朝會飯後鐘聲不聽還

蕓香社

前題　張瑞五

騷壇小結佛香中春半祇林笑語同遊屐緩拖芳草徑齋鐘輕度杏花風烹泉豈足留陶令點石何當遇誌公猛雨催詩歸路晚留題敢説碧紗籠

前題　鄒元良

招邀韻友步南城羣赴騷壇聚德星芳草緑迷僧寺路好花紅接鳳池亭遊逢勝日逢忘遠春滯餘寒酒易醒筆穎一枝溪阜立憑誰巨手劃蒼冥

前題　秋水

凌空筆興壓吳州野鶴閒雲共唱酬蔬筍半生甦俗韻推敲一字仰名流眉攢有幸來彭澤路滑無勞問石頭況是佳辰春信早不辭風雨更淹留

初夏水西園雅集即事分韻　履祥

舊遊曾識橋邊路高會欣開竹裏莚細雨新翻當檻葯晚風猶捲落花天韶光似水人同惜長日如年樂更便我是野雲無定止投閒飛上翠微巔

前題　秋水

春逾九十尚清和偶得閒身信步過溪繞一灣新水活窗開

蕓香社

四面緑陰多垂垂碧線拖長柳點點青錢疊小荷我擬此間消永晝詩題分到細吟哦

前題　李慶華

一路風狂已夕曛此來未及餞東君煙霞無主園將圮壇坫多才韻又分窗外亂紅飛似雨眼前空翠容於雲喜逢慧老開蓮社謂秋水破禁何妨鬥酒軍

社集同人食瓜七律分冬韻　徐鴻基

老圃風光勝老農青門瓜熟孟秋逢剖來好藉金刀試食處還將玉碗供繞覺清涼生口齒頓教煩熱滌心胸最誇芸社

分甘　御七字吟成　興更濃　　朱殿選

前題　七律分虞韻

玉刀剖出青門種　吟社分甘宴衆儒　入口竟如氷雪冷　濺牙

迥勝李桃酥　頓教爽意隨時致　能使炎威頃刻無　更好納涼

新浴後　侍兒盛奉水晶盂

佛燈　一先七律　　履祥

熒煌笑指轆轤懸　勝地原為不夜天　旛繞瑞雲花放綵　香籠

寶蓋月含煙　觀空早覺心光靜　照面先看頂相圓　我有祖燈

常不息　不逢明眼肯輕傳

曝衣　五微七律　　履祥

庭院誰家正午暉　橫陳貂錦燦春輝　由他爛熳千金服　守我

煙霞百衲衣　苔蹟坐深看黯淡　佛香薰透認依稀　晚來仍向

空箱疊　留補溪雲上翠微

稻花　七陽　本七律刪成七絕　　眞祥

年年辛苦歎農忙　一帶清芬散早涼　我亦有田三五畝　餘馨

熏透水雲鄉

附論一則　　羅克俠

稻花花字與諸花不同　既無牡丹芍藥芙蓉洋菊之色　又

無梅桂蘭蕙茉莉之香　言色言香皆不佳也　然花不言色

香　則毫無意味矣　須從稻字用意　將色香翻空　方爲善用

色香者也　凡花品之佳者曰仙曰佛曰美人曰君子　至於

稻則一切皆不足以當之　蓋其功用超出乎仙佛美人君

子之上　直在聖賢一路　聖賢主教　稻主養　俱人道之至尊

無上者也　從此用意　必有佳章　如此說來佳章甚難得

子才先生所謂積思數日不能成篇者　當是此種　社中

諸作大約空咏稻泛咏花者居多　要知稻花二字分開不

得　知此自合法矣

芝山谷訪沛也上人不遇　四支七律　　王鄭煦

棋槍品罷更談詩　爲訪參寮去較遲　我似飄萍蹤偶聚　僧猶

採藥路偏歧　酒星已殞孤山寂　時王大左亭謝世　畫友能教半壁支

鄒芷房初學畫　竹院坐時相待久　風高留帶仰禪師

前題　　蕭瑞生

風塵聚首幾相知　同叩禪關謁我師　舊雨纔臨飛錫處　閒雲

偏有出山時　欲依瓶鉢緣難假　待展楸枰日已遲　靜坐肯教

吟興減　故懷畫壁贈新詩

前題　　李兆鸞

偶值閒雲出岫時。同來古刹繫相思。羣鷗伴侶欣重聚。野鶴行蹤悵莫知。有興論交權瀹茗。無緣逢話但留詩。高僧靚面墜如此。爭怪平生遇合遲。

前題

八月風高氣爽時。精廬深處謁禪師。未聞客至童先候。欲訪雲蹤鶴定知。芸社交情如淡水。芝山雅集唱新詩。待將月下敲門後。煨芋爐邊話舊宜。

前題

芸香我愧未追隨。此日同來訪阿師。初地風流欣自在。遠公蹤跡竟難知。西河已廢談禪室。東道重聯選佛詩。謂芷房同社

芸香社

芷房生

到夕陽留不得。閒雲出岫獨歸遲。

壬辰九日芝山舍登高同謝丈學夫作　趙　瑜

白社清游愜素心。揭來城市得山林。書堂放學知重九。數館焚香賣六壬。路熟不煩僧接引。樓高如喚客登臨。詩情早共禪機悟。妙境都從眼底尋。

嫋嫋寒煙覆渡頭。荒荒白日照高秋。城根版築淮民宅。操舟者多鹽城人，水荒失業，皆移船就陸而家焉。樹杪帆檣楚客舟。千點暮鴉啼遠刹。一行征雁下南樓。憑軒久坐渾難耐。感物懷人鎮自愁。

乙酉重三此地過羣賢觴酒泛清波。芙香詩社復興始此。共同頭但覺晨星少。僂指翻憐故鬼多。剝落匏尊供老屋。左亭先生。蕭騷槲葉打西河。古軒夫子。梁園況復相如病。謂選樓。根觸秋風奈我何。

從來造物最公平。厚福奇才不並生。欲仗禪心銷意趣。先憑酒力破愁城。黃虀紫蟹吾曹物。蒓菜鱸羹竟夕情。寄語支公東道主。抽閒何日理鷗盟。謂沛上人也。

贈甘泉王鶴汀壽　楊文波

詩思豔紅葉。客心閒白雲。相逢各無事。談笑又斜曛。濁酒或同醉。清商時一聞。如何竟歸去。爭不賦離羣。

芸香社

殘菊　趙　瑜

西風殘照曲籬旁。賸有餘花熠熠黃。三徑枝歆含宿雨。滿堦英落帶晨霜。秋容瘦削猶能傲。晚節清高自覺香。為問白衣瓶罄否。持螯還約展重陽。閏九月為展重陽節。

秋杪同人過芝山舍訪沛也上人不值　王鳳翔

結伴來吟社。禪關意趣幽。緣何閒散客。竟作鶴雲遊。簾捲虛堂寂。棋殘古榻留。夕陽餘樹杪。蕭瑟一林秋。

前題　江都　張天瑞

又是滿城秋。吳陵兩度遊。一心領清淨。四座得風流。社冷人

皆傑僧高興自幽，難尋野鶴跡，空寫古今愁。

前題　趙瑜

去去復何處，閒為初地遊。鐘魚停薄午，風日澹高秋。舊侶招後鶴，新知結鷺鷗。遠公不可見，黃葉下西樓。

前題　楊文波

落葉滿城秋，閒雲何處遊。此來甚惆悵，無那復淹留。不覺石苔長，空憐庭草幽。詩成意殊寂，斜日照經樓。

秋穫喜晴　李慶華

纏綿秋雨苦經旬，頓掃陰霾景一新。穲稏萬家場似鏡，篝車滿路月如銀。慰情差免禾生耳，介壽猶堪酒釀春。笑我晴窗田是石，那能去作看黃人。（隴頭守穫者俗云看黃人）

芸香社

前題　東洵袁先忠蘭生

雨霽鄉村秋色新，東隣收穫又西隣。晴光早積登場粟，快意先歌負郭人。耞板有聲歌歲稔，柴門無恙樂天真。何時得遂嘗腴願，紅樹青山坐飲醇。

前題　吳振遠

天心著意憫農人，肯放新晴穫刈親。萬畝影拔涼月映，滿篝紅截夕陽勻。鐮橫亞旅迎村舍，穗拾兒童伴比隣。來日家家炊玉粒，秋風江上饌鱸蓴。

癸巳中秋後一日徐東園招集蘆洲即席分韻　東臺袁先忠

雲水光圍小閣深，攜壺有客復登臨。人憐佳日隨時聚，酒補中秋徹夜斟。孺子才多誇綺歲，季常調古託瑤琴。懸弧我幸逢良會，（余此日戢辰）叢桂花前對月吟。

前題　李慶華

妙於城市得山林，有客能邀鷺侶臨。弱菊不辜名粹玉，異苔竟許託同岑。心傾徐穉年方少，壽介袁絲酒更斟。珍重尊前明月好，今宵秋比昨宵深。

芸香社

前題　李兆鸞

儘多佳日惬秋心，高閣頻來樂事尋。明月猶留今夜賞，閒雲又向此間臨。樽空北海情何厭，人比南洲趣更深。羨煞季常得高足，半教作畫半教吟。

前題　楊文波

秋來雅會日追尋，此夕重聯下榻吟。月既望圓仍望缺，雨因聯舊更聯今。交遊莫訝萍兼水，詩敍還期石引鍼。（謂小白先生）願進一樽同起舞，管他壺漏已深沉。

蘆洲秋月同人分韻　馬呈圖

荒洲雨霽試輕寒，海上飛來月一團。此會鴻泥新澤國，昔年宴集舊詩壇。蒼茫客思應無那，今古清光自在觀。最愛叢蘆秋晚白，水天雲影浸漫漫。

前題　東臺袁先忠

團團月上影迷離，照徧蘆洲動客思。風露吟深溪上閣，煙波淡到此中詩。人緣臨水看徧早，雁為鳴秋宿每遲。我欲攜將漁笛至，一聲吹趁夜涼時。

前題　李慶華 紫香村

半畝芳塘一鑑磨，閒凭小閣對金波。窗虛如闊秋聲館，夜靜先聞水調歌。雉堞含輝疑鏡朗，蘆花照影笑頭皤。泰堂好景傳名勝，只恐翻輸此地多。

秋晚同人集蘆洲有感　楊文波

雲散風流舊址荒（國初孔東塘先生招客讌集於此），蘆花洲上月如霜。呼之不出人何處，對此空歌水一方。鴻雁有情還去住，煙波無恙只清涼。誰憐後起豪猶甚，眉白先生馬季常。

玉蘭堂倡和詩

（清）程瑞祉 輯

《玉蘭堂倡和詩》一卷，清程瑞社輯，據泰州圖書館藏清雍正二年精刻本影印。

程瑞社，號東野，先世安徽休寧人，遷居泰州。程盛修族叔。

康熙五十二年(一七一三)五月，玉蘭花重開，較春倍盛。時舉第十二子世繼，同人咸以爲瑞，因次戴瓏岩太史蘭畹堂韻，用博珠玉並紀花靈。王晋原、鄧勵相、程瑞祊序，沈鎬新跋，和者一百四十五人。

(顔　萍)

序

聞夫玉蘊十雙集神僊之靈瑞蘭滋九畹樹嘉種之芳馨枝本琅玕擁碧雲而擢秀花盈瓊玖含素月以舒榮屬當繡紱之方榮喜奏迎春之再熟感生百步青霄之彩暈重圍羽燦九苞丹岫之光儀新出惟謝家之寶樹森森久茂於璇除廼鄭國之天香藹藹更搴於翠襃家慶緜延而未艾祥徵葱蔚以呈奇

東野先生北正遥源西京名閥前旌肅穆威名曾震於徐方束帛留貽車蓋亦傾於夫子受濂溪之道脉瓣香衣染芙蕖嵩講幄之清標墩墅風生篁竹岳嵐雲海靈根之松檜參天琪蘂瑶花叢本之蕙蘭匝地幹枝遍数誰非若木之英甲乙重逢盡是鄧林之植歲臨癸巳律中蕤賓庭隮玉蘭兆生嘉瑞計風姨之念四棟花冉冉雲稀棲玉燕之幾雙瓊樹亭亭露湛映白榆於天上遥分鳥嗉之輝錯朱槿於林間愈顯齊紈之皎開南海素馨之侯媚奪珠孃綻東𥦗榴火之時艷羞魯女洵是花神

之送喜工逢蓬矢之新懸雀尾屏開畫嫣汭九三之繡壤昭華琯奏應岐山二六之和音左禮右詩人倚雕欄之一曲兄先弟後衣分繪繡之諸章爰有鳳閣文星龍池仙客英蜚潑墨灑成石上桃花秀吐靈毫濯就江邊錦葉字拂蘭枝而飲露香滿鸞牋文騰玉氣以如虹輝盈繭素用紀瓊葩之靈異備彰繁祉之形容矧夫浹歲周回又見一星之焜耀十倫盛美重昭三德之浚明從兹仙子花開雙七紀名於瑶簡月輪桂滿三五就盈於廣寒仍須美並辛陽八駿八龍之迭舉榮登瀛館九雛九乳之都賢秋實春華遞衍蕃昌之氣素璋青璧羣開山澤之琛孰非嘉樹之生祥而休徵之協應者乎異日者龍紋虎篆玉明燿火以升柴桂檝棠舟蘭備持橈而利濟慶餘喬木庭交連理之雙枝德潤靈津圃疊芝房之三秀行有詩歌孔碩紀盛事於昇平詎惟美頌繁陳誌人文之絡繹將見登樓望碧祥同稻壠之多孫聽樹鳴珂吉比桂華之聯奏矣

雍正甲辰中冬上浣之吉閶江同學弟王晉原拜
撰

弁言

夫地之靈也則有山川新安一郡千巖競秀萬壑爭流而黃山白嶽爲最著地靈則人傑率水文山程氏環居其地子孫蕃衍甲於一邑而且擅風雅掇巍科聲稱籍甚東野先生有子十三人是固山川之秀傑使然而花木之呈祥尤足異也庭有玉蘭夏五重花遂舉第十二子世幾同人詠歌其美以爲異瑞予不禁起而歎曰世德淵源豈偶然哉夫德厚者則天地鍾其靈山川毓其秀凡一草一木莫不兆其休徵吾嘗思卧榻産芝燕山植桂以及荊花之復活枯竹之重生至若張麥柳禾並著神君之瑞姚黃魏紫預徵入相之祥紀載所稱不可殫述今玉蘭重放兆産寧馨夫玉爲奇珍蘭稱貴品夏五以際朱明重開以獻嘉禎安知非天相吉人俾德厚者流長以昌熾其門閭耶 相與公昆王竹林世交已久又兩游新安悉其山川人物今與公別二十餘年復晤於海陵邸舍得誦其玉蘭堂倡和詩用弁數言以當左券海陵小弟鄧勷相

方回拜言

序

嘗聞金帶圍開主晉黄扉之兆菖蒲花發擬生貴子之祥桂産燕山竇氏獨鍾靈秀槐鳴禁省仙郎屢荷殊榮理有感而必通事無徵而不信矧夫瓊葩再放羣知此地之靈玉蕊重開共識德門之喜月逢閏夏爛熳不減於花時節過三春芬芳更勝於前度遂乃祥鍾綉閣呱呱早慶熊羆瑞應瑶階藹藹專生麟鳳駒騰注水無非千里之材鳥出女牀盡是來儀之品較荀龍而行越其四人驚立竹之多擬薛鳳而數倍其三世羨充閭之夥對名花而誌喜爭傳大謝新詞赴湯餅以言歡快覩羣公麗製敲金擊玉韻數見以彌新刻羽引觴押雖重而詎複金荃麗句競賽新奇檀板清歌驚誇巧妙洵無美而不備實擲地而有聲祊寄跡淮南適聞盛事神遊故里敬和瑶章未試啼聲早決此兒之必貴遥占花信預訂後會之重來堂號玉蘭藝林傳爲佳話里名冠蓋鄉國播爲美談云爾康熙癸巳仲秋上浣同懷弟瑞祊書於鑾江舟中

書玉蘭堂倡和詩後

予嘗仰觀俯察見天有十二辰地有十二州歲有十二月取易爻而兩之則十二也取五經七緯而合之則又十二也進三公九卿而列之則又十二也故在虞庭爲十二牧在年表爲十二諸侯今東野先生之佳兒乃具十二之數將天生之歟地成之歟抑圖書之叶吉而盛世之應期歟人以爲玉蘭再開之瑞歌而誌之予曰然夫天地之間凡花作蕊皆以日計多則以旬計惟玉蘭之胎常滿十

月之數故佛書以爲玉蘭生與人同囑人珍重今者重開必又逾月其足十二月之期何疑乎此固天巧而人福應之彼袁氏三公蔡氏九賢今且合爲一父之子也佳事佳事珍重珍重或者笑謂予曰東野先生豪情逸致方興未艾他日再加於此予君又何說乎余笑答之曰文家心事變化無端令子多多益善亦在東翁加勉之予自更有說也

時康熙甲午夏古雷同學弟沈鎬新周氏拜題

玉蘭堂倡和詩

癸巳五月玉蘭堂花復重開較春倍盛時舉第十二子世鐵同人咸以爲瑞因次戴瓏巖太史蘭畹堂韵用博珠玉並紀花靈

程瑞祉 東野

瓊蕊仙姿邁等倫數枝重放小園春聊誇瑞色盈階秀只訝瑶光入眼新照耀喜同月皎潔栽培佇見日崢嶸生花應有簪花客此子寧占玉殿人

戴有祺 瓏巖

君家樂事在天倫玉砌蘭階總是春故里久期歸訪舊多男還喜倍添新他年姓字傳金闕指日丰標映碧岣笑我往時曾醉酒宮花又待後來人（余少時曾坐蘭畹堂戲以酒祝玉蘭重放後果大開因係以詩）

曹家甲 安峰

錫胤繁多孰比倫庭前玉樹又逢春海中仙果生來異天上麟兒叠出新照乘明珠光閃爍連城美璧質嶙峋漫誇六卞家聲好却更輸君兩倍人

沈鎬 六圃

每愛寗馨邁等倫紛紛不減謝庭春啼聲又卜金閨彥秀氣還鍾玉蕊新名父襟期原磊落佳郎頭角盡嶙峋八龍三鳳休爭美未似文山十二人

杜光先 楓山

家世東南莫與倫盈庭玉樹倍生春易稱六子還加偶封祝三多疊取新佳氣黄山增峷嵂芳標滄海仰嶙峋雲間太史傳高唱屬和於今又有人

周恭先 退菴

文山蔥鬱久超倫夏月蘭芽又報春人值花期情更暢花符人瑞色逾新數同禹牧鍾奇秀祥應巫峯仰碧峋六子十三孫是我敢臨玉樹說多人

錢邦甲 澥賓

甲第君家未有倫弟兄時樂滿堂春森森霞舉荀龍異色色丰標辥鳳新玉海横開銀爛熳瓊枝直上碧嶙峋佳兒重産花重發嬴得香山會裏人

吴英風 逈萬

姑射仙姿本軼倫充閭照耀画堂春八龍四儁家珍聚九棘三槐異數新花勝鄭蘭重爛熳瑞盈虞牧倍嶙峋何須啼試知英物芬馥由來産異人

顧瀛 湘靈

謝墅金蟬邁等倫羊車又見一枝春欣逢琪樹庭前茂快覩明珠掌上新碧蕊朝承金沆瀣瓊枝夜對玉嶙峋遥知佳氣充閭處待壓宫花是此人

方壇 洛瞻

種玉藍田孰與倫黄梅天氣似陽春重看瓊樹穠花放且喜珠林繡褓新謝氏庭前多俊杰巫山峯畔望嶙峋他年接踵凌雲日頭角峥嶸一偉人

方城 宗子

仙種由來逈絶倫芳園開出兩番春淡妝光射金波影素蕊香霏画閣新已見熊占瑶圃秀即看鵲起玉山峋青門他日繁花麗預卜瓊林映璧人

戴堿 升吉

樂事如君篤叙倫夏庭瓊蕊藹猶春應因善積家風舊故爾英鍾物候新戲弄掌圓珠潤澤笑看頭峙玉嶙峋卞門龍已身分一躍起後來加倍人

其二

吟派忝承家叔倫偎棠屬和玉堂春石麟原是從天降洼駿還看出水新牧命虞庭成次第峯排巫嶠杲嶙峋勿嫌詩乏驚人句如此佳題便勝人

其三

也有多男足比倫何曾玉樹别留春好風爭說瓊瑶滿瑞氣頻看鸑鷟新節應朱明花燦爛人從嶽降骨嶙峋早年定是占鰲客看取仙枝奉老人

其四

玉立亭亭迥出倫蘭階花發又芳春珠林瓊樹相將秀錦褓文茵次第新踈朶迎風姿皎潔高枝向日勢嶙峋重添祥瑞爲嘉兆報說花磚影裏人

袁爾職 肩山

琪樹清標本邁倫幾番鍾秀謝庭春久誇荀薛兼雙美艷說芝蘭又一新合浦有珠皆爛熳荆山是玉總嶙峋上林定卜花重看須記今朝叶瑞人

陳時清 秋崖

君家兄弟重天倫和氣祥鍾一院春花蕚爭輝如意發鵷鸞應律引雛新三千粉黛光華滿十二峯

巒體勢峋他日瓊林占首座殿庭高聽唱斯人

鄭世迎 漪園

德門佳氣迥無倫入夏花開復似春瑞蕚重生香更馥瓊葩再吐色彌新攜來湘沚蘭芽茁種向藍田玉笋峋寳樹聯行成十二他年並作綵衣人

項洛 鹿田

蘭蕊重開迥出倫德門常慶有餘春清香帶月迎簾滿素質臨風出院新黃海遠騰何浩瀚碧山近繞更嶙峋應知玉樹花爭發特爲君家毓吉人

戴泰運 雲麓

露浥清標已絶倫瓊林花發兩重春乍開玉質香風滿又近珠胎月色新華蕚樓前光絢爛石麟隊裏氣嶙峋他年得意乘車日洗馬爭誇是璧人

江棣枝 友于

木筆重榮兆絶倫始知德厚易爲春書承洛水傳家舊幟樹文壇布澤新貫月瑶光鸞爛熳提戈大業卜嶙峋他年老幹參天日代蔭凌煙閣上人

戴錡 坤釜

蘭馨玉質本超倫況乃花開兩度春連理雖奇無足羡重臺縱異不爲新闢西父老陰功大河北諸兒秀骨峋鳳闕掄才需杞梓一門羣作殿中人

畢守祥 廷善

風雅如君邁等倫堂前花發兩番春筵開湯餅年年會句咏池塘字字新琪樹光揺香馥郁文山翠擁勢嶙峋多男不必誇荀竇今日相兼屬偉人

鄧勷相 方回

玉蘭清貴豈凡倫開向瑶階占好春何意紅榴看正艷忽驚白雪報重新靈鍾金粟根原厚兆產麟兒角已峋遥與吾宗高密比笑人可敵老詞人

吴邦治 又濤

五月瑶花孰與倫好風吹轉玉林春幽香滿座非常瑞皓影當階分外新鳳繞六雙重爛熳龍蟠十二更嶙峋因教湯餅呈靈異照出蕊珠宮裏人

程士棫 文石

瑞孕含開逈異倫豐頤留作夏間春白盈二月嫌仍舊緑滿中天喜綻新已兆風標能特拔行看頭角日嶙峋八龍此際羞稱說十二佳郎盡玉人

楊 晉 右軍

連蕚重開逈軼倫葵榴驚見喜同春天香特挺乾坤秀家瑞欣瞻氣象新金谷芳蕤纔爛熳丹山鸑鷟已嶙峋倍符六卞稱英物端屬金華殿裏人

金碩佺 閬客

伊洛流芳邁等倫連枝疊發樂長春葩凌瓊宇韶華麗香滿瑶階瑞色新分見虞周誰比擬合徵荀薛更嶙峋他年廷對祥雲見爭聽臚傳玉殿人

田昌運 書飲

唐昌瓊蕊古無倫十二巫峯齊放春花與端陽同作閏鳳將鸑鷟更爭新家隣白岳神應降派出黄山秀倍峋六六鴛行歸洗沐問安對對是仙人

戴文德 修來

花筆插天孰與倫文山鍾秀見奇春凌雲玉樹充閭慶典午瓊枝露頴新色映丹榴英磊落香分仙桂影嶙峋仲華令緒無多讓率水於今有偉人

程士倪 賢度

榴艷朱樓莫與倫謝庭玉樹忽生春花枝呈瑞天工巧筦筆重歌夢兆新薛鳳羽儀多絢爛荀龍頭角並嶙峋穎川兼擅河東美猶比君家少一人

吴 松 松洲

北梓南喬未有倫木蘭簇簇似陽春瑶瓊時映階前秀馥郁因添燕喜新雲外岻屏分甲乙雨中玉笋號嶙峋芳靈昔舉龍門兆又見花開産俊人

戴文英 仲蔚

紫府仙根品軼倫天葩何似慶重春香分異數麒麟引瓣綴連枝琬琰新木筆夢遲花燦爛蘭庭佳拂樹嶙峋鸞笙十二音和奏雁列高堂蔭壁人

朱之蘧 衛良

爲降名駒異等倫特教階樹報重春謝庭豈道風流遠王氏還誇花蕚新雪舞鳳毛騰錦繡玉標雲壑見嶙峋他年國瑞符佳兆記得當時倡和人

程應鵬 翼天

吾家樂事屬天倫璧合珠聯別有春暖日重看瓊蕊放薰風喜育石麟新亢宗葉葉原非偶頭角森森本是峋他日曲江應有兆花爲錦幛玉爲人

詹元楠

奇英誕降邁羣倫吐露煙光滿地春天放玉蘭重獻瑞書聯彩筆頓生新伊川道脈風原古臯廡芳名德並峋十二巫峰齊競秀異香花裏紫衣人

朱之蕙 樹伯

淡淡花容自絶倫偏能開出兩回春芳菲色映蜂迷早歷亂枝斜蝶舞新座上蘭馨如露浥階前玉立似山峋上林正值需材急佇待天家選樹人

戴鼎鎏 堅若

滿樹瓊花迥絶倫夏來猶見一枝春集賢院裏題名早放鶴門前結蕊新望去仙姿眞綽約生來秀骨本嶙峋天公也是多情甚爲報君家産異人

孫士安 于磐

遐邇多男未有倫况徵瑞氣滿園春爭誇瓊樹枝枝秀笑説添丁歲歲新玉蕊萬千重爛熳巫峯十二總嶙峋謝庭芝草燕山桂不向花前羡古人

戴 綋 韞藩

物美生須玉擬倫況當玉樹再生春品題共羡瑤
與小歌咏爭看翰墨新鵲報画簷花爛熳雛生丹
穴嶽嶙峋瑤枝舊是吾家好曾應臨軒首唱人

汪文晟 西令

不待聞聲已邁倫名葩又兆画堂春盈階蘭蕙由
來秀滿眼芳菲意外新別墅紅榴爭爛熳仙班玉
筍自嶙峋多男豈用華封祝數遍闌干繞膝人

鮑可堂 肯菴

蘭蕙君家孰與倫名園重見一枝春非因上苑他
年瑞那得奇葩此日新看去玉光同皎潔生來山
岳並嶙峋臨風笑倚華枝下只道多男已勝人

鄭龍光 霖蒼

滿苑芳菲早軼倫花開重占上林春由來玉質名
原重要比蘭香色更新明月高樓增艷麗小山巫
峽並嶙峋多君亭畔先呈瑞倚遍闌干繞膝人

陸祖游 天隨

玉樹臨風本絶倫仙葩當夏復回春催開火速由
來異重吐精華分外新白岳毓靈多俊彥燕山嬿

美倍嶙峋後先兩次呈佳兆又卜龍頭第一人

吴宗烈 北持

英華蕃衍有誰倫佳氣重重夏復春已試啼聲真
頴異更傳篇什果清新堂前玉樹班聯筍戶外文
山碧列峋此際憶君含色笑頻年慣作弄珠人

徐光斗

物候須知亦有倫豈期夏令更占春方瞻榴火饒
舒艷忽覩蘭葩再鬭新燦爛瓊瑶堪彷彿錯綜意
態自嶙峋休徵天錫非無謂拭目行看應兆人

戴有慶 芸章

玉樹風前逈出倫日來重吐一回春阿兄勝事曾
聞久（家殿撰祝花重開果得佳兆）之子休徵又見新還羡掌珠孳十
二倍誇頭角露嶙峋瓊枝有意頻占兆鰲禁猶傳
後起人

吴　和 純如

玉質生來邁等倫奇葩重放滿堂春階前琪樹枝
枝秀庭畔瑶葩色色新香繞名園爭馥郁氣凝文
岳峙嶙峋簪花已兆君家慶喜動天顔是此人

吴文煊 令樹

花萼重開迥軼倫榴花相映賽陽春百千樂事尊前笑十二明珠掌上新蘭玉香氳翮綵舞文山秀蔚矗嶙峋練川德著禎祥逺又貯他年月殿人

戴彦鎔 陶山

他日趨庭羡序倫試啼花下夏猶春盈階玉樹連枝秀滿篋瑶篇琢句新兆占鰲頭標姓字人誇麟角比嶙峋漫言荀薛龍如許未若君家幾輩人

薛奇芳 方平

次第看花花有倫誰家木筆兩番春向緑柳汁犇忙發今爲蘭芽特地新緑蔭圓時光皎潔火雲燒處白嶙峋不須更借煙樓譽只看前時叶兆人

程 雯 雲倬

樓頭花萼重天倫一室雍和別有春雨潤文山松柏盛風來練浦蕙蘭新明珠掌上光增美巫峽峯頭氣轉峋指日甘羅看接踵續貂莫笑寫麐人

吴 凱 次元

金谷名園比季倫良時每慶一株春已看伊闕龍媒盛又見文山鳳羽新雲母粧成風綽約水晶綴就雪嶙峋好花不厭重重發爲兆君家十二人

程及申 甫及

誕降寧馨邁衆倫充閭佳處似陽春芳蘭叶吉徵原異飛燕投懷種自新弧矢高懸占嗣續神光遥映應嶙峋三槐五桂難專美克振吾宗屬此人

許緒祖 佳木

佳卉佳兒總軼倫名園繡幄並生春香飄玉砌花重放秀毓金閨喜又新十二樓前齊爛熳三千座

上羡嶙峋朝來抱向花間立笑指瓊葩似璧人

戴人龍 際雲

勝事君家莫比倫欣看花發又餘春掌中添得一珠好簾外重開萬蕊新秀綴舊枝偏綽約靈鍾名嶽自嶙峋曾聞荀氏龍稱八此日龍多再四人

其二

繞膝森森未有倫況當春後更逢春奇看玉樹花重放瑞報麟兒誕又新數可六雙成對偶峰排十二總嶙峋傳來不用多驚異英物原歸種德人

程懋和 希柳

惟有汾陽足比倫花迎喜氣兩開春珠聯合浦生來好玉產藍田疊出新洛水分流多頡異文山聳翠更嶙峋難爲兄也難爲弟還有後來居上人

俞　錦 織雲

玉樹盈階邁等倫蘭芽重放上林春門高喜見家聲舊夏至驚看物候新開向天邊枝掩映移來庭畔骨嶙峋珠宮瑶圃雙雙美人似名花花似人

劉金書 丹籙

玉蘭風致邁羣倫五月堂前尚有春珠樹凝祥花再放瑶枝叶瑞鳳來新千秋洛水傳賢脉十二龍珠繞碧峋漫道寧馨真異品君家世代有聞人

程長庚 西有

試聽英聲疇比倫緣培玉樹倍生春雁行叶律箎賡雅象繡衣裳采煥新練水鍾奇瀾浩瀚黄峯毓秀勢嶙峋花繁瑞應丈夫子尤兆孫枝多吉人

胡　泌

聞道高齋卉不倫玉蘭皎潔夏如春清芬既吐枝頭蚤秀萼重添葉頂新有意靈根飄燦爛無端瑞氣現嶙峋應知膝下多奇樹更茁天葩萃偉人

汪遴翰 斐苑

異蕊奇才寔等倫蘭階又吐一番春葵榴艷映冰肌潔龍鳳祥開淑氣新掌上投來珠燦爛天邊摩去玉嶙峋會教湯餅看花客爭羨闌干笑倚人

游　珍 季儒

二月辛夷未足倫鶩奇五月復開春丰姿幽淡留餘潤清骨馨香特拔新數朶皎同雲縹緲一庭綠映玉嶙峋君家已兆禎祥樹快覩聯翩十二人

戴常曜 星采

雪骨玉香自不倫重開能返夏爲春豈緣歲閏花因閏將見門新蕊更新靧面湯盆真馥郁簪花頭角愈嶙峋心田廣峙藍田種生出寧馨果異人

程　祥 立先

天心眷顧應天倫玉樹森森一室春顆顆珠圓因蚌老枝枝花爍及時新一經韋氏難騰美五桂燕山莫比峋奕世三多長擅譽繩先又屬象賢人

項繼文天麋

十二郎君迥軼倫祥敷別業再生春森森玉樹臨階秀馥馥瓊枝入座新月下靜觀光皎潔尊前醉看影嶙峋高門有喜花先覺抱送麟兒與吉人

戴　湘立夫

比鳳之毛詎有倫他時定集鳳池春方占乙鳥飛懷夢又看辛夷倚檻新的是尼山來抱送宜其維岳降嶙峋多男奚待堯封祝則百斯中十二人

程　慎近思

襯雨紅榴艷絕倫忽驚玉蕊漏重春只緣麟產多奇瑞纔得花開異樣新皓月浮光添皎潔朱簾疎影倍嶙峋時時應見天葩吐趨過巫山十二人

徐　斌韓雲

君家盛德本超倫産出韶華別樣春正喜藍田當日煖還誇玉樹及時新燕山五桂門全盛王氏三槐勢更峋漫羨多男傳鄧禹明年竚看十三人

程道淳還初

花發非時異等倫充閭佳氣夏如春香生玉樹枝

枝秀數應金釵對對新瓘璨丰神同琬琰岐嶷俊骨迥嶙峋階前膝下相輝映皎皎臨風最可人

戴天光朗亭

誰家庭樹可同倫蕊吐瑤枝日又春蘭畹堂傳佳話久文山里接美談新凌雲筆復抽毫彩跨竈郎多露角峋料得雙眸炯秋水蒼葭白露咏伊人

程廷獻臻上

岳降英才豈等倫名花重報錦堂春盈階琰琬非常貴滿室斑斕異樣新鳳出丹山姿燦爛駒生渥水質嶙峋公侯衮衮于門大誰比君家十二人

趙道元莘若

天錫多男儔與倫文山獨見兩番春已誇玉蕊重重發又羨芝蘭疊疊新此日庭階重馥郁他年臺閣望嶙峋禎祥已有花先識故吐奇葩映吉人

程　仰景山

繞膝芝蘭孰比倫謝庭樂事長如春已誇綉閣萊衣滿又見瑤階瓊樹新荀氏鳳毛輸絢爛竇家山色讓嶙峋奇葩亦識充閭慶再弄明珠配玉人

其二

十二仙郎盡絕倫辛夷應瑞吐重春蒲風扇去香爭發榴火燒來色愈新雪萼臨池光爛熳瓊枝映月影嶙峋指前兩放非無意木筆祥鍾綵筆人

汪　鈺 式如

花與玉郎共軼倫好誇初夏似長春瓊姿爲產石麟皎家慶重徵物象新香滿高樓憑醉咏幹參巫峽極嶙峋闌干月上枝枝雪恰照萊衣十二人

張全熹 淑子

君家瓊樹本無倫入夏芳菲滿室春花以日長香自遠蕊連榴放綵增新珠生合浦千年蚌玉產荊山萬丈峋四雋八龍同繞膝看來都是玉堂人

程　鎬 京武

扶踈寶樹邁羣倫玉蕊重開第二春閬苑紅桃曾比麗瓊林紫杏尚如新枝柯得氣滋繁露圭璧成材映遠峋幾次弄璋增喜色預知攀桂屬斯人

王爰溱 惠溪

慶餘華閥迥超倫序届甤賔滿目春瑞氣盈庭花並麗香風拂案景逾新百千玉蕊光爭放十二明珠影倍峋天錫寧馨應有兆故教奇樹映奇人

程新德 懋仁

深羡鳳毛超敵倫蘭芽茁秀似芳春庭森瓊樹栽培久天產麟兒景運新玉出藍田真琬琰英鍾文岳更嶙峋熊羆入夢多男子共識白眉迥異人

徐　澐

玉樹森森本不倫重開五月尚如春瑞同萱草忘憂好色映榴花照眼新佳氣充閭凝馥韃啼聲鶯座玉嶙峋三槐五桂尋常事薛鳳荀龍更有人

程　奎 木天

芳園樂事序天倫五月辛夷復見春客醉春風蘭叶瑞啼知英物玉添新塤箎律呂甤賔應州牧臣鄰史筆峋椽木文山成福履他年定是榜頭人

陳士瀛 步洲

十二仙郎孰與倫玉蘭因報玉堂春清芬長至枝繁茂馥郁甤賔萼又新彩鳳來儀花燦爛石麟誕降角嶙峋河南道脈書香遠盛世重生闕里人

陸箋齡 耆卿
孕毓滋培異等倫蘭芝同茂幾多春復看玉樹臨
風舞喜見明珠入掌新仲夏榴房齊的灼小山石
笏倚嶙峋呈祥表瑞非無意早識青雲步玉人
戚 詩 二南
玉潔蘭香花軼倫重開夏五勝於春千尋雪墖凌
霄上萬棧瑤巵受露新洛水仙差神綽約齊雲山
並勢嶙峋靈根自識非凡種勃發庭前伴偉人
宮大鵬 天池

伯仲多才總冠倫薰風忽報一庭春石麟天上星
初降玉樹人間花又新捲幔重驚香磊落充閭早
見氣嶙峋荀龍謝鳳當年盛未比連珠十二人
凌 勳 螺浦 旹年八十又二
國瑞家珍孰與倫瓊姿花放上林春諸郎共羨金
臺彥一樹重開玉蕊新紫閣清華繩步武烏衣俊
爽看嶙峋芝蘭香發盈階砌全福如君有幾人
韓 敏 公遜
地脉黄山最軼倫君家景運有長春花開玉樹鶯

重發蚌產明珠喜又新舜牧連枝青史罕巫峰一
氣碧嵐峋添丁更看追高密笏滿牀頭拜老人
潘鳴鳳 琪門
伊洛家風孰等倫僊葩重放又生春光搖寶樹爭
輝異色映瓊林奪錦新十二龍珠歸掌握三千鳳
羽望嶙峋方今 聖代需梁棟白岳黄山產偉人
繆肇叔 山州 旹年八十又一
靈胎毓秀逈超倫如柏如松不減春花放薰風香
更煖珠懷明月暈重新榮敷白岳標誰比脉接黄
山骨自峋金帶玉蘭同發兆後先俱是一流人

陳元齡 艮山
逸興豪情擬伯倫掀髯一笑座生春重看素萼臨
窗亞更愛明珠入掌新三薛鳳毛輸藻采八荀龍
角未嶙峋偏余久抱中郎憾屬和清吟愧故人
王家相 揆席
龍駒繞膝孰堪倫和氣重蒸上苑春國瑞應從家
瑞發宮花早卜砌花新門闌照灼開祥旭頭角崢
嶸鍊碧峋指日提戈行協兆鳴騶爭羨錦衣人

繆 琬 香令

瓊枝十二總殊倫應瑞花開兩度春吹徹蒲風香轉渥照將榴火色偏新早知丹穴啼聲異共歎神洼駿骨峋佳卉佳兒同一慶他年臚唱榜頭人

宮殿對 堯揚

花萼樓中孰比倫迎春入夏復爭春由來餘慶德門舊正藉重芳玉樹新此日芝胎添馥郁他年頭角倍嶙峋雁行十二排霄漢未數荀龍一輩人

○韓 鰊 似鯉

天產英奇未有倫特教花發兩重春龍賓墨是呼王寶滄海珠看照乘新鳥集六雙初振躍峰高十二總嶙峋辛夷歲歲香如此笑待南宮珥筆人

○程之宸 孝常

奕葉清華實邁倫炎天又覩一枝春仁風被物瓊葩發喜氣充閭繡褓新身備國華才綺麗兒從嶽降貌嶙峋八龍三鳳還添數最愛吾宗多璧人

徐 易 景威

樂事重逢莫與倫君家人物盛陽春名園爛熳開花疊令子聯翩肯構新瑞靄黄山鍾秀麗雲横白岳望嶙峋會看玉樹堂前滿紫綬垂垂十二人

吴文煜 甓湖

英物從來獨邁倫名園更兆一團春已聞洛水家聲舊竚見燕京姓字新色映璠璵同皎潔靈鍾山嶽自嶙峋玉蘭堂上齊稱慶爲賀熙朝又得人

丘良璧 潤章

縱有多男足比倫何曾木筆慶重春豈因歲閏花增閏皆應人新蕊更新燕桂同林羡磊落謝芝有偶喜嶙峋玉蘭蘭畹香堪接又卜宮花待此人

黄鸞和 槎容

世德君家孰比倫庭前花艷兩生春喜看玉樹祥鍾久重發瑶葩瑞復新謝氏奇才皆競秀伊川偉傑盡嶙峋六龍更見多加倍應是他年柱石人

顧元標 天飛

世澤家聲孰比倫地靈報瑞得長春爲添叢桂英才盛又兆胎花佳木新發越應誇多駿驥丰姿洵可比嶙峋龍文濟濟虞廷牧琪卉金莖共照人

陳會英 升皐

寶樹無枝不邁倫有花都占上林春幾呈佳瑞看重發却兆宜男喜又新繡褓已同蘭氣格清標端比玉嶙峋荀龍薛鳳何曾及師濟齊班十二人

徐大中 南邨

曠達襟期數百倫祥風拂處謝堦春榴花炫眼千枝赤瓊蕊鋪銀五月新碧海有珠皆照乘淇園無竹不嶙峋他年殿上簪花客佳話于今繡褓人

馮 塤 念慈

友誼能如管鮑倫識荆恰遇小陽春黄山白岳簪纓舊東壁西園翰墨新年未六旬多桂粟節交五月發蘭峋佇看戲舞伊川側盡是文淵閣裏人

王聿修 宗沂

十二含胎品絶倫玉堂重映上林春向從荼蕊舒心媚忽伴榴花到眼新龍角瑤光驚水澤鳳毛綵色耀山峋君家奕世非凡種故發仙葩兆異人

其二

邗水辛夷非等倫重開高第夏猶春花情不比人

情舊人色豈同花色新傾蓋瑤光爭爛熳含胎玉樹映嶙峋八龍四雋家聲遠十二仙郎天上人

劉 靖 阮仙

紀瑞才疎媿伯倫木蘭兆瑞兩番春俄看玉樹齊肩出勝對丹榴照眼新洛水衍支多盛長黄山毓秀本嶙峋他年蚤見宮花捷十二樓前首唱人

宮懋斆 學海

羡君樂事足天倫花亦重敷爛熳春雄酒筵中銀碗泛榴花叢裏玉枝新珠光燦爛香風滿犀角豐盈岳勢峋張氏十龍今過二鳳池濟濟盡仙人

其二

玉樹亭亭邁等倫呈祥花更勝三春山陰道上賞難給天女機中出愈新馬崗數纔分上下巫山峰正鬬嶙峋晴霄雁序排鱗次百子圖中十二人

程 亶 實夫

瑞應庭階羡絶倫春回又見吐陽春祥麟恰報重重降嘉樹俄驚的的新十二人同峰聳峙百千枝壓石嶙峋他年瓊宴歸來日掌上身看拜老人

王家望蓉村時年八十又一

派衍中山孰擬倫欣瞻德範盎然春才高不露絲
毫迹善積爭看氣象新木筆重䇲姿綽約麟兒疊
産骨嶙峋從前元愷推專美各各輸君少四人

其二

栽培獨厚有誰倫一幹參天春復春驚見瑶葩頻
吐秀喜觀錦褓數呈新堪方虞牧才猷遠恰肖巫
峰體勢峋接踵英多猶未艾何能限量後來人

王晉原子任

何須飲露羨王倫今見仙蘭賜錦春一樹珠含星
象喜連枝玉暎月華新重歸樓館清芬湛遍倚欄
干花影峋應似西池獻瑶琯數符元律自天人

吴廷宣亦三

花開占瑞在天倫五月重看玉樹春幾朶冰姿增
燦爛一枝瓊蕊倍鮮新驊騮膝下皆千里琬琰懷
中又一峋莫道花靈多孟浪他年甌卜定兹人

戴仲韶宣六

天兆多男邁等倫玉堂五月報重春峰頭飄渺神

僊降臺畔瓊瑶花萼新舊識名門凝厚澤因看寶
樹聳嶙峋漫誇太史專前美三十年來又一人

朱　治慕平

奇葩開處總同倫一樹重敷五月春榴火爲催瓊
蕊發蘭湯又報掌珠新天生姑射心香異嶽降寧
馨骨相峋十二闌干齊挺秀玉堂花映玉堂人

吴啓元青霞

士行峯推第五倫一林珠樹一天春望中疊見祥
雲起膝下齊誇綵服新海岳有金皆燦爛崑山無
玉不嶙峋年年共賀簪花客來歳簪花又幾人

張符驥良御

君是東山故等倫自應有脚報陽春不緣次第蘭
芽茁怎顯庭堦花樣新木筆點來星燦爛火雲蒸
出玉嶙峋何時此子成傾蓋束帛翻勞贈老人

凌　彩同文

伊洛聲華久軼倫森森寶樹雨逢春珠藏合浦生
成異玉茁藍田疊見新謝氏芙蓉姿燦爛主家鸞
鳳勢嶙峋忝叨姻串頻相憶快覩瓊枝慰老人

吳 峻 凌雲

玉樹森森迥絕倫與蘭同臭又爭春藍田麗日生烟煖鳳穴丹雛振羽新瑞藹德門應輻輳休徵蔗境自嶙峋名花嘉本須珍重雨露滋培啓後人

江文波 魯溪

蒽龍佳境樂天倫又茁名葩續好春蘭臭乍從庭樹發詩懷重入酒杯新臨風欲寄逢鱗便立雪常思對石峋爭羨鳴珂清漏曉瓊枝總是玉堂人

徐 亘 山脉

瑞應名花孰比倫木蘭佳占一庭春朗看月照珠胎滿羣羨烟浮玉蕊新洛水偎同姿綽約黃雲峰並骨嶙峋久傳龍鳳荀兼薛又報瑶枝暎遠人

吳 漣 倦巖

元愷才多尚莫論德門慶衍兩逢春再探一粒珠尤好更放千枝花倍新面面朱欄誇綺麗重重巫峽插嶙峋集賢院裏須題品留待蓬瀛珥筆人

吳廷祚 于祉

毓秀奇男多莫倫薰風庭榭艷陽春重頌瑞玉連枝放恰喜靈珠入串新曆紀一年分次序樓從層漢數嶙峋文饒禁苑曾吟咏彩筆應輸接武人

孔周士 思篁

同堂棣萼重天倫塵世徒誇富貴春琪樹重開花獻瑞石麟方誕氣增新支傳洛水家聲遠秀毓黃山體勢峋説鳳稱龍堪一笑先生龍鳳更多人

沈 默 與之

隹兆欣傳戴叔倫玉堂早卜玉蘭春天教瓊樹花重盛兒降昌期運特新樓映五城來異境宮蓹六

律出高峋懸知瑞木應多驗酹酒今生繼起人

朱光鑾 青嶽

樂事君家迥絕倫名花重放兩生春黃山地煖瑶葩發白岳峰高珠樹新十二仙郎誇俊傑百千世胄總嶙峋他年枚卜金甌會自是興朝第一人

程 晟 纘武

驚聞獻瑞事殊倫節已朱明花又春男較坤乾增四倍樹緣麒驥律重新皆廉琪彩輝麟角掌上珠華映玉峋 忠壯吾宗原有舊還期廿二協前人

俞　焯 仲光

煙雨平泉古絶倫郭公書罷又迎春蘭成應兆他年捷玉立仝看此日新再睹佩貽添馥郁漸多筆勢有嶙峋好花邪數韓員外折得瓊枝肯贈人

田實發 梅墺

粉蕊紅巾逈不倫驚看懸火照芳春齒排鴈柱蘭芽茁彩溢朱欄玉樹新映月奇姿聯灼爍書雲高筆鬪嶙峋徘徊香砌休輕過誤却君門立雪人

疊放琪花獨異倫應知仙砌有長春常看樹樹瓊

甤滿不覺年年鳳羽新枝榦高低香馥郁光輝遠近映嶙峋雕冰鏤玉眞無價特費天工兆璧人

嚴　爵 修亭

羡此仙葩孰與倫半年開見兩番春枝叅天上重重翠玉照簾前朶朶新對月共看神皎潔蟠根不碍石嶙峋盡誇庭樹多靈異預識君家產傑人

江紹元 明我

清芬皎質孰同倫一歲重開兩度春草木敷榮昌運際山川毓秀物華新斑衣雲集龍文燦瑶砌風生玉樹峋藹藹國珍多吉士筆花先兆玉堂人

孫式金 雨三

五月瓊花孰比倫名園重放一回春清香入座香應滿好夢投懷夢亦新膝上斑衣爭燦爛牀閒牙笏自嶙峋公郎十二非常舉盡是瑶階獻賦人

僧一智 懔峰

英物天生逈異倫夏來還似太和春地支兼應星文瑞堂搆當從指日新湯餅重看花爛熳石麟頻羡骨嶙峋君家文武饒勳業又見承先啟後人

兄瑞初 詢菴

玉樹臨風逈出倫花枝重發勝陽春頻看夜色非常好細取幽香分外新瑞應鳳麟歌接踵祥開山岳見嶙峋他年滿把牀頭笏笑指多男比昔人

兄瑞綸 鶴潭

一塵不染逈無倫五月還生葉底春齊說德門先

兆瑞却教玉蕊再含新香從金谷千般秀品邁天都萬丈峋酹酒已徵前度客應知郎是後來人

弟瑞枋 槐江

木筆重開未有倫謝池毓秀再逢春生來玉樹光難並吐出瓊葩色逾新雛鳳羽毛偏艶異家駒頭角自嶙峋荀龍竇桂都羅列僅較花軒勝一人

弟瑞袍 雲源

謝桂符駒總軼倫遠傳花蕚毓餘春祥麟正叶清時瑞嘉樹因鍾别院新他日聲華應卓犖今朝骨相已嶙峋席珍久輔菁莪盛厚德滋培產異人

姪 綸 仙掌

素質氷姿出等倫錦堂重放一枝春朱明日麗韶光轉綽約風和瑞氣新皎潔自能誇獨步栽培直上比嶙峋地靈自有禎祥至今日欣逢產異人

姪世綎 文帶

玉樹盈庭莫比倫奇葩瑞彩兩爭春幾雙白璧翩雲淡十二明珠映月新細草池塘添瀲灧連枝花蕚總嶙峋由來已奪天工秘頭角生成本異人

姪 紀 叔倫

種玉徵蘭總邁倫薰風吹轉樹頭春香凝閬苑瓊葩麗瑞應丹山鳳羽新綻向庭階同朗潤鍾來川嶽自嶙峋看花盡是千雲客韓卞家聲羨煞人

姪 繹 楚瞻

金谷名花總絶倫半亭香雪尚如春當簾玉蕊重開艶入掌明珠叠出新月到三更增皎潔峰成十二倍嶙峋仙葩已兆他年瑞自是紗籠愛護人

姪世繩 準存

英物生來定軼倫奇葩先報上林春已驚玉樹盈階立更羨瓊枝入座新荀薛家庭輸赫奕豹彪門第自嶙峋花前欲識兒頭角十二樓中是此人

子世緱 劍儀

開向春時已少倫枝頭况是不關春一團香雪娟娟秀五月瓊葩簇簇新花若有知偏照耀玉寧無意自嶙峋朝來却喜添家慶秀出田荊慰二人

姪世綏 犀岍

雪骨氷肌迥絶倫數枝重報玉堂春非關彩鳳應

期降爭得名葩特地新此日珠胎增皎潔他時麟
角倍嶙峋瓊花預兆簪花客十二樓中第一人

再姪感修 楓儀

佳氣充閭孰比倫薰風又報数枝春揭來天畔瓊
英好快覩人間錦褓新碧樹光摇姿綽約玉山朗
映骨嶙峋當年花瑞鍾名世嗣響還應屬若人

子世縝 密山

琪樹花開孰比倫小園入夏再生春移將瑤島千
年種照出蟾光一色新棣萼樓前爭爛熳椿萱堂

畔愛嶙峋兩畬莫道尋常事玉茁蘭芽果異人

姪世纁 兼三

一樹氷姿逈絕倫夏天猶羨滿園春因占仙子生
來異特逞奇花別樣新玉蕊瑶枝真皎潔龍文駒
齒自嶙峋朱輪十乘還嫌少高出瓊宮更有人

姪世法 立夫

玉質亭亭逈出倫名園重發一枝春薰風拂戶清
香遠明月臨階夜色新掌上珠璣爭錯落庭前瓊
樹喜嶙峋他年共羨于門盛試聽啼聲已勝人

姪御龍 翼山

徵歌端合播伶倫一片花開萬古春不是玉堂應
嗣響那教瓊蕊報重新戴瓏巖太史有玉蘭重開事賀次翁舉子詩備及之十年
嘉話傳青簡翁舉第十二子在癸巳仲夏余旹上公車未與賦詩越分十載已哀梓成集七字
聯吟聳碧峋莫訝多男過竇薛孫謀燕翼自先人

忠壯公家譜載公舉二十二子

姪世統 衡三

琪樹參天不等倫重開又是一年春冰肌映日原
非應素質臨波覺更新翠幄輕籠瓊皎潔絳紗薄

襯玉嶙峋盈庭瑞氣眞洋溢總爲香閨産異人

姪駿龍 左綁

玉軸裝來有脊倫瓏巖一曲占陽春文心蚤迸花
心發後甲還爭先甲新名父搏風看浩蕩佳兒環
峙羨嶙峋家山一碧遥天並秀出輸君十二人余家溦潭山亦名文山

姪襄龍 夔侶

忠烈王孫誰絕倫文山開處錦堂春弟兄玉樹森
還秀孫子瓊枝艶復新列向巫雲横碧水生憑蛟

弩挂青峋期君繩武成佳話咫尺湖光正可人忠壯公追封忠烈王生二十二子叔氏居射蜃湖之上游

春柳唱和詩鈔

佚名輯

《春柳唱和詩鈔》不分卷，佚名輯，據泰州圖書館藏清嘉慶十六年巾箱本影印。

本書一題《香草山房春柳吟》。前有仲振奎序，云：『鄉前輩冠霞先生以柳枝詞得名，稱「春柳詞人」。一時曜影詩壇，振響江國。散華落藻，談者豔之。』此處所説冠霞先生，即團升。團升，字冠霞，號鶴筊，江蘇儀徵人，後居泰州。康熙五十九年（一七二〇）副榜。據阮元《廣陵詩事》記載，團升在儀徵時，與張璞等四十人先後相唱和，即一時之盛，並輯有《真州唱和詩》。本書所輯，爲夏蘭、夏蓉、夏荃、李亨衢、仲振猷、黄鐘、夏蓮、王輔、葉兆蘭、鄒熊、常增等八十七人唱和之詩。本書下半殘損嚴重，爲保存文獻，仍予影印。

（江慶柏）

嘉慶辛未夏月鐫

春柳詩鈔

泰州香草山房藏板

序

鄉前輩冠霞先生以柳枝詞得名稱春柳詞人一時曬影詩壇振響江國散華落藻談者艷之余獲承末契有企前修而四十年來耆舊凋零敦槃冷落問折腰之旖旎樹亦如人撫過眼之烟雲春原非昔茫茫閱世渺渺愁余矣近以客遊寄身南粵離亭策騎同小雅之僕夫官閣填詞望湘準之遠者驚春夢短攀條恨長[illegible]疎鴈晚之餘獲睹彙碧裁紅之句開緘有喜觸[illegible]則余門生夏紅舫鄭寄唱酬新詠也古意活思自成馨逸搜述索耦取況幽妍既怊悵而切情乃宛轉而附物鸞凰迭奏狂吟而樹解婆娑笙磬同音擊節則花爭鼓舞遥情若寄一往而深矣昔者新城尚書結明湖之秋社堯峯太史發妍唱于蘇臺類皆寫仿相循鏗耀有間飄風既過好音斯懷而紅舫與集中諸子推襟送抱比

春柳吟　一

影共波灎烟雨而助其清華導宮商而成其婉麗庶幾來嚮無愧前賢或以新餐益其故智芍風雅爭傳爲韻事即波瀾欲到乎古人紙貴傳鈔感均頑艷翹首綠楊城郭羨慘綠之少年醉心紅豆詞人付小紅而低唱昨者酒闌歌罷望遠懷人廵攬斯編髣髴雨絲風片之晨髩影衣香之地諸君子猗裳聯襼趺宕于其間也庚午長至日雲澗仲振奎序

香草山房春桺吟目録

諸公和章先後寄至山房隨到隨録卽付梓人並無甲乙和章有四首者有一二首者悉遵來稿亦無去取

春柳吟　目錄　四

春柳唱和詩鈔

夏　蘭字紅㵋一字補生

江南何處可憐生細葉柔條翠織成禊飲風流樂遊苑官河春望廣陵城碧欺芳草萋萋色暖送流鶯嚦嚦聲欲繫青驄暫延佇無端惹起玉關情

似共名流別有因一回相見一傷神東風吹汝還漂汝三月懷人又送人白下濃陰遮酒旆青門細雨濕行塵祇今莫道松筠好佳氣葱蘢滿樹春

欵欵山莊作態飛閒鋪歌席惜春暉十圍尚有花生樹九烈空傳汁染衣今日招邀逢白打何年旖旎拂青旂永豐西角吟佳句婀娜風姿入帝畿

幾日和風吹綠條纏綿意緒似相招黃金世界添春色碧玉情人鬥舞腰脈脈樓中香夢遠依依臺畔別魂銷鳳紋龍影愁攀折好奏瓊簫慰寂寥

春柳吟　一

夏　蓉字照初

依依又向大隄生似荷東皇裁剪成細雨輕烟揚子
渡好風明月北令城搴條盼去香車影卷葉吹爲玉
笛聲誇道東南多勝事這般嬝娜太牽情
何須細論絮中因長願相逢樹有神幾處纏綿曾繫
馬十分旖旎最愁人往來慶見金絲架談笑空揮玉
麈塵祇恐霏霏成底事替他宛轉惜陽春

春柳吟　二

夾道朱樓雙燕飛御溝詩唱謝元暉再添晏宿風流
線每憶機房畫錦衣雨裡鶯簧藏翠幰春來馬射映
青旂遊人莫要輕拘束好好鳴鞭上帝畿
露滋烟鎖一條條如向吟人搖手招南內畫成妃子
黛東陽瘦似沈郎腰娟娟情致看皆美濯濯容華折
不銷知否簫聲何以奏相思相望感蕭寥

夏　荃字文若

靈根曾與訂三生問訊宮袍染欲成曉日依依江上
路晴烟漠漠禁中城同時花放妖嬈色得意禽啼宛
轉聲掩映千條兼萬縷惹人惆悵最關情
此樹寧非清淨因每從搖曳見精神狂能跌宕如名
士瘦更輕盈似美人儘有和風添作態每逢好雨浥
清塵朱愁粉暗知多少讓爾飛揚九十春
擺弄春風勢欲飛如眠如起妮晴暉盈門似爛泥金

春柳吟　三

帖過客皆驚憭綠衣壓酒香來吹枕簟門茶有過試
槍旂斑騅肯把垂楊繫趁欲看花入帝畿
宜晴宜雨認條條帽影鞭絲那用招綠到平橋遮雁
齒碧拖芳草護裙腰有人風度還相似滿樹春華不
易銷試望瑞烟籠罩處何須惆悵怨清寥

李亨衢字南阿

撓盞長條又發生東風吹拂綠絲成六星光轉南方宿

萬縷青囘白下城，已見笑顰迎日影，不愁搖落撼秋聲。
當年漢苑人何在，眠起于今尚有情。
張緒生來有夙因，每逢晴日倍精神。風流恰稱靈和殿，
跌宕寧招隱逸人。展出黛眉臨遠岸，放開青眼絕纖塵。
新鶯百囀笙簧奏，江北江南總是春。
春城忽忽見花飛，遮莫攀條嘆夕暉。疑布黃金留駿馬，
慣垂青瑣染朝衣。青堂深蔭三條徑，射圃高懸一色旂。
春柳吟　四
枯後復榮應是瑞，青葱只合仰郊畿。
烟裏千條復萬條，沙隄一曲似相招。照來濯濯王恭影，
瘦去纖纖沈約腰。玉渚新飛晴絮暖，畫橋斜拂麴塵銷。
樹猶如此春風裡，若爲青青感寂寥。

仲振猷字雲浦

小橋流水遠烟生，三月東風染乍成。纖影難描臨野渡，
餘青不斷繞山城。魂迷細馬盤桓地，愁亂栖鴉上下聲。
可惜柔條任攀折，惺惺空自說多情。
曉風殘月認前因，唱到陽關倍愴神。何限春憐攜酒客，
幾多愁引上樓人。牽來弱線全無力，化去浮萍不染塵。
一把纖纖收未得，宵娘十六正芳春。
春老江南鶯亂飛，盈盈濯濯倚斜暉。濃調新翠臨眉譜，
軟試輕雲作嫁衣。別恨應添閨裡夢，醉情猶記酒家旂。
棗餻擬餞三生約，提挈春光赴上畿。
春柳吟　五
搓烟搓雨蹴長條，爛熳遊情不用招。低隱二分雲際月，
瘦憐一尺掌中腰。雙鬟婉婉宵初沐，老鬢鬖鬖綠未銷。
值得媚人留一盼，而今青眼不寥寥。

諶配道字味堂上元

長短亭前夾道生，鞭絲人影畫難成。一年小住春如海，
二月新陰綠到城。隔浦花飛迷客夢，散衙鶯語帶離聲。
江干贈別尋常事，此樹婆娑最有情。含綿邈子尺素

茫茫烟月證前因路出揚州易愴神廿四橋環佳麗地
五千株拜往來人披緗擬奏長楊賦挹翠先沾玉碾塵
却憶故園樓畔好小蠻添作一家春
不曾作絮勢如飛水郭山蹊舞夕暉我有新詞慚白傅
人歸舊巷認烏衣淡拖芳草交成綺濃捲晴雲撲上旂
幾縷柔情牽未得看花仍欲到 皇畿

陳克廣字容原上元

春柳吟 六

嫣紅姹紫夾隄生那及依依緑蔭成幾日金絲紛翠縷
數行水郭接山城細籠鞭影春堪畫深護書堂鳥弄聲
芳草王孫歸思切何當折取觸離情
隋堤漢苑悟前因旅境相看易愴神彈指豈無青眼客
爲萍深愧白頭人依依未免多牽緒濯濯從來不染塵
起舞正逢花競笑一團併作可憐春 遵時嘆逝之詞

侯守仁字勗齋寶山

知伊列宿是前生遍種人間緑蔭成曾渡春光依灞岸
還隨梅信渡江城梢頭燕蹴沾泥絮葉底鶯傳出谷聲
惹得淮南風雅士一時綺靡鬥詩情
夙根培植豈無因濯濯丰姿別有神馬上衣沾金榜客
陌頭眉鎖翠樓人清風淡掃如描黛緑水明拖不染塵
最愛天街酥雨潤無邊烟樹萬家春
輕輕舞絮向晴飛脉脉柔情戀夕暉臉有同心還綰帶

春柳吟 七

慣因別緒欲牽衣花村緑映千重錦酒店青遮一色旂
羡煞玉鞭遥指處官橋得意向 皇畿

黄鐘字東序

春來還似往年生但覺愁腸解不成此去祇宜竹西路
可憐最是石頭城風吹楚楚爲狂態詩咏依依有怨聲
無限行人盡迴首誰云一樹碧無情
街頭㚲㚲幾株飛我亦癡情飽令暉今日有懷慈母線

半生無恙老儒衣酒徒漫過雙义路渴疾全消一監旂
惆悵故人渺天末珠江銀港隔遐韱

感物
增思

繆承鈞字善夫

一夜新蒐雪後生髡餘才見碧陰成春回野渡遷官
綠到闕城復渭城似剪好風吹有淚如棉碎雨濕無聲
江南最憶屯田墓撩亂清明何限情
稊何容易彈何因一樣丰姿兩樣神今日笑顰西子靨

春柳吟 八

當年眠起漢宮八香來花草關心緒夢裡樓臺觸眼塵
婉娩流光最駘蕩好春恐是可憐春
帽影鞭絲一片飛輕狂誰與繫晴暉鶯兒欲醉風帘酒
燕子初分金縷衣別後十圍添翠盆年時一色配春
朝烟門巷家家插却望青葱憶 帝畿
短條鎖盡復長條舞袖粘天粉絮招張敞偶傳才子筆
蕭娘曾鬥女兒腰閒調鶯語聲偏滑每憶萍踪恨不銷

記否王孫歸路在清吟今豈嘆寥寥

龔廷煌字謙亭華亭

東風吹柳柳絲生染不能成織不成晴日一江摇古渡
輕烟十里裹春城深深書屋依人影漠漠池塘拂檻聲
共道青青顏色好贈行訴與別離情
白玉花飛逐蝶飛垂絲脉脉掛晴暉同心結後分宮道
彈指聲中試袷衣每向長時霑雨露更于拂處見旌旂

春柳吟 九

黃金臺畔黃金縷好引驊騮達 帝畿
萬紫千紅夾嫩條行人陌上若相招狂宜白眼偏青眼
瘦過蠻腰與沈腰每聽吹來羌管細那堪折去別魂銷
風流格調誰堪擬莫向青青感寂寥

龔烱字菊畦華亭

章臺摇曳豈無因名士風流妙入神別浦遥來迎遠客
晴江渡去送行人倚橋不斷長虹影當路能空野馬塵

行列成衙多似此蕭疎詎羨五株春

桐花飛過郷花飛一望東郊日正暉幾處迎風盤細馬
有時帶雨染朝衣近光先映溝中水承露偏揺殿上旂
瑞氣年年徵秀發亦教弱質傍王畿

宮庭 字書舫

如烟如縷傍衙生拔拂依依翠染成十里濃陰遮溯岸
一堤春色拂蕪城離亭別後人初折羌管吹時怨有聲

正直寳傷寒食節絲絲揺曳緫關情

無端惹出燕鶯飛乍起仍眠送夕暉陌上和風花拂面
池塘細雨客沾衣嫩條難繫章臺馬柔翠還招洺里旂
可愛春江圖一幅行人指點達王畿

宮卒 字篠山

鵑啼日落暮愁生郷色黃金織未成百尺已傳高頰宅
十圍還憶太原城春深灞口籠溪影人倚樓頭羨笛聲

無奈銷魂橋畔別曲終芳樹亦多情

程應佐 字稽亭

烟枝露葉滿林生染就深黃淡綠成一樹垂垂臨遠水
萬家隱隱認春城如絲客亦新添鬢得意禽才曉弄聲
憑仗東君青眼早風流絕世最關情

芳懷似夢有前因攀到柔條倍愴神搖雨怕逢寒食節
臨風如對漢宮人飄來裊裊留香篆吹入纖纖起麴塵

莫向章臺重繫馬低徊都是可憐春

江南草長燕飛飛無限羈愁悵夕暉金縷已聞歌艷曲
玉關猶未著春衣波生遠渚停雙槳烟鎖深村露一旂
最是長安匆促別青葱回首遍郊畿

種遍楊枝幾萬條畫欄東畔漫相招有人日暮聞垂手
看爾風顛試舞腰不管別離空影贈未逢揺落已魂銷
吟懷却似王司李綺麗新詞破寂寥

高　筠字紫嵐

一搦腰肢太瘦生青袍何日染初成樓頭玉笛吹三疊
堂上湘簾捲百城疏地濃陰寒食節精天飛絮賣餳聲
靈和舊説風姿好惆悵年來學舞情

桃根桃葉証前因枉爲東君暗愴神艷曲祇分長短調
天涯都是別離人情懷懊惱紛如縷香夢依稀淡似塵
贏得小蠻螺黛淺秋千庭院可憐春

春栁吟　三

江南三月見鶯飛如此春光付夕暉脱白依然披絮帽
選青何計借苔衣偶因躭飲添茶具錯爲貪眠怪酒旂
濯濯龍池新霽後爐烟香裊五雲畿

柔情脉脉思條條誤被東風折柬招才倚落紅欹屋角
又拖新綠上山腰眉從畫後粧應懶盼到回時恨可銷
十里郵亭春似海衍波珍重寄無聊

高　銘字文子

如此纏綿定有因風前搖曳轉傷神波涵太液憐新影
夢入靈和憶舊人蘇小盈盈才學舞王恭濯濯肯沾塵
自從荷得東皇寵萬縷千條總是春

雜花生樹亂鶯飛獨向風前弔落暉濃綠暗迷沙上路
薄寒清透酒人衣六朝枉自傳金粉一色依然拂翠旂
莫向漢南頻極目年年春色遍郊畿　一往情深

葛　縉字纁阡

春栁吟　十三

極目長堤春意生晴烟裊裊畫難成牽來舊恨千山驛
拂起新愁萬里城漸有濃陰遮馬勒儘多客葉護鶯聲
年年費盡東風力莫説東風不世情

彈指猶留未了因三眠三起太精神枯楊原有生華日
長袖曾輸善舞人好與青旂同一色笑他紅艷落輕塵
從教雨露枝頭遍占盡江南婉娩春

姜鳳喈字桐軒

江北江南到處生萬條新碧點波成花堤烟雨都臨海
隋苑風花半入城勒馬斜陽頻顧影巢鶯幾處未停聲
髡餘依舊柔莖長說是無情恰有情
似共東風別有因幾番眠起足精神不逢白眼逢青眼
未見迎人見送人垂過書堂連綠野蔭深門巷近紅塵
歸來留得清吟地夢醒柴桑幾度春
短長亭外短長條老去詞人不可招羌笛那能傳別恨

春柳吟　十四

輕歌誰與舞纖腰微風婀娜情難定新月朦朧睡未銷
見說芳時容易晚題詩華髮怨蕭寥

李　觀時　字雨村

剪刀風裡葉初生如此輕盈畫不成三月水添添灞岸
六朝烟又罩臺城絲絲月下朱欄影渺渺樓頭玉笛聲
有客旅亭明日別陽關一曲不勝情
手挽垂枝話夙因一灣流水照清神調來鶯舌初驚夢
謁去娥眉正有人殘月曉風歌小令落花芳草共輕塵
長楊宮裡知多少紈袖三千望早春

徐　觀　字鶴巢　興化

似含意緒美柔條遊子飄零屢見招與我分[illegible]陶令宅
倩人試舞小蠻腰眠多祗覺含情重魂小還因賦別銷
太息江干千萬樹禁中移植却寥寥

夏　暄　字寅嶠

春柳吟　十五

芙蓉鏡下杳無因稽首靈根九烈神門裡陶潛爲隱士
殿前張緒是才人垂垂萬縷纔拖水客客千行欲拂塵
不少龍池承雨露獨憐枯樹是開春
掛出紅欄幾尺條酒家帘影故相招愁如着雨還開眼
弱不禁風又折腰一代新詞殘月照六朝遺恨宿烟銷
阿連我愧無才藻春夢池塘久寂寥

凌　霄　字芝泉　江寧

青眼才舒別恨生，離亭風景畫難成。烟中楚楚臨官渡，花裡匆匆唱渭城。曉夢斷隨殘月影，春愁訴出乳鶯聲。樹猶如此人休問，無限江陵感舊情。

難向慈雲問夙因，漫從濯濯愛丰神。釀成別淚銷魂色，愁煞登樓望遠人。玉笛倘飄天外響，珊鞭久墮路旁塵。風流莫更誇張緒，不是靈和殿裡春。

花信番番去似飛，柔絲無力繫斜暉。翠顰自寫波中照，

春柳吟　末

金縷誰拋架上衣。此日已荒彭澤里，當年曾拂武昌旂。天涯都有傷心樹，種得相思遍九畿。

河橋折盡短長條，蕩去春魂不易招。入手劇憐成斷梗，低頭羞學鬥纖腰。花飛到處心無主，萍化他生怨未銷。酒醒鄉關在何處，青山如夢碧天寥。凄若繁絃

程　源　字樹滄　歙縣

轉眼繁華悟幻因，漫漫吹遍玉精神。縱移鍜竈爲高士，也傍柴關作酒人。醮水恰成鵞毳色，沾衣分與麴車塵。可憐芳草天涯路，剪剪輕風盡是春。

藏鴉一片綠雲飛，繫駐征驂已夕暉。香雨落成千點雪，金梭織就五銖衣。隋堤憶昔摩青鵲，灞岸何年立大旂。此日送君將折取，尻車神馬出門畿。

張　鏐　字老薑　江都

二月閒愁似水生，長條婀娜葉初成。寒依暮雨都番地，

春柳吟　十七

暖漲晴烟欲拂城。紫陌不藏桃李艷，畫樓時護管絃聲。江南江北春無賴，綠到揚州便有情。

相思難綰見無因，悵立河干欲黯神。已慣別離挨此日，不堪攀折任他人。青垂望眼臨官道，絜愛飛花比玉塵。二十四橋風淰淰，銷魂端爲可憐春。撫空懷以自悅

鶯不停聲燕又飛，朝朝空自舞斜暉。銀塘照影眉通語，玉笛吹愁淚濕衣。待渡曾停遊子屐，踏青遥望酒家旂。

清明寒食匆匆過。纖雨籠烟滿近畿。
大堤一望影條條。如夢如烟亦可招。春去漸聞齊女怨。
憂時莫問沈郎腰。不勝眠起情無限。若憶風流骨欲銷。
酒醒今宵是何處。曉風殘月劇清寥。

彭壽山字石夫

消息東風又一生。風前望處總陰成。連宵細雨青迷□。
幾日窮邊綠護城。遮斷旗亭原有曲。聽他羌笛自含□。

春柳吟　十八

桃花零落梨花敗。不綰離愁太薄情。
我爲攀條悵夙因。手中一顧一精神。章臺離別空迷汝。
漢苑風流自可人。帽底相思驚白髮。馬頭憔悴拂黃塵。
般勤肯負封侯約。少婦樓邊莫望春。
碧雲低護早鶯飛。雲外閒情付夕暉。三月忽傳人錦字。
六年未贈我宮衣。明湖舊句輝珠玉。給諫新詩建鼓旂。
彌歲青青如見憶。相逢恰好在京畿。

濃交官道短長條。驄馬嘶鵑日見招。烟重記同三里霧。
眠青旋訝十圍腰。不教絮舞春應駐。其奈歌殘酒易銷。
搔首河橋遊子夢。幾番容與共蕭寥。程形賦音

宋廷弼字翼堂

思量難悟此時因。爭到樓前易愴神。何事別離偏怨汝。
也曾絆惹欲招人。博山沈水詩中語。寶馬香車陌上塵。
若過隋堤十里路。枝枝占盡有情春。

春柳吟　十九

連理枝頭綠玉條。根株雜葉故相招。大功坊裡鶯翻舌。
清弋村邊水過腰。小草雖多嫌夢短。名花原好妙□銷。
十圍門外赤如海。一望青葱慰寂寥。

宋廷耀字光黎

嫋嫋枝頭細葉生。紅樓隔雨似初成。一年湖上金□架。
二月江南鶯入城。淡淡歷香肩髩影。粼粼人去想車聲。
遮紅護翠知多少。此樹原來碧有情。

相思欲見竟無因樹底流連最黯神一帶隋堤佳麗地
幾年京洛别離人風前屢顧娟娟影樓上虛生瑟瑟塵
迴首鞭絲攀折處纓垂帳偃又宜春

夏 蓮字燾周

冉冉春來綠又生宵娘辛致畫難成三分酥雨黃花驛
十里輕烟白下城此日濃陰堪繫馬誰家玉笛暗飛聲
長條多少行人折每過橋邊一愴情

費履堅字粦夫

春到江南百感生條條婀娜畫難成燕來惆悵青拖地
人去相思綠滿城梁苑尚多烟雨恨蘇臺空憶管絃聲
關河一路都吟遍最繫王孫客裡情

莫問前因與後因風流如故忒精神殷勤作態應憐汝
眠起何心欲效人二月青山眉染黛十年新夢襪生塵
不知多少黃金色買得人間處處春

無奈情懷感絮飛又看烟水帶斜暉山中慣拂吟人帽
道上難牽客子衣此夜月明愁玉笛幾家年少賦春旂
長安昨日催征馬提折鞭絲問帝畿

誰裁細葉剪柔條酒旆吟魂兩共招漢水有情都放眼
柴門無恙又垂腰晚來倦舞風初定曉起修容焰欲銷
遥憶故人千里外依依相對劇清寥

費錫午字寅圃

眠有由來起有因欲煩小李替傳神銀燈畫舫重三日
白袷青驄六七人長樂坡前風佐舞少陵原上雨清塵
若非耐得青青色一片花飛减却春

張 錙字咏琴江都

東風披拂可憐生疑是離人淚長成十五腰肢嬌碧玉
三千道路感金城綠烟遮斷樓邊影短笛吹殘夢裡聲
記得赤欄橋外過未曾相見已關情

雨釀烟梭自有因，畫眉窗下替傳神。疎狂似我能憐我，
旖旎如人更可人。拋去黃金隨逝水，別開青眼識風塵。
含情笑向墻花問，止門穠華九十春。

馮呈圖字壘初

欲從萍水問前因，未唱驪歌已愴神。吹笛正宜予此日，
執鞭都是可憐人。舟行白下還停泊，馬過章臺易絕塵。
處處纏綿盡堪戀，長亭春接短亭春。

春柳吟　三

許之翰字春卿甘泉

相看便覺惹愁生，同是青衫染未成。濯濯又臨東海水，
依依曾聚白門城。唱殘曉月纖難綰，吟入春風瘦有聲。
一樹何堪還對我，池塘夢冷碧無情。（杼軸予懷）
圍衾屢變夢無因，看取柔條更愴神。新綠搖平原上草，
亂烟遮斷眼中人。不禁寒處風如剪，偶見花時硯有塵。
舊讀書堂重一過，一株聊護可憐春。

一葉輕隨海燕飛，攀條為我餞晴暉。詩心細過風梳髮，
人意溫于絮著衣。若許輝光添兩宿，相期文采映春旂。
莫教送客來年路，青指鞭絲入　帝畿。（工于詩情）
別路千條復萬條，東風吹遠又難招。青青誰許誇潘鬢，
婀娜知應妬沈腰。有曲但留長笛譜，無金不逐好春銷。
新詞白社慚相繼，祇向荒園寫寂寥。

李文瑛字玉樵江都

春柳吟　三

風流誰為證三生，眠起天涯夢易成。細雨連綿過上巳，
綠陰深淺抱蕪城。但開青眼都春色，莫遣紅樓更寄聲。
記得一株逢杜曲，依依相對不勝情。
相攀如此似前因，淺笑輕顰盡愴神。無限遮留空負我，
十分牽掛且依人。瑣窗風細眉如畫，錦水波生鏡有塵。
腸斷隔年離思苦，流鶯為訴兩家春。
珍重平湖燕並飛，赤欄橋外待斜暉。絲絲畫舫人當面，

花落離亭淚點衣，含意似憐詞客鬢，繫春仍傍酒家旂。
五株風味飄蕭慣，自分無由植帝畿。

葉　舟 字布帆　江都

幾番烟雨到花朝，綠遍長條復短條。玉笛忽驚遊子夢，
東風偏困女兒腰。露香烟暖藏鶯滑，酒渴詩狂繫馬驕。
記得烏啼明月夜，春來都是可憐宵。
沉醉風前樹繞堤，依依只在板橋西。透來新月眉何展，
開到桃花命肯齊。雨後惺忪青眼倦，水邊披拂綠忘低。
輕狂莫綰閒煩惱，黃鳥從他自在啼。方言哀 而已嘆
蘇小門前幾度過，相看無那舞婆娑。憐伊生小貪眠慣，
惹我愁添別夢多。詞客關情歌白紵，美人作態攪青蛾。
風流若倩神仙筆，多少腰肢費揣摩。

江　濤 字雪門　江都

纏綿意緒望中生，吹到東風漸長成。一水抱烟環野甸，
萬家和雨任春城。困迎瓠子波無力，輕點桃花漲有聲。
寄語行人休折取，憑伊好訴別離情。
章臺臺畔舊時因，披拂曾披一段神。碧玉本勻慵作態，
黃金初褪學窺人。斜欹嬌眼濃宜酒，半歛修眉淡出塵。
樓是十三橋廿四，不知何處最藏春。
三月江南鶯亂飛，清陰粧點透朝暉。檀郎爭繫青驄馬，
姹女新裁綠紵衣。牽綰軟風惟玉笛，勾留晴絮是春旂。
宮牆吹起花如雪，婉娩韶光憶帝畿。
深鎖池塘簇露條，短長亭子遠相招。可憐隋苑無窮樹，
不及吳娃一捻腰。瘦影亦知當戶嫋，柔絲翻恐入秋銷。
疑寒怕嫩春多少，面面簾櫳障碧寥。

盧鳳儀 字侶桐

軟玉梢頭認幾條，隄邊相見似相招。每逢佳士仍彈指，
偏向先生屢折腰。嫋嫋身從風裡活，依依魂在舞時銷。

但須報道輝光满列宿新添映碧寥

魏之畯 字菀生 江都

依依近水態天生眉語難勝況目成幾日雨濃剛惜別
十分春褪便傾城朱樓好美風前影羌笛休吹夢裡聲
我是梁園舊詞客攀條無奈起深情
不爭台葉與倡條多謝風尋更雨招太細敢容千尺髮
再柔難趁一圍腰歌翻白紵春將老看到桃花淚共銷

春柳吟 三六

記得錢塘蘇小小綠深門外劇清寥

張 磬 字馥堂

車蓋亭亭有風因十分綠意覺精神軟風拂地留盤馬
細雨垂絲送別人眉欲揚時疑入畫眼逢青處不粘塵
婆娑對此真堪愛襯出千紅萬紫春
青陰池邊幾萬條絲絲縷縷爲誰招支離自分將生肘
彭澤仍欣未折腰行過溪橋朝雨暗歸辭客舍晚烟銷

依依門外稱交讓好與張融伴寂寥

俞 玨 字樸人

江北江南到處生蕭疏風韻本天成千條錦纜思隋苑
三疊離歌唱渭城澗鑿冰消初美影剪刀風軟不聞聲
翠眉一刻人千古無此依依戀舊情
白李紅桃各有因江天無此不精神一樓翠引鈎簾婢
兩岸青遮渡水人殘月曉風都是夢落花飛絮總成塵

春柳吟 三七

寄聲京洛閒遊客珍重龍池二月春
雨葉才晞濕不飛逾時依舊漾晴暉黃宜金縷裁歌曲
碧稱鮫綃製舞衣陶令門前迎杖屨亞夫營裡列旌旂
九衢別有春消息始信風光屬帝畿
萬柳堂開綠萬條風流前輩赴佳招誰云世上無青眼
不信宮中有細腰兩地斜陽人乍別一灣流水雪初銷
黃鸝亦復相憐惜隱葉雙雙話寂寥

袁振華字岱山

枝枝葉葉向春生。漏洩春光巧織成。大道慣停金勒馬。名流愛駐綠楊城。踏傳桃葉歌中句。曲共梅花笛裡聲。殘月曉風隨處好。千人何事最關情。

人望依依亦有因。遠迎低送見丰神。不愁粉黛飄無主。但刷金絲絆得人。堤上風和棚軟浪。陌頭雨細浥清塵。年來多半傷離別。未肯攀條為惜春。

春柳吟　六

征途休管各分飛。桃杏相依對夕暉。舞向佳人低翠黛。歌藏公子換金衣。和烟斜拂朱樓檻。帶露高垂玉帳旂。也與讀書堂掩映。深深護着石門畿。

未必經霜不改條。一時婀娜却心招。曾于嵇阮留青眼。偏向陶家折綠腰。愁緒任教長短織。吟魂難禁去來銷。曲江此日春如許。令翠拖金映碧寥。

王　輔字左亭

歲歲長條折又生。東風到處費裁成。纏綿各緒青泥路。漏洩春光綠進城。萬里關河迎馬首。六朝樓閣送鶯聲。天涯芳樹知何限。不綰相思總薄情。

寒食東風燕子飛。盡情嫋娜吴芳暉。玉關有客橫羌笛。金縷何人門舞衣。臨水拂開公子扇。隔花扶出酒家旂。上林桃李休相妬。雨露恩原遍九畿。

鄭之沂字

春柳吟　三五

干卿何事惜分飛。常把柔條綰落暉。費盡才人三品筆。描殘仙子五銖衣。風飄漁舍懸青旆。露濕鴉樁繞翠旂。野棹紛紛迎送苦。托根須要近　王畿。

許祥齡字蘇菴甘泉

桃李才芳絮漫飛。門前頰爾絆餘暉。寒温易辨風吹面。寤寐難忘汁裝衣。遠送征輪無雨雪。曉迎仙仗見旌旂。玉關已度春風久。不獨葡萄入漢畿。

烟鎖書堂路一條。客來何用酒帘招。稀生不碍支離肘。
春困應憐沈約腰。青眼須留當檻展。黃金只合買絲銷。
靈和殿裡人雖往。畢竟風流未寂寥。

謝登仕 字學夫

依然折處又重生。絕世風流畫不成。半送半迎搖灞岸。
宜烟宜雨拂臺城。羞爭紅杏三春色。[illegible]黃鸝百囀聲。
縱使長條能踠地。也難縮住別離情。

春柳吟 三

長安走馬去如飛。剩得餘情對夕暉。橋畔已憐晴有絮。
陌頭空見色侵衣。千條碧玉凝芳[illegible]。一塹濃煙映酒旂。
却憶龍池新雨後。綠雲重叠護京畿。

官煥勲 字竹軒

岩壑林泉有舊因。何曾妒夢艷通神。依依只繫箏琶舫。
落落羞攀陌路人。自惜妍容窺水鏡。漫增狂態逐香塵。
招携記得虹橋畔。泥我行踪賦冶春。

樹頭一桁紙鳶飛。影歛疎林媚夕暉。樂事看誰馳駿馬。
好風貺我試单衣。陰連曲術通花舘。綠認遙村失酒旂。
聒耳流鶯啼不住。高枝却占古郊畿。

劉上貽 字懋齋 通州

斜倚池邊勢欲飛。乍眠旋起趁晴暉。拖來野水迷[illegible]。
引出和風颺客衣。清蔭低回漁子艇。[illegible]酒家旂。
遥知驟馬揚鞭者。曾染青袍向何畿。

春柳吟

望去濃陰路一條。晚烟漠漠影[illegible]。
舞態偏爭束素腰。鶯老隋堤歌未歇。[illegible]
攄懷內史珍時物。那爲驚秋悵泬寥。

許沆 字湘蘭 海門

紫桑何處訪先生。暫見依依一逕成。不種[illegible]門將故宅。
肯留洛里挿荒城。鎖烟何漏池塘月。聽語方來鸎母聲。
多事行人輕折取。柔條那解别離情。

陳宗選 字書農 甘泉

纏綿如此豈無因回首闗河暗愴神未必揚眉能似爾
究將青眼屬何人亞夫营壘湔新雨摩詰山莊畫好春
寧到爲萍才見絜手姿濯濯絶纖塵
幾回渡口與招招亂舞東風碧萬條不礙[illegible]
可憐絶瘦女兒腰屯田惆悵人初去[illegible]贈別青[illegible]
縱是易衰秋尚早十圍無事感[illegible]情[illegible]外笛聲[illegible]

春柳吟

潘鶴齡 字松岩

走馬金臺最後生劇憐烟雨緑絲成[illegible]
花到飛時欲滿城流水無心空色色啼鶯[illegible]老[illegible]
風光此日須珍重莫道桓温悵舊情

武在文 字右軒

底事年年未了因牽情牽恨總傷神無端撩亂閨中眼
只管萋迷陌上人酒債逐將拴去馬詩魂和雨濕輕塵

自憐離思渾無那不怨東風但怨春

李慶華 字

湘簾十二任飛飛幾度顛狂閙夕暉鶯囀北窗花入硯
客歸南浦淚沾衣阿誰緑水維漁艇到處青樓拂[illegible]
底事漆袍人去後無端春色滿皇畿

陳增 字方川

月殘風曉憶前因倏忽長條別有情[illegible]贈別青[illegible]外笛聲[illegible]

春柳吟

封侯應悔翠樓人流鶯只愛藏[illegible]
李白桃紅芳草緑讓他消受十分春

葉兆蘭 字古軒

依舊長條踠地生千絲萬縷織難成春遊藕小門
人指揚州畫裡城南國新添眉黛樣東風輕試剪刀聲
秋千墻角欄杆外別有纏綿一段情
朝朝臨水悟前因傳出娉婷絶妙神那有風情能似爾

縱無離别也愁人碧掩寒食千門雨紅襯桃花一路塵
緵煞江南三二月家家樓閣總藏春
綠漸成陰絮漸飛依依猶自美晴暉唱殘[illegible]歸羌管
扶上春風門舞衣嬌態似迎公子馬客懷都散酒[illegible]
天涯何處無攀折雨露偏濃是 帝畿
贈别青[illegible]
插盡相思是此條含情脉脉若相招[illegible]
爲受風多易折腰長袖可憐終日[illegible]外笛聲聲

春柳吟

十圍手種西河樹獨聽黄鸝慰寂[illegible]
紀宜堂 字琴舫
絮果萍踪各有因年年一見一傷神黄金[illegible]
青眼如招落拓人腰帶流鶯啼古渡晴侵芳草接
穠桃郁李無消息一片纏綿九十春
紀 英 字吟舫
三月江南燕子飛小園嘉樹帶朝暉東郊遊子青驄馬

上巳佳人絲袷衣懊惱四聲聞玉笛招摇一色見春旂
何當長短亭前路笑折離鞭上 帝畿 輕倩
紀世模 字湘浦
悵望靈和悟夙因風流還似舊丰神笑看北[illegible]飄
怕說陽關有故人十里濃陰遊子路一堤[illegible]
贈别青[illegible]
繁枝密葉渾無賴舞盡江南烟雨春
鄒 熊 字聽泉

春柳吟

鴨綠鵞黄到處生半掩驛路半[illegible]
十里輕烟雨乍晴駐馬正添遊冶興[illegible]
那能栽向陶潛宅不替人間管送迎
許秉銓 字筠園
婷婷嫋嫋是天生蹴地長條翠染成細雨[illegible]烟[illegible]路
曉風殘月秣陵城芊眠客思春三月撩撥新愁笛一聲
記得年年遊冶處爲誰迎送不勝情

章臺邂逅有前因婀娜能傳絕妙神弱縷欲牽修禊舫
濃陰深護倚樓人誰家新學蛾眉樣此日重沾馬足塵
看取十分烟景好天然畫出大堤春
百囀鶯兒坐不飛朝朝搖曳美晴暉正宜拍板歌[illegible]
又傍秋千胥舞衣十里接藍湖上水一梢[illegible]
靈和殿角風流在贏得芳名滿帝[illegible]
折盡津亭長短條封侯人去杳難[illegible]
未受秋風已折腰買得絲將張緒[illegible]
笑余老去情難遣也唱楊枝慰寂寥

王壽朋 字心蘭

寒消兩岸好風生裊裊青絲織已成千樹只應烟[illegible]
十圍不恃錦爲城夕陽南浦輕帆影細雨東隣[illegible]
漏洩春光知是汝教人頓起玉關情
如此風流有夙因河橋深處越精神眉于淺淺勻新樣

眼是青青盼故人馬首依依皆客路鶯聲常到郎芳塵
年年搖曳堤長短才解迎春又送春

王壽康 字竹彩

遥望長堤百媚生剪刀風裡葉初成抽將碧線垂[illegible]
籠着輕烟護寶城十里因依惟月影三春
如何一樣青青色牽引吟懷與別離

潘濤 字曲江

春柳吟

大堤堤上柳初生疎雨濃烟栉沐[illegible]
一春離恨滿江城垂垂斜閣湘簾影
冷葉倡條亂拂拂最無情處亦關情
此樹婆娑信有因年年攀折損精神低迷樓上凝[illegible]
辛苦橋邊策騎人弱絮團成千點雪輕烟飛作六街塵
可憐昏曉離亭畔腸斷江南庾信春

陳晉元 字少方

茵溷飄零託夙因重來還是舊年神臨風細酹屯田酒
泣露愁沾漢苑塵頏盼何曾真識我輕狂未許說依人
便教淚把黄金擲勾買江鄉幾日春
情陰門巷燕初飛多少柔枝戀夕暉千步排成征……
一竿扶出酒家旂小蠻此日猶青鬢張緒……
除却靈和誇得地應甘棲散在郊畿

贈別青門……外倚聲

康發祥字瑞伯

春柳吟

折不能完吹又生纖纖愁煞庭前……
三疊淒清唱渭城浦外烟迷長短夢……
樹猶如此情無限底事人間太薄情
飄零何處問前因悵望青樓最愴神欄外還生花……
月中空剩影三人倡條冶葉娟娟態虛笥還瑤瑟瑟……
回首可憐牽惹處人生如夢幾回春
不堪極目看花飛一樹無情對夕暉舊恨重翻新樂府

新愁還拭舊征衣玳樓畫閣藏歌扇夢雨靈風捲素旂
懊惱從前太匆促五更走馬去郊畿
芳魂莫綰一條條延佇墻東賦大招韓翃章臺成空有淚
小蠻死後已無腰描摹二月修眉展惆悵三生斷……
解道繁華春過眼不堪撫景怨蕭寥

贈別青門……外倚聲

常增字逵夫

萬縷千條夾岸生丰神嬝娜屬……

春柳吟

一路東風綠到城細雨剛逢寒食……
河橋本是驪歌處怪爾添人贈別情
依依緗陌兩無因翻為情多易愴神意態
韶光先泄倚樓人誰云揺蕩全無主贏得風流不……
欲與梅花相折取隴頭同寄一枝春
東拂西縈舞欲飛每於揺曳見春暉低迷綠水桃花渡
掩映青衫下士衣出谷鶯梭新織線隔林馬射又懸旂

何時移向靈和植張緒風流滿　帝畿
雨細風斜路一條行人遙被酒旂招不逢名士盧青眼
絶代佳人有細腰嫋娜柔枝原可愛纏綿宿恨太難銷
年來怕向離亭過極目天涯感寂寥

宫德洋字雨筠

歸來秋色鬧江城又值春風繫我情
今朝翻羨辰舒成絲從綠野烟中
贈別青
外笛聲

春柳吟

最是黃鸝多睍睆高枝百囀聽聲□
何處青帘隔巷招新愁舊恨結千條往
無復黃金繫舞腰此日懷人空悵望當時
章臺綠樹濃陰遠憑眺何從慰寂寥

羅克俊字夏圃

垂柳垂楊樹樹新烟花三月鬥精神生成南國風流種
搖蕩東皇雨露春青眼拭開知已淚黃金買得少年身

自從一染宫袍綠便是芙蓉鏡裡人
燕語鶯啼駘蕩晨輕烟漠漠水粼粼紅妝樓外相思重
青草堤干一色新腰怯東風眼亦舞眼空南國笑還顰
多情最是江頭笛吹起飛花媚晚春

儲步雲字湘舫

一抹春痕百感生依依張緒若爲情　情
衣待何時汁染成顧影自憐邪上
贈別青
外笛聲

春柳吟

才人珍重惟年少試聽黃鸝百囀
昝人離別竟何因總爲情多自愴神
章臺晴拂馬蹄塵凝妝最認登樓婦吹笛
擬賦衍波奏青帝宜春苑裡樹長春
十年心緒託　皇畿旖旎朝陽又夕暉爐染濃烟添畫
省天垂湛露滿春旂韶光漏洩鳩鳴雨風力輕微蝶晒
衣知否青青承豐角至今花在路旁飛

恐美人之遲暮

刀剪風中玉萬條此生風趣故寥寥自矜白雪曾相擬
不問黃金果易銷心有絲綸抽古橐妝成時世學宮腰
江南多少清吟客相對濃陰酒旆招

詹嘉祥 字楓橋

又向前年折處生幾番風信織初成似因贈別青青
舞過清明綠到城廿四橋頭春漠漠短長亭外笛聲聲
婆娑嘉樹猶如此相對應添觸撥情

脈脈含情自有因依稀猶認舊丰神還知翠黛描新樣
定倚紅樓憶遠人細雨輕雲江上路好風斜日陌頭塵
記曾三月秦淮渡丁字簾前幾樹春 悵往思今 清詞麗句
水見枝頭作雪飛絲絲搖曳冞晴暉最宜夏五維歌斷
先近秋千拂舞衣別意短長波上棹吟魂遠近酒家旂
龍池風景應如畫好趁韶光上帝畿
多少纏綿是此條依依相見若相招三生有約思彈指

五斗何人肯折腰每憶貝朋嗟道阻曾經遠別易魂銷
即今幸不愁攀折酬唱吟箋慰寂寥

汪　炳 字蔚伯 江都

輕寒輕暖一條條又復眉痕感板橋拚遣別離前度夢
難忘憔悴去年腰知誰彈指留青盼有客閒情譜六么
擬向東風問消息靈和可似舊丰標
樹底流鶯巧試聲陌頭曾見不勝情涵煙已慣平平視

枝葉何當故故生綠墅漫尋元亮宅青旗空繞亞夫營
吾廬吾愛春三月城郭揚州舊有名

葛肇基 字芑塘 東臺

嬝娜臨風幾萬條無端離緒若相招逢人便欲留青眼
繫馬空教折舞腰漢水東迴情易種燕城西望恨難銷
門前幸有淵明地好借新陰伴寂寥

王　豫 字柳村 丹徒

長堤十里綠楊生。一樣韶光畫不成。白舫牽絲搖古渡。
青袍彈汁出春城。人逐寒食烟千樹。客到陽關笛數聲。
可有風流張緒否。夕陽南浦起離情。 雅音

阮　亨　字梅叔儀徵

西湖新柳惹愁生。一到東風綠意成。白舫琴絲香客店。
夕陽酒旆隱江城。浪翻古渡鶯聞語。注染征袍樹有聲。
不似揚州春色麗。讀書堂外碧[illegible]情。

春柳吟

連天嫩綠倍前因。未到章臺已吝神。一路曉烟盤馬地。
萬家疎雨倚樓人。牽情遠道愁如織。飛絮長堤望絕塵。
莫悔封侯粧閣約。陌頭留得十分春。

徐慶升　字孟安興化

欲把風流問夙因。好憑眉眼識精神。滿懷別恨誰憐我。
一味柔情慣惱人。大道何妨頻繫馬。清標原自遠風塵。
笑他紅紫爭誇艷。輸與長堤十里春。

符　旌　字雨岩興化

御溝灧灧水初生。一片濃陰畫不成。謾說風流空漢殿。
又傳消息到江城。低囬花館迷旛影。搖曳書堂隔幔聲。
獨有清標堪自賞。如眠如起亦多情。

陸世用　字湘雪興化

陽和駘蕩此柔條。魂為情多已怕招。似爾垂青空着眼。
問誰觧舞設誇腰。別離每向愁ㄣ折。風刃都從醉裡銷。

春柳吟

稍喜故園今歇馬。不同聞曲夜[illegible]寥。

陳燕桂　字蘭賓興化

濯濯東風颭翠條。王恭丰度有魂招。豈因積恨頻添緒。
不為傷春已瘦腰。好景那堪樓上望。閑愁難向陌頭銷。
何當一掃離亭感。斗酒濃陰慰寂寥。

春正堪憐是此條。百般婉轉為誰招。綠臨碧水疑宮黛。
困倚東風憶楚腰。青眼半隨香夢醒。黃金甘為美人銷。

多情暖護嬌鶯語不似寒鴉坐寂寥
底事纏綿有此條避人無奈宛相招絕殊花信寒吹面
儘有湖山綠到腰官閣月沉朝氣重女墻衣露午烟銷
一春如海供吟賞更有何人怨寂寥

黃蓮卿　字子仲　興化

多少柔情寄此條依依小艇漫相招春來一笑逢青眼
寒帶三分約素腰張緒風流無　韻閣潜門巷亦魂銷

春柳吟　四十六

同心好結梅花伴早渡江村襪

顧階升　字晉齋　興化

誰憐歲歲髩絲生影顧池塘染又成一夜東風鬧翠幙
十分畫意到江城莫愁驛路亭無主從此樓頭笛有聲
別後相思還似爾天涯何處訴離情
偶向東皇問夙因今年翻覺更精神如逢名士垂青眼
豈惜長條贈遠人湖上一樽傾有盡橋南十里拭無塵

連朝正有鶯花約行出柴門總是春
得些風力便飛飛繞遍欄杆送夕暉天嬌勢如搏鳳翮
苗條疑不勝春衣綠凝湖水修眉黛紅襯桃花艷酒旂
多少樓臺都入畫濃陰深處是　京畿
攀折無心任此條十年幾度記相招陽關人去飛愁管
玉樹歌殘倦舞腰和雨和烟春聽足　如絲如縷客魂銷
漢南渭北多知己為我青青慰寂寥

春柳吟　四十七

全德輝　字子石　興化

二月新陰淡沱生絲絲縷縷綠搖月明餘灞岸青連浦
春滿皇州綠抱城薄暝能遮沽酒旂輕烟不隔賣花聲
明朝時節逢挑菜但倚欄杆便有情
漫將絮果證前因妙筆能傳絕妙神別恨頻添深夜笛
新愁付與上樓人夕陽河畔纏綿意細雨江干黯淡魂
十二重簾休盡捲天涯無奈可憐春

芹泥香暖燕初飛縷縷柔枝𨗳曙暉不道金龜孤繡被
曾和玉露點朝衣三眠漢殿青拖地一色華林綠映遊
輦道花濃春似海十年前已憶　皇畿
人人道是別离條風好都從東面招儘有春愁爭似水
拚將玉尺爲量腰千秋庾信情如此一世楊華恨不銷
誰與御花向簾櫳月斜連臂太婁參　天下有情人

陳婉紅　與化女史

珍重韶華是此條多情正爲好[illegible]齊色染新黛
偶怯春寒減舊腰隔歲夢從湖上[illegible]鄉魂每笛中銷
纏綿又聽黃鸝囀多謝東君慰寂寥

王燕生　字凝香華亭女史

相對纏綿自有因樹猶如此亦傷神剪裁先仗風姨力
漏洩方知四海春幾處濃陰堪繫馬三生弱盾不沾塵
擬逢九烈丁寧道多染宫袍贈與人

僧碧田　字韞山與化地藏寺

落梅風裡綠烟生幾日新陰釀得成映帶鞭絲迴綺陌
迷離花雨覆春城簾波翠亂溟濛影玉珞鶯調宛轉聲
日暮誰家吹笛有人頓起玉關情
漫云離恨一條條烟景都從勝槪招畫舫參差分燕尾
山橋曲折隱蜂腰如絲細縷和愁[illegible]水流光逐電銷
不見漢南幾株樹曉風殘月太[illegible]

僧界靜　字秋嶺盐城彌陀

幾番攀折幾番生聊借東風長[illegible]綠慣披寒食雨
清吟豈祇卯兮城長亭月照征夫影古寺烟籠社燕聲
欲問挑花紅綻處不關離別竟何情

僧若蘭　字雪幢湖北崇陽縣

髡盡柔條又發生東風如剪爲裁成輕拖桃杏紅[illegible]
寒逐蘼蕪綠進城到別離時停馬足有樓臺處聽鶯聲

人間多少愁攀折地北天南無限情
萍蹤飄泊有前因脫帽風前暗愴神幾度斷腸思往[illegible]
一時垂手作閒人青遮杜若洲邊路暖趁桃花扇底塵
三四越脫
此日吳陵成小住那堪重問故園春
奐醒何恨
冷翠如烟濕不飛天涯遊子惜晴暉
他飄蕩風中
似我斕斑身上衣那爲尋春牽[illegible]
忌買醉望青旂
橐饘喜見人酧約一路揚鞭[illegible]

春柳吟

故人門巷碧條條賦就還將老
逢人休說安娘腰花於廿四風
萬事從來歸懺悔休拈絮果問參寥
僧煥然 字嵩亭泰州光孝寺
柔條細葉展江城祇覺青青太瘦生十八姨饒裁欲出
二三月後蔭初成雙柑斗酒聽鶯囀野店河橋動客
莫向紅塵最深處更吹羌管帶離聲
結筆最微婉 端伯

幾陣東風滿樹春宜晴宜雨爭無塵黃金乍布時偏
青眼相逢世有人似爾池塘風裡態悟他茵溷絮中
平生證果差堪信若爲依依一愴神 多情乃佛
歲歲章臺街裡飛年年寂莫向春暉受風多處因東面 心、[illegible]
承露深時近 帝畿館啟長楊迎雉扇宮開扶荔拂
旂淺深須認新眉譜不是飄零 贈人以言 其聲動心
休道禪房太寂寥也將幾樹 秋同落

春柳吟

色比桃花春不銷風片雨絲
吟成綺語非吾事囑和難禁折
八月吉

清味齋生日倡和詩

（清）陳晋元 輯

《清味齋生日倡和詩》不分卷，清陳晋元輯，據泰州圖書館藏清道光十六年刻本影印。

陳晋元前刊五十生日唱和詩鈔。時隔十年，陳晋元又仿前例，仍以自壽詩徵詩於同人，並刊六十生日唱和詩鈔。和者有余源、陳錦、余谷、宫錫朋、葉汝登，及其女弟子王子玉、小門生劉震等。

（江慶柏）

清味齋生日倡和詩

憶昨五十初度曾刻同人倡和集今甫十稔而集中諸君作古人者過半因歎浮生若夢逝者如流所不與形質俱敝者數行筆墨精氣常留後之讀者如接儀容親謦欬詩雖小道未始不播風雅於靡窮也僕以積病羸軀幸延殘喘今甲子初周仍以自壽拙句徵詩於　諸吟壇猥蒙佳製紛投未免揄揚過分然琳琅觸目不忍弃藏爰仿五十徵詩之式付梓以傳共作一時佳話惟願　諸君子同登壽域僕亦叨附耆英將來疊次賡訓共享期頤之樂當不厭徵求之無已也編輯既竣謹誌數言自爲禱並爲　諸君子頌焉道光丙申秋八月半龕道人陳晉元自記於羅塘客舍

生日倡和詩鈔

六十生朝自述　陳晉元

轉瞚徵詩又十年支持瘦骨尚依然本無慧業難成佛能謝塵緣勝學仙置散雞蟲忘得失過時魚鳥任留連人生周甲尋常事病後餘生郤幸全

賸得他鄉落拓身秖堪棲息養吾眞琴尊樂享無聊福筆墨緣留未了因名紙門前多後輩詩牋壁上半陳人老懷萬事都無慮感逝傷離最愴神

一

病餘愛讀養生書服食先將藥物除微飲酒教神澹定熟烹茶使氣安舒（予非百沸湯不飲）炊陳但吸雙弓米（予食粥不嘗新穀者三十年）減膳常餐半面魚近笑衰翁遊興作出門頗自耐舟車（今春浪遊吳越生日又住焦山）

豈是貪求莫景長少年艱苦略思償慾雖可贖終嫌晚恩未能酬莫敢忘誥俗尚宜鐲梗概愼言並擬廢詞章秖慙時鳥鳴天籟妄想鈞韶樂共張

生日倡和詩鈔

余　源　涵堂

騷壇名噪已多年劒氣珠光照朗然但到門庭無俗客不除煙火是眞仙聯吟我愛尋師道肆志君曾效仲連今日杖鄉開壽域一生清福得天全

塵事難攖物外身選官那及一瓢眞隨心樂得長生訣帶髮修參隔世因蝴蝶牀頭超幻境琵琶天際想眞人名山自有千秋業不死何爭此谷神

二

高齋清味溢琴書風滿松窗月滿除流水門前心自定行雲天上意同舒果然和靖宜招鶴便不嚴陵亦釣魚最好清遊乘興出楓林隨處可停車

好景都從淡處長何須華袞願求償神仙字食原難信人鬼謀占已盡忘匏繫未能偕賀客郵傳聊且報詩章他時櫂出羅塘路指點煙波再訪張

茅　濟　文山

咿唔終歲逼衰年半世悠悠自憮然兒女累多難學佛金銀氣識懶求仙放言廢欲同夷逸排難才原遜魯連爭似元龍高品格形能全也復神全

一輪明月作君身山水情緣具性眞把酒未能申夙契和詩聊復續前因客途寂寞誰知己老境淸閒是福人花甲從今周復始駐顏可許健精神

靜養何須讀道書機心機事總消除胸無外騖神常定願不奢求樂自舒高隱幾曾怨猿鶴奇文亦復校蟲魚老來更喜添遊興纔仕扁舟又命車

江上歸帆去路長人生聚散願難償伯牙琹和朋簪合謂俞仲子地肺山空世澤忘笑我徒多蝸寄感爲君還唱鶴飛章古稀轉瞬登堂祝準備瓊筵月下張

三

陳　錦天裳

浪跡東南十二年天台采藥亦徒然煙霞未化生前鶴水月空遊夢裏仙到處看山供歗傲歸來卜築儘晋連吳陵高士如相問萬里乾坤詩料全

東風吹醒夢中身老輩相逢古意眞雅癖除詩無別好異鄉聯詠也前因記曾著錄尊淸老僕卅年前曾學詩於俞樸人先生時僑寓養疴終日吟詠怡情遂覺體健神王幸得加餐答故人爲語衰翁好珍重他時還睹舊丰神

傳聞新得石函書知已都教妄念除五岳歸來遊興足六旬老去道心舒尋盟草澤偕鷗鳥肆志芸編飽蠹魚爲問經明傳學日可曾攬轡上徵車

愧說桑蓬壯志長卽今衰老願難償辱君詞翰千回賞使我癡頑百慮忘東海德星瞻瑞彩南山化日麗瑤章仰天試望浮雲外多少鴻飛笑網張

余　穀子君

天教仁者享耆年此理從來信必然投轄多情心是佛著書傳後筆如仙江山勝爲新詩助樽酒歸同舊雨連謂仲子先生我有祝詞非諛語願排花甲兩番全

四

名場利藪早抽身世味消融道味眞萬態浮雲觀變相一輪明月證前因古歡慣喜邀禪伯韻事原應屬雅人謂焦山之遊與借庵上人倡和若使畫成團扇稿須將松鶴寫精神

白髮靑燈坐擁書塵埃吹不到庭除人稱閉戶陳無已我重通經董仲舒道悟精微身外蝶樂知活潑水中魚幽居不羨蒲輪召只恐徒勞使者車

淸味齋中日月長平生淸福總堪償雲和古調誰能賞水淡交情久不忘兩地三秋勞夢寐十年一度報

詩章笑余未熟丹爐火擬附羣仙宴共張

朱　裴 薇衫

華堂共祝杖鄉年杖履優游想快然豈必山中無宰相郎非世外亦神仙鹿車挽手同心結鴻按齊眉比翼連忠厚傳家終有報天公應也暗周全

天地蜉蝣寄此身得完太璞自歸眞閒中去攬江山勝方外來參香火因知已又添新佛子謂借庵上人聯吟還許舊詩人謂仲子先生如余也荷垂青眼常使相思費遠神

五

羅塘時寄數行書言語傳來習氣除路必由仁心自正身能潤德體常舒自慚畫虎偏成狗人說登龍便躍魚想見子雲亭子外從無詞客不停車

林泉風景羨春長淸福都從老境償好古如君眞性嗜論交到我竟年忘秪緣碌碌常爲客非敢遲遲獻報章次第徵詩逢百歲綵䍐何止萬千張

任履南 時庵

自寫新詩紀歲年騷人風致故超然曠懷百代驚過客高占千秋溯列仙何裏情多今杜牧絃間韻杳古成連識韓猶悔前緣薄團扇傳神恐不全歲庚寅先生來遊曲阿僕以事他出未獲一見

欲頌金剛不壞身盧山面目認來眞養生久謝刀圭術壽樂惟耽文字因世以靈光推老輩天將淸福報詩人陳蕃近狀詢徐孺見說年來瘦有神潤州徐立民先生交先生最久

笑我疎慵欲廢書亡羊失馬聽乘除珠還合浦光仍掩劍化延津氣未舒立志幾曾侔燕雀謀生多半誤蟲魚他時重訂焦山約合爲任安少駐車僕年來寓硯於焦山之左

六

遥聽陽春曲調長琅琅高韻倩誰償尹邢避面情雖淡元白同聲意不忘千里照臨輪月色七襄組織鬬雲章何當百尺樓頭坐旗鼓登壇共一張

朱麗雯 章雲

上壽稱觴美百年即今周甲已忻然明心淡泊能修福隨意逍遥便得仙拔俗高文詞俊逸驚人奇句韻鈞連世間修短無強弱示病維摩祝萬全君素善病老來轉覺神王

同是他鄉托跡身油油偕俗穩天眞貧能守分無塵妄病愛論文了夙因水面閒鷗應識我林間宿燕免依人眼前暮景何留戀桑梓言旋最愴神

少年曾記愛攤書老去難將結習除薄醉三杯添興趣小眠一枕任安舒解条玉版何知肉早歛金鋮不羨魚最喜知仁山水樂扶笻安步便當車

杖朝杖國日方長諫果回甘細細償雞肋功名原少味硯田事業却難忘老傳愧我無他技服政知君有舊章更聽鈞天來廣樂巴人里曲也同張

潘慶齡 子亭

長君一紀共申年（君誕丙申 僕誕甲申）兩讀吟箋志浩然詩到和平忘感慨心無障礙即神仙春風一榻邀徐孺夜雨孤燈學少連且喜衰年能却病名場已過莫求全

物外翛然自在身金焦遊覽見情眞波流千頃機無滯石坐三生夙有因慧業何曾輸佛子名山也喜遇詩人元龍到此添吟興筆底雲烟妙入神

三朝幸讀太平書七十餘年俗慮除觀海曾誇胸次濶登峰猶憶眼光舒（僕丁丑出都登岱觀海）黃河遠道來歸鳥綠字陳編走蠹魚（僕㳺龍城任來去黃河千餘里歸搆汲綆書屋）閒倚南窗聊寄傲夷途已識怕登車（用韓詩）

汲古慙余綆未長（僕寫汲綆圖）漫思辛苦役人償青氈世及原無謂（賤息樂山亦就廣文）黃䣧緑螘已漸忘扶杖逍遥安布帛感時通變泣文章知心伯玉眞名士儒雅風流不自張

黃毓琅 耀南

馬齒慙余長十年輸君胸次獨超然清虛吐屬傳天籟整肅儀容儼地仙問字有人頻剝啄尋詩無景不

流連病餘轉覺精神健世事何須定萬全

羅塘僻處寄閒身卅載交情見性眞黃卷未能酬夙願青氈早已脫塵因（君不設帳十餘年矣）門餘桃李榮三逕腹滿詩書敵萬人笑我衰年猶作客一經回首一傷神

蕭齋獨坐檢奇書舊累新愁一例除高潔但教情淡定清閒自覺氣安舒半生瀟洒同耽酒本性偏迂不食魚（余生平諸魚不食）猶記開樽通昔款荷君投轄苦留車

敢說賡歌獨擅長枯腸搜索債方償一生著作君何富兩字功名我久忘咀得新詩都有味寫來拙句不

成章從今再卜期頤壽檢點行藏各主張

李成蹊 吶齋

風雨臨卭六十年老來遊興轉欣然沉疴自分無生理靈藥何期若遇仙調攝有時招白墮安和亦復託成連殷勤寄語愁司馬莫謂醫家少十全

百尺樓高寄此身卅年交契見天眞每邀一笑溪頭過亦是三生石上因靜對時流慙故我猶存古道讓斯人雞豚社裏看扶杖共羨衰翁瘦有神

爲是尊生學道書少年豪氣未全除筆如夢裏江花燦文似風前蜀錦舒應笑塵緣徒鹿鹿獨貞雅度自魚魚再過十載稱觴日會見蒲輪載後車

九

分韻西窗引興長近來俗債憑詩償新知一一捫心感舊學重重退膜忘却病暫疎紅豆曲護花時奏綠雲章開牋辭罷薔薇露旗鼓登壇敢對張

葉鹿鳴 芩洲

美意端能享大年況看高詠亦超然瑾璩我比羊公鶴游戲君如蓟子仙曾記西窗同燭剪幾時東道再牀連人生老去須當惜那用營營計萬全

同儕多現宰官身一曲長湮賀季眞風雅何妨存舊癖功名各自有來因且欣山屐添遊興不用詩囊索解人聞道金焦吟卷富懸知秋水定爲神

羅塘睽隔少來書潔癖深知老未除詩律喜看今更細豪情難得晚彌舒漫嗟遲作摩天鵠未必終非縱壑魚轉瞬廿年如渭叟蒲輪會見載安車

十載相先閱歷長却慙虛願總難償青壇暮景應同嘆（銓次無期）白首交情豈易忘落月空教思李白買舟久欲訪元章秋來肯共東籬醉拌得顛於草聖張

十

朱茂喬 崔岩

花甲初周莫問年千年松柏尙巍然閒於野鶴眞名士清到梅花卽地仙絕好襟懷千古意記曾風雨一牀連今雖衰老交猶昔耐久期君兩善全

本是玉堂仙吏身聊償外翰得全眞文章久著推前輩淸福能消有夙因得句推敲偕內子登高嘯傲愜詞人杜公律細都緑老想見詩成泣鬼神

少年已讀等身書豪氣元龍老未除養病却宜胸曠達攝生常覺性安舒春風座上揮松麈舊雨天涯寄

錦魚多恐烟霞成痼癖望塵不慣謁高車
著述功深歲已長幾時梨棗願才償十年東里居相
近一別羅塘刻未忘笑我無傳成老物感君不棄贈
瑤章（僕於九日七十生辰蒙賜壽言）故人肯踐黄花約擬向東籬小
宴張

孫光璧 瑴士

曾記遥分五色牋珠璣屬和十年前亦知晚歲期佳
境最惜流光等逝川老尚豪情耽楮墨胸無俗累藐
神仙近聞喜著遊山屐難得衰翁興勃然

物外逍遥幾十春病懷曾不累清神肯教藥録調庸
手不藉鴨經駐此身仰屋蕭恭情澹遠吟詩沈約骨
嶙峋廿年消受閒風月合署羅塘一散人
絕無百里風烟隔彼此常艱一紙書落落晨星今若
此迢迢秋水悵何如君於昨歲張華宴我已三年別
故廬匏繫空齋差慰藉兒孫多傍主人居
也擬秋開七袠觴在家在客費商量兢衰兄弟經年
別絕好親朋入夢長祇覺臨摹餘逸興（余有書癖至老不輟）何
須服食覓奇方輸君一事饒眞趣斗酒闇中有頻藏

王賓 穆齋

識得芝顔已卅年杖鄉耳采倍超然功名事半由天
幸者老人爭擬地仙愧我塵緣猶未了羨君清福儘
留連他時倡和循成例百歲瑤牋疊次全
數十年來善保身全憑調攝見天眞陰陽養得消沈
疾靜慧修成遠俗因酌酒怡情陶處士歌詩遺興古
風人矜期迥出尋常外仙骨珊珊更有神
豈因老去倦攤書回首前塵日月除獨處猶嫌朋不
廣出遊翻覺體常舒登山喜聽花間鳥臨水貪看澗
底魚與邁庾樓知不淺最關情處且停車

領袖騷壇歲已長而今猶有債思償閒消筆墨情彌
永談到風雲志未忘座上賓朋流雅韻門前桃李燦
文章媿無好句酬佳詠聊劈雲藍紙半張

宮承志 治晴園

瘦骨崚嶒六十年吟詩索和興陶然愛循風雅敦詩
禮不向元虛佞佛仙已分蓬蒿棲仲尉直於山水悟
成連邇來識得人生樂點點靈根自保全
一塵不染此閒身掃地焚香樂性眞幸把虀鹽抛俗

務得將詩酒足前因和章壁上多陳跡祝壽門前問
主人廿里睽違難聚首幾番馳溯愴離神
舊雨相招寄尺書勝遊全使俗情除沿途秋月忞吟
賞出岫閒雲任卷舒滿目青山謀斗酒半江紅樹買
鱸魚歸來門署烟霞字不羨人間駟馬車
百年歲月樂方長莫謂茲行願已償勝地經今猶未
改鈞天聽過最難忘喜於儈榻聯佳句雅有奚囊貯
好章肯把紀遊詩再續一帆江上擬同張

任鈺 其相

回首論交四十年鬢鬚無恙故依然屐穿謝眺能逃
俗手拍洪厓欲證仙句寫烏絲眞灑落曲翻紅豆憶
纏連琪花綻作門前瑞天目靈根養性全 羅塘天目山名琪華
藏過烟霞物外身一溪流水寄情眞倪迂好潔關清
癖應物焚香本夙因雲去雲來心底事花開花落眼
前人靜中簾幙低垂處只有推敲解費神
名山看過當奇書結習高僧與破除月探穹巖疑烏
絕字盤古鼎愛龍舒向禽悵望何勞件濠濮歸來自
樂魚知是身輕腰脚健天教安步以當車

圭

返轡桑乾道路長春明辛苦幾時償捽栞羈旅音誰
賞乞米侏儒事漸忘雞鶩遠君常示疾鳳皇笑我不
成章結鄰他日攜巵酒人說南周又北張

章家震 篔亭

同學交遊四十年知君胸次獨超然聯吟律細追詩
聖醵飲神豪肖酒仙只有時光堪領署絕無俗累可
牽連細觀周甲書懷句卜壽何如善保全
不問前身與後身難偕流俗講天眞多文未必矜宏
富無字翻堪得正因緘口不言門外事舉頭誰號眼
中人炎凉世態都參透却笑愚夫問鬼神

古

接談勝讀十年書揮麈先將習氣除誼仰班荆來亦
往思看脫稿卷還舒耽遊約伴頻傳雁重食占年喜
夢魚吳越金焦多勝景登臨非病不迴車
往事何須計短長光陰已去孰能償道逢險處心常
易興到酣時老亦忘方外謳吟堪倡和囊中收貯盡
文章巴歌漫擬期頤祝戲納人情紙半張

王煥台 鑒泉

流光彈指杖鄉年身世寬閒興勃然吳越尋春忘作

客金焦攬勝快登仙清才似玉森森立佳句如珠纍
纍連老至病軀還更健應從莊叟悟天全

秋葭深處好栖身想見幽懷樂道眞塵累盡除耽慧
業蒲團小坐悟前因（君有在家出家小影）養痾暫謝門前客得
句難酬局外人時曳一枝筇竹杖閒階行藥自頤神

少年曾讀等身書豪氣於今老未除荻畫慈幃思永
叔蒲編綺歲想温舒交游誼重鶯求友著作才非獺
祭魚莫笑陳平居委巷時多長者爲停車

天與靈椿歲月長平生陰隲壽爲償儘饒聲譽傳堪
久漫道功名志未忘庭植芝蘭移庇廕門多桃李燦
文章皇荂一曲添籌屋竚看南飛鶴羽張

章家升 筱峰

又獻巴詞介大年羨君胸次獨超然人承齒錄推耆
宿自署頭銜作散仙詩思不羣追李白琹心有味婉
成連（君藏古琹名味清）養生却病窺眞訣何事醫方覔十全

羅塘卜宅老閒身谷口逍遥鄭子眞獨以高風式流
輩時邀明月證前因忘年結契多招友策杖尋歡不
讓人嶺上寒梅雲裏鶴如君越老越精神

淹通久著等身書垂老何曾結習除牙慧不矜瓊雪
艷風懷日共絳雲舒宜言飲酒賡鳧雁爲勸加餐答
鯉魚只恐明經多晚遇難辭束帛與安車

添籌客衆引杯長詩債教人次第償此後升沈何必
問從前得失兩俱忘一生自占清閒福四壁新增倡
和章定卜期頤臻壽域桂花香裏宴頻張

宮錫朋 蓺圃

覽揆初周六秩年岡陵獻頌樂陶然人當中壽非爲
老病到回春直似仙況復襟懷多曠達絕無塵俗罣
牽連即今添個童孫弄白髮齊看五福全

等是羅塘寄跡身輸君瀟灑樂天眞焚香掃地平生
癖揮麈談元宿世因澹泊修成無量佛交游競道有
情人休言骨立衰將至島瘦文章倍有神

閉戶終朝只著書塵羮土飯盡蠲除夌雲詞賦鏗鏘
奏吐鳳胸腸爛漫舒人爲利名徒鹿鹿君矜標格自
魚魚聲華才調羣爭羨遮莫門多長者車

看山不憚路途長買棹期將夙願償兩點金焦都遍
歷一番題詠劇難忘雲蹤有意輝塵壁俚語無文報

抛殘席帽早抽身，風雨吾廬養性眞。盆草盆魚修淨業，梅花明月認前因。中無一物能容俗，筆有千秋肯讓人。畢竟好閒閒不住，焚香煮茗倍精神。

招遊舊雨寄鄉書，雅興能教俗慮除。雲樹懷人孤館僻（謂俞仲子招遊焦山），湖山覓句片帆舒（君遊吳越有詩一卷）。一江遙渡南飛鶴，千里爭迎北路魚。足跡半經腰腳健，歸來緩步當安車。

贈我琳琅意味長（君曾和余五十年述懷詩），十年詩債到今償。蹉跎歲月生同感，忼慨功名老漸忘。如水交情關血性，望風懷想慰詞章。報瓊又賦岡陵句，遙祝橫渠處士張。

六

王化行 熙純

髫齔論交不計年，相看雙鬢已皤然。瑤章又捧新翻曲，絲筆爭傳老謫仙。一代清才眞曠逸，三吳勝蹟儘留連（客歲君遊吳越）。年來我亦無羈絆，爭比先生樂事全。

撚髭聳背苦吟身，聊借風騷寫性眞。一室倡酬分夙慧（尊夫人能詩），三乘通徹證前因。塵緣刪盡都無我，清福能消得幾人。料理藥爐和茗椀，靈臺疏瀹長精神。

短章聞道琳琅堆滿架，媿教砂礫共鋪張。

沈殿春 芍園

浮雲變幻又經年，不逐秋零亦快然。江上吟詩呈老佛，山頭遊屐悟飛仙。豪情漫說消磨易，小刼何妨斷續連。心底道緣囊底藥，谷神常王補天全。

塵沙滚滚累閒身，畫餅虛名莫認眞。呼馬呼牛都不問，是蕉是鹿總無因。如君羈旅稱高蹈，以我牢愁羨故人。掃地焚香托吟咏，遝來病退足精神。

屢叩雙扉豈證書，黑風魔障藉消除。病中語倘纏綿囑，愁裏情教婉轉舒。怕聽林間啼怨鳥，欣逢河畔報痊魚。尊前重讀新詩句，多謝留賓落井車。

七

一瀕前緣較短長，幾人夙願稱心償。黃壚最是懷凄絕，青冢惟虞腹痛忘。歛得聰明皆學問，直從首尾見文章。天遊六鑿難相擾，安用邢和算果張。

潘厚坤 碧江

澹定高懷靜壽年，渾金璞玉本天然。不矜才豔眞名士，生就清癯是謫仙。甲子更添詩興趣，須眉能耐病留連。回春種得恆春樹，老健如君福分全。

抽身整頓舊琴書靈運遊山興未除止水無心淸且冽閒雲有態卷還舒但教到處能馴鹿何必臨淵更羡魚著得芒鞵今幾緉勝他駟馬共高車

迴憶徵歌歲月長十年詩債甫能償君五十徵詩余未得和明知白雪高難和自笑無鹽醜竟忘北海合傾三雅釀南山補頌九如章緑牋滿貯籠紗處玉尺煩君自主張

李蓂榮 春亭

夙羡詞華富妙年六旬雅興更陶然形儕瘦鶴翀天

十九

漢身侶閒鷗作地仙舊雨相逢同壁合新詩層出比雲連幾生淸福能修到濁世翩翩好自全

莫嘆鸞漂鳳泊身幽居隨遇樂天眞情移流水高山曲業證禪關法界因在昔聯吟遺故我先生五十徵詩榮惜未與今番問字得詩人只聽喞喞秋蟲響不及生花筆有神

耶昏雙眼懶觀書老去塵緣悉懺除回首歲華如水逝趁人歡笑少眉舒郵筒忽接開胸境里曲先輸倩錦魚何日獨尋塵外客擔囊好共駕山車

屢欲登堂祝壽長關河遥隔願難償忻逢接引來先覺敢倚荒蕪說善忘老女畫眉空有樣昏鴉塗字不成章屬君愼勿災梨棗恐混玲瓏曲幾張

高斗城 漢京

由來美意自延年室靜窗幽趣宛然有癖也知關福命無求何處不神仙茶烹石鼎松陰暗篆裊銅爐竹影連濁酒一杯琹一曲嵇生淸願可俱全

猶是耽吟舊日身揮毫每見性情眞句成明月參圓相字嚼梅花識淨因入夜常來攜酒客敲門强半索

廿

詩人江東渭北頻年隔想象新裁更入神

正購香山近著書綵霞飛忽下庭除雕鎪不事神逾妙格律全抛氣更舒偶對鏡中都是象絕無筌處果留魚靈犀一點淸如許莫擬談元載鬼車

我媿雕蟲技未長詩逋酒債總難償敢誇學佛閒偏嗜近誦金剛經願覺萬念俱空也解觀書過輒忘鐵板銅琶銷壯志鶯簧蚓笛愿詩章安排白箋青衫好來聽鈞天廣樂張

俞庸 仲子

同是羈棲十七年相依垂老倍歡然芳辰恰近千秋節（君誕在中秋後九日）花甲初周第一仙詩律細來今杜甫琹心證到古成連養生贏得長生訣五福應先以壽全

半龕容得百年身佛出儒門世系眞本以宿才成慧業漫將香火證前因萍蹤自昔多同輩芸社而今賸幾人老健笑君復何似黃庭字體瘦通神

焦嶺稱觴屢寓書崧寥親爲掃庭除我延舊雨徒留滯君似閒雲任卷舒（久約同遊因病相左）江上代飛同燕雁山中輪値聽鐘魚扶筇力疾緣何事避得門前祝客車

健羨閒中歲月長嗟余夙泊債難償大江返棹鄉雖近曲水浮家世又忘（僕頻年館於江上今又挈眷於曲水之北）別後音書見情性老來歌哭總文章何時卜築同歸里省得尋鱸語笑張

丁學鴻賓書

文場馳逐記當年逝水流光亦黯然擬上玉堂充近侍竟沉陸海作遊仙逍遙儘可容莊叟富貴何能詘魯連恬底道人甘自晦半龕居也不求全

自笑年來多病身逢場傀儡幻非眞任渠位置全無主悟我牽纏定有因泣玉卞和翻累已登樓王粲尙依人閒居久矣塵緣少不必怡神不愴神

無志求名懶讀書悠悠好景暵消除桃逢暈赤腮增愧柳爲垂青眼正舒識路幾曾煩櫪馬忘機久不羨淵魚自從御李時相接願執吟鞭在屬車

桑榆雖晚日方長仁壽還當百歲償文到可傳何患朽詩緣耐讀不能忘全抛世務歸風雅待譜謳吟入樂章到處名山留翰墨花牋鈔乞兩三張（先生曾示遊山諸作）

李慶華小白

名山數典誤何年不記焦光記孝然（焦山三詔事本指漢處士焦光後譌爲焦先孝然）久挹淸風尊處士今聯高會到尋仙詩聲朗遣江聲送酒氣騰疑海氣連樂得才流作（去聲）生日騎人福慧兩能全

修到金剛不壞身雅遊方信畫圖眞吳儕風月春無價越水烟波夙有因綠酒徵歌名下士白頭打槳鏡中人少年結習能忘否還恐陳思賦洛神

東觀難窺未見書北窗何日鳳銜除山中教授春風遠老去光陰夕照餘味戀淸齋辭蠏蛤閒緡爾雅注

蟲魚伏生待到傳經日重集門前問字車
本是壺中日月長累予詩債幾番償十年倡和今爲例一字推敲老未忘那許陳言仍襲故媿非美錦莫成章欲翻花樣排花甲依舊人情紙半張

儲鎮藩 价人

占得寛閒便少年先生杖履故翛然不談富貴都緑懶郎混塵凡亦是仙風骨嶙峋思絳縣天懷空洞想成連浮生碌碌曾何限彈指流光記不全
詩城攻苦健吟身洗盡浮華見性眞食古已無烟火氣通元早悟去來因幽憐輞水圖中境雋想香山會上人最喜秋江曾共棹（庚午秋附卅往省）卅年還是舊丰神
藥爐茗椀共圖書萬斛紅塵盡掃除遲月琹彈流水遠探山屐踏夕陽斜衣冠度雅羞枝鹿蔬筍香清勝粥魚遥識草廬貪著作定逢搜訪命安車
僕亦癡心較髮長其如夙願已難償功名莫必原知誤世事經過未易忘雜口固應遵策士牛衣終竟老王章祇緑七衮華筵敞短句還思互角張

王榮祿 有亭

莫問浮生幾歲年黃粱未熟總茫然愚公願大先忘老高士名傳豈讓仙無礙川流憑月印有情苔長共岑連人生疇福原難備得壽才堪次第全
塵寰難得自由身不把浮雲苦認眞舟泛波濤終汩岸果分小大總成因殘編斷簡今生事白屋青燈本色人我進讕言君大噱文昌星最惱錢神
仰屋蕭萘戒著書澄觀物理識乘除滋生草絕無風妬香勝花常帶雨舒丰朶雲中高舉鶴襟期濠上樂知魚子雲偶著遊山屐門外空回問字車
日於閒處景偏長更喜蒼穹不責償煮茗苦甘心獨覺圍棋青白眼誰忘功名會際桑榆晚著述光分雲漢章七字笑猶弓兩石期頤更有卅年張

康發祥 瑞伯

僂指交遊已卅年羨君愛好出天然閉門舊似陳無已索句今逢賈浪仙（謂與焦山借菴倡和）久病鬚毛如雪積故人茅屋與雲連養生自具安心法事事從渠得葆全
山中誰問薜蘿身諦視吾知面目眞（君數年前病劇予就榻問視）詩客延年哀大集先生不死有前因（謂生輓詩余書其後今大集又

將付梓靡倉擬挈花閒杖瘦骨能支世上人試看知交半零落髯湯懋齋短李雨村盡傷神

快遊會寄故人書謂俞仲子山水全將世慮除京口波濤神自定吳中花月眼頻舒佳辰每罄浮蟻盌時事休爲上竹魚較勝輕衫人觸熱怱怱天外走征車

領畧閒中趣味長才名自許苦心償歌傳江岸人皆啞丙子歲余與先生泊舟燕磯時江船蟻集晚有歌彈詞一闋者先生抗音繼之鄰舟屏息不敢復作足踏山巔我未忘余與先生同登清涼山觀落照距今廿餘年而其時之風景可想餘事也能欺輩行豪情不在露文章巴詞聊繼鈞韶奏書向屏風九疊張

常增 高菴

一別都門十二年小亭風景憶陶然空慙醉月頻中聖竟遜吹簫易得仙千里江東歸賀監幾人海上問成連北征所憾無他事詩卷飄零記不全

多年未現宰官身天遣山林樂性眞仕宦何須忙貢禹交游尚喜剩劉因且從草澤求奇士同向江湖作散人最美清泉煎百沸翛然桑苧老茶神

叢叢未了等身書仰屋難教此癖除尺蠖未信先耐屈絳雲已卷不求舒相將長歎諧鸞鳳勝檢遺文訂豕魚笑我年來何所得無成猶自媿虛車

早歲光芒萬丈長不圖虛願總難償輸君排纘詩全錄勝我叢殘句半忘一卷曾傳蘧伯玉君五十刻同人倡和集六旬又視米元章更看老境臻恬淡斂不飛揚弩不張

吳樹蘭 香墅

似此清修不計年閒來蹤跡最陶然稜稜風骨難諧俗落落詩心欲證仙築室何人思仲尉刺船有客訪成連漫言湖海餘豪氣見說天眞守獨全

曾從明月證前身心跡雙清妙悟眞止水無波工作達靈臺有象總生因十年詩境添新料八月秋風遲舊人獨喜看山能健步翩翩元鴒最精神

世事何勞咄咄書頻年熱惱盡消除在山泉水多清冽出岫雲痕任卷舒靜裏生涯馴野馬就中樂意問儵魚不妨結習難忘處百尺樓前富五車

何闞水遠與山長欲往從之願未償吳質閒愁渾莫掃陳蕃高誼豈應忘盡刪習氣成名士重紀生平入

壽章漸次春華歌百二栽詩花樣莫更張

田寶臣 竹家

九節昌蒲不計年水清石秀自蒼然半生儘示維摩疾一笑眞成華岳仙頗以流光思季重不禁大海憶成連先生老至今逾健直是天全豈幸全

天涯只羨自由身看水看山養性眞大澤波濤橫短棹禪堂燈火證前因詩情妙處先呈佛仙骨扶來不倩人此段風流更誰及雲中鶴影見精神

河陽近有一封書桐徑花關早潔除時有招先生者舊雨留

三七

連盃茗足新晴娟好夕陽舒從教庾亮塵揮扇肯數香山帶佩魚只我蕭寥無藉在炎天辛苦上征車

詩酒追隨氣誼長十年萍梗願難償山中清老知猶昔俞仲子先生李下仙翁故未忘李吶齋表征客路思爲王子艾都門只賴賀知章何當仁壽橋邊住常伴鶯花曲共張

儲賜錦 杏坊

徵詩又到六旬年境遇寬閒致適然與世無爭堪學佛此身少累卽成仙青山有約遊應遍舊雨多情袂

共連花甲初周人健羨所期此後盡安全

同是他鄉作客身獨能淡定養天眞難書消受平生福下筆常參夙世因春樹重重多感舊晨星落落正懷人僑居我亦添離緒才讀瑤章便愴神

十年嬰疾竟抛書困頓全將浩氣除恨我無醫能解脫羨公有藥幸安舒老來養性惟宜酒病後加餐半是魚倘許從遊吳越去賤軀猶可侍舟車

漫把東隅話短長桑榆晚景卻堪償十逢知己恩難報境到回頭路豈忘看破世情捐梗概爲防口過愼詞章釣韶自昔非凡響敢奏皇荂樂共張

三八

潘曜三 芙臺

名山別後已三年回憶登臨境宛然千里雲飛盃渡佛片帆風送地行仙嵐光滴翠巖兼淡海氣浮空斷復連賴有前賢佳詠在葫蘆依樣莫求全壬辰夏客焦山適小支上人從南海歸攜筒避暑對榻聯吟

元龍曾惜百年身物外逍遙樂最眞骨相天然無俗韻功名老去悟前因看他好鳥皆朋友愛爾青山作主人到此胸中無芥蒂何須沸井倩茶神

遲約難期尺素書故人知否病淹隨竹西明月[illegible]瘦嶺上閒雲任卷舒古鼎銘殘尋瘞鶴空江潮[illegible]义魚高僧自結雲霞契奚必相逢問下車

汲古薪傳綆未長欲承家學願難償（家嚴有遺當令汲綆圖）處心逾淡詩到淸時味不忘（先生自署清味齋）越水吳山新氣象羅塘天目舊文章先生可許攜筒至憑仗秋風一榻張

張茂承 質齋

自數生辰後十年輸君淸福本天然門牆爛漫多桃李杖履逍遙卽佛仙團扇幾家能彷彿幽棲卅載慣留連記曾去歲邗江別同病相憐兩幸全

物色風塵仗此身結交俱見性情眞天遊久信無爭所譚悅從知有夙因（先生多方外交）絲竹豈徒邀里耳江山何幸遇才人登臨不用攜筇杖吟滿奚囊句有神

等身讀罷舊藏書養性都教俗慮除酒酌雞豨神自足茶煎蟹眼氣常舒旣升不愛新嘗穀所欲惟思每食魚只恐此翁耽至樂蒲輪未肯就徵車

從來達士慶年長境到甘回苦盡償豈有前愆需晚

二九

蓋何曾大德或今忘老懷那許同時輩佳句還應勝舊章笑與秦黃聯雅什未成雞肋愧稱張（張文潛與山谷少游无咎稱四先生從東坡遊文潛有雞肋集）

李　洽 合川

名山托跡到耆年落落風標自灑然性養還將呼酒聖身癯猶復號詩仙渾無俗客地追從雅愛名流作伴漣明志一生都淡泊天眞定喜得完全

無憂無慮樂閒身自逝生平語語眞醒世頓教除宿垢尋山果竟悟前因遺音動聽逢知己往跡關心覓古人品格孤高誰得似梅花雪裏見精神

室富因藏萬卷書瑤編玉軸滿庭除硏朱滴露更番點集錦臨風幾度舒辨贋能知虛誤虎正譌肯使魯成魚一時奇字頻相問停卻門前幾兩車

閉門索句愧非長報命詩呈債略償坐我春風時進謁懷人秋水刻難忘南山壽共靑松茂北斗光聯碧漢章莫笑小言空聒耳才疎敢復事鋪張

彭　書 味三

我識先生已卅年風神不減竟依然厄同楊閏身逾

三十

健先生多病而耐老瘦到梅花骨亦仙詩思超應宗李白琴心妙擬學成連先生善琴何須更覓長生訣靜養由來善自全

難得消閒自在身無憂無慮見天眞不名塵俗淆清品盡洗浮華識淨因愛向靑蓮招社友嬾將白眼閱時人旁觀未信周花甲鶴立雞羣倍有神

覽勝差同讀異書謂先生住焦山俗情到此盡消除老僧我喜交遊早詩僧借庵五年前與書常聚白沙精舍佳境君教氣體舒閒裏性能狎鷗鷺靜中趣頗悟鳶魚名山未可留名士故里多停問字車

祝嘏惟祈百歲長十年詩債待重償先生自有耽吟趣我輩難教結習忘老健由來關福分功名原不係文章續貂深愧無才思叨附鈞韶樂共張

朱　樟豫江

小任塵寰六十年蕭條高寄本天然居非空谷身能隱繫解名韁夢亦仙幾處雲山供嘯傲四時風月儘流連縣弧況值攜筇日把酒登高樂事全

久識耽吟善病身幽棲靜攝見天眞味甘淡泊明初志境守清寒謝俗因老屋疎梅堪作伴小山叢桂漫留人衰年情性尤沖逸適意琴尊足養神

經明屢著子雲書結習鑽研老未除高蹈昔推陳伯玉博觀今見路溫舒頻揮綵筆驚鸚鵡[illegible]檢芸編辟蠹魚猶憶當年蒿里曲傷情曾輓故人車先生有輓先君大作

可取慙無一善長出人頭地願難償三年作客初相接兩世論交未敢忘逃俗大都成痼癖稱名豈必在詞章從今疊上升恒頌訓倡應書紙萬張

許文祺壽眉

達士從來享大年曠觀無境不怡然琴心直接中郎將詩骨眞同玉局仙耳到順時增會悟鄉於杖處供留連相莊更有齊眉案淸福君家得兩全

一片閒雲是此身不須石隱自棲眞明如明月疑前世清比梅花本夙因精白心惟思勵俗雌黃口不喜論人焚香煮茗無多事只有推敲肯費神

逍遙遊愛讀莊書身到名山熱惱除香火三生緣早締江天一覽眼全舒願陶碑字尋銘鶴周漢爐文辨魯魚最好高僧訓倡熟攀留不肯放迴車

我有相思別後長果能長聚願方償伊人一水原非遠妙論千秋莫敢忘公自丙申開壽宇我憇丁卯獻詩章十年杖國重徵句旗鼓還將努力張

黃文忠 鶴樓

天許才人享大年襟期曠達志脩然詩文以外無多癖山水之間見一仙選勝往邀靑鳥伴倦遊歸與白雲連紫芝眉宇時相接纔識淸修養性全

塵鞅難羈物外身果然便腹貯天眞 用東坡五字 維摩一室非沉疾彌勒同龕有夙因問字願爲詩弟子論交愛近老成人養生卽是長生訣莫道參苓取效神

豈薄浮榮嬾讀書靜觀世事識乘除林深幽鳥隨棲息天濶閒雲任卷舒自有文章矜虎豹也曾箋注到蟲魚揭來慣領淸遊樂不爲看山不命車

賓筵雅集引杯長刻燭催將詩債償擲地成聲人競和報瓊有句我難忘 拙句曾蒙賜和 誕遲孫晁剛三載曲下陽春又幾章笑比幽燕逢老將騷壇旗鼓敢輕張

顏鑑澄 鏡秋夫

喜見元龍享大年我思祝嘏意忻然買舟將訪羅塘路得句先呈絳闕仙色燦冰桃和露潤光搖銀燭與雲連想應學得長生訣老去精神分外全

茶香酒熟健吟身瀟灑林泉養性眞豈但奇才超後學須知淸福本前因幾回雲路雖淹驥一轉風帆必勝人到底龍頭推老輩詩文兄復瘦通神

一紙吟箋抵尺書先生豪氣肯全除靈心有緒堪尋繹逸興如雲任卷舒東去大江盟結鷺南華秋水樂觀魚胸中邱壑知多少奚止橫經富五車

人品才名兩擅長期頤耄耋爲公償極星天上光芒應椿樹山中甲子忘聲譽自關千載事康彊合進九如章稱觴不用羅箏笛一曲瑤琴月下張

王炳業 梅坨

勉和琳瑯已十年者番拜讀倍忻然精神矍鑠逾前日風骨高超近列仙天目晴嵐供嘯傲羅塘烟月與牽連淸名耆壽俱非易福慧而今信兩全

梅爲丰韻鐵爲身最是相逢意氣眞與物能容徵雅量養生有術脫塵因幽棲不負名山業冷眼應憐肉食人僕亦執鞭嘗有願其如方智欠圓神

讀書萬卷若無書胸次冰壺俗慮除海岳烟雲春舫載輞川圖畫錦屏舒世情淡爲軀塵馬道味醇由飽蠹魚那得常將奇字問子雲門首任停車

揭來化日愛舒長詩債從今擬慢償白首功名心早淡青年燈火境難忘魚腸已分終藏匣狗尾奚堪作報章聞道衆仙高詠滿傳鈔應貴紙千張

鄒　鋆 美鏐

媿違雅訓已多年得誦瑤章頓快然絳縣人書新甲子羅塘客作野神仙須眉此日成龐老丰韻當時羨惠連富貴功名都有命人生何必要求全

獨向名山憩此身苦吟猶是寫吾眞招邀猿鶴申殊契俯仰江天悟夙因入社攢眉逢老衲謂借庵登高作賦屬通人探幽討景知何限直欲拈毫泣鬼神

天爲多才待著書吉人特遣病全除食從身健尤加謹體到神閒自覺舒誇我一生同潔鶴嗤他幾輩類蒡魚三朝典故胸中記想見門多問字車

知君謀樂日方長未遂名心以壽償清味漸教詩思淡半龕久把俗情忘論文友合傾佳釀偕老妻應獻和章他日儒林徵事實莫教姓字儗朱張

王熙業 竹坨

人生五福最難全洪範篇中壽占先矍鑠是翁眞大隱清涼居士即遊仙廉逌仲子經千劫騫比希夷又十年花甲初周吟興健料應把酒意陶然

聞公愈老愈精神永寄人間自在身兩卷詩詞餘後輩先生五十刻同人集半龕燈火悟前因陶籬蔣徑蹤堪覓老帶莊襟貌可親擬泛羅塘舟一葉定知投轄荷陳遵

假館城東理舊書衙齋清冷當村居近館王圖南總戎署坐消壯歲同棲屑健羨閒雲自卷舒詩律細尤推晚節才華斂更勝當初伯牙倡和堪同調志在焦山樂有餘謂仲子先生約遊焦山

自來聚散本無常夜雨聲中感雁行曩與子勤春墅兩弟作詩祝先生壽今子勤典郡而春墅已下世矣在昔三人同疊韻於今十載獨稱觴前塵追溯駒光速晚景忻瞻鶴算長願祝遐齡過耄耋拚教循例責詩償

王坤鎮 載之

花甲初周六十年元龍品格故超然騷壇久擅詩中

聖海屋今添洞裏仙已卸塵緣同玉立更增豪氣與雲連閶闔朱履稱觴日備衍箕疇五福全

本來仙骨具君身卅載栖遲養性眞雅與絲桐諧夙契閒將山水接前因座聯修竹稱佳士佩結幽蘭惬美人更羨蒼蒼松柏茂歲寒獨自見精神

平生讀遍五車書瀟灑胸衿俗慮除策杖登臨豪興作逢僧倡和逸情舒知時遠過忘機鳥化雨嘗霑涸轍魚坤嘗以文沐公教誨遙望宮牆桃李盛森森佳氣接高車

節過千秋日正長岡陵私祝願應償詩投甲乙編初定籙守庚申術已忘滿座衣冠留渾璞一天星斗煥文章應知太史金門奏奎宿聯珠德自張

湯治暉 曉村

長日難消抵小年柴門深掩晝蕭然客來袖出新詩卷仲子先生傳示元倡吟罷神傾老謫仙湯藥拋除身許健琴尊絡繹夜忘連六旬翻勝君強歲天要才人事業全

抱犢山前鍊柏身純青爐火十分眞先生妙悟拈花笑圓覺同參證果因隨處筌魚輕外物多情梅鶴伴閒人老來消得延年福豈藉畊經學谷神

飢驅我忝作傭書豪氣消磨累未除潦倒功名悲李廣凋殘領袖感魏舒舅氏雲巖外舅治山暨懋齋兄俱已下世問途自笑才輸馬彈鋏誰憐食乏魚不脫塵纓仙骨淺羅浮可上仗雲車

且喜壺中日月長光陰周甲願粗償看君白縱須眉改對我青難盼睞忘前十載詩先錦笥後千秋想又瑤章高齋四壁珠璣滿愧殺東陽紙半張

葉汝登 進之

海屋籌添又十年愈形矍鑠愈陶然久知斷肉身成佛今信餐芝地有仙綺甲數如鈞軸轉長庚星與少微連我慚蚯蚓聲仍細學奏南飛曲未全

畫中景色鏡中身老去閒遊樂性眞濃淡西湖需好句妙高明月證前因宛疑破浪乘風客忘是觀河皺面人彈到水仙王一曲清霄老鶴亦精神

覽勝幾如讀異書歸來清興未能除青山更助詩情美白首偏誇眼界舒薦牘久應忘一鶚吟筒依舊付雙魚徵詩徵到期頤日壓損門前駟轄車

菰蘆下士有何長此日吟懷也願償出世松身知不

老庇人樾蔭敢相忘重尋筆墨言情例又獻岡陵介壽章幾度望雲遙下拜登堂擬待片帆張

蕭瑞生 選樓

白鶴丰姿不計年心情老去倍超然久拋世事閒爲福獨擅詩才品是仙學道山中希茂叔鳴琹海上儗成連天懷高曠能行樂抵過人生說萬全

養病常修養性身廬山面目自全眞忘機早脫三千刼說法還空十二因參术之中奈異味羲皇以上署高人鯫生也抱膏肓癖一指傳鍼定有神

閉戶年來懶著書情耽山水癖難除吳中邱壑供吟眺江上帆檣疊卷舒客路招邀逢野鶴僧寮栖息悟齋魚蕭閒幸少簪裾累免使千秋駕小車

歸隱蕭齋歲月長雅懷豪興總能償支持腰腳常行健握固精神每坐忘漫道衰年珍筆墨但逢知己贈詩章鳳鸞高唱誰堪和愧獻塗鴉紙半張

張雲峰 曉奇

翰墨場開數十年風神老去尚依然常留渾樸心猶古偏享清閒骨亦仙紅蓼扁舟涼月照蒼葭野水白雲連山中此境超凡俗眞樂端由本性全

落落塵寰自在身交遊隨處見天眞化龍東野中殊契夢蝶南華悟夙因古誼千秋惟處士高才一代幾傳人但能學得長生訣便有滄桑不愴神

漫道窮愁始著書名山歲月易消除棲當竹屋神俱潔吟到梅花韻亦舒倏忽那能羈野馬從容不獨羨鯈魚靜觀自領閒中趣戶外何嫌巷隔車用陶句

吳山越水楚天長遊興於今願可償周甲年華誠嬰鑠艱辛世事豈遺忘門多桃李傳薪士詩獻臺萊介壽章他日文昌須祿籍天廚應仰六星張

葉汝彬 兩樓

潘岳閒居二十年春花秋月總陶然養生的是詩中佛却病眞同地上仙瀚海鱗鴻頻問訊空山猿鶴共留連箕疇五福先稱壽不必求全已算全

本是扶輪大雅身高山流水寫天眞能消清福空前輩獨享才名有夙因文字應留身後賞須眉久作畫中人長吟短詠皆天籟想見生花筆有神

腹笥便便萬卷書早知陳腐盡刪除江山閱歷才逾

富杖屐逍遙氣自舒繡佛羨君曾斷肉依人笑我正
思魚十年預訂徵詩約準上羅塘問字車
白雪陽春擅衆長報瓊無計轉難償閒中養性書同
著靜裏談詩興未忘芝草常餐除俗骨梅花疊詠寄
瑤章曩蒙賜和白梅花疊韻元龍老去精神健此後騷壇待主
張

葉　壽小彭

聲華豈獨重衰年拔幟詞壇昔已然胸有雲霞非隱
士語無烟火是真仙前番故侶鷗盟散此日吟儔雁
影連漫說蹉跎將壽補如公清福幾人全

四十一

想應明月是前身一味清齋見性真每愛焚香修慧
業慣思脫粟出陳因公食必陳穀攜琴入市常招友策杖
登山不倩人遊倦歸來餘逸興閉門覓句尚精神
讀罷瑤華當異書胸塵五斗盡消除行間仙露嘗逾
渥紙上陽春到即舒老輩瞻如離垢鶴虛名笑比上
竿魚我遊黌舍公先出恨未能陪長者車客歲壽甫遊泮公已貢入成均
會記論文引典長授餐雅誼未能償偏於客路親情
厚益信高懷俗慮忘好句新編成錦段蕪詞漫擬續
瑤章絳帷若肯彭宣待願聽清絃醉後張公善琴

章　惟和爾羹

我踏紅塵二十年詞壇有客動流連劝時君實顏曾
見老去相如病竟痊爭得琴書陪米舫敢云山水識
牙絃朝朝手沐薔薇露展讀雲霞五色牋
喜得林宗作比鄰謂仲子先生聞公老景更生春能消福
慧真名士便不江湖亦散人逢此浪仙甘後輩定知
明月是前身藥囊經卷閒收拾更說年來善養神

四十二

想是塵衿一一祛歲周花甲體彌舒凋零耆舊黃爐
感領裏風騷白首餘延壽應餐三逕菊看山還跨六
橋驢高懷頗似林和靖梅鶴相隨伴隱居
新詩共祝壽而康滿貯先生古錦囊後起人誰如老
將少年吾亦走名場袖中惟賸香山稿座上難傾北
海觴載酒何時來問字得教飢渴半生償

萬德基少林

更生重度丙申年冰雪精神愈嬰然獻傲孤懷宜作
客釣遊往蹟記昇仙先生舊居城中昇仙橋側印留鴻爪泥中覓

閒與鷗盟海上連閒道年來衰大集一斑那許豹窺全

珊珊仙骨羨君身儒雅風流本性眞壁水才堪充歲進棘闈文尚詁殷因（先生自丙子薦元後不復與試殷因二段其首題也）閒情賦擬陶徵士壽內詩翻吳野人心遠地偏塵不染鳶魚亦自適形神

閒中佳趣在琴書斗室垂簾卐𢬵除乙乙新詞抽穎秘串串雅度見容舒過門孰敢題凡鳥問字人爭寄錦魚最是家風喜投轄客來翻使出無車

旗亭畫壁古歡長名士聲華福已償曲遇周郎多故誤情非太上豈全忘（朱錦芳表叔六秩開筵座有歌者蕭郎琵琶精妙先生賞之贈以長歌）雅音親弄琴三疊樂府新翻譜一章好是耆英同聚會應傳高躅共朱張（謂錦坊表叔）

陳奉綸　繹亭

福星度世引高年彩射南弧尚炯然病骨崢嶸非佞佛曠懷瀟洒作遊仙春風白紵雙聲合夜月紅牙幾字連記得觥籌符大衍今番甲子又增全

書卷安藏自在身搜春拾卉見情眞碧雲桑苧壽茶約明月梅花問鶴因座許清談疑晉客門臨流水失秦人東來便有岐亭在草木疎疎繪遠神

撲眉清氣潤琴書雅潔先教八垢除豔摘離騷心已醉寓棲安樂體常舒適情海上尋鷗鳥名士淮南感鯽魚風日晴和出遊處有人問指邵家車

兩點金焦吟興長名山不僅作遊償積囊風月歸堪憶拂袖雲霞過未忘獨鶴南飛聞鐵笛大江東望寄瑤章我來備呆芸花頌願化青天紙一張

釋清恒　借庵

甲子重經十九年生天得道總茫然六花時拜林間佛百草難求地上仙能養性情神自固雖分儒釋理相連人生事業知何限不到千秋總未全

最好能抽物外身知君瀟洒樂天眞萍蹤來踐看山約香火緣通隔世因妙解元談題好句（君來山中拚到處留題）教慧業讓文人卅年前贈留行什壁上紗籠護有神（曩余移錫弁山曾蒙賜和留別詩）三句別後辱投書傳到新詩俗韻除語出達人機不滯相徵壽者氣常舒嚶鳴聽慣祇園鳥游泳看同德

水魚智性本來清淨足未煩導引白牛車
嬾計時光較短長少年詩債老難償關心舊雨交原淡到眼浮雲過輒忘世外烟霞供嘯傲山中風月待平章來遊好趁南飛鶴重把松寥竹榻張

釋如嶽 勗齋

忻逢周甲慶高年想見揮毫一粲然捧杖應來諸弟子銜杯欲傲小神仙壽言似雨新兼舊負客如雲斷復連最羡先生耽習靜半龕趺坐養眞全
欲借緇衣了此身（公有在家出家小照）悟明二諦達天眞梁鴻有婦非無伴伯道無兒或有因君是利名俱卸客我爲甘苦備嘗人何當遠鼓羅塘棹一接清談妙入神
釋經理不外儒書儒釋俱宜俗慮除蚤歲已卯心曠達衰年更覺氣安舒嶙峋骨似崖棲鶴活潑機如沼躍魚只恐愛閒閒不得門前問字幾停車
近仕慚無一技長也將文字債同償人思學佛修宜早詩愛通禪誦不忘社撰畧同持短偈賡訓未敢續玄章何時來入青蓮社願把東林丈席張（時方結社東村每傾雅範）

釋昌泰 雪笠

一面緣慳記十年靈光魯殿尚巍然庚申自守壺中歲甲子初周地上仙打槳有人尋葛嶺攜琴遲我訪成連芸香舊社今寥落領袖斯文仗保全
小閲滄桑世外身每從淳樸見天眞塵緣世味都成幻酒盞詩瓢未了因泥飲幾曾消渴疾多才終是苦心人養生不讀嵇康論自註丹經守谷神
隴外無勞赴鶴書年來豪氣已消除烟霞癖重陶元亮經史耕餘董仲舒摩詰病痊猶戒肉太常齋久不思魚遙知泌水衡門外應有人停問字車
夏日遲遲覺歲長年豐酒債每先償地傳高會欣重賦書比良朋記不忘投我好如親雅範暨人佁共卯文章十年一度徵詩草願擘蠻牋寫萬張

吳林蘭香陵

記和瑤章已十年，傳來珠玉更瑩然。承家定學希夷子，嗜古應參脉望仙。地接羅塘藍影活，門迎天目翠屏連。高齋獻咏成千古，壽世瓊篇萬軸全。

清才明月此閒身，陶寫吟情樂最眞。得遣病魔添妙悟，爲除熱惱証前因。名場回首嗤餘子，靜境論心又幾人。獨抱澄懷謝塵鞅，此翁矍鑠葆精神。

橐筆應推行秘書，登臨寄傲俗氛除。詩成喜得江山助，囊滿爭看錦繡舒。石搨殘碑尋瘞鶴，琴彈古調問遊魚。相招兕有良朋約，好向楓林共駐車。

我媿蹉跎歲月長，老懷事事願難償。勞薪轉徙渾無定，結習因仍尚未忘。買棹何時尋舊雨，稱觴此日禱詩章。詞陳下里都凡響，漫與鈞天樂共張。

程祥芝小香

杖履追陪憶昔年，近聞高躅更超然。修成清福能離俗，撇却塵緣即是仙。幾度案頭尋脉望，何時海上遇成連。名山自有千秋業，松柏蒼蒼本性全。

獨有金剛不壞身，耽幽習靜見天眞。功名卌載成虛願，智慧三生證夙因。齊物定然能化物，解人原即是傳人。等閒莫應蒲輪召，嘯傲林泉足養神。

年來頗讀活人書，綺語浮夸久懺除。兔穎拈時心自靜，蛟豪展處體常舒。山中慣友長生鹿，濠上貪看適性魚。敬慎修容恭則壽，先生眞是指南車。

僕僕緇塵道路長，笑余癡願未能償。陳編蠹飽猶堪讀，故紙蠅鑽豈遽忘。炎夏頗能除熱惱，陽春恭敢和瑤章。區區敬佩葦絃意，燈火傳薪賴主張。

陸鴻秋儀

花甲初周乙未年，先生豪興尚依然。久知名下無虛士，始信人間有謫仙。秋水蒹葭頻悵望，春風桃李喜流連。才華占盡清閒福，不假陰曦已算全。

我亦他鄉寄此身，肯教面目喪吾眞。閒思舊雨憐知已，辦誦新詩悟夙因。莫以文章推後輩，願隨花柳學前人。及時作達須行樂，仰屋空勞著述神。

聞說頤生讀道書，知公塵妄久蠲除。廿年榻下人空老，百尺樓高眼欲舒。獻傲已辭陶令米，歌吟豈羨孟嘗魚。莫嫌敝席爲門陋，門外常多長者車。

沈　潆渟伯

習靜羅塘數十年先生杖履總脩然氣凌湖海豪如昔老健江鄉骨已仙病後詩魔出塵壒閒中世味悟岑達更逢甲子重周日名壽於今說兩全

滄桑閱後證吟身贏得幽棲養性眞富貴累人何出色清閒容我亦前因米顛好潔成奇癖叔夜揮桐學散人禪榻鬢絲留小影虎頭絕妙爲傳神

渡江安穩報傳書風雨登臨癖未除袖裡新詩秋水濯毬中斜日暮帆舒歸家蘆嶼飛鴻雁贈友瑱函付鯉魚記得柴門烟柳外東陽問字幾停車

貧裡虀鹽道味長遲遲詩債總難償儘多珠玉人傳誦惟有茱萸會莫忘遊與共推謝康樂酒家不讓賀知章園林三疋飛觴處留醉還來果老張

沈　炘長青

正是文公作序年菊泉甘飲更忻然世多鬼蜮難皆俗人比羲皇不羨仙豹變文章隨霧隱鶴標風格與雲連參苓百藥都嘗遍李子身從病裡全

羅塘廿載寄閒身秋水南華悟性眞但識林泉尋至者英歲月歷方長杖履逍遙願畧償老去精神須自葆年來富貴總相忘養生學得長生訣益壽豪吟介壽章一代子昂人不識空餘清味古槑張

程祥棟小松

別來芳訊憶經年聞說南行遇皎然借菴如畫江山宜我輩最高樓閣近神仙夜深鐘磬雲中出風送帆檣樹杪連贏得新詩嵐翠濕錐鞋底事更求全

相逢無恙舊吟身情話移時見性眞每過浮屠留信宿先生入城必主於地藏禪院合從香火悟前因月明對影成三友風雅關心剩幾人茗椀葯鑪新謝却祇應天付與精神

掃地焚香讀道書雲林潔癖米顛除草堂自愛陶元亮經策空懷董仲舒瘦影不妨人似鶴曠觀誰道我非魚相思欲寄南飛曲迢遞袁江道上車先生壽日棟客袁浦

紙窗竹屋夜偏長書味醰醰蔗境償垂老斯文猶篤好少年結習本難忘葛仙何日移家具先生有移家城中之約白傅先生索和章且詠寓公樓畔月羅浮山色錦屏張

樂不從枯菀感前因握將筠管生花筆抵得槐廳祝
草人況復英奇多晚遇底須搔首黯傷神
東帛迎申載史書先生豪氣莫消除名齊李杜詩無
敵才壓江邱錦自舒此日騷壇誇繡虎他時廉吏說
縣魚馬卿遂得題橋志奚止區區駟馬車
越水吳山引興長此番遊覽暑堪償新詩足供當前
賞好景難從過後忘灑脫應同蓟二訓占題定過賀
知章古稀轉眼如駒隙再續鸞牋寫萬張

杜汝楠 梓卿

花甲周來又一年青衫白髮故依然瘦如野鶴情都
嬾清過梅花骨亦仙身健未須扶鐵杖眼明兼不黠
黃連懸知眉壽增川似已是天全又酒全
通倪襟期自在身終年閉戸養天眞病瘳玉局安心
藥慧證蓮臺選佛因生計無求娛老境頭銜有福署
詩人吾觀老子婆娑甚醉後高吟筆有神
我亦窮愁想著書塵緣漸擬自刪除尙餘塊壘心難
靜强斂鋒鋩氣欠舒十載守株空待兎幾同彈鋏誤
求魚年來眞妄粗能悟願買名山貯五車

蔗境回甘意味長先生艱苦已都償身當閱歷才華
歛氣到和平感慨忘詩酒儘堪爲事業功名從不怨
文章尊前多少清閒福鶴子梅妻自主張

姪 錫嘉 子美

甲子山中自紀年天機隨處總翛然大蘇入世原爲
佛小阮而今也學仙境已澄鮮秋水印情偏蘊藉遠
山連記曾手盥薔薇露讀遍名流倡和全叔父有十倡和集
明月前身證此身他鄉味比故鄉眞只緣靜養非關
癖除却清閒不算因香火琴尊新社友江山風雨幾
詩人興來獨上南宮舫吳越歸時鶴愈神
獨存巨眼識奇書徑草開將手自除墅未能遊遠謝
傳性還習懶笑陶舒浮生不少如歸息處士原多是
鯽魚惟愛梅花修得到白雲深際好停車
石鼎松聲砌影長老懷坐嘯此閒償半龕禪意誰同
領一曲陽春我不忘洛下壽推文彥博酒邊趣擬賀
知章狂心許列東西眷竊奏鈞天廣樂張

門生陸鴻遵 秋渚

何假長生術引年靜堪徵壽理宜然謳吟不廢因娛老調攝能工豈羨仙避俗常耽清味永到門祇與故人連祝詞欲附羣賢後還愧侯芭字未全

應知明月是前身渣滓消融見性眞立脚怕沾塵市氣齋心參透佛門因何曾眼界輕時輩直使心源接古人眞箇維摩常示疾年來越瘦越精神

記得趨庭讀父書循循誘我歷階除光陰卅載情如昨事業千秋望未舒歛翼幸同知止鳥脫鉤笑比放生魚點狂已老參方壯願使登門學御車次兒霖幸補弟子員

邗江一別路迢長爲訪焦仙夙願償到處留題緣筆健逢僧招隱已名忘秋風忽動思歸興月旦屆介壽章莫道舊知淪落盡新篇齊向錦屏張

門生郁涵淮 楓橋

媿列門牆四十年童時景象尚依然頻增馬齒人猶俗敢羨鱣堂品若仙能卸利名眞淡泊爲耽詩酒慣流連杖鄉合作期頤祝松柏姿看雪裏全

本是蓬瀛自在身塵緣勘破學棲眞耽吟難得倡隨樂師母能詩愛潔聊酬清淨因有句驚傳爲古語稱名疑不是今人著書自享千秋壽莫爲無兒便愴神

平生也解愛詩書爭奈難將俗慮除入世少緣常落拓持家無計得安舒披雲惟喜瞻遼鶴立雪還求示魯魚所憾名區遊覽日未能執轡侍巾車

靜裏光陰覺最長百年清債有詩償名山鴻爪留非偶空谷駒音賦不忘椿算正宜開綺席蕪詞敢擬附瓊章稀齡轉瞬登堂介曲進南飛樂再張

門生陸鴻賓 雲客

栽培桃李卅餘年松柏凌霜獨挺然弟子孰爲天下士先生眞是地行仙情疏夜雪門前立夢憶春風座上連底事巴吟甘落後遲來奇字未周全

蝸牛廬畔認前身應與焦仙契獨眞著展非關名士習聞鐘早悟佛家因烟霞替寫新詩稿魚鳥爭迎舊主人一自更生成大集笑他干寶記搜神夫子曾有生輓詩集

養生豈必藉方書豪氣能平萬慮除性潔偏容流俗伍身閒倍覺景光舒清遊不羨人騎鶴眞樂幾疑我化魚難得暮年腰脚健出門安步可當車

五十部光去已長師門報德志難償髫齡課讀言猶在壯歲從遊景未忘幾輩名登才館錄何時手綰會稽章願公老受傳經聘侍座重看丈席張

門生徐　聰香谷

甲子從頭又丙年更生重慶倍欣然大賓禮待尊鄉老小隱班原列地仙世以文宗推伯玉人將琴調擬成連籃輿儘有門生舁便是登臨禰亦全（夫子紀遊詩云登臨也要福能消）

早圖成就此閒身草草名場媿誤眞一第浮沈傷往事半龕清淨證來因光陰百代同過客著作千秋有數人老去耽吟殊覺苦願公珍惜好精神

共道袁崧得異書豈徒楊秉惑能除恨遠明月空澗心共閒雲快卷舒觀化有時參夢蝶攝生無疾累河魚祝公老健原私誼常駕侯芭問字車

翦燭尊前話夜長百年同是債難償（用坡公詩）我因餬口妨行樂公已齊心學坐忘老去師生關性命愁來風月畫文章他時疊獻南飛曲依舊徽絃不改張

小門生劉　震禹門

萬里乘風溯壯年老來逸興更翛然銜杯醉作逃禪客拄杖遊稱入世仙拔地松身雲鶴迴冲霄虹氣斗牛連洛陽吟侶如相聚應笑耆英九老全

留得蘇仙現在身春婆有夢總非眞閒將天地無還境共結琴尊未了因振筆直傾三峽水檢書愛對六朝人更看遊興年來好詩滿奚囊助有神

南面何如坐擁書牙籤矗疊滿庭除千秋大業成今古萬態浮雲任卷舒自有才名傾繡虎何妨榮祿傲金魚元亭若許劉棻侍願駐門前問字車

星紀弧南瑞正長望雲稱祝願應償峻嶒瘦骨隨時健淡泊明心與世忘逃俗祇堪容歗傲驚人豈必盡文章遙知百二春華富海屋瓊筵疊次張

小門生陸　霖雨甘

手疊花牋紙半張徵歌依舊費平章詩編次第人爭誦學溯淵源我未忘私淑祇今情最切追隨何日願能償吟成笑用司農印義取周迴算倍長（倒叶元韻）

幽棲世外謝軒車那肯臨淵復羨魚習靜久敎神淡定耽閒倍覺體安舒半龕未許塵氛擾百藥都因老

健除却笑人間太多事郎用嵇康書累公時作絕交書
衰年行樂倍精神久客邗江遲故人獨上金焦尋古
蹟慣從山水悟前因秋風到處添詩興健筆隨時寫
性眞一路招邀仙佛侶天涯贏得此閒身
難得人生福慧全竟閒身世儘留連市中隱自能離
俗地上行偏不羨仙往日聲華曾藉甚老來行誼更
超然祝詞別有私心在願共椿庭享大年家君亦少年近六十
女弟子王子玉潤卿
獻頌稱觴憶去年客秋玉曾以詩祝壽辱承垂和倍忻然來從
蓬島神俱潔住近珙華骨亦仙羅塘天目山亦名珙華車滿門
前尋曲逆琴攜海上訪成連詞場欲和陽春調只恐
紅么譜不全
著述經年已等身更將餘事寫天眞獨開生面何嫌
創每爲成材善用因公於及門多因才而教甲子歲堪稽絳老
庚寅天特降騷人讀書萬卷書應破下筆淋漓信有
神
山中招隱雁傳書同氣相求客氣除子中先生招遊焦山明月
揚州圓又缺公於邗上抱恙多日晴雲江上卷還舒友誇嘉宴

陳隘虎偕伴清齋理粥魚但得阮孚雙蠟屐出門安
步可當車
曾荷憐才錄片長自慚願學未能償因風起絮吟難
就點石成金教莫忘借彼風期三樂語祝公天保九
如章德星光映南弧彩遙望祥雲羽蓋張
室人沈佩華素仙
忽忽相隨四十年於今老去轉悽然自憐哀邁仍爲
客若果康彊那羨仙景入桑榆餘感慨家如萍梗動
牽連不圖兩副支離骨花甲平頭總幸全
依舊蓬蒿困頓身蛟龍得雨幾曾眞家午橋叔祖賜華詩云夫婿翩
翩具雋才予昂端不困蒿萊蛟龍得雨尋常事定有珈笄到鏡臺亦知文字能憎命
畢竟功名有夙因歷遍諸艱甘守分尋思百事總輸
人只餘兩字清閒福差勝塵勞枉耗神
修得清心誦佛書前身夙業藉消除太常齋禁何曾
犯德耀眉痕未許舒繫帛嘗煩傳信雁誕日華曾有詩寄外典
釵時買放生魚最慚筋力成衰嬾惆悵當年輓鹿車
已去韶光恨太長平生私願總難償兩家菽水歡俱
絕三歲蘭芽殞未忘有女蚤殤介壽畧同椒作頌迴文愧

乏錦成章寒家持祝無多物七字聊充綺席張

姪 步蕃 春圃

追隨鄰下自髫年一瞬流光去倏然磨硯半生難紹祖吹簫幾輩讓登仙豈真樗朽甘荒落也想茅茹叶彙連但使此身容寸進慈懷終不負成全

頻年僑寄放閒身樂取餘年養性真病後更生宜有壽老來證果豈無因欲興門祚支殘局謹守家風待替人敬勸衰顏須自惜莫教著作苦勞神

自嘆村齋日課書因循壯歲已消除慈幃菽水歡多缺薄俸脩金用不舒守拙願同工刻鵠効能敢擬鋏彈魚只愁家學難承述貽笑金根誤識車

願奉春暉百歲長康彊逢吉兩俱償牀前周易還求訓座右崔銘未敢忘客館稱觴偕弟子寒家獻祝僅詩章何時歸享含飴樂長侍花前捧席張

海上聯吟稿

（清）洪文翰 輯

《海上聯吟稿》二卷，清洪文翰輯，據泰州圖書館藏清光緒二十一年補刻本影印。

洪文翰，字筱圃，安徽歙縣人。先世經商於泰，遂家焉。增貢生。候選訓導。

作者少於工詩，中歲絶意進取。遍遊皖浙佳山水。以與諸耆宿賦詩唱和爲樂，仿香山故事爲九老會。此集卷首有自序及吴同甲序。卷上爲同治癸亥（二年，一八六三）感懷、丙寅（同治五年）詠物，卷下己巳（同治八年）詠物之作。唱和者十八人。

（顔　萍）

海上聯吟稾

光緒壬辰初冬

泰州錢桂森題

海上聯吟詩序　一

余重到廣陵若逃虛谷竹西池館與刼俱灰江左故人如星之散春醪獨酌孤琴自張音豈妙而知稀曲非高而和寡蓋詞場老輩零落將盡提倡風流稍遜於前矣越三年歲庚午讀禮鄉關閉門荒徑乃有負書一囊命駕千里效邴原之沆海臺訪孫菘比袁滋之越鄉先依元結則錢塘江海門先生也先生與躭詞賦喜結吟朋尊前客至居然渭北之論文燭下詩成時有南皮之嘉會乍逢舊雨先示新詩則洪君筱圖所刻海上聯吟集也仿昔賢之新製慕託後塵集多士之謳吟咏工微物乃聯藤梗彙彼珪璋好事爭傳囑和彌廣翕羽相助既愈唱而愈高流覩忘疲亦可歌而可泣問諸君之姓字半屬故知覽衆作之英華近多畏友祗此吉光片羽已可驗其心源豹體一斑更足窺其才力固已鼓次休明雄張壇坫矣余嗜嘗同芰臭偶如蘭溯秋江而不見頻益離愁忽故友之能來得披好句歎接武之未遑信負聲之無力固不僅江東袁淑賦藏鸚鵡關中庾信詩遜鳴蟬矣爰撰蕪詞用題卷首載名大集能不幸然同治九年夏四月壽生鄭維淦謹叙

吾郡殷秋樵參議官京師時有重刻廣陵詩事之舉蓋儀徵阮
太傅輯淮海英靈集既成讀廣陵耆舊之詩遂於廣陵耆舊之
事隨筆疏記積成卷帙余受而讀之殆重刊之本也其閒有因
詩以見事者有因事以見詩者有事不涉詩而連類及之者大
指自
國初以來吾郡名卿賢士嘉言懿行綜而著之庶幾文獻可徵
爾近讀欽洪筱圖先生見示海上聯吟稾一編竊歎咸豐癸丑
以後感時紀事之詩爲可述也癸亥一帙當
穆宗毅皇帝御極之初其明年金陵克復楮寇蕩平故其詩有
作歌告哀之意所謂因事以見詩也丙寅一編如詠雪諸作仿
韓孟聯句之體其時豫省告災西征孔急詩中往往及之所謂

因詩以見事也最後詠物九章則先生用倉山老人韻諸君子
繼之和者凡十數家兼載邑里所謂事不涉詩而連類及之者
想見海宇承平中興氣象均於吟諷閒發之雖卷帙無多豈不
有關時運哉前二編所列先生與邑中康伯山趙漁亭兩先生
及袁子文先生相倡和者末一編所列則先生與王子勤光祿
及哲嗣小岑前輩李梅初儀曹暨諸時賢聯詠之作也近則康
趙王李諸老先後歸道山墓草俱宿存者惟先生與小岑前輩
子文先生自餘諸公存者少半詩事所載黃壚集諸人皆感傷
舊雨手先生是編撫今追昔之思能無惻愴余家世休甯占籍
高郵而世居於泰先生亦以歙人流寓此州故與諸老宿倡酬
甚夥往歲謁尊齋承以是編命之作序辭不獲已攜以入都適

奉校試貴州鄉試之
命使車載塗未踐前諾今年夏告假省親歸至里門始得掇鄙
言而序之後有續廣陵詩事者此編亦足備採輯云
光緒二十一年秋八月吳同甲拜序

海上聯吟藁 甲子

正月六日筱圖子文以唱和七疊韻詩見質用其原韻成即事四首　泰州 康發祥 伯山

五日前頭歲已除迎新送舊莫踟蹰紞紞更皷雲將旦梟梟天風欒出虛詩客同歌洗兵馬筵賓先薦有嘉魚書生重見　昇平景報　國無功意有餘

少長交遊不計年駏蛩相負更相憐多情客許成生佛無累人方作散仙餽歲雞豚休問價隨時風月不論錢老人準備燒鐙節要爇蘧山八繭綿

欃槍漸埽衆其蘇淮海軍聲倉葛呼搗穴欣聞熸地拍射潮今見走天吳宦遊傔從麒麟楦年少衣衫蛺蝶圖衹覺祥光看不厭老人星象見南弧

底須時運問蒼穹利達何如酒一中瑜亮雙生才有敵瑯嬛萬卷味無窮作書我愧張長史入學人為鄭小同此後穠春艷桃李好花照眼一叢叢

海上聯吟藁

癸亥歲暮雜感次韻　泰州 袁錦 子文

風雨江城入歲除虛齋岑寂邈躊躇蘭亭只合成賓戲司馬何緣賦子虛浪跡近憐淮海雁故人新食武昌魚（時汪六琴山返淮陰董子香之湖北）南駒北轍終無定搔首烟雲變幻餘

衮衮流光已卅年年來身世儘堪憐強從酒半歌山鬼那復湖濱酹水仙十載干戈慚寶劍六街人海避連錢書生畢竟成何事枉對哀絲恨邈綿

已將心事付樵蘇牛馬聊憑世上呼久聽奇才邁桑孔幸聞善戰比孫吳鼠狐蹤跡歸餘燼麋鹿山川入畫圖（蘇州已復）待得龍驤來建業萬軍神勇拔蝥弧

黿逝風馳歎昊穹不堪驚喜一年中苗民終伏　天威討荛楚難將舊義窮寒暑任推雲物變行藏幸與曩時同韶華荏苒無他嗜合向殘書聚一叢

疊前韻成感舊四首　歙縣 洪瑞文 筱圖

斫地酣歌恨未除鄉關回首幾踟蹰四年多難容顏改一事無成歲月虛羽鎩自傷鄰病鶴尾頳誰肯恤勞魚萍浮梗汎知何似一例飄零浩劫餘

笑人鄧禹任年年身世浮沈衹自憐慣聳詩肩難免俗懶醒醉眼且為仙雪鴻去後徒留爪風月賒來不用錢即境論心洵足樂如何鎮日慽綿綿

比來涸鮒漸看蘇庚癸無憂此處呼四面網難寬大憝千鈞弩

已射天吴（苗逆伏誅蘇州已復）風饕雪虐春應轉雲熳星輝瑞可圖自愧
書生徒束手當年門外枉懸弧
問來把酒問蒼穹無限悲涼時一中庾信牢愁緣賦見杜陵孤
憤豈詩窮昔雅獨鶴爭無定蒼狗浮雲變不同猛省康莊何日
到幾回蹀躞亂榛叢

含意未申百憂酲集再賦四章索子文和之

鑄錯由來悔莫除沈吟此際費躊躇酒杯澆我愁難解棋局輸
人刼盡虛幾度盼雲憐斷雁何時跋浪掣鯨魚閒來偶上城闉
望萬變烟雲過眼餘
跳盪心情憶昔年抗懷曾不倩人憐敢云狂放輕餘子慣自推
敲學閬仙高枕不虛攤飯榻買山那少看囊錢滄桑一霎難回
首舊恨新愁盡渺綿
勞薪息後氣纔蘇辛苦難憑將伯呼璧去可能歸趙國劍飛那
肯返勾吳人情圓轉車輪轂世事蒼茫水墨圖只恐河濱還有
蜮含沙射影試强弧
難將消息訴高穹後故前因鬱五中侘傺那容安市隱飄零未
敢怨途窮艱難時局孤臣似憂患餘生杞客同爲語巨靈須著
力何時爲我闢蠶叢

筱圖見示八章撫今追昔情見乎辭作此慰之

袁錦

不覺光陰又小除詩篇遞到幾躊躇安排暇日烹清荈悵觸浮
雲過太虛臺表通天悲沈迴心傷風木似臯魚一箋又見奴星

報想見蒼茫獨詠餘
艱難約略說當年刼後餘生劇可憐惟有悲歌吟老杜可知磨
蝎比髯仙愁城孰解呼天語海國聊憑買醉錢棄妾放臣多托
諷爭禁爲爾思綿綿
何妨訂約飲屠蘇纔有春來鳥便呼（二十七日立春）遮莫心情類嵇阮
那容疆界判荆吳一江冰雪家山夢雨地風萍主客圖可憶清
譚寒月夜狼星注處是天弧
久把牢籠謝碧穹相逢歌嘯海城中吁嗟叔夜成孤憤詰讓昌
黎送五窮風景莫嫌淮海異交心况與紀羣同一年將盡情何
盡稍喜唐花盛滿叢

子文已和前詩余尚未見疊前韻索之

洪瑞文

瀟灑都將習氣除新詩未讀倍躊躇知心似此生非偶斯世同
來願不虛愧我年華徒草草羨君標格最魚綈盟願學交如
水澹到忘言樂有餘
忽忽駒光又一年鐙前起舞復誰憐愛河那有逍遥客塵世難
逢邋遢仙果腹同嘗鍋底飯（見世說）買春倘賸杖頭錢袁絲厚我
情無已篋篋頒來勝著綿
黍谷春來氣漸蘇鄉愁不覺大聲呼咿嘎有似窮途阮縞紵欣
逢季子吳多恨前功成畫餅最難平地起浮圖感君走訪成知
已不枉當年共設弧（與君同生癸巳）
高誼如雲薄碧穹醍醐傾倒酒盃中胸無芥蒂交何厚語似珍
珠串不窮慧業如斯惟子獨奇緣得此許余同猶餘一事差堪

慰瓦礫橫陳璧玉叢

筱圖以壘韻索余前詩作此奉酬　袁錦

歲月淮南已向除淸詩一讀一躊躇竭來古調從今改難得君心較我虛容啻此那無碩鼠或從小雅賦嘉魚邇來詩酒聯蹤跡同赴康山聽絹餘

寂寞衡門感歲年作狂畢竟有誰憐獨推袁虎君應誤得遇洪崖我亦仙見說詞壇傾石帚（君工倚聲）許從文字選靑錢堪嗟雪立程門後但服心喪意邈綿（謂郭仙鶴槎兩先生）

每過容齋笑語蘇縱談今古又歡呼雙生敢謝稱瑜亮博採何因及富吳東晳詩篇非舊句歐陽阡表啓新圖（圖有柯君小泉題句蓋君家梅溪先璧也）與君更結齊年契株守慚予負矢弧

海畔烟雲淡紫穹皖南山色有無中詩歌喪亂風騷變嚴壑搜羅猗頓窮莫謂淄澠無水合故知笙磬本音同裁箋試訂淸遊約梅柳先春濯淺叢

除夕和子文見答之作　洪瑞文

贏得躭吟癖莫除騷壇角勝覺踟躕頻年學杜神難似邇日推袁話豈虛藝苑齊聲傳一鶴（君有一鶴歎七古）海濱逐隊比雙魚一編自鏡慚形穢惱我頹唐下筆餘

對山何幸結忘年吾子尤邀靑眼憐僞體別裁眞絶俗選樓一入勝登仙（君詩并拙句俱蒙伯山先生選入詩話四續集）留年同踏燒鐙節此日先謀買醉錢閒得詩成詠松竹多君爲我解連綿

春回大地震蘇蘇倡和眞堪把臂呼詩格笑余同自鄶霸才似子合吞吳唐音嗣響無虞儒宋派相沿總失圖爲問教贖何所似幾加弱臂挽强弧

酬筱圖除夕見示之作　袁錦

吟懷健隼落秋穹格律精嚴寸管中剸敵難攻知討定偏師欲擣恨才窮雲龍韓孟差相並詩酒曹劉共許同新債當前君識否野梅已放一叢叢（僕索君消寒詩成滿庭芳一闋有遣索不容遲之句）

轂旦將來舊歲除新詩勃卒不躊躇嗜痂加子應成癖貧賣惟余總覺虛鈍捷何難賦鸚鵡研求擬共注蟲魚騷壇此後君無敵裁筍驚傳一瞬餘

魯殿靈光樂引年自慚淺短辱相憐得隨驥尾庸非福共托龍門不羡仙人說愛才譽籍湜我欣並世遇郎錢從今定入光明界一片兜羅總是綿

文章鉅筆重韓蘇倘論聞從展卷呼自古生才推北野此邦覽勝屬東吳作歌休擬無家別買宅須爲課子圖遙日江天戎馬地南征諸將枕戚弧

東風隔歲扇淸穹三復君詩靜夜中長慶體裁堪比數杜陵心解重研窮（君藏有讀杜心解一書）敢將詩債爭遲速終竟騷人有異同待到吟成編甲子相期麗藻鬭荒叢

甲子元日疊前韻示子文　洪瑞文

爆竹聲中歲已除履端初稿又躊躇光明珠非羞投暗華妙文章要課虛愧我瓊鐺成嬾鶴祝君變化似春魚長安道上槐黃候會看飛騰跋浪餘

當頭甲子好編年賞識何邀時世憐著作知非凡手筆清閒郤勝小神仙聯吟慣擊催詩鉢買醉猶餘請客錢蘊藉風流誰得似指將春䌫比情綿

峩眉靈秀毓三蘇籍甚聲華到處呼自古人才出西蜀而今詩伯在東吳春回大地添新稿書著名山補舊圖（伯山先生著述等身蓋不朽盛業也吳陵後起君其勉之）神射總無虛發矢騷壇誰不避弓弧

貞元遞嬗邈蒼穹兵氣應銷寰海中家室稍安仝是福詩書無恙豈終窮離蹤萍水新緣合異地芝蘭氣味同聞道城西春似海可能共訪舊花叢（聞城西草堂梅花盛開）

答筱圖元日疊韻　　袁　錦

開歲都將俗例除聰明鞭得莫躊躇春風茗飲談何易來日清游約豈虛僅見更飛勞燕雁那容活潑讓鳶魚何當皖口看山去鼓角斜陽極目餘

海角相逢等壯年不才終竟得天憐許親書卷如童稚會踏湖山亦佛仙朋輩交情斟綠酒詩篇押歲抵青錢王正樂得閒酬唱此卷應題並蔕綿

欣瞻笻竹杖髯蘇（昨與伯山先生茗飲尊齋）曠代人才共指呼格律也師康水杜才名終勝陋軒吳清樽北海常留客詩派西江莫繪圖七十七年論甲子當時原自設桑弧

晴和風日麗清穹擬過城西小苑中藏拙我才疏不律出奇君筆擅無窮可知梅瘦何曾傲幾得春歸便不同郤郤清譚滋味永鴻心已入百花叢（百花頭上城西草堂種梅處）

倒疊前韻示子文　　洪瑞文

議論縱橫闢幾叢丰裁迥不與人同九州老氣看初亙三峽詞源那可窮作賦肯儕徐庾次（君駢文甚富）論詩宜界漢唐中襟懷浩蕩如何著渺渺春山濟濟穹

壘戰雞壇共執弧當前大敵敢輕圖抱韓久矣卑王孟尊蜀何妨抑魏吳（君有題伯山先生三國志補義五古）傲不宜時偏我契狂難諧俗倩誰呼解酲不用重沽酒醉眼逢君頃刻蘇

剝蕉抽繭比纏綿剞劂宜揮潤筆錢只合低眉如古佛竟能絕跡似飛仙閒情差喜增歌嘯俗子休令解愛憐我亦哀然成一集不堪浩劫話頻年

故友飄零湖海餘幾人彈鋏食無魚苔岑此日新盟合壇坫當時舊事虛京國雲飛徒悵望（吳蘊山程柏初昆季）鄱陽雁斷更踟躕（梁期君再執騷壇耳重把相思一掃除

答筱圖倒疊前韻詩　　袁　錦

未獲尋梅訪碧叢山齋坐雨定相同詞源倒瀉今無際筆陣橫行我竟窮曾坿五言三國後（僕有五言古四十韻奉題伯山先生三國志補義）敢居兩漢六朝中（曾擬古賦廿餘首）裁箋枉過蹤偏左弓月織纖畫遠穹

敢把柔弦挽勁弧猥云大敵莫難圖矧聞巨艦曾觀海不比扁舟但入吳文字例從山水得穹蒼怕聽亂離呼還傾有癖耽佳句纔到清吟色便蘇

草未青青柳未綿春來好蓄買花錢無才下乘難言勇有酒連朝但學仙劫後文章偏我述（君著作甚夥自庚申象縣亂後僅見義城夕照諸賦詩詞藁數卷借

完本不見近來心迹仗誰憐而今雅訂苔岑契合道今年勝昔年
寂寞江東寄慨餘故交南北杳鴻魚梅溪舊雨縈清夢滄海停
雲澹碧虛知已論心無迹相談詩聚首耐躊躇賞音漫詡柯亭
竹幸把相輕習氣除

七疊前韻示子文　洪瑞文

懷刺難將俗累除出門大笑復躑躅勢蹤無定形徒役好事多
磨約易虛擬至城西草堂未果未許刷翎聞野鳥可能燒尾縱游魚縱橫
世網牢牢縛何異春蠶作繭餘

嘯月吟風已廿年二毛贏得自家憐未諳俗向難求友肯餂丹
餘早得仙斯世漫逢開口笑幾人去索買碑錢移情不遇成連
子海水微茫意邈綿

塵世悠悠半未蘇高歌好作振聾呼人情鶩馬爭芻豆時局雞
蟲較越吳此日交援牛渚例他年句摘阮亭圖雷門布鼓由來
是爲子前驅好負弧

漠漠陰雲罩遠穹無憀兀坐客窗中豈緣識字成憂患秖可吟
詩破困窮準備琴樽知已共商量風雨故人同多君近作山居
賦引我心遊竹樹叢

正月五日伯山先生招同純士筱圃小飲歸途口占仍用
前韻　袁錦

雲氣侵晨已四除新詩七發我躊躇筱圃以七疊韻見示遂同赴先生之約嘉招
却喜閑爲福老境方知道集虛秖許追陪集游夏共欽孤直邁
吏魚思凌堂畔恣娛樂想見名山著述餘

何圖欣賞遇耆年投分偏將小友憐竹素許遊心已醉金丹偷
示骨應仙詎殊長慶香山老會贊雞林賈客錢況復遭逢裴晉
國謂節相曾公白頭遙望思連綿

春來草木已先蘇此日清譚共笑呼久已山人重完白不將糞
白落安吳先生藏有鄧完白篆書碑本安吳謂慎翁包氏雲龍愧說尊罍樂先生見贈楹帖云時
庭前之華鄂相輝宜兄宜弟美座上之樽罍常滿爲雲爲龍筱圃亦有雲龍韓孟相徵逐之句錦不勝驚愧風雅須
垂翰墨圖爲報顏弓觀者衆那容餘子漫張弧

亂後巍安謝上穹海陽風景話尊中詩書大與山林近萍水難
將造化窮小集擬從人日訂寓公原與客星同謂純士筱圃昆弟此來
不速幾忘返眥見山茶盛一叢

海上聯吟藁

己巳秋孟余買棹崇川中途阻雨悶不可支偶檢小倉山房詩集内有詠物九首水瑟雲璈别饒寄託輙不自量愛而和之明知畫虎遺譏遑計續貂致誚蒙　諸君子不棄謭陋頻賜佳章自愧巴吟竟邀郢和爰亟付手民以質同好且以誌一時鴻雪云

洪文翰　筱圃

圓如滿月透精神驀地相逢忽現身對我頓開空色界多君閲盡古今人無分深淺眉都好不假描摹貌自眞安得玻瓈裝四壁樓臺金碧總鋪陳　鏡

湘竹千條拂水光沈沈不捲爲留香好花隱約遮三面芳草纖茸映幾行新月半鉤窺欲露春風一桁漾偏長遥知銀蒜高懸起要放青山入畫堂　簾

自笑疎慵慣枕書水窗一榻黑甜餘迎風獨領羲皇趣聽雨曾連故舊居未免賢勞思息偃誰從載寢憶生初朅來何事添惆悵羨被情深廿載虛　牀

記曾照我賦秋聲燭轉流光閣自驚一點青熒誰領略十年辛苦爾分明宵焚斷帶朝華續花落虛窗夜氣清中夜相依念形影化爲紅豆最多情　燈

纖素誰家製最工畧加點綴便淸空團圞月入襟懷内摇動凉生掌握中卻暑故應無熱客悲秋何獨怨深宫猶餘五萬蒲葵在披拂黔黎賴此風　扇

合度曾須掌故官法宗累黍定無難伸來蠖屈休憎短量到

鴻才可放寬積案簿書丞也未等身著作勘刊闌當年聞有傳觴在試與曹交比較看　尺

出人頭地便超羣濟勝無權賴爾勤到處提攜雖仗我每逢艱險卻思君挂錢共踏黄巖雪蠟屐偕穿白嶽雲未許化龍徑飛去橋東手拄趁斜曛　杖

錯認流黄是也非碧紗窗下敞虛幃薄如蟬翼常周護闌住蠅聲未許飛少頃故應思遠道王郎可記解層圍夢魂不隔時飛越千里關山一霎歸　帳

何郎傅粉惜韶華袖拂鑪烟乍到家秋月桂林初放蕊春風蘭草正開花三薰恍坐荀公座一瓣常輿子固嗟侍女多情添夜半温馨臭臭篆青霞　香

王廣業　子勤

一點靈心九曲腸終朝和兒費猜詳眼前得伴雞尋舞霧裏看花蝶自忙别後重圓曾有約來時皺面竟無方依稀白玉臺邊路水樣聰明月樣妝　鏡

蝴蝶偷窺燕子猜紅牆咫尺隔蓬萊最無聊處因風起若有人兮帶笑來留隙難容香暗遞不寒偏賜錦重裁一層翻比天涯遠安得銀屏九叠開　簾

半林落葉半林霜影入疎帷爾許凉十月空房號蟋蟀五更殘夢戀鴛鴦關山金盡難招友兒女衾單屢嚷嬢臏有元龍豪氣在求田問舍看人忙　牀

片月將沈夕照收挑殘金粟不成秋忽驚纖影依刀尺遥指垂

楊有畫棧小語生花占鵲喜傾身赴熱替蛾愁幾生修到無憂
地宿火初傳佛點頭 燈
冰簟銀牀此夢眞流螢輕撲汗沾巾團圓明月三生願憔悴西
風絕代人昭質未虧機上素深恩留得匣中塵相離積歲重相
見百種炎涼一笑顰 扇
維摩方丈萬緣灰蠖屈惟甘臥草萊廿載讀書慳寸進三年校
士幾全材量天氣寓凌霄漢騰木龍門起凍雷綵布偏難縫一
幅化他兄弟兒嫌猜 尺
那能壽沐殊恩攬葛攀蘿手自把失路有誰同險易倚門扶
爾當兒孫老將及耄安鳩拙壯不如人策馬奔嬴得鄉閭常聚
飲婆娑出入讓年尊 杖

紅羅故繡九龍盤四角流蘇百寶攢忍笑微聞聲吃吃低幃偏
露月珊珊偶摩玉影人猶妬不捲金鉤夜尚寒回首宜男錢杜
撒芙蓉休作好春看 帳
清夜惺惺只自知安爐何必告神祇無緣難卜招魂返有夢都
能引蝶癡送客微聞酣醉後看花須趁半開時獨憐千載靈均
恨不佩香蘭佩菉葹 香

趙 瑜 漁安

一匳秋水妙傳神身外居然又有身縣處曾無被照日箇中幾
見駐顏人泥他邢尹纖毫悉認爾匡廬面目眞更有微茫難矚
察自披肝膽席前陳 鏡
透月平添百道光遮風穩護一爐香排成湘竹娟娟影鑿起波

紋密密行看奕光陰春漸老詠花時候日方長遙憐蒜押低垂
處草色浸添上畫堂 簾
高臥常抛枕畔書羲皇風味睡鄉餘未知各夢誰先覺終亦長
眠且暫居滿地霜華驚月上飛空落葉感秋初支頰爭及支頤
壽庾信何嘗賦子虛 牀
挑盡蘭釭送漏聲搖搖一穗夢魂驚愁中聽雨光先黯酒後觀
書焰忽明旅館論心消寂寞懽場回首劇悽清短檠廣角休輕
棄領畧兒時相對情 燈
天然談柄製精工盛夏何能妙手空遮日人携陰翳處追涼客
話水雲中綸巾羊度思諸葛紈素恩情想六宮索畫求詩太無
賴飄搖愧是庶民風 扇

術家布指法天官累黍無虞合度難推步定從方寸起律身漫
倚直尋寬求伸屈蠖談何易吐氣元龍事已闌使我量才操月
旦持來比較與君看 尺
獨濟顛危迥不羣恰教僮僕讓殷勤市途來往排前輩衰病因
依賸此君歲暮閒游呼踏雪春晴散步築登雲何當畫出王摩
詰悄倚柴門對夕曛 杖
淺斟低唱事全非燈火虛明照素幃冉冉深宵疑鶴坐氍氍昨
夜訝蟲飛誰餬白紙眠香雪曾障青紗解議圍恰笑酒闌人散
後都生入幕竟如歸 帳
鼻觀春生感物華鴨爐煙篆定誰家湘中蘭芷都名草空外旃
檀不是花侍女添來詞客喜歌姬分去老人嗟何如獨傍重簾

坐留取氤氲散綺霞 香

李兆蓉 晉孚

命名蓉兆早通神曾記呟之夢裏身明月簾櫳剛墮地暗塵京洛久勞人骨屯虞氏形誰辨眉嫵張郎畫未眞唯有此心勤拂拭照來肝膽日敷陳 鏡

疎疎小影閃螢光掃地誰焚百和香翡翠春風金蒜押玲瓏秋月水晶行幾重湘楚鉤初上一桁吳淞夢正長燕不歸來時待久舊家王榭有高堂 簾

城排鄴架擁奇書秋雨相如病榻餘一葉雙梧古井水幾人七寶廣寒居窮邊遝海穿篆日道上邯鄲援枕初我老黑甜鄉最熟連番清夢夜窗虛 牀

玉露空階促織聲秋宵一點客心驚室虛生白安安止理悟思元耿耿明壯歲功名同帶續兒時滋味覺心清膏焚五夜雞初唱何事催人起舞情 鐙

織就齊紈巧樣工團團似月影當空每因歡合招涼至不爲恩深感熱中黦污滿塵遮庾亮指揮妙策出陳宮汗勞六月從軍衆猛士何人賦大風 扇

考工會記補冬官布指知尋挈度難斗柄量天方術捷玉衡激地主恩寬織魚待寄書先到屈蠖求伸意未闌愧我腰圍經瘦削親裁莫認舊衣看 尺

昂藏仙鶴久超羣頫爾殷殷習倦勤鄉國有年頻識我顛危無策始思君鳩扶不礙溪前月龍化仍從脚下雲生計勞勞難就

足幾時息影步斜曛 杖

誰知昨是又今非一枕天慵臥繡幃心比春蠶絲半吐身如綵鳳翼雙飛琉璃屑玉香生押翡翠鋪金燭合圍何似羅浮尋好夢月明清夜踏花歸 帳

曾識詩人兩鬢華誰爲仙吏玉皇家非常馥郁相思樹異樣溫柔解語花明月君王安息待春風少婦鬱金嗟鑪煙裊裊簾開處喜見流蘇繞紫霞 香

宮麗生 淦泉

邇來相對黯傷神慚愧鬚眉七尺身此後蒼顏翻笑我從前青眼早知人胸無纖障容光澈鑑有千秋藻耀眞最羨簪花年少輩玲瓏齊向玉堂陳 鏡

翡翠雕櫳琥珀光迴欄曲曲壓丁香春風鬪苑波千疊明月揚州露幾行金鑰緋魚垂晝永玉鑪熏鴨護春長連朝十二珍珠捲乳燕紛飛入畫堂 簾

中年痂癖是耽書枕史橫經午睡餘有榻且爲高士下援琴如對古人居昂頭北牖懷陶令坦腹東窗問晉初安得槐廳薇省任八磚入直夢非虛 牀

秋宵慣聽讀書聲蟋蟀堂中百感驚千里鄉音憑鏡卜十分喜事問釵明藉非素守昭昭白安得丹心點點清廿載江湖猶記憶兒時滋味最關情 燈

六角鴻裁手製工羲之妙筆本空空涼生名士談元候春在先生掌握中白羽曾聞恢漢室黃羅何事怨唐宮目前幸有袁宏

在披拂野黎賴此風 扇
從來物曲藉人官白璧黃鐘考訂難布手才知分寸判平心始
信地天寬聲逼九夏訛須辨譜析千秋樂未闌莫使長材皆短
馭古今品類一齊看 尺
絕後空前迥不群如何仗爾助辛勤青山獨步無金策白首相
依有鐵君鳩祝也傾千斗酒龍蟠又踏幾重雲敲門看竹儻清
興買醉歸來日已曛 杖
雲母屏中往事非祗餘明月入空幃但教翡翠重重護不放蛾
蟲故故飛虎韔森嚴青作幄皐比林立絳成圍果然七寶能脩
到爭說金蓮學士歸 帳
名士風流感物華薰香何日到天家有情願作恆春樹不老能

開稱意花一室芝蘭徵契合三秋蕭艾枉咨嗟他年玉案沾衣
袖會見飛騰上紫霞 香
袁寶鏐 後山
虛堂懸處靜傳神照見巖巒返棹身自具方圓應識我不談妍
醜卻知人龍蟠鳳舞銘原古山色湖光鑑孰真掛向草堂經始
後滿園花柳盡鋪陳 鏡 [illegible]侯浙遊數載今始歸構紫櫻山館同人多以詠焉故詩中偶及之
玲瓏夜月漾清光不佬應煩鴨鼎香珠箔難遮花四面湘波斜
閃竹千行開時慣受春風暖垂處端宜晝漏長共說紫櫻山館
靜青青草色入西堂 簾
晴窗倚枕署看書最愛橫陳薄醉餘西日半竿聊晝寢南風一
榻稱山居臥遊不礙橫琴地款案時吟落葉初過日齋中安偃

息海雲應識木元虛 牀
銀釭挑處續吟聲卌載山窗歲月驚鑿壁誰諳斯味永觀書應
照此心明半籌吳下秋心澹一塔江南暮靄清爭及故園人夜
坐短檠相對最多情 燈
摺疊團圞製已工泥金花樣每翻空轉嗤障日疑羞影莫道趨
炎近熱中六角橋題王逸少一拳石寫米南宮扣門強半求書
畫搖遍江鄉郤暑風 扇
曾付調鐘典樂官萬般長短較何難衡來膚寸心原細辨到毫
釐律肯寬髻仿楚宮風要革解探荀勗興終闌山中作畫常需
汝莫與尋常一例看 尺
偶握蒼藤便不羣居然輕策示殷勤原知步履無須爾豈有顛

危不仗君鍾阜看山偕倚雪浙西選勝共觀雲邇來闢地增南
垞閒向柴門拄夕曛 杖
高臥袁安未可非春風時復入羅幃垂垂自有鴛鴦護栩栩惟
忻蛺蝶飛莞簟安原周四角梅花香欲透重圍搴帷過日眠雲
穩新向湖山抱硯歸 帳
蓄得椒蘭感歲華博鑪清供到山家風懷自識氤氳闊烟篆能
生頃刻花焚處孰將清獻擬分時轉爲阿瞞嗟朋來靜味青蓮
句一氣凝成是紫霞 香
李沛深 雨人
溶溶秋水若爲神欲指菱花悟後身圓相有時能誑我虛堂無
地不容人半規肖樣傳京兆一席湖光乞季眞太息阿房宮綺

蒐糚章星彩訝橫陳 鏡

玲瓏望去好秋光繡箔風微滿院香花雨送來疎弄影珍珠卷上倒成行疑經霧眼人非老爲隔雲鬟恨轉長最是玉鉤纔響處遠山都放入書堂 簾

陰濃卓午倦拋書一榻松風領睡餘夢蝶好尋前度去丸熊欲廢此中居聯從舊雨譚詩際坐到閒雲入定初可奈黃金收拾盡空留明月夜光虛 牀

涼夜啾啾蟋蟀聲酒闌歌罷夢初驚難忘最憶兒時味不滅長如佛界明一點蘭檠依旅寂五更蓮炬照官清生花枉盼泥金喜辜負三條短燭情 燈

舊製誰翻摺疊工名流題詠品司空不堪乍棄緣秋早豈有相

逢尚熱中談笑也曾揮衆士奉揚何止慰深宮羽毛漫訝雲霄志留助黃香一枕風 扇

釐訂權歸典樂官古來繩墨不欺難衡文敢令長材屈約法終期故府寬書寄鱗鴻裁素短寒催刀翦和聲闌問君汲綆知奚得禹寸陶分一例看 尺

飛錫禪關妙絕倫多生垂老共辛勤雄心未肯呼將伯晚節還應穪此君仗有鳩扶能逐日化將龍去總凌雲年年飲罷枌榆社倚醉歸來趁夕曛 杖

鏗聲微響是耶非盧白偏教隔素幃桂魄延秋羅待換梅花着影紙疑飛曾開絳帳談經訓欲下青絲解議圍笑說九華燈隱處黃粱夢裏正榮歸 帳

龍涎初爇讀南華舊吏曾經謫帝家烟重御爐歸禁柳雲開竺國現曇花三薰爲結求賢意一瓣誰深望古嗟願乞綠章天上奏檀心燒澈貫青霞 香

王貽清 小雲

一鑑菱花壁上安金精百鍊夜生寒照來心膽知微易閱盡妍媸不語難拂拭本無塵障染空明不厭萬人看最憐野鳥知何事對舞山雞耀羽翰 鏡

多事眞珠結構工湘紋簾織竹千叢一鑪香篆留煙碧半角棋枰透日紅得意春風空蕩漾前身明月自玲瓏玉鉤挂處休輕放待燕歸來軟語通 簾

弄笛豪情逐漸消說詩誰與坐深宵壯心不問黃金盡愁緒惟

憑濁酒澆安得夢魂都穩臥强分上下亦無聊不如落葉蕭蕭裏坦腹攤書雅興饒 牀

疏星耿耿漏三商西溉南油照夜長豈有脂膏貪自潤但逢炎熱許偷光勿欺暗室英雄槊解吐奇花錦繡腸卻笑深閨小兒女金錢暗祝背人忙 燈

機心薙葉樣新修名士風流迥不侔得氣自依懷袖近汚人豈有俗塵留團圞似月曾何缺捐棄因時不怨秋閃閃飛螢偏得意夜深來往柳梢頭 扇

律起黃鐘度數詳量天欲到斗牛傍品高何必爭尋直志大原非較寸長幾輩衡才操掌握有人得地快翶揚豈知騰木龍飛去不似求伸屈蠖忙 尺

化龍曾句葛陂過隨俗方圓可奈何每到顛時資倚賴只憑直節履偏頗看人奔走夷途少信手提攜得力多世上因依誇意氣百年惟爾足摩挲 杖

百寶流蘇暖氣融峭寒猶怯五更風飛揚狂蝶重圍外眠起春蠶一繭中但有驚魂音信達絕無重見影形同幾生修到梅花骨紙質虛明萬念空 帳

鴨鑪宿火夜深明一縷疏煙繞畫甍逐臭自來多俗好妙聞幾見得心清薰猶同器猶防混蘭蕙當門亦枉生願得雨花天外散禪機參透化王城 香

洪本燿 竹梅

寶奩啓處漫凝神潘鬢星星悵此身顧影阿誰成相字畫眉何幸照佳人本來皎潔容光滿不諱妍媸體認真遮莫秋江新鑄好芙蓉都向箇中陳 鏡

窣地浮來玳瑁光叢花映戶夜吹香畫樓春晝垂三面紙閣秋宵捲幾行蘆箔巧編波影亂湘筠疎織浪紋長劇憐眾穀閒銀蒜微月朦朧透草堂 簾

當年欹案臥觀書曲豢閒眠樂有餘五夜每酣蝴蝶夢卅年曾伴蟄蠬居虞宮偃息横琴候庾信沉吟落葉初花嶼安排攤飯處桃笙一枕北窗虛 牀

露砌傳來蟋蟀聲秋宵一點倍心驚焚膏絕勝燃藜讀鑿壁何勞鄰火明夜雨光搖漁舫亂春星影射草堂清纍纍花報知何喜領略寒釭昨夜情 燈

掛疊裝成奪化工搖來妙手豈空空放翁誰畫輕紈上涼友時招酷暑中曾是掩丹傳水部翻聞飛白賜唐宮頻行愛煞宋陽守從此仁揚一路風 扇

由來典瑞屬冬官白璧光陰放過難膚寸原知衡度好毫釐莫極幅員寬曾傳金粟堪爲準欲界烏絲藉作闌尚有始平遺製在何妨交與阮咸看 尺

平生愛與瘦藤羣造極登峯仗爾勤看竹敲門曾借汝撫松小立賴夫君山中得此堪搘雪海上歸來又策雲倦倚桄榔閒覓句狂吟不覺日微曛 杖

幔捲茱萸夏已非空餘明月照牀幃但能夢蝶將身護何慮秋蚊繞鬢飛元載共輝綃作障堯臣氷署翠成闈當年楚將傳風雅幬解齊軍尚復歸 帳

都梁蘇合總繁華鎖日氤氳楚客家象藏一丸焚艾納龍涎半炷爇蘭花衣霑玉案盈朝詠烟裊金鑪退食嗟難得心清能領畧芸窗細縷篆青霞 香

趙雲鶴 子鳴

鬢肩不減舊丰神色相空空自在身對面常懸虛處鑑同心郤喜箇中人前生明月疑相似今日廬山識得真知是揚州銅百鍊幾番拂拭爲誰陳 鏡

此間正好臥觀書七尺横鋪醉夢餘設就閒挈松子落編成新竹雅人居寵支郤在小園內蟀入應逢十月初有酒一壺剛自飲霜華滿地月光虛 牀

波紋簇就萬花光留任空亭鳴鼎香垂覺琴書清可玩捲簾桃李綠成行鳴風搖月閒情足銀蒜蝦鬚晝日長一桁青青餘草色燕來暄隔謝家堂 簾

紙窗四面靜無聲一穗孤檠夢欲驚斷杼辛勤閒領略讀書甘苦最分明烙困凝月光常斂花不侵風影自清照徹五更青有味兒時回憶尚多情 燈

巧製曾垂六角工揮來妙手不空空書傳蕉葉數行裏畫出桃花三月中瘦蝶驚他過別院流螢閒自撲深宮欲將何計消炎夏任爾無心送好風 扇

冰壺清徹好居官白玉衡材混處難乍起算由分寸積廣推數任丈尋寬雨過澤下十逾潤門外雪深宵已闌量出短長均合

度天然繩墨與人看 尺

閒挂葫蘆稚冠莘莪翁步履自辛勤扶來鄉國年憑我遊到山林力仗君九節清虛傳上界百錢身世等浮雲聽蟬自覺臨風好摩詰曾經倚夕曛 杖

臥後清宵入夢非莫愁堂上下重幃羅牽夜月空難掩紙隔梅花淡欲飛引得溫香圍扇任裝成采色九華闈問誰絳設春風滿多少英才就裏歸 帳

龍涎雞舌謝繁華檢取旃檀供佛家名重自然榮選卷心清何必鬬花重簾不捲空齋樂一瓣難傳後世嗟最是酒醒茶熟後爐烟篆就古雲霞 香

袁 [illegible] 曉江

熒熒秋水為傳神顧影渾疑身外身皎潔可能常照我虛涵何處不容人須知色相皆空幻莫著塵埃失本真痼久清癯成槑面菱花寶匣漫開陳 鏡

鮫鬚滉漾月篩光隔座花開透暗香那有明珠穿一桁止餘疎竹映千行半鉤湘水波微動十里揚州路正長燕子不歸春又暮青青草色逗虛堂 簾

花嶼清幽夜讀書蘧蘧夢蝶思甜餘友朋竟有忘形契兄弟何妨抵足居落葉掃宜風定後橫琴彈待月明初北窗高臥蕭閒甚一枕游仙願已虛 牀

空階蟋蟀警秋聲一點青熒顧影驚客底寂寥惟爾伴箇中滋味共誰明匡衡鑿壁辛勤慣劉向傳經乙照清最是深閨人不

寐金錢卜祝最關情 燈

翦帛裁紈製造工攜來新樣月臨空美人底事悲秋後俗吏居然怕熱中素箑贈行思謝傳青團恩寵說唐宮障塵休作元規遊一握能招却暑風 扇

曾傳寶尺授郎官絜矩方知合度難分寸積來須有準毫釐差處不容寬漫誇紫玉裁粧閣且喜紅牙賜上闌量到羣才宜子細莫將長短任人看 尺

健步由來最軼羣扶持是處仗殷勤翁如矍鑠應忘汝路到崎嶇始憶君策馬有人曾跨竹化龍他日定登雲何時倦倚柴門外細數歸鴉趁夕曛 杖

紫紵遙望是耶非月照牀前透畫幃霧合此中疑鶴坐雲垂以

外任蚊飛幔訝翡翠張三面紙愛梅花簇四圍客館無聊祇未穩鄉心常逐夢魂歸 帳

龍涎爇靜讀南華紅袖添宜高士家無隱似曾聞桂蕊解酲絕勝爇蘭花竊來韓掾終儇薄老去荀郎莫怨嗟捲上重簾烟裊裊氤氳餘篆散晴霞 香

袁錦 子文

一奩秋水淨傳神道是盤龍鑄就身覿面誰詢何代物憐子只有此中人故應賦筆推開府漫向妝臺誚太眞手挈芙蓉重照影年來憔悴爲卿陳 鏡

疏疏瓊室宕流光搖漾春痕透晚香微月窺人窺影戲夕陽和樹人旁行半庭紅藥雙鉤靜萬縷靑絲一桁長十載揚州誰領畧珍珠斜捲敞虛堂 簾

底須欹枕臥觀書最愛藤牀偃息餘孺子南州惟小住陶潛北牖早嬰居敢忘長史陳身地想見名流坦腹初時家茶庵相壻我是汝南高臥客眠雲肯負夜窗虛 牀

領畧歐陽夜讀聲紅蓮開謝漫相驚廿年滋味憑誰訴萬古文章共我明隋苑煙花娛夜短南朝鈴塔炫秋淸何如山館長檠爇不及兒時唔對情 燈

鸞說金泥巧製工冰紈裁就便凌空獨欣明月當懷內得憾秋飈賦篋中生恐尊前污庾亮可容花底障秦宮誰知作郡東陽日自有揚仁一握風 扇

表謝紅牙賜泉宮由來忖度要知難量才我愧唐宮褒縫布人坳漢法寬分寸搴蹐心獨苦尋常衡較與偏關祇期協律參神解安得都經小阮看 尺

壺壽仙人適軼羣方圓製就總辛勤旣經把握能隨我畢竟扶持尚有君九節峯巔時倚雪萬松徑裏共排雲歸來華髮看猶未留贈耆年步夕曛 杖

蒙莊化蝶想非非花月房櫳自掩幃四面可藏兒女態三更奚礙夢魂飛肯乖郗氏留賓幔羞藉王郎解議圍邇日阮帷傳韻事酒痕狼藉醉扶歸 帳 肖梅丈招飲旗亭余大醉而返亦他日之談柄也

博山爐裏最淸華蘇合都梁自一家紫禁好攜煙滿袖朱顏定喜露凝花儒教馥郁通呼吸想見豪奢辦咄嗟采得荃蘼羞自獻氤氳氣已結雲霞 香

譚業騏 小亭

婆娑花影曲傳神悶悶虛堂認此身搔首不無遲暮感畫眉終有入時人笑呢任我呈形色面目憑君辨僞眞聞道芙蓉曾及第何當瑞兆眼前陳 鏡

西風捲處動秋光人意蕭條菊吐香蹴起銀鉤波疊疊編成斑竹影行行空階望月離懷觸淸簟敲棋逸趣長試展蝦鬚移玉案讓他草色上書堂 簾

花嶼叢深好讀書雨過時有漏痕餘紙屏乍醒三更夢高枕端宜五柳居半榻茶煙涼月上一簾菊影夜禪初小園風景知無恙落葉蕭蕭水榭虛 牀

紙窗竹屋伴棊聲挑盡蘭缸黯自驚四壁有光容我借五更無

夢向入明歌樓在昔豪情減佛閣孤懸夜氣清莫便短檠牆角棄十年相對寄幽情 燈

蜀錦齊紈點綴工清談休笑手空空撲來蝶影三春後驚起蚊雷一握中贈別仁揚袁彥伯索書體法米南宮年來購得蒲葵製儉樸仍安草野風 扇

典詳考壁溯春官舛錯須知一綫難布指循規衣稱體量才比玉度從寬冰壺人品今誰似銅斗官箴事已闌澤下廿霖歌旣足老農休作等閒看 尺

方竹規模迥出羣衰年行走費殷勤不須童僕聊依爾慣保顛危恰賴君梅嶺衝寒曾荷雪柴門無事獨看雲百錢挂處堪娛老莫道西山日易曛 杖

燈紅酒綠是耶非夢醒梅花月入幃重頂時聞香冉冉芳魂頻化蝶飛飛勝他翠幕遮三面好共雲屏列四圍太息綺羅鄉裏客終宵歌舞竟忘歸 帳

御爐馥郁感京華睡鴨籠煙自一家簾捲卻宜風入座心清疑有佛拈花偷來韓壽休輕棄老去荀卿祇自嗟記取禪關清淨地南豐一瓣護丹霞 香

洪祖詒 蓉孫

丹青不假忽傳神相對翻疑畫裏身秋水一奩無蓄影春風半面感隣人畫眉綺閣妝初好照膽秦宮辨最真恰是江心新鑄出菱花午向玉臺陳 鏡

一桁春風拂曉光不懸金押為留香珍珠點點飾疏影湘竹斑玳瑁幾行清簟襯棋垂日永秋簫度曲捲宵長鰕鬚窣地玲瓏甚尚許明蟾入畫堂 簾

北窗高臥慣拋書一榻黃粱午睡餘每到舟車方小別試攜枕簟與同居縱橫象笏趨朝後孤負鴛衾待漏初最好夫人新聘竹終宵輾轉不嫌虛 牀

棋敲花落聽無聲風雨瀟瀟夜不驚十載辛勤誰省識三更滋味我分明漁舡影漾前汀淨佛火光搖古寺清畢竟玉堂風趣好金蓮一炬最關情 燈

紈素團團製最工入懷明月忽淩空漫云捐棄當秋後莫笑周旋太熱中畫藁可能摹北苑法書更擬乞南宮尙餘六角人爭羨橋畔清留逸少風 扇

掄才自古握憑官分寸參差辨豈難測地早知裁度準量天應識紐樞寬錦探夢裏還何速詩滿城中仿未闌瘦減腰圍誰省得舊衣幾度較來看 尺

得此飄然便不羣扶持頼爾最辛勤挂錢是處常偕我度嶺他時更借君駕鶴宮中曾訪月化龍足下頓生雲郊行但覺春常在步屧歸來日未曛 杖

可是冰蠶作繭非幽齋偃息下虛幃詩魂恬適常深護客夢沉酣懶越飛豈為藏嬌垂四角也曾解識破層圍流黃月照思千里底事遼陽尙未歸 帳

當年荀令擅清華紉佩兼傳處士家惹我溫馨常滿袖襲人咀煎勝聞花燕居靜爇宜安息雞舌還含枉怨嗟何似露章眞夜

告金鑪一縷裊青霞香

翟　堦槐卿

虛堂懸處淡傳神照影居然幻此身淨埽纖塵應識我不留迹相是何人印來業証三生慧望去形探五嶽真擬把菱花籠四壁當窗書畫盡前陳鏡

每愛晨興漏日光閒思靜坐便焚香篩來花月尋常影圍住珍珠十二行黃捲湘筠波自活青延徑草痛方長垂垂落日雙鉤映何事微風入草堂簾

幽齋倚枕偶觀書卻好繩牀小憩餘下榻早知宜陸處鋪衾渾不礙舟居敢忘大被聯歡境最羨生男載寢初莫漫支龜欲徙事中宵魂夢入清虛牀

曾照清秋夜雨聲頻年坐對漫相驚伴人滋味三更永對我縹緗萬卷明紅焰誰將疏影别朱顏應識此心清閒敲棋子西窗畔花落花開無限情燈

齊紈妙製抑何工搖處休嗤眼界空索畫神傾花卉裏招涼身人竹林中曾從蹢别推袁虎終竟懷恩感漢宮邇日吳中傳韻事聊將一握話高風扇

漫誚量才屬上官握長較短本來難等身撰述談何易稱體裳衣度要寬奇遠有誰通素簡裁雲時復倚雕欄城中近日多高髻風尚增華久厭看尺

化作龍飛便不羣扶持邇日自殷勤偶從老輩攜輕策曾向僧寮玩鐵君雙屐鍾山曾倚雪孤筇岳阜共看雲何殊舊月王摩

詰拄向柴門對夕曛杖

梅花繪處是耶非惟許春風入翠幃一枕遊仙疑蝶化五更同夢喊蟲飛那容白鳥來孤枕聊藉青綾覆四圍最是鴛衾深護處等閒明月待人歸帳

焚蘭靜坐儘風華况復濃熏法大家清晝雅宜微醉酒紅顏忍負半開花左司自愛閒中爇韓掾休從贈後嗟何似頻添供夜讀時憑棐几挹青霞香

洪　斌永之

一片光明妙入神圓如皓月悟前身卜來有字宜成相懸到虛堂頭照人喜樂相形非假借妍媸能辨最清眞年來肝胆仍如舊何必秦宮任事陳鏡

珠箔籠寒淡月光重垂不捲夜留香劈開斑竹編千縷織就湘紋漾幾行乳燕喚他丁字入游蜂隔住午天長階前草色蒙茸甚一片青青上畫堂簾

曾傳濬仲慣攤書連屋深藏萬卷餘既翕聯吟風雨至縱談務向薜蘿居鴛鴦穩住三更候蟋蟀驚聞十月初夜靜只疑霜滿地誰知兔魄透窗虛牀

柴照茅齋聽雨聲棋敲花落客心驚小窗夜永知書味鄰巷宵分載績明光怯微風吹戶暗影疑淡月透簾清近來喜事憑他報笑向人前最有情燈

白紈製就藉良工烈日從教障碧空白羽爭搖纖手畔青螢時撲小庭中且裁月魄圖秦女敢抱秋心怨漢宮一霎襟懷清快

甚渾疑雨腋起微風 扇
敢說量才曠厥官眼前分寸辨何難解探荀阮衡非誤製放周
黍律豈寬大布新裁花樣就寒衣親檢漏聲闌等身著述迸番
校整飭書篇子細看 尺
年來金策許同攀詈假扶持不憚勤祇爲年尊纔仗汝不因足
繭敢勞君曾支滄海沙邊雪同踏黄山洞裏雲待到歸來閒息
役畫叉相與挂斜曛 杖
流蘇製古豈今非暖度春宵護翠幃羅轅頓教聲息隱夜深那
阻夢魂飛輕含梅萼籠氷簟低罩芙蓉覆錦闈一種風光誰領
畧桃夭蓁葉賦于歸 帳
鬱金自古競繁華夜讀偏宜處士家朝罷能攜煙滿袖漏殘猶

有篆生花通來鼻觀宜安息閒覺心清便歎嗟此日博爐供座
右芬芳氣總掞雲霞 香
男元紱 蓮帆
纖塵不著露清神對影分明身外身荷芰曾憐巾幘貌芙
蓉應愛少年人室階照處分深淺面目窺來辨假真甚到
剷痕須著意一時妙悟筆端陳 鏡
低拋蘇押閃晶光一桁常留鎮日香檻外好花時露影窗
前脩竹亂成行每憐秋月玲瓏望時覺春波掩映長忽漫
風來入雙燕營巢還認讀書堂 簾
攤飯何妨倦枕書一編山海卧觀餘不逢高士終難下每
有良朋必共居冰簟涼鋪微雨候水窗葉落晚風初說詩

尚有聯吟約抵足看看一載虛 非
青燈伴我聽秋聲雨雨風風總不驚三尺忍教牆角棄半
簷最愛案頭明危樓月上光難掩老屋霜團影倍清記得
兒時曾領畧今宵相對倍關情 燈
齊紈六角製偏工妙手搖來便不空撲蝶偶從芳徑外迎
涼時向藕花中笑他新婦遮全面肯抱秋心怨别宮安得
披襟常把爽終年只當坐春風 扇
由來典瑞屬冬官比較毫釐幸未難布指莫教方寸亂量
身且放直尋寬書傳雙鯉言猶在樓聳元龍與未闌從此
短脩能合度掄才試作玉衡看 尺
化龍他日自超羣扶老全憑贊助勤踏雪有時還藉汝看

山何處不同君東坡散步春生履摩詰尋詩暮倚雲且挂
百錢閒買酒歸來薄醉日微曛 杖
經談南郡是耶非笑几虛堂靜下幃老鶴坐殘無夢到梅
花開徧有香飛休嫌碧帳形如斗雅愛烏絲界作圍我向
北窗幽僻處霎時五嶽卧游歸 帳
最愛三秋桂子華蘼蕪春在洞仙家小園蘭茁時飛蝶翰
苑人歸畫插花一縷恍同荀令接頻添慣惹侍兒嗟畫堂
未肯重簾捲留取氤氳篆晚霞 香
江觀濤 海門
粧臺依樣好傳神太息亭亭玉立身千里共磨尋俠客廿年久
破惜佳人靦腼面目唯憑夢照我鬚眉似失真悟澈色空無駐

相原將嚼蠟硯横陳 鏡
不分髩影與釵光窗瓶微聞蘭麝香蕩漾縈成波萬叠依稀映
見燭千行封姨欲揭春初永青女頻窺漏正長十二欄干齊捲
起盈盈蓮步出華堂 簾
黃金盡後盼來書輾轉終宵喪亂餘歲久痕深幼安坐夜長漏
徧少陵居空留大被吟傷逝獨擁孤衾賦遂初抵足談詩添悵
惘抛將一枕北窗虛 牀
粥鼓鐘魚聽梵聲佛前一點夢初驚蒲團寂後三生澈蓮座傳
來五夜明客裏獨挑嗟落拓兒時重味憶悽清短檠何忍輕相
棄甘苦同嘗劇有情 燈
自媿臨池藝未工蒲葵書罷假仍空家家翁盡圖紈上歲歲人
齊出筍中謝女含羞歌别室班姬抱恨詠深宮眼前無萬窮黎
庶安得揚仁慰此風 扇
新聲漫笑孔都官分寸無差按曲難樓畔有梯思自上階前無
地望誰寬魚游湖海書偏杳蠖辱泥塗志漸闌著作較量盈幾
許徒留覆瓿少人看 尺
社酒枌榆且樂羣久安鳩拙息辛勤田疇芸植尊耆老家國扶
持賴此君拄向峨嵋同踏雪倚從峴首共看雲祈年私願蒲輪
召靈壽頒來慰夕曛 杖
空庭遥望是耶非百寶流蘇怕入幃栩栩偕游隨蝶化甍甍同
夢感蟲飛佳賓詭謫偏留幕阿嫂詼諧善解圍回憶後堂絲竹
盛馬家笛韻幾忘歸 帳

海上聯吟藁　卅三

蒸向名山禮九華爲添紅袖客思家小閣蘭苗盈階草故里梅
垂滿院花偷得薰衣曾悵悔分來賣履倍咨嗟也知一瓣青蓮
奉可有嬰煙繞紫霞 香

海上聯吟藁　卅四

海上聯吟藁 丙寅

殘書　趙　瑜 漁亭

棄置叢殘處搜尋拉雜餘蠹痕遺黠鼠霏屑走蟫魚劫幸秦灰
免完難趙壁如補亡容有待拂拭且藏諸

零帖

片紙得初搨山窗作意臨何年摹入石使我惜如金重價來禽
抵疑文痤鶴尋幾時游五嶽下馬看碑陰

缺研

苦窳疑銅雀凋殘認帝鴻儘餘凹聚墨真箇石虛中煉補三生
願磨穿十載功此田雖瘠薄畊穫自年豐

垢檠

一篝寒具涴向夕便熒煌焰出爲孤意挑從几硯旁兒時嘗妙
味老去戀餘光展卷移相就還矜目力强

塵鏡

月被妖蟇蝕開匳色黯然衰翁頻諱老醜女得爭妍負局人何
在虛堂影自懸所期撥雲霧披豁見青天

鏽劍

三尺生衣鐵鑄經歐冶爐鋒鋩頓修斂恩怨兩糢糊竟未冲宵
去還能斫地無憑誰爲磨鈍把玩一長吁

壞帽

莫笑雲披絮能遮白髮羞酒酣時抵地僵臥慣蒙頭陶令葛巾
著坡仙草笠留臨風一搔首何計得千秋

舊鞾

著鞾常厭舊惟我不求新既適私居用還宜蹇步人寬柔容足
繭古樸稱頭巾妙絕青蓮句未行先起塵

破被

橫陳如罫畫補綴綻新痕只恐肱麾出時防腳蹋翻繩牀聊藉
庇敗絮漸無存縱易香衾暖難回老骨温

敝裘

平時常貰酒歲暮卻相隨野處彰身遍孤眠覆足宜千金一狐
腋百里五羊皮輕暖非吾分禦寒聊爾爲

殘書　袁　錦 子文

破碎巾箱裏丹黃强半留叢殘今日拾心血古人搜斷濫評青
史研磨蔵白頭誰云鑽故紙終竟有千秋

零帖

此搨緣何貴曾從匣裏藏戲鴻餘楮墨真贋辨毫芒蕭寺談飛
白籐箋說硬黃閒來還展玩初本十三行

缺研

剩石何須瘞當時亦異材魚跳陶學士雀裂魏銅臺篆草文多
蝕芙蓉碎可哀不須重惆悵尚有紫紋胎

垢檠

慣領燈窗味殘膏隱畫屏著花當夕豔如豆逼人青黠鼠中宵
嚙飛蛾幾輩醒讎書同不寐終夜尚熒熒

塵鏡

沉埋竟如此菱花久不春泥沙誰鑒汝韜晦自知人詎諱狂奴態羞看醜女顰莫辭勤拂拭時世鬭妝新

鏽劍

出匣鋼腥澀龍身詎久藏鐵衣凝石壁寶氣斂寒芒三尺青鋒晦千春碧血香如逢張壯武定與淬干將

壞帽

阜帽何嫌陋曾經舊日縫二毛蔽潘岳一角做林宗醉去纓偏斷狂來鬢已鬆龍山吹落後塵網笑疏慵

舊鞾

自笑鞾紋縐翻新又憚煩令人差素履古貌謁金門氣欲長江踢才嗤襪線論終輸官樣好脫去謝籠樊

破被

故園有兄弟情話比姜家舊日蒙頭慣高風畫腹誇寒宵吟挪絮清夢入蘆花補綴憑纖手年來也放衙

敝裘

在昔曾輕煖而今忍棄遺縱令狐有腋爭及豹留皮臥久袁安共年深晏相宜吾曹進無此何以禦寒爲

殘書　洪文翰原名瑞文

幸得逃秦火頻遭碧蠹殘求全徒有癖對此忽長歎補處笙詩逸脩難漢史完斷章何限義敢作等閒觀

零帖

片紙留飛白雙鉤賸硬黃摧殘碑半截零落字千行名搨無完

本書家有秘藏還將難盡意臨寫小窗旁

缺硯

一卷蕉葉白缺處露新痕石裂紋中斷銘殘字半存銷磨經歲月守護到兒孫笑指微凹裏淋漓宿墨屯

垢檠

領略青燈味焚膏繼寸陰晦明羈旅意風雨讀書心子夜情何盡兒時感不禁一從離亂後孤負到而今

塵鏡

怕見容顏瘦多君認不眞韜光非染垢太潔易沾塵顧影希儔侶忘形泯笑顰重磨知有日負局復何人

鏽劍

三尺沙中吼攜來古戰場光芒苔鏽蝕斑剝土花涼血漬千秋碧身餘百鍊剛樓蘭猶未斬休作善刀藏

壞帽

漫道儒冠腐年深頗自由雲披蘆絮現酒漉葛巾稠冒雨曾微墊看詩偶一投西風吹不落微物也生愁

舊鞾

闊遍朱門履還將吉莫看步徐行自適樣古改爲鞾用代登山屐渾疑解組官九衢塵土踏幾輩向長安

破被

布被寒如鐵裝棉又幾家酒酣忘補綴絮敗尚周遮衙冷人初放池涼夢不賒何緣溫瘦骨卄載臥蘆花

敝裘

裘敝竟如此霜天也禦寒卅年名相著幾輩緼袍難腋集千金重鶉懸一例看何妨風雪裏披去釣江灘

望雪　趙瑜

望雨卒無雨變計適望雪昨者交二九天氣苦煩熱雨暘既不時寒燠遂無別夜靜北風作布衾冷如鐵滿擬六花飛普天大歡悅侵晨詰日出依舊民望觖我聞大河南兵戈正騷屑當道横荊榛貍貐吮膏血鄰省雖苟全酒漿亦云竭又聞清水潭大工猶未輟灾異或相乘禍患那可說入夏雨爲霖初秋瓠子決誰料一冬乾土脈高起凸自非貽來牟豈不生類滅亟思潤枯荄兼宜杜蝻孽占豐在三白轉圜只一瞥我當袁安臥不則蘇武齧瑞雪我何補杞憂毋乃拙詩成增暮寒仰視同雲結

袁錦

不雨苦旱陽涼風斬霏雪尋常失寒凜二九轉繁熱陽越陰不凝冬與春奚別望雪裁一箋聚星卸寸鐵粟烈反故步色空付禪悅慰望誠屋幸恁期敢深觖河南尙征戰西安更騷屑豺虎薄民命鵂鶹吮人血創痍殊未休脂膏那不竭此邦幸少舒訴求未云輟流亡比戶憂氛祲更僕說盛夏積愁霏入秋乃河決宣防適淮泗疏決判凹凸痛念清水潭生靈歎夷滅滕六不憫患杞憂懼媒孽飛蝗悖在昔隙駟成飄瞥樹蘙冀滋潤穫粟備咀齧其雩倘興詠偃臥定藏拙聆兹首倡篇使我心苑結

洪文翰

幾日盼同雲風乾難釀雪素抱相如渴頓覺生内熱隆冬若陽春節候無殊別白戰期二九未許持寸鐵隱憂如有觸即景難欣悅天心豈莫測有望安敢觖人生可憐蟲塵慮本瑣屑大田麥草黃盡屬三農血滕六不降康來牟源早竭洗兵倘有待征稅何由輟剜肉爲補瘡辛苦尙誰說望雪期竟誓課雨爻難決人心在轉移天意無凹凸何當三尺降入地蝗皆滅更將捧熱湯沃盡河南孽私願本無多總望風花瞥肺腑頓清涼勝裏梅花齧詩輸白雪吟巴曲竟忘拙仰視天蒼蒼五内彌鬱結

手爐　趙瑜

纔分炭火一枚來便覺春從黍谷回暇日臨池烘破研閑時獨飲炙殘盃始然頗有熏人焰餘熱還憑未燼灰自笑黃牙頻斂袖擕君雪後一探梅

風帽

耳後生風銳莫當出門先辦禦寒裝蒙頭妙似衣無縫露面圓如佛有光曠野蕭蕭迎朔吹征途漠漠帶晨霜春來笑折林宗角分付奚奴篋笥藏

氈襪

春秋宜布夏宜羅襪以氈爲仿罽韈織就毳毛眞貼妥護來脛骨自温和湖州縑素寒無用季子羸滕冷若何我有橘仙龍綺在年時抱膝一長歌

翁鞋

策杖徐行恍步虛陶潛伸腳喜安舒消寒雅集停轎候大雪當

門解屨初足繭休吟杜工部頭銜好擬鄭尚書清游便享神仙
福隻履雙鳧總不如

手爐　袁錦

爐火輕籠坐小軒方圓花樣漫評論胸中炭礙陰陽久袖裏春
回掌握温莫使陰謀灰屢畫須知炙手熱難捫衹餘冰硯憑烘
釋暇日摩抄静掩門

風帽

居然耳後聽颼颼賴此衝寒岸幘游幾輩新裁披雪夜半肩斜
拂見風流騎驢瀬岸籠雙鬢立馬湖山出一頭莫怪冰天吹不
落避東舊製詎堪侔

氊襪

鵝毦憑誰巧製成絛絛休更襪材評趨風恥對張廷尉韜雪終
推蘇子卿割向三冬羅綺卸鋪留一片翦刀輕如斯裹足應奇
煖舊物須知最有情

翁鞋

荒山足繭渺愁予老去雙鳧製肯疏圯上進由張孺子殿前聲
識鄭尚書頻年朱履工趨走幾輩青鞋稱起居自笑公成牛馬
走關心葛屨屨霜餘

手爐　洪文翰

年來焠掌爲詩書指斂如薑藉爾舒一握也堪衣上熨三冬强
半袖中居因人成熱温猶薄觸手生春暖自餘不是趨炎纔引
重硯冰聊借火攻除

風帽

撲面蕭蕭又朔風衝寒仗爾作帡幪幾番峭料吹難落一雲溫
和首見功覆去短遮雙鬢綠披來斜露半肩紅五陵裘馬翩翩
甚雪後蒙頭意態雄

氊襪

足衣休更製吳綵刀尺燈前教翦氊暖到也應憐舊物結來卻
好締新緣繁華不羨千重制長短難將一綫牽爲問青鞵相稱
否襪材似此覺輕便

翁鞋

製鞵誰添緎五絲裝綠更與老人宜踏來火炕溫無比扶過霜
橋冷不知杖底春回神矍鑠山中寒到腳支持緩行橐橐輕於
絮步履何殊年少時

喜雪叠前韻　趙瑜

老僕晨啓窗報我天雨雪我如宿疾瘳頓清五内熱晝夜六時
間凶豐憂喜别險韻鬬尖叉禁體無寸鐵同社二三子此時定
忻悦痛飲壽坡翁奢望甯或缺嗟我百無能齏鹽日瑣屑見石
思點金得錢擬塗血婚嫁無了時精力先告竭丈人植杖芸桀
溺耰不輟不畊不得食腷臆向誰説上天矜不幸仁慈兼勇決
立時降瓊霙填平路凹凸旱苗死復生蝗蝻生復滅所望收大
功夜殄中州孽楊柳詠依依一路風花瞥軍士戢干戈戰馬馳
蹄齧餘年沐醲化鹿糲養鳩拙太空德無名何處言銜結

袁鋗

驀聞天慳破頓降應時雪六出終著花一兩預除熱嗌嗌半空布霏霏一年別袍添蘇季裘衾啓杜陵鐵作態競繚繞禁體鼓忭悅造物亦何有連宵尚蒙𣊓亂竹玉璀璨摧葉金瑣屑得寸慰胸臆澤尺補膏血風鴉各噤聲霧豬詎泉竭侵晨降不休薄暮飛少輟飄蕭釀霽色尖叉鬬新說泥踏鴻爪印凍合狐疑決城闉四望迴林表衆峯凸安得淮蔡平更使鬼方滅南靖雒邑氛西掃闕中孽旂常雪夜紀時序風輪劈初手龍公試適口羔兒𩞄我愧游梁詠才類撒鹽拙昏黃迴飈警虛白冰花結

洪文翰

沾濡纔喜雨霏微又降雪北風聒未已獸炭然難熱何須俠國爐心燄身無別忍噤賦新詩凍筆稜生鐵俄焉一寸鋪到眼大歡悅天聽自然卑藉慰人望触碧翁推雲磨竟日飛瓊屑麥草盡回春不勞牛頷血三白竟如期不致生生竭望歲等農夫隱念安能輟何事堪展眉惟此差可說穰穰無須祝年豐已預決臨眺登城隅炊烟墨起凸遺蝗遁入水緞化生同滅餘者蟄千尺大地無餘孽瓦溝半填平歷亂只一瞥笑煮爛羊頭樽酒供大嚼快雪書時晴翻怪前慮拙造物無成心一笑破沈結

海上聯吟稾　九

此編爲余與葰翁締交之始維時彼此少年興致豪邁時當歲暮未五日而詩成七疊焉猶記賀歲未畢各袖出新詩相印證葰翁詩溫厚和平余當亂離後多牢騷哀怨語境有不同也伯山先生閱而兩韙之謂均得風人之旨爰和韻解圍亦當時韻事也歲月不淹人生易邁忽忽三十三年矣其間與同社諸君子倡酬不名一體壇坫之盛翰墨之緣芸香社後此其嗣響矣天不慭遺老成徂謝子勤漁亭兩先生久歸道山諸君子亦漸次凋零雲散風流人琴愴惻其勵存者亦落落淸疏如晨星之麗天而已此版庋藏書肆久未刷印間遭蠹蝕西江友人鄭書索觀因重爲補苴訂正適吳棣軒同鄉省親回籍乃丐弁言以誌端委鄭君序言久經遺佚乍於敝簏中檢得亦復連類刊之晴窗閒暇時一繙閱覺帬屐鬢眉彷彿與諸名宿琴尊晤對時也光緒乙未嶔晚悔道人識時年六十有三

海上聯吟詩序